DER KORAN

Das heilige Buch des Islam

Aus dem Arabischen von Max Henning

Überarbeitet und herausgegeben von
Murad Wilfried Hofmann

Diederichs Gelbe Reihe

Die deutsche Übersetzung des Korans von Max Henning erschien 1901 bei Reclam in Leipzig, die von Murad Wilfried Hofmann bearbeitete Neuausgabe erstmals 1998 bei Çağrı Yayınları in Istanbul.

Bibliografische Information Der Deutschen Bibliothek
Die Deutsche Bibliothek verzeichnet diese Publikation
in der Deutschen Nationalbibliografie; detaillierte bibliografische
Daten sind im Internet über http://dnb.ddb.de abrufbar.

Produktion: Ortrud Müller
Satz: MedienTeam Berger, Ellwangen (Jagst)
Druck und Bindung: Těšínská Tiskárna
Printed in Czech Republic 2003

ISBN 3-89631-427-0

Inhalt

EINFÜHRUNG

I. Max Hennings Koran-Übersetzung

Als 1901 bei Philipp Reclam jun. in Leipzig eine Koran-Übersetzung unter dem Namen Max Henning[1] erschien, war dies für die deutsche Islam-Wissenschaft ein Ereignis. Übersetzungen des heiligen Buchs der Muslime ins Deutsche gab es zwar schon seit 1616[2], und Johann Wolfgang von Goethe – der große Bewunderer des Islam – hatte schon eine zweite Übertragung ins Deutsche vor sich.

Doch Hennings Versuch war der bis dahin weitaus gelungenste – von bewunderter Nähe zum Original. Kein Wunder also, daß diese Übersetzung immer wieder neu aufgelegt worden ist[3], obwohl inzwischen modernere Übertragungen verfügbar waren.[4] In der Tat ist die Qualität der Henningschen Fassung und ihre Treue zum Original so, daß sie auch von deutschen Muslimen benutzt wird. Dies rechtfertigt auch die vorliegende Neubearbeitung, trotz zahlreich notwendiger Korrekturen.

II. Zur Aktualität des Korans

Als Max Henning seine Übersetzung vorlegte, schrieb er in seinem Vorwort, »ungefähr der siebente Teil der Menschheit bekennt sich zum Islam«, aber auch, daß »anscheinend seine politische Rolle ausgespielt ist« – ein verständliches Fehlurteil auf dem Höhepunkt des europäischen Imperialismus und der Kolonisierung der muslimischen Welt. Heute bekennt sich nicht nur ein Siebtel, sondern ein Fünftel der Menschheit – über eine Milliarde Gläubige – zum Islam; er ist in der Postmoderne zur einzigen weltweit wachsenden Religion geworden, als einzige ernsthafte Alternative zur westlichen Konsumgesellschaft.[5] Auch in den USA, Großbritannien, Frankreich und in Deutschland gibt es inzwischen jeweils Millionen von Muslimen mit einer ständig wachsenden Zahl »weißer« und »schwarzer« Konvertiten.

Es kann daher nicht überraschen, daß der Koran zum meistübersetzten Buch der Welt geworden ist,[6] das Hunderttausende von Muslimen nach wie vor, meist in jugendlichem Alter, auswendig lernen. Wettbewerbe im auswendigen Rezitieren des Korans gibt es überall in der muslimischen Welt.

Diese Verehrung des Korans in seiner Originalsprache hat bewirkt, daß das Arabische als einzige Sprache der Welt sich in den letzten 1400 Jahren nicht wesentlich verändert hat. Sein Vokabular ist noch heute Umgangssprache.

Daß es sich lohnt, sich mit diesem Buch auseinanderzusetzen, ob man ein religiöser Mensch ist oder nicht, liegt auf der Hand. Jeder sollte zu begreifen suchen, welche Ideen- und normative Welt sich hinter dem Phänomen Islam verbirgt. Dies könnte zu einer Überlebensfrage werden.

III. Den Koran lesen lernen

Der Koran – sprich »Qur'an« (unter Trennung der beiden Silben) – ist kein Buch, das sich dem Leser leicht erschließt. Ohnedies soll es (nach der Wortbedeutung von Qur'an) rezitiert, also laut vorgetragen werden. Schon Goethe bekannte, vom Koran abgestoßen und zugleich unwiderstehlich angezogen zu werden:

»... grenzenlose Tautologien und Wiederholungen bilden den Körper dieses heiligen Buches, das uns, sooft wir auch darangehen, immer von neuem anwidert, dann aber anzieht, in Erstaunen setzt und am Ende Verehrung abnötig.«[7]

Kaum ein westlicher Leser kann denn auch das nachvollziehen, was für den muttersprachlich arabisch sprechenden Gläubigen offensichtlich ist: daß der Koran von so unnachahmlicher sprachlichen Schönheit ist, daß seine Rezitation zu Tränen rühren kann. Welche Übersetzung könnte den Reiz seiner Bilder, seine rhetorische Wucht, die Dynamik seiner Alliteration oder doch wenigstens seinen Endreim und seine Reimprosa adäquat wiedergeben?[8]

Beim ersten Lesen löst gewöhnlich das scheinbare thematische Durcheinander Stirnrunzeln aus. Es wird davon verursacht, daß der Koran nicht nach Sachkriterien, sondern lediglich nach der Länge der Suren (Kapitel) geordnet wurde. Dies war eine sehr weise Entscheidung, weil auf diese Weise alles offengehalten wurde. Schließlich konnte und kann niemand voraussehen, welcher Vers künftig in welchem neuen Zusammenhang aktuell werden könnte.

Es mag deshalb auch eine weise Entscheidung sein, den Koran das erste Mal von hinten nach vorne, grob gesehen also in der Reihenfolge seiner Offenbarung, zu lesen.

So findet man die 114 Suren – abgesehen von der 1. Sure (al-Fatiha) – ihrer Länge nach geordnet, beginnend mit der längsten Sure, al-Baqara, und endend mit den kürzesten. Diese sind meist in Mekka geoffenbart worden, also vor der Flucht der Muslime nach Medina (622). Dementsprechend haben die älteren, kleineren Suren überwiegend theologischen Verkündigungscharakter, während die jüngeren, längeren medinensischen Suren erkennen lassen, daß inzwischen ein muslimisches Staatswesen existierte. Daher haben sie häufiger normativen Charakter, regeln also Angelegenheiten des Eherechts, Erbrechts, Kriegsvölkerrechts und humanitären Kriegsrechts, ja selbst beweisrechtliche und strafrechtliche Fragen erstaunlich detailliert. Dennoch macht dieser normative Teil auch des Korans von Medina nur einen kleinen Teil des Ganzen aus.

Umfangreicher – und mit insistierenden Wiederholungen eines und desselben – sind diejenigen Passagen des Korans, welche das islamische Gottesbild sowie moralische Aspekte – das Diesseits und das Jenseits – zum Gegenstand haben. Es war von Henning richtig, diesem Gott – dem Einen und Einzigen – Seinen arabischen Namen »Allah« (auf Deutsch: »Gott«) zu belassen; denn wer als Europäer »Gott« sagt, ist kaum ganz vom trinitären christlichen Gottesbild frei.

Man glaube im übrigen nicht, daß der im Koran sich widerspiegelnde Kampf der Muslime gegen die heidnische Vielgötterei seine

Aktualität verloren hätte. Auch heute machen sich viele Menschen von anderem als Gott abhängig, nämlich von Karriere, gutem Aussehen, Geld, Alkohol, Nikotin und anderen härteren Drogen. Gesellt derjenige, der dies tut, Allah nicht ebenfalls Nebengötter bei, wie die alten Mekkaner?

Unerläßlich ist es, im Koran alles als allegorisch zu verstehen, was sich auf die unsichtbare Welt (al-ghayb) bezieht, als bloße Metaphern einer uns nicht unmittelbar zugänglichen Wirklichkeit. Dies gilt nicht nur für Begriffe wie Himmel und Hölle oder Geister (Dschinn), sondern auch für die plastische Selbstdarstellung Gottes: Sie darf in unseren Köpfen nicht zu Seiner Vermenschlichung führen.

Andere Passagen, denen vor allem islamische Mystiker (Sufi) zugetan sind, sind so dunkel, daß es sich empfiehlt, gemäß 3: 7* auf jede metaphysische Spekulation darüber zu verzichten. Dies gilt auch für die rätselhaft gebliebenen Buchstabengruppen (al-muqatta'at), mit denen zahlreiche Suren eröffnet werden.

Wichtig ist ferner, den archetypischen Charakter mancher Schilderungen zu erkennen, die sich ähnlich im Alten und Neuen Testament finden. Es handelt sich dabei nicht um historische Berichte; deren Kenntnis wird eher vorausgesetzt. Wer den Koran mit dieser Einstellung liest und darüber meditiert – etwa über den Thronvers (2: 255), den Lichtvers (24: 35), Selbstdarstellungen Gottes (z. B. 59: 23 f.) und die 112. Sure, die trotz ihrer Kürze nach Muhammad einem Drittel des ganzen Korans entspricht –, wird unschwer seine Kernaussagen identifizieren:

- Es gibt einen Gott.
- Dieser ist ein einziger (nicht trinitärer), unfaßbarer Gott.
- Es gibt und gab keine Inkarnation Gottes in einen Menschen; auch Jesus war nur ein Gesandter.
- Dieser Gott ist für alle Menschen gleichermaßen da. (Es gibt kein »auserwähltes Volk«.)

* Die erste Zahl bezieht sich auf die Sure, die zweite Zahl (hinter dem Doppelpunkt) auf den Vers.

- Es gibt ein Leben nach dem Tod.
- Sinn der menschlichen Existenz ist die Erkenntnis und das Lob Gottes.
- Wer sich Gott ganz hingibt, ist Muslim – so wie schon Abraham und wie Moses und Jesus.
- Jeder ist nur für sich selbst verantwortlich. (Es gibt keine Erbsünde.)
- Das Verhalten des Menschen entscheidet über sein Schicksal im Jenseits.
- Muhammad hatte als Prophet die Aufgabe, diese Wahrheiten in Erinnerung zu rufen und damit die Verformungen zu korrigieren, die es im Judentum und Christentum (wegen der Vergötterung von Jesus) zwischenzeitlich gegeben hatte.
- Insofern ist Muhammad der letzte, das »Siegel« der Propheten (33: 40).

Das ist die Essenz der Botschaft des Korans.

Wer sie recht bedenkt, versteht, daß der Islam nicht nur die jüngste der monotheistischen Weltreligionen ist, sondern zugleich die älteste – nämlich die unverfälschte Religion Abrahams. Und wer die Christologie der Judenchristen und arianischen Christen bis zum 5. Jahrhundert kennt, wird entdecken, daß genau dies auch die Christologie des Korans ist.

Wer ihn darüber hinaus bis ins einzelne verstehen will, bedarf eines ausführlichen Kommentars,[9] wobei zwischen Kommentatoren unterschiedlicher Ausrichtung zu wählen wäre.[10]

Aber auch für den geistesgeschichtlich oder theologisch weniger interessierten Leser wäre es von Vorteil, sich einige Kenntnisse vom Leben des Propheten[11] anzueignen und damit zugleich über die Anlässe, die zur Offenbarung bestimmter Verse führten.

So wichtig die Kenntnis dieser historischen Hintergründe ist, darf sie allerdings den Blick dafür nicht trüben, daß der gesamte Korantext neben seinen konkreten historischen Bezügen von überzeitlicher und überörtlicher Bedeutung ist.

Das kommt auch sprachlich zum Ausdruck, da das Arabische es erlaubt, künftige Dinge in der Vergangenheitsform auszusagen, wenn ihr Eintreten sicher ist, als sei die Zukunft schon geschehen.

Manche Muslime übertreiben ihre Verehrung dieses Buches in dem Sinne, daß sie es auch als eine unfehlbare und widerspruchsfreie naturwissenschaftliche Enzyklopädie betrachten.

Es trifft nun tatsächlich zu, daß unter allen sogenannten heiligen Schriften der Koran die einzige ist, die keine historischen oder naturwissenschaftlichen Fehler enthält.[12] Und es ist auch zutreffend, daß der Koran Aussagen über Vorgänge enthält, die zur Zeit der Offenbarung niemand bekannt waren, wie z.B über den Vorgang der Befruchtung der Frau (96: 2). Gleichwohl enthält der Koran alles für uns notwendig zu Wissende nur auf religiösem Gebiet im engeren Sinne.

Auf jeden Fall kann der aufmerksame Leser im Koran die Antriebsfedern für die verblüffende spirituelle, wissenschaftliche und künstlerische Explosion finden, welche vom 9. bis zum 14. Jahrhundert zur islamischen Hochkultur von Baghdad bis Sizilien und Andalusien und von Ägypten bis Turkmenistan und Indien führte. Fordert der Koran denn nicht ständig dazu auf, zu beobachten, nachzudenken, seinen Verstand zu gebrauchen? (Er ist die einzige heilige Schrift, welche dies tut.)

Schließlich ist noch darauf aufmerksam zu machen, daß man die volle Wirklichkeit des Lebens eines Muslims und der islamischen Zivilisation nicht alleine dem Koran entnehmen kann, obwohl der Koran im Prinzip sein eigener bester Kommentar ist. Dazu bedarf es der Kenntnis der sogenannten Sunna, der zweiten Wurzel und Quelle des Islam. Dabei handelt es sich um die Überlieferung dessen, was der Prophet des Islam gesagt, getan oder gebilligt hat – gesammelt in umfangreichen sogenannten Hadith-Sammlungen.[13]

IV. Über die Herkunft des Korans

Der Koran ist die Sammlung der Offenbarungen, die einem bis dahin unscheinbaren, wenngleich für seine Integrität bekannten Mekkaner aus guter, allerdings verarmter Familie im Laufe von 23 Jahren durch einen überirdischen Boten[14] übermittelt wurden: Muhammad. Die erste dieser Offenbarungen erreichte den damals 40jährigen, des Lesens und Schreibens unkundigen Muhammad unvermittelt und mit großer Wucht im Monat Ramadan des Jahres 610, während er sich zu Betrachtungen und Gebet in die Höhle Hira hoch über Mekka zurückgezogen hatte (96: 1-5). Muhammad war damals ein – wie man heute sagen würde – kaufmännischer Angestellter in der Export-Import-Firma seiner (bedeutend älteren) Frau Khadidscha, mit der er bis zu ihrem Tode (619) in glücklicher, monogamer Ehe zusammenlebte. Seine letzte Offenbarung empfing er kurz vor seinem Tode im Jahre 632 in Medina.

Zwischen beiden Daten liegen Ereignisse, welche nicht nur Muhammad selbst, sondern die gesamte Welt so stark verändert haben wie nur das Erscheinen von Jesus. Obwohl vorher nichts darauf hingedeutet hatte, wurde Muhammad unter dem Eindruck der Offenbarungen und mit der Autorität und dem Charisma eines Gesandten Gottes zu einer der bedeutendsten Persönlichkeiten der Weltgeschichte.

Die über ihn vermittelte Botschaft stellte nicht nur die Glaubenswelt des damaligen Arabien in Frage, sondern auch uralte Sitten und Gebräuche, wie das Gewohnheitsrecht, das die vorislamische Frau rechtlos gemacht und das Töten neugeborener Mädchen sanktioniert hatte. Die koranische Botschaft hob in der Tat das gesamte soziale, wirtschaftliche und auf Stammessolidarität beruhende Gesellschaftssystem seiner Heimat auf den Prüfstand.

Dementsprechend hart reagierten die meisten seiner Zeitgenossen: mit Verspottung und Verleumdung, Boykott und Mordanschlägen – eine so schlimme Verfolgung, daß zahlreiche Muslime im Jahre 615 vorübergehend bis nach Abessinien ausweichen mußten. Schließlich nahm Muhammad eine Einladung gläubig gewordener Männer und Frauen aus Yathrib (400 Kilometer nördlich von Mekka) an. Muhammad und seine Anhänger konnten jetzt, ab 622, in kleinen Gruppen nach Yathrib emigrieren, das von da an Medina (»die Stadt«, nämlich des Propheten) hieß. Mit diesem Schlüsseldatum beginnt die islamische Zeitrechnung.[15]

Hier errichtete Muhammad einen die muslimischen und jüdischen Stämme der Oase zusammenfassenden Staatenbund, für den er die erste schriftliche Staatsverfassung der Welt erließ. Dieser Staat war revolutionär, weil er erstmals in der Weltgeschichte die Staatsangehörigkeit nicht an Kriterien wie Sippe, Rasse, Hautfarbe oder Sprache knüpfte, sondern allein an ein religiöses Bekenntnis. Medina war insofern ein ideologischer Staat.

Muhammad entwickelte als Staatsoberhaupt erstaunliche staatsmännische, diplomatische, richterliche und militärische Fähigkeiten, und dies in einer Situation der strategischen Defensive gegen die Versuche Mekkas, die islamische Gefahr – von der man heute noch spricht – gewaltsam zu beseitigen. Dabei kam es im Monat Ramadan 624 bei Badr, südwestlich von Medina, zu einem Scharmützel, das die Welt veränderte, weil es den wenigen Muslimen die Überzeugung verlieh, daß Gott auf ihrer Seite ist. Der Kampf mit Mekka endete schließlich mit einem diplomatischen Coup, dem Waffenstillstand von Hudaybiyya bei Mekka (628), einer vorweggenommenen Kapitulation Mekkas. In der Tat konnten die Muslime im Jahre 630 die Stadt kampflos und mit einer Generalamnestie übernehmen.

Und so entstand im westarabischen Hijaz des 7. Jahrhunderts – sozusagen im Windschatten der beiden benachbarten hegemonialen Großreiche, Byzanz und Persien – eine vitale Glaubensgemeinschaft, die sich innerhalb weniger Jahrzehnte bis nach Spanien, Persien und Indien erstreckte.

Muhammad, seit 623 mit 'A'ischa, einer außerordentlich intelligenten jungen Frau,verheiratet, ging nun noch mehrere, meist dynastische Ehen ein, um das sich ausbreitende islamische Staatswesen und seine Führungseliten untereinander zu festigen.

Der Koran hatte die Gläubigen immer wieder aufgefordert: »Glaubt an Allah und dem Gesandten.«[16] Diese Autorität bewirkte unter den frühen Muslimen wahre Wunder an Gehorsam und Opferbereitschaft, bis hin zu ihrer einzigartigen Bereitschaft, ihr Leben »für die Sache Allahs« oder »auf dem Weg Allahs« freudig hinzugeben. Schon damals formte sich die orthodox werdende muslimische Praxis mit ihren »fünf Säulen« (Glaubensbekenntnis; fünfmaliges Gebet; Fasten während des

Monats Ramadan; Sozialsteuer; Pilgerschaft nach Mekka) und das islamische Recht (Scharia) aus.

Dieser riesige Erfolg einer großen Idee brachte Muhammad indessen nicht nur Bewunderung ein. Im Gegenteil: Er wurde zur meistverleumdeten, ja – verteufelten Persönlichkeit der Weltgeschichte überhaupt, im christlichen Mittelalter nicht nur als Anti-Christ, sondern als Höllenhund beschimpft. Welch ein Kontrast zu dem koranischen Gebot, die »Leute der Schrift«, also Juden und Christen, freundlich zu behandeln und ihre Propheten, einschließlich Jesus, zu ehren.

Goethe schrieb in »Dichtung und Wahrheit«[17], daß er Muhammad »nie als einen Betrüger hatte ansehen können«. Der Text des Korans selbst spricht offenbar dagegen, daß er eine Erfindung Muhammads ist, ganz abgesehen davon, daß der Prophet nie zuvor dichterische oder wahrsagerische Fähigkeiten bewiesen hatte: Gibt es doch im Koran mehrere scharfe und für Muhammad peinliche Zurechtweisungen seines Fehlverhaltens. Gleichwohl gilt nach der Natur der Sache, daß die Überzeugung von der Authentizität der koranischen Offenbarung, so plausibel sie sein mag, erstlich und letztlich Glaubenssache ist. Daher ist denn auch das islamische Glaubensbekenntnis nicht nur ein-, sondern zweiteilig: »Ich glaube, daß es außer Allah keinen Gott gibt, und ich glaube, daß Muhammad Sein Gesandter ist.«

Hingegen kann die Historizität des Korans wissenschaftlich bewiesen werden. Daß sein uns vorliegender Text authentisch ist, also dem entspricht, was Tausende von Muslimen zum Todeszeitpunkt Muhammads auswendig kannten, wird auch von der westlichen Orientalistik nicht mehr bestritten.

Es verhält sich mit dem Koran insofern anders als mit den Schriften des Alten und Neuen Testaments. Diese stammen bekanntlich von unterschiedlichen Autoren aus unterschiedlichen Jahrhunderten; manche dieser Autoren sind unbekannt, und zahlreiche sogenannte heilige Texte sind ohne jeden Zweifel manipuliert worden.[18] Der eigentliche Begründer des Christentums, Paulus, hat Jesus nicht einmal gekannt.

Im Gegensatz dazu ist der Koran der bestbezeugte Text aus der Spätantike überhaupt. Er ist nicht nur aus einem Guß, sondern hat – computergestützte Sprachanalyse erhärtet dies – einen einzigen Verfasser, dessen sprachliche Eigenheiten denen von Muhammad nicht entsprechen.[19]

Hier ist nicht der Ort, die Geschichte der Endredaktion des Korans in allen Einzelheiten wiederzugeben.[20] Jedenfalls erkannte schon der erste Khalif, Abu Bakr, ein Jahr nach Muhammads Tod, daß der Koran zusammenhängend schriftlich festgelegt werden müsse und daß mögliche Unterschiede in kleinen Einzelheiten dabei vereinheitlicht werden sollten. Grundlage dafür war ein Text, den Muhammads Sekretär Zaid b. Thabit sorgfältig erstellt hatte. Der dritte Khalif, Uthmann, verfügte schließlich im Jahre 653, daß nur noch der inzwischen konsolidierte Text des Korans, wie wir ihn heute kennen, benutzt werden dürfe.

Von den von ihm nach Basra, Damaskus, Kufa, Medina und Mekka versandten offiziellen Kopien sind noch zwei erhalten. Eine befindet sich im Topkapı Museum von İstanbul, die andere in Taschkent.

Zum ersten Mal gedruckt wurde der Koran kurioserweise in Deutschland, nämlich 1694 in Hamburg. Heute wird meist diejenige arabische Druckfassung verwendet, welche 1925 in Kairo erschienen ist. Der vorliegenden Übersetzung liegt jedoch eine Handschrift des Syrers Hafiz 'Uthman Taha zugrunde, wie sie vom König-Fahd-Koran-Druckzentrum in Medina verwendet wird. Allerdings verweisen die kleingedruckten, hochgestellten Zahlen auf die Seite der maßgeblichen Koran-Ausgabe von Kairo.

Ziel und Umfang der Bearbeitung

Trotz der Qualität der Henningschen Übersetzung mußte diese völlig überarbeitet werden, um sie auf den heutigen Stand anspruchsvoller Koran-Übersetzungen zu bringen. Zu korrigieren war insbesondere folgendes:

1. Henning hat die seit 1858 von europäischen Orientalisten benutzte sogenannte Flügelsche Verszählung übernommen, die von der in der islamischen Welt üblichen Verszählung erheblich abweicht. So mußte ein Großteil der Verse umnumeriert werden.

2. Henning hatte es unterlassen, Pronomen, persönliche, rückbezügliche und besitzanzeigende Fürwörter großzuschreiben, die sich auf Gott beziehen (Er, Wir, Sein, Ihm, Dessen etc.). Dies zu korrigieren machte den Koran im übrigen leichter lesbar, weil es andernfalls Zweifel über das sprechende oder in bezug genommene Subjekt geben kann.

3. Die deutsche Sprache hat sich seit 1901 stärker als meist angenommen entwickelt. Wer würde heute noch verstehen, was mit folgenden Sätzen gemeint ist:

- »Er übermochte mich,« (Er setzte mich unter Druck bzw. Er besiegte mich.)
- »Verziehe mit mir!« (Gewähre mir Aufschub!)
- »Es war ihm ausgeputzt.« (Es erschien ihm als schön.)

Daß wir von Frau – und nicht mehr wie damals von Weib –, von Mädchen – und nicht mehr von Mägden – sprechen, ist eine Selbstverständlichkeit. Doch auch die Rechtschreibung (u.a. Thor und That statt Tor und Tat; gieb statt gib) hat sich seit 1901 weiterentwickelt.

4. Wichtig war es auch, sich von dem pompösen Stil damaliger Bibelübersetzungen zu trennen, zumal eine klerikale Ausdrucksweise heutzutage die Glaubwürdigkeit einer Aussage beeinträchtigt. Dies bedeutete, daß die stilisierte Wortfolge dieser Hochsprache der heutigen Umgangssprache anzunähern war, ohne sie zu banalisieren. Als Beispiel genüge: »Ihr sollt heute nicht...« statt: »Nicht sollt heute ihr...«

5. Als Christ hatte Henning bei seiner Übersetzung und seiner Einleitung unwillkürlich jüdische und christliche Sichtweisen in den Koran hineinprojiziert, obwohl dieser in entscheidenden dogmatischen Punkten eben diese Sichtweisen korrigieren will. Daher darf z.B. nicht vom Schließen eines »Bundes« zwischen Gott und den Kindern Israels die

Rede sein, sondern von der Entgegennahme ihres feierlichen Versprechens durch Gott. Ähnlich darf in keinem Fall suggeriert werden, daß es sich beim »Heiligen Geist« Gottes um eine göttliche Person handeln könnte oder daß Jesus von Gott »gezeugt« (statt geschaffen) worden sei. Ebenso wichtig war es, bei Schilderungen des Paradieses typisch antiislamischen Vorurteilen zu begegnen, so etwa der falschen Auffassung, daß dort nur Männer Partnerinnen fänden. Dabei hatte auch Henning übersehen, daß das maßgebliche arabische Wort (zawj) geschlechtlich unbestimmt ist, also sowohl Partner wie Partnerin, Gatte wie Gattin bedeuten kann.

6. Henning neigte auch dazu, wichtige abstrakte Begriffe ohne Rücksicht auf den Zusammenhang stereotyp zu übersetzen. Dabei ist es unerläßlich, bei Übersetzung etwa des arabischen Begriffs »al-ayat« zwischen den möglichen Bedeutungen »Verse«, »Zeichen«, »Botschaft« und »Beweise« zu unterscheiden. Ähnliches gilt für das vieldeutige arabische Wort »ar-ruh«, das »Seele«, »Hauch«, »Geist«, »Inspiration«, »Eingebung« und sogar »Erzengel Gabriel« bedeuten kann.

7. Auch galt es, den Anachronismus rückgängig zu machen, der darin liegt, schon für die vorislamische Zeit von »Muslimen« zu sprechen. »Islam« und »Muslim« bedeutet im ursprünglichen Sinne nichts anderes als »Hingabe an Gott« und »Gottergebener«, und nur so dürfen diese Begriffe im Koran verstanden werden – jedenfalls bis zur Gründung der islamischen Gemeinde in Medina (622).

8. Wie bei Koran-Übersetzungen üblich, verwendete Henning für jede gleichlautende Passage im Koran stereotyp die gleiche Übersetzung. Davon bin ich mit gutem Grund abgewichen; denn für fast alle dieser Passagen gibt es mehrere gleichwertige Übertragungsmöglichkeiten. Wenn man diese abwechselnd benutzt, vermittelt sich dem Leser mehr vom Bedeutungsspektrum des arabischen Textes. Als Beispiele gebe ich nur das arabische »al-mala',« das als Pluralsubstantiv mit Häuptlinge, Chefs, Anführer, Notabeln, Große und noch anders übersetzt werden kann, so-

wie »al-sharika«; darunter kann man Teilhaber, Partner, Gefährten, Götzen, Nebengötter, Mitgötter oder Beigesellte verstehen.

9. Schließlich mußten fast alle Fußnoten Hennings ersetzt werden, weil sie von einer zeitbedingten islamfeindlichen Einstellung gepägt waren. Seine Kommentare unterstellten insbesondere, daß Muhammad den Koran in mißverstandener Nachahmung des mosaischen und christlichen Glaubens selbst erfunden habe. Dementsprechend ging Henning selbstverständlich davon aus, daß Widersprüche zwischen Aussagen der Bibel und des Korans ein Beweis dafür seien, daß der Koran unrecht habe. Daß der Koran recht haben könnte, kam ihm nicht in den Sinn.

Trotz all dieser zahlreichen Änderungen blieb ich bemüht, den großen Vorzug der Henningschen Übersetzung zu bewahren: ihre stilistische Nähe zum Original und ihre poetische Kraft.

Jeder, der eine Übersetzung des Korans versucht, steht vor dem gleichen Problem: Je näher er am Original bleibt, um so unbefriedigender ist die Übersetzung aus sprachlicher Sicht. Eine wortwörtliche Übersetzung ins Deutsche wäre nur eine Übersetzung arabischer Wörter in deutsche Wörter, aber keine Übertragung in die deutsche Sprache. Wie eng sich Henning an den Stil des Korans hält, ergibt folgender Überblick:

1. Das Arabische favorisiert substantivische Ausdrucksweise vor der (aus unserer Sicht einfacheren und dynamischeren) verbalen. Dies ergibt in der Übersetzung unbefriedigende Sätze wie »Allah ist mit den Buße Tuenden« oder »Allah ist der Verzeihende« oder »Sie werden die Siegenden sein«.

2. Der Araber drückt sich gerne mittels Gerundien aus: »gehört habend« und »ungehorsam geworden seiend«.

3. Die Bedeutungsbreite eines arabischen Substantivs ist oft so groß, daß deutsche Übersetzer es unter Hinzufügen qualifizierender Adjektive wiedergeben. Henning tat dies nicht. Sein Stil, der koranische, erlaubt derartige Nuancierung nicht, und ist deshalb plakativ.

4. Auch wenn es im Koran-Text innerhalb eines Satzes zu einem Wechsel des Subjekts kommt, etwa von der 1. Person Einzahl zur 1. Person Mehrzahl, bleibt Henning der Vorlage treu. Dafür ein Beispiel: »Wer dies tut, diese werden...«.

5. Gleiches gilt für die im Arabischen so typische Intensivierung einer Aussage durch Verdoppelung und Verdreifachung. Auch dafür Beispiele: »der abzusteigende Abstieg«; »sie weichen ab in Abweichen«; »sie geben sich hin in Hingabe«.

Allerdings ging mir Hennings Treue zu weit, wenn er statt »kämpfen auf Allahs Weg« (nach unserer Sichtweise) »kämpfen in Allahs Weg« (nach arabischer Sichtweise) übersetzte.

6. Auch unvollständige Zeitsätze übertrug Henning originalgetreu, also z.B »Als Moses zu Pharao kam und sprach...«

7. Ein besonderes Problem für den Übersetzer stellt die arabische Vorliebe dar, Sätze mit »und« (wa) zu beginnen und ihnen durch das beliebte »qad« Emphase zu verleihen. Dies kann im Deutschen zu widersinnigen Satzeröffnungen führen (»Und aber...«) und zur ständigen Verwendung von »siehe«, »wahrlich« und »gewiß« bzw. – in Hennings Sprache – »gewißlich«. Diese stilistischen Eigenheiten wurden bei der Bearbeitung im großen und ganzen beibehalten.

8. In den westlichen Sprachen hat man sich daran gewöhnt, auf Gott bezogene Eigenschaftswörter und Substantive ins Absolute zu steigern. Wir sagen, Gott sei *all*wissend, *all*mächtig, *all*gütig. Dies entspricht aber nicht dem schlichteren Arabischen, so daß es korrekter ist, mit Henning zu übersetzen, daß Allah »der Wissende«, »der Mächtige« und »der Gütige« ist.

Möge diese Übersetzung auch in ihrem neuen Gewand vielen Menschen Zugang zur Religion Gottes gewähren, dem Islam.

Murad Wilfried Hofmann

Anmerkungen

1 Es wird vermutet, daß es sich dabei um ein Pseudonym für den Königsberger Islamologen August Müller handelt, der 1888 bereits die Teilübersetzung des Korans durch Friedrich Rückert herausgegeben hatte.

2 Salomon Schweigger, *Alcoranus Mahumeticus, das ist: der Türcken Alcoran, Religion und Aberglauben,* Nürnberg 1616.

3 So 1960, 1962, 1963, 1968, 1970, 1973, 1974 und 1979, u. a. besorgt von Annemarie Schimmel und Kurt Rudolph.

4 Vor allem diejenigen von Rudi Paret, Muhammed Ahmad Rassoul, Adel Theodor Khoury, Ahmed von Denffer, Amir Zaidan, Moustafa Maher und die 5bändige kommentierte Gemeinschafts-Übersetzung des S.K.D. Bavaria Verlags, München 1997.

5 Vgl. Murad Wilfried Hofmann, *Der Islam als Alternative,* 4. Aufl. München 1999.

6 Vgl. *World Bibliography of Translations of the Meanings of the Holy Qur'an, Printed Translations 1515-1980,* O.I.C., IRCICA, Istanbul 1986.

7 In: *Noten und Abhandlungen zum West-Östlichen Divan.*

8 Friedrich Rückert hat es mit großem Können versucht. Das Ergebnis wirkt gleichwohl wie Knittelverse.

9 Einen Kommentar in der erwünschten Qualität gibt es bisher nur in englischen Übersetzungen des Korans, vor allem in derjenigen von Muhammad Asad, *The Message of the Qur'an,* Gibraltar 1990; aber auch in der offiziellen saudi-arabischen Übersetzung, *The Holy Qur'an, English translation of the meanings and Commentary,* Medina 1985.

10 Einen guten Überblick über die reiche Vielfalt der Deutungen des Korans gibt die (bisher) zweibändige Nebeneinanderstellung von 13 Kommentatoren in Mahmoud M. Ayoub, *The Qur'an and its Interpreters,* Albany, N.Y., 1984, 1992.

11 Es gibt mehrere Biographien des Lebens von Muhammad in deutscher Sprache, darunter Rudi Paret, *Mohammed und der Koran,* Stuttgart 1957; Ibn Ishaq, *Das Leben des Propheten,* Tübingen 1976; Muhammad Hussain Haikal, *Das Leben Muhammads,* Siegen 1987; Karen Armstrong, *Muhammad,* München 1993. Für englischsprachige Leser besonders empfehlenswert ist Martin Lings, *Muhammad,* London und New York 1983 und Muhammad Hamidullah, *The Life and Work of the Prophet of Islam,* Islamabad 1998.

12 Vgl. Maurice Bucaille, *Bibel, Koran und Wissenschaft, Die Heiligen Schriften im Lichte moderner Erkenntnisse,* München 1984.

13 Einen eingehenden Überblick über die bedeutendste dieser Sammlungen geben die *Auszüge aus Sahih Al- Bukharyy* von Muhammad Ahmad Rassoul, Köln 1989.

14 Unter dem Boten ist der Engel Gabriel zu verstehen.

15 Im April 1999 begann das Islamische Jahr 1420.

16 Henning hatte dies wie üblich mit »Glaubt an Gott und den Gesandten« übersetzt. Gemäß 3:79 f. ist dies m. E. zu vermeiden, weil Glauben an Gott von anderer Natur als Glauben an den Propheten ist.

17 Dritter Teil, Vierzehntes Buch.

18 Vgl. Gerd Lüdemann, *Ketzer. Die andere Seite des frühen Christentums,* Stuttgart 1996.

19 Die Redeweise Muhammads ist in Tausenden von Überlieferungen (Hadith) im Wortlaut festgehalten.

20 Vgl. dazu Ahmad von Denffer, *'Ulum Al-Qur'an,* Leicester 1983, sowie Ahmad Ali al-Imam, *Variant Reading of the Qur'an,* Herndon, VA 1998.

Editorische Notiz

Jede Sure ist mit einer Zahl versehen (1–114). Die Zahlen im Text der jeweiligen Sure bezeichnen die jeweiligen Verse. Die kleineren, hochgestellten Zahlen, die wiederholt vor den Verszahlen auftauchen, beziehen sich auf die maßgebliche arabische Koranausgabe von Kairo aus dem Jahr 1925.

Im Namen Allahs,
des Erbarmers, des Barmherzigen!

1 Die Öffnende (al-Fâtiha)

Geoffenbart zu Mekka

1. Im Namen Allahs, des Erbarmers, des Barmherzigen! **2.** Lob sei Allah, dem Weltenherrn, **3.** Dem Erbarmer, dem Barmherzigen, **4.** Dem Herrscher am Tage des Gerichts! **5.** Dir dienen wir und zu Dir rufen wir um Hilfe. **6.** Leite uns den rechten Pfad, **7.** Den Pfad derer, denen Du gnädig bist, nicht derer, denen Du zürnst,und nicht der Irrenden.

2 Die Kuh (al-Baqara)

Geoffenbart zu Medina

Im Namen Allahs, des Erbarmers, des Barmherzigen!

1. A.L.M. **2.** Dies Buch, daran ist kein Zweifel, ist eine Rechtleitung für die Gottesfürchtigen, **3.** Die da glauben an das Verborgene und das Gebet verrichten und von Unserer Gabe spenden: **4.** Und die da glauben an das, was auf dich herabgesandt wurde und vor dir herabgesandt wurde, und fest aufs Jenseits vertrauen. **5.** Diese folgen der Leitung ihres Herrn, und ihnen wird es wohl ergehen.

[3]**6.** Siehe, den Ungläubigen ist es gleich , ob du sie warnst oder nicht warnst: sie glauben nicht. **7.** Versiegelt hat Allah ihre Herzen und Ohren, und über ihren Augen liegt eine Hülle, und für sie ist schwere Strafe bestimmt **8.** Manche Menschen sprechen wohl: »Wir glauben an Allah und an den Jüngsten Tag«; doch sind sie keine Gläubigen. **9.** Betrügen wollen sie Allah und die Gläubigen; doch sie betrügen nur sich selber und wissen es nicht. **10.** Ihre Herzen sind krank, und Allah mehrt ihre Krankheit, und für sie ist schwere Strafe für ihr Lügen bestimmt. **11.** Spricht man zu ihnen: »Stiftet kein Unheil auf der Erde«, so sagen sie: »Wir sind ja die Rechtschaffenen.« **12.** Ist es aber nicht so, daß sie die Unheilstifter sind? Doch sie merken es nicht. **13.** Sagt man zu ihnen: »Glaubt, wie die Leute gläubig wurden«, so sprechen sie: »Sollen wir glauben, wie die Toren glaubten?« Ist es aber nicht so, daß sie die Toren sind? Doch begreifen sie es nicht. **14.** Wenn sie mit den Gläubigen zusammentreffen, so sagen sie:

»Wir glauben«; sind sie aber mit ihren Teufeln allein, so sprechen sie: »Siehe, wir stehen zu euch und treiben nur Spott.« **15.** Allah wird sie verspotten und, in ihrer Rebellion verblendet, weiter irregehen lassen. **16.** Sie sind es, die den Irrtum für die Rechtleitung erkauft haben, doch brachte ihr Geschäft ihnen keinen Gewinn, und sie blieben ohne Rechtleitung.

[4]**17.** Sie gleichen dem, der ein Feuer anzündet; und wenn es alles ringsum erleuchtet, nimmt Allah ihr Licht weg und läßt sie in Finsternissen zurück, so daß sie nichts sehen. **18.** Taub, stumm und blind, aber sie kehren nicht um. **19.** Oder gleichen einer Wetterwolke vom Himmel, geschwängert von Finsternissen, Donner und Blitz... die Finger stecken sie in ihre Ohren vor den krachenden Schlägen, in Todesangst, aber Allah erfaßt die Ungläubigen. **20.** Der Blitz benimmt ihnen fast das Augenlicht; sooft er aufflammt, gehen sie in ihm, erlischt er jedoch über ihnen, so bleiben sie stehen; und wenn Allah wollte, raubte Er ihnen Gehör und Gesicht; denn Allah hat Macht über alle Dinge. **21.** O ihr Menschen! Dienet euerem Herrn, Der euch und die früheren Menschen erschaffen hat; vielleicht fürchtet ihr Ihn, **22.** Der euch die Erde zu einem Bett gemacht und den Himmel darüber erbaut hat, und vom Himmel Wasser herniedersandte und damit Früchte hervorbrachte zu euerer Nahrung. Stellt Ihm daher keine Götter zur Seite, wo ihr es doch (besser) wißt. **23.** Und falls ihr über das, was Wir auf Unseren Diener herniedersandten, in Zweifel seid, so bringt eine gleiche Sure hervor und ruft andere Zeugen als Allah an, so ihr wahrhaftig seid. **24.** Wenn ihr es jedoch nicht tut – und ihr vermögt es nimmer –, so fürchtet das Feuer, dessen Speise Menschen und (Götzen-)Steine sind, für die Ungläubigen bereitet.

[5]**25.** Verheiße aber denen, die glauben und das Rechte tun, daß Gärten für sie bestimmt sind, durcheilt von Bächen. Und sooft sie mit einer ihrer Früchte gespeist werden, sprechen sie: »Dies war unsere Speise zuvor«; doch nur ähnliche werden Wir ihnen geben. Und darin werden sie reine Partner haben*, und darin sollen sie ewig verweilen. **26.** Siehe,

* Das arabische Wort dafür (zawj, pl. azwaj) ist nicht geschlechtsgebunden. Danach werden Frauen wie Männer im Paradies Partner des anderen Geschlechts haben.

Allah scheut sich nicht, ein Gleichnis mit einer Mücke zu machen oder
mit etwas noch Geringerem; denn die Gläubigen wissen, daß es die
Wahrheit von ihrem Herrn ist. Die Ungläubigen aber sprechen: »Was
will Allah mit diesem Gleichnis?« Viele führt Er hierdurch irre, und viele
leitet Er hierdurch recht; doch irre führt Er nur die Frevler, **27.** Die ihre
Versprechen gegenüber Allah brechen, nachdem sie von Ihm angenom-
men wurden,* und zerschneiden, was Allah geboten hat zu verbinden,
und auf der Erde Verderben stiften. Sie werden die Verlorenen sein.
28. Wie könnt ihr Allah leugnen, wo ihr tot wart und Er euch lebendig
machte? Dann wird Er euch sterben lassen; dann wird Er euch wieder
lebendig machen; dann kehrt ihr zu Ihm zurück. **29.** Er ist es, der für
euch alles auf Erden erschuf. Dann wandte Er sich dem Himmel zu und
bildete ihn zu sieben Himmeln; und Er hat Macht über alle Dinge.

[6]**30.** Und als dein Herr zu den Engeln sprach: »Siehe, Ich will auf der
Erde für Mich einen Sachwalter einsetzen«, da sagten sie: »Willst Du auf
ihr einen einsetzen, der auf ihr Verderben anrichtet und Blut vergießt?
Wir verkünden doch Dein Lob und rühmen Dich.« Er sprach: »Siehe,
Ich weiß, was ihr nicht wißt.« **31.** Und Er lehrte Adam aller Dinge
Namen; dann zeigte Er sie den Engeln und sprach: »Nennt Mir die
Namen dieser Dinge, wenn ihr wahrhaft seid.« **32.** Sie sagten: »Preis Dir,
wir haben nur Wissen von dem, was Du uns lehrst; siehe, Du bist der
Wissende, der Weise.« **33.** Er sprach: »O Adam! Nenne ihnen ihre
Namen.« Und als er ihnen ihre Namen genannt hatte, sprach Er: »Sagte
Ich euch nicht: Ich kenne das Verborgene der Himmel und der Erde,
und Ich weiß, was ihr offen tut und was ihr verbergt?« **34.** Und als Wir
zu den Engeln sprachen: »Werft euch vor Adam nieder!« – da warfen sie
sich nieder, außer Iblis, der sich aus Hochmut weigerte und so zu einem
der Ungläubigen wurde. **35.** Und Wir sprachen: »O Adam! Du und
deine Frau, bewohnt den Garten und eßt von ihm in Hülle und Fülle,

* Dies als »Schließen eines Bundes mit Gott« zu übersetzen, wäre unangebracht, da es zwischen Gott und Mensch aus islamischer Sicht keine Vertragsbeziehungen geben kann.

wo immer ihr wollt; aber naht nicht jenem Baume, sonst seid ihr Übeltäter. **36.** Aber Satan ließ sie straucheln und vertrieb sie von wo sie weilten. Und Wir sprachen: »Fort mit euch! Der eine sei des anderen Feind. Doch auf Erden sollt ihr eine Wohnung und Nießbrauch auf Zeit haben.« **37.** Und Adam empfing von seinem Herrn Worte und Er nahm seine Reue an; denn siehe, Er ist der Vergebende, der Barmherzige.*

[7]**38.** Wir sprachen: »Fort mit euch von hier allesamt! Und wenn zu euch Rechtleitung von Mir kommt, wer dann Meiner Rechtleitung folgt, über die soll keine Furcht kommen, und sie sollen nicht traurig sein. **39.** Wer aber nicht glaubt und Unsere Zeichen verleugnet, die sollen Bewohner des Feuers werden; darin sollen sie ewig verweilen!« **40.** O ihr Kinder Israels! Gedenkt Meiner Gnade, mit der Ich euch begnadete, und haltet euer Versprechen Mir gegenüber, dann will auch Ich halten, was Ich euch verheißen habe. Mich allein sollt ihr ehren. **41.** Und glaubt an das, was Ich zur Bestätigung euerer Schrift herabsandte, und seid nicht die ersten, die es leugnen, und verkauft nicht meine Botschaft für einen winzigen Preis. Mich allein sollt ihr fürchten. **42.** Und kleidet nicht die Wahrheit in Lüge, und verbergt nicht die Wahrheit wider Wissen. **43.** Und verrichtet das Gebet und entrichtet die Steuer** und beugt euch mit den Beugenden (im Gebet). **44.** Wollt ihr (Juden) den Leuten Frömmigkeit gebieten und euere eigenen Seelen vergessen, wo ihr doch die Schrift (Thora) lest? Habt ihr denn keine Einsicht? **45.** Und nehmt euere Zuflucht zur Geduld und zum Gebet. Siehe, dies ist fürwahr schwer, außer für die Demütigen, **46.** Die da glauben, daß sie ihrem Herrn begegnen und daß sie zu Ihm heimkehren werden. **47.** O ihr Kinder Israels! Gedenkt Meiner Gnade, mit der Ich euch begnadete, und daß Ich euch vor aller Welt bevorzugte. **48.** Und fürchtet einen Tag, an dem keine Seele für eine andere etwas bewirken kann: an dem von ihr weder Fürsprache noch Lösegeld angenommen und ihnen nicht geholfen wird.

* Daher kann keine Rede von Erbsünde sein.

** Der Koran unterscheidet zwischen Almosen (sadaqa) und einer obligatorischen Sozialsteuer auf das Vermögen (zakat). Sie zu zahlen, ist eine Hauptverpflichtung der Muslime, eine der »fünf Säulen« des Islam.

[8]**49.** Und gedenkt, daß Wir euch vor dem Volke Pharaos retteten, das euch mit schlimmer Pein heimsuchte. Sie erschlugen euere Knaben und ließen nur euere Mädchen am Leben: Dies war eine große Prüfung von euerem Herrn. **50.** Und (gedenkt), daß Wir das Meer für euch teilten und euch erretteten und das Volk Pharaos vor eueren Augen ertrinken ließen. **51.** Und als Wir vierzig Nächte lang mit Moses Zwiesprache hielten. Dann, in seiner Abwesenheit, nahmt ihr euch das Kalb und begingt damit Unrecht. **52.** Danach vergaben Wir euch, damit ihr dankbar wäret. **53.** Und als Wir dem Moses die Schrift und die Norm zur Unterscheidung* gaben, damit ihr wohlgeleitet würdet. **54.** Und als Moses zu seinem Volke sprach: »O mein Volk! Ihr habt euch dadurch versündigt, daß ihr euch das Kalb nahmt. Kehrt zu euerem Schöpfer zurück und tötet die Schuldigen unter euch. Dies wird euch bei euerem Schöpfer Gutes einbringen.« Und so wandte Er sich euch wieder gnädig zu; denn Er ist der Vergebende, der Barmherzige. **55.** Und als ihr sagtet: »O Moses! Wir glauben dir nicht, bis wir Allah deutlich sehen«, da erfaßte euch das Unwetter vor eueren Augen. **56.** Dann erweckten Wir euch wieder, nach euerer Auslöschung, auf daß ihr dankbar wäret. **57.** Und Wir ließen Wolken euch überschatten und sandten auf euch das Manna und die Wachteln nieder: »Eßt von dem Guten, das Wir euch zur Speise gaben.« Doch nicht wider Uns frevelten sie, sondern wider sich selber.

[9]**58.** Und als Wir sprachen: »Betretet diese Stadt und eßt von ihr in Hülle und Fülle, wo immer ihr wollt, aber tretet demütig durch das Tor ein und sprecht: ›Vergebung!‹ Dann wollen Wir euch euere Sünden verzeihen und das Heil der Frommen mehren«, **59.** Da vertauschten die Übeltäter das Wort mit einem anderen, das nicht zu ihnen gesprochen worden war, und für ihren Frevel sandten Wir auf die Übeltäter ein Zorngericht vom Himmel nieder. **60.** Und als Moses für sein Volk Wasser verlangte, sprachen Wir: »Schlag den Felsen mit deinem Stabe!« Da entsprangen ihm zwölf Quellen, so daß alles Volk seine Trinkstätte kannte. »Eßt und trinkt von Allahs Gaben und sündigt nicht mehr auf Erden,

* Zwischen gut und böse, wahr und falsch (al-furqan).

indem ihr Unheil anrichtet.« **61.** Und als ihr sagtet: »O Moses! Wir ertragen ein und dieselbe Speise nicht länger. Bitte deinen Herrn für uns, daß Er uns hervorbringe, was die Erde sprießen läßt an Gemüse und Gurken und Knoblauch und Linsen und Zwiebeln!«, fragte er: »Wollt ihr das Bessere für das Schlechtere eintauschen? Fort mit euch nach Ägypten, dort findet ihr das Verlangte!« Und sie wurden mit Schimpf und Elend geschlagen und zogen sich Allahs Zorn zu, weil sie Allahs Botschaft leugneten und die Propheten widerrechtlich töteten, weil sie rebellierten und Gesetzesbrecher waren.

[10]**62.** Siehe, die da glauben, auch die Juden und die Christen und die Sabäer* – wer immer an Allah glaubt und an den Jüngsten Tag und das Rechte tut, die haben ihren Lohn bei ihrem Herrn. Keine Furcht kommt über sie, und sie werden nicht traurig sein. **63.** Und als Wir euer Versprechen entgegennahmen und den Berg über euch hoben: »Haltet an dem, was Wir euch gaben, mit Kräften fest und bedenkt, was darin (enthalten) ist, auf daß ihr gottesfürchtig seid!« **64.** Danach aber kehrtet ihr euch ab, und ohne Allahs Huld und Barmherzigkeit gegen euch wärt ihr verloren gewesen. **65.** Ihr kennt doch diejenigen unter euch, die sich hinsichtlich des Sabbats vergingen, und zu denen Wir sprachen: »Werdet (wie) ausgestoßene Affen!« **66.** Und Wir machten sie zu einem warnenden Beispiel für die Mit- und Nachwelt und zu einer Lehre für die Gottesfürchtigen. **67.** Und als Moses zu seinem Volk sprach: »Siehe, Allah gebietet euch, eine K u h** zu opfern«, sagten sie: »Treibst du Spott mit uns?« Er sprach: »Da sei Gott vor, daß ich einer in Unwissenheit wäre.« **68.** Sie sprachen: »Bitte deinen Herrn für uns, uns zu erklären, was für eine Kuh es sein soll.« Er sagte: »Siehe, Er spricht, es sei eine Kuh, weder alt noch ein Kalb; in mittlerem Alter zwischen beidem. Und nun tut, was euch geboten ist!« **69.** Sie sagten: »Bitte deinen Herrn für uns, uns zu erklären, von welcher Farbe sie sein soll.« Er sagte: »Siehe, Er spricht, es sei eine gelbe Kuh, von hochgelber Farbe, eine Augenweide.«

* Eine monotheistische Sekte, auf Johannes den Täufer zurückgehend.

** Vgl. hierzu Deuter.21.1–4.

[11]**70.** Sie sagten: »Bitte deinen Herrn für uns, uns zu erklären, wie sie beschaffen sein soll; denn siehe, alle Kühe sind für uns ähnlich. Doch, wenn Allah will, werden wir schon richtig handeln.« **71.** Er sagte: »Siehe, Er sprach, es sei eine Kuh, nicht gefügsam gemacht durch Pflügen der Erde und Bewässern des Ackers; sie sei gesund und ohne jeden Makel.« Sie sprachen: »Nun kommst du mit der Wahrheit.« Hierauf opferten sie die Kuh, doch fast hätten sie es nicht mehr getan. **72.** Und als ihr jemand ermordet und über den Mörder gestritten hattet – doch Allah bringt heraus, was ihr verheimlicht! – **73.** Da sprachen Wir: »Berührt ihn (den Getöteten) mit einem Stück von ihr (der Kuh).« So macht Allah die Toten lebendig und zeigt euch Seine Zeichen, auf daß ihr begreifen möget.* **74.** Danach aber verhärteten sich euere Herzen und wurden zu Stein und noch härter. Aber siehe, es gibt auch Steine, aus denen Bäche entströmen; andere spalten sich, und es entströmt ihnen Wasser; andere wiederum stürzen fürwahr aus Furcht vor Allah nieder: Und Allah ist nicht achtlos eueres Tuns. **75.** Wünscht ihr, daß sie euch Glauben schenken?** Aber ein Teil von ihnen hat Allahs Wort vernommen und verstanden und hernach wissentlich verdreht. **76.** Wenn sie den Gläubigen begegnen, so behaupten sie: »Wir glauben!« Wenn sie jedoch allein unter sich sind, sagen sie: »Wollt ihr ihnen erzählen, was Allah euch offenbarte, damit sie es eines Tages vor euerem Herrn im Streit gegen euch verwenden? Seid ihr von Sinnen?«

[12]**77.** Wissen sie nicht, daß Allah weiß, was sie verheimlichen und was sie offen tun? **78.** Unter ihnen gibt es auch Ungelehrte, welche die Schrift nicht kennen, sondern nur Wunschvorstellungen und Vermutungen haben. **79.** Aber wehe jenen, welche die Schrift selbst schreiben, dann aber sagen: »Dies ist von Allah!«, und das für einen winzigen Preis. Wehe ihnen wegen dessen, was ihre Hände geschrieben haben, und wehe ihnen wegen ihres Gewinns! **80.** Und sie sagen: »Das Feuer wird uns nur während abgezählter Tage berühren.« Sprich: »Habt ihr mit Allah

* Die Auslegung dieses Verses bleibt unklar.

** Die Juden.

einen Vertrag darüber gemacht? Dann wird Allah Sein Versprechen niemals brechen. Oder sprecht ihr über Allah, was ihr nicht wißt?« **81**. Nein, wer Übles erworben hat und wen seine Sünde gefangen hält, die werden Bewohner des Feuers sein und ewig darin verweilen. **82.** Wer aber glaubt und das Rechte tut, die werden Bewohner des Paradieses sein und werden ewig darin verweilen. **83.** Und als Wir von den Kindern Israels ein Versprechen entgegennahmen, (sprachen Wir:) »Dient keinem außer Allah; tut Eltern und Verwandten und Waisen und Armen Gutes; sprecht mit den Leuten auf freundliche Weise; verrichtet das Gebet und entrichtet die Steuer.« Danach kehrtet ihr euch bis auf wenige ab und wurdet abtrünnig.

[13]**84**. Und als Wir euer Versprechen entgegennahmen, daß ihr nicht euer Blut vergießen und euch nicht aus eueren Wohnungen vertreiben würdet, da gelobtet ihr es und wart selber Zeugen. **85.** Dennoch seid gerade ihr diejenigen, die sich gegenseitig erschlagen und einen Teil von euch aus ihren Wohnungen vertreiben, indem ihr in Sünde und Feindschaft gegen sie vorgeht. Kommen Sie aber als Gefangene zu euch, so löst ihr sie aus, obwohl es euch doch verboten war, sie zu vertreiben. Glaubt ihr denn nur einem Teil der Schrift und leugnet einen anderen? Wer aber solches unter euch tut, den trifft kein anderer Lohn als Schande (schon) in diesem Leben. Und am Tag der Auferstehung werden sie der schwersten Strafe ausgeliefert werden; denn Allah ist nicht achtlos dessen, was ihr tut. **86.** Sie sind diejenigen, welche das irdische Leben für das Jenseits erkaufen. Deshalb soll ihre Strafe ihnen nicht erleichtert werden, und sie sollen keine Hilfe finden. **87.** Und Moses gaben Wir die Schrift und ließen ihm Gesandte nachfolgen. Und Wir gaben Jesus, dem Sohn der Maria, die deutlichen Zeichen und stärkten ihn mit göttlicher Inspiration.* Wenn immer euch aber ein Gesandter brachte, was euch nicht gefiel, wurdet ihr da nicht hochnäsig, bezichtigtet einige der Lüge und erschlugt andere? **88.** Und sie sagten: »Unsere

* Wörtlich: heiligem Geist (ruh al-qudus), d. h. Gottes Geist. Keineswegs ist darunter eine göttliche Person im Sinne der Trinität zu verstehen.

Herzen sind Gefäße (des Wissens).« Nein! Allah hat sie wegen ihres Unglaubens verflucht, und sie glaubten nur wenig.

[14]**89.** Und als zu ihnen ein Buch von Allah kam, ihre frühere Offenbarung zu bestätigen – zuvor hatten sie um Sieg über die Ungläubigen gefleht –, also als nun zu ihnen kam, was sie bereits kannten, da verleugneten sie es. Doch Allahs Fluch lastet auf den Ungläubigen. **90.** Für einen schlechten Preis verkauften sie ihre Seelen, weil sie nicht an das glaubten, was Allah herabgesandt hat, aus Neid darüber, daß Allah in Seiner Huld offenbart, wem von Seinen Dienern Er will. Zorn über Zorn haben sie sich zugezogen. Und die Ungläubigen trifft schändende Strafe. **91.** Und als man zu ihnen sprach: »Glaubt an das, was Allah herabsandte«, sagten sie: »Wir glauben (nur) an das, was auf uns herabgesandt wurde.« Sie glauben aber nicht an das Spätere, obwohl es die Wahrheit ist, das bestätigend, was sie besitzen. Sprich: »Und weshalb erschlugt ihr vormals Allahs Propheten, wenn ihr Gläubige seid?« **92.** Und auch Moses kam mit den deutlichen Zeichen zu euch. Dann aber nahmt ihr euch in seiner Abwesenheit das Kalb und sündigtet. **93.** Und als Wir euer Versprechen entgegennahmen und den Berg über euch hoben, (sprachen Wir:) »Haltet fest an dem, was Wir euch brachten, und hört!« Da sprachen sie: »Wir hören, doch wir widersetzen uns!« Und in ihrem Unglauben füllte ihre Liebe zum Kalb ihr ganzes Herz. Sprich: »Schlimmes befahl euch euer Glauben, sofern ihr überhaupt Gläubige seid.«

[15]**94.** Sprich: »Wenn euere künftige Wohnung bei Allah euch unter Ausschluß anderer Menschen zusteht, so wünscht euch doch den Tod, wenn ihr wahrhaftig seid.«* **95.** Sie können sich dies gar nicht wünschen, wegen all dem (an Schlechtem), was ihre Hände vorausgeschickt haben. Allah kennt die Frevler. **96.** Und fürwahr, du findest, daß sie noch gieriger am Leben hängen als die Götzendiener. Der eine von ihnen wünscht, tausend Jahre zu leben. Aber auch dies hielte ihn nicht von der Strafe fern, selbst wenn er am Leben bliebe. Und Allah sieht ihr Tun.

* Der Koran weist die jüdische Vorstellung, noch immer ein von Gott »auserwähltes Volk« zu sein, zurück.

97. Sprich: »Wer auch immer Gabriels Feind ist« – ist er es doch, der deinem Herzen mit Allahs Erlaubnis (den Koran) offenbarte als eine Bestätigung des Früheren und eine Rechtleitung und eine Heilsbotschaft für die Gläubigen – **98.** »Wer auch immer ein Feind Allahs ist und Seiner Engel und Seiner Gesandten und Gabriels und Michaels, dessen Feind ist Allah; denn siehe, Allah ist ein Feind der Ungläubigen.« **99.** Und auch zu dir sandten Wir deutliche Zeichen hernieder, und nur die Frevler leugnen sie. **100.** Sooft sie ein feierliches Versprechen geben, will dann nicht ein Teil von ihnen es verwerfen? Ja, die meisten von ihnen glauben nicht. **101.** Und als zu ihnen ein Gesandter von Allah kam, ihre Offenbarung bestätigend, da warf ein Teil jener, denen die Schrift gegeben worden war, Allahs Buch über die Schulter, als ob sie es nicht kennten.

[16]**102.** Und sie folgten dem, was die Satane in Salomos Reich vorbrachten. Nicht daß Salomo ungläubig war, vielmehr waren die Satane ungläubig, indem sie den Menschen Zauberei lehrten und was auf die beiden Engel* in Babylon, Harut und Marut, herabgekommen war.** Doch lehrten sie keinen, ohne zuvor zu sagen: »Wir sind nur eine Versuchung; sei daher kein Ungläubiger!« Von ihnen lernte man, womit man Zwietracht zwischen Mann und Frau stiftet. Doch konnten sie ohne Allahs Erlaubnis niemand damit schaden. Sie lernten von den beiden, was ihnen schadete und nichts nützte; und sie wußten wohl, daß, wer sich solches aneignet, keinen Anteil am Jenseits hat. Und fürwahr, für Schlimmes verkauften sie ihre Seelen. O daß sie es nur wüßten! **103.** Hätten sie aber geglaubt und wären gottesfürchtig gewesen, so hätten sie besseren Lohn von Allah erhalten. Hätten sie das doch gewußt! **104.** O ihr, die ihr glaubt! Sprecht nicht: »Favorisiere uns!«, sondern sprecht: »Schau auf uns!« und gehorcht; denn den Ungläubigen wird schmerzliche Strafe zuteil. **105.** Die Ungläubigen unter den Leuten der Schrift und den Götzendienern wünschen nicht, daß von euerem Herrn irgend etwas Gutes auf euch herabgesandt wird. Allah aber schenkt Seine Barmherzigkeit, wem Er will; denn Allah ist voll großer Huld.

* Oder »Könige«. ** Legendäre Kenner magischer Kunst.

[17]**106.** Was Wir auch an Versen aufheben* oder in Vergessenheit fallen lassen, Wir bringen bessere oder gleichwertige dafür. Weißt du nicht, daß Allah über alle Dinge Macht hat? **107.** Weißt du nicht, daß Allahs die Herrschaft der Himmel und der Erde ist und daß ihr außer Allah weder Beschützer noch Helfer habt? **108.** Oder wollt ihr eueren Gesandten ausfragen, wie Moses seiner Zeit ausgefragt worden war? Wer aber den Glauben mit dem Unglauben vertauscht hat, der ist schon vom ebenen Weg abgeirrt. **109.** Viele von den Leuten der Schrift möchten euch, nachdem ihr gläubig wurdet, wieder ungläubig machen, aus Neid in ihren Herzen, obwohl ihnen die Wahrheit inzwischen deutlich geworden war. Vergebt ihnen, aber meidet sie, bis Allah mit Seinem Befehl kommt. Siehe, Allah hat Macht über alle Dinge. **110.** Und verrichtet das Gebet und zahlt die Steuer. Was ihr Gutes für euere Seelen voraussendet, das werdet ihr bei Allah finden. Siehe, Allah sieht, was ihr tut. **111.** Und sie sprechen: »Ins Paradies treten ausschließlich Juden oder Christen ein.« Dies sind ihre Wünsche. Sprich: »Bringt eueren Beweis bei, wenn ihr die Wahrheit zu sagen glaubt.« **112.** In der Tat, wer auch immer sich Allah hingibt und Gutes tut, der hat seinen Lohn bei seinem Herrn; und keine Furcht kommt über sie, und sie werden nicht traurig sein.

[18]**113.** Und die Juden sprechen: »Die Christen fußen auf nichts!« Und die Christen sprechen: »Die Juden fußen auf nichts!« Und doch lesen sie die Schrift. Mit ähnlichen Worten sprachen (schon) diejenigen, die überhaupt kein Wissen besitzen. Allah wird unter ihnen am Tag der Auferstehung über das richten, worin sie uneins sind. **114.** Und wer ist sündiger, als wer verhindert, daß in Allahs Gebetsstätten Sein Name genannt wird, und sich anstrengt, sie zu zerstören? Solche (Leute) sollten sie nicht anders als in Furcht (vor Allah) betreten. In diesem Leben trifft sie Schande und im Jenseits schmerzliche Strafe! **115.** Und Allahs ist der Westen und der Osten. Daher: Wohin ihr euch auch wendet, dort ist Allahs Angesicht. Siehe, Allah ist allumfassend und wissend. **116.** Und sie

* Dies bezieht sich nicht auf Verse des Korans, sondern auf vorkoranische Offenbarungen; vgl. auch 87: 6; 16:101.

behaupten: »Allah hat sich einen Sohn genommen.« Preis sei Ihm! Nein!
Ihm gehört, was in den Himmeln und auf Erden ist: alles gehorcht Ihm.
117. Er ist der Schöpfer der Himmel und der Erde, und wenn Er eine
Sache beschließt, spricht Er nur zu ihr »Sei!«, und sie ist. **118.** Und die,
welche kein Wissen haben, sagen: »Wenn doch nur Allah zu uns spräche
oder du uns ein Zeichen brächtest!« Mit ähnlichen Worten sprachen die
Leute vor ihnen (schon) so. Ihre Herzen sind einander ähnlich. Für
Leute von Glauben zeigten Wir die Zeichen schon deutlich (genug).
119. Siehe, Wir entsandten dich mit der Wahrheit, als Freudenboten und
Warner; und für die Bewohner der Hölle bist du nicht verantwortlich.

[19]**120.** Die Juden und die Christen werden mit dir nicht zufrieden
sein, es sei denn, du folgtest ihrer Religion. Sprich: »Allahs Leitung, das ist
wahrlich die Rechtleitung.« Fürwahr, würdest du ihrem Ansinnen trotz
dessen folgen, was dir an Wissen zugekommen ist, würdest du bei Allah
weder Schutz noch Hilfe finden. **121.** Die, denen Wir die Schrift gaben
und die sie richtig lesen, glauben an sie. Wer aber nicht an sie glaubt, das
sind die Verlorenen. **122.** O ihr Kinder Israels! Gedenkt Meiner Gnade,
mit der Ich euch begnadete, und daß Ich euch vor aller Welt den Vorzug
gegeben hatte. **123.** Und fürchtet einen Tag, an dem keine Seele für die
andere etwas bewirken kann; an dem weder Lösegeld von ihr angenom-
men wird, noch Fürsprache ihr nützt, und an dem sie keine Hilfe finden.
124. Und als Abraham von seinem Herrn durch Gebote, die er erfüllte,
geprüft wurde, sprach Er: »Siehe, Ich mache dich zu einem Imam* für die
Menschen.« Er fragte: »Und auch (Leute) meiner Nachkommenschaft?«
Er sprach: »Mein Versprechen gilt nicht für Ungerechte.« **125.** Und als Wir
das Haus** zu einem Versammlungsort für die Menschen und einem Asyl
machten und (sprachen:) »Nehmt Abrahams Stätte*** zum Ort des Ge-
bets« und Wir Abraham und Ismael verpflichteten: »Reinigt mein Haus für
die es Umwandelnden und darin Verweilenden und die sich Beugenden

* Vorsteher, Vorbeter.

** Die Kaaba.

*** Der Maqam Ibrahim außerhalb der Kaaba; Abraham und Ismael gelten als Erbauer der ursprünglichen Kaaba als erstem monotheistischen Tempel.

und Niederwerfenden.« **126.** Und als Abraham sprach: »Mein Herr, mache dies zu einem sicheren Ort und versorge seine Bewohner mit Früchten, wer von ihnen an Allah und den Jüngsten Tag glaubt«, sprach Er: »Und auch wer nicht glaubt, den will Ich für einige Zeit versorgen; dann will Ich ihn in die Pein des Feuers stoßen, und schlimm ist die Fahrt (dorthin)«.

[20]**127.** Und als Abraham und Ismael die Grundmauern des Hauses legten, (sprachen sie:) »O unser Herr! Nimm es von uns an. Siehe, Du bist der Hörende, der Wissende. **128.** O unser Herr! Mache uns Dir ergeben und aus unserer Nachkommenschaft eine Gemeinde Gottergebener. Und zeige uns unsere Riten und kehre Dich uns zu; denn siehe, Du bist der Vergebende, der Barmherzige. **129.** O unser Herr! Erwecke unter ihnen einen Gesandten, der ihnen Deine Botschaft verkündet und sie die Schrift und die Weisheit lehrt und sie reinigt; siehe, Du bist der Mächtige, der Weise.« **130.** Und wer außer dem, der töricht ist, verschmäht die Religion Abrahams? Fürwahr, Wir wählten ihn in dieser Welt aus und, wahrlich, im Jenseits gehört er zu den Rechtschaffenen. **131.** Als sein Herr zu ihm sprach: »Ergib dich (Mir)!«, sprach er: »Ich gebe mich völlig dem Herrn der Welten hin.« **132.** Und Abraham legte es seinen Kindern ans Herz. Und Jakob (sprach:) »O meine Kinder! Siehe, Allah hat euch den Glauben erwählt; so sterbt nicht, ohne Gottergebene zu sein.« **133.** Oder wart ihr Augenzeugen, als Jakob der Tod nahte? Da sprach er zu seinen Söhnen: »Was werdet ihr nach mir anbeten?« Sie sprachen: »Anbeten werden wir deinen Gott und den Gott deiner Väter Abraham und Ismael und Isaak, den einzigen Gott, und Ihm sind wir völlig ergeben.« **134.** Jenes Volk ist nun Vergangenheit. Mit ihm wurde nach seinem Verdienst und mit euch wird nach euerem Verdienst verfahren. Und ihr werdet nicht für ihr Verhalten verantwortlich gemacht.

[21]**135.** Und sie sprechen: »Werdet Juden oder Christen, damit ihr rechtgeleitet seid.« Sprich: »Nein; die Religion Abrahams, der den rechten Glauben bekannte und kein Götzendiener war, (ist unsere Religion.)« **136.** Sprecht: »Wir glauben an Allah und an das, was Er zu uns

herabsandte und was Er zu Abraham und Ismael und Isaak und Jakob und den Stämmen herabsandte und was Moses und Jesus und was den Propheten von ihrem Herrn gegeben wurde. Wir machen keinen Unterschied zwischen einem von ihnen; und wahrlich, wir sind Muslime.« **137.** Glauben sie demnach, was ihr glaubt, so sind sie rechtgeleitet. Wenden sie sich jedoch ab, dann sind sie Abtrünnige, und Allah wird dir gegen sie genügen; Er ist der Hörende, der Wissende. **138.** Von Allah sind wir gekennzeichnet, und was ist besser, als von Allah gekennzeichnet zu sein! Und wahrlich, Ihm dienen wir. **139.** Sprich: »Wollt ihr mit uns über Allah rechten, wo Er unser Herr und euer Herr ist? Wir haben unsere Werke, und ihr habt euere Werke (zu verantworten), und Ihm sind wir aufrichtig ergeben. **140.** Oder wollt ihr etwa behaupten, daß Abraham und Ismael und Isaak und Jakob und die Stämme ›Juden‹ waren oder ›Christen‹?« Sprich: »Wißt ihr es besser oder Allah?« Und wer ist sündiger, als wer ein Zeugnis verbirgt, das er von Allah erhalten hat? Aber Allah läßt euer Tun nicht unbeachtet. **141.** Jenes Volk ist nun Vergangenheit. Ihm wurde nach Verdienst vergolten, und so wird euch nach euerem Verdienst vergolten; und ihr seid nicht für sie verantwortlich.

[22]**142.** Die Törichten unter dem Volk werden sagen: »Was wendet er sie von ihrer Qibla ab*, die sie früher hatten?« Sprich: »Allahs ist der Westen und der Osten; Er leitet, wen Er will, auf den rechten Pfad.« **143.** Und so machten Wir euch zu einem Volk der Mitte**, auf daß ihr Zeugen für die Menschen seid. Und der Gesandte wird für euch (vor Allah) Zeuge sein. Und Wir setzten die Qibla, die du früher hattest,*** fest, um zu wissen, wer dem Gesandten folgt und wer auf seinen Fersen eine Kehrtwendung macht. Wahrlich, schwer ist es, doch nicht für die, welche Allah geleitet hat. Und Allah läßt eueren Glauben nicht verlorengehen. Siehe, Allah ist wahrlich gütig und barmherzig gegen die Men-

* Richtung des Gebets.

** Als Religion des Mittelwegs ist der Islam allem Extremen abhold.

*** Zuerst hatte Mohammed für seine Gläubigen keine bestimmte Gebetsrichtung (Qibla) festgelegt; nach der Flucht gab er ihnen die Richtung nach Jerusalem, bis Vers 144 ihnen endgültig als Gebetsrichtung die Kaaba vorschrieb.

schen. **144.** Wir sahen dich dein Antlitz ohne bestimmte Richtung zum Himmel kehren, jetzt wollen Wir dich auf eine Qibla ausrichten, die dir gefallen soll: Wende dein Gesicht in Richtung auf die unverletzliche Moschee.* Und wo immer ihr seid, wendet euer Gesicht in Richtung auf sie. Und siehe, jene, denen das Buch gegeben wurde, wissen, daß dies die Wahrheit von ihrem Herrn ist. Und Allah beachtet ihr Tun. **145.** Denen, welchen die Schrift gegeben wurde, könntest du jegliches Zeichen bringen, sie würden doch deiner Qibla nicht folgen. Und auch du sollst ihrer Qibla nicht folgen. Die einen von ihnen folgen nicht der Qibla der anderen. Und wahrlich, wenn du ihren Neigungen folgen würdest, trotz dessen, was dir an Wissen zuteil wurde, dann wärst du fürwahr einer der Ungerechten.

[23]**146.** Sie, denen Wir die Schrift gaben, kennen sie, wie sie ihre Kinder kennen: Wahrlich ein Teil von ihnen verbirgt die Wahrheit, obwohl sie sie kennen. **147.** Die Wahrheit ist von deinem Herrn; sei daher keiner der Zweifler. **148.** Und jeder hat eine Richtung, nach der er sich kehrt. Wetteifert daher miteinander in guten Werken. Wo immer ihr seid, Allah wird euch allesamt zu Ihm zurückbringen. Siehe, Allah hat Macht über alle Dinge. **149.** Von woher du auch herkommen magst, kehre dein Gesicht in Richtung auf die unverletzliche Moschee; denn dies ist die Wahrheit von deinem Herrn, und Allah ist nicht achtlos eueres Tuns. **150.** Von woher du auch herkommen magst, wende dein Gesicht in Richtung auf die unverletzliche Moschee. Wo immer ihr seid, wendet euer Gesicht in Richtung auf sie, damit die Leute kein Argument gegen euch haben, außer den Ungerechten unter ihnen. Fürchtet nicht sie, sondern fürchtet Mich. Und Ich will meine Gnade an euch vollenden; und vielleicht laßt ihr euch leiten. **151.** Demgemäß entsandten Wir zu euch einen Gesandten aus euerer Mitte, euch Unsere Verse vorzutragen, euch zu reinigen, euch das Buch sowie die Weisheit zu lehren, und euch zu lehren, was ihr nicht wußtet. **152.** So gedenkt Meiner, damit Ich

* Aus islamischer Sicht ist nur Gott »heilig«. Die Moschee in Mekka wird daher nicht »heilig«, sondern »unverletzlich« genannt.

eurer gedenke, und danket Mir und verleugnet Mich nicht. **153.** O ihr, die ihr glaubt! Sucht Hilfe in Standhaftigkeit und Gebet; siehe, Allah ist mit den Standhaften.

[24]**154.** Und sprecht von denen, die auf Allahs Pfad erschlagen wurden, nicht: »Sie sind tot.« Nein. Sie sind lebendig. Doch ihr nehmt es nicht wahr. **155.** Und wahrlich, Wir werden euch mit Furcht prüfen sowie mit Hunger und Verlust an Besitz und Menschenleben und Früchten; doch verkünde den Standhaften Heil, **156.** Ihnen, die da sprechen, wenn sie ein Unheil trifft: »Siehe, wir gehören Allah, und zu Ihm kehren wir heim.« **157.** Segnungen über sie von ihrem Herrn und Barmherzigkeit! Sie sind die Rechtgeleiteten. **158.** Siehe, Safa und Marwa* sind auch Kultstätten Allahs. Daher, wer immer zum Hause (Allahs) pilgert oder Umra** vollzieht, begeht kein Unrecht, wenn er zwischen beiden hin- und hergeht. Wer aus freien Stücken Gutes tut, siehe, Allah ist dankbar und wissend. **159.** Siehe, die etwas von dem verbergen, was Wir an deutlicher Botschaft und Leitung herabsandten, nach dem, was Wir den Menschen in der Schrift bereits deutlich mitgeteilt hatten: verfluchen wird sie Allah, und verfluchen werden sie die Fluchenden, **160.** Außer denen, die umkehren und sich bessern und dies klar bekennen. Ihnen wende Ich mich zu; denn Ich bin der Vergebende, der Barmherzige. **161**. Siehe, wer ungläubig ist und als Ungläubiger stirbt, auf ihnen lastet der Fluch Allahs und der Engel und der Menschen insgesamt. **162.** Ewig verweilen sie darin; die Strafe wird ihnen nicht erleichtert, und es wird ihnen kein Aufschub gewährt. **163.** Und euer Gott ist ein einziger Gott; es gibt keinen Gott außer Ihm, dem Erbarmer, dem Barmherzigen.

[25]**164.** Siehe, in der Schöpfung der Himmel und der Erde und in dem Wechsel der Nacht und des Tages und in den Schiffen, welche das Meer durcheilen mit dem, was den Menschen nützt, und in dem was

* Zwei Hügel im Bereich der Moschee von Mekka; zwischen ihnen bewegen sich die Pilger siebenmal hin und her.

** Kleine Pilgerfahrt (jederzeit möglich).

Allah vom Himmel an Wasser niedersendet, womit er die Erde nach ihrem Tode belebt, und was Er an allerlei Getier auf ihr verbreitet, und in dem Wechsel der Winde und der Wolken, die dem Himmel und der Erde dienen - wahrlich, in all dem sind Zeichen für Leute von Verstand! **165.** Und doch gibt es Leute, die neben Allah Ihm angeblich Gleiche setzen und sie lieben, wie man Allah (nur) lieben soll.* Aber die Gläubigen sind stärker in der Liebe zu Allah. Wenn die Frevler nur sehen würden, wenn sie die Strafe sehen, daß alle Kraft Allah gehört und daß Allah streng im Strafen ist: **166.** Wenn sich einst die Anführer angesichts der Strafe von den Verführten lossagen, werden die Bande zwischen ihnen zerschnitten sein. **167.** Und die Verführten werden sprechen: »O könnten wir doch (auf die Erde) zurückkehren, dann würden wir uns von ihnen lossagen, wie sie sich von uns lossagten!« So aber wird Allah ihnen ihre Werke zeigen. Seufzen wird über sie kommen, und sie entrinnen dem Feuer nicht. **168.** O ihr Menschen! Eßt von dem, was auf Erden erlaubt und gut ist, und folgt nicht den Fußstapfen Satans; siehe, er ist euch ein offenkundiger Feind. **169.** Er empfiehlt euch nur Übles und Schändliches und daß ihr über Allah aussagt, was ihr nicht wißt.

[26]**170.** Und wenn man zu ihnen spricht: »Befolgt, was Allah herabgesandt hat«, sprechen sie: »Nein, wir befolgen, was wir bei unseren Vätern vorfanden.« Wie? Obgleich ihre Väter nichts wußten und nicht geleitet waren? **171.** Die Ungläubigen gleichen dem, der etwas anruft, das nichts hört als Laute und Rufe**. Taub, stumm, blind: sie haben keinen Verstand. **172.** O ihr, die ihr glaubt! Eßt von den guten Dingen, mit denen Wir euch versorgen, und dankt Allah, so ihr Ihm dient. **173.** Verboten hat Er euch nur Krepiertes und Blut und Schweinefleisch und das, worüber ein anderer als Allah angerufen wurde. Wer aber dazu gezwungen ist, ohne Verlangen danach und ohne (das Maß) zu übertreten, auf dem sei keine Sünde;

* Diese Sünde der »Vergötzung« (schirk) begeht auch der, der sich von Alkohol, Zigaretten, Fernsehen und anderen Suchtmitteln, aber auch von Menschen abhängig macht.

** Nur den Laut hört, ohne den Sinn zu begreifen, wie das Vieh.

siehe, Allah ist verzeihend und barmherzig. **174.** Siehe, diejenigen, welche die Schrift verbergen, die Allah herabgesandt hat, und sie für einen winzigen Preis verkaufen, werden nichts anderes als Feuer in ihrem Bauch verzehren, und Allah wird am Tag der Auferstehung nicht zu ihnen sprechen und sie nicht für rein erklären. Und für sie ist schmerzliche Strafe. **175.** Das sind die, welche die Rechtleitung für den Irrtum verkauften und die Verzeihung für die Strafe. Wie werden sie im Feuer leiden! **176.** Dies, weil Allah das Buch mit der Wahrheit herabsandte. Und diejenigen, die über das Buch streiten, befinden sich weit davon entfernt.

[27]**177.** Frömmigkeit besteht nicht darin, daß ihr euer Gesicht nach Westen oder Osten kehrt. Fromm ist vielmehr, wer an Allah und den Jüngsten Tag glaubt und an die Engel und die Schrift und die Propheten; und wer sein Geld – auch wenn er selbst Bedarf hat – für seine Angehörigen und die Waisen, die Armen und den Reisenden, die Bettler und die Gefangenen ausgibt; und wer das Gebet verrichtet; und wer die Steuer (zakat) zahlt; und die, welche ihre eingegangenen Verpflichtungen einhalten und in Unglück, Not und Gefahr standhaft sind: Sie sind es, die aufrichtig und gottesfürchtig sind. **178.** O ihr, die ihr glaubt! Euch ist Wiedervergeltung für die Getöteten vorgeschrieben: Der Freie für den Freien, der Unfreie für den Unfreien, und die Frau für die Frau! Der aber, dem von seinem Bruder verziehen wird, zahle bereitwillig eine angemessene Entschädigung (als Blutgeld). Dies ist eine Erleichterung von euerem Herrn und eine Barmherzigkeit. Und wer sich ab jetzt vergeht, den treffe schmerzliche Strafe. **179.** Und in der Wiedervergeltung liegt Leben* für euch, ihr Leute von Verstand. Vielleicht werdet ihr gottesfürchtig. **180.** Vorgeschrieben ist euch, wenn einem von euch der Tod naht und er Vermögen hinterläßt, für die Eltern und die Verwandten eine angemessene letztwillige Verfügung zu treffen; dies ist eine Verpflichtung für die Gottesfürchtigen! **181.** Doch wer die Verfügung ändert, nachdem er davon Kenntnis bekam: Die Schuld trifft die, welche sie ändern. Siehe, Allah ist hörend und wissend.

* Weil die abschreckende Wirkung der Vergeltung Menschenleben bewahren kann.

[28]**182.** Wer aber vom Erblasser Benachteiligung oder Unrecht befürchtet und zwischen ihnen Frieden stiftet,* der begeht keine Sünde; siehe, Allah ist verzeihend und barmherzig. **183.** O ihr, die ihr glaubt! Euch ist das Fasten vorgeschrieben, wie es den Menschen vor euch vorgeschrieben war; vielleicht werdet ihr gottesfürchtig. **184.** (Es geht um) abgezählte Tage; wenn einer unter euch aber krank oder auf Reisen ist, der faste die gleiche Anzahl von anderen Tagen. Und die, die es nur mit größter Schwierigkeit könnten, sollen zum Ausgleich einen Armen speisen. Und wer aus freien Stücken mehr als vorgeschrieben tut, tut es zu seinem Besten. Daß ihr fastet, ist euch zum Vorteil, wenn ihr es richtig begreift. **185.** Es ist der Monat Ramadan, in welchem der Koran als Rechtleitung für die Menschen und als Beweis dieser Rechtleitung und als (normativer) Maßstab** herabgesandt wurde.*** Wer von euch in diesem Monat zugegen ist, soll während seines Verlaufs fasten. Wer jedoch krank ist oder auf einer Reise, der (faste) eine (gleiche) Anzahl anderer Tage. Allah wünscht, es euch leicht – und nicht schwerzumachen und daß ihr die Zahl (der Tage) erfüllt und Allah dafür preist, daß Er euch geleitet hat. Und vielleicht seid ihr dankbar. **186.** Und wenn dich Meine Diener nach Mir fragen, siehe, Ich bin nahe. Ich will dem Ruf des Rufenden antworten, sobald er Mich ruft. Doch auch sie sollen Meinen Ruf hören und an Mich glauben; vielleicht schlagen sie den rechten Weg ein.

[29]**187.** Erlaubt ist euch, in der Nacht des Fastens eueren Frauen beizuwohnen. Sie sind euch ein Kleid, und ihr seid ihnen ein Kleid. Allah weiß, daß ihr selbst euch dies verwehrt hättet.**** Doch Er hat sich euch gnädig zugewandt und Erleichterung gewährt. So verkehrt mit ihnen und macht von dem Gebrauch, was Allah euch eingeräumt hat. Und eßt und trinkt, bis ihr in der Morgendämmerung einen weißen

* Den Erben; durch einvernehmliche Neuverteilung des Nachlasses.

** Al-furqan; das Entscheidungskriterium.

*** Die koranische Offenbarung begann im Ramadan – in der Nacht des Schicksals (lailat al-qadr) – mit den ersten sechs Versen der 96. Sure.

**** Wörtlich: euch darüber (um dieses Recht) betrogen hättet.

Faden von einem schwarzen Faden unterscheidet. Dann haltet das
Fasten streng bis zur Nacht. Und verkehrt nicht mit ihnen, wenn ihr
euch in die Moscheen zurückgezogen habt. Dies sind die von Allah ge-
setzten Schranken; kommt ihnen nicht zu nahe. So macht Allah Seine
Zeichen den Menschen deutlich. Vielleicht werden sie gottesfürchtig.
188. Und bringt einander nicht betrügerisch um Hab und Gut, und
bestecht damit nicht die Richter, um einen Teil des Vermögens der Leute
widerrechtlich an euch zu bringen, obwohl ihr es (besser) wißt. **189.** Sie
werden dich nach den Neumonden befragen. Sprich: »Sie sind Zeitbe-
stimmungen für die Menschen und die Pilgerfahrt.« Und es bedeutet
keine Frömmigkeit, wenn ihr (aus Aberglauben) von hinten in euere
Häuser eintretet, sondern Frömmigkeit besteht in Gottesfurcht. Darum
betretet euere Häuser durch die Türen und fürchtet Allah; vielleicht
ergeht es euch wohl. **190.** Und bekämpft auf Allahs Pfad, wer euch
bekämpft, doch übertretet nicht.* Siehe, Allah liebt nicht die Übertreter.

[30]**191.** Und tötet sie, wo immer ihr auf sie stoßt.** Und vertreibt sie,
von wo sie euch vertrieben; denn Verführung*** ist schlimmer als Töten.
Bekämpft sie jedoch nicht bei der unverletzlichen Moschee, es sei denn,
sie bekämpften euch dort. Greifen sie euch jedoch an, dann tötet sie. So ist
der Lohn der Ungläubigen. **192.** Wenn sie jedoch aufhören, so ist Allah
verzeihend und barmherzig. **193.** Und bekämpft sie, bis die Verführung
aufgehört hat und die Religion Allah gehört. Und wenn sie damit auf-
hören, sei keine Feindschaft mehr, außer gegen die, welche unterdrücken.
194. Bekämpft sie während eines geschützten Monats, wenn sie euch in
einem geschützten Monat bekämpfen. Für die geschützten Dinge gilt
Wiedervergeltung. Wenn einer euch angreift, bekämpft ihn im gleichen
Maße, in dem er Gewalt anwendet. Und fürchtet Allah und wißt, daß
Allah mit den Gottesfürchtigen ist. **195.** Und spendet auf Allahs Weg und
stürzt euch nicht mit eigener Hand ins Verderben und tut Gutes; denn

* Indem ihr zuerst den Kampf beginnt.
** Während eines Verteidigungskrieges.
*** Zum Unglauben.

siehe, Allah liebt die, die Gutes tun. **196.** Und vollzieht die Pilgerfahrt und die Umra* um Allahs willen. Und wenn ihr daran verhindert seid, dann bringt ein kleines Opfer dar. Und schert euere Häupter nicht eher, als bis das Opfer seine Opferstätte erreicht hat. Und wer von euch krank ist oder ein Leiden am Kopf hat, der leiste dafür Ersatz mit Fasten, einem Almosen oder einem Opfer. Und wenn ihr in Sicherheit seid – wer den Besuch mit der Pilgerfahrt verbinden möchte, bringe ein kleines Opfer dar. Wer aber nichts findet, der faste drei Tage während der Pilgerfahrt und sieben, wenn ihr zurückgekehrt seid, das sind zehn im ganzen. Dies gilt für den, dessen Familie nicht in der Nähe der unverletzlichen Moschee wohnt. Und fürchtet Allah und wisset, daß Allah streng straft.

[31]**197.** Die (Zeit der) Pilgerfahrt (sind) die bekannten Monate. Wer in ihnen die Pilgerfahrt unternimmt, der enthalte sich sexueller Beziehungen und unterlasse (jede Art von) Unrecht und Streit während der Pilgerfahrt. Und was ihr an Gutem tut, Allah weiß es. Und sorgt für euch vor; doch die beste Vorsorge ist die Gottesfurcht. Und fürchtet Mich, ihr Verständigen. **198.** Es ist keine Sünde, wenn ihr nach der Gunst eueres Herrn strebt.** Und wenn ihr von Arafat hereilt,*** gedenkt Allahs an der Moschee (von Muzdalifa). Gedenkt Seiner: Wie Er euch geleitet hat, obwohl ihr zuvor Verirrte wart. **199.** Dann eilt weiter, mit allen, die da eilen, und bittet Allah um Nachsicht; siehe, Allah ist verzeihend und barmherzig. **200.** Und wenn ihr euere Riten beendet habt, dann gedenkt Allahs wie ihr euerer Väter gedenkt oder mit noch innigerem Gedenken. Unter den Leuten sagen einige lediglich: »Unser Herr, gib uns Gutes in dieser Welt!« Sie sollen am Jenseits keinen Teil haben. **201.** Andere unter ihnen sprechen: »Unser Herr, gib uns im Diesseits Gutes und im Jenseits Gutes und hüte uns vor der Strafe des Feuers.« **202.**

* Der »Besuch«; Umra ist die kleine Pilgerfahrt mit weniger Riten, die zu jeder Zeit vollzogen werden darf. Die große Pilgerfahrt, nur im Pilgermonat möglich, soll von jedem Muslim einmal im Leben unternommen werden.

** Durch Handelsgeschäfte während der Pilgerfahrt.

*** Die erste Wegstrecke der Rückkehr von Arafat geschieht in eiligem Schritt.

Diese sollen ihren Anteil haben, ihrem Verdienst entsprechend, und Allah ist schnell im Rechnen.

[32]**203.** Und gedenkt Allahs während bestimmter Tage*. Doch wer schon in Eile nach zwei Tagen aufbricht, den trifft keine Schuld, solange er gottesfürchtig ist. Und wer länger verweilt, auch den trifft keine Schuld. Und fürchtet Allah und wisset, daß ihr zu Ihm versammelt werdet. **204.** Unter den Leuten ist manch einer, dessen Reden über das Leben in dieser Welt dir gefällt, zumal er Allah als Zeugen für das aufführt, was in seinem Herzen ist. Dabei ist er im Streit der geschickteste Widersacher. **205.** Sobald er den Rücken kehrt, bemüht er sich, im Lande Unheil zu stiften und Ackerland und Nachkommenschaft zu zerstören;** Allah aber liebt nicht das Verderben. **206.** Spricht man zu ihm: »Fürchte Allah«, so ergreift ihn sündiger Stolz. Darum ist sein angemessener Lohn die Hölle – was für eine üble Ruhestätte! **207.** Und unter den Leuten ist auch manch einer, der sich im Verlangen nach Allahs Wohlgefallen gerne selbst verkaufen würde. Und Allah ist überaus gütig gegen Seine Diener. **208.** O ihr, die ihr glaubt! Gebt euch Allah ganz und gar hin und folgt nicht den Fußstapfen des Satans; siehe, er ist offenkundig euer Feind. **209.** Und wenn ihr strauchelt, nachdem der Beweis der Wahrheit zu euch gekommen ist, dann wißt, daß Allah mächtig und weise ist. **210.** Erwarten sie etwa, daß Allah ihnen im Schatten der Wolken erscheint und auch die Engel? Doch dann wäre die Sache schon entschieden; und zu Allah kehren alle Dinge zurück.

[33]**211.** Frage die Kinder Israels, wie viele deutliche Beweise Wir ihnen gaben. Wer aber Allahs Botschaft abändert, nachdem sie zu ihm gekommen ist – dann ist Allah wahrlich streng im Strafen. **212.** Anziehend erscheint den Ungläubigen das irdische Leben, und sie verspotten die Gläubigen. Aber am Tage der Auferstehung werden die Gottesfürchtigen über ihnen stehen, und Allah wird versorgen, wen Er will, ohne Maß. **213.** Die Menschen waren eine einzige Gemeinschaft. Dann

* In Mina, am Opferfest und danach.

** Eine Metapher für die Zerstörung von Umwelt und sozialem Gefüge.

entsandte Allah Propheten als Freudenboten und Mahner und sandte
mit ihnen die Schrift mit der Wahrheit hinab, damit sie unter den
Menschen über das entscheide, worüber sie uneins waren. Uneins aber
waren ausgerechnet jene, denen sie gegeben worden war und nachdem
sie deutliche Beweise erhalten hatten, aus Neid aufeinander. Doch Allah
leitet die Gläubigen zu der Wahrheit, über die sie mit Seiner Erlaubnis
uneins gewesen waren; denn Allah leitet, wen Er will, auf den geraden
Weg. **214.** Oder glaubt ihr etwa, in das Paradies einzutreten, ohne daß
euch das gleiche traf wie die vor euch? Es traf sie Unglück und Not, und
sie wurden so hin- und hergeschüttelt, daß der Gesandte und die Gläu-
bigen bei ihm sprachen: »Wann kommt Allahs Hilfe (endlich)?« Doch
Allahs Hilfe ist nahe! **215.** Sie fragen dich, was sie spenden sollen.
Sprich: »Was immer ihr an Gutem spendet, das sei für die Eltern und die
Verwandten und die Waisen und die Armen und den Reisenden. Und
was immer ihr an Gutem tut, fürwahr, Allah weiß es.«

[34]**216.** Vorgeschrieben ist euch der Kampf,* doch er ist euch ein
Greuel. Aber vielleicht verabscheut ihr etwas, das gut für euch ist. Und
vielleicht liebt ihr etwas, das schlecht für euch ist. Allah weiß, ihr aber
wißt (es) nicht. **217.** Sie werden dich über das Kämpfen im geschützten
Monat befragen. Sprich: »Kämpfen in ihm ist schlimm; aber Abwendig-
machen von Allahs Weg und vom Glauben an Ihn und (den Zutritt) zur
unverletzlichen Moschee (verwehren) und Sein Volk daraus vertreiben
ist bei Allah schlimmer. Verführung ist schlimmer als Töten! Und sie
werden nicht eher aufhören, euch zu bekämpfen, als bis sie euch von
euerem Glauben abtrünnig gemacht haben, sofern sie dies vermögen.
Wer sich aber von euch von seinem Glauben abtrünnig machen läßt und
als Ungläubiger stirbt, deren Werke sind vergeblich im Diesseits und im
Jenseits, und sind sie Bewohner des Feuers und verweilen ewig darin.
218. Siehe, die, welche glauben und für Allahs Sache auswandern und
streiten, sie hoffen wirklich auf Allahs Barmherzigkeit; und Allah ist ver-
zeihend und barmherzig. **219.** Sie werden dich befragen nach dem

* Vgl. Verse 190 ff.

Wein und dem Glücksspiel. Sprich: »In beidem liegt großes Übel und Nutzen für die Menschen. Ihr Übel ist jedoch größer als ihr Nutzen.« Und sie werden dich fragen, was sie spenden sollen. Sprich: »Das Entbehrliche.« So macht euch Allah die Botschaft klar. Vielleicht denkt ihr nach.

[35]**220.** Über diese Welt und das Jenseits. Und sie befragen dich über die Waisen. Sprich: »Sie zu fördern ist gut. Und wenn ihr das Leben mit ihnen teilt, sind sie euere Geschwister.« Und Allah unterscheidet den Missetäter vom Gerechten, und wenn Allah wollte, wahrlich, Er stürzte euch in Bedrängnis! Siehe, Allah ist mächtig und weise. **221.** Und heiratet keine Heidinnen, bevor sie gläubig geworden sind. Wahrlich, eine gläubige Sklavin ist besser als eine Heidin, so gut sie euch auch gefällt. Und verheiratet (euere Töchter) nicht an Heiden, bevor sie gläubig wurden. Wahrlich ein gläubiger Sklave ist besser als ein Heide, so gut er euch auch gefällt. Jene laden zum Feuer ein. Allah aber lädt mit Seiner Gnade zum Paradies ein und zur Verzeihung und macht den Menschen Seine Botschaft klar; vielleicht nehmen sie es sich zu Herzen. **222.** Und sie werden dich über die Menstruation befragen. Sprich: »Sie ist ein Leiden.« Enthaltet euch daher euerer Frauen während der Menstruation und naht ihnen erst wieder, wenn sie sich gereinigt haben. Sind sie jedoch rein, dann verkehrt mit ihnen, wie Allah es euch geboten hat. Siehe, Allah liebt die sich Bekehrenden und liebt die sich Reinigenden. **223.** Euere Frauen sind euch ein Saatfeld. Geht zu euerem Feld, wie ihr wollt; aber tut zuvor etwas für euere Seelen. Und fürchtet Allah und wisset, daß ihr Ihm begegnen werdet. Und verkünde den Gläubigen die frohe Botschaft. **224.** Und macht Allah mit eueren Schwüren nicht zu einem Hindernis dafür, fromm und gottesfürchtig zu sein und Frieden unter den Menschen zu stiften. Allah ist hörend und wissend.

[36]**225.** Allah wird euch für Unbedachtes in eueren Schwüren nicht strafen. Jedoch wird Er euch bestrafen für die (böse) Absicht in eueren Herzen. Und Allah ist verzeihend und milde. **226.** Für die, welche schwören, sich von ihren Frauen zu trennen, sind vier Monate Wartezeit festgesetzt. Geben sie dann ihr Vorhaben auf, so ist Allah verzeihend und

barmherzig. **227.** Doch wenn sie zur Scheidung entschlossen bleiben, dann ist Allah wahrlich hörend und wissend. **228.** Und die geschiedenen Frauen sollen warten, bis sie dreimal die Periode gehabt haben. Und es ist ihnen nicht erlaubt zu verheimlichen, was Allah in ihren Schößen erschaffen hat, wenn sie an Allah glauben und an den Jüngsten Tag. Und ihre Ehemänner haben das Vorrecht, sie in diesem Zeitraum zurückzunehmen, wenn sie sich aussöhnen wollen. Und den Frauen stehen in angemessener Weise die gleichen Rechte (wie den Männern) zu, doch haben die Männer (in dieser Hinsicht) das letzte Wort.* **229.** Der Scheidungsspruch ist zweimal (erlaubt), dann aber müßt ihr sie in Güte behalten oder im Guten entlassen. Und es ist euch nicht erlaubt, etwas von dem, was ihr ihnen gegeben hattet, zurückzunehmen, außer beide fürchteten, Allahs Gebote nicht halten zu können. Und wenn ihr fürchtet, daß beide Allahs Gebote nicht halten können, so begehen beide keine Sünde, wenn sie sich mit etwas loskauft.** Dies sind Allahs Schranken; übertretet sie daher nicht. Und wer Allahs Gebote übertritt, das sind die Ungerechten. **230.** Und wenn er die Scheidung (ein drittes Mal und damit unwiderruflich) ausspricht, ist sie ihm nicht mehr erlaubt, ehe sie nicht einen anderen Gatten geheiratet hat. Wenn dieser sie entläßt, so begehen beide keine Sünde, wenn sie wieder zueinander zurückkehren in der Annahme, Allahs Gebote erfüllen zu können. Dies sind die Schranken Allahs, die Er verständigen Leuten klarmacht.

[37]**231.** Und wenn ihr euch von eueren Frauen scheidet und ihre (Warte-)Frist ausläuft, dann haltet sie in Güte fest oder entlaßt sie in Güte. Doch haltet sie nicht fest, um ihnen Schaden zuzufügen. Wer dies tut, sündigt wider sich selbst. Und treibt keinen Spott mit Allahs Versen und gedenkt der Gnade Allahs gegen euch und des Buches und der Weisheit, die Er zu euch hinabsandte, um euch damit zu ermahnen. Und

* Da die Ehefrau im Falle der Scheidung ihr Brautgeld behält, ist die Scheidung auf ihr Begehren anderem Verfahren unterworfen als die Scheidung auf Begehren des Mannes. Eine Vorrangstellung ist daraus nicht herzuleiten.

** Indem sie dem Mann etwas von ihrem Brautgeld zurückgibt.

fürchtet Allah, und wisset, daß Allah über alles Bescheid weiß. **232.** Wenn ihr euch von eueren Frauen scheidet und ihre (Warte-)Frist ausläuft, dann hindert sie nicht, (andere) Gatten zu heiraten, wenn sie sich in angemessener Weise geeinigt haben. Dies ist eine Mahnung für denjenigen unter euch, der an Allah glaubt und an den Jüngsten Tag. Dies ist das Lauterste und Reinste für euch. Und Allah weiß, doch ihr wißt (es) nicht. **233**. Und die (geschiedenen) Mütter sollen ihre Kinder zwei volle Jahre stillen, sofern sie wünschen, daß das Stillen vollständig sei. Und dem Vater obliegt ihre angemessene Versorgung und Kleidung. Niemand soll über Vermögen belastet werden. Eine Mutter soll nicht wegen ihres Kindes bedrängt werden und ebensowenig der Vater wegen seines Kindes; und dasselbe gilt für den Erben. Wenn sie jedoch beide in gegenseitigem Einvernehmen nach Beratung das Kind entwöhnen wollen, so ist dies nicht zu tadeln. Und wenn ihr euer Kind säugen lassen wollt, so begeht ihr kein Vergehen, wenn ihr den ausbedungenen Lohn gebt, so wie es üblich ist. Und fürchtet Allah und wisset, daß Allah euer Tun sieht.

[38]**234.** Und diejenigen von euch, welche verscheiden und Gattinnen hinterlassen, so müssen diese vier Monate und zehn Tage warten. Haben sie aber ihre Frist erfüllt, so trifft euch keine Sünde, wenn sie auf passende Weise selbst über sich verfügen; und Allah ist mit dem vertraut ist, was ihr tut. **235.** Und es ist für euch kein Vergehen, wenn ihr (solchen) Frauen bereits den Vorschlag zur Verlobung macht* oder euch dies vornehmt. Gott weiß, daß ihr daran denkt. Jedoch verabredet nichts heimlich mit ihnen, es sei denn mit passenden Worten. Beschließt den Ehebund aber erst nach Ablauf der festgesetzten (Warte-)Frist und wisset, daß Allah dessen gewahr ist, was in eueren Herzen ist. Hütet euch deshalb vor Ihm und wisset, daß Allah verzeihend und mild ist. **236.** Ihr begeht keine Sünde, wenn ihr euch von eueren Frauen scheidet, bevor ihr sie berührt und ihnen ein Brautgeld ausgesetzt habt. Aber sorgt für sie in Billigkeit – der Bemittelte nach Vermögen und der Unbemittelte nach Vermögen; dies ist für die Rechtschaffenen Pflicht. **237.** Scheidet

* Innerhalb der vier Monate und zehn Tage (Vers 234).

ihr euch von ihnen zwar, bevor ihr sie berührt habt, hattet ihnen aber ein Brautgeld ausgesetzt, dann zahlt die Hälfte von dem, was ihr ausgesetzt hattet, es sei denn, sie verzichten oder der, in dessen Hand der Ehebund ist.* Der Verzicht steht aber der Frömmigkeit näher. Und vergeßt nicht die Güte gegeneinander. Siehe, Allah sieht, was ihr tut.

[39]**238.** Beobachtet das Gebet und (besonders) das mittlere Gebet** und steht vor Gott in Ehrfurcht. **239.** Und wenn ihr in Furcht seid, (betet) im Gehen oder beim Reiten. Und wenn ihr in Sicherheit seid, so gedenkt Allahs, wie Er euch das lehrte, was ihr nicht wußtet. **240.** Und diejenigen von euch, welche verscheiden und Gattinnen hinterlassen, sollen ihren Gattinnen letztwillig Versorgung für ein Jahr vermachen, ohne sie aus (dem Hause) zu weisen. Gehen sie jedoch weg, so trifft euch keine Schuld, wenn sie nach Billigkeit über sich selbst verfügen. Und Allah ist mächtig und weise. **241.** Und auch den Geschiedenen seien Unterhaltsleistungen nach Billigkeit festgesetzt; dies ist eine Pflicht für die Gottesfürchtigen. **242.** So macht euch Allah Seine Botschaft klar, auf daß ihr versteht. **243.** Sahst du nicht die, welche aus Todesfurcht zu Tausenden ihre Wohnungen verließen?*** Allah sprach zu ihnen: »Sterbt!« Dann machte Er sie wieder lebendig. Siehe, Allah ist voll Güte gegen die Menschen; jedoch danken (es) Ihm die meisten Menschen nicht. **244.** Und kämpft auf Allahs Weg, und wisset, daß Allah hörend und wissend ist. **245.** Wer ist es, der Allah ein schönes Darlehen leiht? Er wird es ihm um viele Male verdoppeln. Und Allah gibt mehr oder weniger. Und zu Ihm müßt ihr zurück.

[40]**246.** Wußtest du nicht von der Versammlung der Kinder Israels nach Moses' (Tod), als sie zu ihrem Propheten sprachen: »Erwecke uns einen König; wir wollen auf Allahs Weg kämpfen.«**** Er sprach: »Ist es nicht so: Wenn euch vorgeschrieben wird zu kämpfen, kämpft ihr

* Der Vormund im Falle einer minderjährigen Braut.

** Das mitten in die geschäftigste Zeit des Arbeitstages fällt.

*** Historischer Zusammenhang unklar.

**** 1. Samuel 8,5.

nicht?« Sie sprachen: »Warum sollten wir nicht auf Allahs Weg kämpfen, wo wir aus unseren Wohnungen und von unseren Kindern vertrieben sind?« Doch als ihnen nun der Kampf vorgeschrieben war, kehrten sie den Rücken, mit Ausnahme weniger von ihnen. Und Allah kennt die Ungerechten. **247.** Und ihr Prophet sagte zu ihnen: »Seht, Allah hat euch den Saul* zum König eingesetzt.« Sie sprachen: »Wie soll ihm das Königreich über uns zustehen, wo wir des Königreiches würdiger sind als er und ihm kein ausreichender Besitz gegeben wurde?« Er sagte: "Fürwahr, Allah hat ihn vor euch auserwählt und ihm großes Wissen und körperliche Vorzüge verliehen. Und Allah gibt Sein Königreich, wem Er will, und Allah ist allumfassend und wissend.« **248.** Und ihr Prophet sprach zu ihnen: »Seht, ein Zeichen seines Königtums ist es, daß die Bundeslade zu euch kommen wird, in der die friedenspendende Gegenwart** eueres Herrn ist und alles, was das Haus Moses und das Haus Aaron hinterlassen haben; die Engel werden sie tragen. Siehe, hierin ist wahrlich ein Zeichen für euch, sofern ihr Gläubige seid.«

[41]**249.** Und als nun Saul mit seinen Scharen in den Kampf zog, sprach er: »Siehe, Allah wird euch mit einem Fluß prüfen. Wer aus ihm trinkt, gehört nicht zu mir, und wer nicht von ihm kostet, der gehört zu mir, außer dem, der mit seiner Hand nur eine Handvoll schöpft.« Aber sie tranken davon, mit Ausnahme weniger. Und als er und die Gläubigen bei ihm den Fluß überquert hatten, sprachen sie: »Wir spüren heute keine Kraft gegen Goliath und seine Scharen.« Da sprachen die, welche sicher waren, Allah zu begegnen: »Wie oft hat ein kleiner Haufen mit Allahs Willen eine große Schar besiegt! Und Allah ist mit den Standhaften.« **250.** Und als sie gegen Goliath und seine Schar loszogen, sprachen sie: »Unser Herr, verleihe uns viel Standhaftigkeit und festige unsere Schritte und hilf uns gegen das Volk der Ungläubigen!« **251.** Und so schlugen sie sie mit Allahs Willen, und David erschlug Goliath. Und Allah gab ihm das Königtum und die Weisheit und lehrte ihn, was Er

* Arabisch: Tâlût.
** Die Sakina.

wollte. Und wenn Allah nicht die einen Menschen durch die anderen in
Schranken hielte, wahrlich, die Erde wäre voller Unheil. Aber Allah ist
voll Güte gegen alle Welt. **252.** Dies ist Allahs Botschaft. Wir verkünden
sie dir in Wahrheit; denn siehe, du bist wahrlich einer der Entsandten.

[42]**253.** Die Gesandten – einigen von ihnen gaben Wir Vorrang vor
den anderen. Zu einigen von ihnen sprach Allah, andere erhöhte Er auf
andere Weise im Rang. Und Wir gaben Jesus, dem Sohn der Maria, die
klaren Beweise und stärkten ihn durch heilige Eingebung. Und wenn
Allah wollte, dann hätten die Späteren nicht gestritten, nachdem die kla-
ren Beweise ihnen bereits vorlagen. Aber sie blieben uneinig: Die einen
von ihnen glaubten, und die anderen wurden ungläubig. Und wenn Allah
wollte, hätten sie nicht gestritten. Jedoch Allah tut, was Er will. **254.** O
ihr, die ihr glaubt! Spendet von dem, womit Wir euch versorgten, bevor
ein Tag kommt, an dem kein Handel ist und keine Freundschaft und
keine Fürbitte. Und die Ungläubigen sind Ungerechte. **255.** Allah! Es
gibt keinen Gott außer Ihm, dem Lebendigen, dem Beständigen! Ihn
überkommt weder Schlummer noch Schlaf. Sein ist, was in den Him-
meln und was auf Erden ist. Wer ist es, der da Fürsprache bei Ihm einlegte
ohne Seine Erlaubnis? Er weiß, was zwischen ihren Händen ist und was
hinter ihnen liegt.* Doch sie begreifen nichts von Seinem Wissen, außer
was Er will. Weit reicht Sein Thron über die Himmel und die Erde, und es
fällt Ihm nicht schwer, beide zu bewahren. Und Er ist der Hohe, der
Erhabene.** **256.** Kein Zwang im Glauben!*** Klar ist nunmehr das
Rechte vom Irrtum unterschieden. Wer die falschen Götter verwirft und
an Allah glaubt, der hat den festesten Halt erfaßt, der nicht reißen wird.
Und Allah ist hörend und wissend.

[43]**257.** Allah ist der Beschützer der Gläubigen. Er führt sie aus tiefer
Finsternis zum Licht. Die Ungläubigen aber, ihre Freunde sind bloße

* Er kennt Gegenwart und Zukunft.

** Der berühmte Thronvers.

*** Dies ist sowohl das Verbot, in Glaubensfragen Gewalt anzuwenden, wie die Feststellung, daß solcher Zwang ein untauglicher Versuch wäre.

Götzen. Diese führen sie aus dem Licht in tiefe Finsternis. Sie sind die Bewohner des Feuers und verweilen ewig darin. **258.** Sahst du nicht den,* der mit Abraham über seinen Herrn stritt, weil Allah ihm das Königreich gegeben hatte? Da sprach Abraham: »Mein Herr ist der, welcher lebendig macht und sterben läßt.« Er sprach: »Ich bin derjenige, der lebendig macht und tötet.« Abraham sprach: »Siehe, Allah bringt die Sonne vom Osten, so bring du sie vom Westen!« Da war der Ungläubige zum Schweigen gebracht. Allah leitet nicht die Ungerechten. **259.** Oder den, welcher an einer Stadt vorüberging, die wüst in Trümmern lag. Er sprach: »Wie kann Allah dieser nach ihrer Zerstörung wieder Leben verleihen?« Da ließ ihn Allah hundert Jahre gestorben sein. Dann erweckte Er ihn und fragte: »Wie lange warst du abwesend?« Er antwortete: »Ich verweilte einen Tag oder den Teil eines Tages.« Er sprach: »Nein, du bliebst hundert Jahre weg! Betrachte deine Speise und deinen Trank: sie sind nicht verdorben. Und betrachte deinen Esel!** Wir machten dich so zu einem Zeichen für die Menschen. Und betrachte die Knochen, wie Wir sie zusammensetzen und alsdann mit Fleisch bekleiden.« Und als ihm dies alles klargemacht worden war, sagte er: »Ich weiß (jetzt), daß Allah aller Dinge mächtig ist.«

[44]**260.** Und als Abraham sprach: »Mein Herr, zeige mir, wie du die Toten lebendig machst!«, sprach Er: »Glaubst du etwa noch nicht?« Er sagte: »Doch! Aber ich möchte in meinem Herzen ganz sicher sein.« Er sprach: »So nimm vier Vögel und zähme sie.*** Dann setze auf jeden Berg einen von ihnen. Dann rufe sie, und sie werden eilends zu dir kommen. Und wisse, daß Allah mächtig und weise ist.« **261.** Die ihr Vermögen auf Allahs Weg ausgeben, gleichen einem Korn, das in sieben Ähren schießt, in jeder Ähre hundert Körner. Und Allah gibt doppelt, wem Er will, und Allah ist umfassend und wissend. **262.** Die ihr Ver-

* Nimrod.

** Zum Beweis, daß Gott alles möglich ist, auch Tote zu erwecken und Lebendes vor Alterung zu bewahren.

*** Vgl. hierzu Genes. 15, 9 f.

mögen auf Allahs Weg ausgeben und, nachdem sie gespendet haben, ihr Verdienst nicht herausstellen und keine Gefühle verletzen, die finden ihren Lohn bei ihrem Herrn. Keine Furcht wird über sie kommen, und sie werden nicht traurig sein. **263.** Freundliche Worte und Verzeihung sind besser als ein Almosen, dem Verletzendes folgt. Und Allah ist reich und milde. **264.** O ihr, die ihr glaubt! Entwertet euere Almosen nicht durch Vorhaltungen und Verletzen von Gefühlen, wie derjenige, der Geld spendet, um von den Leuten gesehen zu werden, und nicht an Allah und den Jüngsten Tag glaubt. Sein Gleichnis ist ein Felsen mit Erdreich darüber. Es trifft ihn ein Platzregen und läßt ihn hart. Sie richten mit ihren guten Werken nichts aus. Allah leitet nicht das ungläubige Volk.

[45]**265.** Doch das Gleichnis jener, welche ihr Vermögen im Verlangen nach Allahs Wohlgefallen und aus innerer Überzeugung ausgeben, ist das Gleichnis eines Gartens auf einem Hügel. Es trifft ihn ein Platzregen, und da bringt er die doppelte Menge an Früchten hervor. Und wenn ihn kein Platzregen trifft, so doch Tau. Und Allah sieht, was ihr tut. **266.** Wünscht einer von euch etwa, daß er einen Garten besitzt, mit Palmen und Reben und durcheilt von Bächen, in dem er allerlei Früchte hat; und daß ihn dann das Alter trifft, während er noch schwache Sprößlinge hat; und daß ihn* ein feuriger Wirbelsturm trifft und er verbrennt? So erklärt euch Allah die Zeichen; vielleicht beherzigt ihr sie. **267.** O ihr, die ihr glaubt! Spendet von dem Guten, das ihr erwarbt, und von dem, was Wir für euch aus der Erde hervorkommen lassen. Und sucht darunter nichts Schlechtes zum Spenden aus – etwas, das ihr selber nicht nehmen würdet, ohne dabei ein Auge zuzudrücken. Und wisset, daß Allah unabhängig und des Lobes würdig ist. **268.** Satan droht euch Armut an und befiehlt euch Schändliches. Allah aber verheißt euch Seine Vergebung und Huld. Und Allah ist allumfassend und wissend. **269.** Er gibt die Weisheit, wem Er will. Und wem Weisheit gegeben wurde, dem wurde ein hohes Gut gegeben; doch keiner beherzigt es, außer den Verständigen.

* Den Garten.

[46]**270.** Und was ihr als Spende spendet oder als Gelübde gelobt, siehe, Allah weiß es. Und die Ungerechten finden keine Retter. **271.** Wenn ihr euere Almosen öffentlich gebt, so ist es gut. Doch ist es besser für euch, wenn ihr es verbergt und sie den Armen gebt; dies sühnt euere Missetaten. Und Allah kennt euer Tun. **272.** Nicht dir obliegt ihre Leitung, sondern Allah leitet, wen Er will. Und was ihr an Gutem spendet, das ist für euch selbst. Und spendet nicht, es sei denn aus Verlangen nach Allahs Angesicht. Und was ihr an Gutem spendet, soll euch erstattet werden. Und euch soll kein Unrecht geschehen. **273.** (Spendet besonders) für die Bedürftigen auf Allahs Weg, die daran gehindert sind, für sich selbst zu sorgen. Der Unwissende hält sie wegen ihrer Bescheidenheit für ausreichend begütert. Du erkennst sie aber an ihrem Auftreten. Sie betteln die Leute nicht an. Und was ihr an Gutem spendet, Allah weiß es. **274.** Die, welche von ihrem Besitz bei Nacht und am Tage, im verborgenen und öffentlich spenden, die haben ihren Lohn bei ihrem Herrn; keine Furcht soll über sie kommen, und sie sollen nicht traurig sein.

[47]**275.** Die, welche Zins verzehren, sollen nicht anders dastehen als einer, den der Satan erfaßt und niedergeschlagen hat. Dies, weil sie sagen: »Kauf ist das gleiche wie Zinsnehmen.« Allah hat den Kauf erlaubt, aber Zinsnehmen verboten. Wer eine Ermahnung (wie diese) von seinem Herrn erhält und dann (mit Zinsnehmen) aufhört, der darf das Erhaltene behalten. Seine Sache ist bei Allah. Wer es aber von neuem tut – die sind die Bewohner des Feuers und werden ewig darin verweilen. **276.** Allah läßt den Zins dahinschwinden; verzinsen wird Er aber die Almosen. Und Allah liebt keinen Ungläubigen und Sünder. **277.** Siehe, wer da glaubt und das Rechte tut und das Gebet verrichtet und die Steuer zahlt, deren Lohn ist bei ihrem Herrn; keine Furcht soll über sie kommen, und sie sollen nicht traurig sein. **278.** O ihr, die ihr glaubt! Fürchtet Allah und verzichtet auf den noch ausstehenden Zins, wenn ihr (wirkliche) Gläubige seid. **279.** Tut ihr es nicht, dann ist euch Krieg von Allah und Seinem Gesandten erklärt. Wenn ihr aber umkehrt, sollt ihr euer (verliehenes) Kapital (im Nennwert) zurückerhal-

ten.* Tut nicht Unrecht, auf daß ihr nicht Unrecht erleidet. **280.** Wenn jemand in (Zahlungs-)Schwierigkeiten ist, so übt Nachsicht, bis es ihm leichtfällt. Erlaßt ihr ihm (die Schuld) aber als Almosen, so ist es für euch besser, wenn ihr es nur wüßtet. **281.** Und fürchtet den Tag, an dem ihr zu Allah zurückkehren müßt. Alsdann erhält jede Seele ihren Lohn nach Verdienst, und es soll ihnen kein Unrecht geschehen.

[48]**282.** O ihr, die ihr glaubt! Wenn es bei euch um eine Schuld auf einen bestimmten Termin geht, so schreibt es auf. Und ein Schreiber schreibe es euch auf wie es Rechtens ist. Und kein Schreiber weigere sich zu schreiben, wie Allah es ihn gelehrt hat. Er schreibe denn, und der Schuldner diktiere. Und er fürchte Allah, seinen Herrn, und lasse nichts weg. Ist der Schuldner aber geistig oder körperlich schwach oder unfähig zu diktieren, so diktiere sein Sachwalter für ihn, wie es Rechtens ist. Und nehmt von eueren Leuten zwei zu Zeugen. Sind nicht zwei Männer da, dann sei es ein Mann und zwei Frauen, die euch als Zeugen passend erscheinen, so daß, wenn eine der beiden irrt, die andere sie erinnern kann. Und die Zeugen sollen sich nicht weigern, wenn sie gerufen werden. Und verschmäht es nicht, es niederzuschreiben, ob die Schuld klein oder groß ist, samt ihrem Termin. Dies ist für euch gerechter vor Allah und bestätigt das Zeugnis besser und hütet euch sicherer vor Zweifeln. Ist aber die Ware vorhanden und ihr übergebt sie, einer dem andern, dann begeht ihr kein Unrecht, wenn ihr nichts aufschreibt. Aber nehmt Zeugen für euere Handelsgeschäfte. Und weder dem Schreiber noch dem Zeugen drohe ein Nachteil. Sonst ist es eine Sünde von euch. Und fürchtet Allah; denn Allah lehrt euch, und Allah kennt alle Dinge.

[49]**283.** Und wenn ihr auf Reisen seid und keinen Schreiber findet, soll ein Pfand genommen werden. Und falls einer von euch dem anderen etwas anvertraut, gebe der, dem das Unterpfand anvertraut ist, es (nach Abwicklung des Geschäfts) wieder zurück und fürchte Allah, seinen Herrn. Und unterdrückt das Zeugnis nicht. Wer es unterdrückt, des-

* Die den Zins betreffenden Verse 275-280 (al-ayăt ar-ribă) gehören zu den zuletzt geoffenbarten Passagen des Korans.

sen Herz ist fürwahr böse. Und Allah weiß, was ihr tut. **284.** Allahs ist, was in den Himmeln und was auf Erden ist. Und ob ihr offenbart, was in eueren Seelen ist oder es verbergt, Allah wird euch dafür zur Rechenschaft ziehen. Und Er verzeiht, wem Er will, und straft, wen Er will. Und Allah ist aller Dinge mächtig. **285.** Der Gesandte glaubt an das, was ihm von seinem Herrn herabgesandt wurde, und ebenso die Gläubigen. Alle glauben an Allah und Seine Engel und Seine Schriften und Seine Gesandten und machen keinen Unterschied zwischen Seinen Gesandten. Und sie sprechen: »Wir hören und gehorchen. Schenke uns Deine Vergebung, unser Herr! Und zu Dir ist die Heimkehr!« **286.** Allah belastet niemand über Vermögen. Jedem wird zuteil, was er verdient hat, und über jeden kommt nach seinem Verschulden. »Unser Herr, strafe uns nicht für Vergeßlichkeit und Fehler. Unser Herr, bürde uns keine Last auf, wie Du sie denen vor uns aufgebürdet hast. Unser Herr, laß uns nicht tragen, wozu unsere Kraft nicht ausreicht, und vergib uns und verzeihe uns und erbarme Dich unser! Du bist unser Beschützer. Und hilf uns gegen das Volk der Ungläubigen.«

3 Das Haus Imran (Ãli 'Imrân)

Geoffenbart zu Medina

Im Namen Allahs, des Erbarmers, des Barmherzigen!

[50]**1.** A. L. M. **2.** Allah – es gibt keine Gottheit außer Ihm, dem Lebendigen, dem Ewigen. **3.** Er hat auf dich das Buch in Wahrheit herabgesandt, bestätigend, was ihm vorausging. Und Er sandte hinab die Thora und das Evangelium – **4.** (Schon) zuvor – als eine Rechtleitung für die Menschen; und Er sandte ihnen (den Maßstab zur) Unterscheidung.* Diejenigen, welche Allahs offenbarte Botschaft verleugnen, erwartet strenge Strafe. Und Allah ist der Erhabene, der Herr der Vergeltung. **5.** Allah – Ihm ist auf Erden und im Himmel gewiß nichts verborgen. **6.** Er ist es, Der euch in den Mutterschößen bildet, wie Er will. Es gibt keinen Gott außer Ihm,

* Al-furqan, auch das Kriterium, die Norm.

dem Erhabenen, dem Weisen! **7.** Er ist es, Der auf dich das Buch herabsandte. In ihm sind eindeutig klare Verse – sie sind die Mutter des Buchs★ – und andere, mehrdeutige. Diejenigen nun, deren Herzen zum Abweichen neigen, suchen vor allem das Mehrdeutige darin, um Uneinigkeit zu verursachen und es (nach eigenem Gutdünken) auszulegen. Seine Deutung kennt jedoch niemand außer Allah. Und die mit fundiertem Wissen sprechen: »Wir glauben daran. Das eine wie das andere ist von unserem Herrn.« Aber nur die Verständigen beherzigen es. **8.** Unser Herr, laß unsere Herzen nicht mehr irregehen, nachdem Du uns geleitet hast, und gib uns aus Deiner Gnadenfülle! Siehe, Du bist der Schenkende. **9.** Unser Herr, Du wirst gewiß die Menschen an einem Tage versammeln, an dem kein Zweifel ist. Wahrlich, Allah bricht Sein Versprechen nicht.

[51]**10.** Siehe, die Ungläubigen – weder ihr Vermögen noch ihre Kinder helfen ihnen etwas gegen Allah; sie sind Brennstoff des Feuers. **11.** Nach dem Brauch des Volkes Pharaos und derer, die vor ihnen waren, erklären sie Unsere Zeichen für Lügen. Und Allah ergriff sie in ihrer Schuld; denn Allah ist streng im Strafen. **12.** Sprich zu den Ungläubigen: »Ihr sollt besiegt und zur Hölle versammelt werden; eine schlimme Lagerstätte.« **13.** Für euch gab es bereits ein Zeichen, als zwei Gruppen aufeinander stießen: Eine Gruppe kämpfte auf Allahs Weg, die andere war ungläubig. Die letzteren sahen sie mit eigenen Augen als doppelt soviel als sie selber.★★ Und Allah stärkt mit Seiner Hilfe, wen Er will. Siehe, hierin ist wahrlich eine Lehre für die Verständigen. **14.** Den Menschen ist es eine Lust, sich an Frauen und Kindern, aufgespeicherten Schätzen an Gold und Silber, Rassepferden, Herden und Ackerland zu erfreuen. So ist der Nießbrauch des Lebens im Diesseits. Aber Allah – bei Ihm ist die schönste Heimstatt. **15.** Sprich: »Soll ich euch Besseres als dies verkünden?« Die Gottesfürchtigen finden bei ihrem Herrn Gärten, durcheilt von Bächen, ewig darin zu verweilen, und reine Partner und Allahs Wohlgefallen. Und Allah sieht Seine Diener wohl,

★ Die Urschrift bei Gott.

★★ Dies ereignete sich vor der Schlacht von Badr (624).

[52]**16.** Diejenigen, welche sprechen: »Unser Herr, wir glauben wirk-
lich! Vergib uns daher unsere Sünden und bewahre uns vor der Feuers-
pein« **17.** – Die Standhaften und die Wahrhaften und die Andachtsvollen
und die Spendenden und die im Morgengrauen um Verzeihung Flehen-
den. **18.** Bezeugt hat Allah – und auch die Engel und die Wissenden –,
daß es keinen Gott gibt außer Ihm, dem Wahrer der Gerechtigkeit. Es
gibt keinen Gott außer Ihm, dem Erhabenen, dem Weisen. **19.** Siehe, die
Religion bei Allah ist der Islam.* Und die, denen die Schrift gegeben
wurde, wurden erst uneins, nachdem das Wissen zu ihnen gekommen
war – aus Neid aufeinander. Und wer die Zeichen Allahs verleugnet –
siehe, Allah ist schnell im Abrechnen. **20.** Und wenn sie mit dir streiten,
so sprich: »Ich habe mich völlig Allah ergeben** und ebenso diejenigen,
welche mir folgen.« Und sprich zu jenen, denen die Schrift gegeben
wurde und zu den Unbelehrten:*** »Werdet ihr Muslime?« Falls sie
Muslime werden, sind sie geleitet. Kehren sie sich jedoch ab, dann ob-
liegt dir nur die Predigt. Und Allah sieht Seine Diener. **21.** Siehe, jene,
die nicht an Allahs Zeichen glauben und die Propheten widerrechtlich
töten und von den Menschen ermorden, wer immer ihnen Rechtschaf-
fenheit befiehlt – ihnen verkünde schmerzliche Strafe. **22.** Sie sind es,
deren Werke nichtig sind, im Diesseits und im Jenseits; und sie finden
keine Helfer.

[53]**23.** Hast du nicht jene gesehen, denen (bereits) ein Teil der Schrift
gegeben worden war? Sie sind aufgefordert worden, das Buch Allahs
als ihre Richtschnur anzunehmen. Da kehrte ein Teil von ihnen den
Rücken und wandte sich ab, **24.** Indem sie sprachen: »Das Feuer wird
uns nicht berühren, es sei denn für einige abgezählte Tage.« So betrog sie
in ihrem Glauben, was sie sich selber ausgedacht hatten. **25.** Aber wie,
wenn Wir sie an einem Tag versammeln, an dem kein Zweifel ist und an
dem jeder Seele nach Verdienst vergolten wird? Und sie sollen kein

* Im Sinne von Hingabe an Gott.

** Ich bin Muslim.

*** Den heidnischen Arabern.

Unrecht erleiden. **26.** Sprich: »O Allah, Herrscher aller Herrscher! Du gibst (irdische) Herrschaft, wem Du willst, und nimmst die Herrschaft, wem Du willst. Und Du ehrst, wen Du willst, und demütigst, wen Du willst. In Deiner Hand ist das Gute. Wahrlich, Du hast Macht über alle Dinge. **27.** Du läßt die Nacht in den Tag übergehen und den Tag übergehen in die Nacht. Und Du läßt das Lebendige aus dem Toten erstehen und das Tote aus dem Lebendigen und versorgst, wen Du willst, ohne Maß.« **28.** Die Gläubigen sollen sich nicht die Ungläubigen zu Beschützern nehmen, unter Zurücksetzung der Gläubigen. Wer solches tut, der findet von Allah in nichts Hilfe – es sei denn, ihr schützt euch so vor ihnen.* Beschützen aber wird euch Allah Selber, und zu Allah geht die Heimkehr. **29.** Sprich: »Ob ihr verbergt, was in eueren Brüsten ist oder es kundtut, Allah weiß es. Er weiß, was in den Himmeln und was auf Erden ist; und Allah hat Macht über alle Dinge.«

[54]**30.** An dem Tage, an dem jede Seele vorfinden wird, was sie an Gutem und was sie an Bösem getan hat, wird sie wünschen, daß zwischen ihr und ihm** eine große (zeitliche) Entfernung wäre. Und Allah warnt euch vor Sich Selber. Doch Allah ist überaus gütig gegen Seine Diener. **31.** Sprich: »Wenn ihr Allah liebt, dann folgt mir. Dann wird euch Allah lieben und euch euere Sünden verzeihen; denn Allah ist verzeihend und barmherzig.« **32.** Sprich: »Gehorcht Allah und dem Gesandten; denn wenn ihr den Rücken kehrt – Allah liebt die Ungläubigen nicht.« **33.** Siehe, Allah erwählte Adam und Noah und das Haus Abraham und das Haus 'Imrân*** vor allen Menschen, **34.** Einer des anderen Nachkommen; und Allah ist hörend und wissend. **35.** Als die Frau von (dem Hause) 'Imrân betete: »Mein Herr, ich gelobe Dir zu eigen, was in meinem Schoße ist. So nimm es von mir an. Siehe, Du bist der Hörende, der Wissende.« **36.** Und als sie es geboren hatte, sprach sie: »Mein Herr,

* Dann handelt es sich um ein »Bündnis«, das man nicht ablehnen kann, ohne den (stärkeren) nichtmuslimischen Partner zu provozieren.

** Dem Jüngsten Tag.

*** 'Imran, der biblische Amram, Vater von Aaron.

siehe, ich habe ein Mädchen geboren.« Allah wußte wohl, was sie geboren hatte; denn ein Junge ist nicht wie ein Mädchen. »Und ich habe es Maria genannt. Ich empfehle sie und ihre Nachkommen in Deine Hut vor dem gesteinigten Satan.« **37.** Und so nahm Allah sie von ihr huldreich an und ließ sie in holdem Wachstum wachsen. Und Zacharias pflegte sie. Sooft Zacharias zu ihr in den Tempel trat, fand er bei ihr Nahrung. Da fragte er: »O Maria, woher hast du das?« Sie antwortete: »Es ist von Allah. Fürwahr, Allah versorgt, wen Er will, ohne zu rechnen.«

[55]**38.** Da rief Zacharias zu seinem Herrn und sprach: »Mein Herr, gib mir von Dir gute Nachkommen; Du erhörst ja die Gebete!« **39.** Und während er zum Gebete im Tempel stand, riefen ihm die Engel zu: »Allah verheißt dir Johannes, den Bestätiger eines Wortes von Allah, einen Herrn, einen Asketen und Propheten, einen der Rechtschaffenen.« **40.** Er sagte: »Mein Herr, wie soll ich einen Jungen erhalten, wo das Alter über mich gekommen und meine Frau unfruchtbar ist?« Er sprach: »Allah bewirkt, was Er will.« **41.** Er sagte: »Mein Herr, gib mir ein Zeichen.« Er sprach: »Dein Zeichen ist, daß du drei Tage lang nicht zu den Leuten sprechen wirst, außer durch Gesten. Und gedenke deines Herrn häufig und preise Ihn am Abend und am Morgen.« **42.** Und als die Engel sprachen: »O Maria! Wahrlich Allah hat dich auserwählt und gereinigt und vor den Frauen aller Welt erwählt. **43.** O Maria! Sei andachtsvoll vor deinem Herrn und wirf dich nieder und verneige dich mit den sich Verneigenden.« **44.** Dies ist einer der Berichte über das Verborgene, die Wir dir offenbaren. Denn du warst nicht bei ihnen, als sie ihre Losröhrchen warfen, wer von ihnen Maria pflegen sollte. Und du warst nicht bei ihnen, als sie miteinander stritten. **45.** Als die Engel sprachen: »O Maria! Wahrlich, Allah verkündet dir (frohe Botschaft) durch ein Wort von Ihm: (einen Sohn), sein Name ist Messias, Jesus, der Sohn der Maria, angesehen in dieser Welt und im Jenseits, einer der (Allah) Nahestehenden.

[56]**46.** Und er wird in der Wiege und im Mannesalter zu den Menschen reden und einer der Rechtschaffenen sein.« **47.** Sie sagte: »Mein Herr, wie soll ich einen Sohn bekommen, wo mich doch kein Mann berührte?« Er sprach: »Allah schafft, was Er will. Wenn Er eine Sache

beschlossen hat, spricht Er nur zu ihr ›Sei!‹ und sie ist.« **48.** Und Er wird
ihn das Buch und die Weisheit und die Thora und das Evangelium leh-
ren **49.** Und ihn zu den Kindern Israels entsenden: »Siehe, ich komme mit
einem Zeichen von euerem Herrn zu euch. Wahrlich, ich will euch aus
Ton die Gestalt eines Vogels formen und in sie hauchen. Und mit Allahs
Erlaubnis soll sie ein Vogel werden. Und ich will den Blindgeborenen und
Aussätzigen heilen und mit Allahs Erlaubnis die Toten lebendig machen,
und ich will euch verkünden, was ihr essen und was ihr in eueren Häusern
aufspeichern sollt. Siehe, hierin ist wahrlich ein Zeichen für euch, wenn
ihr gläubig seid. **50.** Und (ich komme zu euch) als ein Bestätiger der
Thora, die bereits vor mir da war, und um euch einen Teil von dem zu er-
lauben, was euch verboten war. Und ich komme zu euch mit einem Zei-
chen von euerem Herrn. So fürchtet Allah und gehorcht mir; **51.** Allah ist
ja mein Herr und euer Herr. So betet zu Ihm. Das ist der gerade Weg.« **52.**
Und als Jesus ihren Unglauben wahrnahm, sprach er: »Welches sind meine
Helfer auf dem Weg zu Allah?« Die Jünger sprachen: »Wir sind Allahs Hel-
fer. Wir glauben an Allah und bezeugen, daß wir gottergeben sind.

[57]**53.** Unser Herr, wir glauben an das, was Du herabgesandt hast,
und folgen dem Gesandten. Darum zähle uns unter die Bezeugenden.«
54. Und sie schmiedeten Pläne, und Allah schmiedete Pläne; und Allah
ist der beste Planer. **55.** Damals sprach Allah: »O Jesus! Ich will dich
verscheiden lassen und zu Mir erheben. Und will dich von den Ungläu-
bigen befreien und diejenigen, welche dir folgen, über die Ungläubigen
setzen, bis zum Tage der Auferstehung. Dann ist zu Mir euere Wieder-
kehr, und Ich will zwischen euch über das richten, worin ihr uneins
wart. **56.** Was aber die Ungläubigen anlangt, so werde Ich sie schwer
bestrafen, im Diesseits und im Jenseits; und sie werden keine Helfer fin-
den.« **57.** Was aber die anlangt, die glauben und das Rechte tun, so wird
Er ihnen ihren Lohn auszahlen. Und Allah liebt nicht die Ungerechten.
58. So tragen Wir dir Unsere Verse und diese weise Ermahnung vor.
59. Wahrlich, Jesus ist vor Allah gleich Adam.* Er erschuf ihn aus Staub.

* Beide von Gott unmittelbar geschaffene menschliche Wesen.

Dabei sprach Er zu ihm »Sei!«, und er war. **60.** Die Wahrheit von deinem Herrn! Darum sei kein Zweifler. **61.** Wenn also jemand mit dir darüber streitet – nach dem, was dir an Wissen gewährt wurde –, so sprich: »Kommt herbei! Laßt uns unsere Söhne und euere Söhne rufen, unsere Frauen und euere Frauen, uns selbst und euch. Dann wollen wir zu Allah flehen und Seinen Fluch auf die Lügner herabbeschwören.«*

[58]**62.** Siehe, dies ist ein wahrer Bericht. Und es gibt keine Gottheit außer Allah. Und siehe, Allah ist wahrlich der Erhabene, der Weise. **63.** Und falls ihr den Rücken kehrt, fürwahr, Allah kennt die Missetäter. **64.** Sprich: »O Leute der Schrift! Kommt herbei! Einigen wir uns darauf, daß wir Allah allein dienen und nichts neben Ihn stellen und daß die einen von uns die anderen nicht zu Herren neben Allah annehmen.« Und wenn sie den Rücken kehren, dann sprecht: »Bezeugt, daß wir Gottergebene (Muslime) sind.« **65.** O Leute der Schrift! Warum streitet ihr über Abraham, wo die Thora und das Evangelium erst nach ihm herabgesandt wurden? Habt ihr denn keinen Verstand? **66.** Streitet über das, worüber ihr Bescheid wißt! Weshalb streitet ihr über das, wovon ihr nichts wißt? Allah weiß, ihr aber wißt nicht. **67.** Abraham war weder Jude noch Christ; vielmehr war er rechtgläubig,** ein Gottergebener und keiner derer, die Gott Gefährten geben. **68.** Siehe, diejenigen Menschen, die Abraham am nächsten stehen, sind wahrlich jene, die ihm folgen, und das sind der Prophet und die Gläubigen. Und Allah ist der Hort der Gläubigen. **69.** Ein Teil von den Leuten der Schrift möchte euch verführen, doch verführen sie nur sich selber und wissen es nicht. **70.** O Leute der Schrift! Weshalb verleugnet ihr die Botschaft Allahs, wo ihr doch selbst Zeugen dafür seid?

[59]**71.** O Leute der Schrift! Weshalb vermengt ihr Wahres mit Erlogenem und verbergt die Wahrheit wider besseres Wissen? **72.** Und einige von den Leuten der Schrift sprachen: »Glaubt bei Anbruch des Tages an

* Eine Einladung an die Christen von Nadschran, sich hinsichtlich ihrer Auffassung von der Natur Jesu einer Art »Urteil kraft Gebets« zu stellen.

** Ein früher Monotheist (arab.: al-hanif); vgl. 2:135.

das, was zu den Gläubigen hinabgesandt wurde, und leugnet es an seinem Ende ab.* Vielleicht kehren sie um. **73.** Aber traut nur denen, die euere Religion befolgen.« Sprich: »Siehe, die (wahre) Rechtleitung ist Allahs Leitung. (Sie sagen ferner): »Fürchtet ihr, daß einem anderen gegeben wird, was euch gegeben wurde, oder daß man mit euch vor euerem Herrn streitet?«** Sprich: »Siehe, alle Gnade ist in Allahs Hand. Er gewährt sie, wem Er will. Und Allah ist allumfassend und wissend. **74.** Er zeichnet mit Seiner Barmherzigkeit aus, wen Er will; und Allah ist voll großer Huld.« **75.** Und unter den Leuten der Schrift gibt es manchen, der, wenn du ihm einen Schatz anvertraust, ihn dir zurückgibt, aber auch manchen, der, wenn du ihm eine einzige Münze anvertraust, sie dir nicht zurückgibt, wenn du nicht ständig hinter ihr her bist. Dies, weil sie behaupten: »Wegen dieser Unbelehrten kann man uns nicht belangen.« **76.** Wer jedoch seiner Verpflichtung nachkommt und gottesfürchtig ist – wahrlich, Allah liebt die Gottesfürchtigen. **77.** Siehe, diejenigen, welche ihre Versprechen gegenüber Allah und ihre Schwüre um einen geringen Preis verkaufen, die haben keinen Anteil am Jenseits. Am Tage der Auferstehung spricht Allah nicht mit ihnen und sieht sie nicht an. Und Er läutert sie nicht. Ihnen wird schmerzliche Strafe zuteil.

[60]**78.** Und einige von ihnen verdrehen wahrlich die Schrift mit ihren Zungen, damit ihr es für einen Teil der Schrift haltet, während es nicht zur Schrift gehört. Und sie behaupten: »Es ist von Allah.« Es ist jedoch nicht von Allah, und sie sprechen mit vollem Wissen eine Lüge gegen Allah aus. **79.** Es steht einem Menschen, dem Allah die Schrift und die Weisheit und das Prophetentum gibt, nicht zu, zu den Leuten zu sagen: »Verehrt mich statt Allah.« (Er sage) vielmehr: »Werdet auch Gottesgelehrte, indem ihr die Schrift lehrt und studiert.« **80.** Und auch nicht, euch zu gebieten, daß ihr die Engel oder die Propheten als euere Herren annehmt. Sollte er euch den Unglauben gebieten, nachdem ihr

* Taktik, die Muslime durch Scheinübertritte zum Islam, gefolgt von spektakulären Austritten, zu demoralisieren.

** Und den Streit gewinnt.

Muslime geworden seid? **81.** Und als Allah von den Propheten ihre Verpflichtung entgegennahm, (sprach Er:) »Wenn immer Ich euch ein Buch und die Weisheit zukommen lasse und dann ein Gesandter zu euch kommt, der bestätigt, was ihr habt, dann sollt ihr ihm glauben und ihm helfen.« Er fragte: »Seid ihr einverstanden und gebt ihr Mir unter dieser Bedingung euer Versprechen?« Sie sprachen: »Wir sind einverstanden.« Er sprach: »So bezeugt es, und Ich bin Zeuge neben euch.« **82.** Wer danach den Rücken kehrt, ist wirklich ein Frevler. **83.** Verlangen sie etwa eine andere als Allahs Religion? Ihm ergibt sich, was in den Himmeln und auf Erden ist, freiwillig oder widerwillig, und zu Ihm müssen sie alle zurück.

[61]**84.** Sprich: »Wir glauben an Allah und an das, was auf uns herabgesandt worden ist und was auf Abraham und Ismael und Isaak und Jakob und die Stämme herabgesandt worden war und was Moses und Jesus und den Propheten von ihrem Herrn gegeben wurde. Wir machen keinen Unterschied zwischen einem von ihnen, und Ihm sind wir ergeben.« **85.** Wer eine andere Religion als den Islam* will, sie soll von ihm nicht angenommen werden, und im Jenseits wird er verloren sein. **86.** Wie soll Allah ein Volk leiten, das ungläubig wurde, nachdem es gläubig war und bezeugte, daß der Gesandte glaubwürdig ist, und nachdem die klaren Beweise zu ihnen gekommen waren? Allah leitet die Ungerechten nicht. **87.** Ihr Lohn ist es, daß über sie der Fluch Allahs und der Engel und der Menschen insgesamt kommt. **88.** Ewig bleiben sie darin;** die Strafe wird ihnen nicht erleichtert, und sie erhalten keinen Aufschub, **89.** Außer denen, die danach umkehren und sich bessern. Denn siehe, Allah ist verzeihend und barmherzig. **90.** Siehe, wer ungläubig wird, nachdem er geglaubt hatte, und dann noch an Unglauben zunimmt – deren Reue wird keinesfalls angenommen. Sie sind wahrhaftig in die Irre gegangen. **91.** Siehe, wer da ungläubig ist und im Unglauben stirbt, nicht einmal eine ganze Erde voller Gold würde von ihm

* Im Sinne der Hingabe an den einen und einzigen Gott.

** In der Hölle.

angenommen, falls er sich damit loskaufen wollte. Ihnen wird schmerzliche Strafe, und sie finden keine Helfer.

[62]**92.** Ihr werdet echte Frömmigkeit nicht erlangen, ehe ihr nicht von dem spendet, was ihr liebt; und was immer ihr spendet, siehe, Allah weiß es. **93.** Alle Speisen waren den Kindern Israels erlaubt, außer was Israel sich selber verboten hatte, bevor die Thora herabgesandt wurde. Sprich: »So bringt die Thora und lest sie vor, wenn ihr die Wahrheit sagt.« **94.** Wer also von da an noch eine Lüge* gegen Allah erdichtet, das sind die, die wirklich Unrecht tun. **95.** Sprich: »Allah hat die Wahrheit gesagt. Darum folgt der Religion Abrahams, des Rechtgläubigen, der neben Allah keine Götter duldete.« **96.** Siehe, das erste für die Menschheit errichtete Haus war das in Bakka** – gesegnet und eine Leitung für alle Welt, **97.** Wo es klare Zeichen gibt, wie die Stätte Abrahams. Wer es betritt, ist sicher. Und der Menschen Pflicht gegenüber Allah ist die Pilgerfahrt zum Hause, wer immer dazu in der Lage ist.*** Wer aber ungläubig ist – wahrlich, Allah ist auf nichts in aller Welt angewiesen. **98.** Sprich: »O Leute der Schrift! Weshalb verleugnet ihr die Zeichen Allahs, wo Allah Zeuge eueres Tuns ist?« **99.** Sprich: »O Leute der Schrift! Warum wendet ihr die Gläubigen von Allahs Weg ab? Ihr sucht, ihn abzubiegen, obwohl ihr doch Zeugen (der Wahrheit) seid. Doch Allah beobachtet, was ihr tut.« **100.** O ihr, die ihr glaubt! Wenn ihr einigen jener gehorcht, denen die Schrift gegeben wurde, so werden sie euch nach euerem Glauben wieder ungläubig machen.

[63]**101.** Wie aber könnt ihr ungläubig werden, wo euch doch die Verse Allahs vorgetragen werden und Sein Gesandter unter euch ist? Und wer an Allah festhält, der befindet sich bereits auf dem geraden Weg. **102.** O ihr, die ihr glaubt! Fürchtet Allah geziemend, und sterbt nicht anders denn als Muslime. **103.** Und haltet allesamt an Allahs Seil****

* Über angebliche Diätvorschriften.

** Mekka.

*** Gesundheitlich und finanziell.

**** Arabisch: »habl Allah«. Symbol des Bandes, das den Gläubigen mit Gott verbindet.

fest, und zersplittert euch nicht, und gedenkt der Gnadenerweise Allahs euch gegenüber, als ihr Feinde wart und Er euere Herzen so zusammenschloß, daß ihr durch Seine Gnade Brüder wurdet, und als ihr am Rande einer Feuergrube wart und Er euch ihr entriß. So macht euch Allah Seine Zeichen klar, auf daß ihr euch leiten laßt, **104.** Und damit aus euch eine Gemeinde wird, die zum Guten einlädt, das Rechte gebietet und das Unrechte verbietet. Sie sind es, denen es wohl ergehen wird. **105.** Und seid nicht wie jene, die gespalten und uneins sind, nachdem die deutliche Botschaft zu ihnen kam; ihnen wird schmerzliche Strafe zuteil, **106.** An einem Tag, da manche Gesichter weiß und manche Gesichter schwarz sein werden. Und was jene anlangt, deren Gesichter schwarz wurden: »Wurdet ihr ungläubig, nachdem ihr geglaubt hattet? So kostet die Strafe, weil ihr ungläubig wurdet.« **107.** Und was jene anlangt, deren Gesichter weiß waren: Sie sollen in Allahs Barmherzigkeit eingehen, und ewig sollen sie darin verweilen. **108.** Dies sind die Verse Allahs. Wir verkünden sie dir in Wahrheit. Und Allah will keine Ungerechtigkeit, wo auch immer in aller Welt.

[64]**109.** Und Allah gehört, was in den Himmeln und was auf Erden ist, und zu Allah kehren alle Dinge zurück. **110.** Ihr seid die beste Gemeinschaft, die für die Menschen erstand. Ihr gebietet das Rechte und verbietet das Unrechte und glaubt an Allah. Und wenn die Leute der Schrift geglaubt hätten, wahrlich, es wäre gut für sie gewesen! Unter ihnen sind Gläubige, aber die Mehrzahl von ihnen sind Frevler. **111.** Niemals werden sie euch ein Leid zufügen, allenfalls (geringen) Schaden. Und wenn sie gegen euch kämpfen, werden sie zur Flucht übergehen und keinen Beistand finden. **112.** Mit Schmach werden sie geschlagen, wo immer sie angetroffen werden, es sei denn, sie stehen unter dem Schutz Allahs oder eines Bündnisses mit Menschen. Und sie ziehen sich Allahs Zorn zu und werden mit Armut geschlagen. Dies, weil sie Allahs Zeichen verleugneten und die Propheten ohne Rechtfertigung töteten. Dies, weil sie rebellierten und Übertreter waren. **113.** Sie sind aber nicht alle gleich. Unter den Leuten der Schrift gibt es eine aufrechte Gemeinde, welche die Verse Allahs zur Zeit der Nacht liest und

sich niederwirft. **114.** Diese glauben an Allah und an den Jüngsten Tag und gebieten das Rechte und verbieten das Unrechte und wetteifern in guten Werken; und sie gehören zu den Rechtschaffenen. **115.** Und was sie an Gutem tun, es wird ihnen niemals bestritten; und Allah kennt die Gottesfürchtigen.

[65]**116.** Siehe, die Ungläubigen, ihr Vermögen und ihre Kinder werden ihnen keinesfalls vor Allah helfen; sie sind Bewohner des Feuers, und ewig sollen sie darin verweilen. **117.** Das Gleichnis dessen, was sie in diesem irdischen Leben spenden, ist ein Wind voll Eiseshauch, welcher den Acker von Leuten trifft, die gegen sich selber sündigten. Und so vernichtet er ihn. Allah war nicht gegen sie ungerecht, sondern gegen sich selber waren sie ungerecht. **118.** O ihr, die ihr glaubt! Schließt keine Freundschaft außer mit eueresgleichen. Sie* werden nicht zaudern, euch zu schaden, und sie wünschen eueren Untergang. Schon kam offener Haß aus ihrem Mund, aber was ihre Brust verbirgt, ist schlimmer. Wir machten euch die Zeichen klar, wenn ihr es nur begreifen wolltet. **119.** Sieh da! Ihr liebt sie, doch sie lieben euch nicht, obwohl ihr an sämtliche Offenbarungen** glaubt. Wenn sie euch begegnen, sagen sie zwar: »Wir glauben!« Sind sie jedoch allein, beißen sie sich aus Wut über euch in die Fingerspitzen. Sprich: »Sterbt an euerer Wut!« Siehe, Allah kennt das Innerste der Brüste. **120.** Wenn euch etwas Gutes trifft, empfinden sie es als Übel, und wenn euch ein Übel trifft, so freuen sie sich darüber. Aber wenn ihr standhaft und gottesfürchtig seid, kann ihre List euch nichts anhaben. Siehe, Allah umschließt alles, was sie tun. **121.** Und (gedenke,) als du von deiner Familie am frühen Morgen aufgebrochen bist, um den Gläubigen ihren Kampfplatz zuzuweisen.*** Und Allah ist hörend, wissend.

[66]**122.** Zwei Gruppen von euch verloren beinahe den Mut, aber Allah war beider Beschützer. Und auf Allah sollen die Gläubigen bauen.

* Die anderen.

** Wörtlich: das ganze Buch (arab.: bi-al-kitabi kullihi).

*** Dies bezieht sich auf die verlustreiche Schlacht am Berge Uhud bei Medina (625).

123. Und auch bei Badr half euch Allah, als ihr verächtlich erschient;
darum fürchtet Allah: vielleicht seid ihr dankbar. **124.** Als du zu den
Gläubigen sprachst: »Genügt es euch denn nicht, daß euer Herr euch
mit dreitausend herabgesandten Engeln hilft? **125.** Doch ja, wenn ihr
standhaft und gottesfürchtig seid und sie euch sofort angreifen, wird
euer Herr euch mit fünftausend heranschwebenden Engeln beistehen.«
126. Und dies machte Allah allein als Freudenbotschaft für euch und da-
mit euere Herzen ruhig sein würden – denn nur von Allah, dem Mäch-
tigen, dem Weisen, kommt der Sieg – **127**. Und damit Er einen Teil der
Ungläubigen vernichte oder sie so demütige, daß sie enttäuscht umkeh-
ren würden. **128.** Es ist nicht deine Sache (zu entscheiden), ob Er ihnen
vergibt oder ob Er sie straft; denn sie sind Übeltäter. **129.** Und Allahs ist,
was in den Himmeln und was auf Erden ist. Er verzeiht, wem Er will,
und straft, wen Er will, und Allah ist verzeihend und barmherzig. **130.** O
ihr, die ihr glaubt! Verzehrt nicht Zinsen in doppelter Verdoppelung,*
sondern fürchtet Allah, damit es euch wohl ergeht. **131.** Und fürchtet das
Feuer, das den Ungläubigen bereitet ist. **132.** Und gehorcht Allah und
dem Gesandten; vielleicht findet ihr Barmherzigkeit;

[67]**133.** Und wetteifert um die Verzeihung eueres Herrn und einen
Garten, der weit ist wie die Himmel und die Erde, bereitet für die Got-
tesfürchtigen, **134.** Die da spenden in Freud und Leid und den Zorn
unterdrücken und den Menschen vergeben – und Allah liebt die Gutes
Tuenden – **135.** Und diejenigen, die Allahs gedenken und für ihre Sün-
den um Verzeihung flehen, wenn sie etwas Schändliches getan oder
wider sich gesündigt haben – und wer vergibt die Sünden, wenn nicht
Allah? – und die nicht im (Bösen) verharren, das sie wissentlich taten:
136. Ihr Lohn ist Verzeihung von ihrem Herrn und Gärten, durcheilt
von Bächen, ewig darin zu verweilen; und herrlich ist der Lohn der
(Gutes) Wirkenden. **137.** Schon vor euch hat sich vieles ereignet. So

* In Arabien verdoppelte sich der (ohnedies sehr hohe) Zins bei Verzug im Zeitpunkt der Fälligkeit und konnte so bald ein Vielfaches des ursprünglichen Darlehens erreichen.

durchwandert die Erde und seht, wie das Ende derer war, welche (die
Wahrheit) der Lüge ziehen. **138.** Dies (der Koran) ist eine Klarlegung
für die Menschen und eine Rechtleitung und eine Ermahnung für die
Gottesfürchtigen. **139.** Und seid nicht verzagt und traurig. Wenn ihr
gläubig seid, werdet ihr obsiegen. **140.** Wenn ihr verwundet worden
seid, so sind gleichartige Wunden auch eueren Feinden zugefügt wor-
den. Und solche Tage (des Siegs und der Niederlage) lassen Wir unter
den Menschen abwechseln, damit Allah die Gläubigen erkennt und sich
aus ihnen Märtyrer auserwählt; – und Allah liebt die Übeltäter nicht –

[68]**141.** Und damit Allah die Gläubigen läutert und die Ungläubigen
vertilgt. **142.** Oder glaubt ihr, in das Paradies einzugehen, ohne daß
Allah die Glaubensstreiter unter euch und die Standhaften erkannte?
143. Ihr wünschtet euch doch den tödlichen Kampf, bevor ihr ihm be-
gegnet seid. Nun sahet ihr ihn mit eigenen Augen. **144.** Und Muham-
mad ist nur ein Gesandter. Schon vor ihm gingen die Gesandten dahin.
Wenn er also stirbt oder fällt, werdet ihr dann auf eueren Fersen umkeh-
ren? Doch wer auf seinen Fersen umkehrt, wird Allah keineswegs scha-
den. Aber Allah wird die Dankbaren belohnen. **145.** Und niemand stirbt
ohne Allahs Erlaubnis, zu einem im Buch festgesetzten Termine. Wer den
Lohn der Welt begehrt, dem geben Wir davon, und wer den Lohn des
Jenseits begehrt, dem geben Wir davon. Wahrlich, Wir belohnen die
Dankbaren. **146.** Und wie viele Propheten kämpften, Tausende an ihrer
Seite! Sie verzagten nicht wegen dem, was sie auf Allahs Weg traf, und sie
wurden nicht schwach und gaben nicht auf. Und Allah liebt die Stand-
haften. **147.** Und sie sagten nichts anderes als: »Unser Herr, verzeihe uns
unsere Sünden und unsere Vergehen in unserer Sache; und festige unsere
Schritte und hilf uns gegen das ungläubige Volk.« **148.** Und Allah gab
ihnen den Lohn dieser Welt und den schönsten Lohn des Jenseits. Und
Allah liebt die, die Gutes tun.

[69]**149.** O ihr, die ihr glaubt! Wenn ihr den Ungläubigen gehorcht,
lassen sie euch auf den Fersen kehrtmachen, und ihr kehrt als Verlierer
um. **150.** Jedoch, Allah ist euer Herr, und Er ist der beste Beistand.
151. Wahrlich, Wir werden die Herzen der Ungläubigen in Schrecken

versetzen, weil sie Allah Götter zur Seite stellten, wozu keine Ermächtigung herabgesandt worden ist. Und ihre Wohnstätte wird das Feuer sein, und schlimm ist die Herberge der Ungerechten. **152.** Und wahrlich, Allah hatte euch schon Sein Versprechen gehalten, als ihr dabei wart, sie mit Seiner Erlaubnis zu vernichten, bis ihr dann doch verzagtet und über den Befehl strittet, obwohl Er euch bereits hatte sehen lassen, was ihr wünschtet.★ Einige von euch verlangten nach dieser Welt, und andere verlangten nach dem Jenseits. Dann ließ Er euch vor ihnen zurückweichen, um euch zu prüfen. Und wahrlich, jetzt hat Er euch vergeben; denn Allah ist voll Huld wider die Gläubigen. **153.** Als ihr nach oben weglieft, ohne euch umzusehen, während der Prophet hinter euch herrief, da belohnte Er euch mit Kummer für Kummer, damit ihr nicht über das traurig seid, was euch entgangen ist,★★ und über das, was euch zugestoßen ist. Und Allah kennt euer Tun.

[70]**154.** Dann, nach dem Kummer, sandte Er auf euch ein Gefühl von ungestörter Sicherheit nieder. Schläfrigkeit überkam einen Teil von euch; ein anderer Teil aber kümmerte sich nur um sich selbst und begann, ungerecht über Allah zu denken, in heidnischem Denken. Sie sprachen: »Haben wir hier irgend etwas zu sagen?« Sprich: »Siehe, alle Entscheidung liegt bei Allah.« Sie verbargen in ihren Seelen, was sie dir nicht mitteilten, indem sie sprachen: »Hätten wir etwas zu sagen gehabt, lägen wir hier nicht erschlagen!« Sprich: »Wärt ihr auch in eueren Häusern gewesen, wahrlich, jene, denen der Tod bestimmt war, wären zu ihrer Todesstätte aufgebrochen.« Dies, damit Allah prüfe, was in eueren Brüsten ist, und erforsche, was in eueren Herzen ist. Und Allah kennt das Innerste der Brüste. **155.** Siehe, diejenigen von euch, welche am Tage des Zusammenstoßes der beiden Heere den Rücken zeigten, nur Satan ließ sie straucheln, für etwas in ihrem Verhalten. Aber, wahrlich, nunmehr hat Allah ihnen vergeben; siehe, Allah ist verzeihend und milde. **156.** O ihr, die ihr glaubt! Seid nicht wie

★ Schilderung des wechselhaften Verlaufs der Schlacht am Berge Uhud (625) gegen das Expeditionskorps der Mekkaner.

★★ Die Beute.

die Ungläubigen, die von ihren Brüdern, die das Land durchwanderten oder Kämpfer waren, sprechen: »Wären sie bei uns geblieben, wären sie nicht gestorben und nicht erschlagen worden.« Allah läßt dieses (Denken) zum Anlaß von Kummer in ihren Herzen werden. (Nur) Allah macht lebendig und läßt sterben, und Allah sieht, was ihr tut. **157.** Und wahrlich, wenn ihr auf dem Wege Allahs erschlagen werdet oder sterbt: Verzeihung von Allah und Barmherzigkeit ist besser, als was ihr zusammenscharrt.

[71]**158.** Und wahrlich, wenn ihr sterbt oder erschlagen werdet, werdet ihr zu Allah versammelt. **159.** Und dank der Barmherzigkeit Allahs warst du gütig zu ihnen. Wärst du aber grob und hartherzig gewesen, so wären sie von dir davongelaufen. Darum vergib ihnen und bete für sie um Verzeihung und ziehe sie in der Sache zu Rate,* aber wenn du einmal entschlossen bist, dann vertraue auf Allah; siehe, Allah liebt die Ihm Vertrauenden. **160.** Wenn euch Allah hilft, so gibt es keinen, der euch besiegen kann. Wenn Er euch aber im Stich läßt, wer könnte euch da helfen, ohne Ihn? Darum, wahrlich, sollen die Gläubigen auf Allah vertrauen. **161.** Und kein Prophet darf (von der Beute) etwas unterschlagen. Wer unterschlägt, soll am Tage der Auferstehung beibringen, was er unterschlagen hat. Dann wird jeder Seele nach Verdienst vergolten. Und es soll ihnen kein Unrecht geschehen. **162.** Ist denn der, welcher das Wohlgefallen Allahs sucht, gleich dem, welcher sich Allahs Zorn zuzog und dessen Heimstätte die Hölle ist? Was für ein schlimmes Ziel! **163.** Sie haben verschiedene Rangstufen bei Allah, und Allah sieht, was sie tun. **164.** Allah war wahrlich gegen die Gläubigen gnädig, indem Er unter ihnen einen Gesandten aus ihrer Mitte erweckte, ihnen Seine Verse zu verlesen, sie zu läutern und das Buch und die Weisheit zu lehren; denn siehe, sie waren zuvor in offenkundigem Irrtum. **165.** Und wenn euch ein Unglück trifft, nachdem ihr (ihnen) das Doppelte zugefügt hattet,**

* Fundamentales islamisches Prinzip, wonach nur im Einvernehmen mit den Regierten regiert werden darf (schura).

** Die Niederlage bei Badr wog für die Mekkaner zweimal schwerer als ihr purer Prestigesieg am Berg Uhud.

fragt ihr da etwa: »Woher kommt das?« Sprich: »Es kommt von euch selber.« Siehe, Allah hat Macht über alle Dinge.

[72]**166.** Und was euch am Tage des Zusammenstoßes der beiden Heere zustieß, geschah mit Allahs Erlaubnis, und damit Er die Gläubigen erkenne **167.** Und auch die Heuchler erkenne, denen zugerufen wurde: »Kommt herbei! Kämpft auf Allahs Weg!« oder »Verteidigt euch!« Sie aber sagten: »Wenn wir zu kämpfen wüßten, wahrlich, wir wären euch gefolgt!« Einige von ihnen waren an jenem Tage dem Unglauben näher als dem Glauben. Sie sprachen mit ihrem Mund, was nicht in ihren Herzen war; und Allah weiß sehr wohl, was sie verbergen. **168.** Die daheim geblieben waren, sagen von ihren Brüdern: »Hätten sie uns gehorcht, wären sie nicht erschlagen worden.« Sprich: »So wehrt doch den Tod von euch ab, wenn ihr glaubt, was ihr sagt!« **169.** Und haltet die auf Allahs Weg Gefallenen nicht für tot, nein, sondern für lebend, bei ihrem Herrn, gut versorgt (und) **170.** Froh über das, was Allah in Seiner Huld ihnen gab, und voller Freude darüber, daß die, die noch nach ihnen kommen, keine Furcht haben und nicht trauern werden, (und) **171.** Erfreut über Allahs Gnade und Huld und darüber, daß Allah den Lohn der Gläubigen nicht verlorengehen läßt. **172.** Diejenigen, die dem Appell Allahs und des Gesandten folgten* – trotz der Wunden, die sie erlitten hatten – und die Gutes taten und gottesfürchtig waren, ihnen ist großer Lohn (bestimmt), **173.** Diejenigen, zu denen die Leute sagten: »Paßt auf! Die Leute haben sich bereits gegen euch zusammengeschart: Nehmt euch vor ihnen in acht!« Diese wurden im Glauben nur stärker und sprachen: »Uns genügt Allah. Er ist unser bester Garant!«

[73]**174.** Sie kehrten mit Allahs Gnade und Huld zurück, ohne daß sie ein Übel getroffen hätte, und sie strebten nach dem Wohlgefallen Allahs; und Allah ist voll großer Huld. **175.** Satan will euch seine Anhänger fürchten lassen. Fürchtet aber nicht sie, sondern fürchtet Mich, sofern ihr Gläubige seid. **176.** Und laß dich nicht von jenen betrüben, die um die

* Muhammad ließ sofort nach der Schlacht am Uhud die Verfolgung der siegesbewußt abziehenden Mekkaner aufnehmen.

Wette dem Unglauben nacheilen. Siehe, sie können keineswegs Allah etwas zuleide tun. Allah wird ihnen keinen Anteil am Jenseits geben, und sie erwartet große Strafe. **177.** Siehe, wer den Glauben für den Unglauben verkauft, kann Allah niemals etwas zuleide tun; und für sie ist schmerzliche Strafe. **178.** Und die Ungläubigen sollen ja nicht glauben, daß der ihnen von Uns gewährte Aufschub für ihre Seelen gut ist. Wir schenken ihnen langes Leben nur, damit sie in Sünde wachsen. Und für sie ist schmähliche Strafe. **179.** Allah will die Gläubigen nur in euerer jetzigen Lebensform belassen, bis Er das Schlechte von dem Guten getrennt hat. Und Allah beabsichtigt nicht, euch zu offenbaren, was sich menschlicher Wahrnehmung entzieht.* Allah erwählt als Seinen Gesandten, wen Er will; so glaubt an Allah und Seinem Gesandten; und wenn ihr glaubt und gottesfürchtig seid, wird euch großer Lohn zuteil. **180.** Und diejenigen, die mit dem knauserig sind, was Allah in Seiner Huld ihnen gab, sollen nicht wähnen, es diene ihnen zum Guten: Nein, zum Bösen dient es ihnen. Als Kette sollen sie am Tag der Auferstehung um den Hals tragen, womit sie gegeizt hatten. Und Allahs ist das Erbe der Himmel und der Erde. Und Allah kennt wohl euer Tun.

[74]**181.** Wahrlich, Allah hat das Wort jener gehört, die da sprachen: »Siehe, Allah ist arm und wir sind reich!«** Niederschreiben wollen Wir ihre Worte und ihr rechtswidriges Töten der Propheten und (zu ihnen) sagen: »Kostet die Strafe des Feuerofens! **182.** Dies für das, was euere Hände vorausschickten, und weil Allah gegen Seine Diener nicht ungerecht ist.« **183.** Zu jenen, die sagen: »Siehe, Allah hat uns verpflichtet, keinem Gesandten zu glauben, solange er uns kein Feueropfer vorschreibt«, sprich: »Schon vor mir kamen zu euch Gesandte mit deutlichen Zeichen und mit dem, wovon ihr sprecht. Weshalb habt ihr sie dann ermordet, falls ihr wahrhaftig seid?« **184.** Und wenn sie dich der Lüge zeihen: Schon vor dir sind Gesandte der Lüge geziehen worden,

* Arabisch: »al-ghayb«, d.h. alles, was sich der sensuellen Perzeption entzieht, das Unwißbare.

** Antwort der Juden Medinas auf die Forderung, Tribut zu zahlen.

obwohl sie mit deutlichen Zeichen, den Psalmen und dem Buch voll Erleuchtung kamen. **185.** Jeder soll den Tod kosten. Doch ihr sollt eueren Lohn erst am Tag der Auferstehung empfangen. Und wer da vom Feuer ferngehalten und ins Paradies geführt wird, der soll glücklich sein. Denn das irdische Leben ist nur ein trügerischer Nießbrauch. **186.** Wahrlich, geprüft sollt ihr werden an euerem Vermögen und an euch selber. Und wahrlich, ihr werdet viel Verletzendes von denen hören, welchen die Schrift vor euch gegeben wurde und von den Polytheisten. Wenn ihr jedoch standhaft seid und gottesfürchtig – siehe, dies ist der Dinge Ratschluß.

[75]**187.** Und als Allah von denen, welchen die Schrift gegeben wurde, ihr Versprechen entgegennahm (und sprach): »Macht sie den Menschen unbedingt bekannt und verbergt sie nicht!« – da warfen sie sie über ihre Schultern weg und tauschten sie für einen winzigen Preis. Und wie schlimm war dieser Handel! **188**. Glaube nur nicht, daß die, welche sich ihrer Taten freuen und auch gerühmt zu werden wünschen für das, was sie nicht taten – glaube ja nicht, sie seien der Strafe entronnen. Ihnen droht schmerzliche Strafe. **189.** Und Allahs ist das Reich der Himmel und der Erde. Und Allah hat über alle Dinge Macht. **190.** Siehe, in der Schöpfung von Himmeln und Erde und in dem Wechsel von Nacht und Tag sind wahrlich Zeichen für die Verständigen, **191.** Die da Allahs gedenken im Stehen und Sitzen und Liegen und über die Schöpfung der Himmel und der Erde nachdenken: »Unser Herr, Du hast dies nicht umsonst erschaffen! Preis sei Dir! Bewahre uns vor der Feuerspein! **192.** Unser Herr, siehe, wen Du ins Feuer führst, den stürzst Du in Schande; und die Ungerechten haben keine Helfer. **193.** Unser Herr, siehe, wir hörten eine Stimme, die zum Glauben rief; ›Glaubt an eueren Herrn!‹, und so glaubten wir. Unser Herr, vergib uns unsere Sünden und decke unsere Missetaten zu und laß uns mit den Frommen hinscheiden. **194.** Unser Herr, gib uns, was Du uns durch Deine Gesandten verheißen hast, und stürze uns am Tag der Auferstehung nicht in Schande. Siehe, Du brichst Dein Versprechen nicht.«

[76]**195.** Und ihr Herr antwortet ihnen: »Siehe, Ich lasse keine Tat von euch verlorengehen, sei es von einem Mann oder einer Frau. Die einen von euch stammen ja von den anderen. Und diejenigen, die da auswanderten und aus ihren Häusern vertrieben wurden und auf Meinem Wege litten und kämpften und fielen – wahrlich, Ich will ihre Missetaten vergeben, und wahrlich, Ich will sie in Gärten führen, durcheilt von Bächen, als Lohn von Allah, und Allah – bei Ihm ist der schönste Lohn. **196.** Laß dich durch das Auftreten der Ungläubigen im Lande nicht täuschen. **197.** Ein winziger Nießbrauch – dann ist die Hölle ihr Heim. Was für eine schlechte Ruhestätte! **198.** Wer jedoch seinen Herrn fürchtet, denen werden Gärten sein, durcheilt von Bächen, ewig darin zu verweilen; ein Willkommen von Allah – und was bei Allah ist, ist das beste für die Rechtschaffenen. **199.** Und siehe, unter den Leuten der Schrift gibt es welche, die an Allah glauben und an das, was zu euch hinabgesandt wurde und was zu ihnen hinabgesandt wurde. Sie sind demütig vor Allah und verkaufen die Zeichen Allahs nicht für einen winzigen Preis. Ihr Lohn ist bei ihrem Herrn; siehe, Allah ist schnell im Rechnen. **200.** O ihr, die ihr glaubt! Seid standhaft und wetteifert in Geduld und haltet aus und fürchtet Allah, damit es euch wohl ergeht.

4 DIE FRAUEN (AN-NISÂ')
Geoffenbart zu Medina

Im Namen Allahs, des Erbarmers, des Barmherzigen!

[77]**1.** O ihr Menschen! Fürchtet eueren Herrn, Der euch aus einem (einzigen) Wesen erschuf und aus ihm seine Gattin und aus ihnen viele Männer und F r a u e n entstehen ließ. Und seid euch Allahs bewußt, in Dessen Namen ihr einander bittet, und euerer Verwandtschaftsbindungen. Siehe, Allah wacht über euch. **2.** Und gebt den Waisen ihr Vermögen und tauscht nicht (euer) Schlechtes gegen (ihr) Gutes ein und schlagt nicht ihren Besitz dem eurigen hinzu; siehe, das ist ein großes Verbrechen. **3.** Und wenn ihr fürchtet, sonst den Waisen nicht gerecht werden zu können, nehmt euch als Frauen, was euch gut erscheint, zwei

oder drei oder vier. Doch wenn ihr fürchtet, ihnen nicht gerecht werden zu können, heiratet nur eine oder diejenigen, die ihr von Rechts wegen besitzt. Dies schützt euch eher vor Ungerechtigkeit. **4.** Und gebt den Frauen ihr Brautgeld wie ein Geschenk. Und wenn sie euch etwas davon aus freien Stücken erlassen, so genießt es nach Belieben und ohne Bedenken. **5.** Und gebt nicht den geistig Behinderten das Vermögen, das Allah euch für ihren Unterhalt gegeben hat. Versorgt sie damit, kleidet sie, und sprecht freundlich mit ihnen. **6.** Und prüft die Waisen, bis sie ehefähig geworden sind. Und wenn ihr bei ihnen Vernunft feststellt, dann händigt ihnen ihr Vermögen aus. Und zehrt es nicht verschwenderisch und in Eile auf, bevor sie großjährig werden. Der reiche (Vormund) enthalte sich (des Waisenguts), und der arme nutze es nach Billigkeit. Und wenn ihr ihnen ihr Vermögen aushändigt, dann laßt es vor ihnen bezeugen, obwohl Allah als Rechenschaftsleger genügt.

[78]**7.** Die Männer sollen einen Teil der Hinterlassenschaft ihrer Eltern und Verwandten erhalten, und ebenfalls sollen die Frauen einen Teil von der Hinterlassenschaft ihrer Eltern und Verwandten erhalten.★ Sei es wenig oder viel, sie sollen einen bestimmten Teil davon bekommen. **8.** Und wenn (andere) Verwandte oder Waisen oder Arme bei der (Erb-) Teilung zugegen sind, schenkt ihnen etwas davon und sprecht freundlich mit ihnen. **9.** Und fürchten sollen sich die, (den Waisen Unrecht anzutun,) welche, so sie selbst schwache Nachkommen hinterließen, für sie bangen müßten. Allah sollen sie fürchten und geziemende Worte sprechen. **10.** Siehe, wer der Waisen Vermögen zu Unrecht aufbraucht, der füllt seinen Bauch mit Feuer und wird in der Flamme brennen. **11.** Allah schreibt euch hinsichtlich euerer Kinder vor, dem Knaben zweier Mädchen Anteil zu geben. Sind es aber (nur) Mädchen, mehr als zwei, sollen sie zwei Drittel des Nachlasses erhalten. Gibt es nur ein Mädchen, soll es die Hälfte haben. Und jeder Elternteil soll den sechsten Teil des Nachlasses haben, wenn er★★ ein Kind hat. Hat er jedoch kein Kind, und seine

★ Im vorislamischen Arabien waren Frauen nicht erbberechtigt.

★★ Der Erblasser.

Eltern beerben ihn (voll), soll seine Mutter den dritten Teil haben. Und falls er Brüder hat, soll seine Mutter den sechsten Teil erhalten, nach Bezahlung aller Vermächtnisse oder Schulden. Euere Eltern und euere Kinder, ihr wißt nicht, wer von beiden euch nützlicher ist. (Dies ist) ein Gebot von Allah; siehe, Allah ist wissend und weise.

[79]**12.** Und euch gehört die Hälfte dessen, was euere Gattinnen hinterlassen, wenn sie kein Kind haben. Haben sie jedoch ein Kind, so sollt ihr den vierten Teil ihres Nachlasses haben, nach Abzug aller Vermächtnisse oder Schulden. Und sie sollen den vierten Teil eueres Nachlasses haben, wenn ihr kein Kind habt. Habt ihr jedoch ein Kind, so sollen sie den achten Teil eueres Nachlasses haben, nach Abzug aller Vermächtnisse oder Schulden. Und wenn ein Mann – oder eine Frau – keine Eltern oder Kinder zu Erben haben, er aber einen Bruder oder eine Schwester hat, so soll jeder von ihnen den sechsten Teil empfangen. Sind aber mehr (Geschwister) vorhanden, so sollen sie den dritten Teil teilen, nach Abzug aller Vermächtnisse oder Schulden und ohne Benachteiligung. (Dies ist) eine Anordnung Allahs. Und Allah ist wissend und weise. **13.** Dies sind Allahs Anordnungen. Und wer Allah und Seinem Gesandten gehorcht, den führt Er in Gärten ein, durcheilt von Bächen, ewig darin zu verweilen; und dies ist die große Glückseligkeit. **14.** Wer aber gegen Allah und Seinen Gesandten rebelliert und Seine Gebote übertritt, den führt Er in ein Feuer, ewig darin zu verweilen, und es trifft ihn schmähliche Strafe.

[80]**15.** Und wer von eueren Frauen etwas Widerwärtiges* begeht: nehmt vier von euch als Zeugen gegen sie. Und wenn sie es bezeugen, schließt sie in die Häuser ein, bis der Tod sie nimmt oder Allah ihnen einen Ausweg zeigt. **16.** Und die zwei von euch, die es begehen: straft beide.** Und wenn sie bereuen und sich bessern, dann laßt von ihnen ab. Siehe, Allah ist vergebend und barmherzig. **17.** Vergebung haben bei Allah nur diejenigen zu erwarten, welche Übles in Unwissenheit taten

* Arabisch: »fahischa«. Darunter ist nicht nur Ehebruch (al-zina) zu verstehen, sondern unzüchtiges, amoralisches und unmoralisches Verhalten schlechthin.

** Mann und Frau, zwei Frauen oder zwei Männer.

und (recht)zeitig bereuten; diesen vergibt Allah; und Allah ist wissend und weise. **18.** Keine Vergebung haben aber jene zu gewärtigen, welche Übles taten bis, wenn der Tod sie ereilt, sie sprechen: »Siehe, jetzt bekehre ich mich!«, und auch nicht jene, die als Ungläubige sterben. Für jene bereiten Wir schmerzliche Strafe. **19.** O ihr, die ihr glaubt! Euch ist nicht erlaubt, Frauen gegen ihren Willen zu erben.* Und behandelt sie nicht schlecht, um einen Teil von dem, was ihr ihnen gabt, von ihnen zurückzunehmen,** es sei denn, sie hätten sich offenkundig unmoralisches Verhalten zuschulden kommen lassen. Verkehrt mit ihnen anständig. Und wenn sie euch zuwider sind, ist euch vielleicht etwas zuwider, in das Allah Reichtum gelegt hat.

[81]**20.** Und wenn ihr eine Gattin anstelle einer anderen nehmen wollt, so nehmt nichts von ihr fort, selbst wenn ihr der ersteren einen ganzen Schatz gegeben habt. Wollt ihr es etwa fortnehmen mittels Verleumdung und (damit) offenbarer Sünde? **21.** Und wie könntet ihr es fortnehmen, wo ihr einander bereits beigewohnt habt und sie von euch ein festes Versprechen empfingen? **22.** Und heiratet nicht Frauen, die euere Väter geheiratet hatten, abgesehen von dem bereits zuvor Geschehenen. Siehe, dies ist eine Schande, etwas Abscheuliches und ein übler Weg. **23.** Verboten sind euch: euere Mütter, euere Töchter, euere Schwestern, euere Vaterschwestern und Mutterschwestern; euere Brudertöchter und Schwestertöchter; euere Nährmütter und Milchschwestern; die Mütter euerer Frauen und euere Stieftöchter, die unter euerem Schutze sind und von Frauen von euch stammen, mit denen ihr (ehelichen) Verkehr hattet – habt ihr ihnen jedoch noch nicht beigewohnt, so ist es keine Sünde; ferner die Ehefrauen euerer eigenen Söhne. Und ihr sollt nicht zwei Schwestern zusammen haben, abgesehen von dem bereits Geschehenen. Siehe, Allah ist verzeihend und barmherzig.

* In vorislamischer Zeit fielen Witwen in Arabien selbst in den Nachlaß ihres verstorbenen Ehemanns.

** Die Ehefrau soll nicht gezwungen sein, von sich aus – unter Verlust des Brautgeldes – die Ehe scheiden zu lassen.

[82]**24.** Und (verboten sind euch) verheiratete Frauen, außer denen, die ihr von Rechts wegen besitzt.* Dies ist Allahs Vorschrift für euch. Außer diesen (genannten) Frauen sind euch alle erlaubt, vorausgesetzt, daß ihr sie – mit euerem Vermögen – zur Ehe begehrt und nicht zur Unzucht. Und gebt denen, an denen (als Ehefrauen) ihr euch erfreuen wollt, ihr Brautgeld. Dies ist eine rechtliche Verpflichtung. Doch es ist keine Sünde, wenn ihr nach Festsetzung des Brautgelds miteinander eine andere Übereinkunft trefft. Siehe, Allah ist wissend und weise. **25.** Und wer von euch nicht vermögend genug ist, gläubige Frauen zu heiraten, der heirate von den gläubigen Bediensteten, die er von Rechts wegen besitzt. Und Allah kennt sehr wohl eueren Glauben. Ihr seid einer vom anderen**. Heiratet sie mit Erlaubnis ihrer Angehörigen und gebt ihnen ihr Brautgeld nach Billigkeit. Sie sollen keusch sein, keine Unzucht treiben und sich keine Geliebten halten. Sind sie aber verheiratet und begehen Ehebruch, so treffe sie die Hälfte der Strafe der verheirateten freien Frauen. (Diese Erlaubnis ist) für den von euch, der die Sünde fürchtet; doch besser ist es für euch, davon*** abzusehen. Und Allah ist verzeihend und barmherzig. **26.** Allah will euch dies kundgeben und will euch nach der Weise derer, die vor euch (recht) lebten, leiten und Sich euch gnädig zuwenden. Und Allah ist wissend und weise.

[83]**27.** Allah will sich euch gnädig zuwenden. Jene aber, die ihren Begierden folgen, wünschen, daß ihr völlig abweicht. **28.** Allah will es euch leichtmachen; denn der Mensch wurde schwach erschaffen. **29.** O ihr, die ihr glaubt! Bringt euch nicht gegenseitig betrügerisch um euer Vermögen. Treibt aber (ehrlichen) Handel nach gegenseitiger Übereinkunft. Und bringt euch nicht selbst ums Leben; siehe, Allah ist barmherzig gegen euch. **30.** Und wer dies in böser Absicht zu unrecht tut, wahrlich, den werden Wir im Feuer brennen lassen; und dies ist Allah ein

* Dieser Ausdruck bedeutet stets abhängige bzw. »leibeigene« Bedienstete, früher auch Sklaven im rechtlichen Sinne.

** Als Menschen seid ihr alle gleich.

*** Der Verehelichung mit unfreien Mägden.

leichtes. **31.** Wenn ihr die großen Sünden meidet unter dem, was euch verboten ist, werden Wir euere (geringeren) Vergehen auslöschen und euch in einen ehrenvollen Ort einführen. **32.** Und begehrt nicht das, womit Allah den einen von euch vor dem anderen auszeichnete. Die Männer erhalten ihren Anteil nach Verdienst und die Frauen ihren Anteil nach Verdienst. Und bittet Allah um Seine Huld. Siehe, Allah kennt alle Dinge. **33.** Einem jeden haben Wir für das, was er hinterläßt, Erben bestimmt: Eltern oder Angehörige oder diejenigen, die euch angetraut sind. So gebt ihnen ihren Anteil; siehe, Allah ist aller Dinge Zeuge.

[84]**34.** Die Männer stehen für die Frauen in Verantwortung ein, mit Rücksicht darauf, wie Allah den einen von ihnen mit mehr Vorzügen als den anderen ausgestattet hat, und weil sie von ihrem Vermögen (für die Frauen) ausgeben.* Die rechtschaffenen Frauen sind demütig ergeben und sorgsam in der von Allah geboten Wahrung ihrer Intimsphäre.** Diejenigen aber, deren Widerspenstigkeit ihr fürchtet, warnt sie, meidet sie in den Schlafgemächern und schlagt sie.*** Und wenn sie euch gehorchen, unternehmt nichts weiter gegen sie; siehe, Allah ist erhaben und groß. **35.** Und wenn ihr einen Bruch zwischen beiden befürchtet, dann ernennt einen Schiedsrichter von ihrer Familie und einen Schiedsrichter von seiner Familie. Wollen sie sich aussöhnen, wird Allah Frieden zwischen ihnen stiften. Siehe, Allah ist wissend und weise. **36.** Und dient Allah und setzt Ihm nichts an die Seite. Und seid gut zu den Eltern, den Verwandten, den Waisen, den Armen, dem Nachbarn, sei er einheimisch oder aus der Fremde, zu den Kollegen, den Reisenden und zu denen, welche ihr von Rechts wegen besitzt. Siehe, Allah liebt nicht den Hochmütigen, den Prahler, **37.** Die da geizig sind und die Leute dazu ver-

* Der Mann hat diese Aufgabe, wenn – und solange – er der Frau Schutz gewähren kann, aufgrund seiner vermuteten physischen und psychischen Besonderheit und finanziellen Leistungsfähigkeit. Ein genereller Vorrang des Mannes ist daraus nicht abzuleiten.

** Wörtl.: »das Unsichtbare« (al-ghayb).

*** Nur auf symbolische Weise, im Interesse der Aufrechterhaltung einer stark gefährdeten Ehe.

leiten, geizig zu sein, und die verbergen, was Allah ihnen in Seiner Huld gab; – und den Ungläubigen haben Wir schmähliche Strafe bereitet –

[85]**38.** Und jene, die vor aller Augen von ihrem Vermögen spenden, ohne an Allah und den Jüngsten Tag zu glauben. Wer Satan zum Kameraden hat – ein schlimmer Kamerad! **39.** Was hätten sie sich vorzuwerfen, wenn sie an Allah und den Jüngsten Tag glaubten und von dem, was Allah ihnen bescherte, spendeten? Allah kennt sie. **40.** Siehe, Allah tut nicht einmal im Gewicht eines Stäubchens Unrecht. Und wenn es eine gute Tat ist, wird Er sie verdoppeln und großen Lohn von Sich geben. **41.** Und wie (wird es mit den Ungläubigen stehen), wenn Wir von jedem Volk einen Zeugen bringen und wenn Wir dich wider sie als Zeuge bringen? **42.** An jenem Tage werden die Ungläubigen, die gegen den Gesandten rebellierten, wünschen, daß sie dem Boden gleichgemacht würden und nichts vor Allah zu verbergen wissen. **43.** O ihr, die ihr glaubt! Nähert euch nicht angetrunken dem Gebet, bis ihr wißt, was ihr sagt, und auch nicht von Samen befleckt, bis ihr euch gewaschen habt,* es sei denn, ihr seid auf Reisen. Seid ihr krank oder auf Reisen oder einer von euch kommt vom Austreten oder ihr habt eine Frau berührt und findet kein Wasser, dann nehmt dafür guten Sand und reibt euer Gesicht und euere Hände ab; siehe, Allah ist nachsichtig und verzeihend. **44.** Siehst du nicht jene, denen ein Teil der Schrift gegeben wurde? Sie erkaufen den Irrtum und wünschen, daß ihr vom Weg abirrt.

[86]**45.** Aber Allah kennt sehr wohl euere Feinde. Und Allah genügt als Beschützer; und Allah genügt als Helfer. **46.** Unter den Juden gibt es welche, die den Sinn der Wörter verdrehen und sagen: »Wir haben vernommen, aber gehorchen nicht«; und »höre, ohne zu horchen«; und »favorisiere uns«. Es ist ein Wortverdrehen und ein Angriff auf den Glauben. Wenn sie sprächen: »Wir hören und gehorchen« und »höre« und »schau auf uns«,** so wäre es besser für sie und richtiger. Jedoch hat sie Allah für ihren Unglauben verflucht; und nur wenige von ihnen glau-

* Bad oder Dusche (ghusl).

** Dasselbe Wortspiel wie in Sure 2: 93.

ben. **47.** O ihr, denen die Schrift gegeben wurde! Glaubt an das, was Wir hinabsandten, bestätigend, was ihr habt, bevor Wir (euere) Gesichter auslöschen und verkehren oder euch verfluchen, wie Wir die Leute des Sabbats verfluchten.* Und Allahs Befehl wird vollzogen. **48.** Siehe, Allah vergibt nicht, daß man Ihm Götter beigesellt, doch verzeiht Er im übrigen, wem Er will. Wer Allah Götter beigesellt, hat eine gewaltige Sünde ersonnen. **49.** Siehst du nicht jene, welche sich selber für rein halten? Allah aber läutert, wen Er will. Und es soll euch nicht um ein Fädchen vom Dattelkern Unrecht geschehen. **50.** Schau, wie sie über Allah Lügen ersinnen; dies genügt als offenkundige Sünde. **51.** Siehst du nicht jene, denen ein Teil von der Schrift gegeben wurde? Sie glauben an Magie und Götzen und behaupten von den Ungläubigen: »Sie sind des Wegs besser geleitet als die Gläubigen.«

[87]**52.** Diese sind es, welche Allah verflucht hat; und wen Allah verflucht hat, findet wahrlich keinen Helfer. **53.** Sollen sie etwa am Königreich teilhaben, obwohl sie selbst dann den Menschen nicht einmal die Rille eines Dattelkerns gönnen würden? **54.** Beneiden sie etwa die Leute um das, was Allah ihnen in Seiner Huld schenkte? Wir gaben dem Hause Abrahams die Schrift und die Weisheit und ein gewaltiges Königreich. **55.** Und einige von ihnen glaubten ihm, andere aber kehrten sich von ihm ab; die Hölle genügt (ihnen) als Flamme. **56.** Siehe, wer Unsere Zeichen verleugnet, den werden Wir im Feuer brennen lassen. Sooft ihre Haut verbrannt ist, geben Wir ihnen eine andere Haut, damit sie die Strafe kosten. Siehe, Allah ist mächtig und weise. **57.** Diejenigen aber, die da glauben und das Rechte tun, werden Wir in Gärten einführen, durcheilt von Bächen, darin ewig und immerdar zu verweilen; und dort sollen sie reine Partner haben, und Wir werden sie in alles überschattenden Schatten führen. **58.** Siehe, Allah gebietet euch, die euch anvertrauten Güter ihren Eigentümern zurückzugeben, und wenn ihr unter den Leuten richtet, nach Gerechtigkeit zu richten. Siehe, Allah – wie trefflich ist das, wozu Er euch mahnt! Siehe, Allah hört und sieht. **59.** O ihr, die ihr

* Die Sabbat-Brecher, vgl. Sure 2: 65 und 7: 163 ff.

glaubt! Gehorcht Allah und gehorcht dem Gesandten und denen, die Befehl unter euch haben. Und wenn ihr in etwas uneins seid, so bringt es vor Allah und den Gesandten, sofern ihr an Allah glaubt und an den Jüngsten Tag. Dies ist das Beste und führt zum Besten.

[88]**60.** Siehst du nicht jene, welche behaupten, sie glaubten an das, was auf dich hinabgesandt wurde und was vor dir hinabgesandt wurde? Sie wollen ihre Streitigkeiten vor die Götzen bringen, obwohl ihnen befohlen ist, nicht daran zu glauben. Satan will sie tief abirren lassen. **61.** Und wenn zu ihnen gesprochen wird: »Kommt her zu dem, was Allah offenbarte, und zum Gesandten!«, dann siehst du die Heuchler sich schroff von dir abwenden. **62.** Wie aber, wenn sie für das ein Unheil trifft, was ihre Hände zuvor taten? Dann kommen sie zu dir, bei Allah schwörend: »Siehe, wir wünschen nur Gutes und Versöhnung.« **63.** Allah weiß, was in ihren Herzen ist. Darum wende dich von ihnen ab und ermahne sie und sprich zu ihnen in Worten, die in ihre Seelen dringen. **64.** Und Wir entsandten Gesandte nur, damit ihnen mit Allahs Erlaubnis gehorcht würde. Und wenn sie zu dir kämen und Allah um Verzeihung bäten, nachdem sie gegen sich gesündigt haben, und der Gesandte für sie um Verzeihung bäte, wahrlich, dann würden sie Allah vergebend und barmherzig finden. **65.** Aber nein, bei deinem Herrn, sie werden nicht eher glauben, als bis sie dich zum Richter über ihre Streitigkeiten einsetzen und dann in ihren Herzen keine Bedenken gegen deine Entscheidung finden und sich in Ergebenheit fügen.

[89]**66.** Und wenn Wir ihnen vorgeschrieben hätten, sich aufzuopfern oder ihre Wohnungen zu verlassen, so hätten es nur wenige von ihnen getan. Hätten sie aber getan, wozu sie aufgefordert wurden, wäre es für sie besser gewesen und hätte ihren Glauben gestärkt. **67.** Und dann hätten Wir ihnen wahrlich gewaltigen Lohn von Uns gegeben; **68.** Und wahrlich, Wir hätten sie auf den rechten Weg geleitet. **69.** Und wer Allah und dem Gesandten gehorcht, soll unter denen sein, denen Allah gnädig gewesen ist: Den Propheten und den Gerechten und den Märtyrern und den Frommen; das sind gute Gefährten. **70.** Derart ist die Gnade von

Allah, und es genügt, daß Allah alles weiß. **71.** O ihr, die ihr glaubt! Seid auf euerer Hut und rückt in Trupps aus oder alle zusammen. **72.** Und unter euch gibt es gewiß einige, die zurückbleiben. Und wenn euch ein Unglück trifft, sprechen sie: »Uns ist Allah gnädig gewesen, daß wir nicht mit ihnen waren!« **73.** Wenn euch aber Allah gnädig war, sprechen sie – als ob zwischen euch und ihnen keine Freundschaft gewesen wäre –: »Ach, wäre ich doch mit ihnen gewesen, dann hätte ich großen Erfolg gehabt!« **74.** Und so soll auf Allahs Weg kämpfen, wer das irdische Leben für das Jenseits verkauft. Und wer auf Allahs Weg kämpft, ob er nun fällt oder siegt, wahrlich, dem geben Wir gewaltigen Lohn.

[90]**75.** Und was ist mit euch, daß ihr nicht auf Allahs Weg kämpft und für die hilflosen Männer, Frauen und Kinder, die da sprechen: »Unser Herr, führe uns aus dieser Stadt* hinaus, deren Einwohner Unterdrücker sind. Und gib uns von Dir einen Beschützer, und gib uns von Dir einen Helfer!« **76.** Wer da glaubt, kämpft auf Allahs Weg, und wer da nicht glaubt, kämpft auf dem Weg des Bösen. So bekämpft Satans Freunde. Siehe, Satans List ist schwach. **77.** Siehst du nicht jene, zu denen gesprochen wurde: »Haltet euere Hände (von Gewalttätigkeit) zurück und verrichtet das Gebet und zahlt die Steuer«? Doch wenn ihnen dann der Kampf vorgeschrieben wird, fürchtet ein Teil von ihnen die Menschen, so wie sie Allah fürchten sollten, ja noch mehr, und spricht: »Unser Herr, warum hast Du uns den Kampf vorgeschrieben? Willst Du uns nicht einen kurzen Aufschub gewähren?« Sprich: »Der Nutzen der Welt ist winzig, und das Jenseits ist für den Gottesfürchtigen besser. Und ihr sollt nicht um ein Dattelkernfädchen Unrecht erleiden.« **78.** Wo immer ihr seid, der Tod wird euch einholen, auch wenn ihr in hochragenden Türmen wärt. Und wenn ihnen Gutes widerfährt, sagen sie: »Dies ist von Allah!« Und wenn ihnen Übles widerfährt, sprechen sie: »Dies ist von dir!« Sprich: »Alles ist von Allah!« Was aber ist mit diesem Volk, daß sie kaum ein Wort verstehen? **79.** Was immer an Gutem dir widerfährt, ist von Allah, und was immer dir an

* Mekka.

Üblem widerfährt, ist von dir selber.* Und Wir entsandten dich zu den
Menschen als einen Gesandten, und Allah genügt als Zeuge.

[91]**80.** Wer dem Gesandten gehorcht, der gehorcht Allah. Doch wer
den Rücken kehrt – Wir haben dich nicht als ihren Aufpasser entsandt.
81. Und sie spielen Gehorsam vor. Sobald sie jedoch von dir weggehen,
brütet ein Teil von ihnen des Nachts etwas anderes aus, als was sie sagten.
Allah aber schreibt auf, was sie ausbrüten. Darum wende dich von ihnen
ab und vertraue auf Allah; und Allah genügt als Beschützer. **82.** Studie-
ren sie den Koran denn nicht? Wenn er von einem anderen als Allah
stammte, fänden sie in ihm gewiß viele Widersprüche. **83.** Und wenn
ihnen etwas zu Ohren kommt, das Frieden oder Krieg betrifft, verbrei-
ten sie es. Wenn sie es aber (statt dessen) dem Gesandten oder denen, die
Befehlsgewalt unter ihnen haben, berichteten, so würden diejenigen es
erfahren, die dem nachgehen können. Und ohne Allahs Gnade gegen
euch und Seine Barmherzigkeit wärt ihr sicher bis auf wenige Satan ge-
folgt. **84.** So kämpfe auf Allahs Weg! Du bist nur für dich selbst ver-
antwortlich. Und sporne die Gläubigen an. Vielleicht hemmt Allah die
Macht der Ungläubigen. Allah ist gewaltiger an Macht und gewaltiger
im Züchtigen. **85.** Wer für eine gute Sache Fürsprache einlegt, der soll
einen Teil davon haben. Und wer Fürsprache für eine schlechte Sache
einlegt, der soll einen Teil der Verantwortung dafür tragen. Und Allah
wacht über alle Dinge. **86.** Und wenn ihr mit einem Gruß gegrüßt wer-
det, grüßt mit einem schöneren zurück oder erwidert ihn. Siehe, Allah
rechnet über alle Dinge ab.

[92]**87.** Allah, es gibt keinen Gott außer Ihm. Wahrlich, Er wird euch
zum Tag der Auferstehung versammeln; kein Zweifel ist daran. Und
wessen Wort ist zuverlässiger als Allahs? **88.** Weshalb seid ihr über die
Heuchler in zwei Parteien gespalten, wo Allah sie doch wegen ihres Ver-
haltens verworfen hat? Wollt ihr rechtleiten, wen Allah irregehen läßt?
Wen Allah irregehen läßt, für den findest du keinen Weg. **89.** Sie wün-

* Der Widerspruch zu Vers 78 ist nur scheinbar. »Übel« in Vers 78 ist als Schicksal zu verstehen und in Vers 79 als moralisches Versagen.

schen, daß ihr ungläubig werdet, wie sie ungläubig sind, und daß ihr (ihnen) gleich seid. Nehmt aber keinen von ihnen zum Freund, ehe sie sich nicht auf Allahs Weg begeben. Und wenn sie (in offener Feindschaft) den Rücken kehren, ergreift und tötet sie, wo immer ihr sie findet.* Und nehmt keinen von ihnen zum Freund oder Helfer, **90.** Außer denen, die sich zu einem Volke begeben, mit dem ihr ein Bündnis habt, oder zu euch kommen, das Herz darüber beklommen, daß sie gegen euch oder ihr eigenes Volk kämpfen sollten. Wenn Allah wollte, hätte Er ihnen Macht über euch gegeben, und sicherlich hätten sie dann gegen euch gekämpft. Wenn sie sich jedoch von euch fernhalten, ohne euch zu bekämpfen, und euch Frieden anbieten, gibt euch Allah keine Erlaubnis, gegen sie vorzugehen. **91.** Andere werdet ihr finden, welche sowohl mit euch als auch mit ihrem Volk in Frieden leben wollen. Wenn immer sie der Versuchung (zum Götzendienst) ausgesetzt sind, fallen sie in ihn zurück. Wenn sie sich nicht von euch fernhalten, euch Frieden anbieten und ihre Hände zügeln, ergreift und tötet sie, wo immer ihr auf sie stoßt. Über sie haben Wir euch klare Autorität gegeben.

[93]**92.** Kein Gläubiger sollte einen anderen Gläubigen töten, es sei denn aus Versehen. Wer einen Gläubigen aus Versehen tötet, der soll einen gläubigen Gefangenen befreien; und seiner Familie soll Blutgeld gezahlt werden, es sei denn, sie erlassen es als Almosen. War der (Getötete) ein Gläubiger aus einem euch feindlichen Volk, so befreie er einen gläubigen Gefangenen. War er aber aus einem mit euch verbündeten Volk, so zahle er das Blutgeld an seine Familie und befreie einen gläubigen Gefangenen. Und wer (die Mittel) dazu nicht findet, der faste zwei Monate hintereinander. Dies ist eine Buße von Allah, und Allah ist wissend und weise. **93.** Wer einen Gläubigen mit Vorsatz tötet, dessen Lohn ist die Hölle; ewig soll er darin verweilen. Allah zürnt ihm und verflucht ihn und bereitet für ihn gewaltige Strafe. **94.** O ihr, die ihr

* Wie sich aus dem ersten Satz des Verses und den folgenden Versen ergibt, handelt es sich nicht nur um den (nicht strafbaren) Abfall vom Islam, sondern um aktiven, überall strafbaren Hochverrat.

glaubt! Wenn ihr auf Allahs Weg auszieht, dann seid umsichtig und sagt zu keinem, der euch den Friedensgruß entbietet: »Du bist ja gar kein Gläubiger!«, und dies in euerem Trachten nach dem Gewinn des irdischen Lebens.* Bei Allah ist (ausreichend) reiche Beute. So verhieltet ihr euch früher, doch Allah war gnädig gegen euch. Darum seid umsichtig. Siehe, Allah kennt euer Tun.

[94]**95.** Diejenigen Gläubigen, welche zuhause zurückbleiben, ohne
gebrechlich zu sein, sind denen nicht gleich, die auf Allahs Weg mit Gut
und Blut streiten. Allah hat die, welche mit Gut und Blut streiten, im
Rang über die erhöht, welche zurückbleiben. Allen hat Allah das Gute
versprochen; aber den Eifrigen hat er vor den Zurückbleibenden hohen
Lohn verheißen, **96.** Rangstufen von Ihm und Vergebung und Barmher-
zigkeit; und Allah ist nachsichtig und barmherzig. **97.** Siehe, zu denjeni-
gen, welche wider sich gesündigt hatten, sprechen die Engel, wenn sie
sie fortnehmen: »Wozu gehört ihr?« Sie sagen: »Wir waren die Hilflosen
im Land.« Sie sprechen: »Ist nicht Allahs Land weit genug, so daß ihr hät-
tet auswandern können?« Ihre Behausung ist die Hölle, und schlimm ist
die Fahrt (dorthin). **98.** Ausgenommen sind die Schwachen unter den
Männern und Frauen und Kindern, die sich tatsächlich nicht zu helfen
vermögen und keinen Ausweg finden. **99.** Ihnen mag Allah verzeihen;
denn Allah ist nachsichtig und verzeihend. **100.** Und wer auf Allahs Weg
auswandert, wird auf der Erde viel Zuflucht und Wohltaten finden. Und
wer sein Haus verläßt und zu Allah und Seinem Gesandten auswandert
und dabei vom Tod ereilt wird, dessen Lohn ist bei Allah; und Allah ist
verzeihend und barmherzig. **101.** Und wenn ihr durch das Land zieht,
begeht ihr keine Sünde, wenn ihr das Gebet abkürzt, aus Furcht, die
Ungläubigen könnten euch überfallen. Siehe, die Ungläubigen sind
euere offenkundigen Feinde.

[95]**102.** Und wenn du unter ihnen bist und ihr Gebet leitest, soll ein Teil mit dir (im Gebet) stehen, doch ihre Waffen tragen. Und nachdem

* Verbot, Nichtkombattanten willkürlich wie Kombattanten zu behandeln, um Beute zu machen.

sie sich niedergeworfen haben, sollen sie hinter euch treten. Dann soll eine andere Abteilung, die noch nicht gebetet hat, kommen und mit dir beten; doch sollen sie auf der Hut sein und ihre Waffen tragen. Die Ungläubigen sähen es gerne, daß ihr euere Waffen und euere Sachen außer acht ließet, um euch plötzlich überfallen zu können. Aber es ist für euch keine Sünde, euere Waffen fortzulegen, wenn ihr unter Regen leidet oder krank seid. Seid jedoch auf euerer Hut. Siehe, Allah hat für die Ungläubigen schmähliche Strafe bereitet. **103.** Und wenn ihr das Gebet beendet habt, dann gedenkt Allahs, sei es stehend, sitzend oder liegend. Doch wenn ihr in Sicherheit seid, verrichtet das Gebet (auf normale Weise). Siehe, das Gebet ist für die Gläubigen für bestimmte Zeiten vorgeschrieben. **104.** Und erlahmt nicht im Verfolgen der Feinde. Leidet ihr, nun, sie leiden gewiß genauso, wie ihr leidet. Ihr aber erhofft von Allah, was sie nicht erhoffen können. Und Allah ist wissend und weise. **105.** Siehe, Wir haben dir das Buch in Wahrheit hinabgesandt, damit du zwischen den Menschen richtest, wie dir Allah Einsicht gegeben hat. So mache dich nicht zum Anwalt der Verräter.

[96]**106.** Und bitte Allah um Verzeihung; siehe, Allah ist verzeihend und barmherzig. **107.** Und verwende dich nicht für die, welche einander betrügen; siehe, Allah liebt Betrüger und Sünder nicht. **108.** Sie verbergen sich vor den Menschen, doch können sie sich nicht vor Allah verbergen; und Er ist bei ihnen, wenn sie des Nachts besprechen, was Ihm nicht gefällt. Allah überschaut all ihr Tun. **109.** Ihr verteidigt sie wohl in diesem Leben. Wer aber wird sie am Tag der Auferstehung vor Gott verteidigen, oder wer wird dann ihr Beschützer sein? **110.** Und wer eine Missetat begeht oder gegen sich sündigt und Allah dann um Verzeihung bittet, wird Allah verzeihend und barmherzig finden. **111.** Und wer eine Sünde begeht, begeht sie nur gegen sich selber. Und Allah ist wissend und weise. **112.** Und wer einen Fehler oder eine Sünde begeht und sie einem Unschuldigen vorwirft, der belädt sich mit Verleumdung und offenbarer Sünde. **113.** Und ohne Allahs Gnade und Barmherzigkeit gegen dich hätte ein Teil von ihnen gewiß versucht, dich irrezuführen. Aber sie führen nur sich selber irre, ohne dir das geringste zu schaden.

Und Allah hat die Schrift und die Weisheit hinabgesandt und hat dich gelehrt, was du nicht wußtest. Und Allahs Gnade gegen dich war groß.

[97]**114**. Nichts Gutes findet sich in den meisten ihrer geheimen Besprechungen, außer wenn jemand zu Almosen oder einer guten Tat oder Frieden zwischen den Menschen aufruft. Und wer dies im Trachten nach Allahs Huld tut, wahrlich, dem werden Wir gewaltigen Lohn geben. **115.** Wer sich aber von dem Gesandten trennt, nachdem ihm der richtige Weg deutlich geworden war, und einem anderen Weg als dem der Gläubigen folgt, dem wollen Wir den Rücken zeigen, wie er den Rücken gezeigt hat, und wollen ihn in der Hölle brennen lassen. Und wie schlimm ist dieses Ziel! **116.** Siehe, Allah vergibt es nicht, daß Ihm Götter zur Seite gesetzt werden. Doch im übrigen vergibt Er alles, wem Er will. Wer Allah Götter an die Seite setzt, der ist weit abgeirrt. **117.** Siehe, sie rufen neben Ihm weibliche Idole – damit aber nur den rebellischen Satan – an, **118.** Den Allah verflucht hat. Und er sprach: »Wahrlich, ich will einen bestimmten Teil Deiner Diener nehmen **119.** Und sie in die Irre führen und sie lüstern machen und ihnen befehlen, daß sie den Tieren die Ohren aufschlitzen,* und ihnen befehlen, die Schöpfung Allahs zu verändern.«** Und wer sich Satan zum Beschützer nimmt und Allah verwirft, der ist offenbar verloren. **120.** Er macht ihnen Versprechungen und weckt ihre Lüste; aber Satan macht ihnen nur trügerische Versprechungen. **121.** Ihre Behausung ist die Hölle, und sie finden kein Entkommen aus ihr.

[98]**122.** Wer aber glaubt und das Rechte tut, wahrlich, die führen Wir in Gärten ein, durcheilt von Bächen, darin zu verweilen auf ewig und immerdar. Das ist eine wahre Verheißung von Allah, und wessen Wort ist wahrhafter als Allahs? **123.** Es geht weder nach eueren Wünschen noch nach den Wünschen der Leute der Schrift. Wer Böses getan hat, dem wird es vergolten, und er findet außer Allah keinen Beschützer oder

* Aus Aberglauben.

** Ein Beispiel dafür ist der Versuch, Kühe zu Fleischfressern zu machen, der zum Rinderwahnsinn führte; auch die Gen-Technik kann gemeint sein.

Helfer. **124.** Wer aber Rechtes tut, sei es Mann oder Frau, und gläubig ist, jene sollen ins Paradies eingehen und nicht um eine Rille im Dattelkern Unrecht erleiden. **125.** Und wer hätte einen schöneren Glauben, als wer sich Allah hingibt und das Gute tut und die Religion Abrahams, des Lauteren im Glauben, befolgt; denn Allah nahm sich Abraham zum Freund. **126.** Und Allahs ist, was in den Himmeln und was auf Erden ist, und Allah umfaßt alle Dinge. **127.** Und sie werden dich über die Rechte der Frauen befragen. Sprich: »Allah hat euch darüber in der Schrift belehrt, auch hinsichtlich verwaister Mädchen, denen ihr nicht gebt, was euch vorgeschrieben ist, weil ihr sie heiraten wollt; ebenso hinsichtlich hilfloser Kinder und daß ihr gegen die Waisen Gerechtigkeit üben sollt. Und was ihr Gutes tut, siehe, Allah weiß es.«

[99]**128.** Und wenn eine Frau von ihrem Ehemann rohe Behandlung oder Gleichgültigkeit befürchtet, begehen sie keine Sünde, wenn sie sich einvernehmlich auseinandersetzen;* denn ein friedlicher Kompromiß ist das beste. Die Seelen neigen zur Habsucht.** Und wenn ihr Gutes tut und gottesfürchtig seid, siehe, Allah kennt euer Tun. **129.** Euch wird es niemals möglich sein, in Gerechtigkeit gegen euere Ehefrauen zu verfahren, wie sehr ihr es euch auch wünschen mögt.*** Doch wendet euch nicht gänzlich einer zu, so daß ihr die andere wie in der Schwebe laßt. Söhnt ihr euch aus und fürchtet Allah, dann ist Allah gewiß verzeihend und barmherzig. **130.** Wenn sie sich jedoch trennen, wird Allah beide aus Seinem Reichtum versorgen. Und Allah ist umfassend und weise. **131.** Und Allahs ist, was in den Himmeln und was auf Erden ist. Wir haben bereits denen, welchen die Schrift vor euch gegeben wurde, und euch eingeschärft, Allah zu fürchten. Und falls ihr ungläubig seid, siehe, Allah gehört, was in den Himmeln und auf Erden ist. Und Allah ist unabhängig und rühmenswert. **132.** Und Allahs ist, was in den Himmeln

* Nach dem Motto: Eine gelungene Scheidung ist besser als eine mißlungene Ehe.

** So daß es leichtfällt, eine Lösung finanziell zu untermauern.

*** Daher ist Monogamie auch im Islam die normale Lebensform.

und was auf Erden ist. Und Allah genügt als Beschützer. **133.** Wenn Er will, nimmt Er euch fort, o ihr Menschen, und bringt dafür andere; Allah ist dessen fähig. **134.** Wer den Lohn der Welt will: Bei Allah ist der Lohn im Diesseits und im Jenseits. Und Allah ist hörend und schauend.

[100]**135.** O ihr, die ihr glaubt! Tretet für die Gerechtigkeit ein, wenn ihr vor Gott Zeugnis ablegt, und sei es gegen euch selber oder euere Eltern und Verwandten. Handele es sich um arm oder reich, Allah steht euch näher als beide. Und überlaßt euch nicht der Leidenschaft, damit ihr nicht vom Recht abweicht. Wenn ihr (das Recht) verdreht oder euch (von ihm) abkehrt, siehe, Allah weiß, was ihr tut. **136.** O ihr, die ihr glaubt! Glaubt an Allah und Seinem Gesandten und an das Buch, das Er auf Seinen Gesandten herabgesandt hat, und die Schrift, die Er zuvor herabkommen ließ. Wer nicht an Allah und Seine Engel und Seine Bücher und Seine Gesandten und an den Jüngsten Tag glaubt, der ist weit abgeirrt. **137.** Siehe, diejenigen, welche glauben und danach ungläubig werden, dann wieder glauben und dann an Unglauben noch zunehmen, denen verzeiht Allah nicht, und Er leitet sie nicht des Weges. **138.** Verkünde den Heuchlern, daß ihnen schmerzliche Strafe bestimmt ist. **139.** Wer die Ungläubigen den Gläubigen als Freunde vorzieht, suchen sie etwa Ehre bei ihnen? Wahrlich, Ehre gebührt Allah alleine! **140.** Und Er hatte euch in dem Buch* bereits folgendes geoffenbart: Wenn ihr hört, daß Leute nicht an die Zeichen Allahs glauben, sondern sie verspotten, dann sitzt nicht mit ihnen, solange sie nicht zu einem anderen Gespräch übergehen. Ihr würdet sonst wie sie werden. Siehe, Allah versammelt die Heuchler und Ungläubigen allesamt in der Hölle.

[101]**141.** Sie belauern euch. Und wenn Allah euch siegen läßt, sagen sie: »Waren wir nicht mit euch?« Hatten aber die Ungläubigen Erfolg, sprechen sie: »Haben wir nicht die Hand über euch gehalten und euch vor den Gläubigen beschützt?« Allah wird zwischen euch am Tage der Auferstehung richten. Und Allah wird den Ungläubigen keine Möglichkeit geben, gegen die Gläubigen vorzugehen. **142.** Siehe, die

* Sure 6: 68.

Heuchler wollen Allah überlisten; doch Er überlistet sie. Wenn sie im Gebet stehen, stehen sie nachlässig da, um von den Leuten gesehen zu werden, und gedenken Allahs nur wenig, **143.** Hin und her schwankend, weder zu diesen noch zu jenen gehörend. Und wen Allah irregehen läßt, für den findest du keinen Weg. **144.** O ihr, die ihr glaubt! Zieht nicht die Ungläubigen den Gläubigen als Freunde vor. Wollt ihr etwa Allah einen offenkundigen Beweis gegen euch selbst verschaffen? **145.** Siehe, die Heuchler sollen in der tiefsten Tiefe des Feuers sein, und für sie findest du niemals einen Helfer, **146.** Außer für die, welche umkehren und sich bessern und ihre Zuflucht zu Allah nehmen und lauteren Glaubens an Allah sind; diese gehören zu den Gläubigen, und wahrlich, Allah wird den Gläubigen gewaltigen Lohn geben. **147.** Warum sollte Allah euch strafen, wenn ihr dankbar seid und glaubt? Allah ist erkenntlich und wissend.

[102]**148.** Allah liebt nicht, daß Bösartiges öffentlich verbreitet wird, es sei denn durch jemand, dem (selbst) Unrecht geschehen ist. Und Allah ist hörend und wissend. **149.** Ob ihr Gutes zeigt oder verbergt oder Böses vergebt, siehe, Allah ist nachsichtig und mächtig. **150.** Siehe, diejenigen, welche weder an Allah glauben noch Seinem Gesandten und einen Unterschied zwischen Allah und Seinen Gesandten machen wollen und sprechen: »Wir glauben an einige, an andere aber nicht« und einen Weg dazwischen einschlagen wollen, **151.** Das sind die wahren Ungläubigen, und den Ungläubigen haben Wir schändliche Strafe bereitet. **152.** Die aber an Allah und Seinen Gesandten glauben und zwischen keinem von ihnen einen Unterschied machen, denen werden Wir gewiß ihren Lohn zahlen; und Allah ist verzeihend und barmherzig. **153.** Die Leute der Schrift werden von dir verlangen, daß du ihnen ein Buch vom Himmel hinabsenden läßt. Aber etwas Größeres als dies verlangten sie schon von Moses. Und sie sprachen: »Mache uns Allah sichtbar!« Da erfaßte sie der Blitzschlag für ihre Sünde. Danach nahmen sie sich das Kalb, obwohl die deutlichen Zeichen zu ihnen gekommen waren. Aber Wir vergaben ihnen selbst dies und gaben Moses klare Autorität. **154.** Und als Wir ihr Versprechen entgegennahmen, ließen

Wir den Berg hoch über sie ragen und sprachen zu ihnen: »Tretet demütig durch das Tor ein!« Und Wir sprachen zu ihnen: »Übertretet nicht den Sabbat!« Und Wir nahmen ein festes Versprechen von ihnen entgegen.

[103]**155.** Und weil sie ihr Versprechen brachen und Allahs Zeichen verleugneten und die Propheten ungerechterweise töteten und sprachen: »Unsere Herzen sind Gefäße (des Wissens)« – Allah hat ihre Herzen im Gegenteil wegen ihres Unglaubens versiegelt, so daß nur wenige glauben – **156.** Und weil sie ungläubig waren und gegen Maria eine große Verleumdung aussprachen,* **157.** Und weil sie sprachen: »Siehe, wir haben den Messias Jesus, den Sohn der Maria, den Gesandten Allahs, getötet« – doch sie töteten ihn nicht und kreuzigten ihn nicht (zu Tode),** sondern es erschien ihnen nur so – (darum straften Wir sie). Und siehe, diejenigen, die darüber uneins sind, sind wahrlich im Zweifel über ihn. Sie wissen nichts davon, sondern folgen nur Vermutungen. Und Sie töteten ihn mit Gewißheit nicht. **158.** Ganz im Gegenteil: Allah erhöhte ihn zu Sich; und Allah ist mächtig und weise. **159.** Und wahrlich, von den Leuten der Schrift wird jeder vor seinem Tode die Wahrheit über ihn (Jesus) erfassen. Und am Tag der Auferstehung wird er Zeuge gegen sie sein. **160.** Und wegen der Sünde der Juden haben Wir ihnen gute Dinge verwehrt, die ihnen erlaubt gewesen waren, wie auch wegen ihres Abwendens vieler von Allahs Weg. **161.** Und weil sie Zins nahmen, obwohl es ihnen verboten war, und Leute in betrügerischer Weise um ihr Vermögen brachten, haben Wir für die Ungläubigen unter ihnen schmerzliche Strafe bereitet. **162.** Aber diejenigen unter ihnen, deren Wissen fest ist, und die Gläubigen glauben an das, was zu dir hinabgesandt wurde und vor dir hinabgesandt worden ist. Und diejenigen, die das Gebet verrichten und die Steuer zahlen und an Allah

* Daß Jesus ein uneheliches Kind sei.

** »Kreuzigen« bedeutet hier ebenfalls »töten«. – Manche wollen verstehen, daß nicht die Juden, sondern Gott Jesus verscheiden ließ (Vers 158). Die moderne historische Kritik am Neuen Testament hat zu einer Krise der christlichen Christologie geführt, wie sie in diesen Versen beschrieben wurde; vgl. Gerd Lüdemann, *Die Auferstehung Jesu*, Göttingen 1994.

glauben und an den Jüngsten Tag – wahrlich, ihnen werden Wir gewaltigen Lohn gewähren.

[104]**163**. Siehe, Wir haben dir Offenbarung gegeben, wie Wir Noah Offenbarung gaben und den Propheten nach ihm und wie Wir Abraham und Ismael und Isaak und Jakob und ihren Nachkommen und Jesus und Hiob und Jonas und Aaron und Salomo Offenbarung gaben. Und David gaben Wir die Psalmen. **164.** Und von (einigen) Gesandten haben Wir dir zuvor erzählt, und von (anderen) Gesandten haben Wir dir nicht erzählt – und mit Moses redete Allah wirklich –, **165.** Von Gesandten als Freudenverkündern und Warnern, damit die Menschen nach (dem Erscheinen von) Gesandten vor Allah keine Entschuldigung hätten. Und Allah ist mächtig und weise. **166.** Allah bezeugt, was Er zu dir hinabgesandt hat; Er hat es in Seiner Weisheit hinabgesandt. Die Engel bezeugen es; doch Allah genügt als Zeuge. **167.** Siehe, diejenigen, welche ungläubig sind und von Allahs Weg abwendig machen, sind weit abgeirrt. **168.** Siehe, denjenigen, welche nicht glauben und unrecht tun, wird Allah nicht verzeihen, und Er leitet sie nicht des Wegs, **169.** Es sei denn des Wegs zur Hölle, darin zu verweilen ewig und immerdar. Dies fällt Allah leicht. **170.** O ihr Menschen! Zu euch ist der Gesandte mit der Wahrheit von euerem Herrn gekommen. So glaubt; das ist am besten für euch. Wenn ihr aber ungläubig seid, siehe, Allah gehört, was in den Himmeln und auf Erden ist. Und Allah ist wissend und weise.

[105]**171.** O ihr Leute der Schrift! Übertreibt nicht in euerer Religion und sprecht über Allah nur die Wahrheit. Der Messias Jesus, der Sohn der Maria, war ein Gesandter Allahs und Sein Wort, das Er Maria entbot, mit einer Seele, geschaffen von Ihm. So glaubt an Allah und Seinen Gesandten und sprecht nicht: »Drei.« Laßt davon ab, das ist für euch besser. Allah ist nur ein einziger Gott. Er ist hoch darüber erhaben, daß Er einen Sohn haben sollte! Sein ist, was in den Himmeln und was auf Erden ist. Und Allah genügt als Beschützer. **172.** Der Messias war nie zu stolz, ein Diener Allahs zu sein, und auch nicht die (Allah) nahestehenden Engel. Und wer zu stolz ist, Ihm zu dienen, und voll Hoffart ist: versammeln wird Er sie zu sich allesamt. **173.** Was aber diejenigen anlangt, die da

glauben und das Rechte tun, Er wird ihnen ihren Lohn zahlen und noch mehr, aus Seiner Gnadenfülle. Was aber die Stolzen und Hoffärtigen anlangt, sie wird Er mit schmerzlicher Strafe strafen. Und sie werden außer Allah keinen Beschützer oder Helfer für sich finden. **174.** O ihr Menschen! Zu euch ist nunmehr ein Beweis von euerem Herrn gekommen, und hinabgesandt haben Wir zu euch ein deutliches Licht. **175.** Was nun die anlangt, welche glauben und sich an Allah halten, wahrlich, Er wird sie in Seine Barmherzigkeit und Huld führen und sie auf einem geraden Weg zu Sich leiten.

[106]**176.** Sie werden dich über die Rechtslage befragen. Sprich: »Allah weist euch hinsichtlich der (erbberechtigten) Verwandtschaft in Seitenlinie (wie folgt) an: Wenn ein Mann kinderlos stirbt, aber eine Schwester hat, so soll sie die Hälfte von dem haben, was er hinterläßt. Und er soll sie beerben, wenn sie kein Kind hat. Sind aber zwei Schwestern da, sollen sie zwei Drittel von seiner Hinterlassenschaft haben. Sind aber Brüder und Schwestern da, so soll der Mann den Anteil von zwei Frauen haben.« Allah macht es euch klar, damit ihr nicht irrt; und Allah kennt alle Dinge.

5 Der Tisch (al-Mâ'ida)

Geoffenbart zu Medina

Im Namen Allahs, des Erbarmers, des Barmherzigen!

1. O ihr, die ihr glaubt! Haltet euere Verträge. Erlaubt ist euch (das Fleisch von) pflanzenfressenden Tieren, außer dem, was euch bekanntgemacht wird. Und während ihr im Stande der Pilgerfahrt seid, ist euch die Jagd nicht erlaubt. Siehe, Allah verordnet, was Er will. **2.** O ihr, die ihr glaubt! Verletzt nicht die Wallfahrtsriten Allahs noch den heiligen (Pilger-)Monat, noch das Opfertier im Girlandenschmuck, noch diejenigen, welche im Verlangen nach der Huld und dem Wohlgefallen ihres Herrn zum unverletzlichen Hause ziehen. Habt ihr jedoch das Pilgergewand abgelegt, dann jagt. Der Haß gegen Leute, die euch von der unverletzlichen Moschee abhalten wollen, verleite euch nicht zu Verfehlungen. Helft einander zur Rechtschaffenheit und Gottesfurcht und nicht zur Sünde und Feindschaft. Und fürchtet Allah; siehe, Allah ist streng im Strafen.

[107]**3.** Verboten ist euch Verendetes, Blut, Schweinefleisch und das, worüber ein anderer Name als Allahs (beim Schlachten) angerufen wurde; das Erwürgte, das Erschlagene, das durch Sturz oder Hörnerstoß Umgekommene, das von reißenden Tieren Angefressene, außer dem, was ihr geschlachtet habt, (bevor es starb), und das auf Opfersteinen Geschlachtete; und Weissagung durch Pfeillose. Dies alles ist Frevel. Die Ungläubigen verzweifeln heute an euerer Religion. Darum fürchtet nicht sie, sondern fürchtet Mich. Heute habe Ich eueren Glauben für euch vollendet und habe Meine Gnade an euch erfüllt, und es ist Mein Wille, daß der Islam euer Glaube ist.* Wenn einer aber – ohne Hinneigung zur Sünde – durch Hunger bedrängt wird, dann ist Allah verzeihend und barmherzig. **4.** Sie werden dich fragen, was ihnen erlaubt ist. Sprich: »Erlaubt sind euch alle guten Dinge** und (die Beute) abgerichteter Jagdtiere, die ihr lehrt, wie Allah euch gelehrt hat. Eßt von dem, was sie für euch fangen, und sprecht Allahs Namen darüber und fürchtet Allah.« Siehe, Allah ist schnell im Abrechnen. **5.** Heute sind euch alle guten Dinge erlaubt. Auch die Speise derer, denen die Schrift gegeben wurde, ist euch erlaubt, so wie euere Speisen ihnen erlaubt sind.***Und (erlaubt sind euch zu heiraten) tugendhafte Frauen, die gläubig sind, und tugendhafte Frauen von denen, welchen die Schrift vor euch gegeben wurde, sofern ihr ihnen ihr Brautgeld gegeben habt und tugendhaft mit ihnen lebt, ohne Unzucht, und keine Geliebten nehmt. Wer den Glauben verleugnet, dessen Werk ist fruchtlos, und im Jenseits ist er einer der Verlorenen.

* Dieser Satz, mit dem die Verkündung des Islam vervollständigt wurde, wurde am 9. Tag des Pilgermonats im Jahre 632, kurz vor dem Tod Muhammads, in Arafat geoffenbart.

** D.h., im Prinzip ist alles, was nicht ausdrücklich verboten wurde, erlaubt.

*** Dies ist kein Dispens für nach Vers 3 verbotenes Fleisch.

[108]**6.** O ihr, die ihr glaubt! Wenn ihr zum Gebet hintretet,so wascht euer Gesicht und euere Hände bis zu den Ellbogen und wischt über eueren Kopf, und (wascht) euere Füße bis zu den Knöcheln. Und falls ihr durch Samen befleckt seid, so reinigt euch.* Und wenn ihr krank oder auf einer Reise seid, oder einer von euch kommt vom Austreten oder ihr habt eine Frau (sexuell) berührt und findet kein Wasser, so nehmt guten Sand und wischt euch das Gesicht und die Hände damit ab. Allah will euch keine Last auflegen, jedoch will Er euch reinigen und Seine Gnade an euch vollenden, damit ihr dankbar seid. **7.** Und gedenkt der Gnade Allahs gegen euch und der Versprechungen, die Er von euch angenommen hat, als ihr spracht: »Wir hören und gehorchen!« Und fürchtet Allah. Siehe, Allah kennt das Innerste der Brüste. **8.** O ihr, die ihr glaubt! Steht in Gerechtigkeit fest, wenn ihr vor Allah bezeugt. Der Haß gegen (bestimmte) Leute verführe euch nicht zu Ungerechtigkeit. Seid gerecht, das entspricht mehr der Gottesfurcht. Und fürchtet Allah. Siehe, Allah kennt euer Tun. **9.** Allah hat denen, die glauben und das Rechte tun, Verzeihung und gewaltigen Lohn versprochen.

[109]**10.** Wer aber nicht glaubt und Unsere Zeichen der Lüge bezichtigt – die sind Gefährten der Hölle. **11.** O ihr, die ihr glaubt! Gedenkt der Gnade Allahs gegen euch, als eine feindliche Gruppe euch zu ergreifen suchte. Er aber lähmte ihre Hände. Und fürchtet Allah. Und auf Allah sollen die Gläubigen vertrauen. **12.** Und wahrlich, Allah nahm das Versprechen der Kinder Israels entgegen. Aus ihnen beriefen Wir zwölf Führer. Und Allah sprach: »Siehe, Ich bin mit euch. Fürwahr, wenn ihr das Gebet verrichtet und die Steuer zahlt und Meinen Gesandten glaubt und ihnen helft und Allah eine schöne Anleihe leiht, wahrlich, dann decken Wir euere Missetaten zu. Und wahrlich, dann führen Wir euch in Gärten ein, durcheilt von Bächen. Wer von euch hiernach nicht glaubt, ist vom rechten Weg abgeirrt.« **13.** Doch weil sie ihr Versprechen brachen, haben Wir sie verflucht und ihre Herzen verhärtet. Sie entstellten den Sinn der Wörter und vergaßen einen Teil von dem, was ihnen gesagt

* Durch ein Bad oder eine Dusche.

wurde. Du wirst immer wieder Verräter unter ihnen entdecken, bis auf wenige. Aber vergib ihnen und verzeihe; siehe, Allah liebt die Gutes Tuenden.

[110]**14.** Und von denen, welche sagen: »Seht, wir sind Christen«, nahmen Wir auch ein Versprechen entgegen. Sie aber vergaßen manches von dem, was ihnen gesagt wurde. Darum erregten Wir Feindschaft und Haß unter ihnen bis zum Tage der Auferstehung. Allah wird ihnen sicherlich eröffnen, was sie getan haben. **15.** O Volk der Schrift! Nunmehr ist Unser Gesandter zu euch gekommen, um euch vieles, was ihr von der Schrift verbargt, zu enthüllen und um vieles nachsichtig zu übergehen. Von Allah ist zu euch nunmehr ein Licht und ein deutliches Buch gekommen, **16.** Womit Allah zu Wegen des Heils leitet, wer Sein Wohlgefallen anstrebt und sie mit Seiner Erlaubnis aus den Finsternissen zum Licht und auf einen rechten Pfad führt. **17.** Wahrlich, ungläubig sind, die da behaupten: »Allah, das ist gewiß der Messias, der Sohn der Maria.« Sprich: »Wer könnte Allah daran hindern, wenn Er den Messias, den Sohn der Maria, und seine Mutter und wen auch immer auf Erden vernichten wollte?« Allahs ist das Reich der Himmel und der Erde und was zwischen beiden ist. Er erschafft, was Er will, und Allah hat Macht über alle Dinge.

[111]**18.** Und die Juden und die Christen sprechen: »Wir sind Allahs Kinder und Seine Lieblinge.« Sprich: »Weshalb straft Er euch dann für euere Sünden? Nein, ihr seid Menschen wie alle, die Er erschaffen hat.« Er verzeiht, wem Er will, und Allahs ist das Reich der Himmel und der Erde und was zwischen beiden ist. Und zu Ihm ist die Heimkehr. **19.** O Volk der Schrift! Nunmehr ist Unser Gesandter zu euch gekommen, um euch über die Zeit zwischen dem Erscheinen der Gesandten aufzuklären, damit ihr nicht sagt: »Zu uns kommt weder ein Freudenbote noch ein Warner.« Zu euch ist doch nun ein Freudenbote und ein Warner gekommen. Und Allah hat Macht über alle Dinge. **20.** Und als Moses zu seinem Volk sprach: »O Leute! Gedenkt der Gnade Allahs gegen euch, als Er unter euch Propheten erweckte und euch Könige einsetzte und euch gab, was Er keinem in aller Welt gegeben hatte. **21.** O Volk! Betritt das heilige Land, das Allah euch bestimmt hat; und kehrt nicht den Rücken,

sonst würdet ihr als Verlorene umkehren.« **22.** Sie sprachen: »O Moses! Siehe, dort ist ein Volk von Recken. Wir werden es nicht betreten, ehe sie es nicht verlassen haben. Sobald sie es verlassen, wollen wir es betreten.« **23.** Zwei Männer, welche (ihren Herrn) fürchteten und denen Allah gnädig gewesen war, sprachen: »Geht zu ihnen durch das Tor; und wenn ihr durch es (frontal) eingetreten seid, dann werdet ihr obsiegen. Und vertraut auf Allah, wenn ihr Gläubige seid.«

[112]**24.** Sie sprachen: »O Moses! Wir werden niemals eintreten, so lange sie drinnen sind. Gehe, du und dein Herr, und kämpft; wir bleiben hier sitzen.« **25.** Er sprach: »Mein Herr! Siehe, ich habe nur Macht über mich selber und meinen Bruder, scheide uns daher von diesem frevelhaften Volk!« **26.** Er sprach: »Wahrlich, vierzig Jahre lang soll es ihnen verwehrt sein! Umherirren sollen sie auf der Erde! Bekümmere dich nicht um das frevelhafte Volk.« **27.** Und verkünde ihnen der Wahrheit gemäß die Geschichte der beiden Söhne Adams, als sie ein Opfer darbrachten. Angenommen wurde es von dem einen von ihnen, aber nicht von dem anderen. Er sprach: »Wahrlich, ich schlage dich tot!« (Der andere) sprach: »Siehe, Allah nimmt nur von den Gottesfürchtigen an. **28.** Wahrlich, erhebst du auch deine Hand gegen mich, um mich totzuschlagen, so erhebe ich doch nicht meine Hand gegen dich, um dich zu erschlagen. Siehe, ich fürchte Allah, den Herrn der Welten. **29.** Siehe, ich will, daß du dir meine und deine Sünde auflädst und ein Bewohner des Feuers wirst; denn dies ist der Lohn der Missetäter.« **30.** Da trieb es ihn, seinen Bruder zu erschlagen, und so erschlug er ihn und wurde einer der Verlorenen. **31.** Und Allah entsandte einen Raben, daß er auf dem Boden scharrte, um ihm zu zeigen, wie er die Missetat an seinem Bruder verbergen könnte. Er sprach: »O weh mir! Bin ich zu kraftlos, wie dieser Rabe zu sein und die Missetat an meinem Bruder zu verbergen?« Und so wurde er reumütig.

[113]**32.** Aus diesem Grunde haben Wir den Kindern Israels angeordnet, daß, wer einen Menschen tötet, ohne daß dieser einen Mord begangen oder Unheil im Lande angerichtet hat, wie einer sein soll, der die ganze Menschheit ermordet hat. Und wer ein Leben erhält, soll

sein, als hätte er die ganze Menschheit am Leben erhalten. Und zu ihnen kamen Unsere Gesandten mit deutlichen Beweisen; aber selbst dann waren viele von ihnen (weiterhin) ausschweifend auf Erden. **33.** Wahrlich, der gerechte Lohn derer, welche Allah und Seinen Gesandten bekämpfen und auf Erden Verderben stiften, ist es, daß viele von ihnen getötet oder gekreuzigt oder daß ihnen Hände und Füße wechselseitig abgeschlagen oder daß sie aus dem Land verbannt werden. Das ist ihr Lohn im Diesseits, und im Jenseits wird ihnen schmerzliche Strafe zuteil, **34.** Außer jenen, welche bereuen, bevor ihr sie in euerer Gewalt habt. Und wisset, daß Allah verzeihend und barmherzig ist. **35.** O ihr, die ihr glaubt! Fürchtet Allah und sucht, Ihm nahe zu kommen, und strengt euch auf Allahs Weg an, damit es euch wohl ergeht. **36.** Seht die Ungläubigen: Hätten sie auch alles, was auf Erden ist, und das gleiche dazu, um sich damit von der Strafe des Auferstehungstages loszukaufen, es würde von ihnen nicht angenommen. Und ihnen wird schmerzliche Strafe zuteil!

[114]**37.** Sie möchten wohl dem Feuer entrinnen, doch sie entrinnen ihm nicht, und sie trifft eine dauerhafte Strafe. **38.** Und der Dieb und die Diebin: Schneidet ihnen zur Vergeltung ihrer Taten ihre Hand ab, als abschreckende Strafe von Allah; und Allah ist mächtig und weise.* **39.** Wer aber nach seiner Sünde umkehrt und sich bessert, siehe, zu dem kehrt sich auch Allah; siehe, Allah ist verzeihend, barmherzig. **40.** Weißt du nicht, daß Allahs das Reich der Himmel und der Erde ist? Er straft, wen Er will, und verzeiht, wem Er will, und Allah hat Macht über alle Dinge. **41.** O du Gesandter! Laß dich nicht durch die, welche miteinander im Unglauben wetteifern, betrüben, wie jene, die zwar mit ihrem Mund sprechen: »Wir glauben!«, doch in ihren Herzen nicht glauben; und wie diejenigen Juden, die jeder Lüge und denjenigen Glauben

* Diese harte Strafe, die gegen notleidende Diebe und in Notzeiten nicht anwendbar ist, zu verstehen setzt Kenntnis des Gesamtgefüges des islamischen Rechts und seines Systems der Alterssicherung der Frau voraus. Diese Strafe wird viel, viel seltener verhängt als die Todesstrafe im Westen.

schenken, die noch nicht zu dir gekommen sind.* Sie verdrehen den Sinn der Wörter und sprechen: »Wenn euch dies gebracht wird, so nehmt es an, und wenn es euch nicht gebracht wird, so hütet euch davor!«** Wen Allah der Versuchung überlassen will, für den vermagst du bei Allah nichts. Sie, deren Herzen Allah nicht reinigen will, empfangen im Diesseits Schande und im Jenseits gewaltige Strafe.

[115]**42.** Sie lauschen jeder Lüge und verschlingen Unerlaubtes! So sie zu dir kommen, richte zwischen ihnen oder wende dich von ihnen ab. Wenn du dich von ihnen abwendest, werden sie dir nichts zuleide tun. Und wenn du richtest, richte zwischen ihnen in Gerechtigkeit. Siehe, Allah liebt die Gerechtigkeit Übenden. **43.** Wie kommt es aber, daß sie dich zu ihrem Richter machen, wo sie doch die Thora besitzen, in welcher Allahs Gesetz enthalten ist, und dir dann den Rücken kehren? Solche sind keine richtigen Gläubigen. **44.** Siehe, Wir haben die Thora hinabgesandt, in der sich eine Rechtleitung und ein Licht befinden, mit der die gottergebenen Propheten die Juden richteten; so auch die Rabbiner und (Schrift-)Gelehrten nach dem, was vom Buche Allahs ihrer Hut anvertraut war und was sie bezeugten. Darum fürchtet nicht die Menschen, sondern fürchtet Mich und verkauft nicht Meine Botschaft um einen geringen Preis. Und wer nicht nach dem richtet, was Allah hinabgesandt hat – das sind Ungläubige. **45.** Und Wir hatten ihnen darin vorgeschrieben: Leben um Leben, Auge um Auge, Nase für Nase, Ohr für Ohr, Zahn um Zahn, und Wiedervergeltung auch für Wunden. Wer dies aber mildtätig vergibt, dem soll das eine Sühne sein.*** Wer aber nicht nach dem richtet, was Allah herniedergesandt hat – das sind die Ungerechten.

[116]**46.** Und in ihren Spuren ließen wir Jesus folgen, den Sohn der Maria, um die Thora, die vor ihm war, zu bekräftigen. Und Wir gaben

* Um über den Islam aufgeklärt zu werden.

** Selektive Akzeptanz des Korans ist nicht akzeptabel.

*** Im mosaischen Gesetz gibt es, anders als hier, keinen Appell an die Barmherzigkeit der Opfer.

ihm das Evangelium mit einer Rechtleitung und einem Licht, die Thora, die vor ihm war, bestätigend als eine Rechtleitung und Ermahnung für die Gottesfürchtigen. **47.** Und die Leute des Evangeliums sollen nach dem urteilen, was Allah darin herabgesandt hat; und wer nicht Urteil nach dem spricht, was Allah hinabgesandt hat – das sind fürwahr Frevler. **48.** Und Wir sandten zu dir in Wahrheit das Buch hinab, (vieles) bestätigend, was ihm an Schriften vorausging, und (über ihren Wahrheitsgehalt) Gewißheit gebend.* Darum richte zwischen ihnen nach dem, was Allah hinabsandte. Folge nicht ihren Neigungen, um nicht von der Wahrheit, die zu dir gekommen ist, abzuweichen. Jedem von euch gaben Wir ein Gesetz und einen Weg. Wenn Allah gewollt hätte, hätte Er euch zu einer einzigen Gemeinde gemacht. Doch Er will euch in dem prüfen, was Er euch gegeben hat. Wetteifert darum im Guten. Zu Allah ist euere Heimkehr allzumal, und Er wird euch dann darüber aufklären, worüber ihr uneins seid. **49.** Und so richte unter ihnen nach dem, was Allah hinabgesandt hat, und folge nicht ihren Neigungen, und hüte dich vor ihnen, damit sie dich nicht dazu verführen, von etwas abzuweichen, das Allah zu dir hinabgesandt hat. Und wenn sie den Rücken kehren, so wisse, daß Allah sie für manche ihrer Sünden treffen will. Wahrlich, viele Menschen sind Frevler. **50.** Wünschen sie sich etwa die Rechtsprechung aus der Zeit der Unwissenheit?** Wer aber richtet besser als Allah, für Leute, die im Glauben fest sind?

[117]**51.** O ihr, die ihr glaubt! Nehmt nicht Juden und Christen zu Freunden.*** Sie nehmen einander zu Freunden. Wer von euch sie zu Freunden nimmt, siehe, der wird einer von ihnen. Fürwahr, Allah leitet ungerechte Leute nicht. **52.** Aber du siehst diejenigen, deren Herz krank ist, um die Wette zu ihnen laufen und sagen: »Wir fürchten, daß uns unser Glück verläßt.« Aber vielleicht bringt Allah den Sieg oder ein

* Indem der Koran darüber Klarheit schafft, inwieweit vorausgegangene Offenbarungen verfälscht worden sind.

** Die Zeit des Heidentums. Arabisch: »al-dschahiliyya«.

*** Oder: zu Verbündeten, oder: zu Beschützern.

(anderes) Ereignis, so daß sie bereuen, was sie in ihren Herzen geheim hielten. **53.** Und die Gläubigen werden sagen: »Sind dies etwa diejenigen, welche bei Allah ihren heiligsten Eid schworen, daß sie zu euch stehen?« Ihre Werke sind nutzlos, und sie werden verloren sein. **54.** O ihr, die ihr glaubt! Wenn sich einer von euch von seinem Glauben abkehrt, wahrlich, Allah bringt bald ein anderes Volk, das Er liebt und das Ihn liebt; das demütig vor den Gläubigen und stolz gegenüber den Ungläubigen ist; das auf Allahs Weg streitet und den Tadel des Tadelnden nicht fürchtet. Das ist Allahs Huld. Er gewährt sie, wem Er will. Und Allah ist allumfassend und wissend. **55.** Siehe, euere Beschützer sind Allah und Sein Gesandter und die Gläubigen, die das Gebet verrichten und die Steuer zahlen und sich vor Ihm beugen. **56.** Und wer Allah und Seinen Gesandten und die Gläubigen zu Freunden nimmt, siehe, das ist die Partei Gottes,* sie sind die Obsiegenden. **57.** O ihr, die ihr glaubt! Nehmt euch keine Freunde von denen, die über eueren Glauben spotten und scherzen, sei es von denen, denen die Schrift vor euch gegeben wurde, oder von den Ungläubigen. Und fürchtet Allah, sofern ihr Gläubige seid.

[118]**58.** (Auch von denen nicht), die ihren Spott und Scherz damit treiben, wenn ihr zum Gebet ruft. Dies, weil sie verständnislose Leute sind. **59.** Sprich: »O Volk der Schrift! Grollt ihr uns etwa nur deshalb, weil wir an Allah glauben und an das, was Er zu uns und was Er zuvor hinabsandte? Die Mehrzahl von euch sind Frevler.« **60.** Sprich: »Kann ich euch etwas Schlimmeres verkünden als das, was euer Lohn bei Allah ist? Wen Allah verflucht hat und wem Er zürnt und wen Er in Affen und Schweine verwandelt hat und wer den Götzen dient – die befinden sich in schlimmem Zustand und sind vom rechten Weg weit abgeirrt.** **61.** Und als sie zu euch kamen, sprachen sie »Wir glauben!« Doch sie kamen im Unglauben und gingen im Unglauben fort. Allah aber weiß

* Arabisch: »hizb Allahi«.

** Die Verwandlung in Affen und Schweine ist eine Metapher für völlig oberflächliche und dem Sinnengenuß verfallene Menschen.

sehr wohl, was sie verbergen. **62.** Und du siehst viele von ihnen in Sünde und Bosheit und im Essen des Verbotenen miteinander wetteifern. Wahrlich, ihr Tun ist schlimm. **63.** Wenn die Rabbiner und (Schrift-)Gelehrten ihnen ihre sündige Rede und ihr Verschlingen des Verbotenen doch nur untersagt hätten! Wahrlich, schlimm ist ihr Verhalten. **64.** Und die Juden sagen : »Die Hand Allahs ist gefesselt.«* Gefesselt werden ihre Hände, und verflucht werden sie für ihre Worte! Nein, ausgestreckt sind Seine beiden Hände. Er spendet, wie Er will. Und wahrlich, viele von ihnen wird das, was von deinem Herrn auf dich herabgesandt wurde, in Widerspenstigkeit und Unglauben noch zunehmen lassen. Wir werden zwischen ihnen Feindschaft und Haß bis zum Tag der Auferstehung erregen. Sooft sie ein Feuer zum Krieg anzünden, wird es Allah löschen. Doch auf Erden stiften sie mit Vorliebe Verderben. Allah aber liebt die Verderben Stiftenden nicht.

[119]**65.** Wenn das Volk der Schrift glauben würde und gottesfürchtig wäre, wahrlich, Wir deckten ihre Missetaten zu, und wahrlich, Wir führten sie in die Gärten der Wonne. **66.** Wenn sie die Thora und das Evangelium befolgten und was zu ihnen von ihrem Herrn hinabgesandt wurde, wahrlich, dann speisten sie von dem, was über ihnen und zu ihren Füßen ist.** Unter ihnen sind einige, welche die rechte Mitte einhalten; doch die meisten von ihnen – schlimm ist, was sie tun. **67.** O du Gesandter! Verkünde alles, was von deinem Herrn auf dich hinabgesandt wurde. Wenn du es nicht tust, so hast du Seine Botschaft nicht ausgerichtet. Allah wird dich vor den Menschen beschützen; siehe, Allah leitet nicht die Ungläubigen. **68.** Sprich: »O Volk der Schrift! Ihr fußt auf nichts, ehe ihr nicht die Thora und das Evangelium befolgt und was zu euch von euerem Herrn hinabgesandt worden ist.« Und wahrlich, was zu dir von deinem Herrn hinabgesandt wurde, wird viele von ihnen in Widerspenstigkeit und Unglauben noch zunehmen lassen. Und betrübe dich nicht über die Ungläubigen. **69.** Siehe, die Gläubigen und die

* »Er ist zu seinen Anhängern zu geizig.«

** Alle Segnungen des Himmels und der Erde.

Juden und die Sabäer und die Christen – wer da glaubt an Allah und an den Jüngsten Tag und das Rechte tut – keine Furcht soll über sie kommen, und sie sollen nicht traurig sein. **70.** Wahrlich, Wir nahmen von den Kindern Israels ein Versprechen entgegen und schickten Gesandte zu ihnen. Wenn immer zu ihnen ein Gesandter mit dem kam, was ihnen nicht behagte, ziehen die einen sie der Lüge, und die anderen ermordeten sie.

120 **71.** Sie aber dachten, daß keine Strafe kommen würde; so wurden sie blind und taub. Dann nahm Allah ihre Reue an. Aber dann wurden (wieder) viele von ihnen blind und taub. Allah sieht, was ihr tut. **72.** Ungläubig sind fürwahr, die da sprechen: »Allah, das ist der Messias, der Sohn der Maria.« Der Messias sagte doch: »O ihr Kinder Israels! Dient Allah, meinem Herrn und euerem Herrn.« Siehe, wer Allah Götter an die Seite stellt, dem hat Allah das Paradies verwehrt, und seine Behausung ist das Feuer. Und die Ungerechten finden keine Helfer. **73.** Ungläubig sind fürwahr, die da sprechen: »Siehe, Allah ist ein Dritter von dreien.« Es gibt doch keinen Gott außer dem einzigen Gott. Wenn sie von ihrer Behauptung nicht ablassen, dann ereilt die Ungläubigen unter ihnen gewiß schmerzliche Strafe. **74.** Wollen sie denn nicht zu Allah umkehren und Ihn um Verzeihung bitten? Und Allah ist verzeihend und barmherzig. **75.** Der Messias, der Sohn der Maria, ist nichts anderes als ein Gesandter. Ihm gingen andere Gesandte voraus, und seine Mutter war aufrichtig.* Beide nahmen Nahrung zu sich. Schau, wie deutlich Wir ihnen die Botschaft erklären! Dann schau, wie sie sich abwenden. **76.** Sprich: »Wollt ihr statt Allah anbeten, was euch weder schaden noch nützen kann?« Und Allah, Er ist der Hörende, der Wissende.

121 **77.** Sprich: »O Volk der Schrift! Übertreibt in euerer Religion nicht im Widerspruch zur Wahrheit und folgt nicht den Neigungen von Leuten, die bereits zuvor abgeirrt sind und viele irregeführt haben und sich weiterhin auf dem Irrweg befinden. **78.** Verflucht wurden die Ungläubigen unter den Kindern Israels durch die Zunge Davids und Jesu, des Soh-

* Sie bezeichnete sich nicht als »Mutter Gottes«.

nes der Maria; dies, weil sie rebellisch waren und sich vergingen; **79.** Sie untersagten einander nicht das Verwerfliche, das sie begingen. Wahrlich, schlimm ist, was sie zu tun pflegten. **80.** Du wirst viele von ihnen sich mit den Ungläubigen befreunden sehen. Wahrlich, schlimm ist, was sie für sich selbst vorausschickten! Allah zürnt ihnen deswegen, und in ihrer Strafe werden sie ewig verweilen. **81.** Wenn sie an Allah geglaubt hätten und dem Propheten und was zu ihm hinabgesandt wurde, dann hätten sie sich diese nicht zu Freunden genommen; jedoch viele von ihnen sind Frevler. **82.** Wahrlich, du wirst finden, daß die Juden und die, welche Allah Götter zur Seite stellen, unter allen Menschen den Gläubigen am feindlichsten sind. Und du wirst finden, daß den Gläubigen diejenigen am freundlichsten gegenüberstehen, welche sagen: »Wir sind Christen«, weil unter ihnen Priester und Mönche sind und weil sie nicht hochmütig sind.

[122]**83.** Wenn sie hören, was zum Gesandten hinabgesandt wurde, siehst du ihre Augen von Tränen überfließen, wegen der Wahrheit, die sie darin erkennen. Sie sprechen: »Unser Herr, wir glauben; so schreibe uns unter jene ein, die es bezeugen. **84.** Und weshalb sollten wir nicht an Allah und an die Wahrheit glauben, die zu uns gekommen ist, und begehren, daß unser Herr uns mit den Rechtschaffenen Eingang gewährt?« **85.** Und Allah hat sie für ihre Worte mit Gärten belohnt, durcheilt von Bächen, ewig darin zu verweilen. Dies ist der Lohn derer, die Gutes tun. **86.** Wer aber nicht glaubt und Unsere Zeichen der Lüge zeiht, das sind die Höllenbewohner. **87.** O ihr, die ihr glaubt! Verbietet nicht die guten Dinge, die Allah euch erlaubt hat, aber übertretet auch nicht. Siehe, Allah liebt nicht die Übertreter. **88.** Und eßt von dem, was Allah euch als erlaubt und gut bescherte, und fürchtet Allah, an Den ihr glaubt. **89.** Allah wird euch nicht für ein unbedachtes Wort in eueren Eiden bestrafen. Jedoch wird er euch für das bestrafen, was ihr mit Bedacht (falsch) beschworen habt. Die Sühne dafür soll die Speisung von zehn Armen sein, mit der Speise, die ihr gewöhnlich eueren Familien gebt, oder ihre Bekleidung oder die Befreiung eines Nackens.* Wer aber

* Aus Gefangenschaft.

(die Mittel dazu) nicht findet, der faste drei Tage. Dies ist die Sühne für die Eide, die ihr (falsch) geschworen habt. Und haltet euere Eide. So macht euch Allah Seine Botschaft klar, damit ihr dankbar seid.

[123]**90.** O ihr, die ihr glaubt! Siehe, Berauschendes,* Glücksspiele,** Opfersteine und Lospfeile sind ein Greuel, Satans Werk. Meidet sie, auf daß es euch wohl ergehe. **91.** Der Satan will durch Berauschendes und Spiel zwischen euch nur Feindschaft und Haß säen und euch von dem Gedanken an Allah und dem Gebet abhalten. Wollt ihr deshalb nicht davon ablassen? **92.** Und gehorcht Allah und gehorcht dem Gesandten und seid auf euerer Hut. Und so ihr den Rücken kehrt, so wisset, daß Unserem Gesandten nur die offenkundige Predigt obliegt. **93.** Diejenigen, welche gläubig sind und das Gute tun, sind nicht in Sünde hinsichtlich dessen, was sie genossen haben, wenn sie nur gottesfürchtig sind und glauben und das Gute tun und weiter gottesfürchtig sind und glauben und abermals gottesfürchtig sind und Gutes tun; denn Allah liebt die, welche Gutes tun. **94.** O ihr, die ihr glaubt! Allah will euch (während der Pilgerschaft) wahrlich mit dem Wild in Versuchung führen, das in Reichweite euerer Hände oder euerer Lanzen ist, damit Allah erkennt, wer Ihn im verborgenen fürchtet. Und wer sich danach vergeht, dem wird schmerzliche Strafe zuteil. **95.** O ihr, die ihr glaubt! Tötet kein Wild, während ihr im Stand des Pilgers seid. Wer von euch es aber vorsätzlich tötet, der soll es nach dem Urteil von zwei redlichen Männern unter euch durch Gleichwertiges an Vieh ersetzen, und dieses soll als Opfer zur Kaaba gebracht werden. Oder die Sühne sei die Speisung von zwei Armen. Oder, als Ersatz dafür, faste er entsprechend, damit er das Unheil seiner Tat empfinde. Allah vergibt, was zuvor*** geschah. Wer es aber wieder tut, dem vergilt Allah dafür. Und Allah ist mächtig und Herr der Vergeltung.

* Wörtlich: Wein.

** Dazu gehören auch Warentermingeschäfte, Börsenspekulation und Handel mit Derivaten.

*** Vor Offenbarung dieses Verses.

[124]**96.** Erlaubt ist euch, den Fisch im Meer zu fangen und zu essen,
als eine Versorgung für euch und für die Reisenden. Aber verwehrt ist
euch das Wild des Landes, während ihr euch im Stand des Pilgers befin-
det. Und fürchtet Allah, zu Dem ihr versammelt werdet. **97.** Allah hat
die Kaaba, das unverletzliche Haus, zum Rückhalt* für die Menschen
gemacht und den geschützten Monat und das Opfer und die Girlanden
(des Opfers) bestimmt, auf daß ihr wisset, daß Allah weiß, was in den
Himmeln und was auf Erden ist, und daß Allah alle Dinge kennt.
98. Wisset, daß Allah streng straft und daß Allah verzeihend und barm-
herzig ist. **99.** Dem Gesandten obliegt nur die Predigt. Und Allah weiß,
was ihr offenkundig macht und was ihr verheimlicht. **100.** Sprich: »Das
Schlechte und das Gute sind nicht gleich«, obgleich die Menge des
Schlechten dich beeindrucken mag. Darum fürchtet Allah, ihr Verstän-
digen, damit es euch wohl ergehe. **101.** O ihr, die ihr glaubt! Fragt nicht
nach Dingen, die euch Ungemach bereiten würden, wenn sie offenbar
würden.** Wenn ihr danach fragt, während der Koran hinabgesandt
wird, werden sie euch klarwerden. Allah hat euch dessen enthoben;
denn Allah ist verzeihend und milde. **102.** Danach fragten schon Leute
vor euch, aber dann glaubten sie nicht daran. **103.** Allah hat nichts fest-
gesetzt hinsichtlich Bahira oder Sa'iba oder Wasila oder Hami.*** Viel-
mehr ersannen die Ungläubigen Lügen über Allah, und die meisten von
ihnen haben keinen Verstand.

[125]**104.** Und als zu ihnen gesprochen wurde: »Kommt her zu dem,
was Allah hinabgesandt hat, und zum Gesandten!«, antworteten sie: »Uns
genügt das, was wir bei unseren Vätern vorfanden.« Aber ist es nicht so,
daß ihre Väter nichts wußten und nicht rechtgeleitet wurden? **105.** O

* Oder: sicherer Ort oder: Versammlungsstätte oder: Asyl; arabisch: »qiyâma li-n-nâs«.

** Vers 101 warnt davor, das Leben der Muslime durch Erfragen immer weiterer normativer Einzelheiten – auch in der Jurisprudenz – einzuengen.

*** Dies sind termini technici für Opfertiere der heidnischen Araber, die besonders gezeichnet frei auf der Weide gehen durften. Mit ihnen verband sich heidnischer Aberglauben.

ihr, die ihr glaubt! Ihr seid nur für euch selbst verantwortlich. Wer irrt, kann euch nicht schaden, solange ihr rechtgeleitet seid. Zu Allah geht euere Heimkehr allzumal, und dann wird Er euch verkünden, was ihr getan habt. **106.** O ihr, die ihr glaubt! Wenn einem von euch der Tod naht, soll sein Testament bezeugt werden von zwei redlichen Leuten unter euch oder – so euch das Unglück des Todes auf Reisen trifft – von zwei anderen, die nicht von euch sind. Haltet sie nach dem Gebet zurück, und falls ihr Zweifel hegt, sollen sie bei Allah schwören: »Wir verbinden mit unserem Zeugnis keinen Handel oder Preis, und ginge es um ein Mitglied unserer Sippe, und wir halten von dem Zeugnis vor Allah nichts zurück; sonst wären wir wahrlich Sünder.« **107.** Wenn aber bekannt wird, daß beide sich versündigt haben, sollen von denen, die sie (in ihrem Erbrecht) geschädigt haben, zwei andere an ihre Stelle treten und bei Allah schwören: »Wahrlich, unser Zeugnis ist wahrer als ihr Zeugnis. Wir vergehen uns nicht, sonst wären wir Ungerechte.« **108.** Auf solche Weise ist es wahrscheinlicher, daß sie das Zeugnis wahrheitsgemäß ablegen oder fürchten, daß nach ihrem Eid ein anderer Eid geschworen wird. Und fürchtet Allah und hört (auf Ihn); denn Allah leitet nicht die Frevler.

[126]**109.** Eines Tages wird Allah die Gesandten versammeln und fragen: »Was wurde euch geantwortet?« Sie werden sprechen: »Wir haben kein Wissen (davon). Siehe, Du kennst die Geheimnisse.« **110.** Dann wird Allah sprechen: »O Jesus, Sohn der Maria, gedenke Meiner Gnade gegen dich und deine Mutter, als Ich dich mit heiliger Eingebung stärkte, auf daß du zu den Menschen in der Wiege und als Erwachsener reden solltest. Und als Ich dich die Schrift und die Weisheit und die Thora und das Evangelium lehrte. Und als du mit Meiner Erlaubnis aus Ton die Gestalt eines Vogels formtest, in sie hineinhauchtest und sie mit Meiner Erlaubnis zum Vogel wurde.* Und als du mit Meiner Erlaubnis

* Dieses Wunder sowie Jesu Sprechen in der Wiege wird in einem nicht in das kanonische Neue Testament aufgenommenen Evangelium ebenfalls berichtet. Der Vogel kann metaphorisch auch als Schicksal verstanden werden!

die Blinden und Aussätzigen heiltest und mit Meiner Erlaubnis die Toten erwecktest. Und als Ich die Kinder Israels von dir zurückhielt, als du ihnen die deutliche Botschaft brachtest und die Ungläubigen unter ihnen sprachen: ›Dies ist nichts als offenkundige Zauberei!‹. **111.** Und als Ich den Jüngern eingab: ›Glaubt an Mich und Meinem Gesandten‹, da sprachen sie: ›Wir glauben, sei Du auch Zeuge, daß wir Dir ergeben sind.‹ **112.** Und als die Jünger sprachen: »O Jesus, Sohn der Maria! Ist dein Herr imstande, einen (gedeckten) T i s c h zu uns vom Himmel herabzusenden?«, sprach er: »Fürchtet Allah, wenn ihr gläubig seid.« **113.** Sie sprachen: »Wir wollen von ihm essen, und unsere Herzen sollen dann beruhigt sein; denn wir wollen wissen, daß du uns tatsächlich die Wahrheit gesagt hast, und wollen dafür Zeugnis ablegen.«

[127]**114.** Da sprach Jesus, der Sohn der Maria: »O Allah, unser Herr! Sende zu uns einen Tisch vom Himmel herab, damit es ein Festtag für uns werde, für den ersten und letzten von uns, und ein Wunder von Dir. Und versorge uns; denn Du bist der beste Versorger.« **115.** Da sprach Allah: »Siehe, Ich sende ihn zu euch hinab. Wer danach von euch ungläubig ist, den werde Ich wahrlich mit einer Strafe strafen, wie Ich keinen aus aller Welt strafen werde.« **116.** Und wenn Allah fragen wird: »O Jesus, Sohn der Maria! Hast du zu den Menschen gesprochen: ›Nehmt mich und meine Mutter als zwei Götter neben Allah an‹?«*, dann wird er sagen: »Preis sei Dir! Es steht mir nicht zu, etwas zu sagen, das nicht wahr ist. Hätte ich es gesprochen, dann wüßtest Du es. Du weißt, was in mir ist, ich aber weiß nicht, was in Deinem Selbst ist. Siehe, Du bist der Kenner der Geheimnisse. **117.** Nichts anderes sagte ich zu ihnen, als was Du mir aufgetragen hattest, nämlich: ›Dient Allah, meinem Herrn und euerem Herrn!‹« Und ich war ihr Zeuge, solange ich unter ihnen weilte. Seitdem Du mich aber zu Dir nahmst, bist Du allein ihr Wächter, und Du bist aller Dinge Zeuge. **118.** Wenn du sie strafst, wahrlich, sie sind Deine Diener,

* Christen auf der arabischen Halbinsel neigten damals bereits dazu, Maria einen übernatürlichen Status zuzuschreiben, wie er inzwischen im Dogma von der Sündenlosigkeit und Himmelfahrt Mariens formuliert wurde.

und wenn Du ihnen verzeihst, wahrlich, Du bist der Mächtige, der Weise.« **119.** Sprechen wird Allah: »An diesem Tage wird ihre Wahrhaftigkeit den Wahrhaftigen nützen. Für sie gibt es Gärten, durcheilt von Bächen, darin sie verweilen, ewig und immerdar.« Wohlgefallen hat Allah an ihnen, und sie sollen an Ihm Wohlgefallen finden. Dies ist die große Glückseligkeit! **120.** Allahs ist das Reich der Himmel und der Erde und all dessen, was zwischen ihnen ist; und Er hat Macht über alle Dinge.

6 Das Vieh (al-An'âm)

Geoffenbart zu Mekka

Im Namen Allahs, des Erbarmers, des Barmherzigen!

[128]**1.** Lob sei Allah, Der die Himmel und die Erde erschaffen und die Finsternisse und das Licht gemacht hat. Und doch setzen die Ungläubigen ihrem Herrn (andere) gleich. **2.** Er ist es, Der euch aus Ton erschuf; dann bestimmte Er einen Termin. Und ein bestimmter Termin ist bei Ihm. Ihr aber zweifelt daran. **3.** Und Er ist Allah in den Himmeln und auf Erden. Er kennt, was ihr geheimhaltet und was ihr offenlegt, und weiß, was ihr verdient. **4.** Keine Botschaft von den Botschaften ihres Herrn kam je zu ihnen, von der sie sich nicht abgewendet hätten. **5.** Und nun erklären sie die Wahrheit, die zu ihnen kam, für Lüge. Aber bald sollen sie Kunde von dem erhalten, was sie verspotteten. **6.** Sehen sie denn nicht, wie viele Geschlechter Wir vor ihnen vernichteten? Denen hatten Wir auf der Erde Macht gegeben wie euch nicht! Und Wir sandten vom Himmel Regenguß auf sie nieder und ließen vor ihnen Flüsse fließen. Doch Wir vertilgten sie für ihre Sünden und ließen nach ihnen andere Geschlechter entstehen. **7.** Und hätten Wir auf dich eine Schrift aus Pergament herabgesandt, und hätten sie sie in die Hand genommen, wahrlich, die Ungläubigen hätten dennoch gesagt: »Dies ist nichts als offenkundige Zauberei!« **8.** Und sie sprechen: »Warum ist denn kein Engel zu ihm herabgesandt worden?« Aber wenn Wir einen Engel hinabgesandt hätten, so wäre die Sache entschieden gewesen. Dann hätten sie keinen Aufschub erlangt.

[129]**9.** Und selbst wenn Wir ihn* zu einem Engel gemacht hätten, wahrlich, Wir hätten ihn als Mann geformt und sie so genauso verwirrt, wie sie schon sind. **10.** Und wahrlich, verspottet wurden Gesandte schon vor dir, aber die Lacher unter ihnen wurden von dem erfaßt, was sie verspotteten. **11.** Sprich: »Wandert durch das Land und schaut, wie das Ende derer war, welche geleugnet haben.« **12.** Sprich: »Wessen ist, was in den Himmeln und auf Erden ist?« Sprich: »Allahs.« Vorgeschrieben hat Er Sich Selbst die Barmherzigkeit. Wahrlich, Er wird euch am Tage der Auferstehung versammeln; kein Zweifel kann daran sein. Diejenigen aber, welche sich selber verderben, die glauben nicht. **13.** Ihm gehört, was in der Nacht und am Tage ist, und Er ist der Hörende, der Wissende. **14.** Sprich: »Sollte ich einen anderen als Allah zum Beschützer nehmen, den Bildner der Himmel und der Erde, Der Nahrung gibt, aber keine Nahrung braucht?« Sprich: »Siehe, mir wurde geboten, der erste zu sein, der sich (Allah) ergibt, und keiner von denen zu sein, die beigesellen.« **15.** Sprich: »Siehe, ich fürchte die Strafe eines gewaltigen Tages, wenn ich wider meinen Herrn rebelliere.« **16.** Von wem sie an jenem Tage abgewendet wird, dem wird Barmherzigkeit zuteil; und das ist die offenkundige Glückseligkeit. **17.** Und wenn Allah dich mit einem Leid trifft, so kann Er allein es fortnehmen; und wenn Er dir Gutes gibt: Er hat Macht über alle Dinge. **18.** Er hat zwingende Macht über Seine Diener, und Er ist der Weise, der Kundige.

[130]**19.** Sprich: »Was ist das überzeugendste Zeugnis?« Sprich: »Allah als Zeuge zwischen mir und euch. Dieser Koran wurde mir offenbart, um euch damit zu warnen und jeden, zu dem er gelangt. Siehe, wollt ihr wirklich bezeugen, daß es neben Allah andere Götter gibt?« Sprich: »Ich bezeuge es nicht.« Sprich: »Siehe, Er ist der einzige Gott, und ich bin an euerer Vielgötterei unschuldig.« **20.** Sie, denen Wir das Buch gaben, kennen dies (so gut) wie sie ihre Söhne kennen. Diejenigen, welche sich selber ins Verderben stürzen, glauben aber nicht. **21.** Und wer ist sündiger, als wer eine Lüge gegen Allah ersinnt oder seine Botschaft der Lüge zeiht?

* Den Propheten Muhammad.

Siehe, den Sündern ergeht es nicht wohl. **22.** Und eines Tages versammeln Wir sie allesamt. Dann werden Wir zu denen, die Allah Partner gaben, sprechen: »Wo sind euere Partner, die ihr (als vorhanden) behauptet?« **23.** Dann werden sie keine andere Ausrede haben, als zu sagen: »Bei Allah, unserem Herrn, wir gaben Ihm keine Partner!« **24.** Schau, wie sie sich selber belügen und wie das, was sie ersannen, ihnen entgleitet. **25.** Und einige unter ihnen hören dir zu. Doch Wir haben auf ihre Herzen Hüllen und in ihre Ohren Taubheit gelegt, so daß sie ihn* nicht verstehen. Obwohl sie jedes Zeichen (der Wahrheit) sehen, glauben sie nicht daran. Wenn sie zu dir kommen, um mit dir zu streiten, sprechen die Ungläubigen daher: »Siehe, das ist weiter nichts als Fabelei der Vorfahren.« **26.** Und sie halten davon ab und entfernen sich davon. Sie zerstören sich aber nur selber und merken es nicht. **27.** Sähst du nur, wie sie vor das Feuer gestellt werden und dann sprechen: »Ach, daß wir doch zurückgebracht würden. Wir würden dann die Botschaft unseres Herrn nicht mehr der Lüge zeihen und würden gläubig sein!"

[131]**28.** Ja, da ist ihnen klargeworden, was sie zuvor verhehlten. Aber wenn sie auch zurückgebracht würden, sie würden doch wieder zu dem ihnen Verbotenen zurückkehren; denn siehe, sie sind fürwahr Lügner. **29.** Und sie behaupten: »Es gibt kein anderes als unser irdisches Leben, und wir werden nicht auferweckt.« **30.** Aber sähst du nur, wie sie vor ihren Herrn gestellt werden! Er wird sprechen: »Ist dies nicht wirklich?« Sie werden sprechen: »Jawohl, bei unserem Herrn!« Er wird sprechen: »So kostet die Strafe dafür, daß ihr nicht geglaubt habt!« **31.** Verloren sind die, welche die Begegnung mit Allah leugnen. Plötzlich kommt die Stunde über sie, und sie rufen: »Wehe uns wegen dessen, was wir vernachlässigt haben!« Und sie werden ihre Lasten auf ihrem Rücken tragen. Ist es nicht schlimm, was sie tragen werden? **32.** Das irdische Leben ist nur ein Spiel und ein Scherz. Doch das jenseitige Haus ist für die Gottesfürchtigen besser. Seht ihr das nicht ein? **33.** Wir wissen, daß ihre Worte dich wirklich betrüben. Aber sieh, sie zeihen ja nicht dich der Lüge, sondern diese

* Den Koran.

Ungerechten verwerfen Allahs Botschaft. **34.** Und schon vor dir wurden Gesandte für Lügner erklärt. Sie ertrugen die Beschuldigung der Lüge und das Leid, das man ihnen zufügte, bis Unsere Hilfe zu ihnen kam. Denn Allahs Versprechen ändert niemand ab. Du hast doch gewiß schon Nachricht über manche Gesandte erhalten. **35.** Und wenn dir ihre Lauherzigkeit schwerfällt und wenn du imstande bist, einen Schacht in der Erde oder eine Leiter zum Himmel zu finden, um ihnen ein Zeichen zu bringen, (dann tu es doch.) Wenn Allah wollte, versammelte Er sie schon unter (deiner) Rechtleitung; darum sei keiner der Unwissenden.

[132]**36.** Er hört nur jene, die auf Ihn hören. Und die Toten wird Allah erwecken. Dann kehren sie zu Ihm zurück. **37.** Und sie sprechen: »Wenn nur ein Wunder von seinem Herrn auf ihn herabgesandt würde!« Sprich: »Allah hat gewiß die Macht, ein Wunderzeichen hinabzusenden. Jedoch die Mehrzahl von ihnen würde es nicht (zu schätzen) wissen.« **38.** Keine Tiere gibt es auf Erden und keinen Vogel, der mit seinen Schwingen fliegt, die nicht Völker* wie ihr sind. Nichts haben Wir in dem Buch übergangen. Letztlich werden sie zu ihrem Herrn versammelt. **39.** Und jene, welche Unsere Botschaft der Lüge bezichtigen, sind taub und stumm, in Finsternissen. Wen Allah will, läßt Er irregehen, und wen Er will, führt Er auf einen geraden Pfad. **40.** Sprich: »Was glaubt ihr? Wenn die Strafe von Allah zu euch kommt oder die Stunde, werdet ihr dann einen anderen als Allah anrufen, so ihr wahrhaftig seid?« **41.** Nein, zu Ihm allein werdet ihr rufen. Und Er wird euch, wenn Er will, von dem befreien, um dessentwillen ihr Ihn anruft. Und ihr werdet vergessen, was ihr Ihm beigesellt habt. **42.** Und wahrlich, schon vor dir sandten Wir (Gesandte) zu Völkern und erfaßten sie mit Drangsal und Not, damit sie sich demütigten. **43.** Hätten sie sich nur gedemütigt, als Unsere Not zu ihnen kam! Jedoch, ihre Herzen waren verhärtet, und Satan hatte ihnen ihr Tun im besten Licht gezeigt. **44.** Und als sie die Ermahnungen vergessen hatten, öffneten Wir ihnen die Türe zu allen Dingen, bis – als sie sich des ihnen Gewährten erfreuten – Wir sie plötzlich erfaßten. Und da verzweifelten sie.

* Oder: Geschöpfe.

[133]**45.** Und so wurde der Rest des ungerechten Volkes vertilgt. Lob sei Allah, dem Weltenherrn! **46.** Sprich: »Was glaubt ihr? Nähme euch Allah euer Gehör und Augenlicht und versiegelte euere Herzen: Welche Gottheit außer Allah könnte sie euch wiedergeben?« Schau wie Wir die Botschaft klarmachen; sie aber wenden sich ab! **47.** Sprich: »Was glaubt ihr? Wenn Allahs Strafe unversehens oder vor aller Augen über euch kommt: Werden andere als die Ungerechten vertilgt werden?« **48.** Und Wir entsandten die Gesandten nur als Verkünder froher Botschaft und Warner. Und wer da glaubt und sich bessert: Keine Furcht kommt über sie, und sie werden nicht traurig sein. **49.** Jene aber, die Unsere Zeichen der Lüge bezichtigen, wird die Strafe für ihre Freveltaten treffen. **50.** Sprich: »Ich sage zu euch nicht: ›Bei mir sind Allahs Schätze‹ und nicht: ›Ich kenne das Verborgene‹. Auch sage ich nicht zu euch: ›Ich bin ein Engel‹. Ich folge nur dem, was mir geoffenbart wurde.« Sprich: »Ist etwa der Blinde dem Sehenden gleich? Wollt ihr denn nicht in euch gehen?« **51.** Und warne damit* jene, welche fürchten, zu ihrem Herrn versammelt zu werden, außer Dem sie keinen Beschützer und Fürsprecher haben; vielleicht werden sie gottesfürchtig. **52.** Und verstoße jene (Nichtmuslime) nicht, welche ihren Herrn in der Frühe und am Abend anrufen, sein Angesicht verlangend. Dir obliegt es nicht, über sie zu urteilen, und ihnen obliegt es nicht, über dich zu urteilen. Wenn du sie verstößt, bist du einer der Ungerechten.

[134]**53.** Und so haben Wir die einen durch die anderen geprüft, so daß sie sprechen: »Sind es etwa diese unter uns, denen Allah gnädig war?«** Kennt denn Allah nicht am besten, wer dankbar ist? **54.** Und wenn jene zu dir kommen, die an Unsere Botschaft glauben, so sprich: »Frieden sei mit euch! Sich Selber hat euer Herr die Barmherzigkeit vorgeschrieben, so daß Er nachsichtig und barmherzig ist, wenn einer von euch aus Unwissenheit etwas Böses tut und danach umkehrt und sich bessert.« **55.** Und so machen Wir die Zeichen klar, damit der Weg der Übeltäter er-

* Dem Koran.

** Nämlich Angehörige der ärmsten Schichten.

kennbar wird. **56.** Sprich: »Verboten ist es mir, diejenigen anzubeten, die ihr neben Allah anruft.« Sprich: »Ich folge eueren Vorlieben nicht, sonst ginge ich in die Irre und wäre nicht rechtgeleitet.« **57.** Sprich: »Siehe, ich folge der deutlichen Lehre meines Herrn; ihr aber leugnet sie. Ich verfüge nicht über das, was ihr zu beschleunigen wünscht. Die Entscheidung darüber ist bei Allah. Er wird die Wahrheit verkünden, und Er ist der beste Richter.« **58.** Sprich: »Stünde in meiner Macht, was ihr zu beschleunigen wünscht, wahrlich, die Sache wäre schon zwischen mir und euch entschieden. Allah kennt sehr wohl die Ungerechten.« **59.** Und bei Ihm sind die Schlüssel des Verborgenen; Er allein kennt es. Er weiß, was zu Land und im Meer ist, und kein Blatt fällt nieder, ohne daß Er es weiß. Und kein Körnchen gibt es in den Finsternissen der Erde und nichts Grünes und nichts Dürres, das nicht in einem deutlichen Buch stünde.

[135]**60.** Er ist es, der euch zu Sich nimmt zur Nacht*, und Er weiß, was ihr während des Tages tun werdet, an dem Er euch erweckt, damit ein bestimmter Termin erfüllt wird. Zu Ihm ist euere Heimkehr. Dann läßt Er euch wissen, was ihr getan habt. **61.** Und Er hat zwingende Macht über Seine Diener. Und Er sendet Wächter über euch, so daß, wenn zu einem von euch der Tod kommt, Unsere Boten ihn zu sich nehmen; und sie sind nicht nachlässig. **62**. Dann werden sie zu Allah zurückgebracht, ihrem wahren Gebieter. Ist das Urteil nicht Sein? Und Er ist der Schnellste im Abrechnen. **63.** Sprich: »Wer rettet euch aus den Finsternissen zu Land und im Meer, wenn ihr in Demut zu Ihm ruft und insgeheim (denkt): ›Wahrlich, wenn Du uns hieraus errettest, dann sind wir dankbar!‹?« **64.** Sprich: »Allah rettet euch daraus und aus aller Trübsal; aber dann stellt ihr Ihm Gefährten zur Seite.« **65.** Sprich: »Er hat Macht dazu, über euch eine Strafe hereinbrechen zu lassen – von über euch oder von unter eueren Füßen – und euch durch Spaltung zu verwirren und dem einen des anderen Gewalt kosten zu lassen.« Schau, wie Wir die Zeichen klarmachen! Vielleicht werden sie verständig. **66.** Doch dein Volk erklärte ihn** für

* Im Schlaf kehren die Seelen zu Gott. Vgl. 39:42.

** Den Koran.

Lüge, obwohl er die Wahrheit ist. Sprich: »Ich bin nicht euer Beschützer. **67.** Jede Prophezeiung hat ihre bestimmte Zeit, und gewiß werdet ihr es bald erfahren.« **68.** Und wenn du jene siehst, welche über Unsere Botschaft spöttisch reden, dann kehre dich von ihnen ab, bis sie ein anderes Gespräch beginnen. Und falls Satan dich dies vergessen läßt, bleibe nicht bei dem Volk der Sünder sitzen, sobald du dich daran erinnerst.

[136]**69.** Die Gottesfürchtigen haben keine Rechenschaft für sie abzulegen, sondern nur zu warnen. Vielleicht werden sie doch gottesfürchtig. **70.** Und verlaß jene, welche mit ihrem Glauben Scherz und Spott treiben und welche das irdische Leben betört hat. Und erinnere sie damit,* daß jede Seele nach Verdienst dem Verderben preisgegeben wird. Außer Allah hat sie weder einen Beschützer noch Fürsprecher. Was immer sie an Lösegeld anbieten wollte, es würde von ihr nicht angenommen werden. Für jene, die nach Verdienst dem Verderben preisgegeben werden, ist ein Trunk aus siedendem Wasser und schmerzliche Strafe für ihren Unglauben bestimmt. **71.** Sprich: »Sollen wir neben Allah anrufen, was uns weder nützt noch schadet? Sollen wir auf unseren Fersen umkehren, nachdem uns Allah geleitet hat, wie einer, den die Satane verführten, so daß er ratlos herumirrt, obwohl seine Gefährten ihn zur Rechtleitung rufen: ›Komm zu uns!‹?‹ Sprich: »Allahs Leitung, das ist fürwahr die Rechtleitung. Und uns wurde geboten, uns dem Herrn der Welten zu ergeben, **72.** Und das Gebet zu verrichten und Ihn zu fürchten; denn Er ist es, zu Dem ihr versammelt werdet.« **73.** Und Er ist es, der die Himmel und die Erde in Wahrheit erschuf. Und am Tage, da Er spricht: »Sei!«, ist es. Sein Wort ist die Wahrheit. Und Sein ist das Reich an dem Tage, an dem in die Posaune gestoßen wird. Er kennt das Verborgene und Offenkundige. Und Er ist der Weise, der Kundige.

[137]**74.** Und als Abraham zu seinem Vater Ãzar sprach: »Nimmst du Bilder zu Göttern an? Wahrlich, ich sehe dich und dein Volk in offenkundigem Irrtum!« **75.** Und so zeigten wir Abraham das Königreich der Himmel und der Erde, damit er zu den Festen im Glauben gehöre.

* Dem Koran.

76. Doch als die Nacht ihn überschattete, sah er einen Stern. Er rief: »Das ist mein Herr!« Als er aber unterging, sprach er: »Ich liebe nicht, was untergeht.« **77.** Und als er den Mond aufgehen sah, sprach er: »Das ist mein Herr!« Und als er unterging, sagte er: »Wahrlich, wenn mich mein Herr nicht leitet, bin ich einer der Irrenden.« **78.** Doch als er die Sonne aufgehen sah, rief er: »Das ist mein Herr – das ist das Größte!« Als sie jedoch unterging, sagte er: »O mein Volk! Ich habe nichts mit eueren Göttern zu schaffen!« **79.** Siehe, ich richte mein Angesicht lauteren Glaubens auf Den, Der die Himmel und die Erde erschaffen hat, und ich gehöre nicht zu denen, die (Gott) Gefährten geben.« **80.** Doch sein Volk stritt mit ihm. Er sprach: »Wollt ihr mit mir über Allah streiten, wo Er mich schon rechtgeleitet hat? Ich fürchte nicht die Gefährten, die ihr Ihm gabt, sondern nur, was mein Herr will. Mein Herr umfaßt alle Dinge mit Seinem Wissen. Wollt ihr euch denn nicht ermahnen lassen? **81.** Und wie sollte ich fürchten, was ihr Ihm beigesellt habt, wo ihr nicht fürchtet, daß ihr Allah etwas beigesellt habt, wozu Er euch keine Befugnis hinabsandte? Und welche der beiden Parteien hat mehr Anlaß zur Zuversicht, wenn ihr es begreift?«

[138]**82.** Diejenigen, welche glauben und ihren Glauben nicht durch Ungerechtigkeit verdunkeln, haben Zuversicht, und sie sind rechtgeleitet. **83.** Und dies ist Unser Beweis, den Wir Abraham für sein Volk gaben: Wir erhöhen zu (den) Stufen (der Weisheit), wen Wir wollen; siehe, dein Herr ist weise und wissend. **84.** Und Wir schenkten ihm Isaak und Jakob und leiteten beide recht. Und zuvor leiteten Wir Noah recht und aus seinen Nachkommen David und Salomo und Hiob und Joseph und Moses und Aaron. So belohnen Wir die, welche Gutes tun. **85.** Und Zacharias und Johannes und Jesus und Elias: Alle waren Rechtschaffene! **86.** Und Ismael und Elischa und Jonas und Lot: Alle zeichneten Wir vor den Menschen der Welt aus **87.** Und einige ihrer Väter und ihrer Brüder. Wir wählten sie aus und leiteten sie auf einen geraden Weg. **88.** Das ist die Rechtleitung Allahs: Er leitet damit, wen von Seinen Dienern Er will. Hätten sie Ihm aber Gefährten gegeben, dann wäre ihr Tun umsonst gewesen. **89.** Diese sind es, denen Wir die Schrift, die Weisheit

und das Prophetentum gaben. Wenn aber diese da nicht daran glauben, dann vertrauen Wir diese (Gaben) Leuten an, die sie nicht verleugnen, **90.** Jenen, die Allah rechtgeleitet hat; darum folge ihrer Leitung. Sprich: »Ich verlange von euch keinen Lohn dafür. Dies ist nichts weniger als eine Ermahnung für alle Welt.«

139 **91.** Und sie schätzen Allah nicht richtig ein, wenn sie sagen: »Allah hat keinem Menschen etwas geoffenbart.« Sprich: »Wer hat das Buch hinabgesandt, das Moses als ein Licht und eine Leitung für die Menschen brachte und das ihr wie (bloßes) Papier behandelt, zum Vorzeigen, doch auch viel verbergend,* obwohl euch gelehrt wurde, was weder ihr wußtet noch euere Väter?« Sprich: »Allah.« Dann laß sie an ihrem Geschwätz sich weiter vergnügen. **92.** Und dieses Buch, das Wir hinabsandten, ist gesegnet; es bestätigt das Frühere. Du sollst (mit ihm) die Mutter der Städte** und wer rings um sie (wohnt) warnen. Wer an das Jenseits glaubt, glaubt auch daran und gibt wohl acht auf seine Gebete. **93.** Wer ist aber sündiger, als wer über Allah eine Lüge ersinnt oder behauptet: »Mir ist offenbart worden«, wo ihm nichts geoffenbart worden ist, oder wer sagt: »Offenbaren werde ich sicherlich, was dem gleicht, was Allah hinabgesandt hat«? Könntest du nur beobachten, wie die Ungerechten vom Tod gepeinigt werden, während die Engel ihre Hände ausstrecken (und sprechen:) »Gebt euere Seelen heraus! Heute sollt ihr mit der Strafe der Schande belohnt werden, weil ihr über Allah die Unwahrheit verbreitet und Seine Zeichen voll Hochmut verschmäht habt.« **94.** »Und nun seid ihr zu Uns gekommen, allein, so wie Wir euch das erste Mal erschufen. Und ihr ließt hinter euch, was Wir euch bescherten. Und Wir sehen bei euch keinen euerer Fürsprecher, von denen ihr behauptet hattet, sie seien Gefährten (Allahs) in bezug auf euch. Wahrlich, nun ist ein Schnitt zwischen euch gemacht, und euere Wahngebilde verließen euch.«

* Die mangelnde Authentizität zahlreicher Bestandteile der Bibel ist von der modernen Bibelkritik erhärtet worden.

** Mekka.

[140]**95.** Siehe, Allah läßt das Korn und den Dattelkern keimen. Er bringt das Lebendige aus dem Toten hervor und das Tote aus dem Lebendigen. Derart ist Allah! Doch wie leicht laßt ihr euch abwenden! **96.** Anbrechen läßt Er den Morgen, und die Nacht hat Er zur Ruhe bestimmt und Sonne und Mond zur Berechnung (der Zeit). Das ist die planmäßige Ordnung des Mächtigen, des Wissenden. **97.** Und Er ist es, der für euch die Sterne gemacht hat, damit ihr von ihnen mitten in der Finsternis zu Land und auf dem Meer geleitet werdet. Und so haben Wir die Zeichen nunmehr deutlich erklärt, für Leute, die verständig sind. **98.** Und Er ist es, Der euch aus einem einzigen Wesen entstehen ließ. Und (Er gab euch) einen Rastplatz und eine Lagerstätte.* Somit haben Wir nun die Zeichen für einsichtige Leute deutlich erklärt. **99.** Und Er ist es, Der vom Himmel Wasser hinabsendet. Wir bringen dadurch die Keime aller Dinge heraus, und aus ihnen bringen Wir Grünes hervor, aus dem Wir dichtgeschichtetes Korn sprießen lassen, und aus den Palmen, aus ihrer Blütenscheide, niederhängende Fruchtbüschel; und Gärten mit Reben und Oliven und Granatäpfeln, einander ähnlich und unähnlich. Beobachtet ihre Frucht, wenn sie sich bildet und reift. Siehe, darin sind wahrlich Zeichen für gläubige Leute. **100.** Und doch gaben sie Allah Gefährten, die Dschinn,** obwohl doch Er sie erschaffen hat, und dichteten Ihm in ihrer Unwissenheit Söhne und Töchter an. Preis sei Ihm! Erhaben ist Er über das, was sie Ihm zuschreiben! **101.** Der Schöpfer der Himmel und der Erde, woher sollte Er ein Kind haben, wo Er doch keine Gefährtin hat? Er hat jedes Ding erschaffen, und Er weiß um alle Dinge.

[141]**102.** Derart ist Allah, euer Herr! Es gibt keinen Gott außer Ihm, dem Schöpfer aller Dinge. So dient Ihm alleine. Er ist der Hüter aller Dinge. **103.** Kein Blick erfaßt Ihn. Er aber erfaßt alle Blicke. Und Er ist der Unfaßbare,*** der Kundige. **104.** Zu euch sind nunmehr Beweise

* Im Mutterleib bzw. im Grab.

** Die aus Feuer erschaffenen, unsichtbaren Geistwesen, die zwischen Engeln und Menschen stehen. Darunter gibt es gute und böse Geister.

*** Arabisch: »al-latif«; kann auch der Feinfühlige, Gütige oder Milde bedeuten.

von euerem Herrn gekommen. Wenn einer dies erkennt, ist es zu seinem eigenen Vorteil, und wenn einer blind bleibt, ist es zu seinem eigenen Nachteil. Ich bin keineswegs euer Wächter. **105.** Und so machen Wir Unsere Botschaft auf unterschiedliche Weise klar, damit sie sagen: »Du hast (es gut) gelernt«,* und damit Wir ihn für Leute von Verstand deutlich machen. **106.** Folge dem, was dir von deinem Herrn offenbart wurde. Es gibt keinen Gott außer Ihm. Und wende dich von denen ab, die Ihm Gefährten geben. **107.** Wenn Allah wollte, gäben sie Ihm keine Gefährten. Aber Wir machten dich nicht zu ihrem Wächter, und du bist nicht ihr Hüter. **108.** Und schmäht nicht diejenigen, die sie neben Allah anrufen, damit sie nicht ihrerseits aus Feindschaft und Unwissenheit Allah schmähen; denn Wir haben jedem Volk sein Tun wohlgefällig erscheinen lassen. Dann aber ist ihre Heimkehr zu Allah, und Er wird ihnen vorhalten, was sie getan haben. **109.** Und bei Allah haben sie den feierlichsten Eid geschworen: Wenn nur ein Wunder zu ihnen käme, wahrlich, dann würden sie daran glauben. Sprich: »Über Wunder verfügt nur Allah!« Doch was macht euch (so) sicher, daß sie daran glaubten, wenn sie kämen? **110.** Und Wir werden ihre Herzen und Blicke verwirren, weil sie das erste Mal nicht daran glaubten, und werden sie in ihrer Widerspenstigkeit irregehen lassen.

[142]**111.** Selbst wenn Wir Engel zu ihnen herniedergesandt und die Toten zu ihnen gesprochen und Wir alle Dinge vor ihnen versammelt hätten, hätten sie doch nicht geglaubt, es sei denn, Allah hätte es gewollt; jedoch, die Mehrzahl von ihnen ist unwissend. **112.** Und so haben Wir jedem Propheten einen Feind gegeben: Satane aus der Reihe der Menschen und der Dschinn, die einander mit prahlerischen Reden betören. Wenn dein Herr es gewollt, hätten sie es nicht getan. Darum laß sie und was sie (an Falschem) ersinnen, **113.** Damit sich ihm die Herzen derer zuneigen, die nicht an das Jenseits glauben. Laß sie ihr Wohlgefallen daran finden und laß sie (an Untaten) verüben, was sie verüben. **114.** Soll ich

* Mekkaner hatten Muhammad unterstellt, er habe den Koran aus jüdischen und christlichen Quellen selbst verfaßt.

einen anderen Richter als Allah suchen, wo Er es doch ist, Der das deutliche Buch zu euch hinabgesandt hat? Und diejenigen, denen Wir das Buch gaben, wissen, daß es in Wahrheit von deinem Herrn hinabgesandt wurde. So sei keiner der Zweifler. **115.** Und das Wort deines Herrn hat sich in Wahrhaftigkeit und Gerechtigkeit erfüllt. Niemand vermag Sein Versprechen zu ändern; und Er ist der Hörende, der Wissende. **116.** Wenn du der Mehrzahl derer auf Erden folgen würdest, würden sie dich von Allahs Weg abirren lassen. Doch sie folgen nur einem Wahn und, siehe, sie lügen. **117.** Wahrlich, dein Herr weiß sehr wohl, wer von Seinem Weg abirrt, und kennt sehr wohl die Rechtgeleiteten. **118.** So eßt das, worüber Allahs Name gesprochen wurde, wenn ihr an Seine Botschaft glaubt.

[143]**119.** Warum solltet ihr nicht von dem essen, worüber Allahs Name gesprochen wurde, wo Er euch schon erklärte, was Er euch verboten hat, sofern ihr nicht gezwungen werdet? Aber siehe, viele führen euch mit ihren Begierden und in ihrer Unwissenheit irre. Siehe, dein Herr kennt sehr wohl die Fehlbaren. **120.** Und meidet die offene, ebenso wie die heimliche Sünde. Siehe, diejenigen, welche Sünde begehen, werden sicherlich bestraft werden, wie sie es verdienen. **121.** Und eßt nichts von dem, worüber Allahs Name nicht gesprochen wurde; denn es ist wahrlich Frevel*. Die Satane werden ihren Freunden eingeben, mit euch (darüber) zu streiten. Doch, wenn ihr ihnen gehorchen würdet, wärt ihr wahrlich Götzendiener. **122.** Ist etwa der, welcher tot war und den Wir lebendig machten und dem Wir ein Licht gaben, damit er unter den Menschen wandeln kann, jenem gleich, der in Finsternis ist und nicht aus ihr herausfinden kann? Doch den Ungläubigen gilt als schön, was sie zu tun pflegen. **123.** Und so haben Wir in jeder Stadt die größten Übeltäter auftreten lassen, damit sie dort ihr Unwesen treiben. Doch sie überlisten sich nur selber und wissen es nicht. **124.** Und wenn eine Botschaft zu ihnen kommt, sagen sie: »Wir glauben keinesfalls, ehe wir nicht auch bekommen, was den Gesandten Allahs gegeben wurde.« Allah weiß sehr wohl, wem Er Seine Sendung anvertraut. Wahrlich, die

* Dies bezieht sich auf heidnische Opfertiere.

Sünder wird bei Allah Entehrung und strenge Strafe für ihre Ränke treffen.

[144]**125.** Und wen Allah rechtleiten will, dem weitet Er die Brust für den Islam, und wen Er irreführen will, dem macht er die Brust so eng und bedrückt, als müßte er den Himmel erklimmen. So straft Allah die Ungläubigen. **126.** Und dies ist der Weg deines Herrn, der gerade Weg. Nun haben Wir Unsere Zeichen den Leuten ausgelegt, die sie beherzigen. **127.** Ihnen ist eine Wohnung des Friedens bei ihrem Herrn bestimmt, und Er ist ihr Beschützer, um ihrer Werke willen. **128.** Und am Tag, an dem Er sie alle versammelt, (spricht Er:) »O Gemeinschaft der Dschinn! Ihr habt euch viele Menschen verschafft!« Und ihre Freunde unter den Menschen sprechen dann: »Unser Herr, wir hatten Nutzen voneinander. Doch erreichten wir nun unseren Termin, den Du uns gesetzt hast.« Er wird sprechen:»Das Feuer ist euere Herberge! Verweilt darin auf ewig, es sei denn, Allah will es anders.« Siehe, dein Herr ist der Weise, der Wissende. **129.** Und so lassen Wir die einen der Sünder durch die anderen mit ihren (bösen) Werken sich verführen. **130.** »O Gemeinschaft der Dschinn und Menschen! Kamen nicht aus euerer Mitte Gesandte zu euch, um euch Meine Botschaft zu verkünden und euch das Eintreffen dieses eueres Tages zu verkünden?« Sie sprechen: »Wir legen Zeugnis gegen uns selber ab.« Betrogen hat sie das irdische Leben, und sie legen gegen sich selber Zeugnis ab, daß sie Ungläubige waren. **131.** Dies, weil dein Herr keine Städte grundlos vernichtet, solange ihre Bewohner nicht gewarnt waren.

[145]**132.** Und für alle sind je nach ihrem Verhalten Rangstufen bestimmt. Und dein Herr gibt auf euer Tun acht. **133.** Und dein Herr ist der Unabhängige, der Barmherzige. So Er will, kann Er euch hinwegnehmen und euch nachfolgen lassen, wen Er will, so wie Er euch aus der Nachkommenschaft anderer entstehen ließ. **134.** Siehe, was euch angedroht ist, kommt wirklich, und ihr könnt es nicht vereiteln. **135.** Sprich: »O mein Volk! Handelt, wie es euch gut scheint. Seht, ich handele auch so. Und gewiß werdet ihr bald wissen, wer die Wohnung*

* Das Paradies.

erhalten wird.« Fürwahr, den Ungerechten ergeht es nicht wohl. **136.** Und sie haben von dem, was Er an Feldfrüchten und Vieh wachsen ließ, für Allah einen Anteil bestimmt und sprechen: »Dies ist für Allah« – ihrer Meinung nach – »und dies ist für unsere Teilhaber.« Was für ihre Gefährten ist, das kommt nicht Allah zu, und was Allah gehört, das kommt ihren Gefährten zu. Ihr Urteil ist miserabel. **137.** Und ihre Götzen haben viele ihrer Anbeter dazu verlockt, ihre Kinder zu töten,* um sie zu verderben und ihren Glauben zu verdunkeln. Doch wenn Allah es gewollt hätte, hätten sie es nicht getan.** Laß sie und was sie (an Falschem) ersinnen!

[146]**138.** Und sie sagen: »Dieses Vieh und diese Früchte zu essen ist verboten, außer wenn wir es erlauben,« – so behaupten sie – »und es gibt Tiere, deren Rücken verboten ist.«*** Und es gibt Vieh, über das sie nicht Allahs Namen sprechen. Lauter Erfindungen im Widerspruch zu Ihm! Wahrlich, Er wird ihnen ihre Erfindungen lohnen! **139.** Und sie behaupten: »Was im Schoß dieses Viehs ist, ist unseren Männern erlaubt und unseren Gattinnen verwehrt.« Ist es aber tot (geboren,) so haben beide Anteil daran. Wahrlich, Er wird ihnen ihre Behauptungen lohnen! Siehe, Er ist weise und wissend. **140.** Den Schaden haben diejenigen, welche in ihrer törichten Unwissenheit ihre Kinder mordeten und welche verboten hatten, was Allah ihnen bescherte, indem sie gegen Ihn (falsche Regeln) erdichteten. Sie waren weit abgeirrt und keineswegs rechtgeleitet. **141.** Und Er ist es, welcher Gärten mit Rebspalieren und ohne Rebspaliere wachsen läßt und die Palmen und das Korn, dessen Arten verschieden sind, und die Oliven und die Granatäpfel, einander gleich und ungleich. Eßt von ihrer Frucht, so sie Frucht tragen, und gebt davon nach Gebühr am Tag der Ernte. Und seid nicht verschwenderisch; siehe, Er liebt die Verschwender nicht. **142.** Und unter den Tieren

* Den vorislamischen Arabern erschien es statthaft, aus ökonomischen Gründen neugeborene Mädchen lebendig zu begraben.

** Er griff in ihre Entscheidungsfreiheit nicht ein.

*** Die keine Reiter und keine Lasten tragen dürfen.

gibt es Lasttiere und Schlachttiere; eßt von dem, was euch Allah be-
schert, und folgt nicht den Fußstapfen des Satans; siehe, er ist euch ein
offenkundiger Feind.

[147]**143.** (Ihr habt) acht in Paaren: Von den Schafen zwei und von den
Ziegen zwei. Sprich: »Hat Er die beiden Männchen verboten oder die
beiden Weibchen oder was der Mutterschoß der Weibchen in sich
schließt? Gebt mir davon richtige Kunde, so ihr wahrhaftig seid.«
144. Und von den Kamelen zwei und von den Rindern zwei. Sprich:
»Hat Er die beiden Männchen oder die beiden Weibchen verboten oder
das, was der Mutterschoß der Weibchen in sich schließt? Oder wart ihr
Zeugen, als Allah euch dies befahl?« Wer aber ist sündiger als der, welcher
gegen Allah Falsches ausheckt, um Leute ohne richtiges Wissen irrezu-
führen? Siehe, Allah leitet die Ungerechten nicht recht. **145.** Sprich: »In
dem, was mir offenbart wurde, finde ich nichts, was verboten wäre, außer
Verendetes oder vergossenes Blut oder Schweinefleisch – denn dies ist
ein Greuel – oder Unheiliges, über dem ein anderer als Allah angerufen
wurde.« Wer aber gezwungen wird, ohne Begierde und ohne Ungehor-
sam, nun, dann ist dein Herr verzeihend und barmherzig. **146.** Den
Juden haben Wir alles (Vieh) mit Klauen verwehrt. Und von Rindvieh
und Schafen verboten Wir ihnen das Fett, außer was auf ihren Rücken
oder in ihren Eingeweiden oder am Knochen sitzt. Hiermit bestraften
Wir sie wegen ihrer Abtrünnigkeit. Und Wir sind gewiß wahrhaftig.

[148]**147.** Und wenn sie dich der Lüge zeihen, sprich: »Euer Herr ist
voll umfassender Barmherzigkeit. Aber Seine Strenge kann von Sün-
dern nicht abgewendet werden.« **148.** Gewiß, die, welche (Allah) Ge-
fährten geben, werden sagen: »Wenn Allah es gewollt hätte, hätten wir
Ihm keine Gefährten gegeben, wie auch unsere Väter nicht; und wir
hätten auch nichts (Erlaubtes) verboten.« So leugneten auch die, welche
vor ihnen lebten, bis sie Unsere Strenge zu fühlen bekamen. Sprich:
»Wißt ihr etwas darüber, dann bringt es uns zum Vorschein.* Ihr folgt
nur einem Wahn, und ihr lügt nur.« **149.** Sprich: »Bei Allah ist der um-

* Wissen über Vorherbestimmung (Prädestination) und freien Willen.

fassende Beweis, und wenn Er gewollt hätte, hätte Er euch insgesamt rechtgeleitet.« **150.** Sprich: »Bringt doch euere Zeugen, um zu bezeugen, daß Allah dies verboten hat!« Wenn sie so bezeugen, dann lege du kein solches Zeugnis mit ihnen ab und folge nicht den Neigungen jener, welche Unsere Zeichen der Lüge zeihen, die nicht an das Jenseits glauben und ihrem Herrn Seinesgleichen beigesellen. **151.** Sprich: »Kommt her, ich will bekanntgeben, was euer Herr euch (wirklich) verbot: Ihr sollt Ihm nichts an die Seite stellen. Und den Eltern sollt ihr Gutes tun. Und ihr sollt euere Kinder nicht aus Armut töten: Wir werden euch und sie versorgen; und nähert euch nicht Abscheulichkeiten,* weder öffentlichen noch heimlichen. Und tötet kein Leben, das Allah verwehrt hat, es sei denn aus rechtfertigendem Grund. Das hat Er euch geboten; vielleicht begreift ihr es.

[149]**152.** Und kommt dem Vermögen der Waise nicht zu nahe, außer um es zu mehren, bis sie herangewachsen ist. Und gebt Maß und Gewicht nach Gerechtigkeit. Wir fordern von keiner Seele mehr, als sie zu leisten vermag. Und seid gerecht bei der Aussage (vor Gericht), wäre es auch gegen einen Verwandten. Und haltet euer Versprechen gegenüber Allah. All dies gebot Er euch, damit ihr es euch zu Herzen nähmt.« **153.** Denn dies ist Mein rechter Weg. So folgt ihm und folgt nicht (anderen) Pfaden, damit ihr nicht von Seinem Pfad getrennt werdet. Dies gebot Er euch, damit ihr gottesfürchtig seid. **154.** Dann gaben Wir Moses die vollkommene Schrift, als eine Gnade für diejenigen, die Gutes tun und als eine Klarlegung aller Dinge und als Rechtleitung und Barmherzigkeit, damit sie an die Begegnung mit ihrem Herrn glauben. **155.** Und dieses Buch, das Wir hinabsandten, ist gesegnet. So folgt ihm und seid gottesfürchtig, damit ihr Barmherzigkeit findet, **156.** Und damit ihr nicht sagt: »Siehe, die Schrift wurde nur auf zwei Gemeinschaften vor uns niedergesandt, und wahrlich, wir hatten keine Ahnung von ihrer Lehre.« **157.** Oder damit ihr (nicht) sagt: »Wäre die Schrift auf uns herabgesandt worden, hätten wir uns besser als sie führen lassen.«

* Der Unzucht (al-fuhsch).

Und nunmehr kam zu euch eine klare Lehre von euerem Herrn und eine Rechtleitung und Barmherzigkeit. Und wer ist sündiger, als wer Allahs Botschaft der Lüge zeiht und sich von ihr abkehrt? Wahrlich, jene, die sich von Unserer Botschaft abkehren, werden Wir mit schlimmer Strafe dafür bestrafen, daß sie sich abwendeten.

[150]**158.** Erwarten sie etwa, daß die Engel zu ihnen kommen oder daß dein Herr kommt oder daß gewisse Vorzeichen deines Herrn kommen? Am Tag, an dem gewisse Vorzeichen deines Herrn kommen, soll keiner Seele ihr Glaube nützen, wenn sie zuvor nicht geglaubt noch Gutes aus ihrem Glauben getan hatte. Sprich: »Wartet! Siehe, (auch) wir warten.« **159.** Siehe, diejenigen, die ihren Glauben spalten und zu Sekten werden, mit ihnen hast du nichts zu schaffen. Ihre Sache ist Allah anheimgestellt. Eines Tages wird Er ihnen vorhalten, was sie getan haben. **160.** Wer mit Gutem kommt, dem soll das Zehnfache gegeben werden. Und wer mit Bösem kommt, dem soll nur im gleichen Maße vergolten werden. Und es soll ihnen kein Unrecht geschehen. **161.** Sprich: »Mein Herr hat mich fürwahr auf einen geraden Weg geleitet, zum richtigen Glauben, zur Religion Abrahams, des Lauteren im Glauben, der (Allah) keine Gefährten gab.« **162.** Sprich: »Siehe, mein Gebet, mein Gottesdienst, mein Leben und mein Tod gehören Allah, dem Herrn der Welten. **163.** Er hat keine Teilhaber. So ist es mir geboten worden, und ich bin der erste der Gottergebenen.« **164.** Sprich: »Sollte ich einen anderen Herrn suchen als Allah, Welcher doch der Herr aller Dinge ist?« Jede Seele belastet nur sich selbst. Und keine belastete (Seele) soll einer anderen Last tragen. Zu euerem Herrn ist schließlich euere Heimkehr, und dann wird Er euch wissen lassen, worüber ihr uneins wart. **165.** Und Er ist es, der euch zu Statthaltern* auf der Erde machte und die einen von euch über die anderen im Rang erhöhte, um euch mit dem zu prüfen, was Er euch gegeben hat. Siehe, dein Herr ist schnell im Strafen, und siehe, Er ist verzeihend und barmherzig.

* Oder: Stellvertretern; Erben; Nachfolgern (arab.: al-khalifa).

7 Die Anhöhen (Al-A'râf)

Geoffenbart zu Mekka

Im Namen Allahs, des Erbarmers, des Barmherzigen!

[151]**1.** A.L.M.S. **2.** Ein Buch, zu dir hinabgesandt – deine Brust sei deswegen nicht beängstigt –, auf daß du damit warnst und als eine Mahnung für die Gläubigen. **3.** Folgt dem, was von euerem Herrn zu euch hinabgesandt wurde, und folgt keinen anderen Beschützern außer Ihm. Doch wie wenig lassen sie sich mahnen! **4.** Und wie viele Städte vernichteten Wir schon! Da kam Unsere Strafe des Nachts über sie oder als sie den Mittagsschlaf hielten. **5.** Als Unsere Strafe über sie kam, riefen sie nur noch: »Wir waren wirklich Missetäter!« **6.** Wahrlich, Wir wollen diejenigen zur Rechenschaft ziehen, zu denen Wir (Gesandte) entsandten, und befragen wollen Wir auch die Gesandten. **7.** Und wahrlich, mit (vollem) Wissen wollen Wir ihnen alles aufzählen; denn Wir waren ja nicht abwesend. **8.** Und das Abwägen an jenem Tage wird der Wahrheit entsprechen. Und wessen Waage schwer ist, denen wird es wohl ergehen. **9.** Wessen Waage aber leicht sein wird, das sind diejenigen, die ihre Seelen verlieren, weil sie sich gegen Unsere Botschaft auflehnten. **10.** Und wahrlich, Wir gaben euch auf Erden Macht und Lebensunterhalt. Wie wenig seid ihr dankbar! **11.** Und wahrlich, Wir erschufen euch und formten euch dann. Dann sprachen Wir zu den Engeln: »Werft euch vor Adam nieder!« Und sie warfen sich nieder, außer Iblis. Er war nicht bei denen, die sich niederwarfen.

[152]**12.** Er sprach: »Was hinderte dich, dich niederzuwerfen, als Ich es dir befahl?« Er sagte: »Ich bin besser als er. Du hast mich aus Feuer erschaffen, ihn aber erschufst Du aus Ton.« **13.** Er sprach: »Weg und hinab mit dir! Es geziemt dir nicht, hier hochmütig zu sein. Darum hinaus mit dir, siehe, du bist einer der Gedemütigten.« **14.** Er sagte: »Gib mir eine Frist bis zum Tag der Auferstehung.« **15.** Er sprach: »Fürwahr, die Frist ist dir gewährt.« **16.** Er sagte: »Wie Du mich in die Irre gehen ließest, werde ich ihnen auf Deinem geraden Weg auflauern. **17.** Dann will ich von vorn und von hinten, von ihrer Rechten und von ihrer Linken über sie

kommen, und Du wirst die Mehrzahl von ihnen undankbar finden.« **18.** Er sprach: »Weg von hier, verachtet und verstoßen! Wahrlich, wer von ihnen dir folgt, mit euch allesamt fülle Ich die Hölle!« **19.** »O Adam! Du und deine Frau, bewohnt das Paradies und eßt, wovon ihr wollt. Nähert euch jedoch nicht diesem Baum, sonst tut ihr unrecht.« **20.** Und Satan flüsterte ihnen ein, daß er ihnen zeigen wolle, was ihnen verheimlicht war – ihre Nacktheit. Und er sagte: »Euer Herr hat euch diesen Baum nur verboten, damit ihr nicht Engel oder unsterblich werdet.« **21.** Und er schwur ihnen: »Gewiß bin ich euch ein guter Berater.« **22.** So verführte er sie durch Betrug. Und als sie von dem Baume gekostet hatten, wurde ihnen ihre Blöße bewußt. Daher fingen sie an, Blätter des Paradieses über sich zusammenzuheften. Und ihr Herr rief sie: »Verbot Ich euch nicht jenen Baum und sprach zu euch: ›Siehe, der Satan ist euch ein offenkundiger Feind‹?«

[153]**23.** Sie antworteten: »Unser Herr, wir haben gegen uns selber gesündigt, und wenn Du uns nicht verzeihst und Dich unser erbarmst, dann sind wir wahrlich verloren.« **24.** Er sprach: »Hinab mit euch! Einer sei des anderen Feind. Auf der Erde sollt ihr eueren Wohnsitz und einen Nießbrauch auf Zeit haben.« **25.** Er fuhr fort: »Auf ihr sollt ihr leben, und auf ihr sollt ihr sterben, und aus ihr sollt ihr hervorgeholt werden.« **26.** O ihr Kinder Adams! Wir gaben euch Kleidung, euere Blöße zu bedecken, und als Prunkgewänder. Aber das Kleid der Gottesfurcht ist besser. Dies ist eines der Zeichen Allahs, auf daß sie sich ermahnen lassen. **27.** O ihr Kinder Adams! Der Satan verführe euch nicht, wie er euere Eltern aus dem Paradies vertrieb, ihnen ihre Kleidung raubend, um ihnen ihre Blöße zu zeigen. Siehe, er sieht euch, er und seine Genossen, von wo ihr sie nicht seht. Wahrlich, Wir machten die Satane zu Beschützern der Ungläubigen. **28.** Und wenn sie etwas Schandbares begehen, sagen sie: »Wir fanden, daß unsere Väter das gleiche taten« und: »Allah hat es uns befohlen.« Sprich: »Allah befiehlt nichts Schändliches. Wollt ihr über Allah aussagen, was ihr nicht wißt?« **29.** Sprich: »Mein Herr hat Gerechtigkeit befohlen. So wendet euer Angesicht in jeder Moschee (zu Ihm) und ruft Ihn in lauterem Glauben an. So, wie Er euch

schuf, kehrt ihr (zu Ihm) zurück.« **30.** Einen Teil hat Er rechtgeleitet und einen Teil verdientermaßen dem Irrtum überlassen. Siehe, sie haben sich die Satane neben Allah zu Beschützern angenommen und wähnen, sie seien rechtgeleitet.

[154]**31.** O ihr Kinder Adams! Zieht euch für jede Gebetsstätte schön an und eßt und trinkt, aber schweift nicht aus. Siehe, Er liebt die Ausschweifenden nicht. **32.** Sprich: »Wer hat denn die schönen Dinge verboten, die Allah für Seine Diener erschaffen hat, und die guten Speisen?« Sprich: »Sie sind für die Gläubigen im irdischen Leben, ausschließlich aber (für sie) vom Tag der Auferstehung an.« So machen Wir den Verständigen die Zeichen klar. **33.** Sprich: »Verboten hat mein Herr nur Schandbarkeiten, öffentliche oder verborgene, die Sünde schlechthin und unrechtmäßige Gewalttaten und daß ihr Allah andere Gottheiten an die Seite stellt, wozu Er euch nicht ermächtigte, und daß ihr von Allah aussagt, was ihr nicht wißt.« **34.** Jedes Volk hat einen Termin; und wenn sein Termin gekommen ist, können sie ihn um keine Stunde aufschieben oder beschleunigen. **35.** O ihr Kinder Adams! Wenn zu euch Gesandte aus euerer Mitte kommen, die euch Meine Botschaft verkünden, dann soll keine Furcht überkommen, wer gottesfürchtig ist und rechtschaffen lebt, noch sollen sie traurig sein. **36.** Diejenigen aber, welche Unsere Botschaft der Lüge zeihen und sich in Hochmut davon abwenden, sind Bewohner des Feuers und sollen ewig darin verweilen. **37.** Und wer ist sündiger, als wer gegen Allah eine Lüge ersinnt oder Unsere Botschaft als falsch verwirft? Diese werden ihren Anteil erhalten, wie im Buche festgeschrieben, bis Unsere Boten* zu ihnen kommen, um sie mit sich zu nehmen, und sprechen: »Wo ist das, was ihr neben Allah anzurufen pflegtet?« Sie werden sprechen: »Sie sind uns entschwunden.« Und so bezeugen sie gegen sich selbst, daß sie Ungläubige waren.

[155]**38.** Er wird sprechen: »Tretet ins Feuer ein zu den Scharen der Dschinn und Menschen, die vor euch lebten.« Und sooft eine Gruppe

* Die Engel.

eintritt, verflucht sie die vorausgegangene, bis sie alle eingetreten sind und die letzte über die erste spricht: »Unser Herr, diese da haben uns irregeführt; so gib ihnen die doppelte Feuerspein.« Er wird sprechen: »Jeder verdient das Doppelte, doch ihr versteht dies nicht.« **39.** Und die erste wird zu der letzten sprechen: »Was habt ihr nun uns gegenüber für einen Vorteil? Kostet die Strafe nach Verdienst!« **40.** Siehe, denjenigen, die Unsere Botschaft der Lüge zeihen und sich hochmütig davon abwenden, werden die Tore des Himmels nicht geöffnet, und sie gehen nicht ins Paradies ein, bevor denn ein Kamel durch ein Nadelöhr geht.* Und so belohnen Wir die Missetäter. **41.** Ihnen werde die Hölle zum Lager und zur Decke (aus Feuer). Und so belohnen Wir die Sünder. **42.** Diejenigen aber, welche glauben und das Rechte tun – Wir belasten keine Seele über ihr Vermögen hinaus – sollen Gefährten des Paradieses sein und darin ewig verweilen. **43.** Und Wir wollen aus ihren Brüsten allen Groll nehmen. Eilen sollen Bäche unter ihnen, und sie werden sprechen: »Lob sei Allah, Der uns hierhergeleitet hat! Wir wären nicht rechtgeleitet gewesen, hätte uns Allah nicht geleitet! Wahrlich, die Gesandten unseres Herrn kamen mit der Wahrheit.« Und ihnen soll zugerufen werden: »Dies ist das Paradies! Ihr seid zu seinen Erben gemacht, in Anerkennung euerer (guten) Werke.«

[156]**44.** Und die Gefährten des Paradieses werden den Gefährten des Feuers zurufen. »Nun haben wir, was unser Herr uns verheißen hat, als wahr angetroffen. Habt ihr auch, was euer Herr euch verhieß, wahr gefunden?« Sie werden antworten: »Jawohl!« Und ein Rufer unter ihnen wird rufen: »Allahs Fluch sei über den Übeltätern, **45.** Die von Allahs Weg abtrünnig machen und ihn zu krümmen suchen und nicht an das Jenseits glauben!« **46.** Und zwischen ihnen wird eine Scheidewand sein. Und auf den A n h ö h e n sind Männer, die alle an ihren Merkmalen erkennen. Und sie rufen den Gefährten des Paradieses zu: »Frieden sei auf euch!« Sie selbst haben es (noch) nicht betreten, obwohl sie es erhoffen.

* Diese populäre Metapher beruht auf einer falschen Übersetzung. Richtig bedeutet sie »bevor denn ein Seil durch ein Nadelöhr geht«.

47. Und wenn ihre Blicke sich den Bewohnern des Feuers zuwenden,
sprechen sie: »Unser Herr, reihe uns nicht unter die Ungerechten ein!«
48. Und die Leute auf den Anhöhen rufen Männern, die sie an ihren
Merkmalen erkennen, zu und fragen: »Was hat euch euer Ansammeln
(von Schätzen) und euer Hochmut genutzt? **49.** Sind (im Paradies) nicht
jene, von denen ihr geschworen hattet, daß Allah ihnen keine Barmher-
zigkeit zuwenden würde?« Geht ins Paradies ein! Keine Furcht soll euch
überkommen, und ihr sollt nicht traurig sein. **50.** Und die Bewohnern
des Feuers werden den Bewohnern des Paradieses zurufen: »Schüttet
etwas Wasser auf uns oder etwas von dem, was euch Allah bescherte!«
Sie werden sprechen: »Seht, Allah hat den Ungläubigen beides verwehrt,
51. Die mit ihrem Glauben ihren Scherz und Spott trieben und die das
irdische Leben betörte.« Heute aber vergessen Wir sie, wie sie das Ein-
treffen dieses ihres Tages vergaßen und Unsere Botschaft leugneten.

[157]**52.** Und Wir hatten ihnen doch ein Buch gebracht und es mit
vollem Wissen als eine Rechtleitung und Barmherzigkeit für gläubige
Menschen erklärt. **53.** Warten sie auf etwas anderes als (die Verwirk-
lichung) seiner Deutung?* Am Tag, da seine Deutung Wirklichkeit
wird, werden diejenigen, die sich dies zuvor aus dem Sinn geschlagen
hatten, sprechen: »In der Tat kamen die Gesandten unseres Herrn mit
der Wahrheit. Haben wir wohl Fürsprecher, für uns Fürsprache einzu-
legen, oder könnten wir zurückgebracht werden, damit wir anders han-
deln als zuvor?« Aber sie haben sich selber ins Verderben gebracht, und
ihre Einbildungen lassen sie im Stich. **54.** Siehe, euer Herr ist Allah,
Welcher die Himmel und die Erde in sechs Tagen erschuf; dann nahm
Er majestätisch Platz auf dem Thron. Er läßt die Nacht den Tag verhül-
len – sie folgt ihm schnell; und (Er schuf) die Sonne, den Mond und die
Sterne, die Seinem Befehl gemäß dienstbar sind. Sind nicht Sein die
Schöpfung und der Befehl? Gesegnet sei Allah, der Herr der Welten!
55. Ruft eueren Herrn in Demut und im verborgenen** an. Siehe, Er

* Arabisch: »ta'wil«, d.h. letzte bzw. hintergründige Bedeutung.

** In eueren Herzen.

liebt die Maßlosen nicht. **56.** Und stiftet auf Erden kein Verderben, nachdem in ihr Ordnung herrscht. Und ruft Ihn an in Furcht und Verlangen. Siehe, Allahs Barmherzigkeit ist denen nahe, die Gutes tun. **57.** Er ist es, Der die Winde als Verheißung Seiner Barmherzigkeit voraussendet, bis – wenn sie schwere Wolken tragen – Wir sie zu einem toten Land treiben und Wasser darauf niedersenden, womit Wir allerlei Früchte hervorbringen. Genau so erwecken Wir die Toten. Vielleicht laßt ihr euch ermahnen.

[158]**58.** Und das gute Land bringt Wachstum hervor, mit Erlaubnis seines Herrn, und das schlechte bringt nur kümmerlich wenig hervor. So machen Wir Unsere Zeichen den Dankbaren klar. **59.** Wahrlich, Wir entsandten schon Noah zu seinem Volk, und er sprach: »O mein Volk! Dient Allah; ihr habt keinen anderen Gott. Seht, ich fürchte für euch die Strafe eines gewaltigen Tages.« **60.** Die Vornehmen seines Volkes sprachen: »Siehe, wir sehen dich in offenkundigem Irrtum.« **61.** Er sprach: »O mein Volk! Ich befinde mich nicht im Irrtum, sondern ich bin ein Gesandter vom Herrn der Welten. **62.** Ich bestelle euch die Botschaft meines Herrn und rate euch gut und weiß von Allah, was ihr nicht wißt. **63.** Wundert ihr euch etwa, daß eine Mahnung von euerem Herrn zu euch kommt, durch einen Mann aus eueren Reihen, um euch zu warnen und damit ihr gottesfürchtig werdet und vielleicht Erbarmen findet?« **64.** Sie aber bezichtigten ihn der Lüge. Doch Wir erretteten ihn und die bei ihm waren in der Arche und ließen die ertrinken, welche Unsere Zeichen verwarfen. Siehe, sie waren ein blindes Volk. **65.** Und zu den Ad* (sandten wir) ihren Bruder Hud. Er sprach: »O mein Volk, dient Allah; ihr habt keinen Gott außer Ihm. Wollt ihr (Ihn) nicht fürchten?« **66.** Die Anführer der Ungläubigen seines Volkes sprachen: »Wahrlich, wir sehen dich in Torheit befangen. In der Tat, wir erachten dich für einen Lügner.« **67.** Er sprach: »O mein Volk! An mir ist keine Torheit, sondern ich bin ein Gesandter vom Herrn der Welten.

* Ein alter heidnischer Stamm der Araber, weit südlich von Mekka ansässig. Hud gilt als der erste arabische Prophet.

[159]**68.** Ich bestelle euch die Botschaft meines Herrn, und ich bin euch ein treuer Berater. **69.** Wundert ihr euch etwa, daß eine Mahnung von euerem Herrn zu euch kommt, durch einen Mann aus euerer Mitte, damit er euch warne? Und bedenkt, daß Er euch als Nachfolger des Volkes von Noah eingesetzt hat und euere Macht vergrößerte. Darum gedenkt der Wohltaten Allahs, damit es euch wohl ergeht.« **70.** Sie sagten: »Bist du zu uns gekommen, damit wir Allah alleine dienen und verlassen, was unsere Väter anbeteten? So führe uns herbei, was du uns androhst, falls du die Wahrheit sprichst.« **71.** Er sprach: »Ihr seid Rache und Zorn eueres Herrn ausgesetzt. Wollt ihr mit mir über Namen streiten, mit denen ihr (eure Götzen) benannt habt, ihr und euere Väter, und wofür euch Allah keine Befugnis gab? So wartet nur. Seht, ich warte mit euch.« **72.** Und Wir erretteten ihn und seine Anhänger in Unserer Barmherzigkeit. Doch Wir schnitten die Wurzel derer ab, welche Unsere Botschaft der Lüge ziehen und nicht glaubten. **73.** Und zu den Thamud* (entsandten wir) ihren Bruder Sâlih. Er sprach: »Mein Volk, dient Allah. Ihr habt keinen Gott außer Ihm. Schon kam zu euch ein deutlicher Beweis von unserem Herrn. Diese Kamelin Allahs ist euch ein Zeichen; darum laßt sie in Allahs Land weiden und rührt sie nicht in böser Absicht an, sonst erfaßt euch schmerzliche Strafe.

[160]**74.** Und bedenkt, wie Er euch zu Nachfolgern der Ad machte und euch eine Wohnstätte auf Erden gab, auf deren Ebenen ihr euch Schlösser bautet und euch Wohnungen in deren Berge grubt.** Und gedenkt der Wohltaten Allahs und stiftet auf Erden kein Verderben.« **75.** Die hochmütigen Vornehmen seines Volkes sprachen zu denen, die für schwach galten – zu denen von ihnen, die da glaubten: »Wißt ihr überhaupt, ob Sâlih von seinem Herrn entsandt wurde?« Sie sprachen: »Seht, wir glauben an das, womit er entsandt wurde.« **76.** Die Überheblichen sagten: »Seht, wir glauben nicht an das, woran ihr glaubt.«

* Ein nabatäischer Stamm in Nordarabien.

** Beispiele von solchen Felsenwohnungen finden sich in Petra (Jordanien) und Mada'in Sâlih (Saudi-Arabien).

77. Und so schnitten sie der Kamelin die Sehnen durch und trotzten dem Befehl ihres Herrn und sprachen: »O Sâlih! Führe uns herbei, was du uns androhst, wenn du ein Gesandter bist.« **78.** Da erfaßte sie das Erdbeben, und am Morgen lagen sie auf ihren Brüsten da. **79.** Und so wandte er sich von ihnen ab und sprach: »O mein Volk! Wahrlich, ich bestellte euch die Botschaft meines Herrn und riet euch gut, ihr aber liebt keine Ratgeber.« **80.** Und Lot, als er zu seinem Volke sprach: »Wollt ihr Schändlichkeiten begehen wie kein Geschöpf zuvor? **81.** Wahrlich, ihr kommt mit Sinneslust zu Männern statt zu Frauen! Ja, ihr seid ein ausschweifendes Volk!«

[161]**82.** Doch die Antwort seines Volkes war, lediglich zu sagen: »Treibt sie aus euerer Stadt hinaus. Das sind fürwahr Leute, die sich als rein ausgeben.« **83.** Und Wir retteten ihn und seine Familie, außer seiner Frau, die zurückblieb. **84.** Und Wir ließen einen Regen auf sie regnen. Sieh nur, wie das Ende der Sünder war. **85.** Und zu den Madyan* (entsandten Wir) ihren Bruder Schuayb.** Er sprach: »O mein Volk! Dient Allah; ihr habt keinen Gott außer Ihm. Schon ist ein deutlicher Beweis von euerem Herrn zu euch gekommen. So gebt volles Maß und Gewicht und haltet nicht zurück, was den Leuten zusteht, und stiftet auf der wohlgeordneten Erde kein Verderben. Das ist besser für euch, so ihr glaubt. **86.** Und lauert nicht auf jedem Weg – die an Ihn glauben bedrohend und von Allahs Weg abwendend – und sucht nicht, ihn abzubiegen. Und bedenkt, daß ihr wenige wart und Er euch vermehrte. Und seht, wie das Ende derer war, die Verderben stifteten. **87.** Und falls ein Teil von euch an das glaubt, womit ich gesandt bin, und ein Teil nicht, so wartet, bis Allah zwischen uns richtet; denn Er ist allemal der beste Richter.«

[162]**88.** Die Wortführer der Hochtrabenden seines Volkes sprachen: »Wahrlich, wir werden dich aus unseren Städten hinaustreiben, o Schuayb, samt den Gläubigen, die bei dir sind, es sei denn, ihr kehrt zu

* Ein auf der Sinai-Halbinsel und am Toten Meer ansässiger arabischer Stamm.

** Der Jethro der Bibel.

unserer Religion zurück.« Er sprach: »Etwa auch, wenn sie uns ein Greuel ist? **89.** Wenn wir zu euerer Religion zurückkehrten, würden wir gegen Allah eine Lüge ersinnen, nachdem uns Allah aus ihr befreite. Wir kehren nicht zu ihr zurück, es sei denn, Allah, unser Herr, wollte es. Unser Herr umfaßt alle Dinge mit Seinem Wissen. Auf Allah vertrauen wir. Unser Herr, entscheide nach der Wahrheit zwischen uns und unserem Volk; Du bist der beste Richter.« **90.** Doch die ungläubigen Anführer seines Volkes sprachen: »Wahrlich, wenn ihr Schuayb folgt, dann seid ihr verloren!« **91.** Doch es erfaßte sie das Erdbeben, und am Morgen lagen sie in ihren Häusern, auf dem Boden hingestreckt. **92.** Diejenigen, die Schuayb der Lüge bezichtigt hatten, wurden, als hätten sie dort nie gewohnt. Diejenigen, die Schuayb Lüge vorgeworfen hatten, waren die Verlorenen. **93.** Und so kehrte er sich von ihnen ab und sprach: »O mein Volk! Wahrlich, ich bestellte euch die Botschaft meines Herrn und riet euch gut; aber wie sollte ich über ein ungläubiges Volk trauern?« **94.** Und Wir sandten keiner Stadt einen Propheten, ohne ihre Bewohner Drangsal und Leid auszusetzen, damit sie sich demütigen. **95.** Dann verwandelten Wir die schlechte Lage zum Guten, bis sie reich wurden und sprachen: »Auch unsere Väter erfuhren schon Freud und Leid.« Da erfaßten Wir sie so unversehens, daß sie es nicht kommen sahen.

[163]**96.** Hätte aber das Volk der Städte geglaubt und wäre es gottesfürchtig gewesen, wahrlich, Wir hätten ihnen freigebig Segnungen von Himmel und Erde gewährt. Sie aber leugneten, und so suchten Wir sie für ihr (übles) Tun heim. **97.** Waren die Bewohner der Städte sich denn sicher, daß Unser Zorn nicht zur Nachtzeit über sie käme, während sie schliefen? **98.** Oder waren die Bewohner der Städte sich sicher, daß Unser Zorn nicht am lichten Tag über sie käme, während sie spielten? **99.** Waren sie denn vor Allahs Plänen sicher? Sicher vor Allahs Plänen glauben sich doch nur die Verlorenen. **100.** Sind denn diejenigen, die das Land von seinen (früheren) Bewohnern erbten, nicht davon überzeugt, daß Wir – wenn Wir dies wollten – sie für ihre Sünden züchtigen und ihre Herzen versiegeln können, so daß sie nichts mehr hören? **101.** Was diese Städte anlangt, so erzählten Wir dir ihre Geschichte. Und wahrlich,

zu ihnen kamen ihre Gesandten mit deutlichen Beweisen. Doch sie mochten nicht an das glauben, was sie zuvor für Lüge erklärt hatten. So versiegelt Allah die Herzen der Ungläubigen. **102.** Und die Mehrzahl von ihnen fanden Wir als treulos. Wahrlich, die Mehrzahl von ihnen fanden Wir als wortbrüchig. **103.** Nach ihnen entsandten Wir dann Moses mit Unseren Beweisen zu Pharao und seinen Großen. Sie aber wiesen sie böswillig zurück. So schau, wie das Ende derer war, die Unheil stifteten. **104.** Und Moses sprach: »O Pharao! Siehe, ich bin ein Gesandter vom Herrn der Welten.

[164]**105.** Es gehört sich für mich, nichts als die Wahrheit über Allah zu sprechen. Ich bin zu euch mit einem deutlichen Beweis von euerem Herrn gekommen. Darum entlaß die Kinder Israels mit mir.« **106.** Er sprach: »Wenn du wahrhaftig mit einem Wunderzeichen kamst, so zeige es her.« **107.** Da warf er seinen Stab hin, und siehe, er wurde offensichtlich zu einer Schlange. **108.** Und er zog seine Hand hervor, und siehe, da war sie für die Betrachter weiß. **109.** Die Vornehmen vom Volke Pharaos sprachen: »Wahrlich, dies ist ein gelehrter Zauberer; **110.** Er will euch aus euerem Land vertreiben! Was befehlt ihr da?« **111.** Sie sprachen: »Laß ihn und seinen Bruder warten, und schicke Leute in die Städte, die zusammenrufen, **112.** Um dir jeden gelehrten Zauberer zu bringen!« **113.** So kamen die Zauberer zu Pharao und fragten: »Bekommen wir wirklich einen Lohn, wenn wir die Obsiegenden sind?« **114.** Er sagte: »Ja, und dann sollt ihr mir gewiß nahestehen.« **115.** Sie sprachen: »O Moses, entweder wirf du (zuerst), oder wir werfen!« **116.** Er sagte: »Werft!« Und als sie geworfen hatten, bezauberten sie die Augen der Leute und jagten ihnen Angst ein und entfalteten einen gewaltigen Zauber. **117.** Und Wir gaben Moses ein: »Wirf deinen Stab!« Und da verschlang er ihren Trug. **118.** So erwies sich die Wahrheit, und ihr Werk erwies sich als nichtig. **119.** Und so wurden sie besiegt und kehrten gedemütigt um. **120.** Doch die Zauberer warfen sich in Anbetung nieder.

[165]**121.** Und sprachen: »Wir glauben an den Herrn der Welten, **122.** Den Herrn von Moses und Aaron.« **123.** Pharao sprach: »Glaubt

ihr an Ihn, bevor ich es euch erlaube? Ihr habt diese List in dieser Stadt ersonnen, um ihre Bewohner daraus zu vertreiben. Aber ihr werdet schon noch erfahren… **124.** Wahrlich, ich haue euch wechselseitig Hand und Fuß ab; dann kreuzige ich euch gewiß allesamt.« **125.** Sie sprachen: »Siehe, zu unserem Herrn kehren wir zurück. **126.** Du nimmst doch nur deshalb Rache an uns, weil wir an die Wunderzeichen unseres Herrn glauben, nachdem sie zu uns gekommen sind. Unser Herr, wappne uns mit Geduld und nimm uns als Gottergebene zu Dir.« **127.** Aber die Vornehmen von Pharaos Volk sprachen: »Willst du etwa zulassen, daß Moses und sein Volk im Lande Unheil stiften und dich und deine Götter verlassen?« Er sprach: »Wir wollen ihre Söhne töten, ihre Töchter aber am Leben lassen; denn wir haben sie in der Gewalt.« **128.** Moses sprach zu seinem Volk: »Ruft zu Allah um Hilfe und bleibt standhaft. Seht, die Erde gehört Allah. Er gibt sie zum Erbe, wem von Seinen Dienern Er will, und das gute Ende ist den Gottesfürchtigen bestimmt.« **129.** Sie antworteten: »Wir litten, bevor du zu uns kamst und nach deinem Kommen.« Er sprach: »Vielleicht will euer Herr eueren Feind vernichten und euch in seinem Land zum Nachfolger machen, um zu sehen, wie ihr euch verhaltet.« **130.** Und Wir hatten das Volk Pharaos schon mit (Hunger)-Jahren und Fehlernten heimgesucht, damit sie sich ermahnen ließen.

[166]**131.** Doch wenn das Gute zu ihnen kam, sagten sie: »Das gebührt uns!« Wenn sie aber ein Übel befiel, so sahen sie in Moses und den Seinigen ein Unheil. Aber lag ihr Unheil nicht allein bei Allah? Jedoch die meisten von ihnen erkannten es nicht. **132.** Und sie sprachen: »Was auch immer an Wunderzeichen du uns bringen magst, um uns zu bezaubern, wir glauben dir doch nicht!« **133.** Und so sandten Wir über sie die Flut und die Heuschrecken und die Läuse und die Frösche und das Blut, lauter deutliche Zeichen.* Sie aber benahmen sich hochnäsig und blieben ein sündiges Volk. **134.** Und sobald eine Plage sie traf, sprachen sie: »O Moses, bete für uns zu deinem Herrn! Er hat doch ein Versprechen von dir angenommen. Wahrlich, wenn du uns von der Plage befreist, glauben

* vgl. Exodus VII-X.

wir dir und entlassen mit dir die Kinder Israels.« **135.** Sobald Wir aber die Plage von ihnen genommen hatten und der (neue) Termin für sie verstrichen war, brachen sie ihr Wort. **136.** Und so übten Wir an ihnen Vergeltung und ließen sie im Meer ertrinken, weil sie Unsere Zeichen der Lüge ziehen und nicht auf sie achteten. **137.** Und zum Erbe gaben Wir dem Volk, das für schwach erachtet worden war, den Osten und Westen des Landstrichs, den Wir gesegnet hatten.* Und so wurde das gnädige Wort deines Herrn an den Kindern Israels erfüllt, weil sie standhaft geblieben waren. Und Wir zerstörten die Werke und Bauten Pharaos und seines Volkes.

[167]**138.** Und Wir führten die Kinder Israels durch das Meer. Dann kamen sie zu einem Volk, das seinen Götzen ergeben war. Sie sprachen: »O Moses, mache uns einen Gott wie ihre Götter!« Er sprach: »Ihr seid wirklich ein unbelehrbares Volk; **139.** Das, was sie anbeten, geht gewiß zugrunde, und was sie tun, ist ohne jeden Wert.« **140.** Er sprach: »Soll ich euch einen anderen Gott suchen als Allah, Der euch vor aller Welt bevorzugte?« **141.** Und (denkt daran,) daß Wir euch vor dem Volk des Pharao retteten, das euch mit schlimmer Pein bedrängte und euere Söhne tötete und (nur) euere Töchter am Leben ließ. Darin lag eine gewaltige Prüfung von euerem Herrn. **142.** Und Wir bestimmten Moses dreißig Nächte und vollendeten sie mit zehn (anderen,) so daß die von seinem Herrn festgesetzte Zeit in vierzig Nächten erfüllt war. Und Moses sprach zu seinem Bruder Aaron: »Sei mein Stellvertreter gegenüber meinem Volk und verhalte dich wohl und folge nicht dem Weg derer, die Verderben stiften.« **143.** Und als Moses zu der von Uns festgesetzten Zeit kam und sein Herr mit ihm geredet hatte, sprach er: »Mein Herr, zeige Dich mir, damit ich Dich betrachten kann.« Er sprach: »Niemals siehst du Mich! Aber schau auf den Berg. Wenn er stehenbleibt, dann sollst du Mich sehen.« Doch als sich sein Herr dem Berg enthüllte, zerfiel er zu Staub. Und Moses stürzte ohnmächtig nieder. Und als er zu sich kam, sprach er: »Preis sei Dir! Ich kehre mich reuig zu Dir, und ich bin der erste der Gläubigen!«

* Palästina.

[168]**144.** Er sprach: »O Moses! Siehe, durch Meine Botschaft und Meine Zwiesprache habe Ich dich vor allen Menschen erwählt. So nimm, was Ich dir gegeben habe und sei einer der Dankbaren.« **145.** Und Wir schrieben für ihn auf die Tafeln eine Ermahnung und Erklärung für alle Dinge. »So halte daran mit aller Kraft fest. Und befiehl deinem Volke, am Besten daran festzuhalten.« Bald werde ich euch die Wohnung der Frevler zeigen. **146.** Abwenden aber will Ich von Meiner Botschaft diejenigen, die sich ohne Grund auf der Erde hochmütig benehmen. Selbst wenn sie alle Zeichen (der Wahrheit) sehen, wahrlich, sie glauben nicht daran. Und selbst wenn sie den rechten Weg sehen, so nehmen sie ihn nicht als Weg. Sehen sie aber den Weg des Irrtums, so nehmen sie ihn als Weg. Dies, weil sie Unsere Botschaft der Lüge bezichtigten und sich nicht darum kümmerten. **147.** Diejenigen, die Unsere Zeichen und das Eintreffen des Jenseits als Lüge erklären: Ihre Werke sind umsonst gewesen. Sollten sie anders belohnt werden als nach ihren Werken? **148.** Und das Volk von Moses machte sich während seiner Abwesenheit aus feinen Schmucksachen ein leibhaftiges Kalb, welches blökte. Sahen sie denn nicht, daß es mit ihnen nicht sprechen und sie nicht des Wegs leiten konnte? **149.** Und als sie es bitterlich bereuten und sahen, daß sie sich geirrt hatten, sprachen sie: »Wahrlich, wenn sich unser Herr unser nicht erbarmt und uns verzeiht, dann sind wir wahrlich verloren!«

[169]**150.** Und als Moses zu seinem Volke zurückkehrte, zornig und bekümmert, sagte er: »Schlimm ist das, was ihr in meiner Abwesenheit begingt. Wollt ihr der Entscheidung eueres Herrn zuvorkommen?« Und er warf die Tafeln nieder und packte seinen Bruder am Kopf, ihn zu sich zerrend. (Aaron) sprach: »Sohn meiner Mutter! Siehe, das Volk hielt mich für schwach und hätte mich fast ermordet. Darum lasse nicht die Feinde über mich frohlocken und zähle mich nicht zum Volk der Ungerechten!« **151.** Er sprach: »Mein Herr, vergib mir und meinem Bruder und laß uns eintreten in Deine Barmherzigkeit; denn Du bist der Barmherzigste der Barmherzigen.« **152.** Siehe, diejenigen, die das Kalb annahmen: der Zorn ihres Herrn und – im irdischen Leben – die Schande wird sie einholen. So belohnen Wir diejenigen, die (Lügen) erdichten. **153.** Diejenigen aber,

welche Böses taten und hernach umkehren und gläubig werden – siehe, dein Herr wird verzeihend und barmherzig sein. **154.** Und als sich Moses' Zorn beruhigt hatte, las er die Tafeln auf. In ihrer Inschrift war Rechtleitung und Barmherzigkeit für jene, die ihren Herrn fürchten. **155.** Und Moses erwählte aus seinem Volke siebzig Männer für den von Uns bestimmten Zeitpunkt. Und als die Erschütterung sie erfaßte, sprach er: »Mein Herr, hättest Du es gewollt, hättest Du sie und mich zuvor vertilgt. Willst Du uns wegen dem verderben lassen, was die Toren unter uns taten? Dies war nur eine Prüfung von Dir. Irregehen läßt Du damit, wen Du willst, und leitest recht, wen Du willst. Du bist unser Beschützer; darum verzeihe uns und erbarme Dich unser! Du bist der Beste der Verzeihenden.

[170]**156.** Und gib uns Gutes in dieser Welt wie im Jenseits! Siehe, zu Dir sind wir reuig zurückgekehrt.« Er sprach: »Meine Strafe, Ich treffe mit ihr, wen Ich will. Und Meine Barmherzigkeit umfaßt alle Dinge. Und wahrlich, Ich will sie für jene bestimmen, die gottesfürchtig sind und die Steuer zahlen und für die, welche an Unsere Botschaft glauben.« **157.** Jene, die dem Gesandten, dem des Lesens und Schreibens unkundigen Propheten, folgen werden, über den sie bei sich in der Thora und dem Evangelium geschrieben finden:* Gebieten wird er ihnen, was Rechtens ist, und das Unrechte verbieten und wird ihnen die guten (Speisen) erlauben und die schlechten verbieten. Und er wird ihnen ihre Last und die Fesseln, die ihnen angelegt waren, abnehmen. Und jenen, die an seine Mission glauben und ihn unterstützen und ihm helfen und dem Licht folgen werden, das mit ihm hinabgesandt wird, ihnen wird es wohl ergehen. **158.** Sprich: »O ihr Menschen! Seht, ich bin für alle von euch ein Gesandter Allahs, Dessen das Reich der Himmel und der Erde ist. Es gibt keinen Gott außer Ihm. Er macht lebendig und läßt sterben. Darum glaubt an Allah und Seinem Gesandten, dem Propheten, der des Lesens und Schreibens unkundig ist, und an Seine Worte und folgt ihm, damit

* Muhammad wurde in der Bibel (Deuteronium XVIII, 15 u. 18) und im Neuen Testament (Joh.14, 26 und 16, 13) angekündigt.

ihr rechtgeleitet seid.« **159.** Und unter Moses' Volk gibt es Leute, welche zu der Wahrheit leiten und ihr gemäß gerecht handeln.

[171]**160.** Und Wir teilten sie in zwölf Stämme als Gemeinschaften und gaben Moses, als sein Volk von ihm Wasser zu trinken begehrte, ein: »Schlag mit deinem Stab auf den Felsen.« Da entströmten ihm zwölf Quellen. Jedermann kannte seine Trinkstelle. Und Wir beschatteten sie mit Wolken und sandten auf sie das Manna und die Wachteln hinab: »Eßt von dem Guten, das Wir euch bescherten.« Doch nicht gegen Uns versündigten sie sich, sondern gegen sich selber. **161.** Und als zu ihnen gesprochen wurde: »Bewohnt diese Stadt und nehmt von ihr als Nahrung, was ihr wollt. Aber sprecht ›Vergebung!‹ und geht euch demütig beugend durch das Tor; denn dann vergeben Wir euch euere Fehler – wahrlich, mehr noch geben Wir den Rechtschaffenen.« **162.** Da vertauschten die Böswilligen unter ihnen das, was ihnen gesagt wurde, mit einem anderen Ausspruch.* Darum sandten Wir auf sie Strafe vom Himmel nieder, darum, weil sie sündigten. **163.** Und stelle sie über die Stadt zur Rede, welche am Meer lag, und wo sie sich am Sabbat vergingen, als ihre Fische nur an ihrem Sabbat in großen Schwärmen zu ihnen kamen, aber an dem Tag, an dem sie keinen Sabbat feierten, nicht kamen. So prüften Wir sie, weil sie Frevler waren.

[172]**164.** Und als einige von ihnen fragten: »Warum warnt ihr ein Volk, das Allah (jedenfalls) vernichten oder mit einer strengen Strafe belegen wird?« Sie sprachen: »Als Entschuldigung (für uns) bei euerem Herrn; und vielleicht werden sie doch gottesfürchtig.« **165.** Und als sie ihre Warnung vergaßen, retteten Wir diejenigen, welche das Böse untersagt hatten, und erfaßten die Übeltäter mit strenger Strafe, weil sie gefrevelt hatten. **166.** Und als sie trotzig bei dem Verbotenen verharrten, sprachen Wir zu ihnen: »Seid wie verächtliche Affen!« **167.** Und (gedenke,) als dein Herr ankündigte, Er werde gegen sie** bis zum Tage der Auferstehung Peiniger entsenden, die sie plagen sollten. Siehe, dein Herr

* Vgl. 2: 58–59.
** Die Juden.

ist wahrlich schnell im Strafen, und siehe, Er ist wahrlich verzeihend und barmherzig. **168.** Und Wir zerstreuten sie in Gruppen auf der ganzen Erde. Unter ihnen sind rechtschaffene und solche, die es nicht sind, und Wir suchten sie mit Gutem und Bösem heim, auf daß sie zurückkehrten. **169.** Und auf sie folgten Generationen, welche zwar die Schrift erbten, doch nur nach den Gütern dieser Welt greifen und dabei sprechen: »Gewiß wird uns verziehen!« Und wenn sich ihnen (wieder) ähnliche (irdische) Güter bieten, greifen sie (wieder) danach. Wurden sie denn nicht durch die Schrift unter Verpflichtung genommen, nur die Wahrheit über Allah auszusagen? Sie studieren doch, was in ihr steht! Doch die Behausung des Jenseits ist besser für die Gottesfürchtigen. Haben sie denn keine Einsicht? **170.** Und die, welche an der Schrift festhalten und das Gebet verrichten – siehe, Wir lassen den Lohn der Rechtschaffenen nicht verlorengehen.

[173]**171.** Und als Wir den Berg* über ihnen beben ließen, als wäre es ein Schatten, und sie glaubten, daß er auf sie fallen würde, (sprachen Wir:) »Haltet fest an dem, was Wir euch gegeben haben, mit aller Kraft und beherzigt, was darin ist, damit ihr gottesfürchtig werdet.« **172.** Und als dein Herr aus den Lenden der Kinder Adams ihre Nachkommenschaft zog und für Sich Selber als Zeugen nahm (und sprach:) »Bin Ich nicht euer Herr?«, sprachen sie: »Jawohl, wir bezeugen es.« Dies, damit sie nicht am Tage der Auferstehung sagen würden: »Wir hatten davon wirklich keine Ahnung!« **173.** Oder sagen würden: »Siehe, unsere Väter gaben (Allah) zuvor Partner, und wir sind ihre Nachkommen. Willst Du uns etwa für das vernichten, was diese Anmaßenden taten?« **174.** So machen Wir Unsere Botschaft klar, damit sie zurückkehren. **175.** Und verlies ihnen die Geschichte dessen, dem Wir Unsere Botschaft gaben, der jedoch daran vorbeiging, so daß ihm der Satan folgte und er einer der Verführten war. **176.** Und hätten Wir es gewollt, wahrlich, Wir hätten ihn durch sie veredelt; jedoch neigte er sich dem Irdischen zu und folgte seinen Leidenschaften. Und sein Gleichnis ist das

* Den Sinai.

eines Hundes: Gehst du auf ihn los, läßt er die Zunge heraushängen, und läßt du ihn in Ruhe, läßt er die Zunge auch heraushängen. So ist das Gleichnis der Leute, die Unsere Botschaft zur Lüge erklären. Darum erzähle ihnen diese Geschichte, vielleicht bedenken sie es. **177.** Schlimm ist das Gleichnis der Leute, die Unsere Botschaft der Lüge zeihen und damit gegen sich selber sündigen. **178.** Wen Allah leitet, der ist rechtgeleitet, und wen Er irregehen läßt, das sind die Verlorenen.

[174]**179.** Und wahrlich, Wir bestimmten viele der Dschinn und der Menschen für die Hölle. Herzen haben sie, mit denen sie nicht verstehen. Augen haben sie, mit denen sie nicht sehen. Und Ohren haben sie, mit denen sie nicht hören. Sie sind wie das Vieh, ja verirren sich noch mehr. Sie sind die Achtlosen. **180.** Und Allah gehören die schönsten Namen.* Darum ruft Ihn damit an und verlaßt jene, welche Seine Namen mißbrauchen. Wahrlich, sie sollen für ihr Tun belohnt werden! **181.** Und unter denen, die Wir erschufen, ist eine Gemeinschaft, welche zur Wahrheit leitet und ihr gemäß gerecht handelt. **182.** Diejenigen aber, welche Unsere Botschaft als Lüge behandeln, werden Wir Schritt für Schritt zu ihrem Untergang führen, ohne daß sie dessen bewußt sind. **183.** Und gewähre Ich ihnen auch Aufschub, siehe, Mein Plan steht fest. **184.** Wollen sie denn nicht nachdenken? Ihr Gefährte** ist nicht besessen. Er ist nur ein offenkundiger Warner. **185.** Und wollen sie denn nicht das Reich der Himmel und der Erde und alle Dinge, die Allah erschaffen, betrachten (und bedenken,) daß ihre Frist schon fast abgelaufen ist? Und an welche Botschaft nach dieser wollen sie wohl glauben? **186.** Wen Allah irregehen läßt, der hat keinen Führer. Und Er läßt sie in ihrer Widerspenstigkeit umherirren. **187.** Und sie werden dich nach der Stunde befragen, auf wann sie festgesetzt ist. Sprich: »Von ihr weiß allein mein Herr. Und Er allein wird sie zu ihrer Zeit erscheinen lassen. Schwer lastet sie auf den Himmeln und der Erde. Nicht anders als

* Arabisch: »al-asma al-husna«. Darunter sind die Attribute der Vollkommenheit Gottes zu verstehen.

** Muhammad.

plötzlich kommt sie über euch.« Sie fragen dich, als ob du über sie unterrichtet sein könntest. Sprich: »Allein Allah weiß von ihr. Doch die meisten Menschen wissen darüber nicht Bescheid.«

[175]**188.** Sprich: »Ich vermag nicht, mir selbst zu nutzen oder zu schaden, es sei denn, wie Allah will. Und wenn ich das Verborgene kennte, wahrlich, dann hätte ich des Guten in Menge, und nichts Schlimmes berührte mich. Ich bin nur ein Warner und ein Verkünder froher Botschaft für ein gläubiges Volk.« **189.** Er ist es, der euch aus einem einzigen Menschen erschuf; aus ihm machte Er seine Frau, auf daß er ihr zuneige. Und wenn er bei ihr geruht hat, trägt sie (zunächst) eine leichte Last und geht mit ihr umher. Und wenn sie schwer wird, rufen sie zu Allah, ihrem Herrn: »Wenn Du uns ein fehlerloses (Kind) gibst, wahrlich, dann werden wir dankbar sein!« **190.** Wenn Er ihnen jedoch ein fehlerfreies gegeben hat, stellen sie Ihm andere Gottheiten zur Seite, als sei es ihre Gabe. Aber Allah ist über das erhaben, was sie Ihm beigesellen. **191.** Wollen sie Ihm etwa beigesellen, was nichts erschaffen kann und selber erschaffen ist **192.** Und was weder ihnen helfen kann noch sich selber? **193.** Und wenn ihr sie zur Rechtleitung einladet, folgen sie euch nicht. Es ist gleich, ob ihr sie einladet oder ob ihr schweigt. **194.** Siehe, jene, denen sie neben Allah dienen, sind Diener wie sie selbst. Ruft sie doch an und laßt sie euch antworten, wenn ihr wahrhaft seid! **195.** Haben sie etwa Füße zum Gehen? Oder haben sie Hände zum Greifen? Oder haben sie Augen zum Sehen? Oder haben sie Ohren zum Hören? Sprich: »Ruft euere Partner. Dann schmiedet listenreiche Pläne gegen mich und haltet mich nicht lange hin.

[176]**196.** Seht, mein Beschützer ist Allah, Der das Buch hinabgesandt hat; und Er beschützt die Rechtschaffenen. **197.** Die aber, die ihr neben Ihm anruft, vermögen weder euch zu helfen, noch sich selber.« **198.** Und wenn ihr sie zur Rechtleitung auffordert, hören sie nicht. Du siehst sie nach dir schauen, doch sie sehen nicht. **199.** Übe Nachsicht, gebiete das Rechte und meide die Unwissenden. **200.** Und wenn dich Satan anstacheln will, nimm deine Zuflucht zu Allah. Siehe, Er ist hörend und wissend. **201.** Die Gottesfürchtigen erinnern sich gewiß (an

Allah), wenn sie eine üble Anregung Satans erreicht; und siehe, dann werden sie hellsichtig. **202.** Doch ihre (gottlosen) Brüder bestärken sie im Irrtum und lassen dann nicht davon ab. **203.** Und wenn du ihnen keinen Vers bringst, fragen sie: »Warum hast du ihn nicht erfunden?« Sprich: »Ich folge nur dem, was mir von meinem Herrn offenbart wird.« Dies ist ein klarer Beweis von deinem Herrn und eine Rechtleitung und Barmherzigkeit für Leute, die glauben. **204.** Und wenn der Koran verlesen wird, so hört zu und schweigt, damit ihr Barmherzigkeit findet. **205.** Und gedenke deines Herrn in deinem Herzen in Demut und Furcht und ohne laute Worte, am Abend wie am Morgen. Und sei keiner der Achtlosen. **206.** Siehe, diejenigen, die deinem Herrn nahe sind, sind nicht zu stolz, Ihm zu dienen. Sie preisen Ihn und werfen sich vor Ihm nieder.

8 Die Beute (al-Anfâl)

Geoffenbart zu Medina

Im Namen Allahs, des Erbarmers, des Barmherzigen!

[177] **1.** Sie werden dich über die Beute* befragen. Sprich: »Die Beute gehört Allah und dem Gesandten.«** Darum fürchtet Allah und bewahrt Eintracht untereinander. Und gehorcht Allah und Seinem Gesandten, wenn ihr gläubig seid. **2.** Siehe, nur das sind Gläubige, deren Herzen in Furcht erbeben, wenn Allah genannt wird, und deren Glauben wächst, wenn ihnen Unsere Verse vorgetragen werden, und die auf Allah vertrauen, **3.** Die das Gebet verrichten und von dem spenden, was Wir ihnen bescherten. **4.** Das sind die wahren Gläubigen. Ein hoher Grad an Wertschätzung ist ihnen bei ihrem Herrn bestimmt sowie Ver-

* Es handelt sich um die Beute, die in der Schlacht bei Badr (624) gemacht wurde. Die alten Leute, die an der Schlacht nicht teilgenommen hatten, verlangten gleichfalls einen Anteil an der Beute. Die Sure befaßt sich zum größten Teil mit Aspekten dieser Schlacht.

** Soldaten haben somit keinen individuellen Anspruch auf Kriegsbeute.

zeihung und großzügige Versorgung. **5.** (Gedenke,) wie dich dein Herr mit der richtigen Entscheidung aus deinem Hause ziehen ließ, während ein Teil der Gläubigen dagegen war.* **6.** Sie stritten mit dir über das richtige Vorgehen, nachdem es bereits deutlich geworden war, als würden sie zum Tode geführt und hätten ihn schon vor Augen. **7.** Damals verhieß euch Allah, daß eine der beiden Gruppen euer sein solle, und ihr wünschtet, daß es die unbewaffnete sein würde. Allah aber wollte die Wahrheit Seiner Worte bestätigen und die Wurzel der Ungläubigen abschneiden, **8.** Damit Er die Wahrheit triumphieren lasse und das Nichtige als nichtig erwiese, auch wenn es die Sünder nicht wollten.

[178]**9.** (Erinnert euch,) als ihr zu euerem Herrn um Hilfe schriet und Er euch antwortete: »Siehe, Ich werde euch mit tausend Engeln helfen, einer dem anderen folgend«, **10.** Sagte Allah dies als Freudenbotschaft und um damit euere Herzen zu beruhigen; denn der Sieg kommt ja nur von Allah. Siehe, Allah ist mächtig und weise. **11.** (Erinnert euch,) als euch dann Schlaf überkam, wie als Zusicherung von Ihm, und Er vom Himmel Regen auf euch hinabsandte,** um euch damit zu reinigen und euch von den Einflüsterungen des Satans zu befreien und im Innersten zu festigen und eueren Schritten Halt zu geben. **12.** (Erinnert euch,) als dein Herr den Engeln (die Botschaft) mitgab: »Ich bin mit euch! Stärkt daher die Gläubigen. Wahrlich, Ich werfe Schrecken in die Herzen der Ungläubigen. So haut auf ihre Nacken ein und haut ihnen auf alle Finger!« **13.** Dies, weil sie gegen Allah und Seinen Gesandten aufbegehrten. Wer aber gegen Allah und Seinen Gesandten aufbegehrt – seht, Allah ist streng im Strafen. **14.** Dies ist für euch: Kostet es denn aus! Für die Ungläubigen ist wahrlich die Feuerspein bestimmt. **15.** O ihr, die ihr glaubt! Wenn ihr auf die kampfbereiten Ungläubigen stoßt, wendet

* Muhammad zog aus Medina aus, um eine unbewaffnete Karawane der Mekkaner zu überfallen, doch erhielt Abu Sufjan, ihr Leiter, von Mekka eine Unterstützung von 1000 Mann. Die Anhänger Muhammads wollten nur die Karawane angreifen, ohne das Geleit zu bekämpfen.

** Die Muslime hatten in ihrem Lager kein Wasser zur Verfügung. Des Nachts fiel jedoch Regen.

ihnen nicht den Rücken zu. **16.** Wer ihnen an so einem Tag den Rücken zukehrt – außer er schwenkt zu neuem Kampf ab oder schließt sich einem (anderen) Trupp an –, hat sich Allahs Zorn zugezogen, und seine Herberge ist die Hölle. Und schlimm ist die Fahrt (dorthin).

[179]**17.** Nicht ihr erschlugt sie, sondern Allah erschlug sie. Und nicht du warfst, als du warfst, sondern Allah warf. Er wollte die Gläubigen einer schönen Prüfung durch Sich unterziehen. Siehe, Allah ist hörend und wissend. **18.** Deswegen und damit Allah die bösen Pläne der Ungläubigen vereitele. **19.** Falls ihr eine Entscheidung herbeigefleht hattet: Die Entscheidung ist für euch schon gefallen. Wenn ihr daher jetzt aufhört, ist es besser für euch. Kommt ihr jedoch wieder, so kommen auch Wir wieder. Und euere Überzahl soll euch nichts nützen, so viel ihr auch seid; denn Allah ist mit den Gläubigen. **20.** O ihr, die ihr glaubt! Gehorcht Allah und Seinem Gesandten und kehrt euch nicht von ihm ab, wo ihr doch hört. **21.** Und seid nicht wie jene, welche behaupten: »Wir hören«, während sie nicht hören. **22.** Siehe, schlimmer als das Vieh sind bei Allah die Tauben und Stummen, die nicht begreifen. **23.** Und hätte Allah etwas Gutes in ihnen erkannt, wahrlich, Er hätte sie hören lassen. Aber selbst wenn Er sie hören lassen hätte, hätten sie sich doch gewiß in ihrer Widerspenstigkeit abgewendet. **24.** O ihr, die ihr glaubt! Antwortet Allah und Seinem Gesandten, wenn sie euch einladen zu dem, was euch Leben gibt. Und wißt, daß Allah zwischen den Menschen und sein Herz tritt und daß ihr zu Ihm versammelt werdet. **25.** Und hütet euch vor der Versuchung zum Bösen,* die nicht ausschließlich nur die unter euch trifft, die Unrechtes tun, und wisset, daß Allah streng im Strafen ist.

[180]**26.** Und bedenkt, wie wenige ihr wart und für wie schwach man euch allgemein hielt und daß ihr fürchtetet, von den Leuten verschleppt zu werden. Er aber beschirmte euch und stärkte euch mit Seiner Hilfe und versorgte euch mit den guten Dingen des Lebens, damit ihr dankbar

* Arabisch: »al-fitna«. Dies kann auch Streit, Aufruhr, Spaltung, Verwirrung, Verfolgung, Unterdrückung, Prüfung u. ä. bedeuten.

sein möget. **27.** O ihr, die ihr glaubt! Betrügt nicht Allah und den Gesandten und enttäuscht nicht bewußt das in euch gesetzte Vertrauen. **28.** Und wisset, daß euer Besitz und euere Kinder nur eine Versuchung sind, aber gewaltiger Lohn bei Allah ist. **29.** O ihr, die ihr glaubt! Wenn ihr Allah fürchtet, wird Er euch das Vermögen zur Unterscheidung (von gut und böse) geben und euch euere Missetaten vergeben und euch verzeihen; und Allah ist voll großer Huld. **30.** Und damals als die Ungläubigen Pläne gegen dich schmiedeten, um dich festzunehmen oder zu ermorden oder zu vertreiben: Sie schmiedeten Pläne, und Allah schmiedete Pläne; doch Allah ist der Beste im Pläneschmieden. **31.** Und als ihnen Unsere Verse vorgetragen wurden, sagten sie: »Wir hatten dies schon gehört. Wollten wir, so könnten wir Gleichartiges vorbringen. Dies sind doch nichts als Fabeln aus alter Zeit.« **32.** Und als sie sprachen: »O Allah! Wenn dies Deine Wahrheit ist, dann laß Steine vom Himmel auf uns regnen oder bringe schmerzliche Strafe über uns!« **33.** Allah aber wollte sie nicht strafen, während du unter ihnen warst. Auch wollte Er sie nicht strafen, solange sie Ihn um Verzeihung zu bitten pflegten.

[181]**34.** Nichts aber steht dem im Wege, daß Allah sie dafür bestraft, daß sie andere von der unverletzlichen Moschee abhalten, ohne deren Schutzherren zu sein. Fürwahr, ihre Schutzherren können nur die Gottesfürchtigen sein. Jedoch weiß es die Mehrzahl von ihnen nicht. **35.** Und ihr Gebet bei dem (Gottes-)Haus* ist nichts als Pfeifen und Händeklatschen. So kostet die Strafe für eueren Unglauben! **36.** Siehe, die Ungläubigen verwenden ihr Vermögen dafür, von Allahs Weg abzubringen. Sollen sie es nur ausgeben! Dann werden sie es bedauern, und dann werden sie doch besiegt werden. Und die Ungläubigen werden in der Hölle versammelt werden, **37.** Damit Allah die Schlechten von den Guten scheide, die Schlechten zusammenschichte, alle miteinander verbinde und sie in die Hölle werfe. Dies sind die Verlorenen. **38.** Sprich zu den Ungläubigen: Wenn sie aufhören, wird ihnen das bereits Geschehene verziehen. Tun sie es aber wieder, so ist die Bestrafung der Frühe-

* Die Kaaba.

ren ein warnendes Beispiel für sie. **39.** Und kämpfe wider sie, bis es keine Unterdrückung mehr gibt und nur noch Allah verehrt wird.* Lassen sie jedoch davon ab, siehe, so sieht Allah, was sie tun. **40.** Und wenn sie (euch) den Rücken kehren, so wisset, daß Allah euer Beschützer ist, der beste Beschützer und der beste Helfer.

[182]**41.** Und wisset: Wenn ihr etwas erbeutet, gehört der fünfte Teil davon Allah und dem Gesandten** und den nahen Verwandten, den Waisen, den Armen und den Reisenden, sofern ihr an Allah glaubt und an das, was Wir auf Unseren Diener am Tag der Entscheidung, dem Tage der Begegnung der beiden Heere, hinabsandten. Und Allah hat Macht über alle Dinge. **42.** Ihr wart auf dieser Seite des Tals und sie auf jener Seite und die Karawane unterhalb von euch.*** Hättet ihr euch auch verabredet, so hättet ihr doch die Verabredung nicht eingehalten. Aber (der Kampf fand statt,) damit Allah eine Sache vollendete, die geschehen sollte: Damit der, der umkäme, als deutlicher Beweis umkäme, und der, der am Leben bliebe, als deutlicher Beweis am Leben bliebe. Und siehe, Allah ist hörend und wissend. **43.** Allah zeigte sie dir in deinem Traume als wenig zahlreich; hätte Er sie dir als sehr zahlreich gezeigt, wahrlich, ihr wärt kleinmütig gewesen und hättet über die Sache miteinander gehadert.**** Allah aber bewahrte euch (davor). Siehe, Er kennt das Innerste der Brüste. **44.** Und beim Zusammentreffen ließ Er sie in eueren Augen als wenige erscheinen und verkleinerte euch in ihren Augen, damit Allah eine Sache vollendete, die geschehen sollte. Und zu Allah kehren alle Dinge zurück. **45.** O ihr, die ihr glaubt! Wenn ihr auf eine Gruppe stoßt, bleibt fest und gedenkt häufig Allahs, auf daß es euch wohl ergehen möge.

[183]**46.** Und gehorcht Allah und Seinem Gesandten und hadert nicht miteinander, damit ihr nicht kleinmütig werdet und euere Kraft euch

* Auch dieser Vers erlaubt nur Verteidigung.

** D.h. der Verwaltung des muslimischen Gemeinwesens. 4/5 der Beute können somit an die Soldaten verteilt werden.

*** Nämlich näher zum Roten Meer.

**** Das Kräfteverhältnis in Badr war so unausgeglichen, daß die siegreichen Muslime nach menschlichem Ermessen keine Chance hatten.

verlorengeht. Und seid standhaft; siehe, Allah ist mit den Standhaften. **47.** Und seid nicht wie jene (Mekkaner), welche prahlerisch aus ihren Wohnungen auszogen, um von den Leuten gesehen zu werden und von Allahs Weg abspenstig zu machen. Doch Allah überschaute ihr Tun. **48.** Und Satan machte ihnen ihr Vorgehen verlockend und sprach: »Kein Mensch kann euch heute überwinden. Seht, ich stehe euch zur Seite.« Als aber die beiden Heerscharen einander sahen, wandte er sich auf seinen Fersen um und sprach: »Seht, ich bin euer los und ledig; denn ich sehe, was ihr nicht seht.* Fürwahr, ich fürchte Allah; und Allah ist streng im Strafen.« **49.** Die Heuchler und diejenigen, in deren Herzen Krankheit ist, sagten: »Ihr Glauben hat sie betört!«** Wer aber auf Allah vertraut – siehe, Allah ist mächtig und weise. **50.** Sähest du nur die Engel, wie sie die Ungläubigen zu sich nehmen, indem sie ihnen in das Gesicht und auf den Rücken schlagen und (sprechen:) »Kostet die Strafe des Verbrennens! **51.** Dies ist für das, was euere Hände voraussandten! Denn Allah ist gegen Seine Diener nicht ungerecht.« **52.** Sie gleichen dem Volke Pharaos und denen, die vor ihnen lebten. Sie verleugneten Allahs Zeichen, und da erfaßte sie Allah für ihre Sünden. Siehe, Allah ist stark und streng im Strafen.

[184]**53.** Dies, weil Allah Seine Gnade, mit der Er ein Volk begnadet, nicht ändert, es sei denn, daß es seine innere Einstellung ändert. Und siehe, Allah ist hörend und wissend. **54.** Sie gleichen dem Volke Pharaos und denen, die vor ihnen waren, welche die Botschaft ihres Herrn der Lüge ziehen: Da vertilgten Wir sie für ihre Sünden und ließen das Volk Pharaos ertrinken, und alle waren Ungerechte. **55.** Siehe, schlimmer als das Vieh sind vor Allah die Ungläubigen, die nicht glauben (wollen), **56.** Die, wenn du ein Bündnis mit ihnen abschließt, das Bündnis jedesmal brechen und nicht gottesfürchtig sind. **57.** Und wenn du sie im Krieg zu fassen bekommst, laß es für die, die ihnen nachfolgen, zum abschreckenden Beispiel werden; vielleicht lassen sie sich ermahnen.

* Die unsichtbaren Engelsscharen, die den Gläubigen halfen.

** Indem er sie dazu brachte, in Gottvertrauen ein viel stärkeres Heer anzugreifen.

58. Und wenn du von bestimmten Leuten Verräterei befürchtest, reagiere entsprechend. Siehe, Allah liebt nicht die Verräter. **59.** Und laß die Ungläubigen nicht meinen, daß sie Uns entgehen könnten; sie können (Allah) nichts vereiteln. **60.** So rüstet gegen sie, soviel ihr vermögt an Mann und Pferd, um Allahs Feinde abzuschrecken und eueren Feind und andere außer ihnen, die ihr nicht kennt,* Allah aber kennt. Und was ihr auch spendet auf Allahs Weg, Er wird es euch erstatten. Und es soll euch kein Unrecht geschehen. **61.** Sind sie aber zum Frieden geneigt, so sei auch du ihm geneigt.** Und vertraue auf Allah. Siehe, Er ist der Hörende, der Wissende.

[185]**62.** Und wenn sie dich betrügen wollen, so genügt dir Allah. Er ist es, Der dich mit Seiner Hilfe und mit den Gläubigen stärkt, **63.** Und Der ihre Herzen miteinander verbunden hat. Hättest du auch alles auf Erden dafür dahingegeben, du hättest ihre Herzen nicht verbinden können; Allah aber verband sie. Siehe, Er ist mächtig und weise. **64.** O du Prophet! Dir genügt Allah und wer dir von den Gläubigen folgt. **65.** O du Prophet! Feuere die Gläubigen zum Kampf an! Sind auch nur zwanzig Standhafte unter euch, können sie zweihundert überwinden. Und wenn unter euch hundert sind, so können sie tausend der Ungläubigen überwinden, weil diese ein Volk ohne Einsicht sind. **66.** Für jetzt hat es euch Allah leichter gemacht; denn Er weiß um euere Schwäche. Wenn also unter euch hundert Standhafte sind, sollen sie zweihundert überwinden; und wenn unter euch tausend sind, sollen sie mit Allahs Erlaubnis zweitausend überwinden. Und Allah ist mit den Standhaften. **67.** Einem Prophet steht es nicht zu, Gefangene zu nehmen, wenn er nicht auf dem Schlachtfeld im Kampf gesiegt hat.*** Ihr wollt die Güter dieser Welt, Allah aber will (für euch) das Jenseits. Und Allah ist

* Theorie der Abschreckung potentieller Angreifer durch ausreichende präsente Kräfte.

** Kriegführung also nur, solange die Notwendigkeit zur Verteidigung fortbesteht.

*** Hiermit wurde verboten, Menschen gefangenzunehmen, die keine Gegenwehr geleistet hatten; aber auch Kriegsgefangene sollen nach Kriegsende freikommen (47:4).

mächtig und weise. **68.** Wäre nicht eine Bestimmung von Allah zuvorgekommen, so hätte euch für das, was ihr euch genommen hattet, gewaltige Strafe getroffen. **69.** So genießt das, was ihr erbeutet habt, soweit es erlaubt und gut ist. Und fürchtet Allah. Siehe Allah ist nachsichtig und barmherzig.

[186]**70.** O du Prophet! Sprich zu den Gefangenen in eueren Händen: »Wenn Allah Gutes in eueren Herzen erkennt, wird Er euch Besseres geben, als was euch genommen worden ist, und euch verzeihen. Denn Allah ist verzeihend und barmherzig.«* **71.** Und wenn sie Verrat an dir üben wollen, so haben sie schon zuvor an Allah Verrat geübt. Er gab sie deshalb in euere Gewalt. Und Allah ist wissend und weise. **72.** Siehe, diejenigen, welche glaubten und ausgewandert sind und sich mit Gut und Blut auf Allahs Weg einsetzten und (dem Propheten) Herberge und Hilfe gewährten, sollen einer des anderen Freund sein. Und jene, welche glaubten, aber nicht auswanderten, sollen in keinem Schutzverhältnis zu euch stehen, bevor sie ausgewandert sind. Wenn sie euch aber im Namen des Glaubens um Hilfe angehen, obliegt es euch, ihnen zu helfen, außer gegen ein Volk, zwischen dem und euch ein Bündnis besteht. Und Allah sieht euer Tun. **73.** Die Ungläubigen sind (auch) einer des anderen Beschützer. Wenn ihr nicht entsprechend handelt, entsteht Zwietracht und großes Unheil auf Erden. **74.** Die Gläubigen aber, welche auswanderten und sich auf Allahs Weg abmühten und (dem Propheten) Herberge und Hilfe gewährten, das sind die wahrhaft Gläubigen. Ihnen gebührt Verzeihung und großmütige Versorgung. **75.** Und die, welche danach gläubig wurden und auswanderten und sich mit euch opferbereit einsetzten, auch diese gehören zu euch. Und die (so) miteinander Verwandten sind einer des anderen Nächster. (Dies ist) in Allahs Buch. Siehe, Allah kennt alle Dinge.

* Verbot des Tötens von Kriegsgefangenen, das einzelne Muslime nach der Schlacht von Badr beabsichtigt hatten.

9 Die Reue (at-Tauba)*
Geoffenbart zu Medina

[187]**1.** (Dies ist) eine Lossagung seitens Allahs und Seines Gesandten gegenüber denjenigen von den Götzendienern, mit denen ihr einen (von ihnen gebrochenen) Vertrag geschlossen habt. **2.** So zieht vier Monate lang** (frei) durch das Land und wißt, daß ihr Allahs (Pläne) nicht zuschanden machen könnt, sondern daß Allah die Ungläubigen zuschanden machen wird. **3.** Und (dies ist) eine Ankündigung von Allah und Seinem Gesandten an die Menschen am Tag der Großen Pilgerfahrt:*** Allah, ebenso wie Sein Gesandter sind der Götzendiener los und ledig. Wenn ihr umkehrt, ist es besser für euch. Kehrt ihr jedoch den Rücken, so wißt, daß ihr euch Allahs Willen nicht entziehen könnt. Und verkünde den Ungläubigen schmerzliche Strafe. **4.** Ausgenommen (von der Lossagung) sind jedoch diejenigen der Götzendiener, mit denen ihr einen Vertrag geschlossen habt und die es euch hernach in nichts fehlen ließen und keinem gegen euch Beistand leisteten. Ihnen gegenüber müßt ihr den Vertrag bis zum Ablauf der (vereinbarten) Frist halten. Siehe, Allah liebt die Gottesfürchtigen. **5.** Sind die geschützten Monate aber verflossen, dann tötet die Götzendiener, wo immer ihr sie findet,**** und ergreift sie und belagert sie und lauert ihnen aus jedem Hinterhalt auf. Wenn sie jedoch in Reue umkehren und das Gebet verrichten und die Steuer zahlen, laßt sie ihres Weges ziehen. Siehe, Allah ist verzeihend und barmherzig. **6.** Und wenn einer der Götzendiener bei

* Dies ist die einzige Sure, bei welcher die Formel »Im Namen Allahs« fehlt. Ob sie mit der vorhergehenden ein Stück gebildet hatte, ist zweifelhaft, da zwischen ihrer Offenbarung etwa sieben Jahre liegen.

** Die Monate Radschab, Dhu-l-Qa'da, Dhu-l-Hidscha und Muharram, in denen schon vor Muhammad jede Fehde ruhte.

*** Die sogenannte Abschiedswallfahrt des Propheten im Jahre 632.

**** Innerhalb eines bereits ausgebrochenen Verteidigungskriegs. Der Vers behandelt nicht das Recht zum Krieg (ius ad bellum), sondern das Recht im Krieg (ius in bello).

dir Zuflucht sucht, dann gewähre ihm Zuflucht, damit er Allahs Wort vernimmt. Dann laß ihn den Ort erreichen, an dem er sich sicher fühlt. Dies, weil sie ein unwissendes Volk sind.

[188]**7.** Wie aber können die Götzendiener mit Allah und Seinem Gesandten in ein Bündnis treten, außer jenen, mit denen ihr in der Nähe der unverletzlichen Moschee einen Vertrag geschlossen habt?* Doch solange sie euch treu bleiben, haltet ihnen auch die Treue. Siehe, Allah liebt die Gottesfürchtigen. **8.** Wie (können sie es), wo sie doch weder Blutsbande noch Bündnis achten würden, wenn sie euch besiegten? Mit ihrem Munde stellen sie euch zufrieden, ihre Herzen sind (euch) jedoch abgeneigt, und die Mehrzahl von ihnen sind Frevler. **9.** Sie verkaufen Allahs Botschaft um einen winzigen Preis und machen von Allahs Weg abwendig; siehe, ihr Tun ist böse. **10.** Sie achten einem Gläubigen gegenüber weder Blutsbande noch Bündnis; sie – sie sind fürwahr Übertreter. **11.** Wenn sie jedoch in Reue umkehren und das Gebet verrichten und die Steuer zahlen, sind sie euere Brüder im Glauben. Und Wir erbringen klare Beweise für ein verständiges Volk. **12.** Und wenn sie trotz des Bündnisses ihren Eid brechen und eueren Glauben verhöhnen, dann bekämpft die Anführer des Unglaubens – wahrlich, sie halten keine Versprechungen –, damit sie davon ablassen. **13.** Wollt ihr nicht gegen ein Volk kämpfen, das seinen Eid brach und das plante, den Gesandten zu vertreiben? Sie haben euch zuerst angegriffen. Fürchtet ihr sie etwa? Doch Allah ist würdiger, von euch gefürchtet zu werden, falls ihr gläubig seid.

[189]**14.** Bekämpft sie! Allah wird sie durch euere Hände strafen und sie mit Schmach bedecken und euch den Sieg über sie verleihen und die Herzen derer heilen, die glauben,**15**. Und den Zorn aus ihren Herzen verbannen. Allah wendet sich (gnädig) zu, wem Er will. Und Allah ist wissend und weise.**16**. Oder glaubt ihr etwa, ihr würdet in Ruhe gelassen, solange Allah noch nicht diejenigen von euch kennt, die da kämpfen und niemand außer Allah, Seinem Gesandten und den Gläubigen zum Freund nehmen? Und Allah kennt euer Tun. **17.** Den Götzendienern

* Der Waffenstillstand von Hudaybiyya im Jahre 628.

ziemt es nicht, die Moscheen Allahs zu betreuen oder zu besuchen, solange sie durch ihren Unglauben gegen sich selber zeugen. Sie – umsonst sind ihre Werke, und im Feuer werden sie ewig verweilen. **18.** Betreuen und besuchen sollte die Moscheen Allahs nur, wer an Allah und den Jüngsten Tag glaubt und das Gebet verrichtet und die Steuer zahlt und Allah allein fürchtet. Diese mögen zu den Rechtgeleiteten gehören. **19.** Setzt ihr etwa das Tränken der Pilger und den Besuch der unverletzlichen Moschee dem Verdienst dessen gleich, der an Allah und den Jüngsten Tag glaubt und der sich aufopfernd auf Allahs Weg einsetzt?* Sie sind vor Allah nicht gleich. Und Allah leitet nicht das sündige Volk. **20.** Diejenigen, welche gläubig wurden und auswanderten und sich auf Allahs Weg mit Gut und Blut bemühten, nehmen die höchste Rangstufe bei Allah ein. Und sie – sie sind die Glückseligen!

[190]**21.** Ihr Herr verheißt ihnen Seine Barmherzigkeit und Sein Wohlgefallen und Gärten beständiger Wonne. **22.** Verweilen sollen sie dort ewig und immerdar. Siehe, bei Allah ist gewaltiger Lohn. **23.** O ihr, die ihr glaubt! Seht weder in eueren Vätern noch in eueren Brüdern Freunde, solange sie den Unglauben dem Glauben vorziehen. Wer von euch sie sich doch zu Freunden nimmt, das sind die Übeltäter. **24.** Sprich: »Wenn euere Väter und euere Söhne und euere Brüder und euere Frauen und euere Sippe und das von euch erworbene Vermögen und die Ware, deren Unverkäuflichkeit ihr befürchtet, und die Wohnungen, die euch gefallen, euch lieber sind als Allah und Sein Gesandter und das Bemühen auf Seinem Weg, dann wartet, bis Allah mit Seinem Befehl kommt.« Und Allah leitet die Lasterhaften nicht. **25.** Wahrlich, Allah verhalf euch schon auf vielen Schlachtfeldern zum Sieg. So auch am Tag von Hunayn, als ihr auf euere Überzahl stolz wart.** Doch sie nützte euch

* Arabisch: »Dschahada fi-sabil Allah« (sich auf Allahs Weg mit Gut und Blut abmühen; voll einsetzen) wurde häufig falsch als »einen Heiligen Krieg führen« übersetzt, eine dem Islam fremde Begriffsbildung.

** In der Schlacht im Tale Hunayn bei Mekka (630) gerieten die Muslime, die 12 000 Mann stark gegen 4000 kämpften, zuerst in panische Unordnung, wurden aber von Muhammad und seinen engsten Mitarbeitern wieder zum Sieg geführt.

nichts. Und die Erde wurde euch eng, trotz ihrer Weite. Dann kehrtet ihr den Rücken zur Flucht. **26.** Doch dann sandte Allah Seine große Ruhe* auf Seinen Gesandten und auf die Gläubigen nieder und schickte Heerscharen herab, die ihr nicht saht, und strafte die Ungläubigen. Das ist der Lohn der Ungläubigen.

[191]**27.** Und so wendet sich Allah (verzeihend) zu, wem Er will; denn Allah ist verzeihend und barmherzig. **28.** O ihr, die ihr glaubt! Siehe, die Götzendiener sind unrein. Darum sollen sie sich nach diesem ihrem Jahr der unverletzlichen Moschee nicht mehr nähern. Und falls ihr dadurch Armut befürchtet: Allah wird euch, so Er will, aus Seinem Überfluß versorgen. Siehe, Allah ist wissend und weise. **29.** Bekämpft jene der Schriftbesitzer, die nicht an Allah und den Jüngsten Tag glauben und nicht verbieten, was Allah und Sein Gesandter verboten haben, und nicht dem wahren Glauben folgen, bis sie, sich unterwerfend, die Steuer freiwillig entrichten.** **30.** Und die Juden sagen: »Esra ist Allahs Sohn.«*** Und die Christen sagen: »Der Messias ist Allahs Sohn.« So spricht ihr Mund. Sie führen eine ähnliche Rede wie die Ungläubigen vor ihnen. Allahs Fluch über sie! Wie sind sie doch völlig ohne Verstand! **31.** Sie nehmen ihre Rabbiner und Mönche und den Messias, Sohn der Maria, neben Allah zu Herren an, obwohl ihnen doch allein geboten war, dem einzigen Gott zu dienen, außer Dem es keinen Gott gibt. Preis sei Ihm! Erhaben ist Er über das, was sie neben Ihm verehren.

[192]**32.** Sie wollen Allahs Licht mit ihrer Rede auslöschen. Allah aber will Sein Licht vollenden, auch wenn es den Ungläubigen zuwider ist. **33.** Er ist es, Der Seinen Gesandten mit der Rechtleitung und der Religion der Wahrheit entsandt hat, um sie jede andere Religion überstrahlen zu lassen, auch wenn es den Ungläubigen zuwider ist. **34.** O ihr,

* Arab.: »Sakina«.

** Die Kopfsteuer (Dschizya), in einem muslimischen Gemeinwesen von Nichtmuslimen zu entrichten. Dadurch werden sie u.a. von Wehrpflicht und Vermögenssteuer befreit und genießen Minderheitenschutz.

*** Nicht alle, aber manche arabische Juden waren dieser Ansicht.

die ihr glaubt! Seht, viele der Rabbiner und Mönche verzehren zu Unrecht das Gut der Leute und machen von Allahs Weg abwendig.* Aber wer da Gold und Silber hortet, statt es auf Allahs Weg auszugeben: Ihnen verheiße schmerzliche Strafe **35.** An einem Tage, da das (Edelmetall) im Höllenfeuer glühend gemacht wird: Gebrandmarkt werden sollen damit ihre Stirnen, Seiten und Rücken. »Das ist es, was ihr für euch gehortet hattet; so kostet, was ihr gehortet habt!« **36.** Siehe, die Zahl der Monate bei Allah beträgt zwölf Monate, gemäß dem Buche Allahs, seit dem Tage, an dem Er die Himmel und die Erde erschuf. Davon sind vier geschützt. Das ist das ewig gültige Gesetz. Darum versündigt euch darin nicht, aber bekämpft die Götzendiener allesamt, so wie sie euch allesamt bekämpfen.** Und wisset, daß Allah mit den Gottesfürchtigen ist.

[193]**37.** Das Verschieben (eines solchen Monats) steigert fürwahr den Unglauben. Die Ungläubigen werden damit irregeführt. Sie erlauben es in einem Jahr und verbieten es in einem anderen Jahr, um so die Anzahl der von Allah geschützten (Monate) (formal) herzustellen. So erlauben sie, was Allah verboten hat.*** Verlockend erschien ihnen das Böse ihrer Vorgehensweise. Aber Allah leitet die Ungläubigen nicht recht. **38.** O ihr, die ihr glaubt! Was ist mit euch, daß ihr euch schwer zur Erde sinken laßt, wenn euch gesagt wird: »Rückt aus auf Allahs Weg!« Habt ihr mehr Wohlgefallen am irdischen Leben als am Jenseits? Aber der Nießbrauch des irdischen Lebens ist gegenüber dem Jenseits winzig. **39.** Wenn ihr nicht ausrückt, wird Er euch mit schmerzlicher Strafe strafen und ein anderes Volk an euere Stelle setzen. Und ihr schadet Ihm keineswegs; denn Allah hat Macht über alle Dinge. **40.** Wenn ihr ihm**** nicht beisteht, (so bedenkt,) daß ihm bereits Allah geholfen hat, als ihn die Un-

* Im Islam werden Kleriker als unentbehrliche liturgische Funktionsträger mißbilligt.

** Verteidigung ist also auch in diesen »verbotenen« Monaten erlaubt.

*** Die Araber pflegten die Beachtung eines geschützten Monats, wenn sie ihnen ungelegen kam, auf einen anderen Monat zu verschieben.

**** Muhammad.

gläubigen vertrieben – als beide in der Höhle waren, und als er zu seinem Gefährten* sprach: »Sei nicht traurig! Siehe, Allah ist mit uns.« Da sandte Allah Seinen großen Frieden auf ihn nieder und stärkte ihn mit Heerscharen, die ihr nicht saht. Und Er machte das Wort der Ungläubigen unterlegen und Allahs Wort überlegen. Und Allah ist mächtig und weise.

[194]**41.** Rückt aus, leicht oder schwer (ausgerüstet), und setzt euch ein mit Gut und Blut auf Allahs Weg. Dies ist besser für euch, wenn ihr es nur begreifen würdet. **42.** Wäre ein aus der Nähe winkender Gewinn und eine bequeme Reise in Aussicht gewesen, wahrlich, sie wären dir gefolgt. Aber die Entfernung war ihnen zu groß.** Und doch schwören sie bei Allah: »Hätten wir gekonnt, wären wir mit euch ausgerückt.« Sie schaden sich selber. Und Allah weiß, daß sie Lügner sind. **43.** Allah verzeihe dir! Warum hast du sie (vom Feldzug) befreit, bevor dir bekannt wurde, wer die Wahrheit sagt und wer lügt? **44.** Die, welche an Allah und den Jüngsten Tag glauben, bitten dich nicht um Erlaubnis, sich nicht mit Gut und Blut einsetzen zu müssen. Und Allah kennt die Gottesfürchtigen. **45.** Um Erlaubnis bitten dich nur jene, die nicht an Allah und den Jüngsten Tag glauben und deren Herzen noch zweifeln und die in ihrem Zweifel hin und her schwanken. **46.** Wenn sie gewillt gewesen wären auszurücken, hätten sie sich dafür ausgerüstet. Aber Allah wollte ihr Ausrücken nicht, und so machte Er, daß sie sich zurückhielten. Und man sagte ihnen: »Bleibt halt bei denen, die zu Hause bleiben!« **47.** Wären sie mit euch ausgerückt, wären sie euch nur eine Last gewesen und hätten, unter euch umherlaufend, euch zum Aufruhr gereizt. Und manche von euch hätten auf sie gehört. Aber Allah kennt die Übeltäter.

[195]**48.** Wahrlich, schon früher planten sie Aufruhr und schmiedeten Pläne gegen dich, bis die Wahrheit kam und Allahs Befehl erschien, auch wenn es ihnen zuwider war. **49.** Einige von ihnen sagen zu dir: »Entbinde mich und stelle mich nicht auf die Probe!« Sind sie denn nicht

* Abu Bakr, der spätere erste Kalif.

** Es ging um den präventiven Feldzug nach Tabuk gegen die Byzantiner (630).

schon der Versuchung erlegen? Und siehe, die Hölle wird die Ungläubigen umfassen. **50.** Trifft dich Gutes, so betrübt es sie. Trifft dich ein Unheil, so sagen sie: »Wir haben uns ja schon abgesichert« und wenden sich vergnügt ab. **51.** Sprich: »Nie trifft uns etwas anderes, als was Allah uns bestimmt hat. Er ist unser Beschützer, und auf Allah sollen die Gläubigen vertrauen.« **52.** Sprich: »Erwartet ihr für uns etwas (Schlechtes), wo uns doch nur eines der beiden besten Dinge treffen kann?* Für euch hingegen erwarten wir (nur), daß euch Allah mit einer Strafe treffen wird, sei es (direkt) von Ihm oder durch unsere Hand. So wartet denn. Siehe, wir warten mit euch.« **53.** Sprich: »Spendet willig oder unwillig, niemals wird es von euch angenommen werden; denn ihr seid ein Volk von Frevlern.« **54.** Aber nichts anderes verhindert die Annahme ihrer Spenden, als daß sie weder an Allah noch Seinem Gesandten glauben und das Gebet nur träge verrichten und nur widerwillig spenden.

[196]**55.** Lasse dich nicht von ihrem Vermögen und ihren Kindern beeindrucken. Allah will sie damit nur im irdischen Leben strafen, weil ihre Seelen daran zugrunde gehen, da sie ungläubig sind. **56.** Und sie schwören bei Allah, daß sie ganz gewiß zu euch gehören. Sie gehören aber nicht zu euch, sondern sind ein furchtsames Volk. **57.** Fänden sie einen Zufluchtsort oder Höhlen oder einen Schlupfwinkel, würden sie in wilder Hast dorthin flüchten. **58.** Und einige unter ihnen murren wegen der Almosen. Wenn ihnen davon gegeben wird, sind sie zufrieden, und wenn nicht, dann sind sie verdrossen. **59.** Wären sie doch nur mit dem zufrieden, was ihnen Allah und Sein Gesandter gibt, und sprächen: »Allah genügt uns. Fürwahr, Allah wird uns aus Seinem Überfluß geben und ebenfalls Sein Gesandter. Siehe, zu Allah beten wir in Inbrunst.« **60.** Die Almosen** sind nur für die Armen und Bedürftigen und die, welche sich um die Verwaltung (der Almosen) bemühen, und die, deren Herzen gewonnen werden sollen, und für die Gefangenen

* Sieg oder Märtyrertod.

** Arabisch: »sadaqa«. Dies ist der Oberbegriff für freiwilliges Spenden wie für die obligatorische Steuer vom Vermögen (zakat).

und die Schuldner und die Sache* Allahs und den Reisenden. (Das ist) eine Vorschrift von Allah. Siehe, Allah ist wissend und weise. **61.** Und unter ihnen gibt es einige, welche den Propheten kränken und sprechen: »Er ist ganz Ohr!«** Sprich: »Ganz Ohr zu euerem Besten! Er glaubt an Allah und vertraut den Gläubigen und ist eine Barmherzigkeit für die unter euch, welche glauben.« Wer aber den Gesandten Allahs kränkt, die erwartet schmerzliche Strafe.

[197]**62.** Sie schwören euch (Mitgläubigen) bei Allah, um euch zu gefallen. Aber es ist würdiger, Allah – und Seinem Gesandten – gefallen zu wollen, so sie Gläubige sind. **63.** Wissen sie nicht, daß für den, der Allah und Seinen Gesandten befehdet, das Höllenfeuer ist, ewig darin zu verweilen? Das ist die größte aller Erniedrigungen. **64.** Die Heuchler fürchten, daß eine Sure über sie hinabgesandt wird, die aufdeckt, was in ihren Herzen ist. Sprich: »Spottet nur! Allah wird wirklich zum Vorschein bringen, was ihr befürchtet.« **65.** Und wenn du sie fragst, wahrlich, dann sagen sie: »Wir schwätzten und scherzten doch nur.« Sprich: »Verspottet ihr etwa Allah und Seine Botschaft und Seinen Gesandten? **66.** Entschuldigt euch nicht! Ihr seid wieder ungläubig geworden, nachdem ihr geglaubt hattet.« Wenn Wir auch einem Teil von euch vergeben, so bestrafen Wir doch einen anderen Teil, weil sie sich versündigten. **67.** Die Heuchler und Heuchlerinnen sind alle einander gleich. Sie gebieten das Unrechte und verbieten das Rechte und verschließen ihre Hände. Allah haben sie vergessen, und so hat Er sie vergessen. Siehe, die Heuchler sind Frevler. **68.** Allah hat den Heuchlern und Heuchlerinnen und den Ungläubigen das Feuer der Hölle versprochen, ewig darin zu verweilen. Das ist das Richtige für sie. Allah hat sie verflucht, und für sie gibt es ewige Strafe,

[198]**69.** Wie für die, die vor euch waren. Sie waren mächtiger als ihr an Kraft, reicher an Vermögen und Kindern und erfreuten sich ihres Anteils. Und ihr erfreut euch eueres Anteils wie die, die sich vor euch ihres Anteils erfreuten, und schwätzt, wie jene schwätzten. Sie – umsonst

* Wörtlich: »den Weg«.

** D. h., er glaubt alles, was er hört.

sind ihre Werke im Diesseits und im Jenseits. Und sie – sie sind die Verlorenen. **70.** Kam denn zu ihnen nicht die Kunde von denen, die vor ihnen lebten? Vom Volke des Noah, der Ad, der Thamud und vom Volke Abrahams und den Bewohnern Madyans und der zusammengestürzten (Städte)?* Es kamen ihre Gesandten mit deutlichen Zeichen zu ihnen, und Allah wollte ihnen kein Unrecht tun, doch sie taten sich selber unrecht. **71.** Und die Gläubigen, Männer und Frauen, sind einer des anderen Freund. Sie gebieten das Rechte und verbieten das Unrechte und verrichten das Gebet und zahlen die Steuer und gehorchen Allah und Seinem Gesandten. Sie – wahrlich, Allah erbarmt sich ihrer. Siehe, Allah ist mächtig und weise. **72.** Verheißen hat Allah den Gläubigen, Männern und Frauen, Gärten, durcheilt von Bächen, ewig darin zu verweilen, und schöne Wohnungen in den Gärten von Eden. Aber das Wohlgefallen Allahs ist das größte (Glück). Das ist die große Glückseligkeit!

[199]**73.** O du Prophet! Kämpfe gegen die Ungläubigen und die Scheinheiligen und verfahre mit ihnen hart. Die Hölle ist ihre Herberge, und schlimm ist die Fahrt (dorthin). **74.** Sie schwören bei Allah, sie hätten es nicht gesagt.** Jedoch sprachen sie tatsächlich lästerliche Worte. Sie wurden ungläubig, nachdem sie den Islam angenommen hatten, und planten, was ihnen mißlang.*** Und ihr Haß beruhte nur darauf, daß Allah und Sein Gesandter sie aus Seiner Gnadenfülle reich gemacht hatten. Wenn sie sich bekehren, ist es besser für sie. Wenden sie sich jedoch (wieder) ab, wird Allah sie mit schmerzlicher Strafe strafen, im Diesseits und Jenseits, und sie sollen auf Erden weder Beschützer noch Helfer finden. **75.** Und unter ihnen haben einige Allah gelobt: »Wahrlich, wenn Er Sich uns großzügig erweist, dann wollen wir Almosen geben und, wahrlich, dann wollen wir rechtschaffen sein.« **76.** Als Er sie aber großzügig bedacht hatte, geizten sie damit und wandten sich abrupt ab. **77.** Und so überließ Er ihre Herzen der Heuchelei bis zu dem Tag, an dem sie mit

* Sodoma und Gomorrha.

** Dies bezieht sich wohl auf Vers 61.

*** Bezieht sich auf einen Mordanschlag gegen Muhammad.

Ihm zusammentreffen, weil sie Allah nicht gehalten haben, was sie Ihm versprochen hatten, sondern logen. **78.** Wissen sie denn nicht, daß Allah über ihre Geheimnisse und ihre geheimen Gespräche Bescheid weiß und daß Allah das Unsichtbare kennt? **79.** Diejenigen, welche die Gläubigen verhöhnen, die aus freien Stücken Almosen geben oder die nichts (zu geben) finden als ihre Arbeitsleistung, und deswegen sie verspotten – Allah verspottet sie! Und ihnen wird schmerzliche Strafe zuteil.

[200]**80.** Bitte um Verzeihung für sie oder bitte nicht um Verzeihung für sie. Auch wenn du siebzigmal um Verzeihung für sie bätest, so wird ihnen Allah doch niemals verzeihen. Dies, weil sie nicht an Allah und (auch) Seinem Gesandten nicht glaubten. Und Allah leitet die Frevler nicht. **81.** Die in ihren Wohnungen Zurückgelassenen* freuten sich, hinter dem Gesandten Allahs zurückgeblieben zu sein. Sie hatten keine Lust, sich mit ihrem Gut und Blut auf Allahs Weg einzusetzen, und sprachen: »Rückt doch in dieser Hitze nicht aus!« Sprich: »Das Höllenfeuer ist heißer!« O daß sie es doch begriffen! **82.** Und so mögen sie ein wenig lachen, aber viel werden sie weinen über die Vergeltung ihres Tuns. **83.** Und wenn dich Allah zu einigen von ihnen heimkehren läßt und sie dich (künftig) um Erlaubnis bitten, mit hinauszuziehen, dann sprich: »Niemals mehr sollt ihr mit mir hinausziehen! Niemals mehr sollt ihr mit mir einen Feind bekämpfen! Siehe, es gefiel euch das erste Mal, (daheim) sitzen zu bleiben, und so bleibt (weiterhin) bei den Zurückbleibenden sitzen!« **84.** Und bete nie über einen von ihnen, wenn er starb, und stehe nicht an seinem Grab. Siehe, sie glaubten weder an Allah noch Seinem Gesandten und starben als Frevler. **85.** Und lasse dich nicht von ihrem Vermögen und ihren Kindern beeindrucken. Siehe, Allah will sie in dieser Welt damit nur strafen, so daß ihre Seelen verscheiden, während sie ungläubig sind. **86.** Und wenn immer eine Sure hinabgesandt wird (des Inhalts): »Glaubt an Allah und kämpft gemeinsam mit Seinem Gesandten!«, baten dich die Begüterten unter ihnen um Freistellung und sprachen: »Laß uns bei den (Daheim-)Bleibenden.«

* Vgl. o. Verse 42 ff.

[201]**87.** Es gefiel ihnen, bei den Zurückbleibenden zu sein, und so wurden ihre Herzen versiegelt, so daß sie nicht begreifen können. **88.** Jedoch der Gesandte und die Gläubigen bei ihm setzen sich mit ihrem Gut und Blut ein. Das Beste wird ihnen (zum Lohn), und es wird ihnen wohl ergehen. **89.** Allah hat ihnen Gärten bereitet, durcheilt von Bächen, ewig darin zu verweilen. Das ist die große Glückseligkeit! **90.** Ausflüchte machend kamen einige der arabischen Beduinen, um Freistellung (vom Kampf) zu erbitten. Doch (daheim) blieben (nur) diejenigen, die Allah und Seinen Gesandten belogen hatten. Wahrlich, die Ungläubigen unter ihnen wird schmerzliche Strafe treffen. **91.** Kein Tadel trifft die Schwachen und die Kranken und die, welche nichts zum Aufwenden finden,* solange sie es mit Allah und Seinem Gesandten ehrlich meinen. Gegen die Rechtschaffenen gibt es keinen Vorwurf. Und Allah ist verzeihend und barmherzig. **92.** Auch ist kein Vorwurf gegen die, welche zu dir kamen, damit du sie ausrüstest, und zu denen du sagtest: »Ich finde nichts, um euch damit auszurüsten.« Da kehrten sie um, während ihren Augen Tränen entströmten vor Trauer darüber, daß sie nichts zum Bezahlen fanden. **93.** Nur gegen die gibt es einen Vorwurf, die dich um Freistellung baten, obwohl sie begütert und fähig sind. Es gefiel ihnen, bei den Zurückbleibenden zu sein. Allah hat ihre Herzen versiegelt, und so verstehen sie nicht.

[202]**94.** Sie werden sich bei euch entschuldigen, wenn ihr zu ihnen zurückkehrt. Sprich: »Entschuldigt euch nicht! Wir glauben euch nicht mehr. Allah hat uns schon über euer Verhalten unterrichtet. Wahrlich, Allah und auch Sein Gesandter werden euer Tun beobachten. Dann werdet ihr zu Dem zurückgebracht werden, Der das Verborgene und das Offenbare kennt. Und Er wird euch vorhalten, was ihr getan habt.« **95.** Wahrlich, sie werden euch bei Allah beschwören, wenn ihr zu ihnen zurückgekehrt seid, daß ihr von ihnen ablaßt. Überlaßt sie sich selbst! Siehe, sie sind ein Greuel. Ihre Herberge ist die Hölle, als Lohn für ihr Tun. **96.** Sie beschwören euch, daß ihr mit ihnen zufrieden seid. Aber

* Wenn sie zu Hause bleiben.

selbst wenn ihr mit ihnen zufrieden wäret, so ist Allah doch nicht mit einem Volk von Frevlern zufrieden. **97.** Unter den arabischen Beduinen sind manche (besonders) verstockt in Unglauben und Heuchelei. Und es ist sehr wahrscheinlich, daß sie die Vorschriften, welche Allah auf Seinen Gesandten hinabgesandt hat, nicht kennen. Und Allah ist wissend und weise. **98.** Und unter den arabischen Beduinen gibt es welche, die ihre Spenden als erzwungen ansehen und auf eine Wende (eures Glückes) lauern. Über sie wird eine Wende voll Unheil kommen! Und Allah ist hörend und wissend. **99.** Aber etliche unter den arabischen Beduinen glauben auch an Allah und den Jüngsten Tag und betrachten ihre Spenden als Mittel zur Annäherung an Gott und zur Berücksichtigung in den Gebeten des Gesandten. Für sie ist es in der Tat ein Mittel der Annäherung. Wahrlich, Allah wird sie in Seine Barmherzigkeit einführen. Siehe, Allah ist verzeihend und barmherzig.

[203]**100.** Und die Allerersten, die ersten der Auswanderer* und der Helfer,** und jene, die ihnen in Rechtschaffenheit folgten: Allah hat an ihnen Wohlgefallen, und Wohlgefallen haben sie an Ihm, und ihnen hat Er Gärten bereitet, durcheilt von Bächen, ewig und immer darin zu verweilen. Das ist die große Glückseligkeit! **101.** Unter den arabischen Beduinen rings um euch gibt es Heuchler. Und auch unter dem Volke Medinas gibt es hartnäckige Heuchler. Du kennst sie nicht. Wir kennen sie. Wahrlich, Wir wollen sie zweifach bestrafen; (schon im Diesseits) dann sollen sie gewaltiger Strafe (im Jenseits) überantwortet werden. **102.** Doch andere haben ihre Schuld bekannt, nachdem sie (lange) gleichzeitig Gutes und Schlechtes zu tun pflegten. Vielleicht, daß Allah Sich ihnen wieder zuwendet. Siehe, Allah ist verzeihend und barmherzig. **103.** Nimm von ihrem Vermögen eine Spende, um sie dadurch zu reinigen und zu läutern, und bete für sie. Siehe, deine Gebete bringen ihnen Beruhigung. Und Allah ist hörend und wissend. **104.** Wissen sie denn nicht, daß Allah die R e u e Seiner Diener annimmt und die Almosen

* Die aus Mekka nach Medina flüchteten. Arabisch: »al-muhadschirun«.

** Die Medinenser, die Muhammad nach Medina einluden. Arabisch: »al-ansar«.

entgegennimmt und daß Allah der Vergebende, der Barmherzige ist? **105.** Und sprich: »Handelt!« Wahrlich, Allah wird euer Verhalten sehen und (auch) Sein Gesandter und die Gläubigen. Und wahrlich, ihr sollt zu Dem zurückgebracht werden, Der das Verborgene und das Offenbare kennt, und Er wird euch euer Wirken vorhalten. **106.** Andere (wiederum) warten Allahs Befehl ab, ob Er sie strafen oder ob Er Sich ihnen wieder zuwenden wird. Und Allah ist wissend und weise.

204 **107.** (Noch) andere haben eine Moschee erbaut, um Unheil, Unglauben und Spaltung unter den Gläubigen zu stiften, und als Rückhalt für den, welcher zuvor Allah und Seinen Gesandten bekämpft hatte.* Und wahrlich, sie schwören: »Wir bezwecken ja nur Gutes!« Aber Allah ist Zeuge, daß sie Lügner sind. **108.** Stehe niemals (als Betender) in ihr. Wahrlich, es gibt eine Moschee, vom ersten Tag an auf Frömmigkeit gegründet; geziemender ist es, daß du in ihr stehst. In ihr sind Leute, die sich zu läutern wünschen; und Allah liebt die sich Läuternden. **109.** Ist nun etwa der besser, der sein Gebäude auf Gottesfurcht und auf Allahs Huld gegründet hat, oder der, welcher sein Gebäude auf den Rand fortgespülten Schwemmsandes gegründet hat, und der mit ihm in das Feuer der Hölle gespült wird? Und Allah leitet nicht die Ungerechten. **110.** Ihr Gebäude, das sie erbauten, wird nicht aufhören, Zweifel in ihren Herzen zu erregen, bis ihre Herzen zerrissen sind. Und Allah ist wissend und weise. **111.** Siehe, Allah hat von den Gläubigen ihr Leben und ihren Besitz mit dem Paradies erkauft. Sie kämpfen auf Allahs Weg, töten und werden getötet. Das ist ein Ihn bindendes Versprechen, gewährleistet in der Thora, im Evangelium und im Koran. Und wer hält sein Versprechen getreuer als Allah? Freut euch daher des Tauschhandels, den ihr abgeschlossen habt. Das ist die große Glückseligkeit!

205 **112.** Die sich Bekehrenden, die (Allah) Dienenden, die Lobpreisenden, die Fastenden, die sich Beugenden, die sich Niederwerfenden,

* Der gegen Muhammad konspirierende Christ Abu Amir ließ durch scheinheilige Anhänger eine Gegenmoschee in der Nähe der ersten Moschee von Medina im Stadtteil Kuba bauen. Diese erste ist in Vers 108 erwähnt.

die das Rechte Gebietenden und das Unrechte Verbietenden, die Allahs Gebote Beobachtenden... verkünde den Gläubigen Heil! **113.** Dem Propheten und den Gläubigen steht es nicht zu, für die Götzendiener um Verzeihung zu bitten, und wären es Angehörige, nachdem ihnen deutlich geworden ist, daß sie Bewohner der Hölle sein werden. **114.** Und auch Abraham betete um Verzeihung für seinen Vater nur wegen eines Versprechens, das er ihm gegeben hatte. Als ihm aber klar wurde, daß er ein Feind Allahs war, sagte er sich von ihm los. Siehe, Abraham war fürwahr mitleidsvoll und milde. **115.** Allah leitet kein Volk irre, nachdem Er es rechtgeleitet und ihm deutlich gezeigt hatte, was es zu fürchten hat. Siehe, Allah kennt alle Dinge. **116.** Allah, wahrlich, Sein ist das Reich der Himmel und der Erde. Er macht lebendig und läßt sterben; und außer Allah habt ihr weder Beschützer noch Helfer. **117.** Wahrlich, Allah hat Sich in Seiner Gnade dem Propheten zugewendet und den Auswanderern und Helfern, die ihm in der Stunde der Drangsal folgten, nachdem die Herzen eines Teiles von ihnen fast (vom Glauben) abgewichen wären. In der Tat: Er wandte Sich ihnen barmherzig wieder zu. Siehe, Er ist der Vergebende, der Barmherzige.

[206]**118.** Auch jenen drei* (wandte Er sich zu), die zurückgeblieben waren, bis die Erde ihnen trotz ihrer Weite eng wurde. Auch ihre Seelen fühlten sich beengt, so daß sie einsahen, daß es vor Allah keine Zuflucht gibt, außer bei Ihm. Da kehrte Er Sich ihnen in Seiner Gnade wieder zu, damit sie reuevoll umkehrten. Siehe, Allah ist der Vergebende, der Barmherzige. **119.** O ihr, die ihr glaubt! Fürchtet Allah und seid mit den Wahrhaften. **120.** Die Bewohner Medinas und die arabischen Beduinen in ihrer Umgebung hatten keinen Grund, hinter dem Gesandten Allahs zurückzubleiben und ihr Leben seinem vorzuziehen. Auf Allahs Weg erleiden sie weder Durst noch Mühsal noch Hunger und unternehmen

* Drei der Helfer nahmen am Zug nach Tabuk nicht teil und wurden dafür boykottiert, bis nach etwa 50 Tagen dieser Vers herabgesandt wurde. Vielleicht bezieht sich dies aber auf die drei Gruppen, die in den Versen 43–46, 102–105 und 106 erwähnt wurden.

keinen Schritt, der die Ungläubigen erzürnt, und tut ihnen kein Feind etwas an, ohne daß es ihnen als gutes Werk aufgeschrieben wird. Allah läßt den Lohn der Rechtschaffenen nicht verlorengehen. **121.** Und sie spenden keine Spende, sei sie klein oder groß, und durchqueren kein Tal, ohne daß es für sie aufgezeichnet wird, damit Allah ihnen das beste ihrer Werke vergelte. **122.** Die Gläubigen sollen aber nicht allesamt gleichzeitig ausrücken.* Von jeder ihrer Abteilungen soll eine Gruppe nicht ausrücken, um einander in der Religion zu belehren. So können sie ihren Leuten nach ihrer Heimkehr helfen, vor dem Bösen auf der Hut zu sein.

[207]**123.** O ihr, die ihr glaubt! Kämpft gegen die Ungläubigen in euerer Nähe,** und laßt sie euere Härte spüren. Und wisset, daß Allah mit den Gottesfürchtigen ist. **124.** Und wenn eine Sure herabgesandt wird, fragen manche von ihnen: »Wen von euch hat sie wohl im Glauben bestärkt?« Was aber die (echten) Gläubigen anlangt, so bestärkt sie sie im Glauben, und sie freuen sich darüber. **125.** Was aber jene anlangt, in deren Herzen Krankheit ist, fügt sie weiteren Zweifel zu ihrem Zweifel hinzu, und sie sterben als Ungläubige. **126.** Sehen sie denn nicht, daß sie jedes Jahr einmal oder zweimal auf die Probe gestellt werden? Dennoch bereuen sie nicht und lassen sich nicht ermahnen. **127.** Und wenn eine Sure herabgesandt wird, schauen sie einander an (und sprechen:) »Sieht euch irgend jemand?«*** Dann wenden sie sich ab. Allah aber wendet ihre Herzen ab, weil sie Leute ohne Verstand sind. **128.** Wahrlich, nun kam bereits ein Gesandter aus euerer Mitte zu euch. Schwer liegen euere Missetaten auf ihm. Fürsorglich ist er für euch! Gegen die Gläubigen (aber) ist er gütig und barmherzig. **129.** Und wenn sie (dir) den Rücken zukehren, dann sprich: »Allah alleine genügt mir! Es gibt keinen Gott außer Ihm. Auf Ihn vertraue ich. Und Er ist der Herr des herrlichen Thrones.«

* Der Wehrdienst ist im Islam eine sogenannte Gemeinschaftspflicht. Wenn sich genügend Soldaten gemeldet haben, sind die übrigen entlastet.

** Deren Angriff bevorsteht.

*** Eine Frage, die von der Nichtexistenz Gottes ausgeht.

10 Jonas (Yûnus)
Geoffenbart zu Mekka

Im Namen Allahs, des Erbarmers, des Barmherzigen!

[208]**1.** A.L.R. Dieses sind die Verse des Buches voll Weisheit. **2.** Scheint es den Menschen verwunderlich, daß Wir einem Mann aus ihrer Mitte offenbarten: »Warne die Menschen und verheiße denen, die glauben, daß sie bei ihrem Herrn den ihrer Aufrichtigkeit gebührenden Rang erhalten werden?« Die Ungläubigen sprechen: »Siehe, dies ist offenbar ein Zauberer.« **3.** Seht, Allah ist euer Herr, Der die Himmel und die Erde in sechs Tagen erschaffen hat. Dann setzte Er sich majestätisch auf den Thron, um alles zu lenken. Keinen Fürsprecher gibt es ohne Seine Erlaubnis. Das ist Allah, euer Herr. So dienet Ihm! Wollt ihr das nicht bedenken? **4.** Zu Ihm ist euere Heimkehr allzumal. Allahs Verheißung ist wahr. Siehe, Er bringt die Schöpfung hervor. Dann läßt Er sie sich wiederholen, auf daß Er diejenigen gerecht belohne, die glauben und das Rechtschaffene tun. Und die Ungläubigen – ihnen ist ein siedender Trank und schmerzliche Strafe bestimmt, weil sie nicht glaubten. **5.** Er ist es, Der die Sonne zu einer Leuchte und den Mond zu einem Licht gemacht und ihm Stationen zugewiesen hat, damit ihr die Anzahl der Jahre und die Berechnung (der Zeit) kennt. Und Allah hat all dies ganz und gar in Wahrheit erschaffen. Er macht die Zeichen für ein verständiges Volk klar. **6.** Im Wechsel der Nacht und des Tages und in allem, was Allah in den Himmeln und auf der Erde erschaffen hat, sind wahrlich Zeichen für gottesfürchtige Leute.

[209]**7.** Doch diejenigen, welche nicht erwarten, Uns zu begegnen, und die mit dem irdischen Leben zufrieden sind und sich darin aufgehoben fühlen und Unsere Botschaft nicht beachten – **8.** Ihre Herberge ist das Feuer, wegen dessen, was sie getan haben. **9.** Doch diejenigen, welche glauben und das Rechte tun, wird ihr Herr um ihres Glaubens willen rechtleiten. In Gärten der Wonne werden zu ihren Füßen Bäche fließen. **10.** Ihr Gebet dort wird sein: »Preis sei Dir, o Allah!« und ihr dortiger Gruß: »Frieden!« und der Abschluß ihres Gebetes: »Das Lob sei

Allah, dem Herrn der Welten!« **11.** Wenn Allah den Menschen das (Eintreffen des) Schlimmen so beschleunigte, wie sie das Gute beschleunigt sehen möchten, wahrlich, dann wäre ihr Termin (schon) gekommen. Und so lassen Wir die, welche nicht erwarten, Uns zu begegnen, in ihrer Blasphemie verblendet in die Irre gehen. **12.** Aber wenn dem Menschen ein Unglück widerfährt, ruft er Uns an, liegend, sitzend oder stehend. Haben Wir aber sein Unglück von ihm fortgenommen, macht er weiter, als hätte er Uns gegen das Unheil, das ihm widerfahren war, gar nicht angerufen. So wird den Maßlosen ihr Verhalten scheinbar verlockend gemacht. **13.** Wir vertilgten jedoch Geschlechter schon vor euch, weil sie gesündigt und nicht ihren Gesandten geglaubt hatten, die mit deutlicher Botschaft zu ihnen gekommen waren. So belohnen Wir die Sünder! **14.** Dann machten Wir euch zu ihren Nachfolgern auf Erden, um zu sehen, wie ihr handeln würdet.

[210]**15.** Und wenn ihnen Unsere deutliche Botschaft verkündet wird, sprechen diejenigen, welche keine Begegnung mit Uns erwarten: »Bring uns einen anderen Koran als diesen oder ändere ihn ab.« Sprich: »Es steht mir nicht frei, ihn aus eigenem Antrieb abzuändern. Ich folge nur dem, was mir geoffenbart wurde. Wahrlich, ich müßte die Strafe eines gewaltigen Tages befürchten, falls ich mich gegen meinen Herrn empören würde.« **16.** Sprich: »Hätte Allah dies gewollt, hätte ich ihn euch nicht vorgetragen und euch nicht damit belehrt. Ich hatte doch schon ein Leben lang unter euch gelebt. Begreift ihr denn nicht?« **17.** Und wer ist sündiger, als wer Falsches über Allah erdichtet oder Seine Botschaft der Lüge zeiht? Den Sündern ergeht es gewiß nicht wohl. **18.** Und sie verehren neben Allah, was ihnen weder schaden noch nützen kann, und sagen: »Dies sind unsere Fürsprecher bei Allah!« Sprich: »Wollt ihr Allah über etwas belehren, was Ihm weder in den Himmeln noch auf Erden bekannt ist? Preis sei Ihm! Erhaben ist Er über alles, was ihr Ihm beigesellt!« **19.** Die Menschen waren einmal eine einzige Gemeinschaft. Doch dann wurden sie uneins. Und wäre es von deinem Herrn nicht schon (anders) angeordnet gewesen, wäre das, worüber sie uneins sind, zwischen ihnen schon entschieden

worden.* **20.** Und sie fragen: »Warum ist kein Wunderzeichen von seinem Herrn auf ihn herabgesandt worden?« Darum sprich: »Das Verborgene gehört Allah. Darum wartet. Seht, ich warte auch.«

[211]**21.** Und wenn Wir die Leute Unsere Barmherzigkeit kosten lassen, nachdem sie ein Unglück betroffen hatte, verschwören sie sich gegen Unsere Botschaft. Sprich: »Allah ist im Planen schneller!« Fürwahr, Unsere Boten** schreiben euere Anschläge auf. **22.** Er ist es, Der euch zu Land und See reisen läßt. Wenn ihr auf den Schiffen seid und sie mit ihnen bei gutem Wind dahineilen und sich dessen freuen, erfaßt sie plötzlich ein Sturmwind, und Wogen überdecken sie von allen Seiten, so daß sie glauben, rings umschlossen zu sein. Da rufen sie Allah in lauterem Glauben: »Wahrlich, wenn Du uns hieraus errettest, sind wir Dir gewiß dankbar!« **23.** Wenn Wir sie jedoch gerettet haben, üben sie auf Erden wieder Gewalt aus, ohne jede Rechtfertigung. O ihr Menschen! Euere Gewalttätigkeit richtet sich doch nur gegen euch selbst. Ihr genießt das irdische Leben ja nur im Nießbrauch. Dann ist euere Heimkehr zu Uns, und Wir werden euch eröffnen, was ihr getan habt. **24.** Siehe, das irdische Leben ist wie das Wasser, das Wir vom Himmel hinabsenden. Es wird vom Gewächs der Erde aufgenommen, von dem Menschen und Vieh sich nähren. Wenn die Erde ihren Flitter empfangen und sich geschmückt hat und ihre Bewohner glauben, sie hätten Macht über sie, dann kommt Unser Befehl zu ihr, in der Nacht oder am Tag, und Wir machen sie wie abgemäht, so als ob sie gestern gar nicht blühend gewesen wäre. So machen Wir die Zeichen klar für ein Volk, das nachdenkt. **25.** Und Allah lädt zur Wohnung des Friedens ein und leitet, wen Er will, auf einen rechten Pfad.

[212]**26.** Denen, die Gutes taten, wird Gutes und noch mehr. Ihre Gesichter werden weder Schwärze noch Schmach bedecken. Sie sind die Bewohner des Paradieses und werden ewig darin verweilen. **27.** Denen

* Gott will keine Uniformität unter den Menschen, auch im intellektuellen Bereich.

** Die Engel, die Buch führen.

aber, die Böses taten, wird Böses in gleichem Maß, und Schmach soll sie bedecken. Gegen Allah werden sie keinen Beschützer haben, und es soll sein, als ob ihre Gesichter von finsterer Nacht verhüllt wären. Sie sind des Feuers Gefährten und sollen ewig darin verweilen. **28.** Eines Tages versammeln Wir sie allzumal. Dann sprechen Wir zu denen, die (Allah) Partner gaben: »An eueren Platz, ihr und euere Partner!« Und dann trennen Wir sie voneinander, und ihre Partner werden sprechen: »Uns habt ihr gar nicht verehrt!* **29.** Allah genügt gewiß als Zeuge zwischen uns und euch. Wir hatten wahrlich keine Ahnung von euerer Verehrung!« **30.** Dort soll jede Seele erfahren, was sie vorausgeschickt hat.** Zurückgebracht werden sie zu Allah, ihrem wahren Herrn, und was sie sich ausgemalt hatten, wird ihnen entschwinden. **31.** Sprich: »Wer versorgt euch vom Himmel und von der Erde her? Oder wer hat Gewalt über Gehör und Gesicht? Und wer bringt das Lebendige aus dem Toten hervor und das Tote aus dem Lebendigen? Und wer führt den Befehl?« Wahrlich, sie werden sagen: »Allah!« So sprich: »Wollt ihr Ihn dann nicht fürchten?« **32.** Dieser Gott, Das ist euer wahrer Herr. Und was anderes bliebe ohne die Wahrheit als der Irrtum? Wie könnt ihr nur so widersinnig sein? **33.** So bewahrheitet sich das Wort deines Herrn gegenüber den Frevlern, daß sie nicht glauben werden.

[213]**34.** Sprich: »Gibt es unter den Partnern, die ihr (neben Allah) verehrt, einen, der Schöpfung hervorbringt und sie dann sich wiederholen läßt?« Sprich: »Allah bringt die Schöpfung hervor und läßt sie dann sich wiederholen.« Wie könnt ihr nur so widersinnig sein? **35.** Sprich: »Gibt es unter den Partnern, die ihr (neben Allah) verehrt, einen, der zur Wahrheit leitet?« Sprich: »Allah leitet zur Wahrheit.« Ist nun Der, Welcher zur Wahrheit leitet, würdiger, daß man ihm folgt, oder der, der nur dann rechtleitet, wenn er selbst Rechtleitung empfangen hat? Was fehlt euch nur, daß ihr so (falsch) urteilt? **36.** Und die meisten von ihnen folgen nur Vermutungen. Aber Mutmaßungen nützen nichts gegenüber der

* Heiligenverehrung wird hier als pure Wunschprojektion eingestuft.

** An Gutem oder Bösem und die Konsequenz davon.

Wahrheit.* Siehe, Allah kennt ihr Tun. **37.** Und dieser Koran konnte von niemand ersonnen werden, außer von Allah. Er ist eine Bestätigung dessen, was ihm vorausging, und – kein Zweifel ist daran – eine (vollständige) Darlegung der (schriftlichen) Offenbarungen des Herrn der Welten. **38.** Dennoch sagen sie: »Er hat ihn sich ausgedacht!« Sprich: »So bringt (wenigstens) eine einzige ebenbürtige Sure hervor, und ruft dafür an, wen ihr könnt – außer Allah –, sofern ihr wahrhaftig seid.« **39.** Aber was ihr Wissen nicht umfaßte und was ihnen noch nicht erläutert worden war, nannten sie Lüge. So leugneten auch jene, die vor ihnen lebten. Und schau, wie das Ende der Ungerechten war! **40.** Und einige von ihnen glauben daran, während andere unter ihnen nicht daran glauben. Aber dein Herr kennt sehr wohl die, welche Unheil stiften. **41.** Und wenn sie dich der Lüge bezichtigen, dann sprich: »Meine Taten betreffen mich, und euere Taten betreffen euch. Ihr seid meines Verhaltens los und ledig, und ich bin los und ledig eueres Verhaltens.« **42.** Einige von ihnen hören dir zwar zu. Aber kannst du Taube hörend machen, wenn sie ihren Verstand nicht gebrauchen wollen?

[214]**43.** Und andere von ihnen schauen dir zu. Aber kannst du Blinde leiten, wenn sie nicht sehen wollen? **44.** Siehe, Allah fügt den Menschen kein Unrecht zu, vielmehr fügen die Menschen sich selber Unrecht zu. **45.** Und an dem Tage, an dem Er sie versammelt, wird es ihnen sein, als hätten sie nur eine Stunde des Tages verweilt** und als kennten sich alle. Dann werden die verloren sein, welche die Begegnung mit Allah geleugnet hatten und nicht rechtgeleitet waren. **46.** Ob Wir dich einen Teil dessen, was Wir ihnen androhten, (zu Lebzeiten) sehen lassen oder dich (zuvor) zu Uns nehmen: Zu Uns ist jedenfalls ihre Heimkehr. Dann wird Allah bezeugen, was sie getan haben. **47.** Und jedes Volk hat seinen Gesandten. Und erst nachdem ihr Gesandter kam, wird in Gerechtigkeit zwischen ihnen entschieden, und so erleiden sie kein Unrecht. **48.** Und

* Unter Bezug hierauf lehnt eine der islamischen Rechtsschulen Analogieschlüsse bei der Auslegung des Korans ab.

** Im Grab. Oder: auf der Erde.

sie fragen: »Wann (verwirklicht sich) diese Drohung, sofern ihr die Wahrheit sagt?« **49.** Sprich: »Ohne Allahs Bestimmung habe ich keine Macht über mein eigenes Wohl und Wehe. Jedes Volk hat seinen Termin. Wenn sein Termin gekommen ist, können sie keine Stunde hinausschieben oder beschleunigen.« **50.** Sprich: »Was meint ihr? Wenn Seine Strafe zu euch kommt, bei Nacht oder bei Tag, was davon wollen die Sünder dann beschleunigen? **51.** Werdet ihr erst an sie glauben, wenn sie eintrifft: ›Was? Jetzt?‹ Und doch wolltet ihr sie beschleunigen.« **52.** Dann wird zu den Sündern gesprochen: »Kostet die Strafe der Ewigkeit! Wollt ihr einen anderen Lohn empfangen, als was ihr verdient habt?« **53.** Und sie werden dich befragen: »Ist dies alles wahr?« Sprich: »Ja, bei meinem Herrn, es ist die Wahrheit! Und ihr könnt es nicht verhindern!«

[215]**54.** Und wenn jede sündige Seele alles auf Erden besäße, wahrlich, sie würden sich damit freikaufen wollen. Aber wenn sie die Strafe sehen, werden sie unfähig sein, ihre Reue zu zeigen. Und es wird in Gerechtigkeit zwischen ihnen entschieden werden, und sie sollen dabei kein Unrecht erleiden. **55.** In der Tat, gehört Allah nicht alles, was in den Himmeln und auf Erden ist? Ist Allahs Verheißung nicht wahr? Jedoch die meisten von ihnen wissen es nicht. **56.** Er macht lebendig und läßt sterben, und zu Ihm kehrt ihr zurück. **57.** O ihr Menschen! Nun ist eine Mahnung eueres Herrn zu euch gekommen und eine Arznei für das, was euere Herzen bewegt, und eine Leitung und Barmherzigkeit für die Gläubigen. **58.** Sprich: »Dank der Gnade Allahs und Seiner Barmherzigkeit! Darüber sollen sie sich freuen. Das ist besser als alles, was sie zusammenraffen.« **59.** Sprich: »Was haltet ihr wohl von der Versorgung,* die Allah euch hinabsandte und von der ihr das eine verboten und das andere erlaubt habt?« Sprich: »Hat Allah euch dazu ermächtigt, oder erdichtet ihr etwas gegenüber Allah?« **60.** Was aber werden jene, die über Allah Lügen ersinnen, am Tage der Auferstehung denken? Siehe, Allah ist voll Huld gegen die Menschen; jedoch die meisten von ihnen sind nicht

* Arabisch: »ar-rizq«, ein umfassender Begriff für alles, was Menschen zu ihrem physischen und psychischen Wohlbefinden benötigen.

dankbar. **61.** Du verfolgst kein Geschäft und trägst nichts aus dem Koran vor, und ihr betreibt nichts, ohne daß Wir Zeuge eueres Verhaltens sind. Deinem Herrn bleibt auch nicht das Gewicht eines Stäubchens auf Erden und im Himmel verborgen. Und nichts ist kleiner oder größer als dies, ohne daß es in einem Buch klar verzeichnet stünde.

[216]**62.** Wisset, daß über Allahs Freunde keine Furcht kommt und daß sie nicht traurig sein werden. **63.** Diejenigen, welche glauben und gottesfürchtig sind, **64.** Ihnen gilt die frohe Botschaft im irdischen Leben und im Jenseits. Allahs Verheißungen sind unabänderlich. Das ist die große Glückseligkeit! **65.** Und laß dich von ihrem Gerede nicht betrüben. Siehe, alle Macht und Ehre ist bei Allah. Er ist der Hörende, der Wissende. **66.** Gehört Allah nicht alles, was in den Himmeln und was auf Erden ist? Wem folgen denn jene, welche neben Allah andere Gottheiten anrufen? Fürwahr, sie folgen nur Mutmaßungen und stellen nur Vermutungen an. **67.** Er ist es, der für euch die Nacht gemacht hat, damit ihr in ihr ruht, und den Tag zum Sehen. Siehe, darin sind wahrlich Zeichen für ein hörendes Volk. **68.** Sie behaupten: »Allah hat sich einen Sohn genommen.« Preis sei Ihm! Er ist der Absolute. Sein ist, was in den Himmeln und was auf Erden ist. Habt ihr Beweise dafür? Oder sagt ihr über Allah aus, was ihr gar nicht wißt? **69.** Sprich: »Siehe, denjenigen, welche Unwahrheiten über Allah erfinden, wird es nicht wohl ergehen.« **70.** (Kurze) Nutznießung dieser Welt – und schon kommt ihre Heimkehr zu Uns. Dann geben Wir ihnen die strenge Strafe zu kosten, weil sie nicht glaubten.

[217]**71.** Und trage ihnen die Geschichte Noahs vor, als er zu seinem Volke sprach: »O mein Volk! Wenn euch mein Aufenthalt und mein Ermahnen mit Allahs Botschaft auch lästig ist, so vertraue ich doch auf Allah. Ihr und euere Götter, einigt euch unbeirrt über euer Vorgehen. Entscheidet über mich und gebt mir keine Frist. **72.** Und wenn ihr euch abkehrt, verlange ich keinen Lohn von euch. Seht, mein Lohn ist allein bei Allah. Und mir ist befohlen worden, gottergeben zu sein.« **73.** Sie aber bezichtigten ihn der Lüge. Und so retteten Wir ihn und die Seinigen in der Arche und machten sie zu (ihren) Nachfolgern und ließen jene ertrinken, die Unsere Botschaft verworfen hatten. Und siehe nur,

wie das Ende der Gewarnten war! **74.** Dann, nach ihm, schickten Wir Gesandte – jeden zu seinem Volk –, und sie brachten ihnen deutliche Beweise. Sie aber wollten nicht glauben, was sie zuvor als Lüge bezeichnet hatten. So versiegeln Wir die Herzen der Übertreter! **75.** Dann, nach ihnen, schickten Wir Moses und Aaron mit Unseren Wunderzeichen zu Pharao und seinen Oberhäuptern. Sie aber waren hochmütig und ein sündiges Volk. **76.** Und als die Wahrheit von Uns zu ihnen kam, sagten sie: »Seht, dies ist tatsächlich ein offenkundiger Zauber.« **77.** Moses sagte: »Sprecht ihr so über die Wahrheit, nachdem sie zu euch gekommen ist? Kann dies Zauberei sein? Zauberern ergeht es doch nicht wohl!« **78.** Sie fragten: »Bist du zu uns gekommen, um uns von dem abwendig zu machen, was wir bei unseren Vätern vorfanden, damit ihr beide die Macht im Lande übernehmt? Wir glauben euch nicht!«

[218]**79.** Und Pharao befahl: »Bringt mir alle geschickten Zauberer!« **80.** Und als die Zauberer kamen, sagte Moses zu ihnen: »Werft, was ihr zu werfen habt!« **81.** Und als sie geworfen hatten, sprach Moses: »Den Zauber, den ihr vorgeführt habt, wird Allah gewiß vereiteln. Fürwahr, Allah läßt das Werk derer nicht gedeihen, die Verderben stiften. **82.** Und Allah bestätigt die Wahrheit durch Seine Worte, auch wenn es den Sündern mißfällt.« **83.** Doch niemand bekannte sich zu Moses außer einiger jungen Leute seines Volkes, aus Furcht vor Strafe des Pharao und seiner Oberhäupter. Denn Pharao war tatsächlich voller Macht im Land, und er war einer der maßlos Ausschweifenden. **84.** Da sprach Moses: »O mein Volk! Wenn ihr an Allah glaubt, dann vertraut (auch) auf Ihn, falls ihr wirklich Gottergebene seid.« **85.** Und sie antworteten: »Auf Allah vertrauen wir! Unser Herr, laß uns für das ungerechte Volk nicht zur Zielscheibe werden! **86.** Vielmehr rette uns in Deiner Barmherzigkeit vor dem ungläubigen Volk!« **87.** Und Wir offenbarten Moses und seinem Bruder: »Stellt für euer Volk in Ägypten Häuser her und macht sie zu Gebetsstätten und verrichtet das Gebet und verkündet den Gläubigen die frohe Botschaft.« **88.** Und Moses sprach: »O unser Herr! Siehe, Du hast Pharao und seinen Oberhäuptern im irdischen Leben Pracht und Reichtümer gegeben, o unser Herr, auf daß sie von Deinem Wege

abirren. O unser Herr, vertilge ihre Güter und verhärte ihre Herzen, so daß sie nicht glauben, bis sie die schmerzliche Strafe sehen.«

[219]**89.** Er sprach: »Euer Gebet ist erhört. Verhaltet euch wohl und folgt nicht dem Weg der Unwissenden.« **90.** Und Wir führten die Kinder Israels durchs Meer. Da folgte ihnen Pharao mit seinen Heerscharen in wütender Feindschaft. Als sie am Ertrinken waren, rief er: »Ich glaube, daß es keinen Gott gibt als Den, an Welchen die Kinder Israels glauben, und ich bin einer der Gottergebenen!« **91.** Wie? Jetzt! Und zuvor rebelliertest du und warst einer derer, die Verderben stiften! **92.** Aber Wir wollen heute doch deinen Leib retten,* damit du für die Späteren ein Warnzeichen seist. Denn wahrlich, viele der Menschen achten nicht auf Unsere Botschaft. **93.** Und Wir wiesen den Kindern Israels einen sicheren Wohnsitz zu und versorgten sie mit dem Guten. Und sie wurden erst untereinander uneinig, nachdem das Wissen zu ihnen gekommen war.** Siehe, dein Herr wird am Tage der Auferstehung unter ihnen hinsichtlich dessen entscheiden, worüber sie uneins sind. **94.** Und wenn du über das, was Wir zu dir hinabsandten, im Zweifel bist, dann frage diejenigen, welche die Schrift vor dir lasen. Wahrlich, zu dir ist die Wahrheit von deinem Herrn gekommen; darum sei kein Zweifler. **95.** Und sei auch keiner von denen, die Allahs Botschaft verwerfen, sonst bist du einer der Verlorenen. **96.** Siehe, diejenigen, gegen welche die Entscheidung deines Herrn gefällt wurde, werden nicht glauben, **97.** Selbst wenn alle Zeichen zu ihnen kämen, bis sie die schmerzliche Strafe sehen.

[220]**98.** Kein einziges Volk gab es je, das so geglaubt hatte, daß sein Glauben ihm von Nutzen war, außer dem Volk des Jonas. Als dieses glaubte, befreiten Wir es von der Schande der Erniedrigung in der irdischen Welt und gewährten ihm einen Nießbrauch auf Zeit. **99.** Und wenn dein Herr es gewollt hätte, wären alle auf Erden allesamt gläubig geworden. Willst du etwa die Leute zwingen, gläubig zu werden?

* Als zunächst im Schlamm erhaltene Mumie von Merneptah, dem Nachfolger von Ramses II. Dies ist inzwischen archäologisch erwiesen.

** Als Folge von Meinungsverschiedenheiten bei Auslegung der Thora.

100. Niemand kann glauben ohne Allahs Erlaubnis. Er aber zürnt denen, die ihren Verstand nicht gebrauchen. **101.** Sprich: »Betrachtet, was in den Himmeln und auf Erden ist!« Doch nützen einem ungläubigen Volk weder Zeichen noch Warner. **102.** Können sie etwa bessere Tage erwarten als diejenigen, die vor ihnen dahingingen? Sprich: »Wartet nur. Seht, ich warte auch.« **103.** Dann werden Wir Unsere Gesandten und die Gläubigen retten. Es obliegt Uns, die Gläubigen zu retten. **104.** Sprich: »O ihr Menschen! Wenn ihr über meinen Glauben im Zweifel seid: Ich verehre nicht, was ihr neben Allah verehrt, sondern ich verehre allein Allah, Der euch zu Sich nehmen wird. Und mir wurde geboten, einer der Gläubigen zu sein.« **105.** Und (mir wurde aufgetragen): »Richte dein Angesicht in lauterem Glauben auf die (wahre) Religion und gehöre nicht zu jenen, die (Allah) Gefährten beigesellen. **106.** Und rufe nicht neben Allah an, was dir weder nützen noch schaden kann; denn tätest du es, gehörtest du zu den Frevlern.«

[221]**107.** Und wenn dich Allah mit einem Übel trifft, gibt es niemand, der es beseitigen könnte, außer Ihm. Und wenn Er Gutes für dich vorsieht, kann niemand Seine Wohltat aufhalten. Er gewährt sie, wem von Seinen Dienern Er will. Und Er ist der Verzeihende, der Barmherzige. **108.** Sprich: »O ihr Menschen! Nun ist die Wahrheit von euerem Herrn zu euch gekommen. Wer da geleitet ist, der ist nur zu seinem eigenen Besten geleitet; und wer irregeht, der geht nur zu seinem eigenen Schaden irre. Und ich bin nicht euer Sachwalter.« **109.** Und folge dem, was dir geoffenbart wurde, und harre aus, bis Allah richtet; denn Er ist der beste der Richter.

11 Hud

Geoffenbart zu Mekka.

Im Namen Allahs, des Erbarmers, des Barmherzigen!

1. A.L.R. (Dies ist) ein Buch, dessen Verse eindeutig bestimmt und dann im einzelnen erklärt sind, von einem Weisen, einem Kundigen, **2.** Auf daß ihr Allah alleine anbetet. Ich bin fürwahr von Ihm als ein

Warner und als Bringer froher Botschaft zu euch (entsandt), **3.** Damit ihr eueren Herrn um Verzeihung bittet und euch reuevoll Ihm zuwendet. Er versorgt euch mit schönen Dingen bis zu einem bestimmten Termin. Und jedem, der Gnade verdient, gewährt Er Seine Gnade. Kehrt ihr euch jedoch ab, so fürchte ich für euch die Strafe eines großen Tages. **4.** Zu Allah ist euere Heimkehr. Und Er hat Macht über alle Dinge. **5.** Stimmt es nicht, daß sie sich klein machen, um sich vor Ihm zu verbergen? Aber, auch wenn sie sich in ihre Kleider verhüllen, weiß Er doch, was sie verbergen und was sie zeigen. Siehe, Er kennt das Innerste der Brüste.

[222]**6.** Kein Lebewesen gibt es auf Erden, dessen Versorgung Ihm nicht obläge; und Er kennt seinen Aufenthaltsort und seinen Ruheplatz. Alles ist klar verzeichnet. **7.** Er ist es, Der die Himmel und die Erde in sechs Tagen erschaffen hat. Und Sein Thron ruht über den Wassern. (All dies,) damit Er euch prüfe, wer von euch am besten handelt. Und wahrlich, wenn du sprichst: »Ihr werdet nach dem Tode gewiß auferweckt«, sagen die Ungläubigen: »Wirklich, dies ist lediglich ein offenkundiger Zauber!« **8.** Und wahrlich, wenn Wir die Strafe auf eine bestimmte Frist verschieben, fragen sie: »Was hält sie denn zurück?« Wird sie aber nicht eines Tages über sie kommen? Dann kann keiner sie von ihnen abwehren. Und umbringen wird sie, was sie verspotteten! **9.** Und wahrlich, wenn Wir dem Menschen aus Unserer Barmherzigkeit manches gewähren, ihm aber dann entziehen, dann verzweifelt er und ist undankbar. **10.** Aber, wenn Wir ihm nach einem Unheil, das ihn betroffen hat, manches Gute bescheren, spricht er: »Das Übel ist von mir gewichen!« Siehe, er ist fröhlich und prahlt, **11.** Außer jenen, die standhaft sind und das Rechte tun. Für sie ist Verzeihung und großer Lohn. **12.** Vielleicht möchtest du einen Teil von dem, was dir geoffenbart wurde, zurückhalten, da dein Herz beklommen ist, weil sie sagen: »Warum wurde ihm kein Schatz herabgesandt?« oder »Warum kam kein Engel mit ihm?« Du aber bist nur ein Warner. Und Allah hat Macht über alle Dinge.

[223]**13.** Oder sie behaupten: »Er hat ihn zusammengedichtet!« Sprich: »So bringt zehn gleichwertige Suren herbei, (von euch) erdichtet, und

ruft dafür an, wen ihr könnt – außer Allah – sofern ihr wahrhaft seid. **14.** Und wenn sie euch nicht erhören, dann wißt, daß er aus Allahs Weisheit hinabgesandt wurde und daß es keinen Gott außer Ihm gibt. Wollt ihr euch nicht (Allah) ergeben?« **15.** Wer das irdische Leben begehrt und seine Pracht, dem wollen Wir seine irdischen Werke (auf Erden) lohnen, und nichts daran soll ihnen vorenthalten werden. **16.** Sie sind es, für die es im Jenseits nichts gibt als das Feuer. Und umsonst ist all ihr Tun im Diesseits gewesen und wertlos all ihr Wirken. **17.** Kann etwa der (ein Betrüger sein), der einem deutlichen Beweis von seinem Herrn folgt und dem ein Zeuge von Ihm ihn vorträgt und dem das Buch Moses als eine Leitung und Barmherzigkeit vorausging? Diese glauben daran. Wer aber von den sich Zusammenrottenden nicht glaubt, dem ist das Feuer verheißen. Sei daher darüber nicht im Zweifel. Siehe, er ist die Wahrheit von deinem Herrn. Jedoch die meisten Menschen glauben es nicht. **18.** Und wer ist sündiger, als wer über Allah eine Lüge ersinnt? Sie werden vor ihren Herrn gestellt werden, und die Zeugen werden sprechen: »Diese sind es, die über ihren Herrn gelogen haben.« Soll Allahs Fluch etwa nicht die Sünder treffen, **19.** Welche andere von Allahs Pfad abbringen und ihn abzubiegen suchen und nicht an das Jenseits glauben?

[224]**20.** Sie können keineswegs auf Erden (Allahs Macht) schwächen. Und außer Allah haben sie keinen Beschützer. Verdoppelt soll ihnen die Strafe werden! Sie vermochten weder zu hören noch zu sehen. **21.** Sie sind es, die ihrer selbst verlustig gegangen sind, und was sie sich ausgedacht hatten, ist ihnen entschwunden. **22.** Ohne Zweifel sind sie im Jenseits die wahren Verlierer. **23.** Hingegen, diejenigen, die glauben und das Rechte tun und sich vor ihrem Herrn demütigen, sind die Bewohner des Paradieses, ewig darin zu verweilen. **24.** Das Gleichnis dieser beiden Arten von Menschen ist wie das des Blinden und Tauben gegenüber dem Sehenden und Hörenden. Sind sie etwa einander gleich? Wollt ihr denn nicht nachdenken? **25.** Und wahrlich, Wir entsandten Noah zu seinem Volk: »Seht, ich (komme) zu euch als ein eindringlicher Warner, **26.** Daß ihr keinen außer Allah anbetet. Ich fürchte für euch tatsächlich die Strafe eines schmerzlichen Tages.« **27.** Und die Anführer seines

Volkes, die nicht glaubten, sagten: »Wir sehen in dir nur einen Menschen wie wir. Und wir sehen, daß dir nur die Niedrigsten unter uns folgen, in übereiltem Entschluß. Und wir sehen in euch auch keinen Vorzug über uns, sondern halten euch für einen Lügner.« **28.** Er sprach: »O mein Volk! Was meint ihr? Wenn ich einen deutlichen Beweis von meinem Herrn habe und Er mir Seine Barmherzigkeit gezeigt hat, gegen die ihr blind seid, sollen wir sie euch dann aufzwingen, obwohl ihr sie gar nicht wollt?

[225]**29.** O mein Volk! Ich verlange dafür kein Entgeld von euch; mein Lohn ist allein bei Allah. Und ich verstoße Gläubige nicht. Seht, sie werden ihrem Herrn begegnen. Jedoch sehe ich, daß ihr ein unwissendes Volk seid. **30.** O mein Volk! Wer würde mir gegen Allah helfen, wenn ich sie verstieße? Wollt ihr euch denn nicht ermahnen lassen? **31.** Und ich sage nicht zu euch: ›Ich verfüge über Allahs Schätze‹ und auch nicht: ›Ich kenne das Verborgene‹, auch sage ich nicht: ›Ich bin ein Engel.‹ Und ich sage über die, die aus euerer Sicht verächtlich sind, nicht: ›Allah wird ihnen nichts Gutes geben.‹ Allah weiß wohl, was in ihren Seelen vorgeht. Siehe, sonst gehörte ich zu den Sündern.« **32.** Sie sagten: »O Noah! Du hast mit uns viel gestritten, ja schon zu lange Streit mit uns geführt. So bring uns herbei, was du uns androhst, wenn du zu den Wahrhaften gehörst.« **33.** Er sprach: »Bringen wird es euch Allah, aber nur, wann Er will, und ihr könnt es nicht verhindern. **34.** Und mein Rat, den ich euch gebe, nützt euch nichts, wenn Allah euch irregehen lassen will. Er ist euer Herr, und zu Ihm müßt ihr zurückkehren.« **35.** Oder manche behaupten: »Er hat ihn* erdichtet!« Sprich: »Wenn ich ihn erfunden habe, komme meine Schuld auf mich. Ich habe aber nichts mit euerer Beschuldigung zu tun.« **36.** Und Noah wurde geoffenbart: »Von deinem Volke wird nur glauben, wer schon gläubig geworden ist. Doch betrübe dich nicht über ihr Verhalten. **37.** Und baue die Arche unter Unseren Augen und gemäß Unserer Eingebung. Und sprich Mir nicht weiter von den Ungerechten. Siehe, sie sollen ertrinken.«

* Muhammad den Koran.

[226]**38.** Und er machte die Arche, und wenn immer die Anführer seines Volkes an ihm vorübergingen, verspotteten sie ihn. Er sprach: »Verspottet ihr uns? Siehe, wir werden über euch spotten, wie ihr (jetzt) spottet. **39.** Und wahrlich, dann werdet ihr erfahren, wen eine Strafe erfaßt, die ihn mit Schande bedeckt, und wen eine immerwährende Strafe trifft.« **40.** Bis dann Unser Befehl kam und das Wasser überkochte. Wir sprachen: »Bring von allem ein Pärchen hinein und deine Familie, mit Ausnahme derer, über die bereits entschieden worden ist, sowie die Gläubigen.« Neben ihm glaubten aber nur wenige. **41.** Und er sprach: »Steigt in sie ein! Im Namen Allahs sei ihre Fahrt und ihre Landung! Siehe, mein Herr ist wahrlich nachsichtig und barmherzig.« **42.** Und sie trieb mit ihnen auf Wogen dahin, hoch wie Berge. Und Noah rief seinem Sohn, der sich abseits hielt, zu: »O mein lieber Sohn! Steige mit uns ein und bleibe nicht bei den Ungläubigen.« **43.** Er sprach: »Ich will einen Berg besteigen, der mich vor dem Wasser schützen wird.« Er sprach: »Keiner ist heute vor Allahs Urteil geschützt, außer dem, dessen Er Sich erbarmt.« Und eine Woge trennte beide, und er ertrank. **44.** Und es wurde befohlen: »O Erde, verschlinge dein Wasser« und »O Himmel, halte ein!« Und das Wasser nahm ab, und der Befehl war vollzogen. Und sie landeten auf Al-Dschudi.* Und es wurde gesprochen: »Fort mit dem Volk der Ungerechten!« **45.** Und Noah rief zu seinem Herrn und sprach: »Mein Herr! Mein Sohn gehörte doch zu meiner Familie! Aber Deine Verheißung verwirklicht sich stets. Und Du bist der gerechteste der Richter!«

[227]**46.** Er sprach: »O Noah! Er gehörte doch nicht zu deiner Familie; denn sein Benehmen war unrecht.** Bitte Mich nicht um etwas, das sich deinem Wissen entzieht. Siehe, Ich warne dich, kein Tor zu werden.« **47.** Er sprach: »Mein Herr! Siehe, ich nehme meine Zuflucht zu Dir, damit ich Dich nicht um etwas bitte, das sich meinem Wissen ent-

* Berg in der Nähe des Van-Sees in Ostanatolien.

** Da sein Sohn zu den Ungläubigen gehörte, durfte er nicht mehr als Familienangehöriger betrachtet werden.

zieht. Wenn Du mir nicht verzeihst und Dich meiner erbarmst, bin ich in der Tat einer der Verlorenen.« **48.** Gesprochen wurde: »O Noah! Steige aus, mit Unserem Frieden und Unserem Segen auf dir und der Gemeinschaft derer, die bei dir sind. Manche künftigen Geschlechter werden Wir versorgen. Dann aber trifft sie schmerzliche Strafe von Uns.« **49.** Dies ist eine der Geschichten des Unwißbaren, die Wir dir offenbaren. Weder du noch dein Volk kannten sie bisher. Sei also standhaft. Das gute Ende gehört den Gottesfürchtigen. **50.** Und zu den Ad (sandten wir) ihren Bruder H u d.* Er sprach: »O mein Volk! Dient Allah! Ihr habt keinen anderen Gott als Ihn. Ihr seid nichts als Erfinder (von Götzen). **51.** O mein Volk! Ich verlange dafür keinen Lohn von euch. Seht, mein Lohn ist bei Dem, Der mich erschuf. Begreift ihr denn nicht? **52.** O mein Volk! Bittet eueren Herrn um Verzeihung für euch. Dann wendet euch reuevoll zu Ihm. Er wird auf euch Regengüsse vom Himmel herabsenden und wird euere Kraft mit (noch mehr) Kraft mehren. Und wendet euch nicht in Sünde ab!« **53.** Sie sprachen: »O Hud! Du kamst nicht mit einem deutlichen Wunder zu uns. Und wir wollen unsere Götter nicht auf dein Wort hin verlassen. Wir glauben dir nicht.

[228]**54.** Wir können nur vermuten, daß dich einer unserer Götter mit einem Übel heimgesucht hat.« Er sprach: »Siehe, ich nehme Allah zum Zeugen, und bezeugt auch ihr, daß ich nichts mit den Götzen zu schaffen habe, **55.** Die ihr Ihm zur Seite setzt. So macht halt allesamt euere Pläne gegen mich und gebt mir keinen Aufschub. **56.** Siehe, ich vertraue auf Allah, meinen Herrn und eueren Herrn. Kein Lebewesen gibt es auf Erden, das Er nicht am Schopf erfaßt. Siehe, meines Herrn Weg ist gerade. **57.** Und selbst wenn ihr den Rücken kehrt, so habe ich euch doch überbracht, womit ich zu euch entsandt worden war. Mein Herr wird euch ein anderes Volk nachfolgen lassen. Und Ihm könnt ihr nicht schaden. Siehe, mein Herr gibt auf alle Dinge acht.« **58.** Und als Unser Befehl kam, retteten wir Hud und diejenigen, die mit ihm glaubten, durch Unsere Barmherzigkeit. Wir retteten sie vor einer harten Strafe. **59.** So

* Der älteste der arabischen Propheten. Er wirkte zwischen Oman und dem Jemen.

waren die Ad: Sie verwarfen die Botschaft ihres Herrn und rebellierten gegen Seine Gesandten und folgten dem Befehl eines jeden eigensinnigen Gewaltherrschers. **60.** Und der Fluch verfolgte sie in dieser Welt und wird sie auch am Tage der Auferstehung verfolgen. Haben die Ad nicht ihren Herrn verleugnet? Fort mit den Ad, dem Volke Huds! **61.** Und zu den Thamud (entsandten Wir) ihren Bruder Sâlih. Er sprach: »O mein Volk! Dient Allah! Ihr habt keinen anderen Gott als Ihn. Er hat euch aus der Erde hervorgebracht und hat euch dort Wohnung gegeben. Darum bittet Ihn um Verzeihung, alsdann wendet euch Ihm reumütig zu. Siehe, mein Herr ist nahe und zu erhören bereit.«* **62.** Sie sprachen: »O Sâlih! Wir hatten unsere Hoffnung zuvor auf dich gesetzt. Willst du uns verbieten zu verehren, was unsere Väter verehrten? Und siehe, wir sind in starkem Zweifel über das, wozu du uns aufforderst.«

[229]**63.** Er sprach: »O mein Volk! Was meint ihr wohl? Da ich zweifellos einen deutlichen Beweis von meinem Herrn habe und Er mir Seine Barmherzigkeit erwiesen hat, wer würde mich da vor Allah retten, wenn ich Ihm den Gehorsam versagte? So brächtet ihr nur größeres Verderben über mich. **64.** O mein Volk! Diese Kamelin Allahs sei euch ein Zeichen. Laßt sie daher auf Allahs Land weiden und tut ihr kein Leid an, sonst erfaßt euch bald eine Strafe.« **65.** Sie aber zerschnitten ihr die Sehnen. Da sprach er: »Vergnügt euch in eueren Wohnungen noch drei Tage. Dies ist eine unfehlbare Drohung.« **66.** Und als Unser Befehl erging, retteten Wir in Unserer Barmherzigkeit Sâlih und die Gläubigen, die bei ihm waren, vor der Schande jenes Tages. Siehe, dein Herr, Er ist der Starke, der Gewaltige. **67**. Da erfaßte die Sünder der Schrei, und sie lagen in ihren Wohnungen leblos am Boden, **68**. Als hätten sie nie darin gewohnt. Siehe, die Thamud verleugneten ihren Herrn. Fort mit den Thamud! **69.** Und wahrlich, Unsere Sendboten kamen zu Abraham mit der Botschaft. Sie sprachen: »Frieden!« Er sprach: »Frieden!« Und er säumte nicht, ihnen ein gebratenes Kalb zu bringen. **70.** Und als er sah, daß sie nicht zulangten, schöpfte er Verdacht gegen

* Vgl. 2:186.

sie und fürchtete sich vor ihnen. Sie sprachen: »Fürchte dich nicht, siehe, wir sind zum Volke Lots entsandt.« **71.** Und seine Frau stand dabei und lachte (vor Glück). Denn Wir verkündeten ihr Isaak und nach Isaak Jakob.

[230]**72.** Sie sprach: »Ach, weh mir! Soll ich gebären, obwohl ich eine alte Frau bin und dieser, mein Ehemann, ein Greis ist? Siehe, das wäre eine seltsame Sache!« **73.** Sie sprachen: »Wunderst du dich über Allahs Entscheidung? Die Barmherzigkeit Allahs und Sein Segen kommen auf euch, o Leute des Hauses! Siehe, Er ist preiswürdig und ruhmvoll.« **74.** Und als die Furcht von Abraham gewichen und die frohe Botschaft zu ihm gekommen war, rang er mit Uns über das Volk Lots. **75.** Denn Abraham war nachsichtig, mitleidig und sühnebereit. **76.** »O Abraham! Laß hiervon ab. Deines Herrn Befehl ist ja bereits ergangen. Über sie bricht unabwendbar die Strafe herein.« **77.** Und als Unsere Sendboten zu Lot kamen, geriet er ihretwegen in Bedrängnis, da er sie nicht beschützen konnte. Und er sprach: »Dies ist ein böser Tag!« **78.** Und sein Volk kam zu ihm geeilt, stets bereit, Böses* zu verüben. Er sprach: »O mein Volk! Diese Töchter von mir sind reiner für euch. So fürchtet Allah und bringt keine Schande über mich hinsichtlich meiner Gäste! Ist denn kein anständiger Mann unter euch?« **79.** Sie sagten: »Du weißt doch, daß wir nicht auf deine Töchter aus sind, und weißt genau, was wir begehren.« **80.** Er sprach: »Hätte ich doch nur Macht über euch oder könnte irgendwo starke Unterstützung finden!« **81.** Sie sagten: »O Lot! Wir sind Sendboten deines Herrn: Sie können dir nichts anhaben! Doch mache dich mit deiner Familie auf, solange es noch Nacht ist, und keiner von euch blicke zurück! Nur deine Frau – sie wird treffen, was die anderen trifft. Siehe, was ihnen angedroht ist, (erfüllt sich) am Morgen. Ist der Morgen nicht schon nahe?«

[231]**82.** Und als Unser Befehl ergangen war, kehrten Wir in dieser (Stadt) das Oberste zuunterst und ließen auf sie Backsteine hageldicht niederregnen, **83.** Gekennzeichnet von deinem Herrn. Und sie

* Homosexualität.

ist Frevlern niemals fern.* **84.** Und zu den Leuten von Madyan (entsandten wir) ihren Bruder Schuayb. Er sprach: »O mein Volk! Dient Allah! Ihr habt keinen anderen Gott als Ihn. Und verkürzt nicht Maß und Gewicht. Fürwahr, ich sehe, daß es euch gut ergeht, gleichwohl fürchte ich für euch die Strafe eines allumfassenden Tages. **85.** O mein Volk! Gebt rechtes Maß und Gewicht und enthaltet den Leuten nichts vor und richtet auf Erden kein Unheil an. **86.** Allahs Rest** ist das beste für euch, falls ihr gläubig seid. Doch ich bin nicht euer Hüter.« **87.** Sie sagten: »O Schuayb! Bedeutet dein Gebot, daß wir aufgeben sollen, was unsere Väter anbeteten und daß wir mit unserem Vermögen nicht nach Belieben schalten und walten sollen? Du bist doch immer nachsichtig und rechtdenkend!« **88.** Er sprach: »O mein Volk! Was meint ihr? Ich habe doch einen deutlichen Beweis von meinem Herrn und Er hat mich von Sich aus schön versorgt. Anders als ihr möchte ich keineswegs selbst tun, was ich euch untersagt habe. Ich will nichts anderes als euere Besserung, soweit ich es vermag. Und mein Erfolg liegt allein bei Allah. Auf Ihn vertraue ich, und Ihm wende ich mich zu.

[232]**89.** O mein Volk! Euere Widersetzlichkeit gegen mich verführe euch nicht zur Sünde, so daß euch das trifft, was schon das Volk Noahs oder das Volk Huds oder das Volk Sâlihs getroffen hat. Und ihr seid auch nicht viel anders als das Volk Lots. **90.** Und bittet eueren Herrn um Verzeihung. Dann wendet euch Ihm in Reue zu. Siehe, mein Herr ist barmherzig und liebevoll.« **91.** Sie sagten: »O Schuayb! Wir verstehen nicht viel von dem, was du sagst. Und wir betrachten dich als schwach unter uns. Wäre deine Familie nicht, steinigten wir dich, und du wärst gegen uns machtlos.« **92.** Er sprach: »O mein Volk! Hat meine Familie mehr Wert bei euch als Allah, Dem ihr geringschätzig den Rücken zeigt? Doch mein Herr überblickt alles, was ihr tut. **93.** O mein Volk! Handelt nach euerem Vermögen. Seht, auch ich werde handeln. Wahr-

* Eine solche Situation und die ihr folgende Strafe.

** Das Wenige, das Allah bei richtigem Maß und Gewicht als Gewinn übrig läßt.

lich, ihr werdet erfahren, wen eine Strafe treffen wird, die ihn schändet, und wer ein Lügner ist. Wartet nur. Seht, ich warte mit euch.« **94.** Und als Unser Befehl erging, retteten Wir Schuayb und die Gläubigen, die bei ihm waren, in Unserer Barmherzigkeit. Und die Ungerechten erfaßte der Schrei, und sie lagen in ihren Wohnungen leblos am Boden, **95.** Als hätten sie nie darin gewohnt. Fort mit Madyan, so wie die Thamud fortgerafft wurden! **96.** Und wahrlich, Moses hatten Wir mit Unseren Wundern entsandt und klaren Beweisen **97.** Zu Pharao und seinen Großen. Und sie folgten Pharaos Befehl, doch Pharaos Befehl war nicht gerecht.

[233]**98.** Vorangehen soll er seinem Volk am Tage der Auferstehung und sie ins Feuer hinabführen! Und schlimm ist der zu nehmende Abstieg. **99.** Es verfolgte sie Fluch im Diesseits, und Fluch wird sie am Tage der Auferstehung verfolgen – widerwärtig ist das Geschenk, das (ihnen) geschenkt wird. **100.** Dies ist ein Teil der Berichte über Städte, die Wir dir erzählen; einige von ihnen stehen noch, und andere sind wie niedergemäht. **101.** Doch Wir taten ihnen kein Unrecht, sondern sie taten sich selber Unrecht an. Und ihre Götter, die sie neben Allah anriefen, nützten ihnen nichts als deines Herrn Befehl erging; sie vergrößerten nur ihr Verderben. **102.** So ist die Strafe deines Herrn, wenn Er ungerechte Städte bestraft. Seine Strafe ist wahrlich schmerzlich und streng. **103.** Hierin liegt fürwahr ein Zeichen für den, der die Strafe des Jenseits fürchtet. Das ist ein Tag, an dem die Menschen versammelt werden, der Tag, den jeder erleben wird. **104.** Wir verschieben ihn nicht über einen festgesetzten Termin hinaus. **105.** Wenn jener Tag kommt, dann wird niemand sprechen, es sei denn mit Seiner Erlaubnis. Manche werden elendig sein und manche glückselig. **106.** Was die Elenden anlangt, so werden sie ins Feuer kommen und darin seufzen und stöhnen. **107.** Ewig sollen sie darin bleiben, solange die Himmel und die Erde dauern,★ es sei denn, daß dein Herr es anders will; denn dein Herr tut,

★ Diese bekannte arabische Redewendung bedeutet »unendlich lange«, will also nicht besagen, daß der Kosmos nach dem Jüngsten Tag fortbesteht.

was Er will. **108.** Was aber die Glückseligen anlangt, so werden sie ins Paradies kommen und ewig darin verweilen, solange die Himmel und die Erde dauern, es sei denn, daß dein Herr es anders will – ein unaufhörliches Geschenk.

[234]**109.** Und sei nicht im Zweifel über das, was diese verehren. Sie verehren (gedankenlos) nur, was ihre Väter zuvor verehrt hatten. Wir werden ihnen ihren Anteil nach Verdienst und unverkürzt geben. **110.** Wahrlich, Wir gaben schon Moses die Schrift, doch darüber entstand Uneinigkeit. Und hätte dein Herr nicht bereits eine andere Anordnung getroffen, wäre zwischen ihnen (schon) entschieden worden. Und siehe, sie sind wahrlich in starkem Zweifel darüber. **111.** Und dein Herr wird alle gewiß nach ihrem Verdienst belohnen. Fürwahr, Er kennt ihr Tun. **112.** Sei daher aufrecht, wie es dir und denen aufgetragen wurde, die sich mit dir bekehrten, und überschreitet nicht das Maß. Fürwahr, Er sieht, was ihr tut. **113.** Und neigt euch nicht denen zu, die Unrecht begehen, sonst erfaßt euch das Feuer. Und außer Allah habt ihr keinen Beschützer und findet ihr keinen Helfer. **114.** Und verrichte das Gebet an den beiden Tagesenden und früh in der Nacht. Seht, die guten Werke vertreiben die bösen. Dies ist eine Ermahnung für die Nachdenkenden. **115.** Und sei standhaft in Geduld. Siehe, Allah läßt den Lohn der Rechtschaffenen nicht verlorengehen. **116.** Hätte es nur unter den Geschlechtern, die vor euch lebten, mehr Tugendhafte gegeben, welche sich den Missetaten auf Erden widersetzten, außer den wenigen, die Wir retteten, während die Übeltäter ihr üppiges Leben weiter fortführten und sich in Sünde verloren! **117.** Dein Herr würde nie Städte ungerechterweise vernichten, solange ihre Bewohner rechtschaffen sind.

[235]**118.** Und wenn dein Herr es gewollt hätte, hätte Er alle Menschen gewiß zu einer einzigen Gemeinschaft* gemacht. Doch sie werden nicht aufhören, uneins zu sein, **119.** Außer denen, deren sich dein

* Arabisch: »umma wahida«.

Herr erbarmt, und dazu hat Er sie erschaffen.* Und das Wort deines Herrn soll in Erfüllung gehen: »Wahrlich, füllen will ich die Hölle vollständig mit Dschinn und Menschen, alle zusammen.« **120.** Mit dem, was Wir dir von den Geschichten der Gesandten berichten, festigten Wir dein Herz. Darin ist zu dir die Wahrheit gekommen und eine Ermahnung und Erinnerung für die Gläubigen. **121.** So sprich zu denen, die nicht glauben: »Handelt, wie ihr könnt und wollt. Siehe, wir handeln auch. **122.** Wartet nur. Siehe, wir warten auch.« **123.** Und Allahs ist das Verborgene der Himmel und der Erde. Und alle Dinge gehen auf Ihn zurück. Darum diene Ihm und vertraue auf Ihn. Dein Herr ist nicht achtlos dessen, was ihr tut.

12 Joseph (Yûsuf)

Geoffenbart zu Mekka

Im Namen Allahs, des Erbarmers, des Barmherzigen!

1. A.L.R. Dies sind die Verse des deutlichen Buches. **2.** Siehe, Wir haben ihn hinabgesandt, in arabischer Sprache vorgetragen, damit ihr es begreift. **3.** Wir erzählen dir die schönste der Geschichten durch die Offenbarung dieses Korans. Siehe, zuvor hattest du keine Kenntnis davon. **4.** Als Joseph zu seinem Vater** sagte: »O mein Vater! Ich sah elf Sterne und die Sonne und den Mond; und ich sah sie wirklich sich vor mir niederwerfen«,

[236]**5.** Da sagte er: »Mein Söhnchen! Erzähle deinen Traum nicht deinen Brüdern, sonst werden sie sich Böses gegen dich vornehmen. Wahrlich, Satan ist den Menschen ein offenkundiger Feind. **6.** Denn so wird dein Herr dich auserwählen und dich die Deutung des Geschehens lehren und Seine Gnade an dir und dem Hause Jakobs vollenden, so wie Er

* Der Mensch neigt von Natur aus ebenso zur Gemeinschaftsbildung wie zur Pflege seiner Vielfältigkeit auf allen Gebieten. Nach Vers 118 f. ist beides gottgewollt.

** Jakob.

sie zuvor an deinen Vorvätern vollendete, an Abraham und Isaak. Siehe, dein Herr ist wissend und weise.« **7.** Wahrlich, in (der Geschichte von) Joseph und seinen Brüdern findet sich eine Botschaft für die Ratsuchenden: **8.** Da klagten sie: »Wahrlich, Joseph und sein Bruder* sind unserem Vater lieber als wir, obwohl wir so zahlreich sind.** Siehe, unser Vater befindet sich offensichtlich im Irrtum. **9.** Tötet Joseph oder vertreibt ihn weit weg. Eueres Vaters Aufmerksamkeit wird dann wieder euch gehören, und danach werdet ihr wieder als anständige Menschen leben.« **10.** Einer unter ihnen aber sprach: »Tötet Joseph nicht. Aber wenn ihr etwas tun wollt, dann werft ihn in die Tiefe des Brunnens. Eine der Karawanen mag ihn dann herausziehen.« **11.** Sie sagten: »O unser Vater! Warum vertraust du uns nicht Joseph an? Wir meinen es doch gut mit ihm. **12.** Schicke ihn morgen mit uns, damit er sich vergnügt und spielt. Wir werden gewiß auf ihn aufpassen.« **13.** Er sprach: »Siehe, mich betrübt es, daß ihr ihn mitnehmen wollt. Ich fürchte, daß der Wolf ihn frißt, während ihr gerade nicht auf ihn achtgebt.« **14.** Sie sagten: »Wahrlich, wenn ihn der Wolf fräße, obwohl wir so viele sind, stünde es schlecht um uns!«

[237]**15.** Und als sie mit ihm losgezogen waren und sich geeinigt hatten, ihn in die Tiefe des Brunnens zu werfen, offenbarten Wir ihm: »Wahrlich, du wirst ihnen eines Tages diese ihre Tat vorhalten, ohne daß sie es merken.« **16.** Und des Abends kamen sie weinend zu ihrem Vater. **17.** Sie sagten: »O unser Vater! Wahrlich, wir liefen um die Wette und ließen Joseph bei unseren Sachen zurück. Da fraß ihn der Wolf. Du aber glaubst uns nicht, obwohl wir die Wahrheit sagen.« **18.** Und sie brachten sein Hemd mit falschem Blut befleckt. Er sprach: »O nein! Ihr habt etwas ausgeheckt! Jetzt gilt es, Geduld zu üben. Und es gilt, Allah um Hilfe gegen das zu bitten, was ihr beschrieben habt.« **19.** Dann kam eine Karawane. Sie schickten ihren Wasserschöpfer, und er ließ seinen Eimer hinab. Da rief er: »Eine gute Nachricht! Da ist ja ein junger Bursche!«

* Benjamin.

** Joseph und Benjamins Halbbrüder.

Und sie verbargen ihn als eine verkaufbare Ware. Allah aber kannte ihr Tun. **20.** Und sie verkauften ihn für einen winzigen Preis, für ein paar Dirham; denn sie schätzten ihn nicht hoch ein. **21.** Und sein Käufer, ein Ägypter, sagte seiner Frau: »Nimm ihn großzügig auf. Vielleicht ist er uns von großem Nutzen oder nehmen wir ihn als Sohn an.« Und so gaben Wir Joseph ein Zuhause auf Erden und lehrten ihn die Deutung des Geschehens. Denn Allah setzt stets Seine Anliegen durch, auch wenn die meisten Menschen es nicht wissen. **22.** Und als er seine volle Manneskraft erreicht hatte, gaben Wir ihm Weisheit und Wissen. So belohnen Wir die Rechtschaffenen.

[238]**23.** Doch die (Frau), in deren Haus er lebte, stellte ihm nach. Sie verriegelte die Türen und sagte: »Komm doch her!« Er sprach: »Allah behüte! Mein Besitzer hat mich doch gut aufgenommen. Und denen, die unrecht tun, geht es nicht gut.« **24.** Doch sie begehrte ihn. Und auch er hätte sie begehrt, wenn er nicht ein Zeichen von seinem Herrn gesehen hätte. Dies (geschah), um Schlechtigkeit und Schändlichkeit von ihm abzuwehren. Er war ja einer Unserer aufrichtigen Diener. **25.** Sie liefen beide zur Tür. Dabei zerriß sie sein Hemd von hinten. Und an der Türe trafen sie auf ihren Herrn. Sie fragte: »Was ist der Lohn dessen, der gegen deine Familie Böses im Schilde führte, das Gefängnis oder (noch) schmerzlichere Strafe?« **26.** Er sprach: »Sie wollte mich verführen!« Und jemand aus ihrer Familie bezeugte: »Wenn sein Hemd vorne zerrissen ist, hat sie die Wahrheit gesprochen und ist er ein Lügner. **27.** Ist sein Hemd jedoch hinten zerrissen, hat sie gelogen und hat er die Wahrheit gesprochen.« **28.** Er sah aber, daß sein Hemd hinten zerrissen war, und sprach: »Das ist wirklich eine heimtückische List von euch!* **29.** Joseph, denke nicht mehr daran! Und du, (o Frau), bitte ihn um Verzeihung für deine Schuld. Du hast dich wirklich schuldig gemacht.« **30.** Da tuschelten die Frauen der Stadt: »Die Frau dieses Hochgestellten hat ihrem Burschen nachgestellt. Er hat sie zur Liebe entflammt. Wie wir sehen, ist sie in offenbarem Irrtum.«

* Frauen.

[239]**31.** Und als sie von ihrer Bosheit hörte, schickte sie (Einladungen) zu ihnen und bot ihnen ein Festessen. Sie gab jeder von ihnen ein Messer. Dann rief sie (zu Joseph:) »Komm zu ihnen heraus!« Und als sie ihn sahen, bewunderten sie seine Schönheit so sehr, daß sie sich (vor Aufregung) in die Hände schnitten und ausriefen: »Allah behüte! Das ist kein Mensch! Das ist ein edler Engel!« **32.** Sie sprach: »Und um dessentwillen habt ihr mich getadelt! Jawohl, ich stellte ihm nach, doch er blieb standhaft. Wahrlich, wenn er mir nicht (bald) zu Willen ist, soll er ins Gefängnis geworfen und verächtlich behandelt werden.« **33.** Er sprach: »Mein Herr! Das Gefängnis ist mir lieber als das, wozu sie mich auffordern. Doch wenn Du nicht ihre Ränke von mir abwendest, gebe ich ihnen in meiner Jugend vielleicht nach und bin ein Tor.« **34.** Aber sein Herr erhörte ihn und wendete ihre Pläne von ihm ab. Siehe, Er ist der Hörende, der Wissende. **35.** Gleichwohl beliebte es ihnen, ihn für eine Zeit einzusperren, obwohl sie doch die Zeichen (seiner Qualität) gesehen hatten. **36.** Und mit ihm kamen zwei junge Männer ins Gefängnis. Einer davon sagte: »Ich sah mich (im Traum) Wein auspressen!« Und der andere sagte: »Ich sah mich (im Traum) auf dem Kopf Brot tragen, von dem die Vögel fraßen. Erkläre uns die Bedeutung davon! Wir sehen, daß du gewiß einer der Anständigen bist.« **37.** Er sprach: »Ehe euch das Essen gebracht wird, mit dem ihr versorgt werdet, will ich euch dies deuten, noch bevor es euch zustößt. Das ist ein Teil dessen, was mich mein Herr gelehrt hat. Seht, ich verließ die Religion der Leute, die nicht an Allah glauben und das Jenseits leugnen.

[240]**38.** Ich folge der Religion meiner Väter Abraham, Isaak und Jakob. Uns ist es nicht erlaubt, Allah andere Gottheiten beizugesellen. Dies gehört zur Gnade Allahs gegen uns und gegen die Menschheit, jedoch die meisten Menschen sind nicht dankbar. **39.** O meine Mitgefangenen! Sind (mehrere) unterschiedliche Herren besser als Allah, der Eine, der Allmächtige? **40.** Ihr verehrt neben Ihm nichts als Namen, die ihr und euere Väter selber erfunden habt, und wozu Allah euch keine Ermächtigung gab. Die Entscheidung* liegt allein bei Allah. Befohlen

* Über gut und böse; oder: Der Befehl.

hat Er, daß ihr Ihn alleine anbetet. Das ist der wahrhafte Glauben, jedoch wissen es die meisten Menschen nicht. **41.** O meine Mitgefangenen! Was den einen von euch anlangt, so wird er seinem Herrn Wein kredenzen. Der andere aber wird gekreuzigt werden, und die Vögel werden von seinem Haupt fressen. Die Sache, über die ihr mich um Auskunft fragt, ist bereits beschlossen.« **42.** Und er bat den von ihnen, dessen Freilassung er erwartete: »Erwähne mich bei deinem Herrn.« Aber Satan ließ ihn vergessen, ihn bei bei seinem Herrn zu erwähnen, so daß er noch einige Jahre im Gefängnis blieb. **43.** Und der König sprach: »Siehe, ich sah sieben fette Kühe – sieben magere fraßen sie – und sieben grüne Ähren und (sieben) andere, dürre. O ihr Großen! Gebt mir Aufschluß über meinen Traum, falls ihr ihn auslegen könnt.«

[241]**44.** Sie sagten: »Traumphantasien sind das, doch wir verstehen auch nichts von Traumdeutung.« **45.** Da sagte der von den beiden, welcher freigelassen worden war, indem er sich (Josephs) nach geraumer Zeit erinnerte: »Ich könnte euch die Deutung bringen. Schickt mich los!« **46.** »O Joseph! O du Wahrhaftiger! Gib uns Aufschluß über sieben fette Kühe, die von sieben mageren gefressen werden, und von sieben grünen und (sieben) anderen, dürren Ähren, damit ich zu den Leuten zurückkehren kann und sie es verstehen.« **47.** Er sprach: »Ihr werdet sieben Jahre wie üblich säen. Aber bewahrt, was ihr erntet, auf den Ähren auf, bis auf weniges, das ihr verzehrt. **48.** Dann kommen sieben harte (Jahre), welche aufbrauchen werden, was ihr zuvor für sie als Vorrat eingespeichert hattet, bis auf weniges davon, das ihr (weiter) aufbewahrt. **49.** Dann kommt ein Jahr, in welchem die Menschen Regen in Menge haben und in dem sie keltern.« **50.** Da befahl der König: »Bringt ihn zu mir!« Doch als der Bote zu ihm kam, sagte er: »Kehre zu deinem Herrn zurück und frage ihn nach den Frauen, die sich in die Hände geschnitten hatten. Mein Herr weiß über ihre Pläne sehr wohl Bescheid.« **51.** Er fragte: »Was war euere Absicht, als ihr Joseph nachstelltet?« Sie sprachen: »Allah bewahre! Wir wissen nichts Schlechtes von ihm!« Da sprach die Frau des Hochgestellten: »Jetzt ist die Wahrheit ans Licht gekommen: Ich stellte ihm nach. Siehe, er gehört wahrlich zu den Ehrlichen.« **52.** »Dies,

(sprach Joseph,) damit (mein Herr) weiß, daß ich während seiner Abwesenheit keinen Verrat gegen ihn verübte, und damit Allah die Pläne der Verräter nicht gelingen läßt.

[242]**53.** Doch ich will mich nicht selber reinwaschen. Seht, der Mensch ist zum Bösen geneigt, es sei denn, daß mein Herr Sich seiner erbarmt. Mein Herr ist fürwahr verzeihend und barmherzig.« **54.** Und der König sprach: »Bringt ihn zu mir! Ich will ihn an meiner Seite haben.« Und nachdem er es mit ihm besprochen hatte, sagte er: »In der Tat, von heute an bist du bei uns in Amt und Würden.« **55.** Er sprach: »Übertrag mir die Aufsicht über die Vorratsspeicher des Landes. Ich bin gewiß ein kenntnisreicher Verwalter.« **56.** Und so gaben Wir Joseph eine verantwortliche Stellung im Land, und er hielt sich auf, wo er wollte. Wir gewähren Unsere Barmherzigkeit, wem Wir wollen, und lassen den Lohn der Rechtschaffenen nicht verlorengehen. **57.** Und wahrlich, in den Augen derer, welche glauben und gottesfürchtig sind, ist der Lohn des Jenseits besser. **58.** Und Josephs Brüder kamen und traten bei ihm ein. Er erkannte sie, sie aber erkannten ihn nicht. **59.** Und als er ihren Bedarf gedeckt hatte, sagte er: »Bringt mir eueren Bruder väterlicherseits.* Ihr seht doch, daß ich volles Maß gebe und der beste Gastgeber bin? **60.** Wenn ihr ihn mir allerdings nicht bringt, werdet ihr bei mir nicht mehr beliefert und nicht mehr zugelassen.« **61.** Sie antworteten: »Wir werden ihn von unserem Vater erbitten – das tun wir ganz gewiß!« **62.** Und er befahl seinen Dienern: »Steckt ihre Ware** in ihr Gepäck zurück. Vielleicht bemerken sie es, wenn sie zu ihren Familien heimgekehrt sind, und kommen zurück.« **63.** Und als sie zu ihrem Vater zurückgekehrt waren, sagten sie: »O unser Vater! (Weitere) Lieferung ist uns verwehrt. So schicke unseren Bruder mit uns, damit wir unser Maß erhalten. Wir werden bestimmt gut auf ihn aufpassen.«

[243]**64.** Er sprach: »Kann ich ihn euch etwa besser anvertrauen, als ich euch zuvor seinen Bruder anvertraute? Doch Allah ist der beste Hüter,

* Benjamin.

** Mit der sie Getreide eingetauscht hatten.

und Er ist der barmherzigste aller Erbarmer.« **65.** Und als sie ihr Gepäck öffneten, fanden sie ihre Ware wieder. Sie riefen: »O unser Vater! Was wünschen wir uns mehr? Unsere Tauschware wurde uns zurückgegeben! Und so können wir für unsere Familien Getreide einkaufen, dabei auf unseren Bruder aufpassen und eine Kamelslast mehr erhalten. Das ist eine einfache Aufgabe.« **66.** Er sprach: »Niemals werde ich ihn euch mitgeben, es sei denn, ihr gelobt mir vor Allah, ihn mir gewiß wiederzubringen, falls ihr nicht vom Rückweg abgeschnitten seid.« Und als sie es ihm gelobt hatten, sprach er: »Allah ist Zeuge unserer Worte.« **67.** Und er sprach: »O meine Söhne! Tretet nicht (allesamt) durch ein einziges Tor ein, sondern tretet durch verschiedene Tore ein. Doch ich kann euch nicht gegen Allah helfen. Die Entscheidung liegt allein bei Allah. Ihm vertraue ich, und vertrauen sollen Ihm alle Vertrauenden.« **68.** Obwohl sie so eingetreten waren, wie ihr Vater es ihnen anbefohlen hatte, nützte ihnen dies nichts gegen (den Plan von) Allah. Es erfüllte lediglich einen innigen Wunsch Jakobs (‚sie zu schützen). Er aber besaß Wissen, das Wir ihn gelehrt hatten. Jedoch wissen die meisten Menschen nicht Bescheid. **69.** Und als sie bei Joseph eingetreten waren, nahm er seinen Bruder zur Seite und sprach: »Ich bin tatsächlich dein Bruder! Sei nicht traurig über das, was sie getan haben.«

[244]**70.** Und als er ihren Bedarf gedeckt hatte, steckte er einen Becher in den Kamelsattel seines Bruders. Dann rief ein Ausrufer: »O ihr Leute der Karawane! Wahrlich, ihr seid Diebe.« **71.** Indem sie sich ihnen zuwandten, fragten sie: »Was vermißt ihr denn?« **72.** Sie sagten: »Wir vermissen den Becher des Königs. Wer ihn wiederbringt, soll eine Kamelslast erhalten! Dafür verbürge ich mich.« **73.** Sie beteuerten: »Bei Gott! Ihr wißt, daß wir nicht gekommen sind, um im Land Unheil zu stiften! Wir sind keine Diebe.« **74.** Sie fragten: »Und was soll die Strafe sein, falls ihr Lügner seid?« **75.** Sie sagten: »Der, in dessen Kamelsattel er gefunden wird, soll zur Strafe dafür selbst die Vergeltung* sein. So belohnen wir Übeltäter.« **76.** Und er begann mit ihren Säcken, vor dem Sack seines

* Als Sklave.

Bruders; dann zog er ihn aus dem Sack seines Bruders. Diese List gaben Wir Joseph ein. Nach des Königs Gesetz wäre es ihm sonst nicht erlaubt gewesen, seinen Bruder festzuhalten,* wenn es Allah nicht beliebt hätte. Wir erhöhen um Rangstufen, wen Wir wollen. Doch über jedem, der Wissen besitzt, ist der (alles) Wissende. **77.** Sie sagten: »Wenn er stahl, dann hat zuvor auch ein Bruder von ihm gestohlen.«** Joseph aber hielt seine Gedanken verborgen und offenbarte sie ihnen nicht. Er sprach (bei sich): »Ihr seid viel schlechter dran; und Allah weiß wohl, was ihr da behauptet.« **78.** Sie sagten: »O du Großer! Siehe, er hat einen sehr alten Vater. Nimm daher einen von uns an seiner Statt. Wir sehen doch, daß du rechtschaffen bist.«

[245]**79.** Er sprach: »Allah verhüte, daß wir einen anderen nehmen als den, bei dem wir unser Eigentum fanden; denn sonst wären wir gewiß ungerecht.« **80.** Und da sie an ihm verzweifelten, gingen sie abseits, um sich zu beraten. Ihr Ältester sprach: »Erinnert ihr euch nicht, daß euer Vater von euch vor Allah ein Gelöbnis abnahm und wie ihr es zuvor schon gegenüber Joseph gebrochen habt? Darum verlasse ich das Land nicht, ehe mein Vater es mir erlaubt oder Allah zu meinen Gunsten entscheidet; denn Er ist der beste Richter. **81.** Kehrt zu euerem Vater zurück und sagt: ›O unser Vater! Siehe, dein Sohn hat gestohlen. Wir bezeugen nur, was wir wissen, und wir konnten nicht verhindern, was uns verborgen war. **82.** Frage nur nach in der Stadt, in der wir gewesen sind, und bei der Karawane, mit der wir angekommen sind! Wir sprechen die Wahrheit.‹« **83.** (Der Vater) sprach: »O nein! Ihr habt euch da etwas ausgedacht. Und so gilt es, Geduld zu üben. Vielleicht bringt Allah sie mir (beide) zusammen wieder. Siehe, Er ist der Wissende, der Weise.« **84.** Und er kehrte ihnen den Rücken zu und sprach: »O mein Kummer um Joseph!« Und seine Augen wurden trübe vor Kümmernis; denn er war gramerfüllt. **85.** Sie sagten: »Bei Allah! Du hörst nicht auf, an Joseph zu denken, bis du darüber zerbrichst oder stirbst.« **86.** Er sprach: »Siehe,

* Weil Diebstahl nicht mit Versklavung geahndet wurde.
** So distanzierten sich die Halbbrüder zugleich von Benjamin und Joseph.

ich trage meinen Kummer und Gram nur zu Allah, und ich weiß von Allah, was ihr nicht wißt.

[246]**87.** O meine Söhne! Zieht aus und erkundigt euch nach Joseph und seinem Bruder. Und verzweifelt nicht an Allahs Erbarmen. Siehe, an Allahs Erbarmen verzweifeln nur die Ungläubigen.« **88.** Und als sie bei ihm eintraten, sagten sie: »O du Großer! Wir und unsere Familie sind von Leid heimgesucht, und wir bringen nur wenig Tauschware mit. Aber gib uns dennoch volles Maß und seid freigebig zu uns. Siehe, Allah belohnt die Wohltäter.« **89.** Er sprach: »Wißt ihr, was ihr Joseph und seinem Bruder in euerer Torheit angetan habt?« **90.** Sie fragten: »Wahrhaftig, bist du etwa Joseph?« Er antwortete: »Ich bin Joseph, und dies ist mein Bruder. Allah ist uns fürwahr gnädig gewesen. Siehe, wer gottesfürchtig und standhaft ist – Allah läßt den Lohn der Rechtschaffenen nicht verlorengehen.« **91.** Sie sprachen: »Bei Allah! Allah hat dich vor uns ausgezeichnet. Wir aber waren wahrlich Sünder.« **92.** Er sprach: »Kein Vorwurf treffe euch heute! Allah möge euch verzeihen. Er ist ja der barmherzigste der Erbarmer. **93.** Nehmt dieses Hemd von mir mit und legt es auf das Antlitz meines Vaters. Da wird er wieder sehen. Dann bringt euere ganze Familie zu mir.« **94.** Und als die Karawane aufgebrochen war, sprach ihr Vater: »Wahrlich, ich spüre Josephs Geruch, auch wenn ihr sagt, daß ich fasele.« **95.** Sie sagten: »Bei Allah! Du verharrst in deinem alten Irrtum!«

[247]**96.** Und als nun der Freudenbote kam, warf er es* über sein Gesicht, und schon konnte er wieder sehen. Er sprach: »Habe ich es euch nicht gesagt: Ich weiß wirklich von Allah, was ihr nicht wißt?« **97.** Sie sagten: »O unser Vater! Verzeihe uns unsere Sünden! Wir waren fürwahr Sünder.« **98.** Er sprach: »Ich werde eueren Herrn um Verzeihung für euch bitten. Seht, Er ist der Verzeihende, der Barmherzige.« **99.** Und als sie bei Joseph eingetreten waren, zog er seine Eltern zu sich und sprach: »Betretet Ägypten in Sicherheit, so Allah will!« **100.** Und er ließ seine Eltern auf dem Thron Platz nehmen, aber sie warfen sich ehrfürchtig vor

* Das Hemd Josephs.

Ihm nieder. Und er sprach: »O mein Vater, dies ist die Deutung meines früheren Traums. Nun hat es mein Herr wahr werden lassen. Er hat mir Gutes erwiesen, als Er mich aus dem Gefängnis befreite und euch aus der Wüste herbrachte, nachdem Satan zwischen mir und meinen Brüdern Zwietracht gestiftet hatte. Fürwahr, mein Herr findet Mittel und Wege für das, was Er will. Siehe, Er ist der Wissende, der Weise. **101.** Mein Herr, du gabst mir die Herrschaft und lehrtest mich die Deutung des Geschehenen. Schöpfer der Himmel und der Erde, Du bist mein Hort in dieser Welt und in der nächsten; laß mich zu Dir verscheiden als ein Gottergebener* und vereine mich mit den Gerechten.« **102.** Dies ist eine Schilderung von (dir) Unbekanntem, die Wir dir offenbaren. Du warst ja nicht zugegen, als sie sich absprachen und ihre Pläne schmiedeten. **103.** Doch die meisten Menschen glauben es nicht, wie sehr du es auch wünschst.

[248]**104.** Aber du verlangst hierfür auch keinen Lohn von ihnen. Fürwahr, dies ist nur eine Ermahnung für alle Welt. **105.** Und an wie vielen Zeichen in den Himmeln und auf Erden gehen sie achtlos vorüber? **106.** Und die meisten von ihnen glauben nicht an Allah, ohne Ihm (zugleich) Gefährten zur Seite zu stellen.** **107.** Fürchten sie denn nicht, daß die alles bedeckende Strafe Allahs über sie kommt und daß die Stunde plötzlich über sie hereinbricht, bevor sie sich dessen versehen? **108.** Sprich: »Dies ist mein Weg. Ich rufe zu Allah – ich und wer mir folgt – aufgrund eines einsichtbaren Beweises. Preis sei Allah! Ich bin keiner von denen, die Ihm Gefährten geben.« **109.** Und auch vor dir entsandten Wir nur Männer aus der Mitte der Bewohnern der Städte, denen Wir Offenbarungen gewährten. Wollen sie denn nicht das Land durchwandern und schauen, wie das Ende derer war, die vor ihnen lebten? Doch wahrlich, die Wohnung des Jenseits ist besser für die Gottesfürchtigen. Begreift ihr denn nicht? **110.** Erst wenn die Gesandten jede

* Als Muslim im ursprünglichen Sinne.

** In der Gegenwart gehören u.a. dazu Talismane und Amulette, die »Natur« und Suchtmittel, aber auch absoluten Gehorsam erntende Sektenführer.

Hoffnung aufgaben und glaubten, als Lügner betrachtet zu werden, kam Unsere Hilfe zu ihnen. Damit erretteten Wir, wen Wir wollten. Und Unsere Strafe wird von dem Volk der Sünder nicht abgewendet. **111.** Wahrlich, in den Geschichten* über sie finden sich Lehren für die Verständigen. Er** ist keine erfundene Geschichte, sondern eine Bestätigung dessen, was ihm vorausging, und eine Erklärung aller Dinge und eine Rechtleitung und Barmherzigkeit für ein gläubiges Volk.

13 Der Donner (ar-Ra'd)

Geoffenbart zu Mekka

Im Namen Allahs, des Erbarmers, des Barmherzigen!

[249]**1.** A.L.M.R. Dies sind Verse des Buches. Und was von deinem Herrn zu dir herabgesandt worden ist, ist die Wahrheit. Jedoch die meisten Menschen glauben nicht. **2.** Allah ist es, der die Himmel ohne sichtbare Säulen aufgerichtet hat. Dann setzte Er sich majestätisch auf den Thron. Und Er machte Sich Sonne und Mond dienstbar. Jedes (Gestirn) läuft auf seiner Bahn innerhalb einer bestimmten Frist. Er lenkt alle Dinge. Er macht die Zeichen klar, damit ihr fest an die Begegnung mit euerem Herrn glaubt. **3.** Und Er ist es, Der die Erde ausbreitete und festgegründete (Berge) und Flüsse auf ihr gemacht hat. Und von allen Früchten schuf Er auf ihr ein Paar aus beiden Geschlechtern. Er läßt die Nacht den Tag bedecken. Siehe, hierin sind wahrlich Zeichen für Leute, die nachdenken. **4.** Und auf der Erde gibt es benachbarte Ländereien mit Gärten voll Weinreben, Korn und Palmen, in Gruppen oder vereinzelt wachsend, bewässert mit dem gleichen Wasser. Und doch machen Wir die eine Frucht vorzüglicher als die andere. Siehe, hierin sind wahrlich Zeichen für ein Volk von Verstand. **5.** Wenn du dich darüber verwunderst, dann ist ihr Fragen um so verwunderlicher: »Wenn wir zu

* Den koranischen Berichten über das Wirken und Los der Propheten und ihrer Völker.

** Der Koran.

Staub geworden sind, sollen wir dann wirklich in einer neuen Schöpfung wiedergeschaffen werden?« Das sind die, welche ihren Herrn verleugnen und die ein Joch um den Hals tragen werden. Und sie werden Bewohner des Feuers sein und ewig darin verweilen.

[250]**6.** Und sie werden dich eher das Üble als das Gute beschleunigen heißen. Aber schon vor ihnen waren exemplarische Strafen verhängt worden. Und dein Herr ist wahrlich voller Vergebung für die Menschen, trotz des Unrechts, das sie begehen. Und fürwahr, dein Herr ist im Strafen streng. **7.** Und die Ungläubigen sprechen: »Warum wurde kein Wunder von seinem Herrn auf ihn herabgesandt?« Du bist nur ein Warner, und jedes Volk hat einen Führer (zum Rechten). **8.** Allah weiß, was jedes weibliche Wesen (im Schoße) trägt und um was sich die Schwangerschaft verkürzt oder verlängert. Und jedes Ding hat bei Ihm sein Maß und Ziel. **9.** Er kennt das Verborgene und das Offenbare – der Große, der unvorstellbar Erhabene! **10.** Es ist einerlei (für Ihn), ob einer von euch seine Gedanken verbirgt oder äußert oder ob er sich in der Nacht verbirgt oder sich am Tage zeigt. **11.** Ein jeder hat Engel vor sich und hinter sich, die einander ablösen und ihn auf Allahs Geheiß behüten. Gewiß, Allah verändert die Lage eines Volkes nicht, solange sie sich nicht selbst innerlich verändern. Und wenn Allah ein Volk leiden lassen will, dann kann niemand es abwenden, und außer Ihm haben sie keinen Beschützer. **12.** Er ist es, Der euch in Furcht und Hoffnung den Blitz sehen läßt und Der die schweren Wolken hervorbringt. **13.** Und der D o n n e r lobpreist Ihn ebenso wie die Engel, in Ehrfurcht vor Ihm. Und Er sendet die donnernden Blitze und trifft mit ihnen, wen Er will. Und doch streiten sie über Allah, wo Er doch alleine die Macht hat, alles zu verwirklichen, was Er will.

[251]**14.** Ihm allein gebührt die wahre Anrufung. Und jene, die sie neben Ihm anrufen, hören sie nicht. Sie handeln wie einer, der seine Hände zum Wasser ausstreckt, damit es seinen Mund erreicht, obwohl es ihn doch nicht erreichen kann. Die Anrufung der Ungläubigen ist (Selbst-)Täuschung. **15.** Aber vor Allah wirft sich nieder, was immer in den Himmeln und auf Erden ist, willig oder nicht, selbst ihre Schatten

am Morgen und am Abend. **16.** Sprich: »Wer ist der Herr der Himmel und der Erde?« Sprich: »Allah.« Sprich: »Habt ihr euch etwa Beschützer außer Ihm genommen, die sich selbst weder nützen noch schaden können?« Sprich: »Ist etwa der Blinde dem Sehenden gleich? Oder sind etwa die Finsternisse und das Licht gleich? Oder haben sie Allah Gefährten gegeben, die erschaffen haben, wie Er erschuf, so daß beider Schöpfungen ihnen gleich vorkommen?« Sprich: »Allah ist der Schöpfer aller Dinge. Und Er ist der Einzige, der Beherrschende.« **17.** Er sendet vom Himmel Wasser herab, und es strömt durch manches sonst trockene Flußbett, nach seinem Vermögen, und die Strömung trägt anschwellenden Schaum. Und ähnlicher Schaum entsteht bei dem, was man zur Herstellung von Schmuck und Gerät im Feuer schmilzt. Auf diese Weise zeigt Allah Wahrheit und Täuschung. Was den Schaum anlangt, so vergeht er wie Blasen. Das aber, was den Menschen nützt, bleibt auf der Erde zurück. So prägt Allah Gleichnisse. **18.** Diejenigen, welche auf ihren Herrn hören, sollen das Beste erhalten. Die aber nicht auf Ihn hören – auch wenn sie alles auf Erden besäßen und noch einmal soviel dazu, würden sie sich damit nicht loskaufen können. Schlimm ist die Abrechnung mit ihnen, und ihre Herberge ist die Hölle. Welch ein schlechtes Lager!

[252]**19.** Soll etwa der dem Blinden gleich sein, der weiß, daß es die Wahrheit ist, was von deinem Herrn zu dir hinabgesandt wurde? Nur die Verständigen lassen sich ermahnen. **20.** Jene, die ihr Versprechen gegenüber Allah halten und ihre Verpflichtungen nicht brechen, **21.** Und die verbinden, was Allah zu verbinden geboten hat, und die ihren Herrn fürchten und Furcht vor einer schlimmen Abrechnung haben, **22.** Und die im Verlangen nach dem Angesicht ihres Herrn standhaft bleiben und das Gebet verrichten und von dem, was Er ihnen beschert, im verborgenen und öffentlich spenden, und die das Böse mit Gutem abwehren – diese werden mit der Wohnung belohnt: **23.** Die Gärten von Eden, in die sie eintreten sollen wie auch die Rechtschaffenen von ihren Vorvätern, ihren Frauen und ihrer Nachkommenschaft. Und die Engel sollen zu ihnen durch sämtliche Tore eintreten (und sprechen):

24. »Frieden sei mit euch, weil ihr in Geduld standhaft geblieben seid!« Und herrlich ist die Belohnung mit der (jenseitigen) Wohnung. **25.** Diejenigen aber, welche ihre Verpflichtungen gegenüber Allah brechen, nachdem sie sie eingegangen waren, und zerreißen, was Allah zu verbinden geheißen hat, und Unheil auf Erden stiften – sie erwartet Zurückweisung und eine üble Wohnstatt. **26.** Allah versorgt reichlich, wen Er will, oder bemißt Seine Wohltaten. Und sie erfreuen sich des irdischen Lebens, obwohl das irdische Leben im Vergleich zum Jenseits doch nur ein Nießbrauch ist. **27.** Und die Ungläubigen sagen: »Warum ist kein Wunderzeichen von seinem Herrn auf ihn hinabgesandt worden?« Sprich: »Allah läßt irregehen, wen Er will, und leitet zu Sich, wer sich reumütig bekehrt, **28.** Diejenigen, welche glauben und deren Herzen im Gedenken an Allah in Frieden sind – sollten die Herzen im Gedenken an Allah denn nicht in Frieden sein?

[253]**29.** Diejenigen, welche glauben und das Rechte tun: Sie erwartet Glückseligkeit und die schönste Heimkehr.« **30.** So entsandten Wir dich zu einem Volk, dem andere Völker vorausgegangen waren, damit du ihnen vorträgst, was Wir dir offenbarten. Doch sie glauben nicht an den Erbarmer. Sprich: »Er ist mein Herr. Es gibt keinen Gott außer Ihm. Auf Ihn vertraue ich, und Ihm wende ich mich zu.« **31.** Selbst wenn es einen Koran gäbe, mit dem Berge versetzt oder die Erde gespalten oder die Toten zum Reden gebracht werden könnten, glaubten sie nicht. Aber nein! Allah alleine entscheidet über alle Dinge. Wissen die Gläubigen etwa nicht, daß Allah alle Menschen rechtleiten würde, wenn Er es wollte? Katastrophen werden die Ungläubigen immer wieder treffen oder sich nahe bei ihren Wohnungen einstellen, bis Allahs Verheißung sich erfüllt. Wahrlich, Allah bricht Sein Versprechen nicht. **32.** Und schon vor dir wurden Propheten verspottet und gewährte Ich den Ungläubigen Aufschub. Dann erfaßte Ich sie – und wie war Meine Strafe! **33.** Ist denn Der, Der über das Wohl und Wehe eines jeden wacht, (ihren Mitgöttern gleich?) Gleichwohl geben sie Allah Gefährten! Sprich: »Gebt ihnen beliebige Namen!« Wollt ihr Ihm etwas mitteilen, das Er auf Erden nicht kennt? Oder sind es nicht doch nur leere Namen? Aber den Ungläubi-

gen erschien ihr Treiben verlockend, und so wichen sie vom Weg ab. Wen aber Allah irregehen läßt, der findet keinen Führer. **34.** Sie erhalten schon im irdischen Leben Strafe. Aber die Strafe des Jenseits ist wahrlich härter. Und sie werden gegen Allah keinen Beschützer finden.

[254]**35.** Das Paradies, das den Gottesfürchtigen verheißen wurde, gleicht folgendem: Es ist von Bächen durcheilt, und ständig gibt es dort Früchte und Schatten. Das ist der Lohn der Gottesfürchtigen. Doch der Lohn der Ungläubigen ist das Feuer. **36.** Und die, denen Wir die Schrift gaben, freuen sich über das, was zu dir hinabgesandt wurde. Doch es gibt Parteigänger, die einen Teil davon ablehnen. Sprich: »Mir wurde geboten, Allah alleine zu dienen und Ihm keine Partner an die Seite zu stellen. Zu Ihm bete ich, und Er ist mein Ziel.« **37.** Und so sandten Wir ihn als Richtschnur* in arabischer Sprache hinab. Und wahrlich, wenn du ihren Vorlieben folgen würdest, nachdem das Wissen zu dir gekommen ist, fändest du vor Allah weder Freund noch Beschützer. **38.** Und wahrlich, Wir entsandten Gesandte schon vor dir und gaben ihnen Gattinnen und Nachkommenschaft. Kein Gesandter konnte aber ohne Allahs Erlaubnis Wunder wirken. Jedes Zeitalter hat sein Buch. **39.** Allah löscht aus oder bestätigt, was Er will**, und bei Ihm ist die Quelle der Offenbarungen.*** **40.** Und ob Wir dich einen Teil von dem sehen lassen, was Wir ihnen androhten, oder ob Wir dich (zuvor) abberufen: Dir obliegt nur die Predigt. Und Uns obliegt die Abrechnung. **41.** Sehen sie denn nicht, daß Wir über ihr Land kommen und es von allen Seiten einschränken? Allah alleine richtet, und niemand kann Sein Urteil umstoßen. Und Er ist schnell im Abrechnen. **42.** Pläne schmiedeten schon, die vor ihnen lebten. Aber alles (wirksame) Planen steht alleine Allah zu, Der ja weiß, was jeder tut. Wahrlich, die Ungläubigen werden schon sehen, wem die Zukunft gehört.

* Als Kriterium zur Unterscheidung des Richtigen vom Falschen; Maßstab oder (Unterscheidungs-)Norm.

** Von Seinen dem Koran vorausgegangenen Offenbarungen; vgl. 2: 106.

*** Arabisch: »Umm al-Kitabi«, »Mutter des Buches«, auch »Urschrift des Korans«.

[255]**43.** Und die Ungläubigen sagen: »Du bist kein Gesandter!« Sprich: »Allah genügt mir als Zeuge zwischen mir und euch, und auch jeder, der Wissen vom Buch besitzt.«

14 Abraham (Ibrahim)

Geoffenbart zu Mekka

Im Namen Allahs, des Erbarmers, des Barmherzigen!

1. A.L.R. Dies ist ein Buch, das Wir zu dir hinabgesandt haben, damit du die Menschen mit deines Herrn Erlaubnis aus den Finsternissen zum Lichte führst, auf den Weg des Mächtigen, des Preiswürdigen, **2.** Allah, Dem gehört, was in den Himmeln und was auf Erden ist. Und wehe den Ungläubigen angesichts einer strengen Strafe, **3.**Denjenigen, die das irdische Leben mehr lieben als das Jenseits und von Allahs Weg abhalten und ihn abzubiegen suchen. Sie sind in tiefem Irrtum! **4.** Und Wir schickten keinen Gesandten, es sei denn in der Sprache seines Volkes, damit er sie (wirksam) aufkläre. Doch Allah läßt irregehen, wen Er will, und leitet recht, wen Er will. Und Er ist der Mächtige, der Weise. **5.** Fürwahr, Wir entsandten schon Moses mit Unseren Wunderzeichen: »Führe dein Volk aus den Finsternissen zum Licht und erinnere sie an die (kommenden) Tage Allahs.« Siehe, darin sind wahrlich Zeichen für alle in Geduld Standhaften und Dankbaren.

[256]**6.** Und als Moses zu seinem Volke sprach: »Gedenkt der Gnade Allahs gegen euch, als Er euch vor dem Volke Pharaos rettete, das euch mit schlimmer Plage heimsuchte und euere Söhne abschlachtete und (nur) euere Töchter leben ließ. Darin lag eine gewaltige Prüfung eueres Herrn. **7.** Und als euer Herr ankündigen ließ: ›Wahrlich, wenn ihr dankbar seid, will ich euch (noch) mehr geben. Seid ihr jedoch undankbar, dann ist Meine Strafe gewiß streng‹.« **8.** Und Moses sprach: »Wenn ihr auch undankbar seid, ihr und wer sonst auf Erden ist, wahrlich, Allah genügt Sich Selbst und ist jedes Lobes wert.« **9.** Kam zu euch nicht die Nachricht von jenen, die vor euch lebten, von dem Volke Noahs und der Ad und der Thamud, und von denen, die nach ihnen lebten? Allah allein kennt sie. Zu ihnen kamen ihre Gesandten mit deutlichen Beweisen,

doch sie bedeckten ihren Mund mit der Hand* und sprachen: »Wir glauben nicht an euere Sendung! Wir sind tatsächlich in starkem Zweifel über das, wozu ihr uns einladet.« **10.** Ihre Gesandten sprachen: »Gibt es etwa einen Zweifel an Allah, dem Schöpfer der Himmel und der Erde? Er ruft euch (in der Absicht), euch euere Sünden zu vergeben und euch bis zu einem bestimmten Termin Aufschub zu gewähren.« Sie aber antworteten: »Ihr seid nur Menschen wie wir. Ihr wollt uns von dem abwendig machen, was unsere Väter verehrten. Bringt uns einen deutlichen Beweis!«

[257]**11.** Ihre Gesandten sprachen zu ihnen: »Wir sind zwar nur Menschen wie ihr. Jedoch ist Allah gnädig, gegen wen von Seinen Dienern Er will. Und es ist nicht an uns, euch einen Beweis zu bringen, außer mit Allahs Erlaubnis. Und auf Allah sollen die Gläubigen vertrauen. **12.** Und warum sollten wir nicht Allah vertrauen, da Er uns doch unseren Weg bereits gezeigt hat? Wahrlich, wir wollen geduldig ertragen, was ihr uns an Leid zufügt, und Allah sollen alle Vertrauenden vertrauen.« **13.** Die Ungläubigen sagten ihren Gesandten: »Wahrlich, wir werden euch bestimmt aus unserem Land vertreiben, es sei denn, ihr kehrt zu unserer Religion zurück.« Und ihr Herr offenbarte ihnen: »Wahrlich, Wir werden die Sünder ausmerzen, **14.** Und werden euch gewiß das Land noch nach ihnen bewohnen lassen. Das gilt für jeden, welcher Meine Gegenwart und Meine Drohungen fürchtet.« **15.** Und sie beteten um den Sieg, und ein jeder der trotzigen Rebellen wurde enttäuscht. **16.** Vor ihm liegt die Hölle, und er soll mit ekliger Brühe getränkt werden. **17.** Er soll sie hinunterschlucken und kaum hinunterbringen. Und der Tod soll von allen Seiten über ihn kommen, ohne daß er sterben könnte; und vor ihm liegt große Pein. **18.** Das Gleichnis derer, die nicht an ihren Herrn glauben, ist, daß ihre Werke gleich Asche sind, welche der Wind an einem stürmischen Tag zerstreut. Ihre Werke sollen ihnen nichts nützen. Tiefer kann man sich nicht verirren!

[258]**19.** Siehst du denn nicht, daß Allah die Himmel und die Erde in

* Als Zeichen ihrer Unfähigkeit, überzeugend zu antworten.

Wahrheit erschaffen hat? Wollte Er es, raffte Er euch fort und brächte eine neue Schöpfung, **20.** Und dies fiele Allah nicht schwer. **21.** Und vor Allah treten werden sie allesamt. Und die Schwachen werden zu den Anmaßenden sagen: »Seht, wir folgten euerem Beispiel. Wollt ihr nicht einen Teil der Strafe Allahs nun an unserer Stelle übernehmen?« Sie werden antworten: »Hätte uns Allah rechtgeleitet, hätten wir auch euch rechtgeleitet. Nun ist es gleich für uns, ob wir (mit unserem Los) ungeduldig oder geduldig sind. Es gibt für uns kein Entrinnen.« **22.** Und wenn das Urteil gefällt ist, wird Satan sprechen: »Seht, Allah gab euch ein wahres Versprechen. Ich versprach euch auch (manches), aber hinterging euch. Doch Gewalt hatte ich über euch nicht, sondern rief euch nur, und ihr habt auf mich gehört. Tadelt mich deshalb nicht, sondern tadelt euch selber. Ich kann euch keine Hilfe bringen, und ihr könnt mir nicht helfen. Siehe, ich hatte stets geleugnet, Allah gleich zu sein, Dem ihr mich beigesellt hattet.« Siehe, die, welche Unrecht begehen, trifft schmerzliche Strafe. **23.** Aber jene, die glaubten und das Rechte taten, werden in Gärten geführt, durcheilt von Bächen, um mit der Erlaubnis ihres Herrn ewig darin zu verweilen. Ihr Gruß dort ist: »Frieden!« **24.** Siehst du nicht, womit Allah ein gutes Wort vergleicht? Es ist gleich einem guten Baum, dessen Wurzel fest ist und dessen Zweige in den Himmel reichen

[259]**25.** Und der seine Ernte mit seines Herrn Erlaubnis zu jeder Zeit abwirft. So prägt Allah Gleichnisse für die Menschen, damit sie sich ermahnen lassen.**26.** Und das Gleichnis eines schlechten Wortes ist ein schlechter Baum, der aus dem Boden entwurzelt wurde und keine Festigkeit mehr hat. **27.** Festigen wird Allah die Gläubigen durch das festigende Wort, im irdischen Leben und im Jenseits. Doch Allah läßt die Ungerechten irregehen. Und Allah tut, was Er will. **28.** Sahst du nicht jene, welche Allahs Gnade mit dem Unglauben vertauschten und ihr Volk an die Stätte des Verderbens brachten? **29.** Die Hölle: Brennen sollen sie darin, und schlimm ist diese Stätte! **30.** Und sie stellten Allah andere als (angeblich) Seinesgleichen zur Seite, um von Seinem Weg in die Irre zu führen. Sprich: »Vergnügt euch nur, euere Fahrt führt doch in

das Feuer!« **31.** Sprich zu meinen Dienern, welche gläubig sind, sie sollen das Gebet verrichten und insgeheim und öffentlich von dem spenden, was Wir ihnen bescherten, bevor ein Tag kommt, an dem es weder Handel noch Freundschaft gibt. **32.** Allah ist es, Der die Himmel und die Erde erschuf. Und Er sendet vom Himmel Wasser nieder und lockt damit Früchte zu euerer Versorgung hervor. Und Er hat euch die Schiffe dienstbar gemacht, die auf Seinen Befehl das Meer durchpflügen. Und Er machte euch die Flüsse dienstbar. **33.** Und Er machte euch die Sonne und den Mond dienstbar, beide in rastlosem Lauf. Und dienstbar machte Er euch die Nacht und den Tag.

[260]**34.** Und Er gibt euch etwas von allem, um das ihr Ihn bittet. Und wenn ihr die Gnadenerweise Allahs aufzählen wolltet, könntet ihr sie nicht berechnen. Der Mensch ist wahrlich ungerecht und undankbar! **35.** Und als Abraham sprach:* »O mein Herr! Mache dieses Land sicher und bewahre mich und meine Kinder vor der Anbetung von Götzen. **36.** O mein Herr! Siehe, sie führten viele Menschen irre. Wer aber mir folgt, der gehört zu mir. Doch wer sich mir widersetzt – siehe, Du bist der Verzeihende, der Barmherzige. **37.** O unser Herr! Siehe, ich habe einen Teil meiner Nachkommenschaft in einem unfruchtbaren Tal bei Deinem unverletzlichen Hause** angesiedelt. O unser Herr! Mögen sie das Gebet verrichten! Und erfülle die Herzen der Menschen mit Liebe zu ihnen und versorge sie mit Früchten, damit sie Dir dankbar sein mögen. **38.** O unser Herr! Siehe, Du weißt, was wir verbergen und was wir offen tun; denn nichts auf Erden und im Himmel ist vor Allah verborgen. **39.** Gelobt sei Allah, Der mir in meinem Alter Ismael und Isaak schenkte! Siehe, mein Herr erhört wahrlich das Gebet! **40.** O mein Herr! Mache, daß ich und meine Kinder das Gebet verrichten. O unser Herr! Nimm mein Gebet an! **41.** O unser Herr! Vergib mir und meinen Eltern und den Gläubigen am Tage der Rechenschaft!« **42.** Meine bloß nicht, daß Allah das Verhalten der Ungerechten unbeachtet läßt. Siehe, Er säumt mit ihnen nur bis zum Tage, an dem die Blicke starr werden.

* Es folgt das »Gebet Abrahams«. ** Die Kaaba in Mekka.

[261]**43.** Herbeigeeilt kommen sie (dann) mit hochgerecktem Haupt, leerem Blick und ödem Herzen. **44.** Darum warne die Menschen vor dem Tage, an dem sie die Strafe ereilt. Da werden die Sünder sagen: »O unser Herr! Gib uns noch eine kurze Frist! Dann werden wir Deinem Ruf und den Gesandten folgen!« »Aber hattet ihr nicht zuvor geschworen, unvergänglich zu sein? **45.** Ihr wohntet doch in den Wohnungen derer, die gegen sich selber gesündigt hatten. Und ihr hattet doch erfahren, wie Wir mit ihnen verfuhren, indem Wir euch (an ihnen) ein Exempel gaben.« **46.** Sie planten ihre List. Aber über ihre List entscheidet (letztlich) Allah, und wären sie auch imstande, damit Berge zu versetzen. **47.** Meine nur nicht, daß Allah die Versprechen, die Er Seinen Gesandten gegeben hat, nicht hält. Siehe, Allah ist erhaben, der Herr der Vergeltung. **48.** An dem Tage, an welchem die Erde in eine neue Erde verwandelt wird und auch die Himmel, und sie* vor Allah treten, den Einen, den unvorstellbar Mächtigen, **49.** An dem Tage wirst du die Sünder in Fesseln zusammengekoppelt sehen, **50.** In Kleidern aus Pech. Und das Feuer wird über ihre Angesichter schlagen, **51.** Damit Allah jeden nach seinem Verdienst belohne. Siehe, Allah ist schnell im Rechnen. **52.** Dies ist eine Botschaft für die Menschen als Warnung für sie. Sie sollen hieraus erkennen, daß es nur einen einzigen Gott gibt. Und alle Verständigen mögen dies bedenken.

15 Al-Hidschr**

Geoffenbart zu Mekka

Im Namen Allahs, des Erbarmers, des Barmherzigen!

[262]**1.** A.L.R. Dies sind die Verse des Buches und des eindeutigen Korans. **2.** Oftmals werden die Ungläubigen wünschen, Muslime gewesen zu sein. **3.** Laß sie! Sollen sie nur schmausen und genießen und sich in falschen Hoffnungen wiegen. Sie werden schon sehen! **4.** Nie zerstörten Wir eine Stadt, ohne daß ihr eine Schrift bekanntgemacht

* Die Menschen.

** Name einer Region in Arabien.

worden wäre. **5.** Kein Volk kann seinen Termin vorverlegen oder verschieben. **6.** Und sie sagen: »O du, auf den die Warnung (angeblich) herabgesandt worden ist, du bist wahrlich besessen! **7.** Warum bringst du uns keine Engel, wenn du glaubwürdig bist?« **8.** Wir senden die Engel nur aus triftigem Grund. Aber dann gibt es für sie keinen Aufschub mehr! **9.** Wahrlich, Wir sandten die Ermahnung herab, und Wir wollen fürwahr ihr Bewahrer sein.* **10.** Und Wir entsandten (Gesandte) gewiß schon vor dir zu früheren Völkern. **11.** Aber nie kamen Gesandte zu ihnen, die sie nicht verspottet hätten. **12.** Gleiches lassen Wir (jetzt) in die Herzen der Frevler einziehen. **13.** Sie glauben nicht daran, obwohl sich das Schicksal der früheren Völker vollzogen hat. **14.** Selbst wenn Wir ihnen ein Tor des Himmels öffnen würden, beim Hinaufsteigen **15.** Würden sie doch sagen: »Unsere Blicke sind (nur) berauscht! Ja, wir sind bestimmt verzauberte Leute!«

[263]**16.** Wahrlich, Wir setzten Sternbilder in den Himmel und schmückten ihn für die Beschauer aus. **17.** Und Wir schützten ihn vor jedem verfluchten Satan, **18.** Außer vor einem verstohlenen Lauscher, den aber eine klar sichtbare Flamme verfolgt.** **19.** Und die Erde, Wir breiteten sie aus und verankerten festgegründete Berge auf ihr und ließen allerlei Dinge in abgewogenem Maß auf ihr wachsen. **20.** Und Wir gaben euch und denen, die ihr nicht versorgt, Nahrungsmittel von ihr. **21.** Und es gibt kein Ding, von dem Wir nicht gespeichert hätten. Aber Wir senden davon nur in bestimmtem Maße hinab. **22.** Und Wir entsenden die schwangeren Winde und dann Wasser vom Himmel und geben es euch zu trinken. Ihr aber hättet es nicht aufspeichern können. **23.** Und, siehe, Wir sind es, die das Leben geben und den Tod, und Wir sind die alles Beerbenden. **24.** Und wahrlich, Wir kennen unter euch diejenigen, die vorangehen, und kennen auch die, welche zurückblei-

* Verheißung der Bewahrung des authentischen Koran-Textes über alle Zeiten hinweg.

** Allegorische Feststellung, daß dem kosmologischen Forschungsdrang des Menschen Grenzen gesetzt sind.

ben. **25.** Doch dein Herr wird sie (alle) versammeln. Er ist fürwahr weise und wissend. **26.** Und wahrlich, Wir haben den Menschen aus trockenem Lehm, aus formbarem Schlamm, erschaffen. **27.** Und die Dschinn erschufen Wir zuvor aus dem Feuer des glühenden Windes. **28.** Und als dein Herr zu den Engeln sprach: »Seht, Ich erschaffe einen Menschen aus trockenem Lehm, aus formbarem Schlamm. **29.** Und wenn Ich ihn gebildet und ihm von Meinem Geist eingehaucht habe, dann werft euch vor ihm nieder!« **30.** Da warfen sich alle Engel insgesamt nieder, **31.** Außer Iblis; der wollte sich nicht niederwerfen.

[264]**32.** Er sprach: »O Iblis! Was ist mit dir, daß du dich nicht niedergeworfen hast?« **33.** Er sprach: »Nie werde ich mich vor einem Menschen niederwerfen, den Du aus trockenem Lehm, aus formbarem Schlamm, erschaffen hast.« **34.** Er sprach: »Weg mit dir! Du bist verflucht!* **35.** Fürwahr, der Fluch soll auf dir lasten bis zum Tage des Gerichts.« **36.** Er sprach: »Mein Herr! Gewähre mir Aufschub bis zum Tage der Erweckung.« **37.** Er sprach: »Wohlan, dieser Aufschub ist dir gewährt **38.** Bis zum Tage der festgesetzten Zeit.« **39.** Er sprach: »Mein Herr! Du hast mich abirren lassen; so will ich ihnen jetzt auf Erden (das Böse) anziehend machen und sie allesamt verführen, **40.** Außer Deinen auserwählten Dienern unter ihnen.« **41.** Er sprach: »(Auch) das ist für Mich ein zum Ziel führender (gerader) Weg.** **42.** Siehe, dir ist keine Macht über Meine Diener gegeben, außer über die Verführten, die dir folgen.« **43.** Und siehe, die Hölle ist ihnen allen verheißen. **44.** Sie hat sieben Tore, und jedes Tor ist für einen Teil von ihnen.*** **45.** Die Gottesfürchtigen aber kommen in Gärten und an Quellen: **46.** »Tretet ein in Frieden und Sicherheit!«

* Wörtlich: mit Steinen vertrieben. Nach der Überlieferung trieb Abraham den Satan mit Steinen fort, als er ihn an der Opferung Ismaels hindern wollte. Daher die symbolische Steinigung des Satans im Tal von Mina bei Mekka während der Pilgerfahrt.

** Auch der Satan erfüllt eine Rolle im Heilsplan, indem er den freien Willen des Menschen, die Wahl zwischen gut und böse, aktualisieren hilft.

*** Hieran knüpft die Spekulation, daß es sieben Grade der Hölle, je nach Schwere der Vergehen, geben könnte.

47. Und Wir wollen aus ihren Brüsten nehmen, was sich dort an Groll findet. So werden sie sich als Brüder fühlen, einander auf Polstern gegenüber sitzend. **48.** Müdigkeit wird sie dort nicht erfassen. Und sie sollen nie von dort vertrieben werden. **49.** Verkünde meinen Dienern, daß Ich wirklich der Verzeihende, der Barmherzige bin **50.** Und daß Meine Strafe eine schmerzliche Strafe ist. **51.** Und erzähle ihnen von Abrahams Gästen.

[265]**52.** Als sie bei ihm eintraten und »Frieden!« sagten, sprach er: »Seht doch, wir fürchten uns vor euch!« **53.** Sie sprachen: »Fürchte dich nicht! Siehe, wir verheißen dir einen klugen Sohn.« **54.** Er sprach: »Versprecht ihr mir dies, obwohl ich doch schon hohes Alter erreicht habe? Was verheißt ihr mir da?« **55.** Sie sprachen: »Wir versprechen es dir in Wahrheit; darum gib die Hoffnung nicht auf.« **56.** Er antwortete: »Wer gibt die Hoffnung seines Herrn auf Barmherzigkeit auf, außer den Irrenden?« **57.** Er fragte: »Und was ist euer Auftrag, ihr Sendboten?« **58.** Sie sprachen: »Siehe, wir sind zu einem frevelhaften Volk entsandt. **59.** Nur das Haus Lots wollen wir ganz retten, **60.** Außer seiner Frau; (von der Allah sagt:) ›Wir beschlossen ihr Zaudern‹.« **61.** Und als die Sendboten zum Hause Lots kamen, **62.** Bemerkte er: »Ihr seid wohl fremde Leute?« **63.** Sie sprachen: »Nein! Wir kommen zu dir mit dem, was sie ständig bezweifeln, **64.** Und bringen dir die Wahrheit. Wir sind gewiß wahrhaftig. **65.** Ziehe nun mit deiner Familie fort, bevor die Nacht vorüber ist, und gehe hinter ihnen her. Niemand von euch drehe sich um, sondern geht, wie es euch befohlen ist!« **66.** Und Wir gaben ihm den Befehl, weil jene am Morgen mit Stumpf und Stiel ausgemerzt werden sollten. **67.** Doch das Volk der Stadt kam hochgemut. **68.** Er sprach: »Seht, dies sind meine Gäste. Macht mir also keine Schande! **69.** Und fürchtet Allah, und macht mir keine Unehre!« **70.** Sie sagten: »Haben wir dir nicht Gäste – woher auch immer – verboten?"

[266]**71.** Er sprach: »Hier sind meine Töchter, wenn ihr es denn tun wollt.«* **72.** Bei deinem Leben! (o Lot.) In ihrer Trunkenheit torkelten

* Besser zu heiraten, als sich der Homosexualität hinzugeben. Dieser Sinn ergibt sich auch aus 11:78.

sie herum. **73.** Da erfaßte sie der Schrei bei Sonnenaufgang, **74.** Und Wir kehrten (in ihrer Stadt) das Oberste zuunterst und ließen Steine aus gebranntem Ton auf sie niederregnen. **75.** Hierin sind wahrlich Zeichen für die Einsichtigen! **76.** Und siehe, sie lagen an einer Straße, die noch vorhanden ist.* **77.** Hierin sind wahrlich Zeichen für die Gläubigen. **78.** Und auch die Waldbewohner** waren gewiß Sünder. **79.** Doch Wir suchten sie heim. Und wahrlich, sie (beide Städte) lagen an einer klar erkennbaren Straße. **80.** Und wahrlich, auch das Volk von Al-Hidschr zieh die Gesandten der Lüge. **81.** Wir brachten ihnen zwar Unsere Botschaft, doch sie wendeten sich davon ab. **82.** Und sie höhlten sich aus den Bergen sichere Wohnungen aus.*** **83.** Da überkam sie der Schrei am Morgen, **84.** Und alles, was sie erworben hatten, nützte ihnen nichts. **85.** Und Wir erschufen die Himmel und die Erde und was zwischen beiden ist nur in Wahrheit. Und wahrlich, die Stunde kommt! Vergib daher mit großer Nachsicht. **86.** Siehe, dein Herr ist der Schöpfer, der Wissende. **87.** Und wahrlich, schon haben Wir dir die sieben oft zitierten (Verse)**** und den erhabenen Koran gegeben. **88.** Richte deine Augen nicht neidisch auf das, was Wir einigen von ihnen gaben. Sei auch nicht über sie betrübt. Aber senke deine Fittiche über die Gläubigen. **89.** Und sprich: »Seht, ich bin nur der deutliche Warner« – **90.** (Vor einer Strafe,) wie Wir sie auf die hinabsandten, welche sich verschwörerisch abspalteten,

[267]**91.** Die den Koran zerstückeln.***** **92.** Doch, bei deinem Herrn, Wir werden sie wahrlich insgesamt zur Rechenschaft ziehen **93.** Für ihr Tun. **94.** So tue offen kund, was dir aufgetragen wurde, und

* Der Weg vom Hijaz nach Syrien, an dem Sodoma und Gomorrha lagen, ist aus der Luft noch erkennbar.

** Die Leute von Madyan.

*** Solche Felsenwohnungen finden sich noch heute in Mada'in Sâlih (Saudi-Arabien) und Petra (Jordanien).

**** Die 1. Sure, »al-Fatiha«.

***** Physisch oder organisatorisch. Oder: Den Koran als falsch darstellen. Oder: Nur bestimmte Teile des Korans akzeptieren.

wende dich von den Götzendienern ab. **95.** Siehe, Wir schützen dich vor den Spöttern, **96.** Welche Allah eine andere Gottheit zur Seite stellen. Aber sie werden schon sehen! **97.** Wahrlich, Wir wissen, daß deine Brust wegen ihrer Worte beklommen ist. **98.** Aber lobpreise deinen Herrn und werfe dich vor Ihm nieder. **99.** Und diene deinem Herrn, bis die Gewißheit* zu dir kommt.

16 DIE BIENE (AN-NAḤL)
Geoffenbart zu Mekka

Im Namen Allahs, des Erbarmers, des Barmherzigen!

1. Allahs Entscheidung trifft ein; darum wünscht sie nicht herbei. Preis sei Ihm! Und erhaben ist Er über das, was sie Ihm beigesellen. **2.** Er läßt die Engel Seinem Willen gemäß mit der göttlichen Eingebung herabkommen, auf wen von Seinen Dienern Er will: »Verkündet, daß es keinen Gott gibt außer Mir und fürchtet nur Mich.« **3.** Er hat die Himmel und die Erde in Wahrheit erschaffen. Erhaben ist Er über das, was sie Ihm zur Seite stellen. **4.** Er hat den Menschen aus einem Samentropfen erschaffen. Doch siehe, er ist intelligent und streitsüchtig. **5.** Und Er erschuf die Tiere für euch. Sie liefern euch Wärme und anderen Nutzen, und davon eßt ihr. **6.** Und ihr erfreut euch an ihrer Schönheit, wenn ihr sie abends eintreibt und morgens austreibt.

[268]**7.** Und sie tragen euere Lasten in Länder, die ihr sonst nicht ohne größte Mühe hättet erreichen können. Seht, euer Herr ist wahrlich gütig und barmherzig. **8.** Und (Er erschuf) die Pferde und die Kamele und die Esel, damit ihr auf ihnen reitet, und zum Schmuck. Und Er wird (manches) erschaffen, wovon ihr (heute) nichts wißt. **9.** Und an Allah ist es, den Weg zu zeigen; doch einige weichen von ihm ab. Doch wenn Er gewollt hätte, Er hätte euch wahrlich allesamt rechtgeleitet. **10.** Er ist es, Der euch vom Himmel Wasser niedersendet. Davon könnt ihr trinken, und davon wachsen die Bäume, unter denen ihr weiden laßt. **11.** Da-

* Oder: der Tod.

durch läßt Er euch Getreide und Ölbäume und Palmen und Reben und allerlei Früchte wachsen. Siehe, darin ist wahrlich ein Zeichen für nachdenkliche Leute. **12.** Und Er machte euch die Nacht und den Tag dienstbar; die Sonne, der Mond und die Sterne sind (euch) ebenfalls dienstbar, gemäß Seinem Befehl. Siehe, darin ist wahrlich ein Zeichen für einsichtige Leute. **13.** Und was Er euch auf Erden erschuf, verschieden an Farbe, darin ist fürwahr ein Zeichen für Leute, die sich ermahnen lassen. **14.** Und Er ist es, Der euch das Meer dienstbar machte, damit ihr frisches Fleisch daraus eßt und Schmuck daraus hervorholt, um ihn anzulegen. Und du siehst Schiffe es durchpflügen, damit ihr Seine Wohltaten zu erlangen suchen könnt und vielleicht dankbar seid.

[269]**15.** Und auf der Erde verankerte Er feste Berge, so daß sie nicht mit euch wanke und Flüsse und Wege zu euerer Orientierung **16.** Sowie (andere) Wegmarken; auch durch die Sterne finden sie die Richtung. **17.** Ist nun Der, Welcher erschafft, etwa gleich dem, der nichts erschafft? Bedenkt ihr es denn nicht? **18.** Und wenn ihr die Gnaden Allahs aufzählen wolltet, ihr könntet sie nicht beziffern. Allah ist wahrlich verzeihend und barmherzig. **19.** Und Allah weiß, was ihr verbergt und was ihr offenlegt. **20.** Aber jene, die sie neben Allah anrufen, erschaffen nichts, sondern sind erschaffen. **21.** Tot sind sie, ohne Leben. Und sie wissen nicht, wann sie erweckt werden. **22.** Euer Gott ist ein einziger Gott. Und jene, die nicht ans Jenseits glauben: ihre Herzen verleugnen es! Und sie sind hochmütig. **23.** Zweifellos kennt Allah, was sie verbergen und was sie offenlegen. Fürwahr, Er liebt die Hochmütigen nicht. **24.** Und wenn sie gefragt werden: »Was hat euer Herr herabgesandt?«, so sagen sie: »Fabeln aus alter Zeit!« **25.** Dafür sollen sie am Tage der Auferstehung ihre Lasten voll und ganz tragen und auch von den Lasten derer, die sie in ihrer Unwissenheit irreführten. Wird ihre Last nicht hart sein? **26.** Schon die, welche vor ihnen lebten, schmiedeten üble Pläne, doch packte Allah ihr Gebäude an den Grundmauern, so daß sein Dach auf sie herabstürzte und die Strafe über sie kam, ohne daß sie merkten woher!

[270]**27.** Dann wird Er sie am Tage der Auferstehung demütigen und zu ihnen sprechen: »Wo sind Meine Teilhaber, um deretwillen ihr euch

aufgelehnt habt?« Die, denen Wissen gegeben ist, werden dann sagen: »Wahrlich, Schande und Unheil trifft heute die Ungläubigen!« – **28.** Sünder wider sich selber, die von den Engeln abberufen werden. Dann werden sie unterwürfig sagen: »Wir haben nichts Böses getan!« »Aber nein! Allah weiß wohl, was ihr zu tun pflegtet! **29.** So tretet durch das Tor der Hölle ein, ewig darin zu bleiben. Und wahrlich, schlimm ist die Wohnung der Hochmütigen!« **30.** Auch zu denen, welche gottesfürchtig waren, wird gesprochen: »Was hat euer Herr hinabgesandt?« Sie werden antworten: »Gutes!« Diejenigen, die Gutes tun, erhalten Gutes im Diesseits. Aber die Wohnung des Jenseits ist besser. Und wahrlich, herrlich ist die Wohnung der Gottesfürchtigen, **31.** Die Gärten Edens, in die sie eintreten. Sie werden von Bächen durcheilt. Und sie erhalten dort, was sie nur wünschen. Also belohnt Allah die Gottesfürchtigen. **32.** Zu den Rechtschaffenen sprechen die Engel, wenn sie sie zu sich nehmen: »Frieden sei auf euch! Tretet ins Paradies ein für euere (guten) Taten.« **33.** Was anderes können sie erwarten, als daß die Engel (des Todes) zu ihnen kommen oder deines Herrn Befehl eintrifft? So verhielten sich auch die, welche vor ihnen lebten. Allah war nicht ungerecht gegen sie; vielmehr waren sie ungerecht gegen sich selber. **34.** Und es traf sie das Böse, das sie taten, und es umfaßte sie ringsum, was sie verspotteten.

[271]**35.** Und die, welche (Allah) Teilhaber geben, sprechen: »Wenn Allah gewollt hätte, hätten wir außer Ihm nichts angebetet, weder wir noch unsere Väter, und hätten nichts ohne Ihn verboten.« So sprachen auch die, welche vor ihnen lebten. Aber obliegt den Gesandten etwas anderes als öffentliche Predigt? **36.** Und wahrlich, Wir entsandten zu jedem Volke einen Gesandten: »Dient Allah und meidet die Götzen.«* Einige von ihnen leitete Allah recht und anderen war der Irrtum bestimmt. Aber geht umher und seht nur, wie das Ende der Leugner war. **37.** Auch wenn du wünschst, daß sie rechtgeleitet werden, so leitet Allah

* Arabisch: »taghut«. Jede Art von Idolen, falschen Gottheiten und Abhängigkeiten; siehe auch 2:257.

doch gewiß die nicht, welche Er irregehen ließ; und sie finden keinen Retter. **38.** Und sie schwören bei Allah den feierlichsten Eid: »Allah erweckt niemand, der gestorben ist.« Doch! Das ist eine wahre Verheißung – jedoch wissen es die meisten Menschen nicht. **39.** Er wird ihnen klarmachen, worüber sie uneins sind, damit die Ungläubigen wissen, daß sie Lügner waren. **40.** Wenn Wir ihr Dasein wollen, ist Unser Wort zu einer Sache lediglich zu ihr zu sprechen: »Sei!«, und sie ist. **41.** Und die ihr Land verließen, nachdem sie Allahs wegen Gewalt erlitten hatten, Wir wollen ihnen wahrlich eine schöne Wohnung im Diesseits geben, und der Lohn des Jenseits ist noch größer. Wüßten sie es nur, **42.** Jene, die in Geduld standhaft sind und auf ihren Herrn vertrauen!

[272]**43.** Auch vor dir entsandten Wir nur (sterbliche) Männer mit Unserer Offenbarung. Fragt nur diejenigen, welche (schon früher) Offenbarung erhalten hatten,* falls ihr es nicht wißt. **44.** (Wir entsandten sie) mit den deutlichen Beweisen und göttlichen Schriften. Und dir offenbarten Wir den Koran,** damit du den Menschen erklärst, was ihnen hinabgesandt wurde, so daß sie es bedenken. **45.** Sind denn die, welche Übles planen, davor sicher, daß Allah sie nicht in die Erde versinken läßt oder daß die Strafe über sie kommt, ohne daß sie es ahnen? **46.** Oder daß Er sie mitten in ihrer Beschäftigung ergreift, ohne daß sie etwas dagegen tun können? **47.** Oder daß Er sie nach und nach hinrafft? Doch euer Herr ist fürwahr gütig und barmherzig. **48.** Haben sie denn nicht gesehen, daß alles, was Allah erschaffen hat, seinen Schatten einmal nach rechts und einmal nach links erstreckt und sich so vor Allah niederwirft und demütigt? **49.** Und vor Allah wirft sich nieder, was in den Himmeln und was auf Erden ist, körperliche Lebewesen ebenso wie Engel, und sie sind nicht zu stolz. **50.** Sie fürchten ihren Herrn, der hoch über ihnen ist, und tun, was ihnen befohlen wird. **51.** Und Allah hat gesprochen: »Nehmt euch nicht zwei Götter! – Denn, wahrlich, Er ist ein einziger

* Arabisch »Ahl al-dhikri« (Volk der Ermahnung) – die Juden und Christen, die in ihren Schriften Ermahnung erhalten hatten.

** Wörtlich: Die Ermahnung.

Gott. Darum verehrt nur Mich!« **52.** Und Sein ist, was in den Himmeln und auf Erden ist, und Ihm gebührt ständiger Gehorsam. Wollt ihr einen anderen als Allah fürchten? **53.** Und ihr habt nichts Gutes, das nicht von Allah wäre. Wenn euch ein Übel trifft, fleht ihr daher zu Ihm um Hilfe. **54.** Wenn Der euch jedoch von dem Übel befreit hat, siehe, dann stellt ein Teil von euch seinem Herrn Partner zur Seite,

[273]**55.** So daß sie für das, was Wir ihnen gaben, undankbar sind. Genießt es nur, ihr werdet schon sehen! **56.** Und sie widmen dem, das sie nicht kennen,* einen Anteil dessen, womit Wir sie versorgen. Bei Allah, ihr sollt wahrlich für euere Erfindungen zur Rechenschaft gezogen werden! **57.** Und sie schreiben Allah Töchter zu – gepriesen sei Er! –, sich selbst aber, was sie begehren.** **58.** Doch wenn einem von ihnen eine Tochter angekündigt wird, dann verdüstert sich sein Gesicht, und er hadert mit sich. **59.** Er verbirgt sich wegen dieser schlechten Nachricht vor den Leuten: Soll er diese Schande behalten oder in der Erde vergraben?*** Ist ihr Urteil nicht falsch? **60.** Diejenigen, welche nicht an das Jenseits glauben, sind von schlechtem Wesen. Allah hingegen hat alle Eigenschaften in Vollkommenheit, und Er ist der Edle, der Weise. **61.** Wenn Allah die Menschen für alle ihre Sünden strafen würde, würde Er nichts, was sich regt, auf Erden belassen. Jedoch Er gewährt ihnen bis zu einem bestimmten Termin Aufschub. Doch wenn ihr Termin gekommen ist, können sie ihn weder um eine Stunde verschieben noch beschleunigen. **62.** Und sie schreiben Allah zu, was ihnen selbst mißfällt, und behaupten lügenhaft, daß für sie das Beste bereitstehe. Zweifellos steht für sie das Feuer bereit, und sie sollen hineingejagt werden. **63.** Bei Allah! Wir schickten schon vor dir Gesandte zu den Völkern. Doch Satan ließ ihnen ihre Werke verlockend erscheinen. So ist er heute ihr Beschützer. Doch sie wird schmerzliche Strafe treffen. **64.** Und Wir

* Den Götzen.

** Söhne.

*** Dies kam aus ökonomischen Gründen in vorislamischer Zeit in Arabien häufig vor. Heute werden Mädchen millionenfach gezielt abgetrieben.

sandten das Buch nur deshalb zu dir, damit du ihnen klarmachst, worüber sie uneins sind, und als Rechtleitung und Barmherzigkeit für Leute, die glauben.

[274]**65.** Und Allah sendet vom Himmel Wasser hinab und belebt damit die Erde nach ihrem Absterben. Siehe, darin ist wahrlich ein Zeichen für Leute, die zuhören. **66.** Seht, am Vieh habt ihr wahrlich eine Lehre. Wir geben euch von dem zu trinken, was zwischen Kot und Blut in ihren Leibern ist, reine Milch, köstlich zum Trinken. **67.** Und an den Früchten der Palmen und Rebstöcke, von denen ihr berauschende Getränke und gesunde Speise bekommt. Seht, darin ist wahrlich ein Zeichen für einsichtige Leute. **68.** Und dein Herr lehrte die B i e n e: »Baue dir Wohnungen in den Bergen, in den Bäumen und in dem, was sie (dafür) erbauen. **69.** Dann iß von allen Früchten und ziehe leichthin auf den Wegen deines Herrn.« Aus ihren Leibern kommt ein Trank von unterschiedlicher Farbe, der eine Arznei für die Menschen ist. Darin ist wahrlich ein Zeichen für Menschen, die nachdenken. **70.** Und Allah hat euch erschaffen. Dann läßt Er euch sterben, doch läßt Er einige von euch das gebrechlichste Alter erreichen, so daß sie nichts mehr von dem wissen, was sie einst gewußt haben. Siehe, Allah ist wissend und mächtig. **71.** Und Allah hat den einen von euch vor dem anderen im Lebensunterhalt bevorzugt. Und doch geben die Bevorzugten von ihrem Unterhalt nicht an die ab, die sie von Rechts wegen besitzen, so daß sie (wenigstens) in soweit gleich wären. Wollen sie denn die Gnade Allahs verleugnen? **72.** Und Allah gab euch Ehepartner aus euch selbst und gab euch durch euere (Ehe-)Partner Söhne und Enkel und versorgte euch mit Gutem. Wollen sie da an das Falsche glauben und Allahs Gnade verleugnen?

[275]**73.** Und sie verehren neben Allah, was ihnen von den Himmeln oder von der Erde nichts zur Versorgung geben kann und dazu völlig unfähig ist. **74.** Stellt daher mit Allah keinen Vergleich an. Seht, Allah weiß, doch ihr wißt nicht. **75.** Ein Gleichnis, geprägt von Allah: Ein leibeigener Sklave, der über nichts verfügt, und jemand, den Wir aufs beste versorgten und der davon insgeheim und öffentlich spendet. Sind diese beiden einander gleich? Gelobt sei Allah! Aber nein! Die meisten

Menschen verstehen es nicht. **76.** Und noch ein Gleichnis Allahs von zwei Männern: Der eine ist stumm und zu nichts imstande und für seinen Herrn eine Last, und er bringt nicht Gutes, wohin er ihn auch schickt. Ist er etwa dem gleich, der befiehlt, was Rechtens ist, und sich auf dem rechten Weg befindet? **77.** Und Allah allein hat Kenntnis vom Verborgenen in den Himmeln und auf Erden. Und über die Stunde wird innerhalb eines Augenblicks – oder noch schneller – entschieden. Siehe, Allah hat Macht über alle Dinge. **78.** Und Allah hat euch aus den Leibern euerer Mütter als ganz und gar Unwissende hervorgebracht. Doch Er gab euch Gehör und Gesicht, Verstand und Gemüt, damit ihr dankbar wäret. **79.** Sehen sie denn nicht die Vögel, wie sie Ihm im Himmelsraum dienstbar sind? Niemand außer Allah hält sie oben. Siehe, darin ist wahrlich ein Zeichen für gläubige Leute.

[276]**80.** Und Allah hat euch euere Häuser als Ruheplatz gegeben. Und Er gab euch die Häute des Viehs zum Zeltbau, leicht zu handhaben am Tag eueres Aufbruchs und am Tag eueres Lagerns; und ihre Wolle und ihren Pelz und ihre Haare (gab Er euch) als Gebrauchsgegenstände für einige Zeit. **81.** Und Allah gab euch Schutz durch das, was Er erschuf: in den Bergen Schlupfwinkel, Kleidung zum Schutz gegen die Hitze und Kleidung zum Schutz im Kampf. So vollendet Er Seine Gnade an euch, damit ihr gottergeben werdet. **82.** Und wenn sie sich abwenden: Dir obliegt nur die öffentliche Predigt. **83.** Sie erkennen Allahs Gnade, leugnen sie aber anschließend ab; und die meisten von ihnen sind ungläubig. **84.** Doch eines Tages werden Wir aus jedem Volk einen Zeugen herbeibringen*. Dann wird es den Ungläubigen nicht erlaubt sein, (sich zu entschuldigen,) noch umzukehren. **85.** Auch wenn die Übeltäter ihre Strafe gesehen haben, wird sie ihnen (auf ihr Flehen hin) nicht gelindert werden. Und sie werden keine Nachsicht finden. **86.** Und wenn diejenigen, welche (Allah) Gefährten beigesellten, ihre Gefährten sehen, werden sie sagen: »O unser Herr! Dies sind unsere Gefährten,** die wir

* Die zu ihnen zuvor entsandten Propheten.

** Sogenannte Heilige und sonstige »Vermittler«.

neben Dir anriefen.« Doch diese werden ihnen entgegnen: »Ihr seid ja (Selbst-)Betrüger!« **87.** Und an jenem Tage werden sie Allah ergeben sein, und ihre Phantasiegebilde werden ihnen entschwinden.

[277]**88.** Und diejenigen, die nicht glaubten und von Allahs Weg abwendig machten, sollen von Uns Strafe über Strafe dafür erhalten, daß sie Verderben stifteten. **89.** Und eines Tages werden Wir in jedem Volk einen Zeugen aus ihrer Mitte gegen sie aufrufen. Und Wir wollen dich als Zeugen gegen diese* bringen; denn Wir sandten das Buch auf dich herab als eine Erklärung aller Dinge und eine Rechtleitung, eine Barmherzigkeit und Heilsbotschaft für alle, die bereit sind, sich Allah hinzugeben. **90.** Siehe, Allah gebietet, Gerechtigkeit zu üben, Gutes zu tun und die Nahestehenden** zu beschenken. Und Er verbietet das Schändliche und Unrechte und Gewalttätige. Er ermahnt euch, euch dies zu Herzen zu nehmen. **91.** Und haltet euere Versprechen gegenüber Allah, wenn ihr welche eingegangen seid. Und brecht nicht euere Eide, nachdem ihr sie beschworen und Allah zu euerem Bürgen gemacht habt. Siehe, Allah weiß, was ihr tut. **92.** Und seid nicht wie jene, die ihr festgesponnenes Garn wieder auflösen, indem ihr Eide nur zum gegenseitigen Betrug leistet, nur weil eine Partei sich stärker als die andere glaubt. Siehe, Allah prüft euch dabei. Und wahrlich, am Tage der Auferstehung wird Er euch klarmachen, worüber ihr uneins seid. **93.** Und wenn Allah es gewollt hätte, hätte Er euch zu einer einzigen Gemeinde gemacht. Jedoch Er läßt irregehen, wen Er will, und leitet recht, wen Er will. Und wahrlich, ihr werdet für euer Tun zur Rechenschaft gezogen werden.

[278]**94.** Darum legt euere Eide nicht zu gegenseitigem Betrug ab. Sonst könnte euer Fuß ausgleiten, nachdem er fest verankert war, und könntet ihr Böses erleiden, weil ihr von Allahs Weg abspenstig gemacht habt. Euch trifft dann schwere Strafe. **95.** Und verkauft nicht euere Bindung an Allah um einen geringen Preis. Denn was bei Allah ist, ist besser für euch, sofern ihr es versteht. **96.** Was bei euch ist, vergeht, und was bei

* Die Ungläubigen seit Verkündung des Korans.

** Arabisch: »Dhu-l-qurba«. Dies sind nicht nur die Blutsverwandten.

Allah ist, besteht, und wahrlich, Wir werden den Standhaften ihren Lohn nach ihren besten Werken bemessen. **97.** Wer das Rechte tut und gläubig ist, sei es Mann oder Frau, dem werden Wir ein gutes Leben geben. Und Wir werden ihn nach seinen besten Werken belohnen. **98.** Und wenn du den Koran vorträgst, nimm deine Zuflucht zu Allah vor Satan, dem Verfluchten. **99.** Siehe, er hat keine Macht über die, welche gläubig sind und auf ihren Herrn vertrauen; **100.** Denn seine Macht reicht nur über die, welche seinen Beistand suchen und Ihm Gefährten geben. **101.** Und wenn Wir einen Vers durch einen anderen ersetzen* – und Allah weiß am besten, was Er hinabsendet –, sagen sie: »Du bist nur ein Dichter.« Aber die meisten von ihnen sind ohne Einsicht. **102.** Sprich: »Der Geist der Heiligkeit** hat ihn von deinem Herrn gebracht, in Wahrheit, um die Gläubigen damit zu stärken, und als eine Leitung und Heilsbotschaft für die Gottergebenen.«

[279]**103.** Und wahrlich, Wir wissen auch, daß sie behaupten: »Gewiß, ein Mensch bringt ihm das (alles) bei.« Die Sprache dessen, den sie meinen, ist jedoch eine fremde, und dies ist klare arabische Sprache. **104.** Siehe, jene, die nicht an Allahs Zeichen glauben – Allah leitet sie nicht, und ihnen steht schmerzliche Strafe bevor. **105.** Jene, die an Allahs Zeichen nicht glauben, ersinnen Lügen, und sie sind in der Tat Lügner. **106.** Wer Allah verleugnet, nachdem er an Ihn geglaubt hatte – es sei denn, er sei dazu gezwungen und sein Herz sei weiterhin fest im Glauben – wer also seine Brust dem Unglauben öffnet: auf sie soll Allahs Zorn kommen, und ihnen steht schwere Strafe bevor. **107.** Dies, weil sie das irdische Leben mehr liebten als das Jenseits und weil Allah die Ungläubigen nicht rechtleitet. **108.** Diese sind es, deren Verstand und Gemüt***, Gehör und Gesicht Allah versiegelt hat, und sie – sie sind die Achtlosen. **109.** Ohne Zweifel sind sie im Jenseits die Verlorenen.

* Derogation einer vorkoranischen Offenbarung durch einen Koranvers, so z.B. des biblischen Gebots der Steinigung von Ehebrechern.

** Gabriel wird hier so genannt (ar-ruh al-qudus).

*** Wörtlich: Herz (arabisch: »al-qalb«).

110. Dein Herr ist zu jenen, welche auswanderten, nachdem sie verfolgt worden waren, und dann kämpften und standhaft waren – siehe, dein Herr ist zu ihnen verzeihend und barmherzig.*

[280]**111.** Ein Tag wird kommen, an dem jeder nur sich selber rechtfertigen will. Und jedem wird dann nach seinem Verhalten vergolten. Und ihnen soll kein Unrecht geschehen. **112.** Und Allah prägt ein Gleichnis: Eine Stadt war sicher und in Frieden. Versorgung in Hülle und Fülle kam zu ihr von allen Seiten. Doch sie war gegenüber Allahs Wohltaten undankbar. Da ließ Allah sie umfassend Hunger und Furcht schmecken, (als Vergeltung) für ihr Tun. **113.** Und wahrlich, zu ihnen kam ein Gesandter aus ihren eigenen Reihen, aber sie bezichtigten ihn der Lüge. Da erfaßte sie die Strafe, weil sie unrecht taten. **114.** Eßt von dem, was euch Allah bescherte, das Erlaubte und Gute, und dankt für Allahs Wohltaten, falls ihr Ihm dient. **115.** Verboten hat Er euch nur das Verendete, Blut und Schweinefleisch und das, worüber (beim Schlachten) ein anderer als Allah angerufen wurde. Doch wenn jemand gezwungen wird, ohne danach zu verlangen oder in (absichtlicher) Übertretung, dann ist Allah gewiß verzeihend und barmherzig. **116.** Und sprecht nicht mit lügnerischer Zunge: »Das ist erlaubt, aber das ist verboten«, um über Allah Lügen zu ersinnen. Denjenigen, die gegen Allah Lügen ersinnen, ergeht es bestimmt nicht wohl. **117.** Ein kurzer Genuß, und schon trifft sie schmerzliche Strafe. **118.** Und den Juden verboten Wir das, worüber Wir dir zuvor berichtet haben.** Wir waren nicht ungerecht gegen sie, vielmehr waren sie gegen sich selber ungerecht.

[281]**119.** Dein Herr ist also zu denen, welche das Böse in Unwissenheit taten und danach sich bekehrten und besserten – dein Herr ist dann zu ihnen gewiß verzeihend und barmherzig. **120.** Abraham war fürwahr ein Vorbild der Tugend, gehorsam gegen Allah, lauter im Glauben und

* Beispiel für eine überzeitliche Aussage mit historischem Hintergrund, nämlich der Auswanderung der ersten Muslime von Mekka nach Medina: als zeitloses Vorbild.

** Sure 6: 146.

kein Götzendiener. **121.** Er war für Seinen Gnadenerweis dankbar, und Er erwählte ihn und leitete ihn auf einen geraden Pfad. **122.** So gaben Wir ihm im Diesseits Gutes. Und im Jenseits gehört er gewiß zu den Gerechten. **123.** Dann offenbarten Wir dir: »Folge der Religion Abrahams, des Lauteren im Glauben, der kein Götzendiener war!« **124.** Der Sabbat wurde denen verordnet, welche über ihn* uneins waren. Doch dein Herr wird gewiß am Tage der Auferstehung zwischen ihnen über das entscheiden, worüber sie uneins sind. **125.** Lade zum Weg deines Herrn mit Weisheit und schöner Ermahnung ein, und diskutiere mit ihnen auf die beste Art und Weise. Siehe, dein Herr weiß am besten, wer von Seinem Weg abgeirrt ist, und Er kennt am besten die Rechtgeleiteten. **126.** Und wenn ihr euch rächen wollt, so rächt euch in dem Maße, in dem euch Böses zugefügt worden war. Wenn ihr es aber geduldig erduldet, ist dies besser für euch Geduldigen. **127.** Ertrage denn in Geduld; doch deine Geduld kommt alleine von Allah. Und betrübe dich nicht ihretwegen. Und mache dir keine Sorgen wegen ihrer Anschläge; **128.** Denn Allah ist mit denen, die Ihn fürchten und die Gutes tun.

17 Die Nachtreise (al-Isrâ')

Geoffenbart zu Mekka

Im Namen Allahs, des Erbarmers, des Barmherzigen!

[282]**1.** Gepriesen sei Der, Der seinen Diener des N a c h t s von der unverletzlichen Moschee zur fernsten Moschee führte,** deren Umgebung Wir gesegnet haben, um ihm einige von Unseren Zeichen zu zeigen. Wahrlich, Er ist der Hörende, der Schauende. **2.** Und Wir gaben Moses die Schrift und bestimmten sie zu einer Leitung für die Kinder Israels:

* Abraham. Oder: den Sabbat.

** Dies ist der einzige eindeutige Hinweis im Koran auf das mystische Erlebnis, das den Propheten im Jahre 621 von der Kaaba in Mekka zum Tempel Salomos in Jerusalem führte (isra') und von dort in den Himmel (mi'radsch). Vgl. dazu 53:2-18. Die Einzelheiten darüber finden sich im Hadith. Ob die Fahrt mit Seele und Leib stattfand, wird unterschiedlich beantwortet.

»Nehmt keinen an Meiner Stelle zum Beschützer, **3.** O ihr Nachkommenschaft derer, die Wir mit Noah (in der Arche) getragen hatten – er war fürwahr ein dankbarer Diener.« **4.** Und für die Kinder Israels bestimmten Wir in der Schrift: »Ihr werdet sicherlich auf der Erde zweimal Unheil anrichten und euch als höchst anmaßend erweisen.« **5.** Und als die Vorhersage für das erste der beiden Male eintraf, entsandten Wir Unsere Diener gegen euch mit gewaltiger Schlagkraft; und sie drangen in euere Wohnungen ein. So wurde die Drohung vollzogen.* **6.** Dann gaben Wir euch wiederum die Macht über sie** und mehrten euer Vermögen und euere Nachkommen und machten euch so zahlreich. **7.** Wenn ihr Gutes tut, tut ihr das Gute für euch selbst. Wenn ihr Böses tut, wirkt es gegen euch. Und als die Vorhersage das zweite Mal eintraf, ließen Wir euch zutiefst erniedrigen. Sie betraten euere Moschee, so wie das erste Mal, und zerstörten von Grund auf alles, was sie erobert hatten.***

[283]**8.** Möge euer Herr sich euer erbarmen! Aber tut ihr es wieder, so tun auch Wir es wieder. Und Wir haben die Hölle als Gefängnis für die Ungläubigen bestimmt. **9.** Dieser Koran leitet gewiß zu dem, was richtig ist, und verheißt den Gläubigen, die das Rechte tun, großen Lohn, **10.** Aber denen, die nicht an das Jenseits glauben, haben Wir schmerzliche Strafe bereitet. **11.** Und der Mensch erbittet Schlechtes so, wie er Gutes erbittet; denn der Mensch ist voreilig. **12.** Und Wir machten die Nacht und den Tag zu zwei Symbolen. Und Wir löschen das Symbol der Nacht und machen (so) das Symbol des Tages sichtbar, damit ihr nach der Gnade eueres Herrn trachtet und die Zahl der Jahre und die Berechnung (der Zeit) kennt. Und jedes Ding haben Wir deutlich erklärt. **13.** Und jedem Menschen haben Wir sein Los**** an seinem Hals befestigt. Und am Tage der Auferstehung wollen Wir für ihn ein Buch

* Möglicherweise die babylonische Eroberung und Entvölkerung Jerusalems in den Jahren 597 bzw. 586 vor Jesus.

** Nach dem babylonischen Exil (ca. 520 vor Jesus).

*** Zerstörung des 2. Tempels im Jahre 70 nach Jesus durch die Römer.

**** Wörtlich: Vogel, da das Schicksal aus dem Vogelflug gedeutet worden war.

holen, das ihm geöffnet vorgelegt werden soll: **14.** »Lies dein Buch! Du sollst heute selbst über dich Rechenschaft ablegen.« **15.** Wer rechtgeleitet ist, ist nur zu seinem eigenen Besten rechtgeleitet. Und wer sich irreführen läßt, geht allein zu seinem eigenen Schaden in die Irre. Und keine beladene Seele trägt die Last einer anderen. Und Wir bestrafen nicht, bevor Wir einen Gesandten geschickt haben. **16.** Und wenn Wir eine Stadt zerstören wollen, ergeht Unsere (letzte) Warnung an die üppig darin Lebenden. Wenn sie weiter freveln, erfüllt sich der Richtspruch an ihr, und Wir zerstören sie von Grund aus. **17.** Und wie viele Geschlechter vertilgten Wir nach Noah! Denn dein Herr kennt und sieht die Sünden Seiner Diener zur Genüge.

[284]**18.** Wer das Vergängliche begehrt, dem geben Wir schnell das, was Wir wollen, dem, dem es Uns beliebt. Dann bestimmen Wir für ihn die Hölle, in der er brennen soll, geschändet und verstoßen. **19.** Wer aber das Jenseits begehrt und eifrig nach ihm strebt und gläubig ist – denen wird ihr Eifer gedankt. **20.** Alle wollen Wir versorgen, diese und jene, mit den Gaben deines Herrn; denn die Gaben deines Herren werden niemand vorenthalten. **21.** Schau, wie Wir die einen vor den anderen (auf Erden) begünstigten. Doch das Jenseits hat größere Rangstufen und größere Auszeichnungen. **22.** Setze Allah keine andere Gottheit zur Seite, damit du nicht, mit Schimpf bedeckt und verlassen, zurückbleibst. **23.** Dein Herr hat bestimmt, daß ihr Ihn alleine anbeten sollt und daß ihr gegen euere Eltern gütig seid, auch wenn der eine von ihnen oder beide bei dir ins hohe Alter kommen. Sag daher nicht »Pfui!« zu ihnen und schelte sie nicht, sondern rede mit ihnen auf ehrerbietige Weise. **24.** Und bedecke sie demütig mit den Flügeln der Barmherzigkeit und bitte: »O mein Herr! Erbarme dich beider so (barmherzig), wie sie mich aufzogen, als ich klein war!« **25.** Euer Herr weiß sehr wohl, was in eueren Herzen ist. Wenn ihr rechtschaffen seid – siehe, Er vergibt denen, die bußfertig zu Ihm zurückkehren. **26.** Und gib dem Verwandten, was ihm gebührt, und dem Armen und dem Reisenden; doch verschleudere nicht wie ein Verschwender. **27.** Siehe, die Verschwender sind des Teufels Brüder, und Satan war seinem Herrn undankbar.

[285]**28.** Und wenn du dich von ihnen abwenden mußt – im Trachten nach deines Herrn erhoffter Barmherzigkeit –, dann sprich (wenigstens) freundlich mit ihnen.* **29.** Und laß deine (Geber-)Hand nicht an deinen Hals gefesselt sein, aber öffne sie auch nicht so weit, daß du tadelnswürdig und verarmt dasitzt. **30.** Siehe, dein Herr gewährt Unterhalt reichlich oder beschränkt, wem Er will. Siehe, Er kennt und sieht Seine Diener. **31.** Und tötet euere Kinder nicht aus Furcht vor Verarmung. Wir werden sowohl sie wie euch versorgen. Sie zu töten ist wahrlich eine große Sünde.** **32.** Und kommt der Unzucht nicht nahe. Das ist fürwahr etwas Schändliches und ein übler Weg. **33.** Und tötet keinen Menschen – Allah hat Leben unverletzlich gemacht –, es sei denn mit Berechtigung. Wurde aber jemand rechtswidrig getötet, so geben Wir seinem nächsten Verwandten Vollmacht (zur Vergeltung). Doch er sei im Töten (der Mörder) nicht maßlos. (Unsere) Hilfe ist ihm gewiß. **34.** Und bleibt dem Vermögen der Waise fern, außer zu ihrem Besten, bis sie das Alter der Reife erlangt hat. Und haltet die Verträge. Siehe, für Verträge werdet ihr zur Rechenschaft gezogen. **35.** Und gebt volles Maß, wenn ihr meßt, und wägt mit richtiger Waage. So ist es vorteilhaft und letzten Endes das Beste. **36.** Und befasse dich mit nichts, wovon du kein Wissen hast. Seht, Gehör, Gesicht und Herz, alles wird dafür zur Rechenschaft gezogen. **37.** Und stolziere nicht überheblich auf Erden herum. Du kannst doch bestimmt die Erde nicht spalten und die Berge nicht an Höhe erreichen. **38.** Das Übel all dessen ist bei deinem Herrn verhaßt.

[286]**39.** Dies ist Teil dessen, was dir dein Herr an Weisheit offenbarte. Und setze Allah keine andere Gottheit zur Seite, sonst wirst du in die Hölle geworfen, getadelt und verstoßen. **40.** Hat denn euer Herr gerade für euch Söhne ausersehen und Sich aus den Engeln Töchter*** genommen? Ihr sagt da wirklich etwas Ungeheuerliches! **41.** Siehe, Wir haben

* Wer wegen eigener Bedürftigkeit nicht anders helfen kann.

** Damit ist auch Abtreibung aus sozialer Indikation nicht erlaubt.

*** Vorislamische Araber stellten sich weibliche Engel als niedrige Gottheiten vor.

in diesem Koran Unsere Botschaft mannigfaltig dargelegt, damit sie es überdenken; aber es vermehrt nur ihren Widerwillen. **42.** Sprich: »Gäbe es neben Ihm noch Götter, wie sie behaupten, dann würden doch auch sie nach Zugang zum Herrn des Thrones trachten.« **43.** Gepriesen sei Er! Hoch erhaben ist Er über ihre Behauptungen! **44.** Ihn preisen die sieben Himmel und die Erde und wer immer darin ist. Nichts, das Ihn nicht lobpreist! Doch versteht ihr ihre Lobpreisung nicht. Siehe, Er ist nachsichtig und verzeihend. **45.** Wenn du den Koran verliest, legen Wir zwischen dich und die, die nicht an das Jenseits glauben, einen unsichtbaren Vorhang. **46.** Und auf ihre Herzen legen Wir Decken, so daß sie ihn nicht verstehen, und machen ihre Ohren schwerhörig. Und wenn du deinen Herrn im Koran als den Einzigen erwähnst, wenden sie ihren Rücken voll Abneigung. **47.** Wir wissen sehr wohl, worauf sie lauschen, wenn sie dir zuhören. Und wenn sie insgeheim miteinander reden, sagen die Missetäter: »Ihr folgt nur einem verhexten Mann!« **48.** Schau, womit sie dich vergleichen! Aber sie irren sich und vermögen keinen Weg zu finden. **49.** Und sie sagen: »Wenn wir zu Knochen und Staub geworden sind, sollen wir dann etwa in einer neuen Schöpfung wiedererstehen?«

[287]**50.** Sprich: »Selbst wenn ihr aus Stein oder Eisen **51.** Oder einem sonstigen erschaffenen Stoff wärt, der euch schwer (zu beleben) dünkt.« Und sie werden fragen: »Wer wird uns zurückbringen?« Sprich: »Er, Der euch das erste Mal erschuf.« Da werden sie vor dir den Kopf schütteln und fragen: »Wann geschieht denn das?« Sprich: »Vielleicht geschieht es bald.« **52.** Eines Tages wird Er euch rufen, und ihr werdet Ihm mit Lobpreisung antworten und glauben, ihr hättet nur kurze Zeit verweilt. **53**. Und sage Meinen Dienern, sie sollen stets freundlich sprechen.* Denn der Satan sucht unter ihnen Streit zu stiften. Fürwahr, der Satan ist ein offenkundiger Feind der Menschen. **54.** Euer Herr kennt euch sehr wohl. Wenn Er will, erbarmt Er sich euer, und wenn Er will, bestraft Er euch. Und Wir haben dich nicht als ihren Wächter gesandt. **55.** Und dein Herr kennt jeden, der in den Himmeln und auf der Erde ist. Und

* In jeder Situation, nicht nur mit Ungläubigen.

wahrlich, Wir bevorzugten einige Propheten vor anderen. Und Wir gaben David die Psalmen. **56.** Sprich: »Ruft nur diejenigen an, die ihr euch neben Ihm vorstellt. Sie sind doch außerstande, euch von dem Übel zu befreien oder es abzulenken.« **57.** Diejenigen, die sie anrufen, suchen selbst die Nähe ihres Herrn – selbst die, die Ihm am nächsten stehen – und hoffen auf Seine Barmherzigkeit und fürchten Seine Strafe. Die Strafe deines Herrn ist in der Tat zu fürchten. **58.** Und es gibt keine (sündige) Stadt, die Wir nicht vor dem Tage der Auferstehung vernichten oder doch streng bestrafen wollen. Das ist in dem Buch verzeichnet.

[288]**59.** Und nichts hinderte Uns, Wunder zu schicken, außer daß frühere Generationen sie als Lüge bezeichnet hatten. So gaben Wir den Thamud die Kamelin als sichtbares Zeichen, und sie versündigten sich dagegen. Und Wir schicken Wunder nur zur Warnung. **60.** Und Wir sprachen zu dir: »Siehe, dein Herr umfängt die ganze Menschheit.« Und Wir bestimmten, daß die Vision, die Wir dich sehen ließen,* eine Prüfung für die Menschen sei, ebenso wie der verfluchte Baum im Koran**. Wir warnen sie, aber es bestärkt sie nur in ihrer großen Ruchlosigkeit. **61.** Und als Wir zu den Engeln sprachen: »Werft euch vor Adam nieder!«, da warfen sich alle nieder bis auf Iblis. Er sagte: »Soll ich mich vor einem niederwerfen, den Du aus Ton erschaffen hast?« **62.** Er fügte hinzu: »Was hältst Du von diesem da, den Du höher einstufst als mich? Wahrlich, wenn Du mir bis zum Tage der Auferstehung Zeit gibst, will ich seine Nachkommenschaft bis auf wenige in meine Gewalt bringen.« **63.** Er sprach: »Hinfort! Wer von ihnen dir folgt – die Hölle soll euer Lohn sein, ein reichlicher Lohn. **64.** Verführe nun mit deiner Stimme, wen von ihnen du kannst. Und bedränge sie mit Roß und Reitern von dir, und sei ihr Teilhaber an Vermögen und Kindern, und mache ihnen Versprechungen.« Aber was ihnen der Teufel verspricht, ist nur Trug. **65.** »Über Meine

* Die Nachtreise bzw. Himmelsreise des Propheten (vgl. oben Vers 1).

** Der Höllenbaum az-Zaqqum, dessen tödliche Früchte Speise der Verdammten sind, vgl. Sure 37: 62 ff. und 44: 43 ff.

Diener hast du gewiß keine Gewalt!« Und dein Herr genügt als Beschützer. **66.** Euer Herr ist es, der die Schiffe für euch auf dem Meer vorwärtstreibt, auf daß ihr nach Seinen Gaben trachtet. Siehe, Er ist gegen euch barmherzig.

[289]**67.** Und wenn ihr auf dem Meer in Not geratet, lassen euch jene, die ihr außer Ihm anruft, im Stich. Hat Er euch aber ans Land gerettet, dann wendet ihr euch ab. Der Mensch ist wirklich undankbar. **68.** Seid ihr denn davor sicher, daß Er euch nicht in die Erde versinken läßt oder einen (tödlichen) Sandsturm gegen euch schickt? Dann fändet ihr keinen Beschützer für euch. **69.** Oder seid ihr davor sicher, daß Er euch nicht ein weiteres Mal auf das Meer hinausführt und einen Sturm gegen euch losläßt und euch für euere Undankbarkeit ertrinken läßt? Dann fändet ihr keinen Helfer gegen Mich. **70.** Und wahrlich, Wir zeichneten die Kinder Adams aus und trugen sie über Land und See und versorgten sie mit guten Dingen und bevorteilten sie gegenüber den meisten Unserer Geschöpfe. **71.** Eines Tages werden Wir alle Menschen mit ihren jeweiligen Führern rufen. Und jene, denen ihr Buch in ihre Rechte gegeben wird, werden es (mit Freude) lesen. Sie werden nicht einmal um ein Fädchen Unrecht erleiden. **72.** Doch wer im Diesseits blind gewesen ist, der wird auch im Jenseits blind sein und noch mehr vom Weg abirren. **73.** Und siehe, fast hätten sie dich in Versuchung gebracht, von dem abzuweichen, was Wir dir offenbart hatten, indem du etwas anderes über Uns erdichtest; und dann hätten sie dich wahrlich zum Freund genommen.* **74.** Und wenn Wir dich nicht gefestigt hätten, hättest du dich ihnen beinahe ein wenig zugeneigt. **75.** Dann hätten Wir dich gewiß, im Leben wie im Tod, die doppelte Strafe kosten lassen. Und dann hättest du keinen Beistand gegen Uns gefunden.

[290]**76.** Und wahrlich, fast hätten sie dich zum Verlassen des Landes bewogen, um dich (endgültig) daraus zu vertreiben. Aber dann wären

* Die Mekkaner hatten Muhammad als Kompromiß angeboten, ihn als ihren Führer anzuerkennen, falls er ihnen ihre Gottheiten beließe.

sie selbst nur noch kurze Zeit nach dir dort geblieben.* **77.** So wurde mit denen Unserer Gesandten verfahren, die Wir vor dir entsandten. Und du wirst keine Änderung in Unserem Vorgehen finden. **78.** Verrichte das Gebet vom Neigen der Sonne an bis zum Dunkel der Nacht und lies den Koran am Morgen.** Rezitation am Morgen hat Zeugen! **79.** Und bringe auch einen Teil der Nacht wach damit zu, als freiwilliger (Gottes-)Dienst. Vielleicht erweckt dich dein Herr zu einem erhabenen Rang! **80.** Und sprich: »O mein Herr! Laß meinen Eingang aufrichtig und wahr sein und meinen Ausgang aufrichtig und wahr sein und gewähre mir deine hilfreiche Macht.« **81.** Und sprich: »Gekommen ist die Wahrheit und vergangen das Falsche. Das Falsche ist fürwahr vergänglich.« **82.** Und Wir senden vom Koran hinab, was eine Heilung und eine Barmherzigkeit für die Gläubigen ist; den Missetätern aber bringt es noch mehr Verderben. **83.** Und wenn Wir dem Menschen Gnade erweisen, wendet er sich ab und hält sich abseits. Doch wenn ihn ein Übel trifft, verzweifelt er. **84.** Sprich: »Jeder handelt auf seine Weise. Und euer Herr weiß sehr wohl, wer auf dem rechten Weg ist.« **85.** Und sie werden dich über den Geist*** befragen. Sprich: »Der Geist ist eine Angelegenheit meines Herrn. Aber ihr habt nur wenig Wissen darüber.« **86.** Und wahrlich, wollten Wir, so nähmen Wir weg, was Wir dir geoffenbart haben. Dann fändest du für dich keinen Beschützer gegen Uns

[291]**87.** Außer der Barmherzigkeit deines Herrn. Siehe, Seine Huld gegen dich ist groß. **88.** Sprich: »Wahrlich, selbst wenn sich Menschen und Dschinn zusammentäten, um einen Koran wie diesen hervorzubringen, brächten sie nichts Gleiches hervor, auch wenn die einen den

* Eine Vorhersage des Todes vieler edler Mekkaner in der Schlacht von Badr kurz nach Muhammads Emigration.

** Dieser Vers umschreibt die Zeiten, an denen die fünf täglichen rituellen Gebete der Muslime zu verrichten sind – von der Mittagszeit bis kurz vor Sonnenaufgang.

*** Unter »Geist« (arab.: »ar-ruh«) kann auch Atem, Inspiration, göttliche Eingebung, Engel und Seele verstanden werden.

anderen beistünden.« ⋆ **89.** Und wahrlich, Wir haben den Menschen in diesem Koran allerlei Gleichnisse dargelegt, aber die meisten Menschen wollen am Unglauben festhalten. **90.** Und sie sagen: »Wir glauben dir niemals, ehe du uns nicht aus der Erde eine Quelle hervorsprudeln läßt; **91.** Oder bis du einen Palmen- und Rebgarten besitzt, in dessen Mitte du Bäche hervorsprudeln läßt; **92.** Oder bis du, wie du behauptest, den Himmel in Stücken auf uns niederfallen läßt oder Allah und die Engel uns gegenüberstellst; **93.** Oder bis du ein Haus aus Gold besitzt oder in den Himmel aufsteigst; und wir wollen nicht eher an dein Hinaufsteigen glauben, als bis du uns ein Buch herabkommen läßt, das wir lesen können.« Sprich: »Preis sei meinem Herrn! Bin ich mehr als ein Mensch, als ein Gesandter?« **94.** Und nichts hindert die Menschen am Glauben, wenn die Rechtleitung zu ihnen gekommen ist, außer ihr Einwand: »Hat Allah nur einen Menschen entsandt?« **95.** Sprich: »Wenn es auf Erden üblicherweise Engel gäbe, dann hätten Wir ihnen vom Himmel einen Engel als Gesandten hinabgeschickt.« **96.** Sprich: »Allah genügt als Zeuge zwischen mir und euch. Siehe, Er kennt und sieht Seine Diener.«

[292]**97.** Und wen Allah leitet, der ist der Rechtgeleitete. Und wen Er irregehen läßt – nimmer findest du Helfer für sie außer Ihm. Und am Tage der Auferstehung werden Wir sie versammeln, auf ihren Gesichtern, blind, stumm und taub. Und ihre Herberge soll die Hölle sein. Sooft sie nachläßt, werden Wir die Flamme wieder anfachen. **98.** So ist ihr Lohn, weil sie nicht an Unsere Zeichen glaubten und sprachen: »Wenn wir zu Knochen und Staub geworden sind, sollen wir dann wieder als ein neues Geschöpf erstehen?« **99.** Aber sehen sie denn nicht, daß Allah, Der die Himmel und die Erde erschaffen hat, imstande ist, ihresgleichen neu zu schaffen? Und Er hat für sie einen Termin bestimmt, an dem kein Zweifel ist. Aber die Sünder verwerfen alles, nur nicht den Unglauben. **100.** Sprich: »Besäßet ihr auch alle Schätze der Wohltätigkeit meines Herrn, wahrlich, ihr würdet damit knauserig sein, aus Furcht, zuviel aus-

⋆ Die Unnachahmlichkeit des Korans ('idschaz) ist das Bestätigungswunder des Propheten und damit des Islam.

zugeben; denn der Mensch ist geizig.« **101.** Und wahrlich, Wir gaben Moses neun deutliche Wunderzeichen. Erkundige dich nur bei den Kindern Israels. Und als er zu ihnen kam, sagte Pharao zu ihm: »O Moses! Ich halte dich fürwahr für verhext.« **102.** Er sprach: »Du weißt doch, daß niemand anders diese (Zeichen) herabgesandt hat als der Herr der Himmel und der Erde, als sichtbare Beweise. Und wahrlich, ich halte dich, o Pharao, für verloren.« **103.** Da suchte Pharao, sie aus dem Lande zu vertreiben. Aber Wir ließen ihn ertrinken und die bei ihm waren, allesamt. **104.** Und Wir sprachen nach seinem Tod zu den Kindern Israels: »Bewohnt das Land. Doch wenn die Verheißung des Jenseits Wirklichkeit wird, werden Wir euch in einer buntgemischten Menschenmenge* herbeibringen.«

[293]**105.** Und in voller Wahrheit haben Wir ihn** hinabgesandt, und in voller Wahrheit ist er herabgekommen. Und dich entsandten Wir nur als Freudenboten und Warner. **106.** Und Wir haben den Koran in Abschnitte geteilt, damit du ihn den Menschen nach und nach vorträgst. Und so offenbarten Wir ihn Schritt für Schritt. **107.** Sprich: »Glaubt daran oder glaubt nicht daran.« Jene jedenfalls, denen vordem Wissen gegeben wurde, fallen demütig auf ihr Antlitz nieder, wenn er ihnen verlesen wird, **108.** Und sprechen: »Preis sei unserem Herrn! Unseres Herrn Versprechen hat sich in der Tat erfüllt!« **109.** Und sie fallen weinend auf ihr Angesicht nieder, und er*** erhöht ihre Demut. **110.** Sprich: »Ruft Allah an oder ruft den Erbarmer**** an, wie ihr Ihn auch nennen mögt: Sein sind die schönsten Namen. Und bete nicht zu laut und auch nicht zu leise, sondern halte den Weg dazwischen ein.« **111.** Und sprich: »Gelobt sei Allah, Der sich weder einen Sohn genommen noch einen Teilhaber an Seiner Herrschaft hat, noch einen Beistand aus Schwäche.« Und rühme Seine Größe.

* Also nicht getrennt als »auserwähltes Volk«.

** Den Koran.

*** Der Koran.

**** Arab.: »ar-Rahman«, der am häufigsten gebrauchte der »Namen Gottes« bzw. Seiner Attribute der Vollkommenheit.

18 Die Höhle (al-Kahf)

Geoffenbart zu Mekka

Im Namen Allahs, des Erbarmers, des Barmherzigen!

1. Das Lob sei Allah, Der Seinem Diener das Buch herabsandte und es vor Zweideutigem bewahrt hat*. **2.** Es ist geradlinig und soll vor strenger Strafe von Ihm warnen und den Gläubigen, die das Gute tun, schönen Lohn verheißen, **3.** In dem** sie auf ewig verweilen werden. **4.** Und es soll diejenigen warnen, die da behaupten: »Allah hat sich einen Sohn genommen.«

[294]**5.** Darüber besitzen weder sie noch ihre Väter Wissen. Ungeheuer ist das Wort, das aus ihrem Munde kommt! Sie äußern nichts als Lügen. **6.** Willst du dich ihretwegen zu Tode grämen, weil sie an diese Botschaft nicht glauben? **7.** Siehe, Wir erschufen, was auf Erden ist, als Schmuck für sie, um zu prüfen, wer unter ihnen die besten Werke vollbringt. **8.** Und doch, Wir werden, was auf ihr ist, in unfruchtbaren Staub verwandeln. **9.** Glaubst du wohl, daß die Leute der H ö h l e und der Inschrift*** ein wundersames Unserer Wunderzeichen waren? **10.** Als die Jünglinge in der Höhle Zuflucht fanden, sagten sie: »O unser Herr! Gewähre uns Deine Barmherzigkeit und lenke unsere Sache zum besten!« **11.** Da verhüllten Wir ihre Ohren in der Höhle für viele Jahre. **12.** Dann weckten Wir sie auf, um wissen zu lassen, wer von den beiden Parteien die Zeitdauer ihres Verweilens am besten zu erfassen vermochte. **13.** Wir berichten dir ihre Geschichte der Wahrheit gemäß. Siehe, es waren Jünglinge, die an ihren Herrn glaubten. Und Wir hatten ihre Rechtleitung **14.** Und ihre Herzen gefestigt. Da erhoben sie sich und sagten: »Unser Herr ist der Herr der Himmel und der Erde. Niemals rufen wir außer

* Wörtlich: nichts Krummes hineingelegt hat.

** Dem Paradies.

*** Arabisch: »ar-raqim«; möglicherweise ist die Qumran-Gemeinde der vorchristlichen jüdischen, asketischen Sekte der Essener oder eine frühchristliche Gemeinde gemeint.

Ihm einen (anderen) Gott an. Wahrlich, wir würden sonst etwas Unsinniges von uns geben. **15.** Dieses Volk von uns hat sich andere Götter neben Ihm erwählt, ohne daß sie dafür einen klaren Beweis beibringen. Wer aber ist sündiger, als wer über Allah Falsches ausheckt?

[295]**16.** Und wenn ihr euch von ihnen und von dem, was sie außer Allah anbeten, getrennt und in der Höhle Zuflucht gesucht habt, wird euer Herr Seine Barmherzigkeit über euch ausbreiten und euere Sache zum Besten leiten.« **17.** Und du hättest die Sonne beim Aufgang sich von der Höhle nach rechts wegneigen und beim Untergang nach links abbiegen sehen können, während sie sich in ihrem Inneren befanden. Dies ist eines der Zeichen Allahs. Wen Allah leitet, der ist rechtgeleitet, und wen Er irregehen läßt, für den findest du weder Beschützer noch Führer. **18.** Und du hättest sie für wach gehalten, obwohl sie schliefen. Und Wir drehten sie nach rechts und nach links um. Und ihr Hund lag mit ausgestreckten Pfoten auf der Schwelle. Wärst du auf sie gestoßen, wärst du vor ihnen geflüchtet, mit Grausen vor ihnen erfüllt. **19.** Und so weckten Wir sie auf, damit sie einander befragten. So fragte einer von ihnen: »Wie lange seid ihr nun hier geblieben?« Sie sprachen: »Wir blieben einen Tag oder den Teil eines Tages.« (Andere) sagten: »Euer Herr weiß am besten, wie lange ihr hier gewesen seid. Schickt also einen von euch mit diesen eueren Silbermünzen zur Stadt, damit er schaut, wer die bekömmlichste Speise hat und euch davon bringt. Er muß aber verbindlich sein und euch niemand verraten; **20.** Denn wenn sie euch finden, steinigen sie euch oder zwingen euch, zu ihrem Glauben zurückzukehren. Und dann würde es euch nie mehr wohl ergehen!«

[296]**21.** Und Wir verrieten sie (ihnen) doch, damit sie erkannten, daß Allahs Verheißung wahr und daß an der Stunde kein Zweifel ist. Als sie* nun untereinander über sie stritten, sagten (einige): »Baut ein Gebäude zu ihrem Gedächtnis. Ihr Herr weiß über sie am besten Bescheid.« Diejenigen aber, welche in dem Streit den Sieg davon trugen, sprachen: »Wir wollen zu ihrem Gedächtnis eine Moschee errichten.«

* Die Leute.

22. Manche werden sagen: »Sie waren drei, und der vierte von ihnen war ihr Hund.« Und (andere) werden sagen: »Fünf, und der sechste war ihr Hund« – ein Hin- und Herraten über das Unbekannte. Und einige werden sagen: »Sieben, und der achte war ihr Hund.« Sprich: »Mein Herr kennt ihre Zahl; nur wenigen ist sie bekannt.« Und äußere über sie im Meinungsstreit nur, was eindeutig ist, und erkundige dich hierüber bei keinem. **23.** Und sage nie über etwas: »Ich werde das bestimmt morgen tun!«, **24.** Ohne anzufügen: »So Allah will!«* Und erinnere dich deines Herrn, wenn du es vergessen hast, und sprich: »Möge mein Herr mich immer näher zum Rechten leiten.« **25.** Nun: Sie verweilten in ihrer Höhle dreihundert Jahre und noch neun dazu. **26.** Sprich: »Allah weiß genau, wie lange sie verweilten. Er kennt das Geheimnis der Himmel und der Erde. Er ist der Sehende und der Hörende. Außer Ihm haben sie keinen Beschützer. Und Er beteiligt niemand an Seiner Befehlsgewalt.« **27.** Trag vor, was dir von dem Buch deines Herrn geoffenbart wurde, Dessen Wort niemand verändert. Niemals findest du Zuflucht, außer bei Ihm.

[297]**28.** Gedulde dich, zusammen mit denen, welche deinen Herrn des Morgens und Abends anrufen im Trachten nach Seinem Angesicht. Und wende deine Augen nicht von ihnen ab im Trachten nach der Schönheit des irdischen Lebens. Und gehorche nicht dem, dessen Herz Wir vom Gedenken an Uns abgelenkt haben und der seinen Begierden folgt und dessen Treiben zügellos ist. **29.** Und sprich: »Die Wahrheit ist von euerem Herrn. Wer nun will, der glaube, und wer will, der glaube nicht.« Siehe, für die Sünder haben wir ein Feuer bereitet, dessen Flammen sie ringsum einschließen soll. Und wenn sie um Hilfe rufen, dann soll ihnen mit Wasser wie flüssigem Erz geholfen werden, das ihre Gesichter röstet. Ein schlimmer Trank und ein übles Ruhebett! **30.** Diejenigen aber, welche glauben und das Gute tun – Wir lassen den Lohn

* »In scha' allah!« oder »in yascha' allah!«. Muhammad, der von den Juden nach der Anzahl der Höhlenschläfer befragt worden war, hatte in Aussicht gestellt, am folgenden Tag darüber eine Offenbarung zu bringen. Er wird hier deswegen getadelt.

derer, deren Werke gut sind, sicherlich nicht verlorengehen. **31.** Ihnen sind die Gärten Edens bestimmt, durcheilt von Bächen. Geschmückt sein werden sie darin mit goldenen Armspangen und gekleidet in grüne Gewänder aus Seide und Brokat; und dort werden sie auf Polsterkissen ruhen. Ein herrlicher Lohn und eine schöne Ruhestätte! **32.** Und stelle ihnen das Gleichnis von zwei Männern auf. Einem von ihnen gaben Wir zwei Rebgärten, umzäunt mit Palmen, zwischen denen Wir ein Getreidefeld anlegten. **33.** Beide Gärten erbrachten ihre Ernte, und so ermangelte nichts. Und Wir ließen mittendurch einen Bach fließen. **34.** Und er trug ihm Früchte. Da sagte er während ihrer Unterhaltung zu seinem Gefährten »Ich habe reicheres Vermögen als du und verfüge über mehr Leute.«

[298]**35.** Sich so gegen sich selbst versündigend, betrat er seinen Garten und sprach: »Ich glaube nicht, daß dies je zugrunde geht. **36.** Und ich glaube auch nicht, daß die Stunde je kommt. Und selbst wenn ich zu meinem Herrn zurückgeholt werden sollte, fände ich dort gewiß Besseres im Tausch.« **37.** Da sagte sein Gefährte während ihrer Unterhaltung zu ihm: »Glaubst du etwa nicht an Den, Der dich aus Staub erschaffen hat und dann aus einem Samentropfen, und dich dann zu einem Mann geformt hat? **38.** Für mich ist jedoch Allah mein Herr. Und ich stelle meinem Herrn nichts zur Seite. **39.** Und warum sagtest du beim Betreten deines Gartens nicht: ›Was Allah will! Es gibt keine Macht außer bei Allah!‹ Du siehst zwar, daß ich weniger Vermögen und Kinder habe als du. **40.** Aber mein Herr wird mir vielleicht doch etwas Besseres geben als deinen Garten. Denn auf ihn könnte Er (jederzeit) vom Himmel Seine Blitze senden, so daß er zu Staub zerbröselt **41.** Oder sein Wasser versiegt und du außerstande bist, welches zu finden.« **42.** Tatsächlich wurden seine Früchte (von Allahs Strafgericht) erfaßt. Und am anderen Morgen begann er, seine Hände zu ringen wegen der Ausgaben, die er gemacht hatte; denn (die Reben) waren mit ihren Stützen zusammengebrochen. Und er sagte: »Ach, hätte ich doch meinem Herrn nichts zur Seite gestellt!« **43.** Doch er hatte keinerlei Helfer, die ihm an Allahs Stelle hätten helfen können, noch konnte er sich selbst helfen. **44.** In einem solchen

Fall gewährt Allah, der Wahre, alleine Schutz. Bei Ihm ist der beste Lohn und der beste Ausgang. **45.** Und stelle ihnen ein Gleichnis vom irdischen Leben auf. Es ist wie das Wasser, das Wir vom Himmel hinabsenden. Die Pflanzen der Erde nehmen es auf, aber dann werden sie dürres Heu, das der Wind verstreut. Und Allah hat Macht über alle Dinge.

[299]**46.** Vermögen und Kinder sind Schmuck des irdischen Lebens. Das Bleibende aber, die guten Werke, bringen besseren Lohn bei deinem Herrn und begründen bessere Hoffnung. **47.** Und eines Tages werden Wir die Berge verschwinden lassen. Dann wirst du die Erde eingeebnet sehen. Und versammeln werden Wir sie und keinen von ihnen übersehen. **48.** Und sie werden vor deinem Herrn aufgereiht: »Wahrlich, ihr seid zu Uns gekommen, so wie Wir euch zum erstenmal erschaffen haben. Ihr aber dachtet, Wir würden Unser Versprechen nicht halten.« **49.** Und das Buch wird offengelegt, und du wirst die Sünder über seinen Inhalt in Ängsten sehen. Und sie werden rufen: »Wehe uns! Was bedeutet dieses Buch! Es ließ weder die kleinste noch die größte (Sünde) unaufgeschrieben.« Und sie werden dort ihre Taten vorfinden, und keinem wird dein Herr unrecht tun. **50.** Und als Wir zu den Engeln sprachen: »Werft euch vor Adam nieder!«, da warfen sie sich nieder, außer Iblis, welcher eines der Geistwesen* war und gegen seines Herrn Befehl rebellierte. Wollt ihr denn ihn und seine Nachkommenschaft an Meiner Stelle zu Beschützern nehmen, wo sie euch feind sind? Ein schlimmer Tausch für die Sünder! **51.** Ich nahm sie nicht zu Zeugen bei der Schöpfung der Himmel und der Erde und auch bei ihrer eigenen Erschaffung nicht; und Ich habe mir auch nicht von Verführern helfen lassen. **52.** Und (gedenke) des Tages, an dem Er sprechen wird: »Ruft meine Teilhaber herbei, die ihr Mir angedichtet habt!« Und sie werden sie rufen, doch sie werden ihnen nicht antworten. Und Wir werden zwischen ihnen einen Abgrund schaffen. **53.** Und die Sünder werden das Feuer sehen. Da werden sie die Vorahnung haben, daß sie hineingeworfen und kein Entrinnen daraus finden werden.

* Dschinn.

[300]**54.** So haben Wir den Menschen in diesem Koran allerlei Gleichnisse aufgestellt. Doch der Mensch bestreitet die meisten Dinge. **55.** Und nichts hinderte die Menschen zu glauben, nachdem die Rechtleitung zu ihnen gekommen war, und ihren Herrn um Verzeihung zu bitten, außer daß sie warteten, ob mit ihnen nach dem Beispiel früherer Völker verfahren oder ob die Strafe ihnen offen vor Augen gestellt wird. **56.** Und Wir entsenden die Gesandten nur, um Freude zu verkünden und zu warnen. Die Ungläubigen bestreiten sie mit leeren Behauptungen, um damit die Wahrheit zu widerlegen, und treiben mit Meinen Versen und den ihnen gegebenen Warnungen Spott. **57.** Wer ist aber ungerechter als der, dem die Botschaft seines Herrn verkündet wird, der sich dann davon abwendet und vergißt, was seine Hände zuvor angerichtet haben? Siehe, Wir haben ihre Herzen verhüllt und ihre Ohren schwerhörig gemacht, damit sie ihn* nicht verstehen. Auch wenn du sie zur Rechtleitung rufst, so werden sie ihr doch niemals folgen. **58.** Doch dein Herr ist der Verzeihende, der Barmherzige. Hätte Er sie nach Verdienst züchtigen wollen, so hätte Er ihre Strafe beschleunigt. Jedoch ist ihnen eine Frist gesetzt, vor der sie keine Zuflucht finden werden. **59.** Auch jene (bekannten) Städte zerstörten Wir, als sie unrecht taten. Und Wir kündigten ihnen ihren Untergang an. **60.** Und als Moses zu seinem Diener sprach: »Ich will nicht rasten, bis ich den Zusammenfluß der beiden Meere erreicht habe, und sollte ich jahrelang wandern müssen.« **61.** Doch als sie den Zusammenfluß erreicht hatten, vergaßen sie ihren Fisch, und er nahm seinen Weg ins Meer.

[301]**62.** Und als sie weitergewandert waren, sagte er zu seinem Diener: »Gib uns Mittagessen; denn wir sind von unserer Reise ermattet.« **63.** Er antwortete: »Sieh nur! Als wir beim Felsen rasteten, vergaß ich den Fisch – nur der Satan ließ mich ihn vergessen, so daß ich auf ihn keine Acht gab! –, und er fand seltsamerweise seinen Weg ins Meer.« **64.** Er sprach: »Das war es doch gerade, was wir suchten!« Da kehrten sie beide auf ihren Fußspuren zurück. **65.** Und so fanden sie einen Unserer

* Den Koran.

Diener, dem Wir Unsere Barmherzigkeit gegeben und Unser Wissen gelehrt hatten.* **66.** Moses bat ihn: »Darf ich dir folgen, damit du zu meiner Rechtleitung mich manches von dem lehrst, was dir gelehrt worden ist?« **67.** Er sprach: »Du wirst es nie bei mir aushalten! **68.** Wie könntest du auch mit etwas Geduld haben, das du nicht begreifst?« **69.** Er sagte: »Du wirst mich, so Allah will, standhaft finden, und ich werde mich deinem Befehl nicht widersetzen.« **70.** Er sprach: »Wenn du mir denn folgen willst, dann befrage mich über nichts, bis ich es dir erkläre.« **71.** Und so marschierten sie los, bis sie ein Schiff bestiegen, in das er ein Loch schlug. Er fragte: »Hast du ein Loch hineingeschlagen, damit seine Mannschaft ertrinkt? Etwas Schlimmes hast du getan!« **72.** Er sprach: »Sagte ich nicht, daß du es bei mir nicht aushalten könntest?« **73.** Er antwortete: »Schimpfe mich nicht, weil ich es vergaß, und mache mir meine Aufgabe nicht zu schwer!« **74.** Und so gingen sie weiter, bis sie einen jungen Mann trafen, den er erschlug. Er fragte: »Erschlugst du nicht einen Unschuldigen, der selbst niemand getötet hatte? Wahrlich, du hast etwas Abscheuliches getan!«

[302]**75.** Er sprach: »Sagte ich dir nicht, du könntest es nicht bei mir aushalten?« **76.** Er antwortete: »Wenn ich dich ab jetzt noch nach etwas frage, dann sei nicht länger mein Gefährte. Dann bist du von mir aus (im voraus) entschuldigt. **77.** Und so gingen sie weiter, bis sie zu den Bewohnern einer Stadt gelangten, die sie um Nahrung baten. Doch sie weigerten sich, sie zu bewirten. Und als sie dort eine Mauer fanden, die einstürzen wollte, richtete er sie auf. Er sagte: »Wenn du wolltest, könntest du dafür Lohn bekommen!« **78.** Er sprach: »Dies bedeutet unsere Trennung! Ich will dir jedoch noch deuten, was du nicht ertragen konntest. **79.** Was das Schiff anlangt, so gehörte es armen Leuten, die auf dem Meer arbeiteten. Ich wollte es beschädigen, weil hinter ihnen ein König her war, der jedes Schiff mit Gewalt nimmt. **80.** Und was den jungen Mann anlangt, so waren seine Eltern gläubig, und wir fürchteten, er

* Al-Khidr (der Grüne), die legendäre Figur eines Weisen, der auf allegorische Weise mystische Einsichten vermittelt.

könnte ihnen mit seiner Widersetzlichkeit und seinem Unglauben Kummer bereiten. **81.** Und so wünschten wir, daß ihr Herr ihnen zum Tausch einen lautereren und liebevolleren gäbe. **82.** Was dann die Mauer anlangt, so gehörte sie zwei Waisenknaben in der Stadt. Unter ihr liegt ein ihnen gehörender Schatz. Da ihr Vater rechtschaffen gewesen war, wollte dein Herr, daß sie ihre Volljährigkeit erreichen und (erst dann) ihren Schatz finden – als Barmherzigkeit von deinem Herrn. Ich tat (all) dies nicht nach eigenem Ermessen. Dies ist denn die Deutung dessen, was du nicht geduldig ertragen konntest.« **83.** Und sie werden dich nach Dhu-l-Qarnain* befragen. Sprich: »Ich werde euch über ihn einiges mitteilen, was erinnerungswürdig ist.«

[303]**84.** Seht, Wir gaben ihm auf Erden Macht sowie Mittel und Wege zu allen Dingen. **85.** Und er schlug einen Weg ein, **86.** Bis er den (Ort des) Sonnenuntergangs erreichte. Er meinte, daß sie in schlammigem Wasser unterging. Und dort fand er ein Volk. Wir sprachen: »O Dhu-l-Qarnain! Entweder du strafst dieses Volk, oder du erweißt ihnen Gutes.«** **87.** Er antwortete: »Wer gesündigt hat, den werden wir strafen. Danach mag er zu seinem Herrn zurückkehren, um von Ihm unsagbar bestraft zu werden. **88.** Wer aber glaubt und das Gute tut, der soll schön belohnt werden, und wir werden ihm leicht vollziehbare Befehle erteilen.« **89.** Dann zog er eines (anderen) Weges, **90.** Bis er zum (Ort des) Sonnenaufgangs gelangte und meinte, daß sie über einem Volk aufging, dem Wir keinen Schutz vor ihr gegeben hatten. **91.** So war (und blieb) es.*** Und Unser Wissen umfaßte alle seine Absichten. **92.** Dann zog er (wieder) des Weges, **93.** Bis er zwischen zwei Gebirgszüge gelang-

* Der Zweihörnige oder »der von den zwei Epochen«. Fälschlich auf Alexander den Großen bezogen, weil er auf Münzen als Jupiter Ammon mit zwei Hörnern dargestellt wurde.

** Nicht alles, was moralisch verwerflich und vor Gott zu verantworten ist, muß auch auf Erden strafrechtlich verfolgt werden. Dies kann für eine Regierung eine Ermessensfrage sein.

*** Er hatte Respekt vor ursprünglichen, »unentwickelten« bzw. »primitiven« Kulturen.

te, an deren Fuß er ein Volk fand, mit dem man sich kaum verständlich machen konnte. **94.** Sie sagten: »O Dhu-l-Qarnain! Siehe, Gog und Magog stiften Unheil im Land.* Sollen wir dir Tribut entrichten, damit du zwischen uns und ihnen einen Wall baust?« **95.** Er sprach: »Was mir mein Herr gegeben hat, ist besser (als Tribut). Aber helft mir nach Kräften, und ich will zwischen euch und ihnen einen Grenzwall ziehen. **96.** Bringt mir Eisenblöcke.« Und als er (die Kluft) zwischen den beiden (Gebirgshängen) aufgefüllt hatte, sagte er: »Blast.« Und als er es zum Glühen gebracht hatte, sprach er: »Bringt mir geschmolzenes Kupfer, damit ich es daraufgieße.« **97.** Und so waren sie nicht imstande, ihn zu überklettern, und waren auch nicht imstande, ihn zu durchlöchern.

[304]**98.** Er sprach: »Dies ist ein Gnadenerweis von meinem Herrn. Wenn aber meines Herrn Verheißung eintrifft, wird Er ihn zu Staub machen; und meines Herrn Verheißung bewahrheitet sich.« **99.** Und an diesem Tage werden Wir die einen über die anderen wogen lassen. Und es wird in die Posaune gestoßen. Und Wir werden sie allesamt versammeln. **100.** An diesem Tage werden Wir den Ungläubigen die Hölle vor Augen führen, **101.** Ihnen, deren Augen vor meiner Warnung verhüllt waren, und die nicht zu hören vermochten. **102.** Wähnen etwa die Ungläubigen, sie könnten Meine Diener an Meiner Statt zu Beschützern nehmen? Siehe, Wir haben die Hölle für die Ungläubigen als Herberge bereitet. **103.** Sprich: »Sollen Wir euch sagen, wer hinsichtlich ihrer Werke die größten Verlierer sind? **104.** Die, die sich mit Eifer im irdischen Leben verloren, während sie glaubten, das Richtige zu tun!« **105.** Das sind diejenigen, die nicht an die Zeichen ihres Herrn und an die Begegnung mit Ihm glaubten. Nichtig sind ihre Werke, und Wir werden ihnen am Tag der Auferstehung kein Gewicht beimessen. **106.** Dies wird ihr Lohn sein – die Hölle –, weil sie ungläubig waren und mit Meiner Botschaft und Meinen Gesandten ihren Spott trieben. **107.** Diejenigen aber, die glauben und Gutes tun, denen werden die

* Gog und Magog (arabisch: »Yadschudsch wa Madschudsch«), oft mit Mongolen und Tataren identifiziert.

Gärten des Paradieses zur Herberge. **108.** Ewig werden sie darin verweilen und niemals etwas anderes begehren. **109.** Sprich: »Wäre das Meer Tinte für die Worte meines Herrn, wahrlich, das Meer wäre erschöpft, bevor die Worten meines Herrn versiegen, selbst wenn wir noch einmal soviel (Meer) dazu brächten.« **110.** Sprich: »Ich bin nur ein Mensch wie ihr. Mir ist geoffenbart worden, daß euer Gott ein einziger Gott ist. Und wer hofft, seinem Herrn zu begegnen, soll gute Werke tun und niemand neben seinem Herrn anbeten.«

19 Maria (Maryam)

Geoffenbart zu Mekka

Im Namen Allahs, des Erbarmers, des Barmherzigen!

[305]**1.** K.H.Y.'A.S. **2.** Ein Bericht über die Barmherzigkeit deines Herrn gegen Seinen Diener Zacharias: **3.** Als er seinen Herrn im verborgenen anrief, **4.** Sprach er: »Mein Herr, siehe, mein Gebein ist gebrechlich, und mein Haupt schimmert grau, aber nie blieb mein Gebet zu Dir unbeantwortet. **5.** Und siehe, ich mache mir Sorgen darüber, was aus meiner Sippe nach meinem Ableben wird; denn meine Frau ist unfruchtbar. So schenke mir in Deiner Gnade einen Nachfolger, **6.** Der mich und das Haus Jakob beerbt, und mache ihn, o mein Herr, Dir wohlgefällig.« **7.** »O Zacharias! Siehe, Wir verkünden dir einen Jungen, der Johannes* heißen soll. Wir haben zuvor noch niemand so benannt.« **8.** Er sagte: »O mein Herr! Wie soll ich einen Sohn bekommen, wo meine Frau unfruchtbar ist und ich alt und schwach geworden bin?« **9.** (Der Engel) sprach: »So sei es! Dein Herr sprach: ›Das ist Mir ein leichtes. Auch dich schuf Ich zuvor, als du ein Nichts warst‹.« **10.** Er sagte: »O mein Herr! Gib mir ein Zeichen!« (Der Engel) sprach: »Dein Zeichen sei, daß du, obwohl gesund, drei Nächte lang nicht zu den Leuten reden wirst.« **11.** Da kam er aus dem Tempel zu seinem Volk hinaus und bedeutete ihnen (durch Gesten): »Preiset (den Herrn) des Morgens und des Abends.«

* Der Täufer. Arabisch: »Yahya«.

[306]**12.** »O Johannes! Halte an der Schrift fest!« Und Wir gaben ihm Weisheit, als er noch ein Kind war, **13.** Und Mitgefühl und Reinheit von Uns. Und er war fromm **14.** Und voll Liebe gegenüber seinen Eltern. Und er war weder hochmütig noch widersetzlich. **15.** Und Frieden war auf ihm am Tag seiner Geburt und am Tage, da er starb, und wird auch am Tage seiner Wiedererweckung zum Leben auf ihm sein! **16.** Und berichte im Buch über M a r i a. Als sie sich von ihren Angehörigen an einen östlichen Ort zurückzog **17.** Und sich von ihnen absonderte, da sandten Wir Unseren Geist* zu ihr, und er erschien ihr wie ein vollkommener Mann. **18.** Sie sprach: »Ich suche Zuflucht vor dir beim Erbarmer! Wenn du gottesfürchtig bist, (laß ab.)« **19.** Er sprach: »Ich bin nur ein Bote deines Herrn, um dir einen lauteren Sohn zu bescheren.« **20.** Sie sprach: »Wie soll ich einen Sohn bekommen, wo mich kein Mann berührt hat und ich keine Dirne bin?« **21.** Er sprach: »So sei es! Dein Herr hat gesagt: ›Das ist Mir ein leichtes! Und Wir wollen ihn zu einem Zeichen für die Menschen machen und zu einer Barmherzigkeit von Uns. Und das ist eine beschlossene Sache.‹« **22.** Und so empfing sie ihn und zog sich mit ihm an einen entlegenen Ort zurück. **23.** Und die Wehen trieben sie zum Stamm einer Palme. Sie sprach: »O daß ich doch zuvor gestorben und ganz und gar vergessen wäre!« **24.** Da rief unter ihr jemand: »Sorge dich nicht! Dein Herr läßt unter dir Wasser fließen. **25.** Und schüttele nur den Stamm der Palme, dann werden frische, reife Datteln auf dich herunterfallen.

[307]**26.** So iß und trink und sei guten Mutes. Und wenn du einen Menschen siehst, dann sprich: ›Siehe, ich habe dem Erbarmer gelobt, mich der Rede zu enthalten. Deshalb spreche ich heute zu niemand.‹« **27.** Und sie brachte ihn zu ihren Leuten, ihn mit sich tragend. Sie sprachen: »O Maria! Fürwahr, du hast etwas Unerhörtes getan! **28.** O Schwester Aarons! Dein Vater war kein Bösewicht und deine Mutter keine Dirne!« **29.** Da verwies sie auf ihn. Sie sagten: »Wie sollen wir mit

* Den Engel Gabriel.

ihm, einem kleinen Kind in der Wiege, reden?« **30.** Er* sprach: »Seht, ich bin Allahs Diener. Er hat mir das Buch gegeben und mich zum Propheten gemacht. **31.** Und Er machte mich gesegnet, wo immer ich bin, und befahl mir Gebet und Almosen, solange ich lebe, **32.** Und Liebe zu meiner Mutter. Und Er hat mich weder gewalttätig noch unheilvoll gemacht. **33.** Und Frieden war mit mir am Tage meiner Geburt und wird es am Tage sein, da ich sterbe, und am Tage, da ich zum Leben erweckt werde!« **34.** So war Jesus, Sohn der Maria – eine wahre Aussage, die sie bezweifeln. **35.** Es ist mit Allah nicht vereinbar,einen Sohn zu zeugen.** Gepriesen sei Er! Wenn Er eine Sache beschließt, so spricht Er nur zu ihr: »Sei!«, und sie ist. **36.** »Wahrlich, Allah ist mein Herr und euer Herr. So verehrt nur Ihn. Das ist der gerade Weg.« **37.** Doch die Sekten sind untereinander uneinig.*** Wehe den Ungläubigen bei dem Erleben eines gewaltigen Tages! Wie gut werden sie hören und sehen an dem Tag, an dem sie zu Uns kommen. Doch die Ungerechten sind heute in offenbarem Irrtum.

[308]**39.** Und warne sie vor dem Tag der Reue, wenn der Befehl bereits vollzogen wird, während sie noch achtlos sind und nicht glauben. **40.** Siehe, Wir erben die Erde und alles, was auf ihr ist. Und zu Uns kehren sie zurück. **41.** Und erinnere im Buch an Abraham. Siehe, er war aufrichtig, ein Prophet. **42.** Als er zu seinem Vater sprach: »O mein Vater! Warum verehrst du, was weder hört noch sieht und dir nichts nützt? **43.** O mein Vater! Siehe, nun ist zu mir Wissen gekommen, das nicht zu dir kam. So folge mir, damit ich dich auf den rechten Pfad leite. **44.** O mein Vater! Diene nicht dem Satan. Wahrlich, der Satan war ein Rebell gegen den Erbarmer. **45.** O mein Vater! Ich fürchte fürwahr, daß dich eine Strafe des Erbarmers trifft und daß du ein Freund des Satans wirst.« **46.** Er sagte: »Verwirfst du meine Götter, o Abraham? Gibst du dies nicht

* Jesus. Es handelt sich um eine vorweggenommene Beschreibung seiner späteren Rolle; vgl. aber 3: 46.

** Wörtlich: zu nehmen.

*** Über die Natur von Jesus bzw. seine Aussage in den Versen 30 und 36.

auf, wahrlich, dann steinige ich dich. So halte für eine Weile Abstand von mir!« **47.** Er sprach: »Frieden sei mit dir! Ich werde meinen Herrn um Verzeihung für dich anflehen. Er ist gewiß gütig zu mir. **48.** Doch ich will mich von euch trennen und von dem, was ihr neben Allah anruft. Und ich will zu meinem Herrn beten; meinen Herrn werde ich gewiß nicht umsonst anrufen!« **49.** Und als er sich von ihnen und von dem, was sie neben Allah verehrten, getrennt hatte, schenkten Wir ihm Isaak und Jakob und machten jeden von ihnen zu Propheten. **50.** Und Wir bescherten ihnen von Unserer Barmherzigkeit und verliehen ihnen die hohe Sprache der Wahrheit. **51.** Und gedenke im Buche des Moses. Siehe, er war ein Auserwählter und ein Gesandter und Prophet.

[309]**52.** Und Wir riefen ihn von der rechten Seite des Berges und zogen ihn in Unsere Nähe zu vertraulichem Gespräch. **53.** Und Wir bescherten ihm aus Unserer Barmherzigkeit seinen Bruder Aaron, einen Propheten. **54.** Und berichte im Buche von Ismael. Er hielt stets sein Versprechen und war ein Gesandter, ein Prophet. **55.** Er gebot seinem Volk Gebet und Almosen und war seinem Herrn wohlgefällig. **56.** Und erinnere im Buch an Idris. Er war fürwahr ein Aufrichtiger, ein Prophet. **57.** Und Wir erhoben ihn zu einem hohen Rang. **58.** Dies sind einige der von Allah begnadeten Propheten – aus der Nachkommenschaft Adams und derer, die Wir mit Noah (in der Arche) trugen; und aus der Nachkommenschaft Abrahams und Israels; und aus all denen, welche Wir rechtleiteten und auserwählten. Wenn immer ihnen die Botschaft des Erbarmers übermittelt wurde, sanken sie anbetend und weinend nieder. **59.** Aber es folgte ihnen ein Geschlecht, welches das Gebet unterließ und seinen Begierden folgte. Doch wahrlich, sie gehen dem Verderben entgegen, **60.** Außer denen, welche umkehren und glauben und Gutes tun. Diese werden in das Paradies eingehen und werden in nichts Unrecht erleiden, **61.** In den Gärten von Eden, im Reich des Verborgenen, welche der Erbarmer Seinen Dienern verhieß. Fürwahr, Sein Versprechen geht in Erfüllung. **62.** Dort hören sie kein (böses) Geschwätz, sondern nur Friedliches und finden dort ihre Speisen am Morgen und am Abend. **63.** Dies sind die Gärten, welche Wir den gottesfürchtigen

unter Unseren Dienern zum Erbe geben. **64.** Und (die Engel sagen:) »Wir kommen nur auf Befehl deines Herrn herab. Ihm gehört, was vor uns und was hinter uns und was dazwischenliegt. Und dein Herr vergißt nie!

[310]**65.** Der Herr der Himmel und der Erde und was zwischen ihnen ist. Darum diene Ihm und beharre in Seiner Anbetung. Kennst du etwa einen, der den gleichen Namen verdient?« **66.** Der Mensch sagt (oft): »Wenn ich einst gestorben bin, soll ich dann wieder zum Leben erstehen?« **67.** Bedenkt der Mensch denn nicht, daß Wir ihn schon zuvor erschufen, als er ein Nichts war? **68.** Bei deinem Herrn! Wir werden sie gewiß versammeln und die Satane ebenfalls. Dann werden Wir sie auf ihren Knien rund um die Hölle zusammenbringen. **69.** Dann werden Wir aus jeder Gruppe diejenigen herausgreifen, welche gegen den Erbarmer am hochmütigsten waren. **70.** Denn Wir wissen, wer am meisten verdient, dem Feuer ausgesetzt zu werden. **71.** Und unter euch ist niemand, der nicht in seine Sichtweite käme. So ist es bei deinem Herrn unabwendbar beschlossen. **72.** Dann erretten Wir die Gottesfürchtigen, aber lassen die Sünder darin auf ihren Knien. **73.** Und wenn ihnen Unsere deutlichen Verse vorgetragen werden, sagen die Ungläubigen zu den Gläubigen: »Welche der beiden Gruppen befindet sich in besserer Lage und ist die bessere Gesellschaft?« **74.** Doch wie viele Geschlechter, die sie an Reichtum und Gefolgschaft übertrafen, vertilgten Wir vor ihnen! **75.** Sprich: »Wer sich im Irrtum befindet, möge ihm der Erbarmer seine Tage verlängern, bis sie das sehen, was ihnen angedroht ist – sei es die Strafe oder die Stunde. Dann werden sie wissen, wer sich in der schlechteren Lage befindet und schwächer an Gefolgschaft ist.« **76.** Und Allah wird die Rechtgeleiteten an Rechtleitung zunehmen lassen. Und das Bleibende, die guten Werke, erbringen bei deinem Herrn besseren Lohn und besseren Gewinn.

[311]**77.** Hast du den gesehen, der Unsere Zeichen verleugnet und behauptet: »Ich werde gewiß zu Vermögen und Kindern kommen!«? **78.** Ist er etwa in das Verborgene eingedrungen? Oder hat er mit dem Erbarmer einen Vertrag geschlossen? **79.** Mitnichten! Wir werden gewiß

seine Behauptung niederschreiben und ihm seine Strafe verschärfen.
80. Und Wir werden von ihm alles erben, worüber er sprach. Dann soll
er nackt und bloß zu uns kommen. **81.** Und sie haben anstelle von Allah
sich andere Götter genommen, um so Macht zu erlangen. **82.** Mitnich-
ten! Sie werden von ihrer Verehrung nichts wissen und zu ihren Wider-
sachern werden. **83.** Siehst du nicht, daß Wir die Satane gegen die Un-
gläubigen entsenden, um sie aufzureizen? **84.** Doch suche nicht, ihre
Strafe schneller herbeizuführen. Wir haben ihnen eine feste Zahl (von
Tagen) eingeräumt. **85.** Eines Tages versammeln Wir die Gottesfürch-
tigen in ehrenvoller Weise vor dem Erbarmer **86.** Und treiben die
Missetäter in die Hölle, wie eine Herde zur Tränke. **87.** Fürbitte soll
dann nur der finden,* der vom Erbarmer ein Versprechen erhalten hatte.
88. Und sie sagen: »Der Erbarmer hat sich einen Sohn zugelegt.«
89. Wahrlich, ihr behauptet da etwas Ungeheuerliches! **90.** Fast möch-
ten die Himmel darüber zerreißen und die Erde sich spalten und die
Berge in Trümmer fallen, **91.** Daß sie dem Erbarmer einen Sohn zu-
schreiben. **92.** Es ist mit dem Erbarmer unvereinbar, Sich einen Sohn zu
nehmen. **93.** Keiner in den Himmeln und auf Erden nähert sich dem
Erbarmer anders denn als Diener. **94.** Wahrlich, Er hat sie alle einzeln
erfaßt und ihre Zahl genau gezählt. **95.** Und jeder soll am Tage der
Auferstehung nackt und bloß zu Ihm kommen.

[312]**96.** Siehe, diejenigen, die glauben und Gutes tun, denen wird der
Erbarmer Liebe erweisen. **97.** Und Wir haben ihn** leicht verständlich
gemacht, in deiner Sprache, damit du den Gottesfürchtigen durch ihn
frohe Botschaft verkündest und die Streitsüchtigen mit ihm warnst.
98. Und wie viele Geschlechter haben Wir bereits vor ihnen vernichtet.
Kannst du noch eines von ihnen aufspüren? Oder hörst du noch einen
Laut von ihnen?

* Andere Auslegung: »Fürbitte kann dann nur einlegen,...«.
** Den Koran.

20 Ta Ha★

Geoffenbart zu Mekka

Im Namen Allahs, des Erbarmers, des Barmherzigen!

1. T. H. **2.** Wir haben den Koran nicht auf dich herabgesandt, um dich unglücklich zu machen, **3.** Sondern als Ermahnung für die Gottesfürchtigen, **4.** Eine Offenbarung von Dem, Der die Erde und die hohen Himmel erschuf, **5.** Der Erbarmer, niedergelassen auf Seinem Thron.★★ **6.** Ihm gehört, was in den Himmeln und was auf Erden und was zwischen ihnen beiden und was unter dem Erdreich ist. **7.** Und ob du deine Stimme erhebst (oder nicht,) Er kennt fürwahr das Geheime und das noch Verborgenere. **8.** Allah! Es gibt keinen Gott außer Ihm. Er hat die schönsten Namen.★★★ **9.** Kam denn die Geschichte von Moses nicht zu dir? **10.** Als er ein Feuer sah, sagte er seiner Sippe: »Haltet an! Seht, ich bemerke ein Feuer. Vielleicht bringe ich euch etwas Glut davon, oder ich finde durch das Feuer den richtigen Weg.« **11.** Doch als er dorthinkam, wurde ihm zugerufen: »O Moses! **12.** Wahrlich, Ich bin dein Herr. Ziehe darum deine Schuhe aus! Siehe, du bist im heiligen Tal Tuwa.★★★★

[313]**13.** Und Ich habe dich auserwählt. Höre, was geoffenbart wird! **14.** Siehe, Ich bin Allah. Es gibt keinen Gott außer Mir. Darum diene Mir und verrichte das Gebet im Gedenken an Mich. **15.** Fürwahr, die Stunde kommt – Ich halte sie kaum verborgen –, damit jede Seele nach ihrem Bemühen belohnt wird. **16.** Und laß dich nicht durch den abkehren, der nicht an sie glaubt, sondern nur seinen Begierden folgt, damit du nicht zugrunde gehst. **17.** Und was ist das in deiner Rechten, o Moses?« **18.** Er sagte: »Das ist mein Stab, auf den ich mich stütze und mit dem ich Blätter für meine Herde abschlage; und er dient mir noch zu anderen

★ Kann als Buchstabengruppe oder in der Bedeutung »O Mensch« verstanden werden.

★★ Vgl. 7:54; wörtlich: setzt Sich auf Seinem Thron zurecht (»istawa«) – ein allegorisches Bild.

★★★ Eigenschaften; Attribute der Vollkommenheit.

★★★★ Nahe dem Sinai.

Zwecken.« **19.** Er sprach: »Wirf ihn hin, o Moses!« **20.** Da warf er ihn hin, und siehe, er wurde zu einer sich windenden Schlange. **21.** Er sprach: »Nimm sie und fürchte dich nicht. Wir werden sie in ihren früheren Zustand zurückbringen. **22.** Und stecke deine Hand unter deine Achsel. Du wirst sie weiß herausziehen, unbeschädigt – ein weiteres Wunderzeichen! **23.** So lassen Wir dich einige Unserer größten Zeichen sehen. **24.** Geh zu Pharao. Siehe, er überschreitet das Maß.« **25.** Er sagte: »O mein Herr! Öffne mir mein Herz **26.** Und mache mir meine Aufgabe leicht. **27.** Und löse den Knoten meiner Zunge, **28.** Damit sie meine Rede verstehen. **29.** Und gib mir einen Beistand aus meiner Sippe, **30.** Aaron, meinen Bruder. **31.** Stärke mir den Rücken durch ihn **32.** Und laß ihn an meinem Werke mitwirken, **33.** Damit wir Dich verherrlichen können **34.** und Deiner oft gedenken; **35.** Denn Du siehst uns ja stets.« **36.** Er sprach: »Deine Bitte ist dir gewährt, o Moses! **37.** Und Wir hatten dich schon früher einmal begnadet,

[314]**38.** Als Wir deiner Mutter die Eingebung vermittelten: **39.** »Lege ihn in einen Kasten und wirf ihn dann in den Fluß. Der Fluß wird ihn an das Ufer treiben. Mein Feind und sein Feind wird ihn dann aufnehmen.« Doch Ich zeigte dir Meine Liebe, so daß du unter Meinen Augen erzogen würdest, **40.** Als deine Schwester hinging und sagte: »Soll ich euch jemand zeigen, der ihn pflegen würde?« Und so haben Wir dich deiner Mutter wiedergegeben, damit sich ihr Auge kühle und sie sich nicht länger grämte. Und du erschlugst einen Menschen, aber Wir erretteten dich aus der Not und prüften dich mit vielen Prüfungen. Und du bliebst jahrelang beim Volke von Madyan. Dann kamst du bestimmungsgemäß (hierher), o Moses. **41.** Und Ich habe dich für Mich auserwählt. **42.** Du und dein Bruder, geht mit Meinen Wunderzeichen und laßt nicht nach im Gedenken an Mich. **43.** Geht beide zu Pharao. Siehe, er überschreitet das Maß. **44.** Doch sprecht mit ihm auf freundliche Weise. Vielleicht läßt er sich ermahnen oder lernt, (Mich) zu fürchten.« **45.** Sie sagten: »Unser Herr, wir fürchten wirklich, daß er unbedacht und gewaltsam gegen uns vorgeht.« **46.** Er sprach: »Fürchtet euch nicht! Seht, Ich bin bei euch. Ich höre und sehe (alles). **47.** So geht zu ihm und

sagt: ›Fürwahr, wir sind die Gesandten deines Herrn. So entlasse uns mit den Kindern Israels und quäle sie nicht länger. Wir sind zu dir mit einer Botschaft von deinem Herrn gekommen. Frieden ist mit jedem, welcher der Rechtleitung folgt! **48.** Siehe, uns ist geoffenbart worden, daß die Strafe auf jeden kommt, der (die Wahrheit) leugnet und sich abkehrt.‹« **49.** Er fragte: »Und wer ist dann euer Herr, o Moses?« **50.** Er antwortete: »Unser Herr ist Der, Welcher jedem Ding sein Dasein und Wesen gegeben hat und es leitet.« **51.** Er fragte: »Und wie steht es mit den früheren Geschlechtern?«

[315]**52.** Er antwortete: »Das Wissen darum ist bei meinem Herrn in einem Buch. Mein Herr irrt Sich nie, und Er vergißt niemals.« **53.** (Er,) Der euch die Erde zu einem Lager gemacht hat und euch auf ihren Wegen ziehen läßt und vom Himmel Wasser herabsendet, durch das Wir paarweise verschiedene Pflanzen hervorbringen. **54.** Eßt denn und weidet euer Vieh! Darin sind wahrlich Zeichen für Leute von Verstand. **55.** Aus ihr* haben Wir euch erschaffen, und in sie lassen Wir euch zurückkehren, und aus ihr lassen Wir euch ein weiteres Mal erstehen. **56.** Und wahrlich, Wir zeigten (Pharao) alle Unsere Zeichen. Doch er verwarf (sie) als Lüge und weigerte sich (zu glauben). **57.** Er fragte: »Bist du zu uns gekommen, uns mit deiner Zauberei aus unserem Land zu vertreiben, o Moses? **58.** Aber wir werden dir gewiß mit gleichartiger Zauberei kommen. Setze also zwischen uns und dir ein Treffen fest – wir wollen es nicht verfehlen und du auch nicht – an einem Ort, der beiden recht ist.« **59.** Er sagte: »Das vereinbarte Treffen sei am Festtag, und die Leute sollen sich am Vormittag versammeln.« **60.** Dann zog sich Pharao zurück und raffte seine ganze List zusammen. Alsdann kam er (zum Treffen). **61.** Moses sagte zu ihnen: »Wehe euch! Denkt euch gegen Allah nichts Böses aus, sonst vernichtet Er euch durch eine Strafe. Jeder, der (Böses gegen Ihn) ausbrütet, geht verloren.« **62.** Und sie besprachen ihr Vorhaben untereinander, berieten aber geheim. **63.** Sie sagten: »Diese beiden sind bestimmt Zauberer. Sie wollen uns mit ihrer Zauberei

* Der Erde.

gewiß aus unserem Land vertreiben und uns unserer Lebensweise berauben. **64.** So nehmt euer ganzes Können zusammen; dann tretet geschlossen vor. Wohl dem, der heute obsiegt!«

[316]**65.** Sie fragten: »O Moses! Willst du zuerst werfen, oder sollen wir als erste werfen?« **66.** Er antwortete: »Nein! Werft nur!« Und siehe, wegen ihrer Zauberei kam es ihm vor, als ob ihre Stricke und Stäbe liefen. **67.** Da verspürte Moses in sich Angst aufsteigen. **68.** Wir sprachen: »Fürchte dich nicht! Siehe, du wirst obsiegen. **69.** Wirf nur, was du in deiner Rechten hältst. Es wird verschlingen, was sie fabriziert haben. Sie brachten es nur mit einem Zaubertrick zustande. Aber Zauberern ergeht es nicht wohl, wo auch immer.« **70.** Da warfen sich die Zauberer anbetend nieder und riefen: »Wir glauben an den Herrn von Aaron und Moses!« **71.** Er* sprach: »Glaubt ihr etwa an Ihn, bevor ich es euch erlaubte? Er ist wohl euer Meister, der euch die Zauberei gelehrt hat! Wahrlich, ich lasse euch euere Hände und Füße wechselseitig abhacken und euch an Palmenstämmen kreuzigen. Ihr sollt wahrlich erfahren, wer von uns strenger und nachhaltiger straft.« **72.** Sie antworteten: »Wir geben dir keineswegs den Vorzug vor den deutlichen Zeichen, die zu uns kamen, oder vor Unserem Schöpfer. Beschließe, was du beschließen magst, du vermagst nur über das irdische Leben zu beschließen. **73.** Siehe, wir glauben an unseren Herrn, auf daß Er uns unsere Sünden verzeihe und die Zauberei, zu der du uns gezwungen hast. Allah ist gewiß am besten und beständigsten.« **74.** Siehe, wer zu seinem Herrn kommt, beladen mit Schuld, für den ist die Hölle. Darin stirbt er nicht und lebt er nicht. **75.** Doch wer gläubig zu Ihm kommt und Gutes getan hat – diese erreichen die höchsten Rangstufen: **76.** Gärten der Wonne, durcheilt von Bächen; ewig sollen sie darin verweilen. Das ist der Lohn der Geläuterten.

[317]**77.** Und wahrlich, Wir gaben Moses ein: »Mach dich des Nachts mit Meinen Dienern auf und schlage ihnen einen trockenen Pfad durch das Meer. Fürchte nicht die Verfolger und sei unbesorgt.« **78.** Aber

* Pharao.

Pharao setzte ihnen mit seinen Heerscharen nach. Jedoch das Meer schwemmte sie völlig unter; **79.** Denn Pharao führte sein Volk irre statt es rechtzuleiten. **80.** »O ihr Kinder Israels! Wir erretteten euch vor euerem Feind und nahmen euer Versprechen auf der rechten Seite des Berges entgegen und sandten zu euch Manna und Wachteln nieder. **81.** Eßt von dem Guten, das Wir euch bescherten, doch nicht ohne Maß, so daß nicht Mein Zorn auf euch hereinbricht; denn der, auf den Mein Zorn hereinbricht, kommt zu Fall.« **82.** Doch Ich bin gewiß verzeihend gegen den, der sich bekehrt und gläubig wird und das Gute tut und sich leiten läßt. **83.** »Und warum hastest du vor deinem Volke her, o Moses?« **84.** Er sagte: »Sie folgen mir dicht auf den Fersen. Ich eilte zu Dir, o mein Herr, damit Du Wohlgefallen (an mir) fändest.« **85.** Er sprach: »Siehe, Wir haben dein Volk nach deinem Weggehen geprüft und der Samaritaner Genannte hat sie irregeführt!« **86.** Da kehrte Moses zu seinem Volke zurück, zornig und bekümmert. Er sprach: »O mein Volk! Hat euch nicht euer Herr eine schöne Verheißung gegeben? Erschien euch etwa die Zeit zu lang? Oder wolltet ihr, daß der Zorn eueres Herrn auf euch hereinbricht, und bracht so das mir gegebene Versprechen?« **87.** Sie sagten: »Wir haben das dir gegebene Versprechen nicht aus eigenem Antrieb gebrochen. Doch wir waren mit der ganzen Last des Schmucks des (ägyptischen) Volkes beladen. So warfen wir ihn (ins Feuer), nach Vorbild des Samaritaners.«

[318]**88.** Und er brachte ihnen ein leibhaftig blökendes Kalb hervor. Da sagten sie: »Dies ist euer Gott und der Gott von Moses, den er inzwischen vergaß.« **89.** Merkten sie denn nicht, daß es ihnen keine Antwort gab und ihnen weder schaden noch nützen konnte? **90.** Und doch hatte ihnen Aaron zuvor gesagt: »O mein Volk! Ihr werdet dadurch nur auf die Probe gestellt! Seht, euer Herr, das ist der Erbarmer. Darum folgt mir und gehorcht meiner Anordnung.« **91.** Sie antworteten: »Wir lassen von seiner Anbetung keineswegs ab, solange Moses nicht zu uns zurückgekehrt ist.« **92.** Er fragte: »O Aaron! Was hinderte dich, als du sie irregehen sahst, **93.** Mir zu folgen? Bist (auch) du gegen meinen Befehl rebellisch gewesen?« **94.** Er antwortete: »O Sohn meiner Mutter! Packe

mich nicht an meinem Bart und auch nicht an meinem Schopf! Siehe, ich fürchtete, du könntest sagen: ›Du hast die Kinder Israels gespalten und (insoweit) mein Wort mißachtet!‹« **95.** Er fragte: »Und was war deine Rolle, o Samaritaner?« **96.** Er sagte: »Ich sah, was sie nicht sehen konnten. Und ich nahm eine Handvoll von dem Fußabdruck des Gesandten und warf es (in das geschmolzene Gold). So gab es mir meine Seele ein.« * **97.** Er sprach: »Verschwinde! Dein Los in dieser Welt soll sein, daß du rufst: ›Nicht berühren!‹** Und (im Jenseits) ist für dich ein Termin, dem du nicht entgehen wirst. Und betrachte deinen ›Gott‹, den du so sehr verehrt hast. Wahrlich, wir verbrennen ihn und streuen ihn dann als Staub ins Meer.« **98.** Euer Gott ist fürwahr Allah, außer Dem es keinen Gott gibt. Er umfaßt alle Dinge mit Seinem Wissen.

[319]**99.** Also erzählen Wir dir Geschichten von dem, was sich früher ereignet hatte. Und dabei lassen Wir dir manche Ermahnung von Uns zukommen. **100.** Wer sich von ihr abwendet, wird am Tage der Auferstehung eine (schwere) Last tragen. **101.** Ewig sollen sie (in der Hölle) verweilen, und schlimm ist diese Bürde für sie am Tage der Auferstehung, **102.** Der Tag, an dem in die Posaune gestoßen wird. An ihm versammeln Wir die Missetäter, wie blind (vor Angst).*** **103.** Sie werden einander zuraunen: »Ihr hieltet euch doch gewiß nur zehn (Tage) im Grab auf.« **104.** Wir wissen sehr wohl, was sie sprechen. Dann wird der Einsichtigste von ihnen sagen: »Ihr wart nur einen Tag dort!« **105.** Und sie werden dich wegen der Berge befragen. Sprich: »Zerstäuben wird sie mein Herr zu Staub. **106.** Und Er wird sie zu einer flachen Ebene machen, **107.** So daß du weder Erhöhungen noch Vertiefungen mehr siehst.« **108.** An jenem Tage werden sie dem Rufer folgen, vor dem es kein Entrinnen gibt. Und sie werden alle Stimmen vor dem Erbarmer senken, so daß du nichts hörst als Flüstern. **109.** An jenem Tage nützt

* Der Samaritaner entledigte sich symbolisch eines Teils der geoffenbarten Religion Abrahams und Moses' aufgrund gnostischer »Einsichten«.

** D. h., er ist aussätzig geworden.

*** Wörtlich: mit blauen Augen.

keine Fürbitte, außer dessen, dem es der Erbarmer erlaubt und dessen Wort Ihm wohlgefällig ist. **110.** Er weiß, was vor ihnen und was hinter ihnen liegt. Aber sie erfassen Ihn nicht mit (ihrem) Wissen. **111.** Und die Gesichter werden sich vor dem Lebendigen, dem Ewigen, demütig neigen. Doch verloren wird sein, wer Unrecht mit sich trägt. **112.** Wer aber das Rechte tat und gläubig war, der braucht weder Unrecht noch Verlust fürchten. **113.** Und so sandten Wir ihn als arabischen Koran hinab und flochten darin auf vielfältige Weise Drohungen ein, damit sie gottesfürchtig werden mögen oder er ihnen Anlaß zu neuem Gottesbewußtsein würde.

[320]**114.** Und erhaben ist Allah, der wahre König! Und übereile dich nicht mit dem (Zitieren des) Koran, bevor er dir vollständig geoffenbart worden ist, sondern sprich: »O mein Herr! Mehre mein Wissen!« **115.** Und wahrlich, Wir legten bereits Adam eine Verpflichtung auf; doch er vergaß, und Wir fanden in ihm keine Standfestigkeit. **116.** Und als Wir den Engeln befahlen: »Werft euch vor Adam nieder!«, da fielen sie nieder, außer Iblis. Er weigerte sich. **117.** Und Wir sprachen: »O Adam! Dieser ist dir und deiner Frau fürwahr feindlich gesinnt. Laßt euch beide nicht von ihm aus dem Paradies vertreiben und euch ins Elend bringen. **118.** Siehe, hier brauchst du nicht zu hungern oder dich nackt zu fühlen **119.** Und weder zu dürsten noch unter Hitze zu leiden.« **120.** Doch Satan flüsterte ihm zu und sagte: »O Adam! Soll ich dich zu dem Baume der Ewigkeit und in ein Reich führen, das nie vergeht?« **121.** Und sie aßen beide davon. Da wurde ihnen ihre Blöße bewußt, und sie begannen, sich mit zusammengefügten Blättern aus dem Garten zu bedecken. So wurde Adam gegen seinen Herrn ungehorsam und ging in die Irre. **122.** Dann jedoch erwählte ihn sein Herr, wandte Sich ihm (gnädig wieder) zu und führte ihn auf den rechten Weg.* **123.** Er sprach: »Geht von hier allesamt hinunter, jeder sei des anderen Feind! Doch wenn dann Meine Rechtleitung zu euch kommt:

* Vgl. 2: 37; aus beiden Versen erhellt, daß Adam nicht verdammt, sondern daß ihm verziehen wurde. Dies widerspricht der Theorie von »Erbsünde«.

Wer dann Meiner Leitung folgt, der soll weder irregehen noch unglücklich sein. **124.** Wer aber Meine Ermahnung nicht annimmt, dem ist ein kümmerliches Leben beschieden. Und am Tage der Auferstehung werden Wir ihn blind vorführen.« **125.** Fragen wird er: »O mein Herr! Warum hast du mich blind auferweckt, wo ich vorher doch sehen konnte?«

[321]**126.** Er wird sprechen: »So sei es! Zu dir kam Unsere Botschaft, doch du hast sie mißachtet. So wirst du heute mißachtet!« **127.** Und so vergelten Wir dem Maßlosen, der nicht an die Botschaft seines Herrn glaubt, und wahrlich, die Strafe des Jenseits wird noch härter und nachhaltiger sein. **128.** Haben sie denn nichts daraus gelernt, wie viele Geschlechter Wir schon vor ihnen vernichteten, in deren (ehemaligen) Wohnungen sie umhergehen? Darin sind gewiß Zeichen für Leute von Verstand! **129.** Wäre nicht von deinem Herrn schon zuvor anders entschieden worden, wäre die Strafe unvermeidlich schon eingetroffen. Aber ein Termin ist gesetzt. **130.** So ertrage geduldig, was sie behaupten, und lobpreise deinen Herrn vor Sonnenaufgang und vor ihrem Untergang. Und preise Ihn in den Stunden der Nacht und an den Enden des Tages, damit du deine Glückseligkeit finden mögest. **131.** Und hefte deine Blicke nicht auf das, was Wir einigen von ihnen gewährten – den Glanz des irdischen Lebens –, um sie damit zu prüfen; denn deines Herrn Versorgung ist besser und bleibender. **132.** Und mache deinen Angehörigen das Gebet zur Pflicht und zeige darin Ausdauer. Wir fordern nicht von dir, daß du (Uns) versorgst, sondern Wir versorgen dich. Und die Zukunft gehört den Gottesbewußten. **133.** Und sie sagen: »Warum bringt er uns kein Wunder von seinem Herrn?« Aber haben sie denn keinen deutlichen Beweis schon in dem, was in den früheren Schriften steht? **134.** Und wenn Wir sie schon zuvor durch eine Strafe vernichtet hätten, hätten sie gewiß gesagt: »O unser Herr! Warum hast Du uns keinen Gesandten geschickt? Dann wären wir Deiner Botschaft gefolgt und hätten unsere Demütigung und Schande vermieden.« **135.** Sprich: »Ein jeder wartet. So wartet auch ihr. Ihr werdet schon erfahren, wer dem geraden und ebenen Weg gefolgt war und wer sich rechtleiten ließ.«

21 Die Propheten (al-Anbiyâ')

Geoffenbart zu Mekka

Im Namen Allahs, des Erbarmers, des Barmherzigen!

[322]**1.** Die Zeit ihrer Abrechnung nähert sich den Menschen, aber in
ihrer Achtlosigkeit wenden sie sich davon ab. **2.** Keine Ermahnung ihres
Herrn erreicht sie je, ohne daß sie sie nur voll Spott anhören, **3.** Mit
Spaß in ihren Herzen. Und die Frevler tuscheln insgeheim: »Ist dieser
denn nicht ein Mensch wie ihr? Wollt ihr euch etwa gegen besseres Wis-
sen auf Zauberei einlassen?« **4.** Sprich: »Mein Herr weiß, was im Him-
mel und auf Erden gesprochen wird. Er ist der Hörende, der Wissende.«
5. Sie hingegen behaupten: »Das sind wirre Träume! Ja, er hat ihn sich
ausgedacht; er ist ja ein Dichter. Soll er uns doch ein Wunderzeichen
bringen, so wie die, die vor ihm entsandt wurden!« **6.** Keine einzige der
Städte, die Wir zerstörten, hat je geglaubt. Würden sie wohl glauben?
7. Auch vor dir entsandten Wir nur (sterbliche) Männer, denen Wir Uns
offenbarten. Fragt nur das Volk der Ermahnung,* falls ihr es nicht wißt.
8. Und Wir machten sie nicht zu Wesen, die keine Nahrung aufnehmen,
noch waren sie unsterblich. **9.** Dann erfüllten Wir ihre Verheißung und
retteten sie und wen Wir (sonst) wollten und ließen die Übertreter zu-
grunde gehen. **10.** Wahrlich, Wir haben nun zu euch ein Buch hinab-
gesandt, in dem alles steht, was ihr beachten sollt. Wollt ihr denn nicht
begreifen?

[323]**11.** Und wie viele Städte, die sündig waren, zerstörten Wir von
Grund aus und beriefen nach ihnen ein anderes Volk! **12.** Und als sie
Unseren Zorn zu spüren begannen, flohen sie davor. **13.** »Flieht nicht,
sondern kehrt zu euerem Wohlleben und zu eueren Wohnungen zu-
rück, damit man euch zur Rechenschaft zieht!« **14.** Da sagten sie: »Wehe
uns! Wahrlich, wir waren Sünder!« **15.** Und dies war ihr ständiger Klage-
ruf, bis Wir sie hingemäht und ausgelöscht hatten. **16.** Und Wir erschu-
fen den Himmel und die Erde und was zwischen beiden ist gewiß nicht

* Die Juden und Christen.

zu Scherz und Zeitvertreib. **17.** Hätten Wir zum Zeitvertreib ein bloßes Spiel spielen wollen, hätten Wir es gewiß in Uns Selbst gefunden, wenn Wir so etwas überhaupt gewollt hätten. **18.** Aber nein! Wir schleudern die Wahrheit gegen die Lüge, und sie zerschmettert sie, und siehe, da vergeht sie. Wehe aber euch wegen dessen, was ihr über (Ihn) aussagt. **19.** Sein ist, was in den Himmeln und auf Erden ist. Und wer bei Ihm ist, ist nicht zu stolz, Ihm zu dienen, und wird dessen nicht müde. **20.** Sie lobpreisen Ihn Nacht und Tag, ohne zu ermatten. **21.** Und doch nehmen sie sich irdische Götter, die lebendig machen sollen. **22.** Gäbe es in beiden* Götter neben Allah, so würden alle beide gewiß zugrunde gehen. Preis sei Allah, dem Herrn des Throns, (der erhaben ist) über das, was sie aussagen. **23.** Nicht Er wird befragt nach dem, was Er tut, aber sie werden befragt. **24.** Und doch nehmen sie sich Götter neben Ihm! Sprich: »Bringt eueren Beweis herbei! Dies ist eine Ermahnung für die, welche mit mir sind, und war die Ermahnung derer, die vor mir waren.« Aber die meisten von ihnen kennen die Wahrheit nicht und wenden sich ab.

[324]**25.** Und Wir entsandten vor dir keinen Gesandten, dem Wir nicht geoffenbart hätten: »Es gibt keinen Gott außer Mir, so dient Mir alleine.« **26.** Und sie behaupten: »Der Erbarmer hat sich einen Sohn zugelegt.« Preis Ihm! Nein! Sie sind nichts als geehrte Diener.** **27.** Sie kommen Ihm beim Sprechen nicht zuvor und handeln nur auf Seinen Befehl. **28.** Er weiß, was vor ihnen und was hinter ihnen ist,*** und sie können keine Fürsprache einlegen, außer für den, an dem Er Wohlgefallen hat, und sie sind von Furcht durchdrungen. **29.** Und wer von ihnen behaupten wollte: »Fürwahr, ich bin ein Gott neben Ihm« – dem würden Wir es mit der Hölle vergelten. So belohnen Wir die Frevler. **30.** Sehen die Ungläubigen denn nicht, daß die Himmel und die Erde

* Himmel und Erde.

** Bezieht sich sowohl auf Jesus wie auf die altarabische Vorstellung von Engeln als Töchter Gottes.

*** Das Offenkundige und das Verborgene, das Vergangene und das Künftige.

eine einzige dichte Masse* waren, die Wir spalteten,** und daß Wir dann aus dem Wasser alles Lebendige entstehen ließen?*** Wollen sie denn nicht glauben? **31.** Und Wir setzten festgegründete Berge auf die Erde, damit sie nicht mit ihnen wanke. Und Wir machten auf ihr breite Täler als Wege, damit sie sich zurechtfinden. **32.** Und Wir machten den Himmel zu einem wohlbehüteten Dach. Und doch kehren sie sich von Seinen Zeichen ab. **33.** Und Er ist es, der die Nacht erschuf und den Tag, die Sonne und den Mond; jeder schwebt auf seiner (sphärischen) Bahn. **34.** Und Wir gaben auch vor dir keinem Menschen Unsterblichkeit. Darum werden sie wohl ewig leben, während du stirbst? **35.** Ein jeder wird den Tod erleiden. Und Wir stellen euch auf die Probe, mit Bösem und mit Gutem. Und zu Uns kehrt ihr zurück.

[325]**36.** Und wenn die Ungläubigen dir begegnen, empfangen sie dich nur mit Spott: »Ist das etwa derjenige, der (abfällig) über euere Götter spricht?« Und sie sind es doch, die nicht an die Ermahnung des Erbarmers glauben. **37.** Der Mensch ist ein ungeduldiges Geschöpf. Wahrlich, Ich werde euch Meine Zeichen noch zeigen, aber laßt sie Mich nicht beschleunigen. **38.** Und sie werden fragen: »Wann tritt denn diese Drohung ein, falls ihr aufrichtig seid?« **39.** Wenn die Ungläubigen nur den Zeitpunkt wüßten, an dem sie das Feuer weder von ihren Gesichtern abwehren können, noch von ihren Rücken, ohne daß sie Hilfe finden. **40.** Nein! Es wird so unversehens über sie kommen, daß sie in Verwirrung geraten. Sie werden es nicht abwehren können, und Aufschub wird ihnen nicht gewährt. **41.** Verspottet wurden Gesandte schon vor dir, dann aber traf die Spötter unter ihnen das, was sie verspottet hatten. **42.** Sprich: »Wer beschützt euch bei Nacht oder Tag vor dem Erbarmer?« Jedoch sie kehren sich von der Ermahnung ihres Herrn ab. **43.** Haben sie etwa Götter, die ihnen an Unserer Stelle helfen können? Sie vermögen sich ja selbst nicht zu helfen, noch kann ihnen gegen Uns

* Nach heutigem Kenntnisstand höchstverdichteter Wasserstoff.

** Im sogenannten Urknall.

*** Auch dies ist entwicklungsgeschichtlich erhärtet.

geholfen werden. **44.** Nein! Wir versorgten sie und ihre Väter lange Zeit ihres Lebens. Sehen sie denn nicht, daß Wir über das Land kommen und ihnen nach und nach alles entziehen? Werden etwa sie die Sieger sein?

[326]**45.** Sprich: »Ich warne euch nur der Offenbarung gemäß!«; doch wenn sie gewarnt werden, hören die Tauben den Ruf nicht. **46.** Aber wenn sie auch nur ein Hauch der Strafe deines Herrn berührt, sagen sie gewiß: »Wehe uns! Wir waren wirklich Sünder!« **47.** Und Wir werden am Tage der Auferstehung gerechte Waagen aufstellen, und niemand soll im geringsten Unrecht erleiden. Und wäre es (auch nur) vom Gewicht eines Senfkorns, Wir brächten es herbei. Und Wir genügen als Rechner. **48.** Und Wir gaben bereits Moses und Aaron die Richtschnur zur Unterscheidung des Richtigen vom Falschen* und ein Licht und eine Ermahnung für die Gottesfürchtigen, **49.** Welche ihren Herrn im verborgenen fürchten und vor der Stunde bangen. **50.** Und auch dies ist eine gesegnete Ermahnung, die Wir hinabgesandt haben. Wollt ihr sie etwa verwerfen? **51.** Und wahrlich, dem Abraham gewährten Wir bereits zuvor Rechtleitung; denn Wir kannten ihn wohl. **52.** Als er zu seinem Vater und seinem Volke sprach: »Was sind das für Bildnisse, die ihr da verehrt?«, **53.** Sagten sie: »Wir fanden, daß bereits unsere Väter sie verehrten.« **54.** Er sprach: »In der Tat, ihr und euere Väter seid in offenkundigem Irrtum.« **55.** Sie sagten: »Bist du mit der Wahrheit zu uns gekommen, oder treibst du einen Scherz?« **56.** Er sprach: »Mitnichten! Euer Herr ist der Herr der Himmel und der Erde, Derjenige, Der sie erschuf. Und hiervon lege ich euch Zeugnis ab. **57.** Und bei Allah! Ich will gegen euere Götzen gewiß Pläne schmieden, sobald ihr den Rücken gekehrt habt.«

[327]**58.** Und er schlug sie in Stücke, mit Ausnahme des Größten von ihnen, damit sie es ihm zuschrieben. **59.** Sie sagten: »Wer hat dies unseren Göttern angetan? Das war bestimmt ein Frevler!« **60.** Sie sagten (ferner): »Wir hörten einen jungen Mann davon reden. Man ruft ihn Abraham.« **61.** Sie sprachen: »So bringt ihn vor die Augen des Volks,

* Al-furqan; vgl. auch 2: 53 und 25:1.

vielleicht zeugen sie (wider ihn).« **62.** Sie fragten: »Hast du dies mit unseren Göttern getan, o Abraham?« **63.** Er sagte: »Keineswegs! Getan hat dies der Größte von ihnen. Fragt sie nur, wenn sie reden können!« **64.** Da wandten sie sich selbst zu und sprachen: »Seht, ihr selbst seid im Unrecht!« **65.** Dann aber wurden sie rückfällig (und sprachen:) »Du weißt genau, daß diese nicht reden können!« **66.** Er fragte: »Verehrt ihr etwa außer Allah, was euch weder etwas nützen noch schaden kann? **67.** Pfui über euch und über das, was ihr statt Allah anbetet! Habt ihr denn keine Einsicht?« **68.** Sie riefen: »Verbrennt ihn und verteidigt euere Götter, falls ihr etwas tun wollt.« **69.** Wir sprachen: »O Feuer, sei kühl und unschädlich für Abraham!« **70.** Und sie suchten, ihm zu schaden, doch Wir machten sie zu den Verlierern. **71.** Denn Wir erretteten ihn und auch Lot in das Land, das Wir für alle Welt gesegnet haben.★ **72.** Und Wir schenkten ihm Isaak, und Jakob dazu, und machten alle beide rechtschaffen.

[328]**73.** Und Wir machten sie zu Vorbildern, die auf Unser Geheiß rechtleiteten, und wiesen sie an, Gutes zu tun, das Gebet zu verrichten und Almosen zu entrichten. Und sie verehrten Uns. **74.** Und Lot gaben Wir Weisheit und Wissen und retteten ihn aus der Stadt, die Ruchloses beging. Sie waren fürwahr verdorbene Leute, Missetäter. **75.** Und Wir ließen ihn in Unsere Barmherzigkeit eingehen. Er war wahrlich einer der Rechtschaffenen **76.** Wie zuvor Noah, als er rief. Wir erhörten und erretteten ihn und seine Familie aus großer Bedrängnis. **77.** Und Wir halfen ihm wider das Volk, das Unsere Botschaft für Lüge erklärte. Sie waren ein wirklich böses Volk. Und Wir ließen sie allesamt ertrinken. **78.** Und (erinnert euch an) David und Salomo, als sie über den Acker richteten, auf dem die Schafe der Leute zur Nachtzeit geweidet hatten. Und Wir waren gewiß Zeuge ihres Urteilsspruchs.★★ **79.** Und Wir gaben Salomo (bessere) Einsicht in die Sache, aber beiden gaben Wir

★ Palästina.

★★ Statt (wie David) dem Eigentümer des Ackers die Herde zuzusprechen, sollte sie (nach Salomo) nur zur Sicherheit bis zur Wiederherstellung des Ackers durch die Herdenbesitzer dienen.

Weisheit und Erkenntnis. Und Wir machten David die Berge und die Vögel dienstbar, mit ihm (Allahs) Lobpreisung zu verkünden. Und Wir waren es, Die all dies bewirkten. **80.** Und Wir lehrten ihn die Kunst, Panzerhemden für euch zu verfertigen, damit sie euch gegenseitig vor euerer Gewaltsamkeit schützen. Seid ihr wohl dankbar? **81.** Und Salomo (machten Wir) den Wind (dienstbar), der nach seinem Gebot zu dem Land wehte, das Wir gesegnet haben. Und Wir wußten um all diese Dinge.

[329]**82.** Und einige der Satane (machten Wir ihm dienstbar), die für ihn tauchten und noch andere Werke verrichteten. Und Wir waren es, Die sie überwachten. **83.** Und (gedenke des) Hiob, als er seinen Herrn rief: »Fürwahr, mich hat Unheil getroffen! Dennoch bist Du der barmherzigste der Barmherzigen.« **84.** Da erhörten Wir ihn und befreiten ihn von seiner Plage und gaben ihm seine Familie (wieder) und ebenso viele dazu, als eine Barmherzigkeit von Uns und eine Ermahnung für Unsere Diener. **85.** Und Ismael und Idris und Dhu-l--Kifl* – alle waren geduldig und standhaft. **86.** Und Wir führten sie in Unsere Barmherzigkeit ein. Siehe, sie waren rechtschaffen. **87.** Und der Mann des Fisches**, als er erzürnt fortging und meinte, Wir hätten keine Macht über ihn. Doch in der tiefen Finsternis rief er: »Es gibt keinen Gott außer Dir! Preis sei Dir! Ich war wirklich einer der Sünder!« **88.** Da erhörten Wir ihn und retteten ihn aus der Trübsal. Und so erretten Wir die Gläubigen. **89.** Und (gedenke des) Zacharias, als er zu seinem Herrn rief: »O mein Herr! Lasse mich nicht kinderlos, obwohl Du der beste der Erben bist.« **90.** Da erhörten Wir ihn und schenkten ihm Johannes und machten seine Frau für ihn fähig (zu empfangen.) Siehe, sie wetteiferten im Guten und riefen Uns mit Liebe und Ehrfurcht an und demütigten sich vor uns.

[330]**91.** Und (gedenke) derjenigen, die ihren Schoß keusch hielt*** und der Wir von Unserem Geist einhauchten und die Wir nebst ihrem Sohne zu einem Zeichen für alle Welt machten. **92.** Wahrlich, diese

* Identifizierung ungewiß. Wörtlich: Der sich (Gott) Verpfändende.

** Jonas.

*** Maria, die Mutter Jesu.

euere Gemeinschaft ist eine einzige Gemeinschaft, und Ich bin euer Herr, darum dient nur Mir. **93.** Aber sie sind unter sich tief zerstritten. Alle jedoch werden zu Uns zurückkehren. **94.** Und wer das Rechte tut und gläubig ist, dessen Bemühen soll nicht umsonst sein, sondern Wir werden es für ihn aufschreiben. **95.** Und es ist ein unverletzliches Verbot, daß keine Gemeinschaft wiederkehrt, die Wir vernichteten, **96.** Bis Gog und Magog (die Sperre) geöffnet wird* und sie von allen Anhöhen herbeieilen **97.** Und die wahre Verheißung naht. Fürwahr, erstarren werden da die Augen der Ungläubigen: »O, wehe uns! Wir waren all dessen achtlos! Ja, wir waren wirklich Sünder!« **98.** Wahrlich, ihr und das, was ihr anstelle von Allah anbetet, seid Brennstoff für die Hölle. Dorthin werdet ihr alle kommen. **99.** Wären dies wirkliche Götter, würden sie nicht dorthin kommen. Doch alle sollen auf ewig darin bleiben. **100.** Stöhnen werden sie darin und dort nichts (anderes) hören. **101.** Doch jene, denen Wir das Gute bereits verheißen haben, werden fern von ihr sein.

[331]**102.** Keinen Laut werden sie von ihr hören. Und am Ort ihrer Sehnsucht werden sie auf ewig verweilen. **103.** Der große Schrecken wird sie nicht bekümmern, und die Engel werden sie empfangen: »Dies ist euer Tag, der euch versprochen worden war.« **104.** An jenem Tage werden Wir den Himmel zusammenrollen wie eine Schriftrolle. Wie Wir die erste Schöpfung hervorbrachten, werden Wir sie wieder hervorbringen. Dies ist für Uns ein bindendes Versprechen; Wir werden es gewiß erfüllen. **105.** Und wahrlich, wie schon zuvor (in der Schrift) erwähnt, schrieben Wir in den Psalmen**, daß Meine gerechten Diener die Erde erben werden. **106.** Hierin ist wahrlich eine Botschaft für ein Volk, das (Gott) dient. **107.** Und Wir entsandten dich fürwahr als eine Barmherzigkeit für alle Welt. **108.** Sprich: »Mir wurde lediglich geoffen-

* Vgl. 18: 94-98; das Ereignis gilt als Vorbote des Jüngsten Tages.

** Wörtlich bedeutet das entsprechende arabische Wort »zabur« »Schrift« oder (weises) »Buch«, kann sich also auf sämtliche Offenbarungszeugnisse, nicht nur die Psalmen, beziehen.

bart, daß euer Gott ein einziger Gott ist. Wollt ihr euch (Ihm) nicht ergeben?«* **109**. Doch wenn sie den Rücken kehren, so sprich: »Ich habe euch allen auf gleiche Weise verkündet, doch weiß ich nicht, ob nahe oder fern ist, was euch angedroht wurde. **110.** Er allein kennt euere offene Rede und weiß, was ihr verheimlicht. **111.** Und ich weiß nicht, ob es** vielleicht nur eine Versuchung für euch ist oder ein Nießbrauch für eine bestimmte Zeit.« **112.** Er *** sagte: »O mein Herr! Richte in Wahrheit!« Und: »Unser Herr ist der barmherzige Erbarmer, Den es um Hilfe gegen euere Behauptungen anzuflehen gilt.«

22 Die Pilgerfahrt (al-Hadsch)

Geoffenbart zu Mekka und Medina

Im Namen Allahs, des Erbarmers, des Barmherzigen!

[332]**1.** O ihr Menschen! Fürchtet eueren Herrn! Denn das Beben der Stunde ist etwas Gewaltiges. **2.** An dem Tage, an dem ihr es sehen werdet, wird jede Stillende ihren Säugling vergessen und jede Schwangere eine Frühgeburt haben. Und du wirst die Menschen wie betrunken sehen, obwohl sie nicht betrunken sind. Aber Allahs Strafe ist (nun einmal) streng. **3.** Und doch gibt es Menschen, die ohne jedes Wissen über Allah streiten und jedem rebellischen Satan folgen, **4.** Über den geschrieben ist, daß er den, der ihn zum Beschützer nimmt, irreführen und zur Strafe der Flamme leiten wird. **5.** O ihr Menschen! Wenn ihr über die Auferstehung im Zweifel seid, so haben Wir euch doch aus Staub erschaffen, dann aus einem Samentropfen, dann aus etwas sich Anklammerndem, dann aus Fleisch, teils geformt, teils ungeformt, um euch manches klarzumachen. Und Wir lassen in den Mutterschößen ruhen, was Wir wollen, bis zu einem festen Termin. Dann lassen Wir euch als Kinder herauskommen. Dann lassen Wir euch euere Reife erreichen,

* Wörtlich: Muslime sein.

** Das Ausbleiben der angedrohten Strafe.

*** Muhammad.

doch der eine von euch wird (früh) abberufen, während der andere von euch das erbärmlichste Alter erreicht, so daß er alles, was er wußte, vergißt. Und du siehst die Erde ausgetrocknet. Doch wenn Wir Wasser auf sie herniedersenden, dann regt sie sich und schwillt an und läßt alle möglichen Arten schöner Pflanzen sprießen.

[333]**6.** Dies, weil Allah die Wahrheit ist und weil Er die Toten lebendig macht und weil Er Macht über alle Dinge hat **7.** Und weil die Stunde zweifellos kommt und weil Allah alle in den Gräbern auferweckt. **8.** Doch unter den Menschen gibt es manch einen, der über Allah ohne jedes Wissen streitet, ohne Rechtleitung und ohne erleuchtendes Buch. **9.** (Hochmütig) wendet er sich zur Seite, um von Allahs Weg abwendig zu machen. Schande sei sein Los im Diesseits. Und am Tage der Auferstehung werden Wir ihm die Strafe des Verbrennens schmecken lassen. **10.** »Dies für das, was deine Hände vorausgeschickt haben, und weil Allah gegen Seine Diener niemals ungerecht ist!« **11.** Und da gibt es manch einen Menschen, der Allah nur am Rande verehrt. Und wenn ihm Gutes zuteil wird, ist er zufrieden. Wird er jedoch von einer Prüfung heimgesucht, wendet er sein Gesicht ab und verliert so das Diesseits und das Jenseits. Das ist ein beispielloser Verlust. **12.** Er ruft anstelle Allahs an, was ihm weder schaden noch nützen kann. Das ist ein tiefer Irrtum! **13.** Er ruft an, was ihm eher schadet als nützt. Fürwahr, schlimm ist solch ein Beschützer und schlimm ein solcher Gefährte! **14.** Siehe, Allah führt jene, die glauben und das Rechte tun, in Gärten, durcheilt von Bächen. Allah tut fürwahr, was Er will. **15.** Wer meint, daß Allah ihm weder im Diesseits noch im Jenseits helfen wird, der spanne doch ein Seil zum Himmel! Dann schneide er es ab und schaue zu, ob sein Plan verschwinden lassen kann, was ihn erzürnt.*

[334]**16.** Und so haben Wir ihn als deutliche Botschaft hinabgesandt. Und Allah leitet, wen Er will. **17.** Siehe, die Muslime und die Juden und die Sabäer und die Christen und die Magier und die Polytheisten – Allah wird gewiß am Tage der Auferstehung zwischen ihnen entschei-

* Für diesen Vers gibt es keine überzeugende Deutung.

den. Siehe, Allah ist Zeuge aller Dinge. **18.** Siehst du denn nicht, daß alles, was in den Himmeln und auf Erden ist, sich vor Allah niederwirft, die Sonne, der Mond, die Sterne, die Berge, die Bäume und die Tiere? Auch viele Menschen; vielen aber gebührt die Strafe. Und wen Allah der Schmach aussetzt, der findet keinen, der ihm Ehre erweist. Allah tut fürwahr, was Er will. **19.** Diese beiden sind Widersacher, die über ihren Herrn streiten. Aber für die Ungläubigen sind Kleider aus Feuer zurechtgeschnitten. Über ihre Köpfe wird siedendes Wasser gegossen, **20.** Das ihre Eingeweide und ihre Haut schmelzen läßt. **21.** Und eiserne Keulen sind für sie bestimmt. **22.** Sooft sie voller Angst aus ihr* zu entfliehen suchen, werden sie in sie zurückgetrieben werden: »So kostet die Strafe des Verbrennens!« **23.** Siehe, Allah führt jene, die glauben und Gutes tun, in Gärten, durcheilt von Bächen. Geschmückt werden sie dort mit goldenen Armspangen und Perlen. Und ihre Kleidung dort wird aus Seide sein;

[335]**24.** Denn sie hatten sich zu den besten Glaubenssätzen und zum Weg des Gepriesenen leiten lassen. **25.** Siehe, diejenigen, welche nicht glauben und von Allahs Weg abhalten und von der unverletzlichen Moschee, die Wir für die Menschen bestimmten – ob Einheimische oder Fremde – und diejenigen, welche sie frevlerisch zu entweihen suchen: all denen geben Wir schmerzliche Strafe zu kosten. **26.** Und als Wir Abraham den Platz für das Haus** zuwiesen: »Setze Mir nichts zur Seite! Und reinige Mein Haus für die es Umschreitenden und für die im Gebet Stehenden, sich Beugenden und sich Niederwerfenden. **27.** Und rufe die Menschen zur P i l g e r f a h r t. Laß sie zu dir kommen zu Fuß und auf allen möglichen flinken Reittieren, aus den fernsten Gegenden, **28.** Damit sie die Vorteile davon erfahren können und damit sie über dem Vieh, mit dem Wir sie versorgten, den Namen Allahs aussprechen, an den (zum Opfer) bestimmten Tagen***. So eßt davon und speist den

* Der Hölle.

** Die Kaaba.

*** Die drei Tage des Opferfestes vom 10.–12. Dhu-l-Hidscha.

notleidenden Armen. **29.** Dann sollen sie den Zustand der Enthaltsamkeit beendigen,* ihre Gelübde erfüllen und das altehrwürdige Haus umschreiten.« **30.** So sei es. Und wer Allahs heilige Gebote ehrt, dem dient es zum Guten bei seinem Herrn. Und erlaubt ist euch das Vieh (zur Nahrung), mit Ausnahme dessen, was euch gesagt worden ist. Und so meidet den Greuel des Götzendienstes und meidet das lügenhafte Wort.

[336]**31.** Seid ausschließlich Allah zugeneigt, ohne Ihm Gefährten zuzuschreiben. Denn wer Allah Gefährten beigesellt, ist wie einer, der vom Himmel fällt und von den Vögeln erhascht oder vom Wind zu einem fernen Ort verweht wird. **32.** So ist es. Und wer Allahs Symbole** ehrt, beweist Herzensfrömmigkeit. **33.** Ihr könnt sie*** bis zu einem bestimmten Termin nutzen. Schließlich aber ist für sie ein Opferplatz bei dem altehrwürdigen Haus. **34.** Allen Völkern gaben Wir Opferriten, damit sie Allahs Namen über dem Vieh aussprächen, mit dem Wir sie versorgten. Und euer Gott ist ein einziger Gott. Darum seid Ihm ergeben! Und verkünde denen frohe Botschaft, die sich (vor Allah) demütigen, **35.** Deren Herz bei Allahs Erwähnung vor Ehrfurcht bebt, und denen, die standhaft alles erdulden, was sie trifft, und denen, die das Gebet verrichten und von dem spenden, was Wir ihnen bescheren. **36.** Auch das Opfer von Großvieh haben Wir euch als ein Symbol Allahs bestimmt. Ihr habt Gutes an ihnen. So sprecht Allahs Namen über ihnen aus, wenn sie gebunden dastehen. Und nachdem sie auf die Flanke gestürzt sind, eßt von ihnen und speist den Bittenden wie den (verschämten) Armen. So haben Wir sie euch dienstbar gemacht, auf daß ihr dankbar seid. **37.** Weder ihr Fleisch noch ihr Blut erreicht Allah, jedoch erreicht Ihn euere Frömmigkeit. So hat Er sie euch dienstbar gemacht,

* Sie sollen sich u.a. Haar, Bart und Nägel schneiden lassen, was dem Pilger verboten ist von dem Augenblick an, da er das Pilgerkleid angelegt hat, bis zum Opfer im Tal von Mina.

** Die Riten und Orte des Hadsch.

*** Die zum Opfer geweihten Tiere.

damit ihr Allah dafür preist, daß Er euch rechtgeleitet hat. Und verkünde den Rechtschaffenen frohe Botschaft! **38.** Siehe, Allah beschützt die Gläubigen. Wahrlich, Allah liebt nicht den Treulosen, den Undankbaren.

[337]**39.** Erlaubnis (zur Verteidigung) ist denen gegeben, die bekämpft werden – weil ihnen Unrecht angetan wurde* –, und Allah hat gewiß die Macht, ihnen beizustehen; **40.** Jenen, die schuldlos aus ihren Wohnungen vertrieben wurden, nur weil sie sagten: »Unser Herr ist Allah!« Und hätte Allah nicht die einen Menschen durch die anderen abgewehrt, wären (viele) Klöster, Kirchen, Synagogen und Moscheen, in denen Allahs Name häufig gedacht wird, bestimmt zerstört worden. Und wer Ihm helfen will, dem hilft gewiß auch Allah; denn Allah ist stark und mächtig. **41.** Denen (hilft Er,) die – wenn Wir ihnen auf Erden Macht verliehen haben – das Gebet verrichten und die Steuer entrichten und das Rechte gebieten und das Unrechte verbieten. Und Allah bestimmt den Ausgang aller Dinge. **42.** Und wenn sie dich der Lüge zeihen, so haben schon vor ihnen das Volk Noahs, der Ad, der Thamud, **43.** Das Volk Abrahams, das Volk Lots **44.** Und die Bewohner Madyans (ihren Propheten) Lüge vorgeworfen. Und auch Moses wurde der Lüge bezichtigt. Ich gewährte den Ungläubigen Aufschub, dann aber erfaßte Ich sie. Und wie war Meine Zurechtweisung! **45.** Und wie viele sündige Städte vertilgten Wir! Jetzt liegen sie auf ihren Fundamenten in Trümmern da! Wie viele Brunnen sind verlassen und wie viele stattliche Schlösser! **46.** Reisten sie denn nicht im Lande umher? Oder haben sie keine Herzen zu begreifen oder Ohren zu hören? Doch nicht ihre Augen sind blind; blind sind vielmehr die Herzen in ihrer Brust.

[338]**47.** Und sie werden dich auffordern, die Strafe zu beschleunigen. Aber Allah bricht Sein Versprechen nie. Und siehe, ein Tag bei deinem Herrn ist wie tausend Jahre von denen, mit denen ihr rechnet. **48.** Und wie vielen Städten gewährte Ich Aufschub, obwohl sie sündig waren! Dann erfaßte Ich sie. Und zu Mir ist aller Heimgang. **49.** Sprich: »O ihr

* Vers 39 f. ist die erste koranische Offenbarung des Grundsatzes, daß im (internationalen wie im Bürger-)Krieg Gewaltanwendung nur zur Verteidigung zulässig ist.

Menschen! Ich bin nur ein deutlicher Warner für euch.« **50.** Und für diejenigen, welche glauben und das Rechte tun, sind Verzeihung und treffliche Versorgung bestimmt. **51.** Diejenigen aber, welche Unsere Botschaft bekämpfen, um sie wirkungslos zu machen, das sind die Bewohner der Hölle. **52.** Und Wir entsandten vor dir keinen Gesandten oder Propheten,* dem, wenn er (eine Offenbarung) erhoffte, Satan nicht etwas unterzuschieben suchte. Aber Allah macht des Satans Einschiebungen zunichte und macht Seine Verse aus sich selbst verständlich. Und Allah ist wissend und weise: **53.** (Er läßt dies zu) um des Satans Einschiebungen zu einer Versuchung für die zu machen, in deren Herzen Krankheit ist, und für die, deren Herzen verhärtet sind. Und wahrlich, die Sünder sind in tiefem Irrtum. **54.** Und (so verläuft es,) damit diejenigen, denen das Wissen gegeben ist, erkennen, daß er** die Wahrheit von deinem Herrn ist, so daß sie an ihn glauben und ihre Herzen sich Ihm demütig beugen. Denn Allah leitet die Gläubigen gewiß auf den geraden Weg. **55.** Aber die Ungläubigen hören nicht auf, daran zu zweifeln, bis die Stunde plötzlich über sie kommt oder die Strafe eines unheilvollen Tages.

[339]**56.** Die Herrschaft gehört an diesem Tage Allah. Er wird zwischen ihnen richten. Und diejenigen, welche glaubten und das Gute taten, werden in die Gärten der Seligkeit eingehen. **57.** Diejenigen aber, die ungläubig waren und Unsere Botschaft Lüge nannten: beschämende Strafe wird sie treffen! **58.** Diejenigen, welche um Allahs Willen auswanderten und dann fielen oder starben, wahrlich, Allah wird ihnen eine schöne Versorgung zukommen lassen; denn Allah ist wahrlich der beste aller Versorger. **59.** Er wird sie fürwahr an einem Ort eintreten lassen, der ihnen überaus gefällt. Und Allah ist wahrlich wissend und langmütig. **60.** So wird es sein. Und wer (nur) in dem Maße Vergeltung übt, in dem

* Unter Gesandter bzw. Apostel (rasul) wird der Überbringer einer neuen Offenbarung verstanden, unter Prophet (nabi) jemand, den Gott mit der Verwirklichung einer bereits vorliegenden Offenbarung beauftragt hat.

** Der Koran.

ihm Unrecht angetan worden war, und daraufhin wieder Gewalt erleidet, wahrlich, dem wird Allah helfen.* Siehe, Allah ist vergebend, verzeihend. **61.** So ist es! Allah läßt die Nacht auf den Tag folgen und den Tag auf die Nacht. Und Allah ist hörend und schauend. **62.** So ist es! Allah ist die Wahrheit, und was sie außer Ihm anrufen, ist Trug. Und Allah ist der Erhabene, der Große. **63.** Siehst du denn nicht, daß Allah Wasser vom Himmel hinabsendet und so die Erde grün wird? Siehe, Allah ist wahrlich gütig und kundig. **64.** Sein ist, was in den Himmeln und was auf Erden ist. Und Allah ist wahrlich der Unabhängige, der Rühmenswerte.

[340]**65.** Siehst du denn nicht, daß Allah euch (alles) dienstbar gemacht hat, was auf Erden ist, so wie die Schiffe, die das Meer auf Sein Geheiß durcheilen? Und Er hält den Himmel, damit er nicht auf die Erde fällt, außer mit Seiner Erlaubnis. Allah ist wahrlich gegen die Menschen mitfühlend und barmherzig. **66.** Und Er ist es, Der euch Leben gab. Danach wird Er euch sterben lassen. Dann wird Er euch (wieder) lebendig machen. Der Mensch ist wahrlich undankbar! **67.** Einem jeden Volk gaben Wir einen Ritus, den sie beobachten. Darum laß sie nicht mit dir darüber streiten, sondern rufe (sie) zu deinem Herrn.** Siehe, du bist rechtgeleitet. **68.** Streiten sie jedoch mit dir, dann sprich: »Allah weiß am besten, was ihr tut. **69.** Allah wird am Tage der Auferstehung zwischen euch über das richten, worüber ihr uneins seid.« **70.** Weißt du denn nicht, daß Allah alles kennt, was im Himmel und auf Erden ist? All dies steht in einem Buch, und dies ist für Allah wahrlich ein leichtes. **71.** Und sie beten statt Allah an, wofür Er keine Ermächtigung herabgesandt hat und worüber sie überhaupt kein Wissen besitzen. Und für die, welche Unrecht begehen, gibt es keinen Helfer. **72.** Und wenn ihnen Unsere deutlichen Verse vorgetragen werden, dann erkennst du in den Gesichtern der Ungläubigen Mißfallen. Am liebsten fielen sie über die her,

* Bei wiederholtem gegnerischen Angriff kann die Reaktion der Muslime über die bloße Verteidigung hinausgehen.

** Grundlage des religiösen Pluralismus der weltökumenischen Bewegung.

welche ihnen Unsere Verse vortragen. Sprich: »Soll ich euch noch Schlimmeres ankündigen? Das Feuer, das Allah den Ungläubigen angedroht hat? Ein schlimmes Endziel.«

[341]**73.** O ihr Menschen! Ein Gleichnis ist für euch geprägt worden; so hört es: Siehe jene, die ihr neben Allah anruft, nie können sie jemals eine Fliege erschaffen, selbst wenn sie sich zusammentun. Und wenn ihnen die Fliege etwas raubte, könnten sie es ihr nicht wegnehmen. Schwach sind der Bittende und der Gebetene. **74.** Sie schätzen Allah nicht in Seiner wahren Bedeutung ein. Seht, Allah, ist wahrlich der Starke, der Mächtige. **75.** Allah erwählt Boten aus den Engeln und aus den Menschen. Fürwahr, Allah ist hörend und sehend. **76.** Er weiß, was vor ihnen und was hinter ihnen liegt. Und zu Allah kehren alle Dinge zurück. **77.** O ihr, die ihr glaubt! Beugt euch und werft euch nieder und dient euerem Herrn und tut Gutes, damit es euch wohl ergeht. **78.** Und setzt euch auf Allahs Weg mit rechtem Einsatz ein, wie es Ihm gebührt. Er hat euch erwählt und hat euch in der Religion nichts Schweres auferlegt, der Religion eueres Vaters Abraham. Er hat euch Muslime* genannt, schon zuvor und in diesem (Buch), damit der Gesandte euer Zeuge sei und ihr Zeugen der Menschen sein möget. So verrichtet das Gebet und entrichtet die Steuer und haltet an Allah fest. Er ist euer Gebieter, und wie herrlich ist dieser Gebieter und wie herrlich dieser Beistand!

23 Die Gläubigen (al-Mu'minûn)

Geoffenbart zu Mekka

Im Namen Allahs, des Erbarmers, des Barmherzigen!

[342]**1.** Wohl ergeht es den G l ä u b i g e n, **2.** Die sich in ihrem Gebet demütigen **3.** Und sich von allem Nichtswürdigen fernhalten **4.** Und die die Steuer entrichten **5.** Und ihre Scham bewahren, **6.** Außer gegenüber ihren Gattinnen oder denen, die sie von Rechts wegen besit-

* Das heißt: Gottergebene.

zen; denn dann sind sie ja nicht zu tadeln. **7.** Wer aber etwas darüber hinaus begehrt: das sind die Übertreter. **8.** Und die das ihnen anvertraute Vermögen bewahren und ihr Versprechen erfüllen **9.** Und die ihre Gebete verrichten: **10.** Das sind die Erben, **11.** Welche das Paradies erben werden, ewig darin zu verweilen. **12.** Und wahrlich, Wir erschaffen den Menschen aus reinstem Ton. **13.** Dann setzen Wir ihn als Samentropfen an eine sichere Stätte. **14.** Dann machen Wir den Tropfen zu etwas, das sich einnistet, und das sich Einnistende zu einer Leibesfrucht und formen das Fleisch zu Gebein und bekleiden das Gebein mit Fleisch. Dann bringen Wir dies als eine weitere Schöpfung hervor. Gesegnet sei Allah, der beste der Schöpfer! **15.** Dann, nach all diesem, werdet ihr gewiß sterben. **16.** Dann werdet ihr am Tage der Auferstehung bestimmt auferweckt werden. **17.** Und, wahrlich, Wir erschufen über euch sieben Himmelssphären. Und Wir sind niemals gegenüber der Schöpfung unachtsam.

[343]**18.** Und Wir senden vom Himmel Wasser nach Gebühr herab und sammeln es in der Erde. Und Wir haben gewiß die Macht, es wieder fortzunehmen. **19.** Und Wir lassen euch damit Palmen- und Rebgärten gedeihen, in denen ihr reichlich Früchte habt, von denen ihr eßt, **20.** Sowie einen Baum, der auf dem Berge Sinai wächst und Öl und Gewürztunke zum Essen hervorbringt. **21.** Und auch im Hornvieh ist wahrlich eine Lehre für euch. Wir geben euch von dem zu trinken, was in ihren Leibern ist, und ihr habt viel Nutzen von ihnen und eßt auch davon. **22.** Und auf ihnen und auf Schiffen werdet ihr getragen. **23.** Und Wir entsandten Noah zu seinem Volk, und er sprach: »O mein Volk! Dient Allah! Ihr habt keinen anderen Gott als Ihn. Wollt ihr (Ihn) denn nicht fürchten?« **24.** Doch die Anführer seines Volks, die nicht glaubten, sagten: »Dies ist ein Mensch wie ihr, der sich nur über euch erheben will. Denn wenn Allah gewollt hätte, hätte Er gewiß Engel entsandt. Wir haben solches nie von unseren Vorvätern gehört. **25.** Seht, dies ist nur ein besessener Mann, habt darum noch eine Zeitlang Geduld mit ihm.« **26.** Er sprach: »O mein Herr! Hilf mir gegen ihren Vorwurf der Lüge!« **27.** Und so offenbarten Wir ihm: Baue die Arche unter Unserer Auf-

sicht und nach Unserer Eingebung. Und wenn Unser Befehl ergeht und das Wasser überkocht, dann bringe in sie ein Paar von allen (Gattungen) und deine Familie, außer denen, über die der Spruch bereits zuvor ergangen war. Und komme Mir nicht wegen der Sünder; denn sie sollen ertrinken.

[344]**28.** Und wenn du und wer bei dir ist die Arche bestiegen habt, dann sprich: »Gepriesen sei Allah, Der uns vor dem Volk der Sünder errettet hat.« **29.** Und sprich: »O mein Herr! Gewähre mir einen gesegneten Bestimmungsort; denn Du bist es, der die beste Bestimmung gewährt.« **30.** Siehe, hierin gibt es wahrlich Lehren. Und Wir stellen (euch) gewiß auf die Probe. **31.** Dann ließen Wir andere Geschlechter nach ihnen erstehen. **32.** Und Wir entsandten einen Gesandten aus ihrer Mitte zu ihnen*: »Dient Allah! Ihr habt keinen Gott außer Ihm. Wollt ihr denn nicht gottesfürchtig sein?« **33.** Und die Anführer seines Volkes, die nicht glaubten und die Begegnung im Jenseits für eine Lüge hielten, die Wir aber im irdischen Leben reich versehen hatten, sprachen: »Das ist nur ein Mensch wie ihr! Er ißt von dem, was ihr eßt, und trinkt von dem, was ihr trinkt. **34.** Und wenn ihr einem Menschen euresgleichen gehorcht, seid ihr bestimmt verloren. **35.** Verkündet er euch etwa, daß ihr wieder erstehen werdet, wenn ihr gestorben und zu Staub und Gebein geworden seid? **36.** Weit, weit hergeholt ist dieses Versprechen! **37.** Es gibt nur unser irdisches Leben: Wir sterben, und wir leben, und wir werden nicht wiedererweckt. **38.** Er ist nur ein Mensch, der etwas über Allah erdichtet hat. Doch wir glauben ihm nicht.« **39.** Er sprach: »Mein Herr, rette mich vor ihrem Vorwurf der Lüge.« **40.** Da sprach Er: »Noch eine kleine Weile, dann werden sie es bereuen.« **41.** Mit Recht erfaßte sie dann der Schrei, und Wir machten sie zu Spreu. Weg mit dem sündigen Volk! **42.** Danach ließen Wir andere Geschlechter nach ihnen erstehen.

[345]**43.** Kein Volk kann seinen Termin beschleunigen oder aufschieben. **44.** So entsandten Wir unsere Gesandten, einen nach dem anderen. Wenn immer ein Gesandter zu seinem Volk kam, ziehen sie ihn der

* Die folgende Schilderung paßt auf Hud, aber auch auf andere Propheten.

Lüge. Und so ließen Wir ein Volk dem andern folgen und machten sie zum Exempel. Weg mit dem ungläubigen Volk! **45.** Dann entsandten Wir Moses und seinen Bruder Aaron mit Unseren Wunderzeichen und offenkundiger Vollmacht **46.** Zu Pharao und seinen Anführern. Sie aber waren überheblich und ein hochmütiges Volk. **47.** Und sie sagten: »Sollen wir zwei Menschen unseresgleichen glauben, zumal ihr Volk uns unterworfen ist?« **48.** So bezichtigten sie beide der Lüge – und wurden vernichtet. **49.** Und wahrlich, Wir gaben Moses das Buch, damit sie rechtgeleitet würden. **50.** Und Wir machten den Sohn der Maria und seine Mutter zu einem Zeichen. Und Wir gaben beiden Zuflucht auf einer Anhöhe mit Grünfläche und Quellwasser. **51.** »O ihr Gesandten! Eßt von dem, was gut ist, und tut das Rechte. Seht, Ich weiß, was ihr tut. **52.** Und diese euere Gemeinschaft ist eine einzige Gemeinschaft, weil Ich euer aller Herr bin. So bleibt euch Meiner bewußt!« **53.** Aber sie wurden uneins und zerfielen in Sekten, und jede Partei erfreut sich dessen, was sie haben.* **54.** Darum laß sie für eine Weile in ihrem Wirrwarr. **55.** Glauben sie etwa, daß das, was Wir ihnen an Vermögen und Kindern bescheren, **56.** Wir ihnen eilig als Vorschuß (auf das Jenseits) gewähren? Nein, sie verstehen es falsch. **57.** Siehe, jene, welche in Ehrfurcht vor ihrem Herrn erzittern, **58.** Und jene, welche an die Botschaft ihres Herrn glauben, **59.** Und jene, welche ihrem Herrn nichts zur Seite stellen,

[346]**60.** Und jene, welche spenden, was immer sie spenden, mit zagendem Herzen, im Gedanken daran, daß sie zu ihrem Herrn zurückkehren werden, **61.** Diese eilen um die Wette nach dem Guten und suchen einander darin zuvorzukommen. **62.** Und Wir belasten niemand mit mehr, als er zu tragen vermag. Denn bei Uns ist ein Verzeichnis, das die Wahrheit wiedergibt. Und es wird ihnen kein Unrecht geschehen.

* Nach einer authentischen Überlieferung sagte Muhammad voraus, daß die Juden sich in 71, die Christen in 72 und die Muslime in 73 Gruppen zersplittern werden. Beim Pentagon sind derzeit 261 verschiedene amerikanische Religionsgemeinschaften erfaßt.

63. Aber nein! Ihre Herzen sind all dessen völlig achtlos, und da gibt es noch andere Taten, welche sie verüben, **64.** Bis sie, wenn Wir die Reichen unter ihnen mit der Strafe erfassen, um Hilfe schreien. **65.** »Bettelt heute nicht um Gnade, denn ihr erhaltet keine Hilfe von Uns! **66.** Meine Verse wurden euch vorgetragen, ihr aber habt auf eueren Fersen kehrtgemacht. **67.** Und voller Hochmut pflegtet ihr darüber bis spät in die Nacht Unsinn zu schwätzen.« **68.** Wollen sie denn nicht die Worte (Allahs) bedenken? Oder kam zu ihnen etwas, das nicht (auch) zu ihren Vorvätern gekommen war? **69.** Oder erkennen sie vielleicht ihren Gesandten nicht und verleugnen ihn deshalb? **70.** Oder behaupten sie: »Er ist besessen«? Doch nein! Er ist mit der Wahrheit zu ihnen gekommen, doch die Mehrzahl von ihnen verabscheut die Wahrheit. **71.** Wenn die Wahrheit ihren Neigungen gefolgt wäre, wahrlich, Himmel und Erde und was darin ist wären dann gewiß zugrunde gegangen. Wir überbrachten ihnen ihre Warnung, doch sie kehrten sich von ihrer Warnung ab. **72.** Oder verlangst du von ihnen etwa einen Lohn? Doch der Lohn deines Herrn ist der beste, und Er ist der beste Versorger. **73.** Und du rufst sie wahrlich auf den rechten Weg. **74.** Doch siehe, jene, die nicht an das Jenseits glauben, weichen vom Wege ab.

[347]**75.** Hätten Wir Uns aber ihrer erbarmt und sie aus ihrer Not befreit, hätten sie doch bestimmt auf ihrer Gottlosigkeit beharrt, in die sie verrannt sind. **76.** Und wahrlich, Wir haben sie mit Strafe geprüft. Dennoch haben sie sich ihrem Herrn nicht unterworfen. Und sie werden sich nicht demütigen, **77.** Bis sie zur Verzweiflung gebracht werden, wenn Wir ihnen das Tor zu einer (wirklich) strengen Strafe öffnen. **78.** Und Er ist es, der euch Gehör, Augenlicht, Verstand und Gemüt gab. Aber nur wenige wissen Dank! **79.** Und Er ist es, der euch auf Erden vermehrt hat. Und zu Ihm werdet ihr alle versammelt werden. **80.** Und Er ist es, Der lebendig macht und sterben läßt. Und von Ihm rührt der Wechsel von Nacht und Tag her. Begreift ihr denn nicht? **81.** Doch nein! Sie reden daher wie ihre Vorväter. **82.** Sie sagen: »Wenn wir gestorben und zu Staub und Gebein geworden sind, sollen wir dann etwa wieder auferweckt werden? **83.** In der Tat, uns und schon unseren Vätern

war dies versprochen worden; doch dies sind nur Fabeleien der Alten!«
84. Sprich: »Wem gehört die Erde und was darin ist, sofern ihr es wißt?«
85. Da werden sie sagen: »Allah!« Sprich: »Wollt ihr denn dann nicht
nachdenken?« **86.** Sprich: »Wer ist der Herr der sieben Himmel und der
Herr des gewaltigen Throns?« **87.** Da werden sie antworten: »Allah!«
Sprich: »Wollt ihr Ihn denn dann nicht fürchten?« **88.** Sprich: »Wer ist
es, in Dessen Hand die Herrschaft über alle Dinge liegt und Der be-
schützt, vor Dem es aber keinen Schutz gibt – falls ihr es wißt?« **89.** Da
werden sie antworten: »Allah!« Sprich: »Weshalb seid ihr (dann) so
verblendet?«

[348]**90.** Doch nein! Wir haben ihnen die Wahrheit gebracht, jedoch
sie leugnen sie. **91.** Allah hat Sich keine Kinder zugelegt, und es gibt
keinen Gott neben Ihm. Sonst hätte jeder Gott für sich beansprucht, was
er erschaffen hatte, und einer hätte sich über den anderen erhoben.*
Gepriesen sei Allah (in Seiner Erhabenheit) über das, was sie Ihm zu-
schreiben. **92.** Er kennt das Verborgene und das Offenbare, und hoch
erhaben ist Er über das, was sie (Ihm) zur Seite stellen. **93.** Sprich: »O
mein Herr! Wenn Du mich schauen lassen willst, was Du ihnen ankün-
digst, **94.** O mein Herr, dann versetze mich nicht unter das ungerechte
Volk!« **95.** Wir haben gewiß die Macht, dich sehen zu lassen, was Wir
ihnen ankündigten. **96.** Wehre das Böse mit Gutem ab! Wir wissen ja,
was sie (über Uns) aussagen. **97.** Und sprich: »O mein Herr! Ich nehme
meine Zuflucht zu Dir vor den Einflüsterungen der Satane, **98.** Und ich
nehme meine Zuflucht zu Dir, o mein Herr, daß sie mir nicht nahe
kommen.« **99.** Erst wenn der Tod einem von ihnen naht, wird er sagen:
»O mein Herr! Sende mich zurück, **100.** Damit ich das Gute tue, das ich
unterließ.« Keineswegs! Das sind nur (leere) Worte, was er da spricht.
Und hinter ihnen ist eine Schranke bis zu dem Tage, an dem sie aufer-
weckt werden.** **101.** Und wenn in die Posaune gestoßen wird, dann

* Nachweislich führt Polytheismus auch stets zur Vorstellung einer Götterhierarchie.

** Die Schranke (al-barzakh) trennt das Zwischenreich der Toten von dem der Lebenden bis zum Tage der Auferstehung zum Letzten Gericht.

wird an diesem Tage unter ihnen keine Verwandtschaft mehr gelten, und sie werden nicht mehr nach einander fragen. **102.** Und die, deren Waagschale schwer ist – diese sind es, denen es wohl ergehen wird. **103.** Deren Waagschale jedoch leicht ist – diese sind es, die ihre Seelen an die Hölle verloren haben, für immerdar. **104.** Verbrennen wird das Feuer ihre Angesichter, und ihre Lippen werden sich dort verzerren.

[349]**105.** »Wurden euch nicht Meine Verse vorgetragen? Und habt ihr sie nicht für Lüge erklärt?« **106.** Sie werden sprechen: »O unser Herr! Wir hatten zu viel Pech und wurden so zu einem verirrten Volk. **107.** O unser Herr! Führe uns weg von hier. Und wenn wir rückfällig werden sollten, wahrlich, dann wären wir (echte) Sünder.« **108.** Er wird sprechen: »Fort mit euch! Hinein! Kein Wort mehr mit Mir!« **109.** Siehe, einige Meiner Diener sagten: »O unser Herr! Wir glauben! Darum vergib uns und habe mit uns Erbarmen; denn Du bist ja der beste aller Erbarmer.« **110.** Doch ihr triebt euren Spott mit ihnen, bis es euch die Erinnerung an Mich vergessen ließ, während ihr sie verlachtet. **111.** Heute aber belohne Ich sie für ihre Standhaftigkeit, und sie sollen glückselig sein. **112.** Er wird fragen: »Wie viele Jahre wart ihr auf Erden?« **113.** Sie werden sagen: »Wir waren wohl einen Tag oder nur den Teil eines Tages dort. Frag die, welche rechnen können.« **114.** Er wird sprechen: »Ihr wart nur ganz kurz da, wenn ihr es nur wüßtet. **115.** Meint ihr etwa, Wir hätten euch zu Spiel und Zeitvertreib erschaffen und daß ihr nicht zu Uns zurückkehren müßt?« **116.** Erhaben ist Allah, der wahre König! Es gibt keinen Gott außer Ihm, dem Herrn des edlen Thrones. **117.** Und wer neben Allah einen anderen Gott anruft, ohne irgendeinen Beweis, der hat vor seinem Herrn Rechenschaft abzulegen. Fürwahr, den Ungläubigen wird es nicht wohl ergehen. **118.** Und sprich: »O mein Herr! Vergib und habe Erbarmen; denn Du bist ja der beste Erbarmer.«

24 DAS LICHT (AN-NÛR)
Geoffenbart zu Medina

Im Namen Allahs, des Erbarmers, des Barmherzigen!

[350]**1.** Eine Sure, die Wir herabsandten und verbindlich machten! Und Wir sandten in ihr eine eindeutige Botschaft herab, auf daß ihr euch ermahnen laßt. **2.** Die Unzüchtige* und den Unzüchtigen, peitscht jeden von beiden mit hundert Hieben aus. Und euch soll kein Mitleid erfassen angesichts dieser Anordnung Allahs, so ihr an Allah glaubt und an den Jüngsten Tag. Und eine Anzahl Gläubige soll Zeuge ihrer Strafe sein. **3.** Der Unzüchtige soll nur eine Unzüchtige heiraten oder eine Heidin. Und die Unzüchtige soll nur einen Unzüchtigen heiraten oder einen Heiden; den Gläubigen aber ist solches verwehrt. **4.** Diejenigen, welche anständige Frauen verleumden, dann aber nicht vier (Augen-)Zeugen beibringen, die peitscht mit achtzig Hieben aus. Und nehmt ihr Zeugnis nie mehr an; denn es sind Verworfene, **5.** Außer von jenen, welche danach bereuen und sich bessern; denn siehe, Allah ist wahrlich verzeihend und barmherzig. **6.** Und diejenigen, welche ihre Ehefrauen beschuldigen, dafür aber keine Zeugen außer sich selber haben – viermal soll ein solcher vor Allah beteuern, daß sein Zeugnis wahrhaftig ist, **7.** Und zum fünften Mal, daß Allahs Fluch über ihn komme, falls er ein Lügner sein sollte. **8.** Aber die Strafe soll es von ihr abwenden, wenn sie viermal vor Allah bezeugt, daß er ein Lügner ist, **9.** Und das fünfte Mal, daß Allahs Zorn über sie komme, falls er die Wahrheit gesprochen hat. **10.** Und ohne Allahs Gnade und Barmherzigkeit gegen euch, und wäre Allah nicht vergebend und weise…

[351]**11.** Siehe, diejenigen, welche die Verleumdung** aufbrachten,

* Unter Unzucht (al-zina) wird hier verbotener Geschlechtsverkehr verstanden, sei es Ehebruch oder nicht.

** Dies und das folgende bezieht sich auf die sogenannte Halsbandaffäre. Muhammads Frau Aischa war beim Aufbruch vom Lager zurückgeblieben, um nach ihrem Halsband zu suchen. Am nächsten Morgen wurde sie von Safwan ibn al-Muattal, der sie schlafend fand, gebracht. Dieser Vorfall gab Anlaß zu Verdächtigungen hinsichtlich ihrer ehelichen Treue.

sind eine ganze Gruppe unter euch. Erachtet es nicht für ein Übel für euch. Nein, es ist gut für euch.* Jeder von ihnen wird erhalten, was er an Sünde verdient hat. Und derjenige, welcher es übernahm, (die Verleumdung) zu vergrößern, soll gewaltige Strafe empfangen. **12.** Warum, als ihr es hörtet, haben die gläubigen Männer und Frauen bei sich nicht Gutes gedacht und gesagt: »Dies ist offensichtlich eine Lüge!«? **13.** Warum brachten sie nicht vier Zeugen dafür? Doch wenn sie die Zeugen nicht bringen, sind sie vor Allah Lügner. **14.** Und ohne Allahs Gnade für euch und Seine Barmherzigkeit im Diesseits und im Jenseits hätte euch für euere Verdächtigung eine gewaltige Strafe getroffen. **15.** Als ihr mit eueren Zungen äußertet und mit euerem Mund spracht, wovon ihr kein Wissen hattet, hieltet ihr es für etwas Leichtzunehmendes, obwohl es vor Allah schwerwiegend war. **16.** Und warum, als ihr es hörtet, sagtet ihr nicht: »Es kommt uns nicht zu, hierüber zu urteilen? Preis sei Dir! Dies ist eine schwere Verleumdung!« **17.** Allah ermahnt euch, nie wieder ähnliches zu tun, sofern ihr gläubig seid. **18.** Und Allah macht euch die Gebote klar. Und Allah ist wissend und weise. **19.** Siehe, diejenigen, welche Gefallen daran finden, daß Gläubigen unmoraliches Verhalten zu Unrecht vorgeworfen wird, sollen schmerzliche Strafe empfangen, im Diesseits und im Jenseits. Denn Allah weiß, ihr aber wißt nicht. **20.** Und ohne Allahs Huld gegen euch und Seine Barmherzigkeit, und wäre Allah nicht gütig und barmherzig, …

[352]**21.** O ihr, die ihr glaubt! Folgt nicht den Fußstapfen des Satans; denn wer den Fußstapfen des Satans folgt – siehe, er gebietet euch Abscheuliches und Verbotenes. Und ohne Allahs Huld gegen euch und Seine Barmherzigkeit wäre kein einziger von euch geläutert. Jedoch läutert Allah, wen Er will. Und Allah ist hörend und wissend. **22.** Und die unter euch, die großes Vermögen besitzen, sollen nicht schwören, ihren Verwandten und den Armen und denen, die auf Allahs Weg ausgewandert sind, nichts mehr zu geben, sondern Nachsicht üben und

* Es ist besser, ein Gerücht offen zu erörtern, als es im Untergrund schwelen zu lassen.

verzeihen.* Wünscht ihr nicht, daß Allah euch vergibt? Und Allah ist verzeihend und barmherzig. **23.** Diejenigen, welche anständige Frauen verleumden, die zwar unbedacht, aber doch gläubig sind, sind gewiß im Diesseits und im Jenseits verflucht und empfangen gewaltige Strafe. **24.** Eines Tages werden ihre Zungen und ihre Hände und Füße wegen ihres Verhaltens wider sie zeugen. **25.** An diesem Tage wird Allah ihnen nach Gebühr vergelten, und dann werden sie wissen, daß Allah die offenkundige Wahrheit ist. **26.** Schlechte Frauen sind für schlechte Männer, und schlechte Männer sind für schlechte Frauen! Und gute Frauen sind für gute Männer, und gute Männer sind für gute Frauen! Diese sind frei von dem, was sie ihnen nachsagen. Vergebung und eine ehrenhafte Versorgung (für sie)! **27.** O ihr, die ihr glaubt! Betretet nicht Häuser, die nicht die eueren sind, bevor ihr um Erlaubnis gebeten und ihre Bewohner begrüßt habt. Dies ist besser für euch; vielleicht laßt ihr euch ermahnen.

[353]**28.** Auch wenn ihr niemand darin antrefft, so tretet erst ein, nachdem euch Erlaubnis gegeben wurde. Und wenn euch gesagt wird: »Kehrt um!«, so kehrt um. Das ist geziemender für euch. Und Allah weiß, was ihr tut. **29.** Es ist kein Vergehen, wenn ihr unbewohnte Häuser betretet, die für euch nützlich sind. Und Allah weiß, was ihr offen tut und was ihr verbergt. **30.** Sage den gläubigen Männern, daß sie ihre Blicke senken und ihre Keuschheit wahren sollen. Das ist geziemender für sie. Siehe, Allah kennt ihr Tun. **31.** Und sage den gläubigen Frauen, daß sie ihre Blicke senken und ihre Keuschheit wahren und ihre Reize nicht zur Schau stellen sollen, außer was (anständigerweise) sichtbar ist;** und daß sie ihre Tücher über ihren Busen schlagen und ihre Reize nur ihren Ehegatten zeigen sollen oder ihren Vätern oder den Vätern ihrer Ehegatten oder ihren Söhnen

* Dies mag sich auf Abu Bakr beziehen, welcher einem seiner Verwandten, der an der Verleumdung seiner Tochter Aischa teilgenommen hatte, die bisherige Unterstützung entziehen wollte.

** Dies erlaubt der islamischen Kleiderordnung innerhalb fester Grenzen genug Flexibilität, um auf unterschiedliche zivilisatorische Gegebenheiten Rücksicht zu nehmen.

oder den Söhnen ihrer Ehegatten oder ihren Brüdern oder den Söhnen ihrer Brüder oder den Söhnen ihrer Schwestern oder ihren Frauen* oder denen, die sie von Rechts wegen besitzen, oder ihren Dienern, die keinen Geschlechtstrieb mehr haben, oder Kindern, welche die Blöße der Frauen nicht beachten. Und sie sollen ihre Beine nicht so schwingen, daß Aufmerksamkeit auf ihre verborgene Zierde fällt. Und bekehrt euch zu Allah allzumal, o ihr Gläubigen, damit es euch wohl ergehe.

[354]**32.** Und verheiratet die Ledigen unter euch und euere Diener und Dienerinnen. Wenn sie arm sind, wird Allah sie aus Seinem Überfluß reich machen; denn Allah ist großzügig und wissend. **33.** Doch diejenigen, welche niemand zur Ehe finden, sollen keusch leben, bis Allah sie aus Seinem Überfluß reich macht. Und wenn welche von denen, die euere Rechte besitzt, eine Freilassungsurkunde begehren – schreibt sie ihnen, wenn ihr Gutes von ihnen haltet, und gebt ihnen von Allahs Gut, das Er euch gewährt. Und zwingt euere Mägde nicht zur Prostitution, wenn sie keusch leben wollen, nur um die Güter des irdischen Lebens zu vermehren. Doch wenn sie einer zwingt, so wird Allah, nachdem sie gezwungen wurden, vergebend und barmherzig (zu ihnen) sein. **34.** Und wahrlich, Wir sandten zu euch deutliche Zeichen und das Beispiel derer, die vor euch hingegangen sind, als eine Ermahnung für die Gottesfürchtigen. **35.** Allah ist das L i c h t der Himmel und der Erde. Das Gleichnis Seines Lichts ist eine Nische, in der sich eine Lampe befindet. Die Lampe ist in einem Glase. Und das Glas gleicht einem flimmernden Stern. Es wird angezündet von einem gesegneten Baum, einem Olivenbaum, weder vom Osten noch vom Westen, dessen Öl fast schon leuchtet, auch wenn es kein Feuer berührt. Licht über Licht! Allah leitet zu Seinem Licht, wen Er will. Und Allah prägt Gleichnisse für die Menschen. Und Allah kennt alle Dinge.** **36.** In den Häusern, deren Errichtung Allah erlaubt hat, damit dort Seines Namens gedacht werde, preisen Ihn des Morgens und des Abends

* D.h., den Frauen im Haushalt.

** Der sogenannte Lichtvers, von besonderer Bedeutung in der islamischen Mystik.

[355]**37.** Männer, die weder Handel noch Geschäft abhält von dem Gedenken an Allah und der Verrichtung des Gebets und dem Entrichten der Steuer. Sie fürchten den Tag, an dem sich Herzen und Blick verkrampfen, **38.** (Und hoffen,) daß Allah sie für ihre schönsten Werke belohnt und ihnen Seine Huld mehrt. Und Allah versorgt, wen Er will, ohne Maß. **39.** Die Werke der Ungläubigen aber gleichen einer Luftspiegelung in der Wüste, die der Durstige für Wasser hält, bis er, wenn er zu ihr kommt, nichts vorfindet. Doch findet er (dann), daß Allah stets bei ihm ist. Und Allah zahlt ihm seine Rechnung voll aus; und Allah ist schnell im Rechnen. **40.** Oder sie gleichen den Finsternissen auf hoher See: eine Woge überdeckt die andere, und darüber befinden sich Wolken – Finsternisse, die einen über den anderen. Wenn einer seine Hand ausstreckt, sieht er sie kaum. Und wem Allah kein Licht gibt, der hat kein Licht! **41.** Siehst du denn nicht, daß Allah lobpreist, wer in den Himmeln und auf Erden ist, so auch die Vögel, ihre Schwingen breitend. Jedes (Geschöpf) kennt sein Gebet und seine Lobpreisung. Und Allah weiß, was sie tun. **42.** Allahs ist das Reich der Himmel und der Erde. Und zu Allah ist die Heimkehr. **43.** Siehst du denn nicht, daß Allah die Wolken bläst, sie einmal zusammenballt und einmal übereinander schichtet? Und du siehst den Regen mitten herausströmen. Und Er sendet vom Himmel Berge von Wolken nieder, gefüllt mit Hagel, und Er trifft damit, wen Er will, und wendet ihn ab, von wem Er will. Der Glanz Seines Blitzes raubt fast die Blicke!

[356]**44.** Allah läßt die Nacht und den Tag wechseln. Hierin ist gewiß eine Lehre für die Verständigen. **45.** Und Allah erschuf alle Lebewesen aus Wasser.* Und unter ihnen sind einige, die auf ihrem Bauch kriechen, und andere, die auf zwei Füßen, und andere, die auf vier Füßen gehen. Allah schafft, was Er will. Fürwahr, Allah hat Macht über alle Dinge. **46.** Wahrlich, Wir sandten eine eindeutige Botschaft herab. Und Allah leitet, wen Er will, auf den rechten Pfad.** **47.** Und sie sagen:

* Dies wurde von der modernen Naturwissenschaft erhärtet.

** Oder: »Und Allah leitet, wer es will, …«

»Wir glauben an Allah und Seinem Gesandten und gehorchen!« Doch dann wendet sich ein Teil von ihnen ab. Und dies sind gewiß keine (wahren) Gläubigen. **48.** Und wenn sie zu Allah und Seinem Gesandten gerufen werden, damit Er zwischen ihnen entscheide, kehrt sich ein Teil von ihnen ab. **49.** Aber wenn das Recht auf ihrer Seite ist, kommen sie willig zu Ihm. **50.** Ist in ihren Herzen etwa Krankheit? Oder zweifeln sie? Oder fürchten sie, daß Allah und Sein Gesandter ungerecht gegen sie sein würden? Nein, sie sind es, die unrecht handeln. **51.** Wenn sie zu Allah und Seinem Gesandten gerufen werden, damit Er zwischen ihnen richte, kann die Antwort der Gläubigen nur sein zu sagen: »Wir hören und gehorchen!« Und diese sind es, denen es wohl ergeht. **52.** Und wer Allah und Seinem Gesandten gehorcht und Allah fürchtet und sich vor Ihm hütet – sie sind es, die glückselig sind. **53.** Und sie schworen ihren heiligsten Eid bei Allah, daß sie gewiß ausrücken würden, wenn du ihnen den Befehl geben würdest. Sprich: »Schwört nicht! Euer Gehorsam ist bekannt. Allah weiß wohl, wie ihr euch verhaltet.«

[357]**54.** Sprich: »Gehorcht Allah und gehorcht dem Gesandten!« Wenn ihr den Rücken kehrt, so ruht doch auf ihm nur seine Bürde und auf euch eure Bürde. Und wenn ihr ihm gehorcht, seid ihr rechtgeleitet; doch dem Gesandten obliegt nur die deutliche Predigt. **55.** Verheißen hat Allah denen von euch, die glauben und das Rechte tun, daß Er sie zu Statthaltern (Seiner Macht) auf Erden einsetzen wird, so wie Er es denen, die vor ihnen lebten, gewährte; und daß Er ihnen ihre Religion, so wie Er sie für sie gutgeheißen hat, befestigen will; und daß Er ihre Furcht in Sicherheit verwandeln will. »Sie sollen Mir alleine dienen; Sie sollen Mir nichts an die Seite stellen.« Und wer danach ungläubig ist, das sind die Missetäter. **56.** Und verrichtet das Gebet und entrichtet die Steuer und gehorcht dem Gesandten, damit ihr Barmherzigkeit findet. **57.** Denke nicht, daß die Ungläubigen (Allah) auf Erden entrinnen können. Ihre Herberge ist das Feuer, und schlimm ist die Fahrt (dorthin). **58.** O ihr, die ihr glaubt! Laßt euch aus drei Anläßen um Erlaubnis (zum Eintreten) bitten, (auch) von denen, die ihr von Rechts wegen

besitzt,* und von denen unter euch, die noch nicht die Geschlechtsreife erlangt haben: vor dem Morgengebet; zur Zeit, zu der ihr euere Kleider am Mittag ablegt; und nach dem Abendgebet – drei Zeiten zu denen euere Blöße sichtbar werden könnte. Euch und sie trifft jedoch kein Tadel, abgesehen von diesen (Zeiten), wenn sich der eine von euch um den anderen zu schaffen macht. So macht euch Allah Seine Zeichen klar, und Allah ist wissend und weise.

[358]**59.** Und wenn euere Kinder die Geschlechtsreife erlangt haben, sollen sie euch genauso um Erlaubnis bitten, wie die, welche vor ihnen um Erlaubnis baten. So macht euch Allah Seine Zeichen klar. Und Allah ist wissend und weise. **60.** Und euere älteren Frauen, die keine geschlechtlichen Wünsche mehr haben, begehen keine Sünde, wenn sie ihr Übergewand ablegen, ohne ihre Zierde zu enthüllen. Doch ist es besser für sie, sich dessen zu enthalten. Und Allah ist hörend und wissend. **61.** Es ist kein Vergehen für den Blinden und kein Vergehen für den Lahmen und kein Vergehen für den Kranken und auch nicht für euch selber, in eueren eigenen Häusern zu essen oder in den Häusern euerer Väter oder den Häusern euerer Mütter oder den Häusern euerer Brüder oder den Häusern euerer Schwestern oder den Häusern euerer Vaterbrüder oder den Häusern euerer Vaterschwestern oder den Häusern euerer Mutterbrüder oder in den Häusern euerer Mutterschwestern oder in denen, deren Schlüssel ihr besitzt, oder eueres Freundes. Es ist kein Vergehen, ob ihr zusammen oder getrennt eßt.** Doch wenn ihr in ein Haus tretet, so begrüßt einander mit einem gesegneten, guten Gruß wie von Allah. So macht euch Allah Seine Botschaft klar, damit ihr begreift.

[359]**62.** Gläubige sind nur, die an Allah und Seinem Gesandten glauben und die, wenn sie wegen einer Gemeinschaftsangelegenheit bei ihm sind, nicht fortgehen, ohne ihn um Erlaubnis gefragt zu haben.***

* Von den leibeigenen Bediensteten.

** Der Vers ermutigt zu formloser Gastfreundschaft unter Verwandten und Freunden in Brüderlichkeit gegenüber Bedürftigen.

*** Vers 62 f. ist ein Beispiel für koranische Vorschriften auf dem Gebiet von Protokoll und Etikette.

Siehe, diejenigen, die dich um Erlaubnis fragen, das sind die, welche an Allah und Seinem Gesandten glauben. Und wenn sie dich um Erlaubnis wegen eines eigenen Geschäfts bitten, so gib sie, wem von ihnen du willst, und bitte Allah für sie um Verzeihung. Siehe, Allah ist verzeihend und barmherzig. **63.** Betrachtet die Einladung des Gesandten an euch nicht wie euere Einladungen untereinander. Allah kennt diejenigen unter euch, die sich unbemerkt unter einem Vorwand davonmachen. Daher sollen sich alle, die sich seinem Befehl widersetzen, hüten, daß sie nicht von einer Prüfung heimgesucht oder von schmerzlicher Strafe getroffen werden. **64.** Ist nicht Allahs, was in den Himmeln und auf Erden ist? Er weiß, worauf ihr aus seid. Und eines Tages werden sie zu Ihm zurückgebracht, und Er wird ihnen vorhalten, was sie getan haben. Und Allah kennt alle Dinge.

25 Die Unterscheidung (al-Furqân)*

Geoffenbart zu Mekka

Im Namen Allahs, des Erbarmers, des Barmherzigen!

1. Segensreich ist Der, Welcher die Richtschnur zur Unterscheidung (des Richtigen vom Falschen) Schritt für Schritt auf Seinen Diener hinabgesandt hat, auf daß sie aller Welt eine Warnung sei. **2.** Der, Dem die Herrschaft über die Himmel und die Erde gehört und Der sich niemand zum Sohn genommen hat und Der keine Partner in Seiner Herrschaft hat und Der alle Dinge erschaffen und sie sinnvoll geordnet hat.

[360]**3.** Jedoch, sie nehmen sich außer Ihm andere Götter, die nichts erschaffen haben, sondern selber erschaffen wurden und die weder sich zu schaden oder zu nützen vermögen, noch Macht über Leben oder Tod oder Auferweckung haben. **4.** Und die Ungläubigen behaupten: »Dies ist nichts als Betrug, den er sich mit Hilfe anderer Leute ausgedacht hat.«

* Das Kriterium zur Unterscheidung von richtig und falsch; die Unterscheidungsnorm; Bezeichnung auch für den Koran als solchem.

Doch sie äußern da nur Ungerechtigkeit und Falschheit. **5.** Und sie behaupten: »Fabeleien früherer Geschlechter hat er sich aufschreiben lassen; sie werden ihm am Morgen und am Abend vorgelesen.« **6.** Sprich: »Herabgesandt hat ihn Der, Welcher das Verborgene in den Himmeln und auf Erden kennt. Er ist fürwahr verzeihend und barmherzig.« **7.** Und sie sagen: »Was ist das für ein Gesandter! Er nimmt Nahrung zu sich und begibt sich auf Märkte. Wäre zu ihm doch nur ein Engel herabgesandt worden, um mit ihm zu warnen! **8.** Oder wäre doch ein Schatz zu ihm herabgekommen! Oder hätte er doch einen (paradiesischen) Garten, um davon zu leben!« Und die Ungerechten sagen: »Ihr folgt nur einem Mann, der verhext ist.« **9.** Schau, womit sie dich vergleichen! Doch sie haben sich verirrt und finden den Weg nicht. **10.** Segensreich ist Der, Welcher, falls Er will, dir Besseres gibt als all dieses – Gärten, durcheilt von Bächen, und Schlösser. **11.** Aber nein! Als Lüge erklären sie die Stunde. Doch für den, welcher die Stunde leugnet, haben Wir eine Feuersglut vorbereitet.

[361]**12.** Wenn sie sie aus der Ferne wahrnimmt, hören sie bereits ihr Rasen und Brüllen, **13.** Und wenn sie zusammengekettet in ihren engen Raum geworfen werden, werden sie um (ihre) Vernichtung bitten. **14.** »Fleht heute nicht nur einmal um Vernichtung, sondern fleht immer wieder um Vernichtung!« **15.** Sprich: »Ist dies besser oder der Garten der Ewigkeit, welcher den Gottesfürchtigen verheißen wurde und ihr Lohn und ihre Bestimmung ist?« **16.** Dort wird ihnen alles gewährt, was sie begehren, immerdar. Das ist ein Versprechen, dessen Erfüllung deinem Herrn obliegt. **17.** Doch eines Tages wird Er sie und das, was sie außer Allah anzubeten pflegten, versammeln und fragen: »Habt ihr diese Diener von Mir irregeführt, oder sind sie von selbst vom Weg abgeirrt?« **18.** Sie werden sprechen: »Preis sei Dir! Es steht uns nicht zu, andere Beschützer als Dich anzunehmen! Doch Du hast sie und ihre Väter so reichlich mit guten Dingen verwöhnt, daß sie die Ermahnung vergaßen und ein verdorbenes Volk wurden.« **19.** So haben sie nun euere Behauptung zurückgewiesen. Somit könnt ihr weder die Strafe abwenden noch Beistand finden. Und wer von euch sündig ist, den lassen Wir große

Strafe kosten.* **20.** (Schon) vor dir entsandten Wir keine Gesandten, die nicht Nahrung zu sich nahmen und auf die Märkte gingen. Und Wir machen die einen von euch zur Prüfung für die anderen. Wollt ihr nicht standhaft sein? Und dein Herr sieht alles.

[362]**21.** Und diejenigen, die nicht auf Begegnung mit Uns hoffen, sagen: »Warum werden keine Engel zu uns herabgesandt?« Oder: »Warum sehen wir nicht unseren Herrn?« Wahrlich, sie denken viel zu hoch von sich und vergehen sich schwer. **22.** Der Tag, an dem sie die Engel sehen werden, an diesem Tage wird es für die Sünder keine frohe Botschaft geben, und (die Engel) werden sprechen: »Absolut verboten!«** **23.** Und Wir werden uns ihren (angeblich) guten Werken widmen und werden sie in zerstreuten Staub verwandeln. **24.** Die Bewohner des Paradieses werden an diesem Tage eine bessere Wohnstätte und einen schöneren Ruheplatz haben. **25.** An dem Tage, an dem sich die Himmel samt den Wolken spalten und die Engel in Scharen herabgesandt werden, **26.** An diesem Tage wird die wahre Herrschaft alleine dem Erbarmer gehören. Und für die Ungläubigen wird es ein harter Tag sein; **27.** Denn an diesem Tage wird der Sünder sich in die Hände beißen und rufen: »O hätte ich doch nur den Weg mit dem Gesandten genommen! **28.** O weh, hätte ich mir doch keinen solchen zum Freund genommen! **29.** Wahrlich, er führte mich in die Irre, weg von der Ermahnung, nachdem sie an mich ergangen war! In der Tat, der Satan ist des Menschen Verräter.« **30.** Und der Gesandte wird sagen: »O mein Herr! Mein Volk hielt diesen Koran tatsächlich für etwas, das man nicht zu beachten braucht.«*** **31.** Und so gaben Wir jedem Propheten einen Feind unter den Bösgesinnten; doch dein Herr genügt als Führer und Helfer. **32.** Und die Ungläubigen fragen: »Warum ist der Koran nicht auf einmal (als Ganzes) auf ihn herabgesandt worden?« Dies, um so dein Herz zu festigen. Und Wir haben ihn in sich stimmig wohl geordnet.

* Dies sind Allahs Worte.

** Scil. »ist euch das Paradies«.

*** Dies entspricht der heutigen Behauptung, der Koran sei »nicht mehr relevant«.

[363]**33.** Und sie werden dir mit keinem Einwand kommen, ohne daß Wir dir die Wahrheit und die beste Deutung zukommen lassen. **34.** Diejenigen, welche auf ihren Gesichtern in der Hölle versammelt werden, werden in der übelsten Lage und am weitesten vom Wege abgeirrt sein. **35.** Und wahrlich, Wir gaben Moses die Schrift und seinen Bruder Aaron als Helfer. **36.** Und Wir sprachen: »Geht zu dem Volk, das Unsere Wunderzeichen verwirft!« Doch dann vernichteten Wir sie völlig. **37.** Und das Volk Noahs – als sie dem Gesandten Lüge vorwarfen, ließen Wir sie ertrinken und machten es so zu einem Zeichen für die Menschen. Und für die Ungerechten haben Wir schmerzliche Strafe bereitet. **38.** Und (gleiches gilt für) die Ad und Thamud und die Bewohner von Ar-Rass* und viele Geschlechter dazwischen. **39.** Allen stellten Wir Gleichnisse auf, und alle vernichteten Wir vollständig. **40.** Aber sie müssen doch an der Stadt vorübergekommen sein, auf die ein unheilvoller (Stein)regen herabgehagelt war!** Sahen sie sie denn nicht? Aber nein, sie erwarten ja gar keine Wiederauferstehung. **41.** Und wenn sie dich sehen, treiben sie nur ihren Spott mit dir: »Ist dies etwa der, den Allah zum Gesandten gemacht hat? **42.** Er hätte uns beinahe von unseren Göttern abtrünnig gemacht, wenn wir nicht unbeirrt an ihnen festgehalten hätten.« Aber wahrlich, wenn sie die Strafe erst einmal sehen, werden sie wissen, wer wirklich vom Weg abgeirrt ist. **43.** Hast du nicht den gesehen, der seine Gelüste zum Gott nimmt? Könntest du etwa dafür verantwortlich sein?

[364]**44.** Oder meinst du vielleicht, daß die Mehrheit von ihnen hört oder begreifen können? Sie sind wie das Vieh – nein, sie sind noch weiter vom Weg abgeirrt! **45.** Sahst du nicht, wie dein Herr den Schatten verlängert? Und hätte Er es gewollt, hätte Er ihn stillstehen lassen. Doch Wir machten die Sonne zum Wegweiser. **46.** Dann ziehen Wir ihn*** allmählich (verschwindend) zu Uns. **47.** Und Er ist es, Der euch die

* Ein nicht sicher identifizierter Ort.

** Sodoma.

*** Den Schatten.

Nacht zu einem Gewand und den Schlaf zum Ausruhen gemacht hat und jeden (neuen) Tag zu einer Auferstehung. **48.** Und Er ist es, Der die Winde als Freudenboten Seiner Barmherzigkeit aussendet. Denn dann senden Wir vom Himmel reines Wasser herab, **49.** Damit Wir totes Land damit lebendig machen und Unseren Geschöpfen zu trinken geben, dem Vieh und den Menschen, in großer Menge. **50.** Und Wir haben es unter ihnen auf unterschiedliche Weise dargestellt, damit sie sich ermahnen lassen. Doch die meisten Menschen lehnen alles ab, außer Undankbarkeit. **51.** Und hätten Wir es gewollt, hätten Wir zu jeder einzelnen Gemeinschaft einen Warner entsenden können. **52.** So gehorche nicht den Ungläubigen, sondern setze dich mit ihm* nach Kräften gegen sie ein, mit großem Eifer. **53.** Und Er ist es, Der die beiden Gewässer frei fließen läßt, das eine süß und frisch, das andere salzig und bitter. Doch zwischen beide hat Er eine Scheidewand und eine trennende Schranke gesetzt. **54.** Und Er ist es, Der den Menschen aus Wasser erschaffen hat. Und Er gab ihm Blutsverwandtschaft und Schwägerschaft. Und dein Herr ist mächtig. **55.** Und sie verehren neben Allah, was ihnen weder nützen noch schaden kann. So verbündet sich der Ungläubige gegen seinen Herrn.

[365]**56.** Und Wir haben dich nur als Freudenboten und Warner entsandt. **57.** Sprich: »Ich verlange dafür keinen anderen Lohn von euch, als daß, wer immer will, den Weg zu seinem Herrn einschlägt.« **58.** Und vertraue auf den Lebendigen, Der nicht stirbt, und lobpreise Ihn. Er kennt die Sünden Seiner Diener zur Genüge. **59.** Er, Der die Himmel und die Erde und was zwischen beiden ist in sechs Tagen erschaffen hat, nahm dann auf dem Thron Platz: Der Erbarmer! Befrage über Ihn einen, der Bescheid weiß. **60.** Und wenn ihnen gesagt wird: »Werft euch vor dem Erbarmer nieder!«, fragen sie: »Und was ist der Erbarmer? Sollen wir uns etwa vor etwas niederwerfen, nur weil du es uns befiehlst?« Das vermehrt nur ihren Widerwillen. **61.** Segensreich ist Der, Welcher im Himmel Sternbilder**

* Dem Koran.

** Wörtlich: Burgen (al-burudsch).

anbrachte und eine Leuchte und einen lichten Mond! **62.** Er ist es, Der die Nacht und den Tag einander folgen läßt – für den, der sich ermahnen lassen oder dankbar sein will. **63.** Und Diener des Erbarmers sind diejenigen, welche auf Erden bescheiden auftreten; wenn die Ahnungslosen sie anreden, entbieten sie ihnen den Friedensgruß. **64.** Und diejenigen, welche die Nacht verbringen, vor ihrem Herrn sich niederwerfend und (im Gebet) stehend. **65.** Und diejenigen, welche bitten: »O unser Herr! Wende von uns die Strafe der Hölle ab; denn diese Strafe ist ewige Pein, **66.** Schlimm als Bleibe und Ruhestatt!« **67.** Und diejenigen, welche beim Spenden weder verschwenderisch noch geizig sind, sondern die richtige Mitte dazwischen einhalten.

[366]**68.** Und diejenigen, welche neben Allah keinen anderen Gott anrufen und niemand töten, wo Allah doch zu töten verboten hat, außer nach Gesetz und Recht; und die keine Unzucht begehen: Wer solches tut, findet Strafe. **69.** Verdoppelt soll ihm die Strafe am Tage der Auferstehung werden, und er soll entehrt ewig darin verweilen, **70.** Außer denen, die bereuen und glauben und gute Werke tun; denn deren Böses wird Allah in Gutes umwandeln. Und Allah ist verzeihend und barmherzig. **71.** Und wer bereut und Gutes tut, der wendet sich Allah zu. **72.** Und diejenigen, die kein falsches Zeugnis ablegen. Und diejenigen, welche mit Würde weitergehen, wenn sie unterwegs frivole Reden hören. **73.** Und diejenigen, die nicht wie taub und blind niederfallen, wenn sie mit der Botschaft ihres Herrn ermahnt werden.* **74.** Und diejenigen, welche bitten: »O unser Herr! Gib uns an unseren Frauen und Nachkommen Augentrost und mache uns zu Vorbildern für die Gottesfürchtigen!« **75.** Das sind jene, die mit den obersten Gemächern (des Paradieses) für ihre Standhaftigkeit belohnt werden und dort mit Willkommensgrüßen und im Frieden empfangen werden sollen. **76.** Ewig sollen sie dort verweilen – eine schöne Ruhestatt und Bleibe. **77.** Sprich: »Mein Herr kümmert sich nicht um euch, solange ihr Ihn nicht anruft. Doch ihr habt ja geleugnet, und das wird euch nun anhaften.«

* Scheinheilig oder in gedankenlosem Übereifer.

26 Die Dichter (Asch-Schu'arâ')

Geoffenbart zu Mekka

Im Namen Allahs, des Erbarmers, des Barmherzigen!

[367]**1.** T.S.M. **2.** Das sind die Verse des deutlichen Buches. **3.** Vielleicht grämst du dich noch zu Tode, daß sie nicht gläubig werden. **4.** Wenn Wir wollten, würden Wir auf sie vom Himmel ein Wunder hinabsenden, dem sich ihre Nacken unterwürfig beugen würden. **5.** Aber keine neue Mahnung des Erbarmers kommt zu ihnen, ohne daß sie sich davon abwenden **6.** Und sie fürwahr der Lüge bezichtigen. Aber schon bald wird sie die Kunde von dem erreichen, was sie verspotteten. **7.** Schauten sie sich denn nicht auf Erden um, wieviel von jeglicher vortrefflichen Art Wir auf ihr wachsen lassen? **8.** Darin ist gewiß ein Hinweis. Und doch sind die meisten von ihnen nicht gläubig. **9.** Und dein Herr ist wahrlich der Mächtige, der Barmherzige. **10.** Und als dein Herr Moses rief: »Gehe zu dem sündigen Volk, **11.** Dem Volke Pharaos, ob Sie Mich nicht fürchten wollen?« **12.** Da sagte er: »O mein Herr! Ich fürchte, daß sie mir Lüge vorwerfen, **13.** So daß meine Brust beklemmt und meine Zunge schwer ist. Schicke daher (Deinen Befehl) zu Aaron. **14.** Auch lastet auf mir ihnen gegenüber eine Schuld. Daher fürchte ich, daß sie mich umbringen.« **15.** Er sprach: »Keineswegs! Geht nur beide hin mit Unseren Wunderzeichen. Wir sind bestimmt bei euch und hören zu. **16.** Geht also zu Pharao und sagt: ›Siehe, wir sind die Gesandten des Herrn der Welten; **17.** Laß die Kinder Israels mit uns ziehen.‹« **18.** Er antwortete: »Haben wir dich nicht unter uns als Kind aufgezogen, so daß du viele Jahre deines Lebens unter uns verbracht hast? **19.** Und hast du nicht jene Tat verübt? Du bist ein Undankbarer!«

[368]**20.** Er antwortete: »Ich tat es wohl, als ich noch auf Abwegen war. **21.** Und ich floh vor euch, weil ich mich vor euch fürchtete. Doch mein Herr schenkte mir Weisheit und machte mich zu einem der Gesandten. **22.** Und die Gnade, die du mir vorhältst, ist wohl, daß du die Kinder Israels gefangenhältst!« **23.** Pharao fragte: »Und was ist der Herr der Welten?« **24.** Er sprach: »Der Herr der Himmel und der Erde und was

zwischen beiden ist, wenn ihr nur glauben wolltet!« **25.** Er fragte die, welche um ihn waren: »Habt ihr das gehört?« **26.** Er sprach: »(Er ist) euer Herr und der Herr euerer Vorväter!« **27.** Er sagte: »Dieser Gesandte, der zu euch geschickt wurde, ist gewiß besessen!« **28.** Er sprach: »(Er ist) der Herr des Ostens und des Westens und was zwischen beiden ist, wenn ihr nur begreifen wolltet!« **29.** Er sagte: »Wenn du einen anderen Gott als mich annimmst, sperre ich dich bestimmt ein!« **30.** Er sprach: »Wie, wenn ich aber mit etwas Überzeugendem zu dir komme?« **31.** Er sagte: »So zeige es, sofern du die Wahrheit redest.« **32.** Da warf er seinen Stab hin und, siehe, er wurde offenbar zu einer Schlange. **33.** Und er zog seine Hand heraus, und wahrlich, sie erschien den Zuschauern weiß. **34.** Er sagte zu den Anführern um ihn: »Seht, dies ist tatsächlich ein kenntnisreicher Zauberer. **35.** Er will euch mit seiner Zauberei aus euerem Land vertreiben. Was empfehlt ihr da?« **36.** Sie sagten: »Halte ihn und seinen Bruder hin und schicke Ausrufer in die Städte, **37.** Dir alle erfahrenen Zauberer zu bringen.« **38.** So wurden die Zauberer an einem bestimmten Tag zur verabredeten Zeit versammelt. **39.** Und die Leute wurden gefragt: »Seid ihr auch alle da,

[369]**40.** Damit wir den Zauberern folgen, sobald sie obsiegen!« **41.** Und als die Zauberer kamen, fragten sie Pharao: »Wir werden doch wohl belohnt werden, wenn wir die Sieger sind?« **42.** Er sagte: »Jawohl! Wahrlich, ihr sollt dann vertrauten Zugang zu mir genießen!« **43.** Moses sprach zu ihnen: »Werft hin, was ihr zu werfen habt!« **44.** Da warfen sie ihre Stricke und ihre Stäbe hin und sagten: »Bei Pharaos Macht! Wir werden gewiß die Sieger sein!« **45.** Dann warf Moses seinen Stab hin, und er verschlang ihren Trug. **46.** Da fielen die Zauberer anbetend nieder. **47.** Sie riefen: »Wir glauben an den Herrn der Welten, **48.** Den Herrn von Moses und Aaron!« **49.** Er sagte: »Wie könnt ihr an ihn glauben, bevor ich es euch erlaube? Er ist wohl der Meister, der euch die Zauberei gelehrt hat? Ihr sollt (mich) kennenlernen! Ich haue euch eure Hände und Füße wechselseitig ab und kreuzige euch allesamt!« **50.** Sie sprachen: »Es gibt Schlimmeres! Denn wir werden zu Unserem Herrn zurückkehren. **51.** Siehe, wir hoffen, daß unser Herr uns unsere

Sünden verzeihen wird, weil wir zu den ersten der Gläubigen gehören.« **52.** Und Wir offenbarten Moses: »Zieh des Nachts mit Meinen Dienern fort; denn ihr werdet verfolgt werden.« **53.** Und Pharao schickte Ausrufer in die Städte: **54.** »Seht, diese (Kinder Israels) sind zwar nur ein winziger Haufen, **55.** Aber sie erzürnen uns. **56.** Wir aber sind eine wachsame Nation.« **57.** Da vertrieben Wir sie aus (ihren) Gärten und von (ihren) Quellen **58.** Und Schätzen und angesehenen Wohnsitzen. **59.** So (geschah es), und Wir gaben es den Kindern Israels zum Erbe.* **60.** Und sie folgten ihnen bei Sonnenaufgang.

[370]**61.** Und als die beiden Gruppen in Sichtweite waren, riefen Moses' Gefährten: »Wir werden tatsächlich eingeholt!« **62.** Er sprach: »Keineswegs! Seht, mein Herr ist mit mir. Er wird mich richtig führen.« **63.** Und da offenbarten Wir Moses: »Schlag mit deinem Stab auf das Meer!« Da teilte es sich, und jeder Teil war wie ein gewaltiger Berg. **64.** Daraufhin ließen Wir die anderen nachkommen. **65.** Wir retteten Moses und die mit ihm waren, allesamt. **66.** Dann ließen Wir die anderen ertrinken. **67.** Darin ist wahrlich ein Zeichen! Doch die meisten von ihnen wollen nicht glauben. **68.** Und dein Herr – Er ist fürwahr der Mächtige, der Barmherzige. **69.** Und berichte ihnen von Abraham, **70.** Als er seinen Vater und sein Volk fragte: »Was betet ihr (eigentlich) an?« **71.** Sie antworteten: »Wir beten Idole an und sind ihnen stets zugetan.« **72.** Er fragte: »Hören sie euch, wenn ihr sie anruft? **73.** Oder nützen oder schaden sie euch?« **74.** Sie antworteten: »Unsere Väter haben es schließlich auch so gemacht.«** **75.** Er sprach: »Habt ihr gut bedacht, was ihr da immer angebetet habt, **76.** Ihr und euere Vorväter? **77.** Sie sind jedenfalls alle meine Feinde, außer dem Herrn der Welten, **78.** Der mich erschuf und Der mich leitet, **79.** Und Der mich speist und tränkt, **80.** Und Der mich heilt, wenn ich krank bin, **81.** Und Der mich sterben läßt, dann aber wieder lebendig macht, **82.** Und Der,

* Nach der Flucht aus Ägypten in Palästina.

** Hier mißbilligt der Koran die blinde Nachahmung religiöser Vorstellungen oder Praktiken (taqlid).

wie ich hoffe, mir am Tage des Gerichts meine Fehler verzeihen wird. **83.** O mein Herr! Gib mir Urteilskraft und vereinige mich mit den Rechtschaffenen!

[371]**84.** Und verleihe mir den Ruf eines Wahrhaftigen bei den künftigen Generationen! **85.** Und mache mich zu einem der Erben des Gartens der Glückseligkeit! **86.** Und vergib meinem Vater; denn er ist unter den Irrenden! **87.** Und laß mich am Tage der Auferweckung nicht zuschandengehen, **88.** Am Tage, an dem weder Vermögen noch Söhne helfen, **89.** Sondern nur (gerettet wird), wer zu Allah mit reinem Herzen kommt!« **90.** Nahegebracht wird das Paradies den Gottesfürchtigen, **91.** Und vor Augen geführt wird die Hölle den Verirrten. **92.** Und sie werden gefragt werden: »Wo ist nun das, was ihr angebetet habt **93.** Außer Allah? Können sie euch nun helfen oder wenigstens sich selbst?« **94.** Dann werden sie kopfüber hineingeworfen, sie und die Verirrten **95.** Und Iblis' Scharen allesamt. **96.** Miteinander hadernd werden sie dort rufen: **97.** »Bei Allah! Wir waren wirklich in offenkundigem Irrtum, **98.** Als wir euch mit dem Herrn der Welten gleichsetzten. **99.** Und niemand anders verführte uns als die, welche selbst Übeltäter waren. **100.** So haben wir nun niemanden zum Fürsprecher **101.** Und keinen mitfühlenden Freund. **102.** Doch gäbe es für uns eine Rückkehr, dann wären wir gewiß gläubig.« **103.** Darin ist wahrlich ein Zeichen! Und doch wollen die meisten nicht glauben. **104.** Und dein Herr – Er ist fürwahr der Mächtige, der Barmherzige. **105.** Das Volk Noahs bezichtigte die Gesandten der Lüge, **106.** (Damals) als ihr Bruder Noah zu ihnen sprach: »Wollt ihr denn nicht gottesfürchtig sein? **107.** Seht, ich bin für euch ein getreuer Gesandter. **108.** So fürchtet Allah und gehorcht mir! **109.** Ich verlange dafür keinen Lohn von euch; mein Lohn ist allein beim Herrn der Welten. **110.** So fürchtet Allah und gehorcht mir!« **111.** Sie sagten: »Sollen wir dir etwa glauben, wo dir nur das Gesindel folgt?«

[372]**112.** Er sprach: »Ich habe keine Kenntnis von ihrem früheren Verhalten. **113.** Seht, das Urteil über sie steht allein meinem Herrn zu, wenn ihr es nur begreifen wolltet! **114.** Doch ich verstoße Gläubige

nicht! **115.** Ich bin nur ein aufklärender Warner.« **116.** Sie sagten:
»Wenn du nicht nachläßt, o Noah, wirst du bestimmt gesteinigt!«
117. Er sprach: »O mein Herr! Siehe, mein Volk wirft mir Lüge vor. **118.**
Entscheide darum zwischen mir und ihnen und rette mich und die
Gläubigen, welche bei mir sind.« **119.** Und so retteten Wir ihn und die,
welche bei ihm waren, in der vollbeladenen Arche. **120.** Dann ließen
Wir die Zurückgebliebenen ertrinken. **121.** Darin ist wahrlich ein Zei-
chen! Und dennoch wollen die meisten nicht glauben. **122.** Und dein
Herr – Er ist fürwahr der Mächtige, der Barmherzige. **123.** Die Ad be-
zichtigten die Gesandten der Lüge. **124.** (Damals) als ihr Bruder Hud zu
ihnen sprach: »Wollt ihr denn nicht gottesfürchtig sein? **125.** Seht, ich
bin euch ein getreuer Gesandter; **126.** So fürchtet Allah und gehorcht
mir! **127.** Und ich verlange dafür keinen Lohn von euch; mein Lohn ist
allein bei dem Herrn der Welten. **128.** Baut ihr euch aus Frivolität auf
jedem Hügel ein Denkmal **129.** Und errichtet Prachtbauten, als wolltet
ihr unsterblich werden? **130.** Und wenn immer ihr zupackt, seid ihr
maßlos grausam und gewaltsam. **131.** So fürchtet Allah und gehorcht
mir! **132.** Und fürchtet Den, Der euch reichlich mit all dem versorgte,
was euch wohlbekannt ist, **133.** Euch reichlich versorgte mit Viehherden
und Kindern **134.** Und Gärten und Quellen. **135.** Seht, ich fürchte für
euch die Strafe eines gewaltigen Tages.« **136.** Sie sagten: »Es ist uns
gleich, ob du predigst oder nicht predigst.

[373]**137.** Dies sind lediglich alte Legenden. **138.** Und wir werden
niemals Strafe erleiden.« **139.** Und so bezichtigten sie ihn der Lüge. Da
vertilgten Wir sie. Darin war wahrlich ein Zeichen! Und doch wollen
die meisten von ihnen nicht glauben. **140.** Und dein Herr – Er ist für-
wahr der Mächtige, der Barmherzige. **141.** Die Thamud bezichtigten
die Gesandten der Lüge. **142.** (Damals) als ihr Bruder Sâlih zu ihnen
sprach: »Wollt ihr denn nicht gottesfürchtig sein? **143.** Seht, ich bin
euch ein getreuer Gesandter. **144.** So fürchtet Allah und gehorcht mir!
145. Und ich verlange dafür keinen Lohn von euch; mein Lohn ist
allein beim Herrn der Welten. **146.** Wird man euch etwa in dem (Ge-
nuß dessen), was ihr hier habt, ungestört belassen, **147.** Mit Gärten und

Quellen **148.** Und Getreidefeldern und Dattelpalmen mit zarter Blütenscheide? **149.** Und aus den Bergen werdet ihr euch weiterhin geschickt Wohnungen aushöhlen?* **150.** So fürchtet Allah und gehorcht mir! **151.** Und gehorcht nicht dem Befehl der Maßlosen, **152.** Die auf Erden statt Heil Unheil stiften.« **153.** Sie sagten: »Du bist lediglich ein Verhexter. **154.** Du bist nur ein Mensch wie wir! Bringe doch ein Wunder, falls du die Wahrheit sagst!« **155.** Er sprach: »Diese Kamelstute hat eine Zeit zum Tränken, und ihr habt eine Zeit zum Tränken, an einem bestimmten Tag. **156.** Tut ihr nichts Böses an, sonst erfaßt euch die Strafe eines gewaltigen Tages.« **157.** Sie aber zerschnitten ihr die Sehnen. Doch bereuten sie es schon am Morgen; **158.** Denn es erfaßte sie die Strafe. Darin war wahrlich ein Zeichen! Doch wollen die meisten von ihnen nicht glauben. **159.** Und dein Herr – Er ist fürwahr der Mächtige, der Barmherzige.

[374]**160.** Das Volk Lots bezichtigte die Gesandten der Lüge. **161.** (Damals) als ihr Bruder Lot zu ihnen sprach: »Wollt ihr denn nicht gottesfürchtig sein? **162.** Seht, ich bin euch ein treuer Gesandter. **163.** So fürchtet Allah und gehorcht mir! **164.** Und ich verlange dafür keinen Lohn von euch. Seht, mein Lohn ist allein bei dem Herrn der Welten. **165.** Nähert ihr euch ausgerechnet Männern **166.** Und haltet euch von den Frauen fern, die euer Herr für euch geschaffen hat? Aber nein! Ihr seid ein hemmungsloses Volk!« **167.** Sie sagten: »Wenn du nicht nachgibst, o Lot, wirst du bestimmt vertrieben!« **168.** Er sprach: »Seht, ich verabscheue euer Verhalten. **169.** Mein Herr, rette mich und mein Volk vor ihrem Tun!« **170.** Und Wir retteten ihn und seine Familie insgesamt, **171.** Mit Ausnahme einer alten Frau, die unter den Zurückbleibenden war. **172.** Dann vertilgten Wir die anderen **173.** Und ließen auf sie einen (Stein)regen hageln. Und übel fürwahr war der Regen, der die Gewarnten traf. **174.** Darin war gewiß ein Zeichen! Doch die meisten von ihnen wollen nicht glauben. **175.** Und dein Herr – Er ist fürwahr der Mächtige, der Barmherzige. **176.** Die Leute

* Eine riesige Felsenstadt ist in Petra (im heutigen Jordanien) erhalten.

von Madyan* bezichtigten die Gesandten der Lüge. **177.** (Damals) als Schuayb zu ihnen sprach: »Wollt ihr denn nicht gottesfürchtig sein? **178.** Siehe, ich bin euch ein getreuer Gesandter; **179.** So fürchtet Allah und gehorcht mir! **180.** Und ich verlange dafür keinen Lohn von euch, siehe, mein Lohn ist allein bei dem Herrn der Welten. **181.** Gebt rechtes Maß und verursacht keinen Verlust! **182.** Und wiegt mit richtiger Waage! **183.** Und betrügt die Leute nicht um ihr Vermögen und stiftet auf Erden kein Unheil und Verderben!

[375]**184.** Und fürchtet Den, Der euch und die früheren Geschlechter geschaffen hat!« **185.** Sie sagten: »Du bist nichts als ein Verhexter. **186.** Und du bist ein Mensch wie wir, und siehe, wir halten dich wahrlich für einen Lügner. **187.** Laß auf uns ein Stück vom Himmel herabfallen, wenn du die Wahrheit sagst.« **188.** Er sprach: »Mein Herr weiß am besten, was ihr tut.« **189.** Und so bezichtigten sie ihn der Lüge, und da erfaßte sie die Strafe des Tages der dunklen Wolke, die Strafe eines gewaltigen Tages. **190.** Siehe, hierin war wahrlich ein Zeichen, doch glauben die meisten von ihnen nicht. **191.** Und siehe, dein Herr, Er ist wahrlich der Mächtige, der Barmherzige. **192.** Und siehe, er** ist eine Offenbarung des Herrn der Welten. **193.** Mit ihm kam der getreue Geist*** herab **194.** Auf dein Herz, damit du einer der Warner seist **195.** In klarer arabischer Sprache. **196.** Und wahrlich, er ist in den vorausgegangenen (Offenbarungs-)Schriften enthalten. **197.** Daß Weise der Kinder Israels ihn anerkennen, wird ihnen dies denn kein Zeichen sein? **198.** Hätten Wir ihn zu einem Nichtaraber hinabgesandt, **199.** Und hätte er ihn ihnen vorgetragen, hätten sie (erst recht) nicht an ihn geglaubt. **200.** So haben Wir (Zweifel) in die Herzen der Sünder einziehen lassen. **201.** Sie glauben nicht an ihn, bis sie die schmerzliche Strafe erleben. **202.** Diese wird unversehens über sie kommen, bevor sie dessen gewahr werden.

* »Die Waldbewohner«. Vgl. 11: 84-95.

** Der Koran.

*** Arab.: »ar-ruh al-amin«. Darunter ist »vertrauenswürdige göttliche Inspiration«, hier aber Gabriel zu verstehen.

203. Und sie werden sprechen: »Wird uns keine Frist gewährt?« **204.** Wollten sie denn Unsere Strafe nicht beschleunigen? **205.** Was meinst du wohl? Wenn Wir sie noch für Jahre in Freuden leben ließen **206.** Und dann erst das über sie käme, was ihnen stets angedroht worden war –

[376]**207.** Nützten ihnen dann die Freuden, welche sie genossen hatten? **208.** Aber Wir zerstören keine Stadt, die keinen Warner gehabt hatte **209.** Zu ihrer Ermahnung; denn Wir sind nicht ungerecht. **210.** Es waren keineswegs Satane, die ihn* herabgebracht haben. **211.** Es steht ihnen nicht zu, und sie hätten es nicht vermocht. **212.** Wahrlich, sie dürfen ihn nicht (einmal) hören. **213.** Und rufe nicht neben Allah eine andere Gottheit an, damit du nicht gestraft wirst! **214.** Und warne deine Verwandten! **215.** Und nimm die von den Gläubigen, die dir folgen, unter deine Fittiche. **216.** Wenn sie sich dir aber widersetzten, dann sprich: »Seht, ich bin nicht für das verantwortlich, was ihr tut!« **217.** Und vertraue auf den Mächtigen, den Barmherzigen, **218.** Der dich sieht, wie du (allein im Gebet) stehst, **219.** Und wie du dich unter den Gläubigen** bewegst. **220.** Er ist fürwahr der Hörende, der Wissende. **221.** Soll Ich euch von dem Kunde geben, auf welche die Satane (wirklich) niedersteigen? **222.** Sie steigen auf jeden sündigen Selbstbetrüger nieder. **223.** Diese leihen jeder Lüge ihr Ohr; und die meisten von ihnen lügen auch selbst. **224.** Und was die D i c h t e r anlangt – ihnen folgen die Irrenden. **225.** Siehst du denn nicht, wie sie verwirrt in jedem Tal herumstreifen **226.** Und daß sie sagen, was sie nicht tun? – **227.** Außer denen, welche glauben und das Rechte tun und oft an Allah denken und sich (nur) verteidigen, wenn ihnen Unrecht angetan worden ist. Und diejenigen, die unrecht tun, werden bald erfahren, was für eine Rückkehr ihnen bevorsteht.

* Den Koran.

** Wörtlich: unter den sich Niederwerfenden.

27 Die Ameisen (An-Naml)
Geoffenbart zu Mekka

Im Namen Allahs, des Erbarmers, des Barmherzigen!

[377]**1.** T.S. Dies sind die Verse des Korans – eines deutlichen Buches **2.** Als Rechtleitung und frohe Botschaft für die Gläubigen, **3.** Die das Gebet verrichten und die Steuer entrichten und fest an das Jenseits glauben. **4.** Siehe, denjenigen, welche nicht an das Jenseits glauben, lassen Wir ihre Werke schön erscheinen, und sie wissen nicht ein noch aus. **5.** Das sind die, deren eine schlimme Strafe harrt, und im Jenseits sind sie die größten Verlierer. **6.** Und wahrlich, du empfingst den Koran von einem Weisen, einem Wissenden. **7.** (Gedenke,) als Moses zu seiner Familie sprach: »Siehe, ich bemerke ein Feuer. Ich will euch Kunde davon bringen. Oder ich bringe euch einen brennenden Ast mit, damit ihr euch aufwärmt.« **8.** Und als er dorthin kam, wurde ihm zugerufen: »Gesegnet ist, wer in dem Feuer und in seiner Nähe ist. Und Preis sei Allah, dem Herrn der Welten! **9.** O Moses! Siehe, Ich bin Allah, der Mächtige, der Weise. **10.** Wirf deinen Stab hin!« Doch als er ihn sich bewegen sah, als sei er eine Schlange, kehrte er den Rücken zur Flucht, ohne sich umzuwenden. »O Moses, fürchte dich nicht! Siehe, in Meiner Gegenwart brauchen sich die Gesandten nicht zu fürchten, **11.** Noch wer unrecht tat und danach das Böse mit Gutem vertauscht; denn Ich bin gewiß verzeihend und barmherzig. **12.** Und stecke deine Hand in deine Achsel. Du wirst sie weiß herausziehen, unbeschädigt: Eines von neun Zeichen für Pharao und sein Volk; denn sie sind ein frevelhaftes Volk.« **13.** Doch als sie Unsere Zeichen vor Augen hatten, riefen sie: »Dies ist offenkundige Zauberei.«

[378]**14.** Und sie leugneten sie in Böswilligkeit und Hochmut, obwohl sie innerlich davon überzeugt waren. Schau nur, wie das Ende der Missetäter war! **15.** Und wahrlich, Wir gaben David und Salomo Wissen, und beide sprachen: »Lob sei Allah, Der uns vor vielen seiner gläubigen Diener den Vorzug gab!« **16.** Und Salomo beerbte David. Und er sagte: »O ihr Leute! Uns ist die Sprache der Vögel gelehrt und von allen

Dingen gegeben worden. Dies ist fürwahr eine offenkundige Gnade.« **17.** Und vor Salomo versammelten sich seine Heerscharen – Dschinn, Menschen und Vögel – alle in Reih und Glied. **18.** Als sie zum Ameisental gelangten, sagte eine A m e i s e : »O ihr Ameisen! Geht in euere Wohnungen hinein, damit euch Salomo und sein Heer nicht zertreten, ohne es zu bemerken.« **19.** Da lächelte er belustigt über ihre Worte und sprach: »O mein Herr! Halte mich dazu an, für Deine Gnade zu danken, die Du mir und meinen Eltern gewährt hast, und rechtschaffen zu handeln, zu Deinem Wohlgefallen. Und führe mich in Deine Barmherzigkeit unter Deine rechtschaffenen Diener ein.« **20.** Und er musterte die Vögel und sprach: »Wie kommt es, daß ich den Wiedehopf nicht sehe? Ist er etwa abwesend? **21.** Wahrlich, ich werde ihn streng bestrafen oder gar töten, es sei denn, er brächte mir eine überzeugende Entschuldigung.« **22.** Doch dieser säumte nicht lange und sprach: »Ich habe etwas erfahren, was du bisher nicht erfahren hattest; und jetzt bringe ich dir aus Saba* zuverlässige Nachricht.

[379]**23.** Siehe, ich fand dort eine Frau, die über sie herrscht. Sie verfügt über alle Dinge im Überfluß und besitzt einen herrlichen Thron. **24.** Auch fand ich heraus, daß sie und ihr Volk an Stelle Allahs die Sonne anbeten. Satan hat ihnen ihre Werke in schönem Licht erscheinen lassen und sie abseits vom Weg geführt, so daß sie nicht rechtgeleitet sind **25.** Und Allah nicht anbeten, Der das Verborgene in den Himmeln und auf Erden zum Vorschein bringt und weiß, was ihr verbergt und was ihr offen tut. **26.** Allah – es gibt keine Gottheit außer Ihm, Dem Herrn des herrlichen Thrones.« **27.** Er sprach: »Wir werden sehen, ob du die Wahrheit gesagt oder gelogen hast. **28.** Geh mit diesem Brief von mir los und übermittele ihn für sie. Dann halte dich von ihnen zurück und beobachte, wie sie reagieren.« **29.** Sie sprach: »O ihr Anführer! Seht, mir wurde ein kostbarer Brief übermittelt! **30.** Seht, er stammt von Salomo und lautet: ›Im Namen Allahs, des Erbarmers, des Barmherzigen: **31.** Seid

* Die folgende Legende von Belqis, der Königin von Saba, ist voller Symbolik und Allegorien (Verse 22–45).

mir gegenüber nicht überheblich, sondern kommt gottergeben zu mir.« **32.** Sie sprach: »O ihr Anführer! Beratet mich in der Frage, vor der ich stehe. Ich entscheide keine Sache, ohne euch hinzuzuziehen.« **33.** Sie antworteten: »Wir verfügen über viel (militärische) Stärke und Kampfkraft. Die Entscheidung liegt jedoch bei dir. So überlege, was du gebieten willst.« **34.** Sie sprach: »Fürwahr, wenn Könige ein Land einnehmen, zerstören sie es und machen die vornehmsten seiner Bewohner zu den niedrigsten. So verhalten sie sich stets.* **35.** Seht, ich werde ihnen ein Geschenk übersenden und abwarten, was die Boten zurückbringen.«

[380]**36.** Und als er** zu Salomo kam, fragte dieser: »Wollt ihr etwa meine Reichtümer vermehren? Aber was mir Allah gegeben hat, ist besser als alles, was er euch gab. Ihr selbst jedoch würdet euch eueres Geschenks erfreuen! **37.** Kehre zu ihnen zurück. Wir werden gewiß mit großen Heeren zu ihnen kommen, denen sie nicht widerstehen können. Dann werden wir sie in Schmach und Schande vertreiben.« **38.** Er fragte: »O ihr Anführer! Wer von euch bringt mir ihren Thron, noch bevor sie in Ergebenheit bei mir eintreffen?« **39.** Ein Kraftprotz von den Dschinn sagte: »Ich bringe ihn dir, noch bevor du dich von deinem Platz erhebst. Ich bin wirklich dafür stark genug und auch verläßlich.« **40.** Da sprach einer von ihnen, welcher Schriftkenntnisse besaß: »Ich bringe ihn dir innerhalb eines Augenzwinkerns von dir!« Und als er ihn vor sich stehen sah, sprach er: »Dies ist eine Gnade meines Herrn, mich zu prüfen, ob ich dankbar oder undankbar bin. Und wer dankbar ist, ist nur dankbar zu seinem Besten. Und wenn einer undankbar ist – wahrlich, mein Herr ist unabhängig und großmütig.« **41.** Er sprach: »Macht ihren Thron für sie unkenntlich. Wir wollen sehen, ob sie sich rechtleiten läßt

* Manche islamische Bewegungen schließen daraus, daß nur die republikanische Staatsform mit dem Islam vereinbar sei. Deutlicher ist die Lehre, die daraus zu ziehen ist, daß die Königin auf die »militärische Option« zur Lösung einer zwischenstaatlichen politischen Streitfrage grundsätzlich verzichtete.

** Ihr Bote.

oder nicht.« **42.** Und als sie eintraf, wurde gefragt: »Ist dein Thron so?« Sie antwortete: »Es ist, als ob er es wäre!« (Salomo:) »Doch wir erhielten Wissen schon vor ihr und waren schon gottergeben.«* **43.** Aber das, was sie (bisher) anstelle von Allah verehrt hatte, hatte sie abseits geführt; denn sie entstammte einem ungläubigen Volk. **44.** Es wurde ihr gesagt: »Tritt in den Palast ein! »Und als sie ihn sah, meinte sie, da sei ein Wasserspiegel, und entblößte ihre Beine. Er sprach: »Siehe, dies ist ein Palast, mit Glas getäfelt.« Da rief sie: »O mein Herr! Siehe, ich sündigte wider mich selbst. Doch ich ergebe mich jetzt mit Salomo Allah, dem Herrn der Welten.«

[381]**45.** Und wahrlich, Wir entsandten zu den Thamud ihren Bruder Sâlih: »Dient Allah!« Doch sie wurden darüber zu zwei miteinander streitenden Parteien. **46.** Er sprach: »O mein Volk! Warum sucht ihr das Böse vor dem Guten herbeizuführen? Warum bittet ihr nicht Allah um Verzeihung? Vielleicht fändet ihr Barmherzigkeit.« **47.** Sie sagten: »Wir erahnen Böses von dir und denen, die bei dir sind.« Er sprach: »Euer Geschick liegt bei Allah. Ja, ihr seid ein Volk, das auf die Probe gestellt wird.« **48.** Nun befanden sich in der Stadt neun Männer, welche im Lande Unheil anrichteten, statt für Ordnung zu sorgen. **49.** Sie sprachen: »Schwört miteinander vor Allah, daß wir ihn und seine Familie des Nachts überfallen. Dann wollen wir seinem nächsten Verwandten** sagen: ›Wir waren keine Zeugen des Untergangs deiner Familie. Wir sagen gewiß die Wahrheit!‹« **50.** Und so schmiedeten sie Pläne; doch auch Wir planten, ohne daß sie dessen gewahr wurden. **51.** Schau nur, wie das Ergebnis ihrer Pläne war: Wir vernichteten sie und ihr Volk insgesamt. **52.** Auch ihre Häuser verfielen, wegen ihrer Sünden. Hierin ist wahrlich ein Zeichen für Leute, die Bescheid wissen. **53.** Doch Wir erretteten diejenigen, welche glaubten und gottesfürchtig waren. **54.** Und (gedenke) Lots, als er zu seinem Volke sprach: »Nähert ihr euch sehenden

* Die offenbare Lücke im Erzähltext vor diesem Satz wird unterschiedlich interpretiert.

** Dem zur Blutrache Verpflichteten.

Auges dem Schändlichen? **55.** Nähert ihr euch lüstern Männern statt Frauen? Ja, ihr seid ein dummes Volk!«

[382]**56.** Die Antwort seines Volkes war lediglich zu fordern: »Vertreibt Lots Familie aus euerer Stadt! Das sind Leute, die sich tatsächlich für rein halten!« **57.** Doch Wir retteten ihn und sein Volk, mit Ausnahme seiner Frau, die nach Unserer Bestimmung zu denen gehörte, die zurückblieben. **58.** Da ließen Wir einen (vernichtenden) Regen auf sie regnen. Und schlimm war der Regen, der die (umsonst) Gewarnten traf. **59.** Sprich: »Das Lob ist Allahs, und Frieden sei mit Seinen Dienern, die Er auserwählt hat! Ist nun Allah besser oder das, was sie Ihm beigesellen?« **60.** Wer hat denn die Himmel und die Erde erschaffen und sendet euch Wasser vom Himmel herab, mit dem Wir Gärten von prächtiger Schönheit gedeihen lassen? Ihr jedoch könnt nicht (einmal) Bäume wachsen lassen. Was? Ein Gott neben Allah? Nein! Doch sie sind ein Volk, das (Ihm) Götzen gleichsetzt. **61.** Wer hat denn die Erde zu einer Wohnstätte gemacht und mitten durch sie Flüsse fließen lassen und Berge auf sie gesetzt und zwischen den beiden Wassern* eine Schranke errichtet? Was? Ein Gott neben Allah? Doch die meisten von ihnen sind ohne Wissen. **62.** Wer antwortet denn dem Bedrängten, wenn er Ihn anruft, und beseitigt das Übel und macht euch zu Statthaltern auf Erden? Was? Ein Gott neben Allah? Wie wenig nehmt ihr es euch zu Herzen! **63.** Wer führt euch denn durch die tiefste Finsternis von Land und Meer? Und wer entsendet die Winde als Freudenboten seiner Barmherzigkeit voraus? Was? Ein Gott neben Allah? Hocherhaben ist Allah über das, was sie (Ihm) beigesellen!

[383]**64.** Wer erschuf denn die Schöpfung zu Beginn, und wer läßt sie wiedererstehen? Und wer versorgt euch aus Himmel und Erde? Was? Ein Gott neben Allah? Sprich: »Her mit euerem Beweis, wenn ihr die Wahrheit sagt!« **65.** Sprich: »Keiner in den Himmeln und auf

* Wörtlich: Meere. Das salzige und süße Wasser ist gemeint, das an manchen Meeresstellen unvermischt aufeinandertrifft. Dieses Phänomen war seinerzeit noch nicht entdeckt worden. Vgl. 25: 53.

Erden kennt das Verborgene, außer Allah.«Sie aber kennen den Zeitpunkt nicht, zu dem sie auferweckt werden. **66.** Nein! Ihr Wissen vom Jenseits versagt! Nein, sie sind darüber im Zweifel. Nein, sie sind ihm gegenüber blind! **67.** Und die Ungläubigen sagen: »Wenn wir und unsere Väter Staub geworden sind, sollen wir dann etwa wiedererstehen? **68.** Wahrlich, dies wurde uns und unseren Vätern schon zuvor versprochen. Dies sind nur Fabeln der früheren Generationen.« **69.** Sprich: »Reist auf Erden umher und seht, wie das Ende der Sünder war.« **70.** Doch betrübe dich ihretwegen nicht. Und laß dich auch nicht durch ihre Ränke in Bedrängnis bringen. **71.** Und sie fragen: »Wann geht diese Verheißung in Erfüllung, sofern ihr überhaupt die Wahrheit sagt?« **72.** Sprich: »Vielleicht sitzt etwas von dem, was ihr beschleunigen möchtet, euch schon dicht im Nacken.« **73.** Dein Herr ist gewiß voll Güte gegenüber den Menschen, jedoch danken es die meisten Ihm nicht. **74.** Dein Herr weiß gewiß, was euere Brüste verbergen und was sie kundgeben. **75.** Und es gibt nichts Verborgenes im Himmel und auf Erden, das nicht in einem deutlichen Buch stünde. **76.** Siehe, dieser Koran erläutert den Kindern Israels das meiste von dem, worüber sie uneins sind.

[384]**77.** Und er ist wahrlich eine Rechtleitung und eine Barmherzigkeit für die Gläubigen. **78.** Fürwahr, dein Herr wird unter ihnen in Seiner Weisheit entscheiden. Und Er ist der Mächtige, der Wissende. **79.** So vertraue auf Allah; denn du vertrittst offenkundig die Wahrheit. **80.** Du wirst bestimmt die Toten nicht hörend machen und auch nicht bewirken, daß die Tauben den Ruf hören, wenn sie den Rücken kehren. **81.** Und du wirst auch die Blinden nicht aus ihrem Irrtum herausführen. Du kannst nur den hörend machen, der an Unsere Botschaft glaubt, und das sind die Gottergebenen. **82.** Und wenn der Spruch über sie ergeht, werden Wir ein Tier* aus der Erde hervorbringen, das zu ihnen spricht. Denn Unseren Zeichen trauten die Menschen (bis dahin) nicht. **83.** Und eines Tages werden Wir aus jedem Volk eine

* Ein Vorzeichen des Jüngsten Tages.

Gruppe derer in Reih und Glied versammeln, welche Unsere Botschaft
verworfen hatten, **84.** Bis Er, wenn sie vor Ihn gekommen sind, spre-
chen wird: »Habt ihr Meine Zeichen für Lüge erklärt, ohne etwas da-
von zu wissen? Was habt ihr da getan?« **85.** Und der Spruch ergeht über
sie wegen ihrer Sünden, und sie werden sprachlos bleiben. **86.** Sahen
sie denn nicht, daß Wir die Nacht machten, damit sie in ihr ruhten, und
den Tag zum Sehen? Siehe, darin sind fürwahr Zeichen für gläubige
Menschen. **87.** Und an dem Tag, an dem in die Posaune gestoßen wird,
werden alle in den Himmeln und auf Erden erschrecken, außer wen
Allah davon ausnimmt. Und alle werden demütig zu Ihm kommen.
88. Und die Berge, die du für so fest hältst, wirst du wie Wolken vor-
beiziehen sehen: Allahs Werk, Der alles gut angeordnet hat. Er weiß
wohl, was ihr tut.

[385]**89.** Wer mit Gutem kommt, der soll dafür Gutes erhalten, und vor
dem Schrecken dieses Tages sollen sie verschont bleiben. **90.** Wer aber
mit Bösem kommt, die sollen mit ihren Gesichtern voraus in das Feuer
gestürzt werden. »Werdet ihr anders belohnt als für das, was ihr getan
habt?« **91.** »Mir ist nur aufgetragen worden, dem Herrn dieser Stadt zu
dienen, die Er unverletzlich gemacht hat. Und Sein sind alle Dinge. Und
mir wurde geboten, einer der Gottergebenen zu sein **92.** Und den
Koran vorzutragen.« Wer also rechtgeleitet ist, der ist nur zu seinem
Besten rechtgeleitet. Wenn aber einer irregeht, so sprich: »Ich bin nur ein
Warner!« **93.** Und sprich: »Alles Lob gebührt Allah! Er wird euch Seine
Zeichen sehen lassen, und ihr werdet sie erkennen. Und dein Herr ist
nicht achtlos dessen, was ihr tut.«

28 Die Geschichte (al-Qasas)

Geoffenbart zu Mekka

Im Namen Allahs, des Erbarmers, des Barmherzigen!

1. T.S.M. **2.** Dies sind die Verse des deutlichen Buches. **3.** Wir tragen
dir etwas von der Geschichte von Moses und Pharao vor, der Wahrheit
gemäß, für Leute, die gläubig sind. **4.** Fürwahr, Pharao war überheblich

im Lande und spaltete sein Volk in Klassen. Einen Teil* von ihnen unterjochte er, indem er ihre Söhne abschlachtete und nur ihre Frauen am Leben ließ. Er war wirklich einer derer, die Verderben stiften. **5.** Wir aber wollten den Schwachen im Lande Unsere Huld erweisen und sie zu Vorbildern (im Glauben) und zu Erben (Pharaos) machen

[386]**6.** Und ihnen Macht im Lande geben und Pharao und Haman** und ihrem Heer durch sie gerade das erleben lassen, wovor sie auf der Hut waren. **7.** Und Wir gaben Moses' Mutter ein: »Säuge ihn! Doch wenn du für ihn fürchtest, übergib ihn dem Strom, und ängstige dich nicht und gräme dich nicht. Wir werden ihn dir bestimmt wiedergeben und ihn zu einem der Gesandten machen.« **8.** Und Pharaos Leute fanden ihn, damit er ihnen zum Feind und Kummer werden würde; denn Pharao, Haman und ihr Heer waren fürwahr Sünder. **9.** Pharaos Frau sprach: »Er ist mir und dir ein Augentrost. Tötet ihn nicht! Vielleicht nützt er uns (irgendwie), oder nehmen wir ihn als Sohn an«; sie waren ahnungslos. **10.** Und das Herz der Mutter Moses' war bar jeder Hoffnung, so daß sie ihn fast verraten hätte, wenn Wir ihr Herz nicht gefestigt hätten, damit sie den Glauben nicht verlor. **11.** Und sie sagte seiner Schwester: »Folge ihm!« Und sie beobachtete ihn aus der Ferne, so daß sie es nicht merkten. **12.** Und Wir ließen ihn von Anbeginn die (ägyptischen) Ammen zurückweisen, bis sie vorschlug: »Soll ich euch zu einer Familie führen, die ihn für euch aufziehen und sorgsam auf ihn aufpassen werden?« **13.** Und so gaben Wir ihn seiner Mutter zurück, damit ihr Auge getröstet würde und sie sich nicht grämte und wüßte, daß Allahs Zusagen wahr sind, wiewohl die meisten von ihnen dies nicht wissen.

[387]**14.** Und als er seine volle Manneskraft und Reife erreicht hatte, gaben Wir ihm Weisheit und Wissen; so belohnen Wir die Rechtschaffenen. **15.** Und er betrat die Stadt zu einer Zeit, da ihre Bewohner nicht darauf achteten. Und er fand dort zwei Männer, die miteinander kämpften, der eine von seinen Leuten und der andere von seinen Feinden. Da

* Die Juden.

** Haman war als höchster Priester zugleich Berater des Pharao.

rief ihn der Mann von seinen Leuten zu Hilfe gegen den, der von seinen Feinden war. Moses versetzte ihm einen Faustschlag, der für ihn tödlich war. Da rief er: »Das ist ein Werk des Satans! Fürwahr, er ist ein offenkundiger Feind, der irreführt.« **16.** Er sprach: »Mein Herr, ich habe mich gegen mich versündigt! Verzeihe Mir denn!« Da verzieh Er ihm. Er ist fürwahr der Verzeihende, der Barmherzige. **17.** Er sprach: »O mein Herr! Wie Du mir gnädig warst, so will ich nie mehr ein Helfer von Missetätern sein.« **18.** Am nächsten Morgen war er in der Stadt, voller Furcht um sich spähend. Und siehe, jener, dem er gestern geholfen hatte, rief ihn (erneut) um Hilfe an. Da sagte Moses zu ihm: »Du bist wirklich offensichtlich fehlgeleitet!« **19.** Und als er (doch) an ihrer beider Feind Hand anlegen wollte, sprach dieser: »O Moses! Willst du mich etwa totschlagen, so wie du gestern jemand totgeschlagen hast? Du willst nichts als ein Tyrann im Lande sein und keinen Frieden stiften!« **20.** Da kam ein Mann vom anderen Ende der Stadt herbeigeeilt und rief: »Moses! Die Oberhäupter beraten darüber, dich hinrichten zu lassen. Darum geh weg! Ich bin dir bestimmt ein guter Ratgeber.« **21.** Da ging er voll Furcht (aus der Stadt) hinaus, ängstlich umherspähend, und sprach: »O mein Herr! Errette mich vor dem ungerechten Volk!«

[388]**22.** Und als er seinen Weg nach Madyan nahm, sprach er: »Hoffentlich leitet mich mein Herr auf den rechten Weg.« **23.** Und als er zu den Wasserquellen von Madyan kam, fand er dort eine Schar Männer (ihr Vieh) tränken. Und abseits von ihnen fand er zwei Mädchen mit ihrer Herde. Da fragte er: »Was ist los?« Sie antworteten: »Wir können die Herde erst tränken, wenn die Hirten fortgezogen sind; denn unser Vater ist ein sehr alter Mann.« **24.** Da tränkte er für sie. Dann zog er sich in den Schatten zurück und betete: »O mein Herr! Ich bedarf dringend, was immer Du an Gutem auf mich herabsendest.« **25.** Da kam eines der beiden (Mädchen) schüchtern zu ihm und sprach: »Siehe, mein Vater lädt dich ein, um dir den Lohn dafür zu geben, daß du für uns getränkt hast.« Und als er zu ihm gekommen war und ihm seine G e s c h i c h t e erzählt hatte, sprach er: »Fürchte dich nicht! Du bist dem sündigen Volk entkommen.« **26.** Da sagte eine der beiden: »O mein Vater! Nimm ihn

in deinen Dienst. Fürwahr, der Beste, den du verpflichten kannst, ist der, der stark und getreu ist!« **27.** Er sprach: »Ich möchte dir eine von meinen beiden Töchtern hier zur Frau geben unter der Bedingung, daß du mir acht Jahre lang dienst. Und wenn du zehn vollenden willst: es steht bei dir; denn ich möchte nicht hart gegenüber dir sein. So Allah will, wirst du finden, daß ich in allem gerecht bin.« **28.** Er sprach: »So sei es zwischen mir und dir. Welche der beiden Fristen ich auch erfülle, es soll mich kein Vorwurf treffen. Und Allah ist Bürge unserer Worte.«

[389]**29.** Und als Moses die Frist erfüllt hatte und mit seiner Familie abreiste, bemerkte er an der Seite des Berges ein Feuer. Da sprach er zu seiner Familie: »Bleibt hier! Seht, ich nehme ein Feuer wahr. Vielleicht bringe ich dort für euch etwas in Erfahrung oder doch einen brennenden Ast, damit ihr euch aufwärmt.« **30.** Doch als er dort ankam, erscholl ihm eine Stimme von der rechten Seite des Tals aus einem Baum auf gesegnetem Boden: »O Moses! Siehe, Ich bin Allah, der Herr der Welten. **31.** Wirf deinen Stab hin!« Und als er ihn nun sich bewegen sah wie eine Schlange, wandte er den Rücken zur Flucht, ohne sich umzukehren. »O Moses! Kehre zurück und fürchte dich nicht. Siehe, du bist sicher! **32.** Stecke deine Hand unter deine Achsel; sie wird weiß herauskommen, ohne Makel. Und dann halte deinen Arm eng bei dir, frei von Furcht. Dies sind zwei Beweise von Deinem Herrn für Pharao und seine Oberhäupter. Sie sind fürwahr ein frevelndes Volk.« **33.** Er sprach: »O mein Herr! Siehe, ich erschlug einen von ihnen und fürchte, sie töten mich. **34.** Auch ist mein Bruder Aaron redegewandter. So entsende ihn mit mir, mich als Beistand zu bestätigen. Siehe, ich fürchte, daß sie mich der Lüge bezichtigen werden.« **35.** Er sprach: »Wir werden dich mit deinem Bruder stärken. Und Wir werden euch so stark machen, daß sie euch nichts anhaben können. Mit Unseren Zeichen werdet ihr und die, welche euch folgen, obsiegen.«

[390]**36.** Und als Moses mit Unseren deutlichen Zeichen zu ihnen kam, sprachen sie: »Dies ist nichts als von Menschen entwickelte Zauberei; denn wir haben derartiges nie von unseren Vorvätern gehört.« **37.** Da sprach Moses: »Mein Herr weiß am besten, wer mit der Recht-

leitung von Ihm kommt und wem die Zukunft gehören wird. Gewiß, den Ungerechten ergeht es nicht wohl.« **38.** Und Pharao sprach: »O ihr Anführer! Ich kenne keinen anderen Gott für euch als mich. So brenne mir Tonziegel, o Haman, und mache mir einen Turm, damit ich zum Gott Moses' emporsteige. Ich halte ihn allerdings für einen Lügner.« **39.** Doch er und sein Heer zeigten sich auf Erden arrogant, ohne jede Berechtigung dafür, und glaubten, sie müßten nicht zu Uns zurückkehren. **40.** Und so erfaßten Wir ihn und sein Heer und warfen sie in das Meer. Seht, wie das Ende der Ungerechten war! **41.** Und Wir machten sie zu Anführern auf dem Weg zum Feuer. Und am Tage der Auferstehung werden sie nicht gerettet werden. **42.** Wir ließen ihnen in dieser Welt einen Fluch folgen. Und am Tage der Auferstehung werden sie verabscheut sein. **43.** Und wahrlich, nachdem Wir die früheren Geschlechter vernichtet hatten, gaben Wir Moses die Schrift als Erleuchtung für die Menschen und Rechtleitung und Barmherzigkeit, damit sie sich ermahnen lassen.

[391]**44.** Und du warst nicht auf der westlichen Seite* dabei, als Wir Moses den Auftrag erteilten, und warst auch keiner der Augenzeugen.** **45.** Jedoch ließen Wir (neue) Geschlechter (nach Moses) erstehen, und ihnen wurde langes Leben gegeben. Auch hast du nicht unter dem Volke von Madyan gewohnt, um ihnen Unsere Botschaft vorzutragen. Jedoch Wir entsandten stets Propheten. **46.** Und du warst (auch) nicht an der Seite des Berges, als Wir riefen. Es ist jedoch Barmherzigkeit deines Herrn, daß du ein Volk warnst, zu dem vor dir kein Warner gekommen war, damit sie sich ermahnen lassen. **47.** Damit sie nicht, wenn sie ein Unglück um dessentwillen trifft, was ihre Hände vorausschickten, sprächen: »O unser Herr! Warum sandtest Du keinen Gesandten zu uns? Sonst wären wir Deiner Botschaft gefolgt und gläubig gewesen.« **48.** Als aber die Wahrheit von Uns zu ihnen kam, sagten sie: »Warum ist ihm

* Des Berges Sinai.

** So daß diese biblische Geschichte (wie andere) Muhammad nicht zugetragen, sondern geoffenbart worden ist.

nicht das gleiche wie Moses gegeben worden?« Doch verleugneten sie nicht gerade das, was Moses zuvor gegeben worden war? Sie behaupten: »Zwei Fälle von Blendwerk, die einander stützen.«* Und sie sagen: »Wir glauben wirklich an nichts von alldem.« **49.** Sprich: »So bringt doch ein Buch von Allah herbei, das eine bessere Rechtleitung als diese beiden enthält. Ich will ihm folgen, falls ihr die Wahrheit sagt!« **50.** Doch wenn sie dir keine Folge leisten, dann wisse, daß sie nur ihren Vorlieben folgen. Wer aber ist in größerem Irrtum, als wer seinen Vorlieben – ohne Rechtleitung von Allah – folgt? Siehe, Allah leitet kein ungerechtes Volk.

[392]**51.** Und wahrlich, Wir ließen das Wort nach und nach zu ihnen gelangen, auf daß sie es sich zu Herzen nähmen. **52.** Diejenigen, denen Wir die Schrift davor gaben, glauben daran.** **53.** Und wenn er*** ihnen vorgetragen wird, bekennen sie: »Wir glauben daran. Es ist die Wahrheit von unserem Herrn. Gewiß, wir waren schon Gottergebene (Muslime).« **54.** Diese werden ihren Lohn doppelt empfangen, weil sie ausharrten und das Böse mit Gutem zurückwiesen und von dem, womit Wir sie versorgten, spendeten. **55.** Und wenn sie eitles Geschwätz hören, kehren sie sich davon ab und sprechen: »Für uns unsere Taten und für euch euere Taten! Friede sei mit euch! Wir suchen keine Unbedarften.« **56.** Du kannst gewiß nicht jeden rechtleiten, den du liebst, sondern Allah leitet recht, wen Er will. Und Er kennt am besten diejenigen, welche sich rechtleiten lassen. **57.** Und sie sagen: »Wenn wir der Rechtleitung, die du bringst, folgten, würde uns unser Land entrissen.«**** Aber haben Wir ihnen nicht einen sicheren Bezirk gegeben,***** zu

* Die Thora und der Koran. Das Neue Testament ist nicht gemeint, da es nicht von Jesus selbst stammt und das Alte Testament nicht ersetzen sollte.

** Dies betrifft nicht nur die Juden und Christen in Mekka, die Muslime geworden waren, sondern alle Juden und Christen, die im Verlauf der Geschichte Muslime wurden oder noch werden.

*** Der Koran.

**** Von den Mekka umgebenden Stämmen. Die Bedeutung des Verses ist aber, wie Bosnien zeigt, zeitlos.

***** Den unverletzlichen Bezirk von Mekka.

dem Früchte aller Art gebracht werden als eine Versorgung von Uns? Jedoch die meisten von ihnen wissen es nicht. **58.** Und wie viele Städte zerstörten Wir, die auf ihren Überfluß pochten! Und ihre Wohnungen wurden nach ihnen nur noch von wenigen bewohnt: Wir wurden ihre Erben! **59.** Aber dein Herr zerstört keine Gemeinschaft, solange Er in ihrer Mitte keinen Gesandten erweckt hat, um ihnen Unsere Botschaft vortragen zu lassen. Auch vernichteten Wir eine Bevölkerung nur, wenn ihre Mitglieder Unrecht verübten.

[393]**60.** Und was immer euch gewährt wird, ist nur für den Genuß des irdischen Lebens und seine Ausschmückung. Was aber bei Allah ist, ist besser und bleibender. Wollt ihr denn nicht begreifen? **61.** Soll etwa der, dem Wir ein schönes Versprechen gaben, das ihm zuteil werden wird, demjenigen gleich sein, den Wir mit den Gütern des irdischen Lebens versorgten, der aber am Tage der Auferstehung zu den Vorgeführten gehören wird? **62.** An diesem Tage wird Er sie rufen und fragen: »Wo sind nun Meine angeblichen (göttlichen) Partner?« **63.** Dann werden diejenigen, über die das Urteil gefällt wird, sagen: »Unser Herr! Diejenigen, die wir irreführten, leiteten wir irre, so wie wir selber irregingen. Wir sagen uns (von ihnen) los vor Dir. Sie haben nicht uns verehrt, (sondern letztlich sich selbst).« **64.** Und dann wird gesprochen werden: »Ruft euere Götzen!« Sie werden sie rufen, doch sie werden ihnen nicht antworten! Und dann werden sie die Strafe sehen. O wenn sie doch rechtgeleitet gewesen wären! **65.** An diesem Tage wird Er sie rufen und fragen: »Welche Antwort habt ihr den Gesandten gegeben?« **66.** Doch sie werden sprachlos vor lauter Verwirrung sein und einander keine Fragen mehr stellen können. **67.** Wer sich aber bekehrt und glaubt und das Rechte tut, mag zu denen gehören, denen es wohl ergeht. **68.** Und Dein Herr erschafft, was Er will, und wählt, was Ihm gefällt.* Sie aber haben keine Wahl. Preis sei Allah! Und erhaben ist Er über das, was sie Ihm

* Oder: »Dein Herr erschafft, was Er will, und wählt (für die Menschen), was für sie am besten ist.« So übersetzen u.a. Muhammad Asad sowie – als Alternative – Cheikh Si Hamza Boubakeur und die französische Übersetzung aus al-Madina.

beigesellen. **69.** Dein Herr weiß, was ihre Brüste verbergen und was sie offenlegen. **70.** Und Er ist Allah: es gibt keinen Gott außer Ihm. Ihm gebührt alles Lob, am Anfang und am Ende. Sein ist das Gericht. Und zu Ihm kehrt ihr zurück.

[394]**71.** Sprich: »Was meint ihr? Wenn Allah die Nacht für euch ewig machte, bis zum Tage der Auferstehung, welche Gottheit außer Allah brächte euch Licht? Wollt ihr denn nicht hören?« **72.** Sprich: »Was meint ihr? Wenn Allah den Tag für euch ewig machte, bis zum Tage der Auferstehung, welche Gottheit außer Allah brächte euch Nacht, um in ihr zu ruhen? Wollt ihr denn nicht sehen?« **73.** Und in Seiner Barmherzigkeit hat Er für euch die Nacht und den Tag gemacht, um in ihr zu ruhen und nach Seiner Huld zu trachten* und damit ihr dankbar wäret. **74.** Und eines Tages wird Er sie rufen und fragen: »Wo sind nun meine angeblichen Partner?« **75.** Und aus jedem Volke werden Wir einen Zeugen holen und sagen: »Bringt eueren Beweis herbei! »Da werden sie erkennen, daß Allahs die Wahrheit ist. Und was sie sich auszudenken pflegten, wird ihnen entschwinden. **76.** Siehe, Korah** war vom Volke Moses', doch verging er sich gegen sie. Wir aber gaben ihm so viel an Schätzen, daß seine Schatztruhe für eine größere Schar kräftiger Leute eine Bürde gewesen wäre. Als sein Volk zu ihm sprach: »Frohlocke nicht, Allah liebt nicht die Frohlockenden, **77.** Und suche mit dem, was dir Allah gegeben hat, die künftige Wohnung, ohne deinen Anteil an dieser Welt zu vergessen. Und tu Gutes, so wie Allah dir Gutes tat, und stifte kein Verderben auf Erden; siehe, Allah liebt nicht die, welche Unheil stiften!«,

[395]**78.** Da sprach er: »Das (alles) wurde mir in Anerkennung meines Wissens gegeben!« Wußte er nicht, daß Allah bereits vor ihm ganze Geschlechter vernichtet hatte, die an Kraft stärker als er waren und mehr aufgehäuft hatten? Aber die Missetäter werden nicht nach ihren Sünden befragt.*** **79.** So ging er in seinem (vollen) Schmuck zu seinem Volke

* D.h. nach den Gütern des Lebens, die letztlich Allah gewährt.

** Auch »Qarun«.

*** Allah kennt jede einzelne.

hinaus. Jene nun, die auf das irdische Leben begierig sind, sprachen: »O daß wir doch besäßen, was Korah gegeben wurde! Er hat wirklich gewaltiges Glück!« **80.** Aber diejenigen, denen das Wissen gegeben war, sprachen: »Wehe euch! Die Belohnung Allahs ist besser für den, der glaubt und das Rechte tut; und niemand gewinnt sie, außer den Standhaften.« **81.** Dann ließen Wir die Erde ihn und sein Haus verschlingen. Da fand er niemand, ihm zu helfen, außer Allah; und er konnte auch sich selbst nicht helfen. **82.** Am anderen Morgen sagten jene, die sich tags zuvor an seine Stelle gewünscht hatten: »Sieh nur! Allah versorgt, wen von Seinen Dienern Er will, reichlich oder bemessen. Wäre Allah uns nicht gnädig gewesen, hätte Er die Erde unter uns gespalten. Sieh nur! Den Ungläubigen ergeht es nicht wohl.« **83.** Jene zukünftige Wohnung: Wir haben sie für diejenigen bestimmt, welche auf Erden nicht mächtig sein und kein Unheil anrichten wollen. Und das (gute) Ende ist für die Gottesfürchtigen. **84.** Wer mit Gutem kommt, soll Besseres dafür erhalten. Und wer mit Bösem kommt – jene die Böses tun, belohnen Wir nur nach ihren Taten.

[396]**85.** Siehe, Der, Welcher den Koran für dich bindend gemacht hat, bringt dich gewiß zur Stätte der Wiederkehr zurück. Sprich: »Mein Herr weiß am besten, wer mit der Rechtleitung kommt und wer in offenkundigem Irrtum ist.« **86.** Du selbst konntest nicht hoffen, daß dir das Buch gegeben würde; es war die Barmherzigkeit deines Herrn. Darum sei kein Helfer der Ungläubigen. **87.** Und laß dich nicht von der Botschaft Allahs abspenstig machen, nachdem sie zu dir herabgesandt worden ist, sondern lade zu deinem Herrn ein und sei niemals ein Götzendiener. **88.** So rufe keinen anderen Gott neben Allah an. Es gibt keinen Gott außer Ihm. Alle Dinge vergehen, außer Seinem Angesicht. Ihm gehört das Urteil, und zu Ihm kehrt ihr zurück.

29 Die Spinne (al-'Ankabût)

Geoffenbart zu Mekka

Im Namen Allahs, des Erbarmers, des Barmherzigen!

1. A.L.M. **2.** Meinen die Menschen wohl, in Frieden gelassen zu werden, nur weil sie sagen: »Wir glauben« – und nicht auf die Probe gestellt zu werden? **3.** Doch Wir stellten gewiß auch diejenigen auf die Probe, die vor ihnen lebten, und Allah erkennt sowohl die Aufrichtigen wie die Falschen. **4.** Oder glauben diejenigen, die Böses tun, daß sie Uns entgehen können? Wie schlecht ist ihr Urteil! **5.** Wer darauf hofft, Allah zu begegnen – siehe, Allah hält Seine Frist ein. Und Er ist der Hörende, der Wissende. **6.** Und wer sich mit aller Kraft einsetzt,* der setzt sich zu seinem eigenen Besten ein. Allah bedarf wahrlich der Welten nicht.

[397]**7.** Und diejenigen, welche glauben und das Rechte tun, Wir werden gewiß ihre Sünden tilgen und sie nach ihren besten Taten belohnen. **8.** Und Wir geboten dem Menschen Güte gegen seine Eltern. Doch wenn sie dich dazu bringen wollen, Mir an die Seite zu setzen, wovon du kein Wissen hast, dann gehorche ihnen nicht. Zu Mir ist euere Heimkehr; dann werde Ich euch vorhalten, was ihr (alles) getan habt. **9.** Und diejenigen, welche glauben und das Rechte tun, werden Wir gewiß unter die Rechtschaffenen führen. **10.** Und unter den Menschen behaupten einige: »Wir glauben an Allah!« Wenn sie aber auf Allahs Weg von Leid betroffen werden, betrachten sie die Heimsuchung durch Menschen als Strafe Allahs. Doch wenn Hilfe von deinem Herrn kommt, dann behaupten sie bestimmt: »Wir waren doch stets auf euerer Seite!« Weiß denn Allah nicht sehr wohl, was in den Brüsten aller Geschöpfe ist? **11.** In der Tat: Allah kennt die Gläubigen, und Er kennt die Heuchler.** **12.** Die Ungläubigen aber sagen zu den Gläubigen: »Folgt unserem Weg! Tatsächlich, wir werden euere Sünden auf uns laden.« Jedoch sie können ihre Sünden keineswegs übernehmen. Sie sind nur Aufschneider. **13.** Sie

* Ergänze: Auf Allahs Weg. Arabisch: »schahada« (mit stimmhaftem »sch«).

** Die Scheinheiligen (al-munafiqun) werden hier erstmals im Koran erwähnt.

sollen ihre Lasten tragen und (weitere) Lasten zu ihren Lasten!* Und am Tage der Auferstehung werden sie nach dem gefragt werden, was sie sich erdichtet hatten. **14.** Und wahrlich, Wir entsandten Noah zu seinem Volk, und er verweilte tausend Jahre weniger fünfzig Jahre** unter ihnen. Dann erfaßte sie die Sündflut ob ihrer Sünden.

[398] **15.** Doch Wir retteten ihn und die Insassen der Arche und machten sie so zu einem Zeichen für alle Welt. **16.** Und (gedenke) Abrahams, als er zu seinem Volk sprach: »Dient Allah und fürchtet Ihn! Das ist besser für euch, wenn ihr es doch nur wüßtet! **17.** Ihr dient statt Allah nur Götzenbildern und setzt dabei eine Unwahrheit in Umlauf. Seht, diejenigen, denen ihr anstelle von Allah dient, vermögen euch nicht zu versorgen. Darum begehrt die Versorgung von Allah und dient Ihm und dankt Ihm; zu Ihm kehrt ihr zurück. **18.** Und wenn ihr (dies) für Trug erklärt, so taten dies schon Völker vor euch; aber den Gesandten obliegt ausschließlich die öffentliche Verkündigung.« **19.** Sehen sie denn nicht, wie Allah die Schöpfung erstmals hervorbringt und sie dann wiederholt? Dies ist fürwahr leicht für Allah. **20.** Sprich: »Reist durch das Land und schaut, wie Er Seine Schöpfung begonnen hat und sie dann wiederholt.«*** Siehe, Allah hat Macht über alle Dinge. **21.** Er straft, wen Er will, und erbarmt sich, wessen Er will. Und zu Ihm werdet ihr zurückgebracht. **22.** Und ihr könnt Ihm weder auf Erden noch im Himmel entkommen. Und ihr habt außer Allah weder Beschützer noch Helfer. **23.** Und diejenigen, welche nicht an die Offenbarungen Allahs und die Begegnung mit Ihm glauben – sie sind es, die an Seiner Barmherzigkeit verzweifeln; und sie werden schmerzliche Strafe erleiden.

[399] **24.** Doch die Antwort seines Volkes war lediglich zu fordern: »Erschlagt ihn oder verbrennt ihn!« Allah aber rettete ihn vor dem Feuer. Darin sind fürwahr Zeichen für ein gläubiges Volk. **25.** Und er sprach:

* Die Schuld, andere verführt zu haben, ohne deren eigene Schuld dadurch zu vermindern.

** Auch nach der Bibel (Genesis 9, 29) währte Noahs Leben 950 Jahre.

*** Bei Auferweckung der Toten.

»Ihr habt anstelle von Allah Götzen angenommen, in gegenseitiger Liebe zum irdischen Leben. Dann aber, am Tage der Auferstehung, wird einer von euch den andern verleugnen und verfluchen. Euere Wohnung wird dann das Feuer sein, und ihr werdet keinen Beistand finden.« **26.** Auch Lot glaubte an Ihn. Er* sprach: »Siehe, ich wandere um meines Herrn willen aus. Er ist gewiß der Mächtige, der Weise.« **27.** Und Wir schenkten ihm Isaak und Jakob und gaben seiner Nachkommenschaft das Prophetentum und die Schrift. Und Wir gaben ihm seinen Lohn im Diesseits; und im Jenseits wird er gewiß zu den Rechtschaffenen gehören. **28.** Und Lot sprach zu seinem Volk: »Ihr begeht wirklich Schändlichkeiten wie niemand zuvor in aller Welt! **29.** Müßt ihr euch Männern nähern auf unnatürlichem Wege und bei eueren Treffen Abscheuliches treiben?« Sein Volk antwortete lediglich: »Bring uns doch Allahs Strafe herbei, wenn du die Wahrheit sagst!« **30.** Er sprach: »O mein Herr! Hilf mir gegen dieses lasterhafte Volk!«

[400]**31.** Und als Unsere Sendboten mit ihrer frohen Botschaft zu Abraham kamen, sprachen sie: »Siehe, wir werden das Volk dieser Stadt vertilgen; denn ihre Bewohner tun fürwahr unrecht.« **32.** Er sprach: »Aber Lot ist darin!« Sie antworteten: »Wir wissen sehr wohl, wer drinnen ist. Wahrlich, wir werden ihn und seine Familie erretten, mit Ausnahme seiner Frau, welche zurückbleiben wird.« **33.** Und als Unsere Sendboten zu Lot kamen, war er um sie besorgt; denn er konnte sie nicht beschützen. Sie aber sprachen: »Fürchte dich nicht und gräme dich nicht! Wir werden dich und dein Volk bestimmt retten, mit Ausnahme deiner Frau, welche zurückbleiben wird.« **34.** Wir werden auf die Bevölkerung dieses Landstrichs wegen ihrer Missetaten gewiß ein Strafgericht vom Himmel herabbringen. **35.** Und wahrlich, Wir ließen davon ein deutliches Zeichen für einsichtige Leute zurück.** **36.** Und zu den Madyan (entsandten Wir) ihren Bruder Schuayb. Und er sprach: »O mein Volk! Dient Allah und hofft auf den Jüngsten Tag und stiftet kein

* Abraham.

** Das Tote Meer (arabisch: »Lot's Meer«) im Bereich von Sodoma und Gomorrha.

Unheil auf Erden.« **37.** Aber sie bezichtigten ihn der Lüge. Da erfaßte sie das Erdbeben! Und am Morgen lagen sie hingestreckt in ihren Häusern. **38.** Und die Ad und die Thamud – doch (ihr Los) ist euch klar ersichtlich an ihren (zerstörten) Wohnungen. Doch der Satan hatte ihnen ihre Werke als wohlgefällig ausgemalt und sie vom Weg abgebracht, obwohl sie genügend Einsicht besaßen.

[401]**39.** Und Korah und Pharao und Haman. Zu ihnen war Moses fürwahr mit deutlichen Zeichen gekommen. Doch sie führten sich hochmütig auf; sie entkamen nicht. **40.** So erfaßten Wir alle wegen ihrer Sünden. Über manche von ihnen sandten Wir einen Sandsturm; andere erfaßte der Schrei; und andere verschlang die Erde; und wieder andere ließen Wir ertrinken. Allah tat ihnen kein Unrecht, sondern sie selber verübten Unrecht gegen sich. **41.** Das Gleichnis jener, welche anstelle von Allah andere Beschützer nehmen, ist das Gleichnis der S p i n n e, die sich ein Haus macht. Siehe, das gebrechlichste aller Häuser ist gewiß das Spinnenhaus. O daß sie dies doch nur wüßten! **42.** Allah weiß fürwahr, was sie alles neben Ihm anrufen. Und Er ist der Mächtige, der Weise. **43.** Diese Gleichnisse stellen Wir zwar für die Menschen auf, doch nur die Wissenden begreifen sie. **44.** Allah hat die Himmel und die Erde in Wahrheit erschaffen. Darin ist fürwahr ein Zeichen für die Gläubigen. **45.** Trage vor, was dir von dem Buche geoffenbart wird und verrichte das Gebet. Siehe, das Gebet bewahrt vor Schandbarem und Verbotenem. Doch das (ständige) Gedenken an Allah* ist fürwahr das Größte. Und Allah weiß, was ihr tut.

[402]**46.** Und streitet nicht mit dem Volk der Schrift, es sei denn auf beste Art und Weise, außer mit jenen von ihnen, die unrecht handeln. Und sprecht: »Wir glauben an das, was zu uns herabgesandt wurde und was zu euch herabgesandt wurde. Unser Gott und euer Gott ist ein und derselbe.** Und Ihm sind wir ergeben.« **47.** Und so sandten Wir das

* Oder: Die (ständige) Erwähnung Allahs, das Gottesbewußtsein (arab.: »dhikru Allah«), ein wichtiger Begriff der islamischen Mystik (Sufismus).

** Wörtlich: Einer (arab.: »wahidun«).

Buch zu dir hinab. Diejenigen, denen Wir (zuvor) das Buch gegeben hatten,* glauben daran. Auch von diesen ** glauben manche daran. Nur die Ungläubigen bestreiten Unsere Botschaft. **48.** Du hast vor ihm kein Buch vorgetragen, noch schriebst du eines mit deiner Hand.*** Sonst hätten diejenigen, die es für falsch erklären, deswegen Zweifel geäußert. **49.** Aber nein! Es ist eine Botschaft, die in den Herzen derer klar ist, denen das Wissen gegeben wurde; so bezweifeln Unsere Botschaft nur diejenigen, die unrecht tun. **50.** Und sie fragen: »Warum wurden keine Wunderzeichen von seinem Herrn auf ihn herabgesandt?« Sprich: »Siehe, Wunder stehen allein in Allahs Macht. Ich aber bin nur ein deutlicher Warner.« **51.** Genügt es ihnen denn nicht, daß Wir das Buch auf dich hinabgesandt haben, damit es ihnen vorgetragen wird? Darin ist doch wahrlich eine Barmherzigkeit und Ermahnung für Leute, die bereit sind zu glauben. **52.** Sprich: »Allah genügt zwischen mir und euch als Zeuge. Er weiß, was in den Himmeln und auf Erden ist. Diejenigen aber, welche an das Eitle glauben und Allah leugnen, das sind gewiß die Verlierer.«

[403]**53.** Und sie wünschen, daß du die Strafe beschleunigst. Gäbe es nicht einen bestimmten Termin, wahrlich, die Strafe wäre schon über sie gekommen. Und wahrlich, sie wird unvermutet über sie kommen, ohne daß sie es vorausahnen. **54.** Sie wünschen, daß du die Strafe beschleunigst. Wahrlich, die Hölle wird die Ungläubigen ringsum einschließen **55.** An dem Tage, an dem die Strafe sie von allen Seiten her überwältigen wird. Dann wird Er sprechen: »Kostet (die Früchte dessen,) was ihr getan habt!« **56.** O Meine Diener, die ihr glaubt! Seht, Meine Erde ist weit.**** Verehrt Mich denn, Mich allein! **57.** Jeder wird den Tod erleiden; dann kehrt ihr zu Mir zurück. **58.** Diejenigen aber, welche glauben

* Die Empfänger früherer Offenbarungen.

** Den Mekkanern.

*** Wörtlich: deiner Rechten. Muhammad konnte weder lesen noch schreiben.

**** So daß stets die Möglichkeit besteht, unerträglichen Umständen durch Auswanderung zu entgehen, ohne Kompromisse zu machen, was den Glauben anbetrifft.

und das Rechte tun, werden Wir gewiß in den höchsten Gemächern des Paradieses wohnen lassen, das von Bächen durcheilt wird, ewig darin zu verweilen. Schön ist der Lohn der Rechtschaffenen, **59.** Die standhaft ausharren und auf ihren Herrn vertrauen. **60.** Und wie viele Tiere gibt es, die nichts zu ihrer Versorgung beitragen! Allah versorgt sie und euch. Und Er ist der Hörende, der Wissende. **61.** Und wenn du sie fragst: »Wer hat die Himmel und die Erde erschaffen und die Sonne und den Mond dienstbar gemacht?«, dann sagen sie gewiß: »Allah.« Wie können sie sich dann doch abwenden? **62.** Allah gewährt Versorgung, reichlich oder bemessen, wem von Seinen Dienern Er will. Siehe, Allah kennt alle Dinge. **63.** Und wenn du sie fragst: »Wer schickt Wasser vom Himmel hinab und belebt damit die Erde nach ihrer Leblosigkeit?«, dann sagen sie gewiß: »Allah.« Sprich: »Preis sei Allah!« Jedoch mangelt es den meisten von ihnen an Verstand.

[404]**64.** Dieses irdische Leben ist ja nichts als ein Zeitvertreib und ein Spiel: Die jenseitige Wohnung aber ist das (wahre) Leben! Wenn sie es doch nur wüßten! **65.** Und wenn sie auf einem Schiff fahren, rufen sie Allah reinen Glaubens an. Hat Er sie aber sicher an Land gebracht, stellen sie ihm Götzen zur Seite. **66.** So sind sie für Unsere Gaben undankbar und fahren fort zu genießen. Aber schon bald werden sie es zu wissen bekommen. **67.** Sahen sie denn nicht, daß Wir eine unverletzliche Stätte* sicher machten, während die Leute ringsum dahingerafft werden? Wollen sie da an das Falsche glauben und Allahs Gnade leugnen? **68.** Und wer ist ungerechter als der, welcher über Allah Falsches ersinnt oder die Wahrheit, nachdem sie zu ihm gekommen ist, Lüge nennt? Gibt es für die Ungläubigen etwa keine Wohnung in der Hölle? **69.** Und diejenigen, welche sich für Uns kräftig einsetzten, werden Wir auf Unseren Weg leiten; siehe, Allah ist wahrlich mit denen, die Gutes tun.

* Zu Mekka.

30 Die Byzantiner (Ar-Rûm)

Geoffenbart zu Mekka

Im Namen Allahs, des Erbarmers, des Barmherzigen!

1. A.L.M. **2.** Besiegt sind die B y z a n t i n e r **3.** Im Land nahebei.* Aber nach ihrer Niederlage werden sie siegen,** **4.** In wenigen Jahren. Allah steht die Entscheidung zu, vorher wie nachher. Und an jenem Tage werden die Gläubigen frohlocken*** **5.** Über Allahs Hilfe. Er steht bei, wem Er will. Und Er ist der Mächtige, der Barmherzige.

[405]**6.** Allahs Versprechen! Allah bricht Seine Versprechen nicht; jedoch die meisten Menschen wissen nicht Bescheid. **7.** Sie kennen nur die Äußerlichkeiten des irdischen Lebens, aber des Jenseits sind sie achtlos. **8.** Haben sie denn nicht bei sich bedacht, daß Allah die Himmel und die Erde und was zwischen beiden ist erschaffen hat – in Wahrheit und für eine bestimmte Frist? Doch viele Menschen glauben einfach nicht an die Begegnung mit ihrem Herrn! **9.** Reisten sie denn nicht durch das Land? Sahen sie denn nicht, wie das Ende derer war, die vor ihnen lebten? Sie waren stärker als sie an Kraft und bebauten und bevölkerten die Erde mehr als sie! Und es kamen zu ihnen ihre Gesandten mit deutlichen Beweisen. Und es war nicht Allah, der ihnen Unrecht antat; sondern sich selber fügten sie Unrecht zu. **10.** Übel war das Los derer, die Böses taten, indem sie Allahs Botschaft der Lüge ziehen und verspotteten. **11.** Allah bringt die Schöpfung das erste Mal hervor. Dann läßt Er sie wiederholen****, und dann kehrt ihr zu Ihm zurück. **12.** Und an dem Tage, da die Stunde heraufzieht, werden die Sünder stumm vor Verzweiflung sein. **13.** Und an ihren Partnern werden sie keine Für-

* 613 eroberten die Perser von ihnen Damaskus, 614 Jerusalem.

** Zur Zeit dieser Vorhersage (ca. im Jahre 616) hatten die Perser im Nahen Osten die Oberhand. Die Weissagung erfüllte sich ab 622 mit sukzessiven Siegen der Griechen (Byzantiner) über sie.

*** Die Muslime hatten im Gegensatz zu den heidnischen Mekkanern für die christlichen Byzantiner Partei ergriffen.

**** Bei der Wiedererweckung der Verstorbenen.

sprecher haben. Und sie werden ihre Partner verleugnen. **14.** Und an dem Tage, an dem die Stunde heraufzieht, an diesem Tage werden sie aufgeteilt werden. **15.** Was nun jene anlangt, welche glaubten und das Rechte taten – sie werden sich an einem Garten erfreuen.

[406]**16.** Was aber jene anlangt, welche ungläubig waren und Unsere Zeichen und die Begegnung mit dem Jenseits ableugneten – sie werden der Strafe überantwortet werden. **17.** So preist Allah an euerem Abend und an euerem Morgen; **18.** Ihm sei das Lob in den Himmeln und auf Erden auch am späten Nachmittag und zu euerer Mittagszeit. **19.** Er läßt das Lebendige aus dem Toten erstehen und bringt das Tote aus dem Lebendigen hervor, und Er belebt die Erde nach ihrer Leblosigkeit. Gleicherweise werdet auch ihr (wieder) erstehen. **20.** Zu Seinen Zeichen gehört auch, daß Er euch aus Staub erschaffen hat. Dann wurdet ihr Menschen, die sich verbreiteten. **21.** Zu Seinen Zeichen gehört auch, daß Er euch Gattinnen aus euch selbst schuf, damit ihr bei ihnen ruht. Und Er hat zwischen euch Liebe und Barmherzigkeit gesetzt. Darin sind fürwahr Zeichen für nachdenkliche Leute. **22.** Zu Seinen Zeichen gehört auch die Schöpfung der Himmel und der Erde und die Verschiedenartigkeit euerer Sprachen und euerer (Haut-)Farben. Darin sind fürwahr Zeichen für die Wissenden. **23.** Zu Seinen Zeichen gehört auch euer Schlaf in der Nacht und euer Trachten nach Gewinn von Ihm am Tage. Darin sind fürwahr Zeichen für Leute, die hören können. **24.** Zu Seinen Zeichen gehört auch, daß Er euch den Blitz zeigt – zu Furcht und Hoffen – und daß Er Wasser vom Himmel herabsendet und mit ihm die Erde aus ihrer Leblosigkeit erweckt. Darin sind fürwahr Zeichen für einsichtige Leute.

[407]**25.** Zu Seinen Zeichen gehört auch, daß Himmel und Erde Seinem Geheiß entsprechend festgefügt sind. Dann, wenn Er euch mit einem Ruf aus der Erde herausruft, werdet ihr hervortreten; **26.** Denn Sein ist, was in den Himmeln und auf Erden ist. Alles gehorcht Ihm. **27.** Und Er ist es, der die Schöpfung erstmals hervorbringt. Dann bringt Er sie erneut hervor, was Ihm ein leichtes ist. Und Er ist das erhabenste Wesen in den Himmeln und auf Erden. Und Er ist der Mächtige, der

Weise. **28.** Er prägt euch ein Gleichnis anhand von euch selber: Habt ihr unter denen, welche ihr von Rechts wegen besitzt, etwa Teilhaber an dem, was Wir euch bescherten, so daß ihr insofern gleich seid? Fürchtet ihr sie etwa, wie ihr einander fürchtet? So erklären Wir die Botschaft für einsichtige Leute. **29.** Aber die Ungerechten folgen ihren Neigungen, ohne jedes Wissen. Doch wer könnte diejenigen rechtleiten, welche Allah irregehen läßt? Sie werden keine Helfer finden! **30.** So richte dein ganzes Wesen aufrichtig auf den wahren Glauben, gemäß der natürlichen Veranlagung*, mit der Allah die Menschen erschaffen hat. Es gibt keine Veränderung in der Schöpfung Allahs. Dies ist die richtige Religion. Jedoch, die meisten Menschen wissen es nicht. **31.** Wendet euch Ihm zu und fürchtet Ihn und verrichtet das Gebet und seid nicht unter denen, die Ihm Gefährten zur Seite setzen, **32.** Unter denen, die ihre Religion aufgespaltet haben und so in Sekten zerfielen, wobei sich jede Partei ihrer eigenen Doktrin erfreut.

[408]**33.** Doch wenn den Menschen ein Leid widerfährt, rufen sie ihren Herrn an, in Reue und Ergebung. Wenn Er ihnen jedoch Seine Barmherzigkeit zeigte, setzen Ihm manche Teilhaber zur Seite, **34.** Undankbar für Unsere Gaben. So erfreut euch nur (eueres Lebens), bald werdet ihr erfahren... **35.** Oder sandten Wir zu ihnen etwa eine Ermächtigung herab, die das einräumte, was sie Ihm an die Seite setzen? **36.** Wenn Wir nun die Menschen Barmherzigkeit kosten lassen, freuen sie sich darüber. Wenn sie aber ein Übel für das trifft, was ihre Hände vorausschickten, verzweifeln sie. **37.** Sahen sie denn nicht, daß Allah – reichlich oder bemessen – versorgt, wen Er will? Darin sind fürwahr Zeichen für Leute, die glauben. **38.** So gib dem Verwandten das ihm Zustehende, wie auch dem Armen und dem Sohn des Weges.* Das ist gut für die, welche Allahs Antlitz suchen; und sie – ihnen ergeht es wohl. **39.** Was ihr nun auf Zins ausleiht, um es mit dem Vermögen der Men-

* Arabisch: »al-fitra«. Danach ist der Glaube an einen einzigen Gott in der menschlichen Natur – Verstand, Gefühl und Bedürfnis – angelegt.

** Dem Reisenden.

schen zu vermehren, das vermehrt sich nicht bei Allah.* Doch was ihr an Steuer entrichtet, im Trachten nach Allahs Angesicht – sie sind es, denen (ihr Einsatz) vervielfacht wird. **40.** Allah ist es, der euch erschuf und dann versorgte. Dann läßt Er euch sterben; dann macht Er euch wieder lebendig. Gibt es etwa unter eueren Partnern einen, der irgend etwas davon zu tun vermag? Preis sei Ihm! Erhaben ist Er über das, was sie Ihm beigesellen! **41.** In Erscheinung getreten ist Unheil zu Land und Meer als Folge dessen, was die Menschen anrichteten, damit Er sie einiges von ihrem (Fehl-)Verhalten spüren ließe, auf daß sie umkehren.**

[409]**42.** Sprich: »Reist durch das Land und schaut, wie das Ende derer war, die zuvor lebten; die meisten von ihnen waren Götzendiener.« **43.** Darum wende dein Angesicht zum rechten Glauben, bevor ein Tag von Allah kommt, der sich nicht abwenden läßt. An jenem Tage sollt ihr aufgeteilt werden: **44.** Wer ungläubig war, auf den soll sein Unglauben kommen, und wer das Rechte tat, die bereiteten sich selber das Lager, **45.** Damit Er in Seiner Huld jene belohne, die glaubten und das Rechte taten. Siehe, Er liebt die Ungläubigen nicht. **46.** Und zu Seinen Zeichen gehört es, daß Er die Winde als frohe Boten entsendet, um euch von Seiner Barmherzigkeit kosten zu lassen und damit die Schiffe auf Sein Geheiß dahineilen und damit ihr nach Seinem Gewinn (auf Erden) trachtet und damit ihr dankbar seid. **47.** Und wahrlich, schon vor dir schickten Wir Gesandte zu ihrem Volk. Sie kamen zu ihnen mit deutlichen Beweisen. Und Wir bestraften die Sünder; doch war es Unsere Pflicht, den Gläubigen zu helfen. **48.** Allah ist es, der die Winde entsendet und die Wolken aufziehen läßt; und Er breitet sie am Himmel aus, wie Er will, und zerreißt sie in Fetzen. Dann siehst du den Regen mitten aus ihnen hervorbrechen. Und wenn Er ihn auf den von Seinen Dienern fallen läßt, den Er will, dann sind sie froh, **49.** Obwohl sie, bevor er auf sie niederfiel, stumm vor Verzweiflung waren. **50.** Darum schau auf die

* Zum Zinsverbot vgl. 2:275–281.

** Eine Ankündigung der Umweltschäden, die erst im 20. Jahrhundert als Menschheitsproblem erkannt wurden.

Spuren der Barmherzigkeit Allahs: wie Er die Erde nach ihrer Leblosigkeit lebendig macht. Siehe, das ist wahrlich Derjenige, Der auch die Toten wieder lebendig macht. Und Er hat Macht über alle Dinge.

[410]**51.** Aber wahrlich, wenn Wir einen (heißen) Wind schickten und sie dann (die Saat) gelb (versengt) sehen würden, würden sie ihrem Glauben untreu. **52.** Siehe, du kannst die Toten nicht hörend machen und kannst nicht bewirken, daß die Tauben den Ruf hören, wenn sie (Allah) den Rücken zukehren. **53.** Und du kannst die Blinden nicht aus ihrem Irrtum befreien. Du machst nur die hörend, welche an Unsere Zeichen glauben und gottergeben sind. **54.** Allah ist es, Der euch in Schwäche erschaffen hat; dann gab Er euch nach der Schwäche Kraft; dann gab Er euch nach der Kraft Schwäche und graues Haar. Er schafft, was Er will. Und Er ist der Wissende, der Mächtige. **55.** Und an dem Tage, an dem sich die (Letzte) Stunde einstellt, werden die Sünder schwören, daß sie nur eine Stunde (auf Erden) verweilten. So sind sie an (Selbst-)Täuschung gewöhnt. **56.** Diejenigen aber, denen Wissen und Glauben gegeben war, werden sprechen: »Wahrlich, ihr verweiltet dem Dekret Allahs gemäß bis zum Tage der Erweckung (im Grab) – und dies ist nun der Tag der Erweckung! Jedoch, ihr wolltet davon ja nichts wissen.« **57.** Doch an jenem Tage wird ihre Entschuldigung den Ungerechten nichts nützen, noch werden sie nachbessern können. **58.** Wir stellten für die Menschen in diesem Koran fürwahr allerlei Gleichnisse auf. Aber wenn du ihnen einen (geoffenbarten) Vers bringst, sagen die Ungläubigen sicher: »Ihr bringt ja nur Unsinn!« **59.** So versiegelt Allah die Herzen derer, die nicht wissen (wollen). **60.** Darum harre geduldig aus. Allahs Verheißung ist gewiß wahr. So laß dich nicht von denen ins Wanken bringen, die keinerlei Gewißheit haben.

31 LUQMÂN*

Geoffenbart zu Mekka

Im Namen Allahs, des Erbarmers, des Barmherzigen!

[411]**1.** A.L.M. **2.** Dies sind die Verse des weisen Buches, **3.** Rechtleitung und Barmherzigkeit für die Rechtschaffenen, **4.** Die das Gebet verrichten und die Steuer entrichten und fest an das Jenseits glauben. **5.** Diese folgen der Rechtleitung ihres Herrn, und ihnen ergeht es wohl. **6.** Doch unter den Menschen gibt es manch einen, der sich belustigende Geschichten besorgt, um ohne ordentliches Wissen in die Irre zu führen, weg von Allahs Weg, und darüber zu spotten. Solche trifft schmähliche Strafe! **7.** Und wenn ihm Unsere Verse vorgelesen werden, wendet er sich hochmütig ab, als hätte er sie nicht gehört, so als ob seine Ohren schwerhörig wären. Darum verkünde ihm schmerzliche Strafe. **8.** Diejenigen, welche glauben und das Rechte tun, für sie sind wahrlich Gärten der Wonne bestimmt, **9.** Ewig darin zu verweilen. (Das ist) Allahs wahre Verheißung. Und Er ist der Mächtige, der Weise. **10.** Erschaffen hat Er die Himmel ohne sichtbare Säulen. Und Er stellte festgegründete Berge auf die Erde, damit sie nicht mit euch wanke. Und Er verteilte allerlei Getier über sie. Und vom Himmel senden Wir Regen herab und lassen auf ihr allerlei Lebewesen gedeihen. **11.** Dies ist Allahs Schöpfung! Und nun zeigt Mir, was jene (Götter) neben Ihm erschufen? Nein, die Ungerechten** sind in offenbarem Irrtum.

[412]**12.** Und wahrlich Wir gaben L u q m a n Weisheit: »Sei Allah dankbar; denn wer dankbar ist, der ist nur zu seinem eigenen Besten dankbar. Und wer undankbar ist – siehe, Allah ist unabhängig und rühmenswert.« **13.** Da sagte Luqman zu seinem Sohn, ihn ermahnend: »O mein Sohn! Setze Allah keine Gefährten zur Seite. Siehe, Vielgötterei ist ein gewaltiger Frevel.« **14.** Wir legten dem Menschen Güte gegen seine

* Luqman ist ein legendärer Weiser, zu Unrecht mit Äsop identifiziert.

** Arabisch: »al-dhalimun«; auch: die Übertreter, die Sünder, die Unheilstifter; die Frevler; die Bösewichte.

Eltern an das Herz. Seine Mutter trug ihn von Schwäche zu Schwäche, und seine Entwöhnung dauerte zwei Jahre. (Allah sagt:) »Sei Mir und deinen Eltern dankbar. Zu Mir ist der Heimgang. **15.** Doch wenn sie dich dazu bringen wollen, daß du Mir an die Seite setzt, wovon du kein Wissen hast, so gehorche ihnen nicht. Verkehre mit ihnen in weltlichen Dingen gleichwohl, wie es gerecht und billig ist. Doch folge dem Weg derer, die sich zu Mir bekehren. Dann ist euere Rückkehr zu Mir, und dann werde Ich euch euer Tun vorhalten.« **16.** (Luqman sagte:) »O mein Sohn! Siehe, hätte es auch nur das Gewicht eines Senfkorns und wäre es in einem Felsen oder in den Himmeln oder in der Erde verborgen, Allah brächte es ans Licht. Allah ist fürwahr zielsicher und kundig. **17.** O mein Sohn! Verrichte das Gebet und gebiete, was Rechtens ist, und verbiete das Unrechte und ertrage standhaft, was dich trifft. Siehe, dies ist die richtige Entschlossenheit in allen Dingen. **18.** Und sei gegen die Menschen nicht hochfahrend und stolziere nicht eitel auf der Erde herum. Siehe, Allah liebt keinen eingebildeten Prahler. **19.** Mäßige deinen Schritt und dämpfe deine Stimme. Siehe, die häßlichste Stimme ist die Stimme von Eseln.«

[413]**20.** Seht ihr denn nicht, daß euch Allah alles in den Himmeln und auf Erden dienstbar machte und Seine Gnade über euch ausgoß, sichtbar und unsichtbar? Und doch streiten einige über Allah – ohne Wissen, ohne Anleitung und ohne erleuchtendes Buch. **21.** Und wenn ihnen gesagt wird: »Folgt dem, was Allah hinabgesandt hat!« – antworten sie: »Nein, wir folgen (lieber) dem, was wir bei unseren Vätern (an Glauben) vorfanden.« Was! Selbst wenn es der Satan wäre, der zur Strafe der Feuersglut einlädt? **22.** Wer aber sein ganzes Wesen Allah hingibt und rechtschaffen handelt, der hat den festesten Halt erfaßt. Und letztendlich führen alle Dinge zu Allah. **23.** Wer aber ungläubig ist, dessen Unglauben bekümmere dich nicht. Zu Uns ist ihre Rückkehr, und Wir wollen ihnen ihr Tun vorhalten. Siehe, Allah kennt das Innerste der Brüste. **24.** Wir lassen sie ein wenig (das Leben) genießen. Dann treiben Wir sie zu harter Strafe. **25.** Und wenn du sie fragst, wer die Himmel und die Erde erschaffen hat, sagen sie gewiß: »Allah.« Sprich: »Alles Lob

gebührt Allah!« Jedoch die meisten wissen es nicht. **26.** Allahs ist alles, was in den Himmeln und auf Erden ist. Siehe, Allah, Er ist der Unabhängige*, der Rühmenswerte. **27.** Und wenn alle Bäume auf Erden Schreibfedern wären und das Meer (Tinte) und das Meer hernach von sieben Meeren nachgefüllt würde: Allahs Worte würden nicht erschöpft! Siehe, Allah ist mächtig und weise. **28.** Die Erschaffung und Wiedererweckung von euch allen ist (für Ihn so leicht) wie die eines einzelnen Wesens. Siehe, Allah ist hörend und sehend.

[414]**29.** Siehst du denn nicht, daß Allah die Nacht auf den Tag folgen läßt und den Tag auf die Nacht und daß Er die Sonne und den Mond dienstbar gemacht hat, so daß jeder bis zu einem bestimmten Termin auf seiner Bahn dahinzieht, und daß Allah alles weiß, was ihr tut? **30.** Dies, weil Allah die Wahrheit ist, so daß alles, was sie neben Ihm anrufen, falsch ist, und weil Allah der Hocherhabene, der Große ist. **31.** Siehst du denn nicht, daß die Schiffe dank Allahs Gnade auf dem Meere dahineilen, um euch etwas von Seinen Zeichen zu zeigen? Darin sind wahrlich Beweise für jeden Standhaften und Dankbaren. **32.** Und wenn Wogen sie gleich Hüllen überdecken, dann rufen sie zu Allah in lauterem Glauben. Hat Er sie jedoch an den Strand gerettet, dann schwanken einige hin und her (zwischen Glauben und Unglauben). Unsere Zeichen bestreiten aber nur die Treulosen und Undankbaren. **33.** O ihr Menschen! Fürchtet eueren Herrn und fürchtet den Tag, an dem der Vater nichts für den Sohn und der Sohn nichts für den Vater leisten kann. Siehe, Allahs Verheißung ist wahr. So laßt euch vom irdischen Leben nicht blenden und täuscht euch nicht selbst über Allah. **34.** Siehe, Allah – bei Ihm ist da Wissen von der Stunde. Er sendet den Regen herab. Und Er weiß, was in den Mutterschößen ist. Niemand (sonst) weiß, was ihm morgen widerfahren wird. Und niemand (sonst) weiß, in welchem Lande er sterben wird. Siehe, Allah ist wissend und (über alles) unterrichtet.

* Auch: Der Reiche, der Selbstgenügsame, der Bedürfnislose (arab.: »al-ghani«).

32 Die Niederwerfung (As-Sadschda)

Geoffenbart zu Mekka

Im Namen Allahs, des Erbarmers, des Barmherzigen!

[415]**1.** A.L.M. **2.** Die Offenbarung des Buches ist ohne Zweifel vom Herrn der Welten.* **3.** Doch sie behaupten: »Er hat es erdichtet!« Nein, es ist die Wahrheit von deinem Herrn, damit du ein Volk warnst, zu dem vor dir kein Warner gekommen war, auf daß sie sich rechtleiten lassen. **4.** Allah ist es, Der die Himmel und die Erde und was zwischen beiden ist in sechs Tagen erschaffen hat. Dann setzte Er sich auf den Thron. Außer Ihm habt ihr weder Beschützer noch Fürsprecher. Wollt ihr es nicht bedenken? **5.** Er lenkt alle Dinge – vom Himmel bis zur Erde. Zu guter Letzt steigt alles zu Ihm empor an einem Tage, dessen Maß tausend Jahre von denen sind, die ihr zählt. **6.** So ist Er, der Kenner des Verborgenen und des Sichtbaren, der Mächtige, der Barmherzige, **7.** Der, Der alle Dinge aufs beste erschaffen hat. Zunächst formte er den Menschen aus Lehm; **8.** Dann bildete Er seine Nachkommen aus dem Tropfen einer verächtlichen wässerigen Flüssigkeit; **9.** Dann formte Er ihn und blies von Seinem Geist in ihn. Und Er gab euch Gehör, Gesicht, Gefühl und Verstand.** Wenig Dank erweist ihr Ihm! **10.** Und sie fragen: »Wenn wir in der Erde verschwunden waren, sollen wir dann wieder neu erschaffen werden?« Nein, sie glauben nicht an die Begegnung mit ihrem Herrn. **11.** Sprich: »Der Engel des Todes, der euch zugeteilt ist, wird euch holen. Dann werdet ihr zu euerem Herrn zurückgebracht.«

[416]**12.** Sähst du dann nur die Sünder, wie sie ihre Köpfe vor ihrem Herrn senken: »O unser Herr! Jetzt haben wir gesehen und gehört. Laß uns zurückkehren, so daß wir das Rechte tun. Siehe, (jetzt) haben wir Gewißheit.« **13.** Und hätten Wir gewollt, hätten Wir jedermann gewiß auf den rechten Weg zwingen können. Jedoch das Wort von Mir wird

* Oder: »Die Offenbarung des Buches, an dem kein Zweifel ist, ist...«

** Mit »Gefühl und Verstand« wird hier das arabische Wort für »Herz« wiedergegeben.

wahr: »Wahrlich, Ich will die Hölle mit lauter Dschinn und Menschen füllen.« **14.** Kostet denn (die Strafe) dafür, daß ihr die Begegnung mit diesem euerem Tag vergessen habt. Fürwahr, jetzt vergessen Wir euch. Kostet denn die ewige Strafe für euer Tun! **15.** Nur diejenigen glauben an Unsere Botschaft, die bei ihrem Vortragen sich in Anbetung n i e d e r w e r f e n und das Lob ihres Herrn verkünden und nicht hochmütig sind. **16.** Sie erheben sich vom Nachtlager, um ihren Herrn in Furcht und Verlangen anzurufen, und spenden von Unseren Gaben. **17.** Niemand weiß, welcher Augentrost für ihn als Belohnung für sein Tun verborgen ist. **18.** Soll etwa der Gläubige dem Gottlosen gleich sein? Sie sind nicht gleich. **19.** Diejenigen, welche glauben und das Rechte tun, werden erholsame Gärten als Wohnung erhalten, als Lohn für ihr Tun. **20.** Was aber die Gottlosen anlangt – ihre Wohnung ist das Feuer. Sooft sie aus ihm herauswollen, werden sie in es zurückgetrieben werden. Und es wird zu ihnen gesprochen werden: »Kostet die Feuerspein, die ihr für Lüge erklärt hattet.«

[417]**21.** Und Wir werden sie gewiß vor der größeren Strafe schon von der Strafe im Diesseits kosten lassen, damit sie umkehren. **22.** Und wer ist ungerechter als der, dem die Botschaft seines Herrn vorgetragen wird, der sich aber dann davon abkehrt? Fürwahr, Wir üben an den Sündern Vergeltung. **23.** Wahrlich, Wir gaben bereits Moses die Schrift – darum sei nicht im Zweifel über die Begegnung mit ihr – und Wir machten sie zu einer Rechtleitung für die Kinder Israels. **24.** Und Wir gaben ihnen Führer aus ihrer Mitte, die sie nach Unserer Anordnung rechtleiteten, nachdem sie sich als standhaft erwiesen und fest an Unsere Botschaft geglaubt hatten. **25.** Dein Herr, Er wird zwischen ihnen am Tag der Auferstehung entscheiden, worüber sie uneins waren. **26.** Lernen sie denn nichts daraus, daß ihnen bekannt ist, wie viele Geschlechter Wir vor ihnen vertilgten, in deren Wohnungen sie jetzt ein- und ausgehen? Darin sind fürwahr Zeichen! Hört ihr denn nicht? **27.** Sehen sie denn nicht, daß Wir das Wasser zum dürren Land treiben und dadurch Korn hervorbringen, von dem ihr Vieh und sie selber sich ernähren? Wollen sie denn nicht einsichtig sein? **28.** Und sie fragen:

»Wann wird diese Entscheidung* getroffen, sofern ihr die Wahrheit sagt?« **29.** Sprich: »Am Tage der Entscheidung wird den Ungläubigen ihr (neuer) Glauben nichts mehr nützen, und sie werden keinen Aufschub erhalten.« **30.** Darum kehre dich von ihnen ab und warte; siehe, sie warten auch.

33 DIE VERBÜNDETEN** (AL-AHZÂB)

Geoffenbart zu Medina

Im Namen Allahs, des Erbarmers, des Barmherzigen!

418 **1.** O Prophet! Fürchte Allah und gehorche nicht den Ungläubigen und den Heuchlern. Allah ist fürwahr wissend, weise. **2.** Und folge dem, was dir von deinem Herrn geoffenbart wird. Allah weiß in der Tat alles, was ihr tut. **3.** Und vertraue auf Allah; Allah genügt als Beschützer. **4.** Allah hat keinem Menschen zwei Herzen in seiner Brust gegeben, noch hat er die Frauen, von denen ihr euch mit der Formel scheidet, sie seien euch ebenso verboten wie der Rücken euerer Mütter, zu eueren Müttern gemacht, noch euere Adoptivsöhne zu eueren leiblichen Söhnen. Das sind (nur) Worte, die ihr im Mund führt. Allah aber spricht die Wahrheit, und Er alleine leitet auf den rechten Weg. **5.** (Die Adoptivkinder:) Nennt sie nach ihren Vätern; dies ist gerechter vor Allah. Wenn ihr jedoch ihre Väter nicht kennt, dann seien sie doch euere Brüder im Glauben und euere Schützlinge. Doch wenn ihr in dieser Hinsicht gefehlt habt, gilt es nicht als Sünde. Auf die Absicht euerer Herzen kommt es vielmehr an. Und Allah ist verzeihend und barmherzig. **6.** Der Prophet steht den Gläubigen näher als sie sich selbst, und seine Gattinnen sind ihre Mütter.*** Und Blutsverwandte sind einander nach dem

* Arab.: »al-fath«, kann auch Sieg, Triumph, Richterspruch bedeuten.

** Diese Sure fällt in das fünfte Jahr nach der Flucht, als Medina von den Mekkanern und ihren Verbündeten belagert war. Der Anfang bezieht sich jedoch auf Muhammads Vermählung mit Zaynab, die in die gleiche Periode fällt.

*** Deshalb durften seine Witwen nicht mehr heiraten.

Buche Allahs näher verwandt* als die Gläubigen und die Ausgewanderten, es sei denn, daß ihr eueren Schützlingen (testamentarisch) Gutes erweisen wollt. Das ist in dem Buch verzeichnet.

[419]**7.** Und als Wir von den Propheten ihre Verpflichtung entgegennahmen, von dir und Noah und Abraham und Moses und Jesus, dem Sohn der Maria, da besiegelten Wir ihr feierliches Gelübde, **8.** Auf daß Er die Wahrhaftigen nach ihrer Aufrichtigkeit befrage. Und für die Ungläubigen hat Er schmerzliche Strafe bereitet. **9.** O ihr, die ihr glaubt! Gedenkt der Gnade Allahs für euch, als Heere gegen euch aufmarschierten und Wir einen Sturmwind und für euch unsichtbare Heerscharen gegen sie entsandten. Und Allah sieht wohl, wie ihr euch verhaltet.**10.** Als sie von oben und von unten über euch herfielen und die Blicke schwankten und die Herzen in die Kehlen stiegen und ihr über Allah unsicher wurdet, **11.** Da wurden die Gläubigen geprüft und äußerst schwer erschüttert. **12.** Und als die Heuchler und jene, in deren Herzen Krankheit war, sagten: »Allah und Sein Gesandter haben uns nur trügerische Versprechungen gemacht.« **13.** Und als eine Anzahl von ihnen sagte: »Ihr Leute von Jathrib,** hier könnt ihr nicht standhalten, kehrt zurück!« Und ein Teil von ihnen bat den Propheten um Erlaubnis (heimzukehren), wobei sie sagten: »Unsere Häuser sind ja schutzlos!« Doch sie waren nicht schutzlos. Vielmehr wollten sie nur fliehen. **14.** Und wäre die Stadt erobert worden, und wären sie (dann) zur Abtrünnigkeit aufgefordert worden, wären sie ohne langes Zögern (vom Islam) abgefallen. **15.** Dabei hatten sie sich zuvor Allah verpflichtet, sich nicht zur Flucht umzudrehen. Und über diese Verpflichtung gegenüber Allah muß Rechenschaft abgelegt werden.

[420]**16.** Sprich: »Auch wenn ihr vor dem Tod oder Massaker geflohen wärt, nimmermehr nützte euch die Flucht! Ihr würdet euch doch nur noch kurze Zeit des Lebens erfreuen.« **17.** Sprich: »Wer ist da, der euch

* Im erbrechtlichen Sinne. Die Bruderschaft bzw. Schwesternschaft aller Muslime untereinander wird hiervon nicht berührt; vgl. 8: 73.

** Der ursprüngliche Name von Medina.

vor Allah abschirmen könnte, wenn Er euch strafen oder wenn Er euch Barmherzigkeit erweisen wollte?« Außer Allah finden sie für sich weder Beschützer noch Helfer. **18.** Allah kennt die unter euch, welche (den Kampf) behindern, und diejenigen, welche (zwar) zu ihren Brüdern sprechen: »Kommt (zum Kämpfen) her zu uns!«, aber selbst nur wenig Kampfesmut zeigen **19.** In ihrem Geiz gegen euch. Wenn sie Angst bekommen, siehst du, wie sie dich mit oszillierenden Augen anschauen, wie einer, der aus Todesfurcht ohnmächtig wird. Ist aber die Furcht vergangen, dann empfangen sie euch mit scharfen Zungen, habgierig nach dem besten (Anteil an der Beute). Diese haben keinen Glauben! Darum wird Allah ihre Werke zunichte machen, und dies ist Allah leicht. **20.** Sie glauben, daß die V e r b ü n d e t e n noch nicht abgezogen seien. Kämen die Verbündeten (wieder), würden sie lieber bei den Arabern in der Wüste sein und von dort aus Nachrichten über euch einholen. Wären sie aber bei euch gewesen, hätten sie nur wenig gekämpft. **21.** In dem Gesandten Allahs habt ihr wirklich ein schönes Beispiel für jeden, der auf Allah und den Jüngsten Tag hofft und oft Allahs gedenkt. **22.** Als die Gläubigen die Verbündeten sahen, sagten sie: »Dies ist das, was uns Allah und Sein Gesandter verheißen hat*; Allah und Sein Gesandter haben die Wahrheit gesagt.« Und dies bestärkte sie nur in ihrem Glauben und in ihrer völligen Hingabe.

[421]**23.** Unter den Gläubigen waren Männer, welche wahrmachten, was sie Allah gelobt hatten. Einige von ihnen erfüllten ihr Gelübde**, und andere warten noch darauf, unverändert (in ihrem Beschluß), **24.** Damit Allah die Aufrichtigen für ihre Wahrhaftigkeit belohnt und die Heuchler bestraft, wenn Er es will, oder Sich gnädig ihnen wieder zuwendet. Siehe, Allah ist verzeihend und barmherzig. **25.** Und Allah trieb die Ungläubigen in ihrer Wut zurück. Sie erlangten keinen Vorteil. Und Allah verschonte die Gläubigen von weiterem Kampf. Und Allah ist stark und mächtig. **26.** Und Er brachte diejenigen vom Volke der

* Als Märtyrer in das Paradies einzugehen.

** Ihr Leben hinzugeben.

Schrift,★ die ihnen★★ halfen, aus ihren Kastellen herunter und warf Schrecken in ihre Herzen. Einen Teil von ihnen habt ihr getötet, und einen Teil habt ihr gefangengenommen. **27.** Und Er gab euch ihr Land und ihre Häuser und ihren Besitz zum Erbe – ein Land, das ihr nie betreten hattet. Und Allah hat Macht über alle Dinge. **28.** O Prophet! Sprich zu deinen Frauen: »Falls ihr das irdische Leben mit seinen Reizen begehrt, dann kommt; ich will euch ausstatten und dann in Frieden gehen lassen. **29.** Wenn ihr aber Allah und Seinen Gesandten und die jenseitige Wohnung begehrt, dann hat Allah für die Gutgesinnten unter euch herrlichen Lohn bereitet.« **30.** O Frauen des Propheten! Wenn eine von euch sich offenkundig unanständig verhält, wird ihre Strafe verdoppelt werden. Und dies ist Allah ein leichtes.

[422]**31.** Wer von euch jedoch Allah und Seinem Gesandten gehorcht und rechtschaffen handelt, der geben Wir doppelten Lohn, und Wir haben für sie eine edle Versorgung bereitet. **32.** O Frauen des Propheten! Ihr seid nicht wie irgendeine von den Frauen. Wenn ihr gottesfürchtig seid, dann zeigt euch nicht zu gefällig im Reden, sondern sprecht geziemend, damit der, in dessen Herz Krankheit ist, keine Erwartungen hegt. **33.** Und haltet euch zu Hause auf. Und stellt euch nicht zur Schau wie in der früheren Zeit der Unwissenheit. Und verrichtet das Gebet. Und entrichtet die Steuer. Und gehorcht Allah und Seinem Gesandten. Siehe, Allah will euch von jedem Übel bewahren, o Leute des Hauses, und euch völlig reinhalten.★★★ **34.** Und bewahrt im Gedächtnis, was von den Versen Allahs und an Weisheit in eueren Häusern vorgetragen wird. Siehe, Allah ist milde und wohlunterrichtet. **35.** Wahrlich, die muslimischen Männer und die muslimischen Frauen, die gläubigen Männer und die gläubigen Frauen, die gehorsamen Männer und die gehorsamen Frauen, die wahrhaftigen Männer und die wahrhaftigen

★ Die Juden vom Stamm Qurayza.

★★ Den Verbündeten.

★★★ Dieser Vers ist Grundlage für die Hochachtung vor Nachkommen des Propheten, den sogenannten Scharifen.

Frauen, die standhaften Männer und die standhaften Frauen, die demütigen Männer und die demütigen Frauen, die Almosen spendenden Männer und die Almosen spendenden Frauen, die fastenden Männer und die fastenden Frauen, die ihre Keuschheit wahrenden Männer und die ihre Keuschheit wahrenden Frauen, die Allahs häufig gedenkenden Männer und gedenkenden Frauen – Allah hat für sie Vergebung und großen Lohn vorgesehen.

[423]**36.** Wenn Allah und Sein Gesandter eine Sache entschieden haben, geziemt es einem gläubigen Mann oder einer gläubigen Frau nicht, in ihren Angelegenheiten eine andere Wahl zu treffen. Und wer gegen Allah und Seinen Gesandten aufsässig wird, der ist in offenkundigem Irrtum. **37.** Und (gedenke), als du zu dem sprachst, dem Allah Gnade erwiesen hatte und auch du:* »Behalte deine Gattin für dich und fürchte Allah.« Du verbargst in deiner Seele, was Allah doch offenkundig machen würde, und fürchtetest die Menschen, wo Allah doch mehr verdient, gefürchtet zu werden. Und als Zayd seine Bindung mit ihr gelöst hatte, verheirateten Wir dich mit ihr,** damit es für die Gläubigen keine Sünde (mehr) sei, die Gattinnen angenommener Söhne zu heiraten, wenn sie die Ehe mit ihnen beendet haben. Und Allahs Befehl ist zu befolgen. **38.** Was Allah für ihn angeordnet hat, ist für den Propheten ohne Tadel. Entsprechend verfuhr Allah mit denen, die vor euch hingingen – Allahs Befehl ist ein fester Beschluß –, **39.** Jene, welche Allahs Botschaft ausrichteten und Ihn fürchteten und niemand fürchteten außer Allah. Und niemand hält Abrechnung wie Allah. **40.** Muhammad ist nicht der Vater eines euerer Männer, sondern Allahs Gesandter und das Siegel*** der Propheten. Und Allah kennt alle Dinge. **41.** O ihr Gläubigen! Gedenkt Allahs in häufigem Gedenken **42.** Und preist Ihn morgens und abends. **43.** Er ist es, der euch segnet – und auch Seine Engel –, um euch

* Zayd b. Haritha ist gemeint; die Gnade Allahs bestand darin, daß er Muslim wurde, die Gnade Muhammads, daß er ihn in Pflege nahm.

** Zaynab.

*** D.h. der letzte der Propheten (al-khatam).

aus der tiefsten Finsternis zum Licht zu führen. Und Er ist zu den Gläubigen barmherzig.

[424]**44.** Ihr Gruß an dem Tage, an dem sie Ihm begegnen werden, wird »Frieden!« sein. Und Er hat für sie einen ehrenvollen Lohn bereitet. **45.** O Prophet! Wir haben dich entsandt als Zeugen, Freudenboten und Warner **46.** Und als einen, der mit Seiner Erlaubnis zu Allah einlädt, und als ein leuchtendes Licht. **47.** So verkünde den Gläubigen, daß für sie von Allah große Gnade bestimmt ist. **48.** Und gehorche nicht den Ungläubigen und den Heuchlern, und beachte nicht, was sie dir antun, sondern vertraue auf Allah. Und Allah genügt als Beschützer. **49.** O ihr, die glaubt! Wenn ihr gläubige Frauen heiratet, euch aber von ihnen scheidet, bevor ihr sie berührt habt, dürft ihr ihnen keine Wartezeit vorschreiben. Doch versorgt sie und entlaßt sie in Frieden. **50.** O Prophet! Wir erlaubten dir deine Gattinnen, denen du ihre Brautgabe gegeben hast, und jene, die du von Rechts wegen besitzt von denen, die dir Allah (als Kriegsgefangene) gab, und die Töchter deiner Vaterbrüder und deiner Vaterschwestern sowie die Töchter deiner Mutterbrüder und deiner Mutterschwester, die mit dir auswanderten, und jede gläubige Frau, die sich dem Propheten schenkt, sofern der Prophet sie zu heiraten wünscht: ein besonderes Privileg für dich, nicht für andere Gläubige. Wir wissen wohl, was Wir für sie verordneten bezüglich ihrer Gattinnen und jener, die sie von Rechts wegen besitzen. (All dies,) damit du keinem Tadel ausgesetzt bist. Und Allah ist verzeihend und barmherzig.

[425]**51.** Du kannst auf später verlegen, welche von ihnen du willst, und zu dir nehmen, welche du willst. Und wenn du von jenen, die du hast warten lassen, wieder eine zu dir nehmen willst, soll es keine Sünde für dich sein. Dies dient dazu, ihre Augen zu erfreuen, und daß sie sich keine Sorgen machen und zufrieden mit dem sind, was du einer jeden von ihnen gewährst. Und Allah weiß, was in eueren Herzen ist – und Allah ist wissend und nachsichtig. **52.** Dir sind ab jetzt keine weiteren Ehefrauen mehr erlaubt, noch darfst du für sie andere Gattinnen eintauschen, auch wenn dir ihre Schönheit gefällt, abgesehen von jenen, die du von Rechts wegen besitzt. Und Allah wacht über alle Dinge. **53.** O

ihr, die ihr glaubt! Tretet nicht in die Gemächer des Propheten ein, sofern ihr nicht eingeladen seid für ein Mahl. Doch kommt nicht (zu früh), um auf seine Zubereitung zu warten. Wenn ihr jedoch dazu aufgefordert werdet, dann tretet ein. Und wenn ihr gespeist habt, geht auseinander, statt euch in Unterhaltung zu verlieren. Siehe, dies würde dem Propheten Verdruß bereiten, aber er könnte zu scheu sein, (zum Gehen aufzufordern). Allah aber scheut die Wahrheit nicht. Und wenn ihr sie* um einen Gegenstand bittet, bittet sie von hinter einem Vorhang.** Solches ist reiner für euere und ihre Herzen. Und es geziemt euch nicht, dem Gesandten Allahs Verdruß zu bereiten, noch nach ihm je seine Witwen zu heiraten. Siehe, solches wäre bei Allah eine ungeheuerliche Sache. **54.** Ob ihr etwas an den Tag bringt oder es verbergt, siehe, Allah, kennt alle Dinge.

[426]**55.** Kein Tadel trifft sie, wenn sie sich ihren Vätern oder ihren Söhnen oder ihren Brüdern oder den Söhnen ihrer Brüder oder den Söhnen ihrer Schwestern oder ihren Frauen oder denen, die sie von Rechts wegen besitzen, zeigen. Und fürchtet Allah. Siehe, Allah ist Zeuge aller Dinge. **56.** Siehe, Allah und Seine Engel segnen den Propheten. O ihr, die ihr glaubt! Sprecht den Segenswunsch für ihn und begrüßt ihn mit dem Friedensgruß. **57.** Siehe, diejenigen, welche Allah und Seinem Gesandten Leid zufügen, verfluchen wird sie Allah in dieser Welt und im Jenseits, und für sie hat Er eine schmähliche Strafe bereitet. **58.** Und diejenigen, welche den gläubigen Männern und Frauen unverdienterweise Leid zufügen, haben die Schuld der Verleumdung und (damit) eine offenkundige Sünde zu tragen. **59.** O Prophet! Sage deinen Frauen und deinen Töchtern und den Frauen der Gläubigen, daß sie etwas von ihrem Übergewand über sich ziehen sollen. So werden sie

* Seine Frauen.

** Sogenannte »ayat al-hidschab« (Schleiervers). Obwohl sie nur die Frauen des Propheten anspricht und eine Trennung von privaten und offiziellen Räumen anordnet, wurde sie zur Grundlage der Verschleierung, auch des Gesichts, mancher muslimischen Frau.

eher erkannt* und (daher) nicht belästigt. Und Allah ist verzeihend, barmherzig. **60.** Wahrlich, wenn die Heuchler und diejenigen, in deren Herzen Krankheit ist, und die Aufwiegler in Medina nicht aufhören, so werden Wir dich veranlassen, gegen sie vorzugehen. Dann werden sie dort nur noch für kurze Zeit deine Nachbarn sein. **61.** Verflucht sind sie! Wo immer sie gefunden werden, sollen sie ergriffen und allesamt hingerichtet werden. **62.** Das war Allahs Vorgehen gegen die, welche zuvor hingingen, und in Allahs Vorgehen findest du niemals einen Wandel.

[427]**63.** Die Menschen werden dich nach der Stunde fragen. Sprich: »Das Wissen davon ist allein bei Allah.« Wie kannst du also wissen, ob die Stunde nicht vielleicht nahe ist? **64.** Gewiß, Allah hat die Ungläubigen verflucht und ein Feuer für sie bereitet. **65.** Ewig und auf immer werden sie darin bleiben und dort weder Beschützer noch Helfer finden. **66.** Am Tage, an dem ihre Gesichter im Feuer gewendet werden, werden sie sagen: »O wenn wir doch Allah gehorcht hätten und dem Gesandten!« **67.** Dann werden sie sagen: »O unser Herr! Wir gehorchten tatsächlich unseren Herrschern und Großen, und sie führten uns vom Weg ab. **68.** O unser Herr! Gib ihnen die doppelte Strafe und verfluche sie mit einem großen Fluch!« **69.** O ihr, die ihr glaubt! Seid nicht wie jene, welche Moses ein Leid zufügten. Allah sprach ihn von dem frei, was sie ihm vorwarfen, und er war bei Allah hochgeachtet. **70.** O ihr, die ihr glaubt! Fürchtet Allah und seid beim Sprechen stets aufrichtig, **71.** Damit Er euch euere Werke gedeihen läßt und euch euere Sünden vergibt. Und wer Allah und Seinem Gesandten gehorcht, erlangt hohes Glück. **72.** Siehe, Wir boten die Verantwortung** den Himmeln und der Erde und den Bergen an, doch weigerten sie sich, sie zu tragen, und schreckten davor zurück. Der Mensch lud sie sich jedoch auf; denn er überschätzt sich und ist eingebildet. **73.** Allah wird die Heuchler und Heuchlerinnen und die Götzendiener und Götzendienerinnen bestra-

* Als anständige Frauen.

** Für Ausübung von freiem Willen und Vernunft (arab.: »amana«).

fen und sich den gläubigen Männern und gläubigen Frauen zuwenden. Und Allah ist verzeihend und barmherzig.

34 Die Sabäer (Sabâ')*

Geoffenbart zu Mekka

Im Namen Allahs, des Erbarmers, des Barmherzigen!

[428]**1.** Alles Lob gebührt Allah, Dem alles gehört, was in den Himmeln und was auf Erden ist. Ihm wird auch alles Lob im Jenseits gehören. Er ist der Weise, der Kundige. **2.** Er weiß, was in die Erde dringt und was daraus hervorkommt und was vom Himmel herabkommt und zu ihm aufsteigt. Und Er ist der Barmherzige, der Verzeihende. **3.** Und die Ungläubigen sagen: »Die Stunde trifft bei uns niemals ein.« Sprich: »Aber doch! Fürwahr, bei meinem Herrn, sie wird bei euch eintreffen. Dem, Der das Verborgene kennt, entgeht nicht das Gewicht eines Stäubchens in den Himmeln und auf Erden, noch gibt es etwas Kleineres oder Größeres als das, das nicht in einem offenkundigen Buch stünde: **4.** Damit Er diejenigen belohne, welche glauben und das Rechte tun. Für sie ist Verzeihung und eine ehrenhafte Versorgung bestimmt. **5.** Diejenigen aber, welche sich bemühen, Unsere Beweise zu entkräften, werden eine Strafe voll schmerzlicher Pein erleiden. **6.** Doch die, denen das Wissen gegeben wurde, sehen, daß das, was zu dir von deinem Herrn herabgesandt wurde, die Wahrheit ist und auf den Weg des Mächtigen und Rühmenswerten leitet. **7.** Und die Ungläubigen sagen: »Sollen wir euch einen Mann zeigen, der euch ankündigt, daß ihr in einer neuen Schöpfung (wieder-)erstehen werdet, auch wenn ihr kurz und klein gestückelt zerstreut worden sein solltet?

[429]**8.** Hat er Falsches über Allah erdichtet, oder ist er vom Wahn besessen?« Doch diejenigen, welche nicht an das Jenseits glauben, sind der Strafe verfallen und in tiefem Irrtum. **9.** Sehen sie denn nicht, wie wenig vom Himmel und der Erde offen vor ihnen liegt und wieviel hinter

* Saba' war der Name einer antiken Hauptstadt im heutigen Jemen.

ihnen verborgen ist? Wenn Wir wollten, ließen Wir sie in die Erde versinken oder ein Stück vom Himmel auf sie herabfallen. Darin ist fürwahr ein Zeichen für alle reuevollen Diener. **10.** Und Wir begnadeten bereits David: »O ihr Berge! Lobpreiset (Allah) mit ihm, und auch ihr Vögel!« Und Wir machten das Eisen für ihn formbar. **11.** »Mache Panzerhemden und füge die Maschen gehörig ineinander! Und tut Gutes. Ich sehe ja alles, was ihr tut.« **12.** Und Salomo (unterwarfen Wir) den Wind. Sein Morgen war ein Monat und sein Abend ein Monat.* Und Wir ließen eine Quelle von geschmolzenem Erz für ihn fließen. Und von den Dschinn arbeiteten einige unter ihm, mit Erlaubnis seines Herrn. Wer aber von ihnen von Unserem Befehl abgewichen wäre, den hätten Wir die Strafe der Flamme erleben lassen. **13.** Sie fertigten für ihn, was er wollte: Paläste, Bildwerke, Schüsseln wie Wassertröge sowie feststehende Kessel. »Arbeitet in Dankbarkeit, o ihr vom Hause Davids! Wenige Meiner Diener sind ja dankbar.« **14.** Und als Wir seinen Tod beschlossen hatten, zeigte ihnen nichts seinen Tod an außer einem Wurm, welcher seinen Stab zerfraß. Als er aber stürzte, erkannten die Dschinn, daß sie nicht (so lange) hätten schmählich dienstbar bleiben müssen, wenn sie das Verborgene gekannt hätten.

430 **15.** Wahrlich den S a b ä e r n hätte (schon) ihr Wohngebiet ein Zeichen sein sollen: Zwei Gärten, zur Rechten und zur Linken. »Eßt von der Gabe eueres Herrn und dankt Ihm! Ein gutes Land und ein nachsichtiger Herr!« **16.** Sie aber wandten sich ab. Da sandten Wir über sie die Flut des Dammbruchs** und verwandelten ihre beiden Gärten in zwei Gärten mit bitteren Früchten und Tamarisken und ein paar Lotosbäumen. **17.** Dies war Unser Lohn für ihren Unglauben. Und so bestrafen Wir nur die Undankbaren. **18.** Und Wir legten zwischen ihnen und den Städten, die Wir gesegnet hatten, (Etappen-)Städte in Sicht-

* D.h., der Wind legte am Morgen und am Abend den Weg eines Monats Reise zurück.

** Der Damm von Ma`rib im heutigen Jemen barst erstmals im zweiten christlichen Jahrhundert.

weite an und maßen den Reiseweg zwischen ihnen aus: »Reist zwischen ihnen in Sicherheit, bei Nacht und bei Tag.« **19.** Da sagten sie: »O unser Herr! Mache die Stationen unserer Reise weit auseinander.« So sündigten sie wider sich selbst. Darum machten Wir sie zu einem Gegenstand von Erzählungen und zerstreuten sie völlig. Darin sind fürwahr Zeichen für alle Standhaften und Dankbaren. **20.** So fand Iblis seine Meinung von ihnen bestätigt; sie folgten ihm alle, mit Ausnahme eines Teils der Gläubigen. **21.** Doch er hatte keine Macht über sie. Wir wollten nur unterscheiden, wer an das Jenseits glaubt und wer darüber in Zweifel ist. Und Dein Herr wacht über alle Dinge. **22.** Sprich:* »Ruft diejenigen an, die ihr neben Allah annehmt. Sie haben noch nicht einmal Macht über das Gewicht eines Stäubchens in den Himmeln und auf Erden, noch haben sie Anteil an einem von beiden, noch hat Er unter ihnen einen Helfer.«

[431]**23.** Auch nützt Fürbitte bei Ihm nichts, außer wenn Er es erlaubt. Wenn dann der (erste) Schrecken aus ihren Herzen gewichen ist, werden sie daher (nur) fragen: »Was hat euer Herr gesagt?« Sie werden antworten: »Die Wahrheit!« Und Er ist der Erhabene, der Große. **24.** Sprich: »Wer versorgt euch aus den Himmeln und der Erde?« Sprich: »Allah! Und siehe, entweder wir sind rechtgeleitet oder in offenkundigem Irrtum, oder ihr seid es.« **25.** Sprich: »Ihr werdet nicht nach unseren Sünden befragt werden, noch werden wir nach euerem Tun befragt werden.« **26.** Sprich: »Unser Herr wird uns zusammenbringen. Dann wird Er in Wahrheit zwischen uns richten. Und Er ist der Richter, der Wissende.« **27.** Sprich: »Zeigt mir jene, die ihr Ihm als Gefährten hinzugefügt habt. Doch nein! Er (allein) ist Allah, der Mächtige, der Weise.« **28.** Doch Wir haben dich zur gesamten Menschheit nur als einen Freudenboten und Warner entsandt. Jedoch verstehen es die meisten Menschen nicht. **29.** Und sie fragen: »Wann wird diese Drohung wirklich, sofern ihr die Wahrheit sagt?« **30.** Sprich: »Für euch ist ein Tag festgesetzt, den ihr um keine Stunde verzögern oder beschleunigen

* Hier wendet sich Muhammad wieder an die Mekkaner.

könnt.« **31.** Doch die Ungläubigen sagen: »Niemals glauben wir an diesen Koran noch an das ihm Vorausgegangene!« Würdest du doch nur die Ungerechten sehen, wie sie, vor ihren Herrn gestellt, untereinander Vorwürfe wechseln. Die als schwach Geltenden werden dann zu den sich groß Dünkenden sagen: »Wärt ihr nicht gewesen, hätten wir geglaubt!«

[432]**32.** Dann werden die sich groß Dünkenden zu den als schwach Geltenden sagen: »Waren wir es etwa, die euch vom rechten Weg abhielten, nachdem ihr rechtgeleitet worden wart? Nein, ihr wart selber schuld.« **33.** Da werden die Schwachen den Hochmütigen antworten: »Nein, ihr habt uns bei Tag und Nacht dazu bringen wollen, nicht an Allah zu glauben und Ihm Seinesgleichen zur Seite zu stellen.« Und sie werden Reue bezeugen, nachdem sie die Strafe gesehen haben. Doch Wir werden Fesseln um die Nacken der Ungläubigen legen. Sollen sie etwa anders als nach ihrem Verhalten behandelt werden? **34.** Niemals entsandten Wir zu einer Stadt einen Warner, ohne daß die Wohlhabenden dort gesagt hätten: »Wir glauben keineswegs an euere Sendung« **35.** Und gesagt hätten: »Wir sind reicher (als ihr) an Vermögen und Kindern und haben keine Bestrafung zu erwarten.« **36.** Sprich: »Siehe, mein Herr gibt Versorgung, reichlich oder bemessen, wem Er will. Doch die meisten Menschen verstehen es nicht.« **37.** Und es ist weder euer Vermögen, noch sind es euere Kinder, was euch Uns nahebringt. Nur diejenigen, welche glauben und das Rechte tun, sollen vielfachen Lohn für das erhalten, was sie bewirkt haben, und in Sicherheit in den hohen Gemächern (des Paradieses) wohnen. **38.** Diejenigen aber, welche sich bemühen, Unsere Beweise zu entkräften, sollen der Strafe überantwortet werden. **39.** Sprich: »Siehe, mein Herr versorgt von Seinen Dienern, wen Er will, im Überfluß oder in Maßen, und was ihr spendet, wird Er euch ersetzen. Und Er ist der beste Versorger.«

[433]**40.** Und eines Tages wird Er euch allesamt versammeln. Dann wird Er die Engel fragen: »Verehrten diese da etwa euch?« **41.** Sie werden antworten: »Preis sei Dir! Du bist uns nahe, nicht sie. Sie aber verehrten

Dschinn. Ja, die meisten von ihnen glaubten an sie.«* **42.** Aber an diesem Tage kann niemand dem anderen nützen oder schaden. Und Wir werden zu den Frevlern sprechen: »Kostet die Strafe des Feuers, die ihr für Lüge erklärt hattet.« **43.** Und wenn ihnen Unsere deutlichen Verse vorgetragen werden, sagen sie: »Dies ist weiter nichts als ein Mann, der euch von dem abbringen will, was euere Väter verehrten.« Auch sagen sie: »Dies ist nichts als ein erdichtetes Lügengespinst!« Die Ungläubigen sagen sogar über die Wahrheit, wenn sie zu ihnen kommt: »Dies ist nichts als offenkundige Zauberei!« **44.** Doch Wir hatten ihnen bisher keine Bücher zum Studieren gegeben und keinen Warner vor dir zu ihnen entsandt. **45.** Der Lüge bezichtigten es aber auch die, welche vor ihnen lebten, wobei sie** nicht der zehnte Teil dessen erreichte, was wir ihnen gegeben haben. Und so bezichtigten sie Meine Gesandten der Lüge! Wie war aber dann Meine Zurückweisung! **46.** Sprich: »Fürwahr, ich ermahne euch nur zu einem: daß ihr vor Allah hintretet, zu zweit oder einzeln, und dabei denkt, daß euer Gefährte kein Besessener ist. Er ist weiter nichts als euer Warner vor einer strengen Strafe.« **47.** Sprich. »Ich verlange keine Belohnung von euch. Sie ist für euch. Mein Lohn ist allein bei Allah. Und Er ist Zeuge aller Dinge.« **48.** Sprich: »Siehe, mein Herr schleudert die Wahrheit (gegen die Unwissenheit) – Er, Der um das Verborgene weiß.«

[434]**49.** Sprich: »Gekommen ist die Wahrheit! Und das Falsche kann weder etwas erschaffen noch wiedererstehen lassen.« **50.** Sprich: »Wenn ich irre, so irre nur ich selbst. Wenn ich aber rechtgeleitet bin, so ist es dem zu verdanken, was mein Herr mir geoffenbart hat. Siehe, Er ist hörend, nahe.« **51.** Wenn du nur sehen könntest, wenn sie zittern und kein Entrinnen finden und aus nächster Nähe erfaßt werden. **52.** Da werden sie sprechen: »Wir glauben (jetzt) daran!« Wie aber können sie (zum Glauben) kommen an einem (so) fernen Ort,*** **53.** Wo sie doch

* Gemeint ist der Aberglaube an »übernatürliche Kräfte«, auch an Wahrsager, Medien, Sternbilder und Gurus jeder Art.

** Die Mekkaner.

*** Das Jenseits, gesehen vom Diesseits; hier ist es für die Tugend des Glaubens zu spät, weil alles offenliegt.

zuvor ungläubig waren und von fernem Ort* aus über das Verborgene
nur mutmaßten? **54.** So werden sie von dem, was sie ersehnen, getrennt
werden, so wie es zuvor mit ihresgleichen geschah. Sie waren ja (auch) in
allertiefstem Zweifel.

35 DER SCHÖPFER (AL-FÂTIR)

Geoffenbart zu Mekka

Im Namen Allahs, des Erbarmers, des Barmherzigen!

1. Alles Lob gebührt Allah, dem S c h ö p f e r der Himmel und der
Erde, Der die Engel zu Boten macht, versehen mit Flügeln, je zwei, drei
oder vier. Er fügt der Schöpfung hinzu, was Er will. Allah hat wahrlich
Macht über alle Dinge. **2.** Was Allah den Menschen an Barmherzigkeit
gewährt, kann niemand zurückhalten. Und was Er zurückhält, kann nie-
mand Ihm zum Trotz gewähren; Er ist fürwahr der Mächtige, der Weise.
3. O ihr Menschen! Gedenkt der Gnade Allahs euch gegenüber. Gibt es
einen Schöpfer außer Allah, der euch vom Himmel und der Erde ver-
sorgte? Es gibt keinen Gott außer Ihm. Wie könnt ihr euch da abwenden
lassen?

[435]**4.** Und wenn sie aus dir einen Lügner machen, so wurden Ge-
sandte schon vor dir der Lüge bezichtigt. Und vor Allah werden alle An-
gelegenheiten zurückgebracht. **5.** O ihr Menschen! Allahs Verheißung
ist gewiß wahr. Daher laßt euch nicht vom irdischen Leben täuschen
und betrügt euch nicht selbst über Allah. **6.** Satan ist wirklich euer
Feind. So betrachtet ihn auch als Feind. Er lädt ja seine Anhänger dazu
ein, Gefährten der Feuersglut zu werden. **7.** Die Ungläubigen – eine
strenge Strafe trifft sie. Diejenigen aber, welche glauben und Gutes tun –
ihnen wird Verzeihung und großer Lohn gewährt. **8.** Ist etwa der, dessen
böse Handlungen ihn so verlocken, daß er sie für gut ansieht, (rechtge-
leitet)? Fürwahr, Allah läßt irregehen, wen Er will, und leitet recht, wen
Er will. Verliere dich daher nicht in Seufzern für sie. Siehe, Allah weiß

* Das Diesseits, gesehen vom Jenseits.

wohl, was sie tun. **9.** Und Allah ist es, Der die Winde entsendet, so daß Wolken aufziehen. Dann treiben Wir sie zu einem leblosen Land und machen die Erde damit lebendig, nachdem sie wie tot war. So wird auch die Auferstehung sein! **10.** Wer Macht und Ehre* anstrebt: Allahs ist alle Macht und Ehre! Zu Ihm steigt jedes gute Wort empor, und auch die rechtschaffene Tat läßt Er zu Sich aufsteigen. Diejenigen jedoch, welche Böses planen, haben strenge Strafe zu erwarten, und ihre Pläne werden vereitelt. **11.** Und Allah hat euch aus Staub erschaffen, dann aus einem Samentropfen; dann machte Er euch zu zwei Geschlechtern. Und keine Frau wird schwanger oder kommt nieder ohne Sein Wissen. Und kein Betagter wird älter oder weniger alt, ohne daß es in einem Buch festgelegt wäre. Siehe, all dies ist Allah ein leichtes.

[436]**12.** Und die beiden großen Gewässer sind nicht gleich. Das eine ist süß, frisch und angenehm zu trinken, und das andere ist salzig und bitter. Aus beiden eßt ihr jedoch frisches Fleisch und holt Schmucksachen, die ihr tragt. Und du siehst Schiffe beide durchpflügen, in euerem Trachten nach Seinen Wohltaten. Vielleicht seid ihr dafür dankbar. **13.** Er läßt die Nacht in den Tag übergehen und den Tag in die Nacht übergehen. Und Er hat die Sonne und den Mond dienstbar gemacht. Jedes (Gestirn) läuft für eine bestimmte Frist auf seiner Bahn. So ist Allah, euer Herr! Sein ist das Reich. Diejenigen aber, die ihr außer Ihm anruft, haben nicht einmal Macht über das Häutchen eines Dattelkerns. **14.** Wenn ihr sie anruft, hören sie eueren Ruf nicht. Selbst wenn sie euch hören könnten, würden sie nicht antworten. Und am Tage der Auferstehung werden sie leugnen, daß ihr sie zu Gefährten (Allahs) gemacht hattet. Und niemand kann dich so unterrichten wie der über alles Unterrichtete. **15.** O ihr Menschen! Ihr seid als Bedürftige auf Allah angewiesen. Doch Allah ist der Bedürfnislose, der Preiswürdige. **16.** Wenn Er will, nimmt Er euch fort und bringt eine neue Schöpfung hervor. **17.** Und das fällt Allah keineswegs schwer. **18.** Und keine beladene (Seele) trägt die Last einer anderen. Selbst wenn eine schwerbeladene

* Beides ist in dem arabischen Begriff »al- 'izza« enthalten.

wegen ihrer Last um Hilfe ruft, soll nichts davon getragen werden, auch nicht von einem Verwandten.* Du kannst tatsächlich nur diejenigen warnen, welche ihren Herrn (auch) im verborgenen fürchten und das Gebet verrichten. Auch wer sich reinigt, reinigt sich nur zu seinem eigenen Besten. Und zu Allah ist die Heimkehr.

[437]**19.** Und der Blinde ist dem Sehenden nicht gleich, **20.** Noch sind es Finsternis und Licht, **21.** Noch Schatten und Gluthitze, **22.** Und ebensowenig sind Lebendige und Tote einander gleich. Siehe, Allah macht hörend, wen Er will. Doch du kannst die in den Gräbern nicht hörend machen. **23.** Du bist fürwahr nur ein Warner. **24.** Wir entsandten dich gewiß mit der Wahrheit als einen Übermittler froher Botschaft und als Warner. Es gibt ja kein Volk, unter dem kein Warner gelebt hätte. **25.** Und wenn sie dich als Lügner behandeln, so bezichtigten schon diejenigen, die vor ihnen lebten, ihre Gesandten der Lüge, wenn sie mit deutlichen Beweisen, göttlichen Schriften und dem Buch der Erleuchtung zu ihnen gekommen waren. **26.** Dann erfaßte Ich die Ungläubigen. Und wie (schrecklich) war doch meine Zurechtweisung! **27.** Siehst du nicht, daß Allah vom Himmel Wasser herabsendet? Damit holen Wir Früchte von mannigfacher Farbe hervor. Und in den Bergen finden sich weiße und rote Gesteinsschichten in unterschiedlicher Schattierung und rabenschwarze. **28.** (Es gibt) auch Menschen, Tiere und Vieh von unterschiedlicher Farbe. Aber nur die Wissenden unter Seinen Dienern fürchten Allah. Allah ist fürwahr mächtig, verzeihend. **29.** Diejenigen, welche Allahs Buch vortragen und das Gebet verrichten und von dem, womit Wir sie versorgten, im Verborgenen und öffentlich spenden, rechnen mit einem Handel, der bestimmt nicht mißlingen wird; **30.** Denn Er gibt ihnen vollen Lohn und fügt ihnen aus Seiner Huld noch hinzu. Er ist fürwahr verzeihend, erkenntlich.

[438]**31.** Und was Wir dir von dem Buche offenbart haben, ist die Wahrheit, eine Bestätigung des ihm Vorausgegangenen. Fürwahr, Allah

* Ablehnung der Doktrin einer Erbsünde; gleichzeitig Ablehnung der Vorstellung von einer Erlösung durch den Opfertod eines anderen.

kennt und durchschaut Seine Diener. **32.** Dann gaben Wir das Buch denen Unserer Diener zum Erbe, die Wir erwählt hatten. Doch einige von ihnen sündigen wider sich selber, andere halten die Mitte ein, und wieder andere wetteifern mit Allahs Erlaubnis im Guten. Das ist das größte Verdienst! **33.** In die Gärten von Eden werden sie eintreten. Dort werden sie geschmückt sein mit Armbändern aus Gold und Perlen, und ihre Kleider dort sind aus Seide. **34.** Und sie werden rufen: »Alles Lob gebührt Allah, der allen Kummer von uns genommen hat! Unser Herr ist tatsächlich verzeihend und erkenntlich; **35.** Der uns in Seiner Huld in diese unvergängliche Wohnung einkehren ließ. Hier wird uns kein Leid treffen, noch soll uns dort Ermüdung befallen.« **36.** Die Ungläubigen aber, für sie ist das Höllenfeuer. Weder wird ihnen der Tod gewährt, so daß sie sterben könnten, noch wird ihnen ihre Strafe erleichtert. So lohnen Wir es einem jeden Ungläubigen! **37.** Und darin werden sie schreien: »O unser Herr! Nimm uns heraus! Wir wollen rechtschaffen handeln, nicht wie wir zuvor gehandelt hatten.« Gewährten Wir euch denn kein langes Leben, so daß jeder, der sich ermahnen lassen wollte, sich hätte besinnen können? Und der Warner kam (doch auch) zu euch. So kostet (die Strafe); denn die Missetäter haben keinen Helfer. **38.** Allah kennt fürwahr das Verborgene in den Himmeln und auf Erden; Er kennt gewiß das Innerste der Brüste.

[439]**39.** Er ist es, Der euch zu Statthaltern auf Erden gemacht hat. Wer aber ungläubig ist, auf den wird sein Unglaube zurückfallen. Und so vermehrt der Unglaube der Ungläubigen nur den Abscheu ihres Herrn gegen sie; und so vermehrt der Unglaube der Ungläubigen nur ihr Verderben. **40.** Sprich: »Habt ihr euere Partner, die ihr neben Allah anruft, denn je gesehen? Zeigt mir, was von der Erde sie erschufen oder ob sie einen Anteil an den Himmeln haben?« Haben Wir ihnen denn ein Buch gegeben, so daß sie einen eindeutigen Beweis dafür hätten? Nein, die Frevler machen einander nur trügerische Versprechungen. **41.** Siehe, Allah stützt die Himmelskörper und die Erde, damit sie nicht untergehen. Und wenn sie zu sinken begännen, so könnte niemand sie an Seiner Stelle halten. Er ist fürwahr nachsichtig und verzeihend. **42.** Sie

schworen bei Allah den feierlichsten Eid, daß sie sich mehr als irgendein anderes Volk leiten lassen würden, wenn ein Warner zu ihnen käme. Als aber ein Warner zu ihnen kam, nahm nur ihre Abneigung zu, **43.** Ihr Hochmut auf Erden und ihr Planen von Bösem. Aber dem Planen von Bösem fallen nur die Ränkeschmiede selber zum Opfer. Erwarten sie denn etwas anderes als das Schicksal der Vorausgegangenen? Nie wirst du in Allahs Vorgehensweise eine Änderung finden. Nie findest du in Allahs Vorgehensweise einen Wechsel. **44.** Reisten sie denn nicht durch das Land und sahen wie das Ende derer war, die vor ihnen lebten und kraftvoller als sie waren? Und nichts in den Himmeln und auf Erden vermag sich Allah zu entziehen. Er ist fürwahr wissend und mächtig.

[440]**45.** Wenn Allah aber die Menschen nach ihrem Verdienst strafte, ließe Er auf der Erdoberfläche kein Lebewesen zurück. Er gewährt ihnen jedoch Aufschub bis zu einem bestimmten Termin. Und wenn ihre Frist abgelaufen ist – Allah durchschaut Seine Diener sehr wohl.

36 Ya Sin
Geoffenbart zu Mekka

Im Namen Allahs, des Erbarmers, des Barmherzigen!

1. Ya. Sin.* **2.** Bei dem weisen Koran! **3.** Du bist wahrlich einer der Gesandten **4.** Auf dem rechten Weg, **5.** (Dank der) Offenbarung des Mächtigen, des Barmherzigen, **6.** Damit du Leute warnst, deren Vorväter nicht gewarnt worden waren und die daher achtlos sind. **7.** Wahrlich, der Spruch** wird sich verwirklichen gegenüber den meisten von ihnen; denn sie werden nicht glauben. **8.** Wir haben um ihre Hälse Fesseln gelegt, bis zu ihrem Kinn, so daß ihr Kopf hochgezwängt ist. **9.** Und Wir legten eine Schranke vor sie und eine Schranke hinter sie, und Wir

* Diese Sure wird üblicherweise Sterbenden vorgelesen. »Ya Sin« kann als Buchstabengruppe wie zu Beginn anderer Suren verstanden werden oder in der Bedeutung »O du Mensch«.

** Die Verurteilung durch Gott.

verhüllten sie, so daß sie nichts sehen. **10.** So ist es für sie gleich, ob du sie warnst oder ob du sie nicht warnst: sie glauben nicht. **11.** Du kannst fürwahr nur den warnen, welcher der Ermahnung folgt und den Erbarmer (auch) im verborgenen fürchtet. So bringe ihm die gute Nachricht von Verzeihung und großzügiger Belohnung. **12.** Wahrlich, Wir machen die Toten lebendig. Und Wir schreiben auf, was sie getan und an Spuren hinterlassen haben. Und alle Dinge haben Wir in einem deutlichen Buch aufgezählt.

[441]**13.** Und stelle ihnen das Gleichnis von den Bewohnern der Stadt auf, zu denen die Gesandten kamen. **14.** Als Wir zwei zu ihnen entsandten, bezichtigten sie beide der Lüge, so daß Wir sie mit einem dritten verstärkten. Da sprachen sie: »Seht, wir sind zu euch entsandt.« **15.** Sie antworteten: »Ihr seid doch nur Menschen wie wir. Und der Erbarmer hat nichts herabgesandt. Ihr seid nichts als Lügner!« **16.** Sie sprachen: »Unser Herr weiß, daß wir ohne Zweifel zu euch entsandt worden sind. **17.** Aber uns obliegt allein die deutliche Verkündung (der Botschaft).« **18.** Sie sagten: »Ihr seid für uns ein böses Omen. Und wenn ihr kein Ende macht, dann werden wir euch gewiß steinigen, und so trifft euch unsere schmerzliche Strafe.« **19.** Sie sprachen: »Euer böses Omen seid ihr selbst! Und dies, obwohl ihr gewarnt seid. Nein, ihr seid ein maßloses Volk!« **20.** Da kam vom anderen Ende der Stadt ein Mann geeilt. Er sagte: »O mein Volk! Folgt den Gesandten! **21.** Folgt denen, die keinen Lohn von euch verlangen, und die rechtgeleitet sind! **22.** Warum sollte ich denn nicht Dem dienen, Der mich erschaffen hat und zu Dem ihr zurückmüßt? **23.** Soll ich etwa Götter neben Ihm annehmen? Wenn der Erbarmer mir ein Leid zufügen will, so kann ihre Fürsprache mir nichts nützen, und sie können mich auch nicht retten. **24.** Ich wäre dann doch gewiß ganz offensichtlich im Irrtum. **25.** Ich glaube an eueren Herrn; darum hört auf mich!« **26.** Zu ihm wurde gesprochen: »Geh ein ins Paradies!« Er sagte: »O daß mein Volk es nur wüßte, **27.** Daß mein Herr mir vergeben und mich unter die Geehrten aufgenommen hat!«

[442]**28.** Doch als er nicht mehr da war, sandten Wir kein Heer vom Himmel auf sein Volk herab, noch was Wir sonst herabzusenden pfleg-

ten. **29.** Siehe, es genügte ein einziger Schrei, und schon waren sie ausgelöscht. **30.** Wehe Meinen Dienern! Kein Gesandter kommt zu ihnen, den sie nicht verspotten. **31.** Sehen sie denn nicht, wie viele Generationen Wir vor ihnen vertilgten, die nicht zu ihnen zurückkehren werden, **32.** Und daß alle vor Uns versammelt werden? **33.** Und ein Zeichen ist ihnen die tote Erde. Wir beleben sie und bringen daraus Korn hervor, von dem sie essen; **34.** Und Wir machen auf ihr Gärten mit Palmen und Weinreben und lassen Quellen daraus entspringen, **35.** Damit sie von ihren Früchten essen, obwohl sie nicht ihrer Hände Werk sind. Wollen sie denn nicht dankbar sein? **36.** Preis sei Ihm, der alle Arten paarweise erschaffen hat, von dem, was die Erde wachsen läßt, und von ihnen selber und von dem, das sie nicht kennen. **37.** Und ein Zeichen ist ihnen die Nacht: Wir ziehen das Tageslicht von ihr fort und, siehe, da sind sie in Finsternis getaucht. **38.** Und die Sonne läuft zielstrebig auf ihrer Bahn. Das ist die Anordnung des Mächtigen, des Wissenden. **39.** Und für den Mond bestimmten Wir Phasen, bis er einem krummen alten Palmstiel gleicht. **40.** Die Sonne darf nicht den Mond einholen, noch darf die Nacht dem Tag zuvorkommen, sondern alle schweben in der Bahn ihrer Sphäre.

[443]**41.** Und ein Zeichen ist es für sie, daß Wir ihre Nachkommenschaft in der vollbeladenen Arche trugen **42.** Und ihnen ähnliche (Schiffe) machten, mit denen sie fahren. **43.** Und wenn Wir wollen, lassen Wir sie ertrinken, sie haben dann keinen Helfer und werden nicht gerettet, **44.** Es sei denn aus Unserer Barmherzigkeit und zu einem (weiteren) Nießbrauch (des Lebens) auf Zeit. **45.** Und wenn ihnen gesagt wird: »Seid achtsam auf das, was (offen) vor euch und was hinter euch liegt, damit ihr Barmherzigkeit finden möget!«,... **46.** Und doch bringst du ihnen keine Botschaft deines Herrn, von der sie sich nicht abwenden. **47.** Und wenn ihnen gesagt wird: »Spendet von dem, womit Allah euch versorgt«, fragen die Ungläubigen die Gläubigen: »Sollen wir die ernähren, die Allah, wenn Er es wollte, ernähren könnte? Ihr seid offensichtlich im Irrtum!« **48.** Ferner fragen sie: »Wann trifft diese Drohung ein, sofern ihr die Wahrheit sagt?« **49.** Sie haben

nichts anderes zu erwarten als einen einzigen Schrei, der sie erfassen wird, während sie noch streiten! **50.** Dann werden sie nicht mehr imstande sein, ein Vermächtnis zu treffen, noch zu ihren Angehörigen zurückzukehren. **51.** Dann wird in die Posaune gestoßen – und siehe da, schon eilen sie aus ihren Gräbern zu ihrem Herrn! **52.** Sie werden rufen: »Wehe uns! Wer hat uns aus unserem Schlaf geweckt? Das ist es, was der Erbarmer vorausgesagt hatte, und die Gesandten hatten doch die Wahrheit gesprochen!« **53.** Nur ein einziger Schrei – und siehe da, alle sind vor Uns gebracht! **54.** Nun, heute wird keiner Seele das geringste Unrecht geschehen: Ihr sollt nur nach eueren Taten belohnt werden.

[444]**55.** Siehe, die Bewohner des Paradieses erfreuen sich heute ihres Wohlergehens. **56.** Sie und ihre Gattinnen liegen im Schatten, auf Ruhebetten gelehnt. **57.** Früchte werden sie dort haben und was immer sie verlangen. **58.** »Frieden!« – der Gruß eines barmherzigen Herrn. **59.** (Es wird gesprochen werden:) »Trennt euch heute, ihr Sünder! **60.** Habe Ich euch nicht befohlen, o ihr Kinder Adams: ›Dient nicht dem Satan – siehe, er ist euch ein offenkundiger Feind –, **61.** Sondern dient Mir, das ist der rechte Weg!‹? **62.** Und doch führte er eine große Schar von euch irre. Hattet ihr denn keine Einsicht? **63.** Dies ist die Hölle, wie sie euch angedroht war. **64.** Brennt heute in ihr, weil ihr so hartnäckig ungläubig wart!« **65.** Heute versiegeln Wir ihren Mund, doch ihre Hände sprechen zu Uns, und ihre Füße bezeugen, was sie angerichtet haben. **66.** Und wenn Wir gewollt hätten, hätten Wir ihr Augenlicht verlöschen lassen können. Aber auch dann würden sie versuchen, um die Wette zum rechten Pfade zu rennen. Doch wie könnten sie (ihn) sehen? **67.** Und wenn Wir gewollt hätten, hätten Wir sie an ihrem Platze anwurzeln lassen können, so daß sie sich weder vor- noch zurückbewegen könnten. **68.** Und wem Wir langes Leben geben, dem beugen Wir die Gestalt. Haben sie keine Einsicht? **69.** Und Wir lehrten ihn★ nicht das Dichten, noch wäre es (der Botschaft) angemessen. Dies ist nichts als

★ Muhammad.

eine Erinnerung und ein unzweideutiger Koran: **70.** Damit die Lebenden gewarnt werden und damit sich (Sein) Wort gegen die Ungläubigen bewahrheitet.

[445]**71.** Sahen sie denn nicht, daß Wir unter dem, was Unsere Hände schufen, das Vieh machten, über das sie gebieten? **72.** Und Wir machten es ihnen gefügig. Auf einigen reiten sie, von den anderen ernähren sie sich. **73.** Und sie haben von ihnen Nutzen und Trank. Wollen sie denn nicht dankbar sein? **74.** Und doch nehmen sie sich Götter neben Allah, in Erwartung von Hilfe. **75.** Sie vermögen ihnen nicht zu helfen; sie sind ihnen (im Gegenteil) ein (ihnen schadendes) Heer.* **76.** Laß dich nicht durch ihre Worte betrüben. Wir wissen ja, was sie verbergen und was sie offenkundig tun. **77.** Will der Mensch denn nicht wahrhaben, daß Wir ihn aus einem Samentropfen erschufen? Und siehe da, er hält sich für Unseren (kompetenten) Widersacher. **78.** Und er stellt mit Uns Vergleiche an** und vergißt dabei, daß er selbst eine Schöpfung ist. Er spricht: »Wer belebt die Gebeine, wenn sie zerfallen sind?« **79.** Sprich: »Leben wird ihnen Der wiedergeben, Welcher sie zum erstenmal erschuf; denn Er kennt jegliche Schöpfung: **80.** Der für euch (selbst) aus dem grünen Baum Feuer hervorbringt, und, siehe, ihr macht damit Feuer.« **81.** Ist Der, Welcher die Himmel und die Erde erschuf, etwa nicht imstande, ihresgleichen zu erschaffen? Aber ja, Er ist doch der allwissende Schöpfer. **82.** Sein Befehl, wenn Er ein Ding will, ist nur, daß Er zu ihm spricht: »Sei!«, und es ist. **83.** So sei Der gepriesen, in Dessen Hand die Herrschaft über alle Dinge liegt! Und zu Ihm kehrt ihr zurück.

* Bestehend u.a. aus Götzen, Helden, »Heiligen«, Magiern, Wahrsagern, atheistischen Philosophen und Naturwissenschaftlern, Sektenführern, Gurus u. ä.

** Allah ist der in jeder Hinsicht Unvergleichliche. Dies kommt auch im dem Ruf »Allahu akbar!« zum Ausdruck (»Gott ist größer«) – einem Komparativ ohne Vergleichsgröße.

37 Die sich Reihenden (As-Saffât)
Geoffenbart zu Mekka

Im Namen Allahs, des Erbarmers, des Barmherzigen!

[446]**1.** Bei den in Reihen sich Reihenden **2.** Und den hart Zurechtweisenden **3.** Und den die Ermahnung Verkündenden! **4.** Wahrlich, euer Gott ist ein Einziger, **5.** Herr der Himmel und der Erde und was zwischen beiden ist und Herr der Osten.* **6.** Siehe, Wir schmückten den untersten Himmel mit dem Schmuck der Sterne aus **7.** Zum Schutz vor jedem aufsässigen Satan. **8.** Sie können die erhabene Versammlung nicht belauschen und werden von allen Seiten verjagt **9.** Als Ausgestoßene - ihnen wird ewige Strafe sein! **10.** Wer aber ein Wort aufschnappt, den verfolgt ein durchbohrender Flammenstrahl. **11.** Darum frage sie, ob ihre Schöpfung schwieriger war oder das, was Wir sonst erschufen? Siehe, sie erschufen Wir aus formbarem Lehm. **12.** Doch nein! Du staunst, sie aber spotten. **13.** Werden sie ermahnt, beachten sie es nicht. **14.** Und sehen sie ein Zeichen, verhöhnen sie es **15.** Und sagen: »Dies ist nichts als offenkundige Zauberei! **16.** Wenn wir tot und zu Staub und Gebein geworden sind, sollen wir dann etwa auferweckt werden? **17.** Etwa auch unsere Vorväter?« **18.** Sprich: »Jawohl! Und ihr sollt dann gedemütigt werden.« **19.** Fürwahr, nur ein einziger Schrei – und schon werden sie erkennen **20.** Und rufen: »Wehe uns! Dies ist der Tag des Gerichts!« **21.** »Dies ist der Tag der Entscheidung, den ihr stets geleugnet hattet!« **22.** »Versammelt die Missetäter und ihre Gefährten und was sie anzubeten pflegen **23.** Anstelle von Allah, und schickt sie auf den Weg zur Hölle. **24.** Und stellt sie (in Reih und Glied) auf!« Sie werden befragt werden:

[447]**25.** »Warum helft ihr euch denn nicht gegenseitig?« **26.** Doch nein! An diesem Tage unterwerfen sie sich. **27.** Aber einer geht zum anderen, sich gegenseitig befragend. **28.** Sie werden sagen: »Ihr kamt doch angeblich mit gutem Rat zu uns!«** **29.** Sie werden antworten: »Nein!

* Aller Punkte des Sonnenaufgangs im Jahresverlauf.

** Wörtlich: von der rechten Seite her.

Ihr wolltet ja nicht glauben, **30.** Und wir hatten keine Macht über euch.
Nein, ihr wart ein maßloses Volk. **31.** Deshalb hat sich der Spruch unse-
res Herrn über uns bewahrheitet, daß wir leiden müssen! **32.** Wenn wir
euch aber verführten, dann deshalb, weil wir selber im Irrtum waren.«
33. Fürwahr, an diesem Tage werden sie die Strafe zusammen erleiden.
34. So werden Wir mit den Sündern verfahren. **35.** Wenn ihnen gesagt
wurde: »Es gibt keinen Gott außer Allah« – blieben sie hochmütig
36. Und fragten: »Sollen wir wirklich unsere Götter wegen eines beses-
senen Dichters aufgeben?« **37.** Aber nein! Er kam doch mit der Wahr-
heit und bestätigte die (früheren) Gesandten. **38.** Ihr werdet gewiß
schmerzliche Strafe kosten, **39.** Dabei aber nur den Lohn für euer
eigenes Verhalten empfangen. **40.** Anders die aufrichtigen Diener
Allahs. **41.** Diese werden eine bereits bekannte Versorgung erhalten:
42. Früchte.* Und sie werden ehrenvoll aufgenommen **43.** In den Gär-
ten der Wonne, **44.** Auf Polstern einander gegenüber ruhend. **45.** Unter
ihnen wird ein Becher die Runde machen aus einem Quell, **46.** Klar,
wohlschmeckend für die Trinkenden. **47.** Nichts Berauschendes ist
darin, und sie werden davon nicht müde werden. **48.** Und bei ihnen
werden ihre Blicke zurückhaltende, großäugige Partner sein, **49.** Ver-
steckten Perlen gleich. **50.** Sie wenden sich zueinander, sich befragend;
51. Da wird einer von ihnen erzählen: »Seht, ich hatte einen Gefährten,

[448]**52.** Der gerne fragte: ›Glaubst du wirklich daran? **53.** Wenn wir
gestorben und zu Staub und Gebein geworden sind, werden wir dann
gerichtet werden?‹« **54.** Dann wird er fragen: »Möchtet ihr (zu ihm)
hinabschauen?« **55.** Er wird dann hinabschauen und ihn inmitten der
Hölle sehen **56.** Und ausrufen: »Bei Allah! Fast hättest du mich wirklich
in das Verderben gestürzt! **57.** Ohne meines Herren Gnade wäre auch
ich unter den (zur Bestrafung) Vorgeführten. **58.** Ist es nicht doch so, daß
wir nicht sterben **59.** Außer unseren ersten Tod, und daß wir dann nicht
mehr leiden werden? **60.** Dies ist wahrlich die höchste Glückseligkeit!
61. Darauf sollten alle hinwirken, die etwas bewirken wollen!« **62.** Ist

* Früchte ihres Gott wohlgefälligen Lebens.

dies besser als Bewirtung oder der Baum (der tödlichen Frucht) al-Zaqqum?* **63.** Wir machten ihn fürwahr zu einer Heimsuchung für die Missetäter. **64.** Wahrlich, er ist ein Baum, der aus dem Grund der Hölle herauswächst. **65.** Seine Frucht gleicht Satansköpfen. **66.** Sie werden tatsächlich von ihm essen und sich die Bäuche damit füllen. **67.** Darauf erhalten sie dann eine Mischung aus siedendem Wasser. **68.** Dann werden sie zum Feuer zurückkehren. **69.** Sie fanden ihre Väter gewiß im Irrtum vor **70.** Und folgten eilends in ihren Spuren. **71.** In der Tat, die meisten ihrer Vorfahren sind irregegangen. **72.** Dabei hatten Wir doch Warner zu ihnen geschickt. **73.** Nun seht, wie das Ende der Gewarnten war, **74.** Mit Ausnahme der wahren Diener Allahs. **75.** Schon Noah rief Uns an, und Unsere Antwort war fürwahr schön. **76.** Wir erretteten ihn und seine Familie aus großer Drangsal.

[449]**77.** So ließen Wir seine Nachkommen überleben **78.** Und bewahrten Wir sein Ansehen unter den nachfolgenden (Geschlechtern.)**79.** »Frieden sei auf Noah in aller Welt!« **80.** So belohnen Wir fürwahr die Rechtschaffenen. **81.** Er war gewiß einer Unserer gläubigen Diener. **82.** Die anderen ließen Wir dann ertrinken. **83.** Und zu seiner Glaubensgemeinde gehörte auch Abraham, **84.** Als er mit reinem Herzen zu seinem Herrn kam **85.** Und seinen Vater und sein Volk fragte: »Was verehrt ihr denn da? **86.** Sucht ihr das Falsche, Götter anstelle von Allah? **87.** Was ist denn euere Vorstellung von dem Herrn der Welten?« **88.** Dann warf Er einen Blick zu den Sternen **89.** Und sprach: »Mir wird wirklich übel!«** **90.** Da kehrten sie ihm den Rücken zu und verließen ihn. **91.** So schlich er sich zu ihren Göttern und fragte: »Verzehrt ihr (die Opfer) nicht? **92.** Was fehlt euch, daß ihr nicht redet?« **93.** Dann ging er auf sie los und schlug mit aller Kraft auf sie ein. **94.** Da kamen sie zu ihm geeilt. **95.** Er fragte: »Verehrt ihr euere eigenen Skulpturen, **96.** Wo doch

* Alle Schilderungen von Himmel und Hölle im Koran sind nur als Allegorien zu verstehen und nicht etwa wortwörtlich, da jede Sprache vor metaphysischen Gegebenheiten versagt.

** Bei der Vorstellung, daß Himmelskörper mit Gott verwechselt werden.

Allah euch geschaffen hat und alles, was ihr anfertigt?« **97.** Sie sagten: »Baut einen Scheiterhaufen für ihn und werft ihn in das lodernde Feuer!« **98.** So planten sie Böses gegen ihn. Wir aber erniedrigten sie zutiefst. **99.** Und er sprach: »Seht, ich begebe mich zu meinem Herrn. Er wird mich rechtleiten. **100.** O mein Herr! Gib mir einen rechtschaffenen (Sohn).« **101.** Daraufhin kündigten Wir ihm einen gutmütigen Sohn an.* **102.** Als dieser nun alt genug war, um mit ihm zu arbeiten, sprach er: »O mein Sohn! Siehe, ich sah im Traum, daß ich dich opfern müßte. Schau, was meinst du dazu?« Er sprach: »O mein Vater! Tu, was dir befohlen wird. Du wirst mich, so Allah will, standhaft finden.«

[450] **103.** Sobald beide sich (Allah) ergeben hatten und er ihn mit dem Gesicht nach unten auf den Boden gelegt hatte, **104.** Riefen Wir ihm zu: »O Abraham! **105.** Du hast das Traumgesicht bereits erfüllt!« Wahrlich, so belohnen Wir die Rechtschaffenen. **106.** Fürwahr, dies war eine offensichtliche Prüfung! **107.** So lösten Wir ihn durch ein großes Schlachtopfer aus **108.** Und bewahrten sein Ansehen unter den nachfolgenden (Generationen).** **109.** »Friede sei mit Abraham!« **110.** So belohnen Wir die Rechtschaffenen. **111.** Er gehörte gewiß zu Unseren gläubigen Dienern. **112.** Und Wir kündigten ihm Isaak an, einen Propheten unter den Rechtschaffenen. **113.** Und Wir segneten ihn und Isaak. Unter seinen Nachkommen waren jedoch rechtschaffene neben solchen, welche Unrecht gegen sich selber begingen. **114.** Fürwahr, Wir waren auch gegenüber Moses und Aaron gnädig **115.** Und erretteten beide und ihr Volk aus großer Drangsal. **116.** Wir halfen ihnen, und so wurden sie die Sieger. **117.** Und Wir gaben beiden die deutliche Schrift **118.** Und führten beide auf den rechten Weg **119.** Und bewahrten ihr Ansehen unter den späteren (Geschlechtern). **120.** »Friede sei mit Moses und Aaron!« **121.** So belohnen Wir die

* Ismael, Sohn der arabischen Nebenfrau Hadschar.

** In den Riten der Pilgerfahrt (al-hadsch) vollziehen Millionen von Muslimen alljährlich die Opferbereitschaft Abrahams nach und opfern wie er ein Tier in Erinnerung an die Auslösung Ismaels.

Rechtschaffenen. **122.** Sie gehörten gewiß zu Unseren gläubigen Dienern. **123.** Elias war gewiß auch einer der Gesandten. **124.** Er sprach zu seinem Volke: »Wollt ihr nicht gottesfürchtig sein? **125.** Ruft ihr Baal an und verlaßt dafür den besten Schöpfer, **126.** Allah, eueren Herrn und den Herrn euerer Vorväter?«

[451]**127.** Doch sie bezichtigten ihn der Lüge. Daher werden sie (dem Gericht) überantwortet werden, **128.** Außer Allahs wahren Dienern. **129.** Und Wir bewahrten sein Ansehen unter den späteren (Geschlechtern), **130.** »Friede sei mit Elias!« **131.** So belohnen Wir die Rechtschaffenen. **132.** Er gehörte gewiß zu Unseren gläubigen Dienern. **133.** Lot war gewiß auch einer der Gesandten **134.** Als Wir ihn und seine ganze Familie retteten, **135.** Außer einer Alten unter den Zurückbleibenden. **136.** Dann vertilgten Wir alle anderen. **137.** Und ihr kommt (auf der Reise) wahrhaftig an ihnen* vorbei, morgens **138.** Und in der Nacht. Habt ihr denn keine Einsicht? **139.** Jonas war gewiß auch einer der Gesandten. **140.** Als er zum beladenen Schiff floh, **141.** Warf er Lose und verlor dabei. **142.** Dann verschlang ihn der Fisch; denn er verdiente Tadel. **143.** Und wenn er (Uns) nicht gepriesen hätte, **144.** Wäre er gewiß in seinem Bauch geblieben, bis zum Tage der Auferstehung. **145.** Doch Wir warfen ihn auf einen öden Strand, krank wie er war, **146.** Und ließen über ihn eine Kürbispflanze wachsen. **147.** Dann entsandten Wir ihn zu hunderttausend oder mehr. **148.** Und da sie glaubten, ließen Wir sie eine Zeitlang ihr Leben genießen. **149.** Nun frage sie**, ob dein Herr Töchter hat, während sie Söhne haben? **150.** Haben Wir etwa die Engel weiblich erschaffen? Und waren sie davon Zeugen? **151.** Ist es nicht eine Lüge, wenn sie behaupten: **152.** »Allah hat Kinder gezeugt.« Sie sind wahrhaftig Lügner. **153.** Hat Er denn die Töchter den Söhnen vorgezogen?

[452]**154.** Was fehlt euch? Wie urteilt ihr nur? **155.** Wollt ihr euch denn nicht besinnen? **156.** Oder habt ihr einen offenkundigen Beweis?

* Den Überresten ihrer Wohnstätten.

** Die Mekkaner.

157. So bringt euer Buch her, wenn ihr wahrhaftig seid! **158.** Und sie unterstellen eine Verwandtschaft zwischen Ihm und den Dschinn! Doch die Dschinn wissen, daß sie* (dem Gericht) überantwortet werden – **159.** Preis sei Allah! (Er ist hocherhaben) über alles, was sie (über Ihn) aussagen! – **160.** Außer Allahs wahren Dienern. **161.** Wahrlich, ihr und was ihr (fälschlich) anbetet, **162.** Ihr könnt keinen einzigen gegen Ihn aufwiegeln, **163.** Außer einem, der sich auf dem Weg in die Hölle befindet. **164.** »Und da ist keiner von uns**, der nicht seinen bestimmten Rang hätte, **165.** Und siehe, wir sind diejenigen, die sich in Reihen aufreihen. **166.** Und siehe, wir sind diejenigen, die lobpreisen.« **167.** Und sie*** sagten immer wieder: **168.** »Hätten wir eine Mahnung von unseren Vorfahren erhalten, **169.** Wären wir bestimmt Allahs lautere Diener gewesen!« **170.** Dennoch glauben sie nicht daran ****. Allein, sie sollen es bald erfahren. **171.** Wahrlich, Unser Wort erging bereits an Unsere Diener, die Gesandten, **172.** Daß sie ganz gewiß Beistand finden werden **173.** Und daß Unsere Heerscharen für sie obsiegen werden. **174.** Darum wende dich für eine Weile von ihnen***** ab **175.** Und sieh sie dir an. Bald werden auch sie sehen. **176.** Wünschen sie etwa Unsere Strafe herbei? **177.** Aber wenn sie über sie kommt, übel wird dann das Erwachen der Gewarnten sein. **178.** So wende dich für eine Weile von ihnen ab **179.** Und sieh sie dir an. Bald werden auch sie sehen. **180.** Gepriesen sei dein Herr, der allmächtige Herr! (Hocherhaben ist er) über alles, was sie (über Ihn) aussagen! **181.** Friede sei mit den Gesandten! **182.** Alles Lob gebührt Allah, dem Herrn der Welten!

* Die, welche diese Blasphemie verüben.
** Den Engeln.
*** Die Ungläubigen.
**** An den Koran.
***** Den Ungläubigen.

38 Sad*

Geoffenbart zu Mekka

Im Namen Allahs, des Erbarmers, des Barmherzigen!

[453]**1.** Sad. Bei dem Koran voller Ermahnung!** **2.** Doch die Ungläubigen verharren in Stolz und Feindseligkeit. **3.** Wie viele Geschlechter ließen Wir schon vor ihnen zugrunde gehen! Sie schrien um Hilfe, als keine Zeit mehr war zu entrinnen. **4.** Sie wunderten sich, daß ein Warner aus ihrer eigenen Mitte zu ihnen kam, und so sagten die Ungläubigen: »Dies ist ein Zauberer, ein Lügner! **5.** Macht er etwa die Götter zu einem einzigen Gott? Das ist wirklich eine seltsame Sache.« **6.** Und ihre Anführer sagten: »Geht und haltet an eueren Göttern fest; so soll es sein. **7.** Wir hörten hierüber (auch) nichts in der jüngsten Religion.*** Dies ist gewiß eine bloße Erdichtung. **8.** Ist die Ermahnung unter uns (allen) etwa nur auf ihn herabgesandt worden?« Nein! Sie sind über Meine Ermahnung im Zweifel. Nein! Sie haben Meine Strafe noch nicht verspürt. **9.** Besitzen sie etwa die Schätze der Barmherzigkeit deines Herrn, des Mächtigen, des Freigebigen? **10.** Oder gehört ihnen das Reich der Himmel und der Erde und was zwischen beiden ist? Dann sollen sie doch mit allen Mitteln**** (den Himmel) emporklimmen! **11.** (Die Ungläubigen sind) ein ganzes Heer von Verbündeten, das in die Flucht geschlagen werden wird. **12.** Vor ihnen leugneten schon das Volk Noahs und die Ad und Pharao, der Herr der vielen Zelte, **13.** Und die Thamud, das Volk Lots und die Waldbewohner (von Madyan); sie alle waren (gesinnungsmäßig) Verbündete. **14.** Sie hatten alle die Gesandten der Lüge bezichtigt. Darum war Meine Strafe gerecht. **15.** Auch diese erwartet nichts als ein einziger Schrei, für den es keinen Aufschub gibt. **16.** Und sie sagen (spöttisch): »O unser Herr! Gib uns unseren Anteil (der Strafe) schon vor dem Tag der Abrechnung!«

* Vierzehnter Buchstabe des arabischen Alphabets und erster dieser Sure.

** Oder: Dem zu Erinnernden.

*** Dem Christentum mit seinem Dreifaltigkeitsdogma.

**** Wörtlich: am Seil.

[454]**17.** Ertrage geduldig, was sie sagen, und erinnere dich Unseres Dieners David, des Kraftvollen. (Selbst) er war gewiß bußfertig. **18.** Wahrlich, Wir bewegten die Berge dazu, mit ihm am Abend und am Morgen (Mein) Lob anzustimmen, **19.** Und (auch) die versammelten Vögel: Alles war ihm dienstbar. **20.** Und Wir festigten sein Reich und gaben ihm Weisheit und Urteilsvermögen. **21.** Hast du von den Streitenden gehört, wie sie über die Mauer in sein Gemach einstiegen?* **22.** Wie sie bei David eindrangen und er sich vor ihnen fürchtete? Sie sagten: »Fürchte dich nicht! Wir sind zwei Streitende, von denen der eine sich gegen den andern vergangen hat. Richte daher gerecht zwischen uns und sei nicht unbillig, sondern leite uns auf den richtigen Weg. **23.** Siehe, dies ist mein Bruder. Er hat neunundneunzig Mutterschafe, ich aber habe nur ein einziges. Dennoch sagte er: ›Übergib es mir!‹ und setzte mich stark unter Druck.« **24.** (David) sprach: »Wahrlich, es war dir gegenüber unrecht, daß er dein Mutterschaf zu seinen Mutterschafen verlangte. Doch viele Geschäftspartner vergehen sich gegeneinander, außer denen, die glauben und das Rechte tun; das aber sind nur wenige.« Da (erst) merkte David, daß Wir ihn auf die Probe gestellt hatten.** Er bat Seinen Herrn um Verzeihung, stürzte betend nieder und bereute. **25.** Und so vergaben Wir ihm. Er wird wahrlich nahen Zugang zu Uns und eine schöne Heimkehr haben. **26.** »O David! Wir machten dich zu einem Statthalter auf Erden. So richte zwischen den Menschen in Gerechtigkeit und folge nicht deinen Vorlieben; denn es führt dich abseits von Allahs Weg.« Denjenigen aber, welche von Allahs Weg abirren, wird strenge Strafe zuteil, weil sie den Tag der Abrechnung vergaßen.

[455]**27.** Und Wir erschufen den Himmel und die Erde und was zwischen ihnen ist nicht ohne Sinn und Zweck, wie die Ungläubigen

* Vgl. 2. Buch Sam. 12, 1–15.

** David hatte die schöne Frau seines Offiziers Uria, Batseba, unter Inkaufnahme seines Todes im Felde an sich gebracht (2. Buch Sam. 11, 2–26). Eine Schlußfolgerung daraus ist, daß die Gesandten Gottes nicht notwendig lebenslang sündenfrei und unfehlbar sind.

meinen. Darum, wehe den Ungläubigen vor dem Feuer! **28.** Sollen Wir etwa diejenigen, welche glauben und das Rechte tun, so behandeln wie die, welche auf Erden Unheil stiften? Oder sollen Wir die Gottesfürchtigen wie die Frevler behandeln? **29.** Ein segensreiches Buch sandten Wir auf dich herab, damit sie seine Verse bedenken und damit die Verständigen sich ermahnen lassen. **30.** Und Wir schenkten David Salomo, einen vorzüglichen Diener. (Auch) er war gewiß bußfertig. **31.** Als ihm zur Abendzeit die edlen Rennpferde stampfend vorgeführt wurden, **32.** Sprach er: »Seht, ich habe das Gute (der Welt) lieb in Erinnerung an meinen Herrn« – bis sie sich hinter dem Horizont verbargen. **33.** »Bringt sie mir zurück!« Und er begann, über (ihre) Schenkel und Hälse zu streichen.* **34.** Und wahrlich, Wir prüften Salomo und setzten einen (leblos wirkenden) Körper auf seinen Thron.** Dann bekehrte er sich **35.** Und sprach: »O mein Herr! Vergib mir! Und gib mir ein Reich, wie es keinem nach mir zukommt. Du bist ja fürwahr der Freigebige.« **36.** Und so machten Wir ihm den Wind dienstbar, nach seinem Befehl sanft zu wehen, wohin er wollte, **37.** Und die Satane, alle die Erbauer und Taucher, **38.** Und andere, in Fesseln gebunden. **39.** »Dies ist Unsere Gabe. Verteile sie oder halte sie zurück, ohne Rechnung zu legen.« **40.** Und er wird gewiß nahen Zutritt zu Uns haben und eine schöne Heimkehr. **41.** Gedenke auch Unseres Dieners Hiob, als er zu seinem Herrn rief: »Fürwahr, Satan hat mich mit Unglück und Leid geschlagen!« **42.** »Stampfe mit deinem Fuß auf: Hier kommt kühles Wasser zum Baden und zum Trinken!«

[456]**43.** So gaben Wir ihm seine Familie (wieder) und ebenso viele obendrein, als eine Barmherzigkeit von Uns und eine Ermahnung für die Verständigen. **44.** Und (Wir sprachen:) »Nimm ein Bündel (Zweige) in deine Hand und schlage (sie) damit*** und vermeide so,

* Liebe der Schöpfung um des Schöpfers willen.

** Er selbst, bevor ihn der Glaube inspirierte.

*** Nach dem Buch Job 2, 9 hatte Hiobs Frau ihn zum Abfall vom Glauben aufgefordert. Er soll sie aber gemäß Vers 44 nur symbolisch züchtigen und so seinem Eid genügen, sie zu bestrafen.

eidbrüchig zu werden.« Wir fanden ihn fürwahr standhaft. Welch ein trefflicher Diener! (Auch) er war bußfertig. **45.** Gedenke auch Unserer Diener Abraham, Isaak und Jakob, Leute voll Kraft und Einsicht. **46.** Siehe, Wir erwählten sie besonders zum Zwecke des Gedenkens an das Jenseitige. **47.** Und sie gehören für Uns fürwahr zu den Auserwählten, den Besten. **48.** Gedenke auch des Ismael und Elisa und Dhu-l-Kifl; sie alle gehören zu den Besten. **49.** Dies ist eine Ermahnung. Für die Gottesfürchtigen gibt es gewiß ein schönes Heim: **50.** Die Gärten von Eden, deren Tore ihnen offenstehen. **51.** Dort werden sie zurückgelehnt ruhen und Früchte in Menge und Trank genießen. **52.** Und bei ihnen werden zurückhaltend blickende, gut zusammenpassende Partner* sein. **53.** Dies ist es, was euch für den Tag der Rechenschaft verheißen worden war. **54.** Dies in der Tat ist Unsere Versorgung; sie wird nie versiegen. **55.** So wird es sein! Doch den Übeltätern steht eine böse Rückkehr bevor: **56.** Die Hölle, der sie ausgesetzt sein werden. Wie schlimm ist sie als Lagerstätte! **57.** So wird es sein! Mögen sie es denn auskosten: siedendes Wasser und eitrige Flüssigkeit **58.** Und anderes von gleicher Art. **59.** »Diese Gruppe wird mit euch hineingeworfen! Kein Willkommen sei ihnen! Sie sollen im Feuer brennen!« **60.** Sie werden (zu ihren Verführern) sagen: »Ihr seid es, die nicht willkommen sind! Ihr brachtet alles über uns, und wie schlimm ist doch dieser Ort!« **61.** Sie werden hinzufügen: »O unser Herr! Wer all dies über uns gebracht hat – verdoppele ihm die Feuerstrafe!«

[457]**62.** Und sie werden ausrufen: »Was ist, daß wir (gewisse) Männer nicht sehen, die wir zu den Bösen gezählt (und) **63.** Die wir verspottet hatten? Oder haben wir sie nur übersehen?« **64.** So werden die Leute im Feuer tatsächlich miteinander streiten. **65.** Sprich: »Ich bin nur ein Warner. Es gibt keinen Gott außer Allah, dem Einen, dem Gewaltigen, **66.** Dem Herrn der Himmel und der Erde und was zwischen beiden ist, dem Mächtigen, dem Vergebenden.« **67.** Sprich: »Dies ist eine gewaltige Botschaft. **68.** Ihr (aber) wendet euch davon ab.« **69.** Ich hatte von der

* Beiderlei Geschlechts: Frauen für Männer, Männer für Frauen.

erhabenen Versammlung* keine Kenntnis, als sie miteinander stritten.**
70. Geoffenbart wurde es mir nur, damit ich ein aufklärender Warner
bin. **71.** Als dein Herr zu Seinen Engeln sprach: »Seht, ich werde den
Menschen aus Lehm erschaffen, **72.** Und wenn Ich ihn geformt und
ihm von Meinem Geist eingehaucht habe, dann fallt vor ihm nieder!«,
73. Da warfen alle Engel sich nieder – **74.** Außer Iblis. Er war hoch-
mütig und wurde einer der Undankbaren. **75.** Er fragte: »O Iblis! Was
hinderte dich daran, dich niederzuwerfen vor dem, was Ich mit Meinen
Händen erschuf? **76.** Bist du zu stolz oder glaubst du etwa, höherrangig
zu sein?« **77.** Er antwortete: »Ich bin besser als er! Mich hast Du aus
Feuer erschaffen, ihn aber nur aus Lehm.« **78.** Er sprach: »Geh weg von
hier! Siehe, du bist jetzt ein Verworfener! **79.** Auf dir lastet Mein Fluch
bis zum Tage des Gerichts.« **80.** Er sagte: »O mein Herr! Gewähre mir
Aufschub bis zum Tag der Auferweckung.« **81.** Er sprach: »Wohlan, dir
wird Aufschub gewährt **82.** Bis zum Tage, dessen Zeitpunkt bestimmt
ist.« **83.** Er sprach: »Bei Deiner erhabenen Macht, ich werde sie gewiß
allesamt verführen,

[458]**84.** Außer Deinen auserwählten Dienern unter ihnen.« **85.** Er
sprach: »So steht es in Wahrheit, und Ich spreche die Wahrheit: Wahrlich,
Ich werde die Hölle füllen – mit dir und mit denen, die dir folgen, alle-
samt.«*** **86.** Sprich: »Ich verlange von euch keinen Lohn dafür, und
ich maße mir nichts an. **87.** Er**** ist nichts weniger als eine Mahnung
für alle Welten. **88.** Doch ihr werdet schon noch erfahren, was es damit
auf sich hat.«

* Gottes und der Engel.

** Über die Schöpfung des Menschen, vgl. u.a. 2: 30–34; 15: 28–44; 17: 61–65; 38: 69–85.

*** Vgl. 15: 41.

**** Der Koran.

39 Die Scharen (Az-Zumar)
Geoffenbart zu Mekka

Im Namen Allahs, des Erbarmers, des Barmherzigen!

1. Die Offenbarung des Buches ist von Allah, dem Mächtigen, dem Weisen! **2.** Wir haben dir das Buch fürwahr in Wahrheit hinabgesandt. Darum diene Allah in aufrichtigem Glauben. **3.** Gebührt nicht Allah (allein) der aufrichtige Glaube? Diejenigen aber, welche sich Beschützer annehmen, (sprechen:) »Wir dienen ihnen nur, damit sie uns Allah näherbringen!«* Allah wird unter ihnen gewiß über das richten, worüber sie uneins sind. Wahrlich Allah leitet nicht, wer unaufrichtig, undankbar ist. **4.** Hätte Allah Sich einen Sohn nehmen wollen, hätte Er sich unter dem, was Er erschaffen hat, auswählen können. Preis sei Ihm! Er ist Allah, der Eine, der Gewaltige. **5.** Erschaffen hat Er die Himmel und die Erde in Wahrheit. Er faltet die Nacht über den Tag und faltet den Tag über die Nacht. Und Er hat Sonne und Mond dienstbar gemacht; jedes (Gestirn) läuft seine Bahn für eine bestimmte Frist. Ist Er nicht der Mächtige, der Vergebende?

[459]**6.** Erschaffen hat Er euch aus einem einzigen Wesen; dann machte Er aus ihm seine Gattin. Und Er sandte euch acht (Haus-)Tiere in Paaren.** Er erschafft euch in den Schößen euerer Mütter, Schöpfung nach Schöpfung, durch drei Finsternisse.*** So ist Allah, euer Herr. Sein ist das Reich. Keinen Gott gibt es außer Ihm. Wie könnt ihr euch dann abwenden? **7.** Wenn ihr undankbar seid, seht, Allah bedarf euer nicht. Und Er findet kein Wohlgefallen am Unglauben Seiner Diener. Doch wenn ihr Ihm dankbar seid, findet Er Gefallen an euch. Und kein Beladener trägt die Last eines anderen. Dann ist euere Heimkehr zu euerem Herrn, und Er wird euch vorhalten, was ihr getan habt. Er kennt

* Auch in Kreisen islamischer Mystiker wird absoluter Gehorsam gegenüber dem Scheich mit dem hier mißbilligten Argument gerechtfertigt.

** Paarweise Kamele, Rinder, Schafe und Ziegen; vgl. 6: 143 f.

*** Der Mutterschoß, die Plazenta und die vorgeburtliche Blindheit.

fürwahr das Innerste der Brüste. **8.** Und wenn den Menschen ein Unheil trifft, ruft er seinen Herrn an und kehrt sich reuig zu Ihm. Dann aber, wenn Er ihm von Seiner Gnade gewährt hat, vergißt er, worum er Ihn zuvor angerufen hatte, und setzt Allah Partner zur Seite, um andere von Seinem Weg in die Irre zu führen. Sprich: »Genieße deinen Unglauben ein wenig; du gehörst gewiß zu den Bewohnern des Feuers.« **9.** Ist etwa der, welcher die Stunden der Nacht in Andacht verbringt, sich niederwerfend oder stehend, auf das Jenseits achtend und auf seines Herrn Barmherzigkeit hoffend,... Sprich: »Sind etwa diejenigen, welche wissen, und jene, welche nicht wissen, einander gleich?« Nur die Verständigen lassen sich warnen. **10.** Sprich: »O meine (Gottes-) Diener, die ihr glaubt! Fürchtet eueren Herrn. Diejenigen, welche in dieser Welt Gutes tun, werden (im Jenseits) Gutes erhalten; und Allahs Erde ist weit.* Die Standhaften werden ihren Lohn erhalten, ohne daß darüber abgerechnet wird.«

[460]**11.** Sprich: »Siehe, mir wurde befohlen, Allah in aufrichtigem Glauben zu dienen, **12.** Und befohlen wurde mir, der erste der Gottergebenen (Muslime) zu sein.« **13.** Sprich: »Wenn ich mich meinem Herrn widersetzen würde, müßte ich die Strafe eines gewaltigen Tages fürchten.« **14.** Sprich: »Ich (jedenfalls) will Allah dienen, lauter in meinem Glauben, **15.** Und ihr – so verehrt doch, was ihr wollt, an Seiner Statt.« Sprich: »Die (wahren) Verlierer sind gewiß diejenigen, welche ihre Seelen und die ihrer Angehörigen am Tag der Auferstehung verlieren.« Ist dies nicht der offensichtlichste Verlust? **16.** Über sich werden sie Feuerqualm haben und Feuerqualm unter sich. So versetzt Allah Seine Diener in Furcht. »O Meine Diener! Seid gottesbewußt!« **17.** Diejenigen aber, welche es vermeiden, falschen Göttern zu dienen, und sich Allah reuig zuwenden – ihnen gilt die frohe Kunde. Verkünde also Freude jenen Meiner Diener, **18.** Welche das Wort bedenken und dem Besten davon folgen. Diese sind es, welche Allah leitet; denn sie sind die

* Es besteht daher stets die Möglichkeit, im Interesse des Guten notfalls auszuwandern.

Verständigen. **19.** Der, gegen den das Strafurteil zu Recht erging – kannst du etwa den, der im Feuer ist, befreien? **20.** Diejenigen jedoch, welche ihren Herrn fürchten – für sie sind hohe Gemächer bestimmt, eines über dem anderen, unter denen Gewässer fließen. Allahs Versprechen! Allah bricht Sein Versprechen nicht. **21.** Siehst du denn nicht, daß Allah Wasser vom Himmel herabsendet und es zu Quellen durch die Erde leitet? Dann läßt Er dadurch Pflanzen in mannigfacher Farbe wachsen. Dann verwelkt es, und du siehst es gelb werden. Dann macht Er es zu Krümeln. Siehe, hierin ist wahrlich eine Mahnung für die Verständigen.

[461]**22.** Ist etwa der, dessen Brust Allah für den Islam ausgedehnt hat, so daß er Licht von seinem Herrn empfängt,...?* Darum wehe denen, deren Herzen gegen das Denken an Allah verhärtet sind! Sie sind in offenkundigem Irrtum. **23.** Allah hat die schönste Botschaft hinabgesandt: ein Buch, in Einklang mit sich selbst, voll Wiederholung. Vor ihm erschauert die Haut derer, die ihren Herrn fürchten. Dann aber erweichen Haut und Herz im Gedenken an Allah. Das ist Allahs Rechtleitung! Er leitet, wen Er will. Und wen Allah irreführt, der hat keinen Führer. **24.** Ist etwa der, der sein Angesicht am Tage der Auferstehung vor dem Übel der Strafe schützen muß,...?** Und den Übeltätern wird gesagt werden: »Kostet was ihr verdient habt!« **25.** Der Lüge ziehen es auch die, welche vor ihnen lebten. Doch dann kam zu ihnen unversehens die Strafe. **26.** Allah ließ sie ihre Schande aber schon im irdischen Leben spüren. Doch die Strafe im Jenseits ist bestimmt größer. O wenn sie es doch nur wüßten! **27.** Wir haben den Menschen in diesem Koran gewiß allerlei Gleichnisse aufgestellt, damit sie sich ermahnen ließen, **28.** Einem arabischen Koran, ohne jede Ungereimtheit, damit sie gottesfürchtig werden. **29.** Als Gleichnis stellte Allah einen Mann dar, der mehreren Herren gehört, die miteinander im Zwiespalt stehen, im Vergleich zu einem Mann, der gänzlich seinem einzigen Herrn ergeben ist.

* Ergänze: einem Ungläubigen gleich?
** Ergänze: einem Bewohner des Paradieses gleich?

Sind diese beiden etwa in gleicher Lage? Gelobt sei Allah! Doch die meisten von ihnen verstehen es nicht. **30.** Siehe, du bist sterblich, und auch sie sind sterblich. **31.** Dann, am Tage der Auferstehung, werdet ihr vor euerem Herrn miteinander streiten.

[462]**32.** Und wer ist schlechter, als wer über Allah Falschheiten verbreitet und die Wahrheit, wenn sie zu ihm kommt, der Lüge zeiht? Ist die Hölle nicht eine (passende) Wohnung für die Ungläubigen? **33.** Derjenige, der mit der Wahrheit kommt, und der, welcher sie als wahr annimmt, das sind die Gottesfürchtigen. **34.** Was immer sie begehren, erwartet sie bei ihrem Herrn. Das ist der Lohn der Rechtschaffenen. **35.** Allah löscht ihre schlimmsten Taten aus und belohnt sie für ihre schönsten Taten. **36.** Genügt Allah Seinem Diener denn nicht? Und doch wollen sie dich mit denen neben Ihm in Furcht und Schrecken versetzen. Wen Allah irreführt, für den gibt es keinen Führer. **37.** Wen Allah jedoch leitet, für den gibt es keinen, der ihn irreleiten könnte. Ist Allah nicht mächtig, der Herr der Vergeltung? **38.** Wenn du sie fragst, wer die Himmel und die Erde erschaffen hat, sagen sie bestimmt: »Allah.« Sprich: »Seht ihr denn nicht, was ihr da neben Allah anruft? Falls Allah ein Leid für mich will, könnten sie etwa das Leid entfernen? Oder wenn Er barmherzig gegen mich sein will, könnten sie etwa Seine Barmherzigkeit verhindern?« Sprich: »Allah genügt mir; auf Ihn vertrauen die Vertrauenden.« **39.** Sprich: »O mein (widerspenstiges) Volk! Handelt nach euerem besten Vermögen. Seht, ich handele genauso. Ihr werdet schon noch erfahren, **40.** Über wen eine Strafe kommt, die Schande über ihn bringt, und über wen ewige Strafe verhängt wird.«

[463]**41.** Wir haben dir für alle Menschen das Buch mit der Wahrheit hinabgesandt. Und wer rechtgeleitet ist, der ist es zu seinem eigenen Besten. Und wer irregeht, der geht zu seinem eigenen Nachteil irre, und du bist nicht ihr Beschützer. **42.** Allah nimmt zur Zeit ihres Todes die Seelen zu Sich, und (die Seelen) derer, welche nicht gestorben sind, in ihrem Schlaf. Diejenigen, über die Er den Tod verhängt hat, behält Er; die andern sendet Er zurück, bis zu einem bestimmten Termin. Darin sind fürwahr Zeichen für nachdenkliche Leute. **43.** Nehmen sie sich

etwa Fürsprecher neben Allah?* Sprich: »Etwa auch, wenn sie nichts auszurichten vermögen und keinen Verstand haben?« **44.** Sprich: »Alle Fürsprache hängt allein von Allah ab. Sein ist das Reich der Himmel und der Erde. Und zu Ihm kehrt ihr zurück.« **45.** Doch wenn Allah als der Einzige genannt wird, krampfen sich die Herzen derer zusammen, die nicht an das Jenseits glauben. Wenn aber jene genannt werden, die es (angeblich) neben Ihm gibt, sind sie erfreut. **46.** Sprich: »O mein Gott! Schöpfer der Himmel und der Erde, Der Du das Verborgene und das Offenkundige kennst, Du wirst zwischen Deinen Dienern über das richten, worüber sie uneins sind.« **47.** Selbst wenn die Ungerechten alles, was auf Erden ist, besäßen und ebensoviel dazu, wahrlich, sie würden sich damit am Tage der Auferstehung von der schlimmen Strafe loskaufen wollen. Denn Allah wird ihnen etwas klarwerden lassen, womit sie nicht gerechnet hatten.

[464]**48.** Klar werden ihnen aber auch ihre üblen Taten. Und das, was sie verspottet hatten, wird sie überwältigen. **49.** Und wenn den Menschen ein Unheil trifft, ruft er Uns an. Doch dann, wenn Wir ihm Unsere Gnade gewährt haben, sagt er: »Dies wurde mir aufgrund meines Wissens gewährt.« Nein! Es ist eine Versuchung, jedoch wissen es die meisten nicht. **50.** Dasselbe sagten sich diejenigen, die vor ihnen lebten, aber all ihr Schaffen nutzte ihnen nichts. **51.** Und all das Böse, das sie bewirkt hatten, schlug auf sie zurück. Und auch auf die Ungerechten unter den jetzigen wird das Böse zurückschlagen, das sie bewirkt haben, und sie werden es nicht vereiteln können. **52.** Wissen sie denn nicht, daß Allah, wem Er will, reichlich oder beschränkt, Versorgung gewährt? Darin sind fürwahr Zeichen für gläubige Leute. **53.** Sprich: »O meine (Gottes-)Diener, die ihr euch gegen euch selber vergangen habt! Verzweifelt nicht an Allahs Barmherzigkeit; seht, Allah verzeiht die Sünden allzumal. Er ist gewiß der Vergebende, der Barmherzige. **54.** Und kehrt euch reuig euerem Herrn zu und ergebt euch

* Absage an jede Form der Verehrung oder Anrufung lebender oder verstorbener »Heiliger« oder sonstiger angeblicher Träger von Segenskraft (al-baraka).

Ihm, bevor die Strafe zu euch kommt. Denn dann werdet ihr keine Hilfe mehr finden. **55.** Und befolgt das Beste von dem, was euch von euerem Herrn herabgesandt worden ist, bevor die Strafe plötzlich über euch kommt, ganz unversehens; **56.** Damit keiner sage: »Wehe mir wegen meiner Versäumnisse gegenüber Allah. Ich war ja einer der Spötter!«

[465]**57.** Oder damit keiner sage: »Wenn mich Allah rechtgeleitet hätte, wäre ich bestimmt unter den Gottesfürchtigen gewesen!« **58.** Oder damit keiner sage, wenn er die Strafe sieht: »Gäbe es für mich doch eine Wiederkehr, dann wäre ich bestimmt unter denen, die Gutes tun.« **59.** »Nein! Meine Zeichen kamen zu dir, und du erklärtest sie für Lüge und warst hochmütig und einer der Leugner!« **60.** Am Tage der Auferstehung aber wirst du diejenigen, welche Falschheit über Allah verbreitet hatten, schwarz im Gesicht sehen. Ist die Hölle denn nicht die Bleibe der Hochmütigen? **61.** Allah wird diejenigen retten, die Ihn fürchten, indem Er sie (der Strafe) entrinnen läßt. Kein Übel wird sie berühren, noch sollen sie traurig sein. **62.** Allah ist der Schöpfer aller Dinge, und Er ist aller Dinge Erhalter. **63.** Sein sind die Schlüssel der Himmel und der Erde. Und diejenigen, welche an die Botschaft Allahs nicht glauben – sie sind die Verlierer. **64.** Sprich: »Verlangt ihr etwa, daß ich etwas anderes als Allah anbete, ihr Toren?« **65.** Wo dir doch geoffenbart worden ist, dir und denen vor dir: »Wenn du (Allah) Nebengötter gibst, dann wird all dein Tun wertlos sein, und du wirst zum Verlierer werden.« **66.** Nein! Diene vielmehr Allah und sei einer der Dankbaren. **67.** Und sie schätzen Allah nicht nach Seiner wahren Bedeutung ein. Aber die ganze Erde ist am Tage der Auferstehung für Ihn nur eine Handvoll. Und die Himmel sind dann in Seiner Rechten zusammengerollt. Preis sei Ihm! (Hoch erhaben ist Er) über das, was sie Ihm beigesellen.

[466]**68.** Und da wird in die Posaune gestoßen, und schon werden alle in den Himmeln und auf Erden ohnmächtig, außer denen, welche Allah davon ausnimmt. Dann wird noch einmal hineingestoßen, und siehe, sie erheben sich und erkennen. **69.** Und die Erde wird im Lichte

ihres Herrn leuchten. Dann wird das Buch vorgelegt*. Dann werden die Propheten und die Zeugen gebracht und wird zwischen ihnen in Wahrheit entschieden. Und es wird ihnen kein Unrecht geschehen. **70.** Jeder Seele wird nach ihrem Tun vergolten; und Er weiß am besten, was sie tun. **71.** Doch die Ungläubigen werden in Scharen zur Hölle getrieben, bis, wenn sie dorthingelangt sind, ihre Tore geöffnet werden und ihre Hüter zu ihnen sagen: »Kamen denn keine Gesandte aus euerer Mitte zu euch, die euch die Botschaft eueres Herrn vortrugen und euch vor der Begegnung mit diesem euerem Tag warnten?« Sie werden sagen: »Jawohl.« Somit ist das Strafurteil gegen die Ungläubigen gerecht. **72.** Dann wird gesprochen: »Tretet ein durch die Pforten der Hölle, ewig darin zu verweilen. Und wie schlimm ist die Wohnung der Hochmütigen!« **73.** Doch diejenigen, welche ihren Herrn gefürchtet hatten, werden in S c h a r e n in das Paradies geführt, bis, wenn sie zu ihm gelangen, seine Tore geöffnet werden und seine Hüter zu ihnen sprechen: »Frieden sei mit euch! Ihr habt es richtig gemacht! So tretet ein für immerdar!« **74.** Und sie werden sagen: »Alles Lob gebührt Allah, Der uns Sein Versprechen wahrgemacht hat und uns das Paradies erben ließ, so daß wir dort wohnen können, wie immer es uns beliebt. Wie herrlich ist der Lohn derer, die Gutes wirken!«

[467]**75.** Und du wirst die Engel den Thron rings umgeben sehen, das Lob ihres Herrn verkündend. Und zwischen ihnen** wird in Wahrheit entschieden. Und es wird gesprochen werden: »Preis sei Allah, dem Herrn der Welten!«

* In dem die Taten der Menschen verzeichnet stehen.

** Den Menschen.

40 DER VERGEBENDE (GHÂFIR)

Geoffenbart zu Mekka

Im Namen Allahs, des Erbarmers, des Barmherzigen!

1. H.M. **2.** Die Offenbarung des Buches ist von Allah, dem Mächtigen, dem Wissenden, **3.** Der die Sünde v e r g i b t und die Reue annimmt, dem Strengen im Strafen, dem Langmütigen. Es gibt keinen Gott außer Ihm. Zu Ihm ist die Heimkehr. **4.** Die Botschaft Allahs bestreiten nur die Ungläubigen; doch laß dich nicht dadurch irremachen, daß sie frei und ungestraft im Lande ein- und ausgehen. **5.** (Schon) vor ihnen bestritten dies das Volk Noahs und danach die Verbündeten*. Jedes Volk plante, sich an Seinen Gesandten zu vergreifen. Und sie stritten mit trügerischen Beweisen, um die Wahrheit dadurch zu widerlegen. Darum erfaßte Ich sie, und wie war Meine Züchtigung! **6.** Und so wurde der Spruch deines Herrn über die Ungläubigen fällig, daß sie das Feuer bewohnen würden. **7.** Diejenigen, welche den Thron tragen, und die, welche ihn umgeben, lobpreisen ihren Herrn und glauben an Ihn und bitten um Verzeihung für die Gläubigen: »O unser Herr! Du umfaßt alle Dinge in Barmherzigkeit und Wissen. So vergib denen, die sich bekehren und Deinem Pfad folgen; und bewahre sie vor der Strafe der Hölle.

[468]**8.** O unser Herr! Führe sie in Edens Gärten ein, die Du ihnen und den Rechtschaffenen von ihren Vätern und ihren Gattinnen und Nachkommen verheißen hast. Du bist (fürwahr) der Mächtige, der Weise. **9.** Und bewahre sie vor dem Bösen. Wen Du an jenem Tage vor dem Bösen bewahrst, dessen hast Du Dich wirklich erbarmt, und das ist die große Glückseligkeit.« **10.** Den Ungläubigen wird dann gewiß zugerufen werden: »Allahs Abscheu vor euch war größer als euer Abscheu vor euch selbst, nachdem ihr zum Glauben gerufen wurdet, aber ungläubig bliebt.« **11.** Sie werden sagen: »O unser Herr! Du hast uns zweimal den Tod gegeben und uns zweimal lebendig

* Vgl. 38: 10–14.

gemacht.* Daher bekennen wir unsere Schuld. Gibt es denn keinen Ausweg?« **12.** »So bleibt es, weil ihr ungläubig wart, als Allah als der Eine verkündet wurde. Doch als Ihm Gefährten zugeschrieben wurden, glaubtet ihr. Die Entscheidung steht Allah alleine zu, dem Erhabenen, dem Großen.« **13.** Er ist es, Der euch Seine (Natur-)Wunder zeigt und euch vom Himmel Versorgung herabsendet. Aber ermahnen läßt sich nur, wer sich Allah zuwendet. **14.** So ruft Allah an, lauter im Glauben, auch wenn es den Ungläubigen zuwider ist. **15.** Der über alle Rangstufen Erhabene, der Herr des Thrones! Auf Sein Geheiß läßt Er von Seinem Geist kommen, auf wen von Seinen Dienern Er will, um vor dem Tage der Begegnung zu warnen, **16.** Dem Tag, an dem sie hervortreten und Allah von ihnen nichts verborgen sein wird. Wem gehört die Herrschaft an diesem Tage? Allah, dem Einen, dem Allmächtigen.

[469]**17.** An diesem Tage wird jeder nach Verdienst belohnt. Keinerlei Ungerechtigkeit an diesem Tag! Allah ist gewiß schnell im Abrechnen. **18.** Und warne sie vor dem immer näher heranrückenden Tag, an dem die Herzen ihre Kehlen zuschnüren werden. Die Übeltäter werden dann keinen Freund oder Fürsprecher haben, dem Beachtung geschenkt würde. **19.** Er kennt das Heuchlerische in den Augen und was die Brüste verbergen. **20.** Allah wird nach Wahrheit und Gerechtigkeit entscheiden. Diejenigen aber, die sie neben Ihm anrufen, können gar nichts entscheiden. Allah ist fürwahr der Hörende, der Sehende. **21.** Reisten sie denn nicht im Land umher und sahen, wie das Ende derer war, die vor ihnen lebten? Sie waren stärker an Kraft als sie und hinterließen mehr Spuren im Land. Und doch erfaßte sie Allah in ihren Sünden, und gegenüber Allah hatten sie keinen Beschützer. **22.** Dies, weil ihre Gesandten mit deutlichen Beweisen zu ihnen kamen und sie dennoch nicht glaubten. Darum erfaßte sie Allah. Er ist fürwahr der Starke, der Strenge im Strafen. **23.** Wir entsandten schon Moses mit Unseren Zeichen und mit eindeutiger Vollmacht **24.** Zu Pharao und Haman und

* Das erste Leben beginnt im Mutterleib, das zweite mit der Auferstehung am Tage des Gerichts. Die Verurteilung zur Hölle entspricht einem zweiten Tod.

Korah,* doch sie sagten: »Ein Zauberer! Ein Lügner!« **25**. Und als er mit der Wahrheit von Uns zu ihnen kam, sagten sie: »Tötet die Söhne derer, die seinen Glauben teilen, laßt aber ihre Frauen leben.« Aber die Anschläge der Ungläubigen schlugen fehl.

[470]**26.** Da sprach Pharao: »Laßt mich Moses töten – soll er doch seinen Herrn rufen! Denn ich fürchte, er ändert eueren Glauben oder läßt im Lande Unheil entstehen.« **27.** Moses aber sprach: »Ich nehme meine Zuflucht zu meinem Herrn und euerem Herrn vor einem jeden Hochmütigen, der an den Tag der Rechenschaft nicht glaubt.« **28.** Und ein gläubiger Mann von Pharaos Haus, der seinen Glauben verbarg, sagte: »Wollt ihr einen Mann töten, nur weil er sagt: ›Mein Herr ist Allah‹, obwohl er mit deutlichen Zeichen von euerem Herrn zu euch kam? Wenn er ein Lügner ist, so komme seine Lüge auf ihn. Ist er jedoch wahrhaftig, so wird euch etwas von dem, was er euch androht, treffen. Allah leitet nun einmal keinen Maßlosen und keinen Lügner. **29.** O mein Volk! Euch gehört heute die Herrschaft, mächtig, wie ihr auf Erden seid. Wer aber rettet uns vor Allahs Zorn, wenn Er uns erfaßt?« Pharao sprach: »Ich zeige euch nur, was ich sehe, und will euch nur auf den richtigen Weg leiten.« **30.** Doch der Gläubige sprach: »O mein Volk! Ich fürchte für euch gewiß einen Tag, wie die Verbündeten ihn erlebten, **31.** Das gleiche, was Noahs Volk und den Ad und den Thamud widerfahren ist und denen, die nach ihnen lebten. Doch Allah will nicht, daß Seine Diener Ungerechtigkeit erleiden. **32.** O mein Volk! Ich fürchte für euch den Tag der Hilferufe, **33.** Den Tag, an dem ihr euere Rücken (zur Flucht) kehren und keinen Beschützer vor Allah haben werdet. Denn der, den Allah irregehen läßt, findet niemals Rechtleitung.«

[471]**34.** Zuvor kam schon Joseph mit deutlichen Zeichen zu euch. Ihr aber hörtet nicht auf zu bezweifeln, was er euch brachte, so daß ihr, als er starb, sagtet: »Allah wird nach ihm keinen Gesandten mehr schicken.«** So läßt Allah die Maßlosen und die Zweifler irregehen. **35.** Diejenigen,

* Vgl. 28: 76 ff.

** Weil es Gottesgesandte aus ihrer Sicht überhaupt nicht gibt.

welche ohne jeden Beweis Allahs Zeichen bestreiten, erregen Abscheu bei Allah und bei den Gläubigen. Und so versiegelt Allah das Herz eines jeden Stolzen, Gewalttätigen. **36.** Und Pharao sprach: »O Haman, baue mir einen Turm, damit ich den Zugang erreiche, **37.** Den Zugang zum Himmel, und zu Moses' Gott hinaufsteige; denn ich halte ihn wirklich für einen Lügner.«* Und so erschien Pharao sein übles Tun im besten Licht, und er kam vom rechten Weg ab. Pharaos List führte nur ins Verderben. **38.** Aber der Gläubige sagte: »O mein Volk! Folgt mir nach, ich führe euch auf den richtigen Pfad. **39.** O mein Volk! Dies irdische Leben ist nur ein Nießbrauch auf Zeit. Das Jenseits aber, das ist die Wohnung auf Dauer. **40.** Wer Böses getan hat, dem wird nur mit Gleichem vergolten werden. Wer aber das Rechte getan hat, sei es Mann oder Frau, und gläubig ist, diejenigen werden in das Paradies eintreten, in dem sie über jedes Maß versorgt werden.

[472]**41.** O mein Volk! Was lade ich euch zum Heil ein, wo ihr mich zum Feuer einladet! **42.** Ihr ladet mich ein, Allah zu verleugnen und Ihm etwas beizugesellen, wovon ich keinerlei Wissen habe. Ich aber lade euch ein zum Mächtigen, dem Nachsichtigen. **43.** Es ist kein Zweifel daran, daß das, wozu ihr mich einladet, keinen Anspruch auf Anrufung hat, weder in der Welt noch im Jenseits, daß unsere Rückkehr zu Allah ist und die Gesetzesbrecher Bewohner des Feuers sein werden. **44.** Dann werdet ihr euch dessen erinnern, was ich euch jetzt sage. Ich aber stelle meine Sache Allah anheim. Allah kennt fürwahr Seine Diener!« **45.** Da schützte ihn Allah vor dem Übel, das sie planten. Das Übel der Strafe aber erfaßte Pharaos Haus. **46.** Das Feuer! Ihm werden sie ausgesetzt sein, morgens und abends. Und an dem Tage, an dem die Stunde kommt, (wird gesprochen werden:) »Führt das Haus Pharaos der strengsten Strafe zu!« **47.** Und wenn sie im Feuer miteinander rechten und die Schwachen zu den Hochtrabenden sprechen: »Seht, wir ahmten euch nach; könnt ihr uns nun nicht einen Teil der Feuerstrafe abnehmen?«, **48.** Da werden die Hochtrabenden sprechen: »Seht, wir alle sind darin.

* Eine nicht ernstgemeinte, sondern zynische »Methode« der Falsifizierung.

Wahrlich, Allah hat unter Seinen Dienern (endgültig) gerichtet!« **49.** Und diejenigen, die im Feuer sind, werden die Hüter der Hölle bitten: »Ruft eueren Herrn an, damit Er uns von der Pein (wenigstens für) einen Tag Erleichterung schafft!«

[473]**50.** Sie werden antworten: »Kamen denn euere Gesandten nicht mit deutlichen Zeichen zu euch?« Sie werden sagen: »Jawohl.« Sie werden hinzufügen: »So bittet weiter!« Aber die Bitte der Ungläubigen bleibt ohne Echo. **51.** Siehe, Wir werden Unseren Gesandten und den Gläubigen wahrlich helfen, im irdischen Leben und am Tage, an dem sich die Zeugen erheben, **52.** An dem Tage, an dem den Missetätern keine Entschuldigung etwas nutzt, sondern die Verfluchung und ein übler Aufenthalt ihr Los sein wird. **53.** Wir gaben fürwahr schon Moses die Rechtleitung und machten die Kinder Israels zu Erben der Schrift, **54.** Als Anleitung und Erinnerung für die Verständigen. **55.** Sei daher standhaft. Seht, Allahs Verheißung ist wahr. Und bitte um Verzeihung für deine Sünden und lobpreise deinen Herrn bei Nacht und bei Tag. **56.** Diejenigen, welche ohne jeden Beweis Allahs Zeichen bestreiten, haben in ihren Herzen gewiß nichts als Größenwahn. Doch sie werden ihr Ziel nicht erreichen. Nimm deine Zuflucht daher zu Allah. Er ist fürwahr der Hörende, der Sehende. **57.** Die Schöpfung der Himmel und der Erde ist gewiß bedeutender als die Schöpfung des Menschen, jedoch verstehen die meisten es nicht. **58.** Der Blinde ist nicht dem Sehenden gleich, noch sind diejenigen, welche glauben und das Rechte tun, dem Übeltäter (gleich). Wie wenig laßt ihr euch ermahnen!

[474]**59.** Die Stunde kommt gewiß, daran ist kein Zweifel. Doch die meisten Menschen glauben (es) nicht. **60.** Und euer Herr spricht: »Ruft Mich an, Ich werde auf euch eingehen!* Diejenigen aber, welche zu stolz dafür sind, Mich anzurufen, werden gedemütigt in die Hölle eintreten.« **61.** Allah ist es, der für euch die Nacht gemacht hat, damit ihr

* Oder: euch antworten, erwidern, erhören; dafür empfänglich sein; Mich euch zuwenden. Wichtig ist nur, keine Automatik zwischen Bitte und Erfüllung zu unterstellen.

darin Ruhe findet, und den Tag zum Sehen. Siehe, Allah ist wahrlich voll Gnade gegen den Menschen, jedoch danken die meisten Menschen nicht (dafür). **62.** So ist Allah, euer Herr, der Schöpfer aller Dinge. Es gibt keinen Gott außer Ihm. Wie könnt ihr euch da abwenden? **63.** Abwendig machen lassen sich auf diese Weise nur diejenigen, welche Allahs Botschaft leugnen. **64.** Allah ist es, Der die Erde euch zu einem Rastplatz und den Himmel zu einem Zeltdach gemacht hat und Der euch formte – und euere Gestalt schön machte! – und euch mit Gutem versorgte. So ist Allah, euer Herr. Segensreich ist Allah, der Herr der Welten! **65.** Er ist der Lebendige. Es gibt keinen Gott außer Ihm. Darum ruft Ihn an in aufrichtigem Glauben. Alles Lob gebührt Allah, dem Herrn der Welten! **66.** Sprich: »Mir ist es verboten, denen zu dienen, die ihr neben Allah anruft, nachdem eindeutige Verse von meinem Herrn zu mir kamen; und geboten wurde mir, mich dem Herrn der Welten zu ergeben.«

[475]**67.** Er ist es, Der euch aus Staub erschuf, dann aus einem Samentropfen, dann aus einem sich Anklammernden. Dann bringt Er euch als Kind hervor. Dann läßt Er euch die Vollkraft erreichen, dann alt werden – obwohl einige von euch früher sterben werden – und einen bestimmten Termin erreichen; damit ihr begreifen lernt. **68.** Er ist es, Der lebendig macht und sterben läßt. Und wenn Er ein Ding beschließt, spricht Er nur zu ihm: »Sei!«, und es ist. **69.** Siehst du nicht, wie diejenigen, die über Allahs Botschaft streiten, sich abwendig machen lassen? **70.** Diejenigen, welche das Buch und das, womit Wir Unsere Gesandten entsandten, leugnen, bald schon werden sie es erfahren, **71.** Wenn sie um ihren Nacken Ketten und Fesseln tragen und sie geschleift werden **72.** In das siedende Wasser und dann in das Feuer geworfen werden. **73.** Dann wird zu ihnen gesprochen werden: »Wo ist nun das, was ihr (Ihm) beigesellt hattet, **74.** Statt Allah (zu verehren)?« Sie werden sagen: »Sie sind uns entschwunden. Doch nein! Wir riefen zuvor (eigentlich) nichts an.« So läßt Allah die Ungläubigen irregehen. **75.** »Dies, weil ihr euch auf Erden zu Unrecht der Freude überlassen habt und überheblich wart. **76.** Durchschreitet die Pforten der Hölle, um ewig darin zu

verweilen. Wie schlimm ist doch die Wohnung der Hochmütigen.« **77.** Habe daher Geduld. Allahs Verheißung ist gewiß wahr. Ob Wir dich etwas von dem, was Wir ihnen androhten, sehen lassen oder ob Wir dich (vorher) abberufen – zu uns kehren sie jedenfalls zurück.

[476]**78.** Wir entsandten Gesandte ja schon vor dir. Von einigen unter ihnen erzählten Wir dir, und von anderen erzählten Wir dir nicht. Keinem Gesandten war es jedoch gegeben, mit einem Wunder zu kommen, außer mit Allahs Erlaubnis.* Wenn aber Allahs Befehl ergeht, wird in Wahrheit und Gerechtigkeit entschieden werden. Verloren sind dann alle, die (Allahs Botschaft) für nichtig hielten. **79.** Allah ist es, Der für euch das (Weide-)Vieh machte, damit ihr auf den einen reiten und von den anderen euch ernähren könnt. **80.** Auch habt ihr (noch anderen) Nutzen von ihnen, so daß ihr (mit ihrer Hilfe) manches, was ihr vorhabt, erreicht. So werdet ihr von ihnen wie auf Schiffen getragen. **81.** Und Er zeigt euch Seine Zeichen. Welches der Zeichen Allahs wollt ihr also leugnen? **82.** Sind sie denn nicht auf der Erde herumgereist? Sahen sie denn nicht, wie das Ende derer war, die vor ihnen lebten? Sie waren zahlreicher als sie und stärker an Kraft und hinterließen mehr Spuren auf Erden; doch alles, was sie geschaffen hatten, nutzte ihnen nichts. **83.** Doch als ihre Gesandten mit deutlichen Beweisen zu ihnen kamen, zogen sie selbstgefällig das Wissen vor, das sie bereits besaßen. Und so überwältigte sie, was sie bisher verspottet hatten. **84.** Als sie aber Unsere Strenge sahen, sagten sie: »Wir glauben an Allah, den Einen, und verwerfen, was wir Ihm zur Seite zu stellen pflegten.« **85.** Doch nützte ihnen ihr Glauben nichts mehr, nachdem sie Unsere Strenge bereits gesehen hatten. So war stets Allahs Brauch** gegenüber Seinen Dienern, und daher war es um die Ungläubigen geschehen.

* Vgl. 6: 109.
** Arabisch: »sunnat Allah«.

41 ERKLÄRT (FUSSILAT)

Geoffenbart zu Mekka

Im Namen Allahs, des Erbarmers, des Barmherzigen!

[477]**1.** H.M. **2.** Eine Offenbarung von dem Erbarmer, dem Barmherzigen. **3.** Ein Buch, dessen Verse als Koran in arabischer Sprache für Leute von Wissen e r k l ä r t worden sind. **4.** Ein Bringer froher Botschaft und Warner. Doch die meisten von ihnen wenden sich ab und hören nicht. **5.** Und sie sagen: »Unsere Herzen sind vor dem, wozu du uns aufrufst, verhüllt, und in unseren Ohren ist Taubheit, und zwischen uns und dir ist ein Vorhang. So handle also. Auch wir werden handeln.« **6.** Sprich: »Ich bin nur ein Mensch wie ihr. Mir wurde geoffenbart, daß euer Gott ein einziger Gott ist. So geht auf Ihn zu und bittet Ihn um Verzeihung.« Doch wehe den Götzendienern, **7.** Welche die Steuer nicht entrichten und nicht an das Jenseits glauben. **8.** Diejenigen aber, welche glauben und das Rechte tun, werden unendlichen Lohn erhalten. **9.** Sprich: »Leugnet ihr etwa Den, Der die Erde in zwei Tagen* erschuf? Oder stellt ihr Ihm Seinesgleichen zur Seite? Er allein ist der Herr der Welten.« **10.** Er verankerte auf ihr hochragende Berge. Und Er segnete sie und verteilte ihre Nahrung gerecht für alle, die danach verlangen, in vier Tagen. **11.** Dann wandte Er sich dem Himmel zu, welcher noch Rauch** war, und sprach zu ihm und zur Erde: »Kommt (ins Dasein) willig oder widerwillig.« Sie antworteten: »Wir kommen willig.«

[478]**12.** So vollendete Er sie in zwei Tagen als sieben Himmel und teilte jedem Himmel seine Aufgabe zu. Und Wir schmückten den untersten Himmel zum Schutz mit Leuchten. So ist es von dem Mächtigen, dem Wissenden (an)geordnet. **13.** Wenn sie sich jedoch abwenden, dann sprich: »Ich warne euch vor einem Blitzschlag, gleich dem Blitzschlag der Ad und Thamud.« **14.** Als die Gesandten aus allen Rich-

* Welchen Zeitraum ein »Tag« im Sinne von Vers 9, 10 und 12 bezeichnet, weiß man nicht.

** D.h. gasförmig.

tungen zu ihnen kamen (und sprachen:) »Dient allein Allah«, sagten sie: »Wenn unser Herr gewollt hätte, dann hätte Er gewiß Engel hinabgesandt. Wir glauben einfach nicht an das, womit ihr (angeblich) geschickt worden seid.« **15.** Was nun die Ad anlangt, so waren sie ohne Anlaß hochmütig auf Erden und sagten: »Wer hat mehr Macht als wir?« Sahen sie denn nicht, daß Allah, Der sie erschaffen hat, mächtiger ist als sie? Dennoch verwarfen sie Unsere Botschaft. **16.** Und so entsandten Wir einen pfeifenden Wind gegen sie, an unseligen Tagen, um sie schändliche Strafe schon in dieser Welt kosten zu lassen. Aber die Strafe des Jenseits ist schändlicher, und ihnen wird nicht geholfen werden. **17.** Was nun die Thamud anlangt, so leiteten Wir sie recht, sie aber zogen die Blindheit der Rechtleitung vor. Und so erfaßte sie für ihre (Un)taten eine erniedrigende Strafe wie ein Blitzschlag. **18.** Wir erretteten aber diejenigen, die gläubig und gottesfürchtig waren. **19.** Doch an dem Tage, an dem die Feinde Allahs vor dem Feuer versammelt werden, werden sie vorangetrieben **20.** Bis, wenn sie es erreicht haben, ihre Ohren und ihre Augen und ihre Haut Zeugnis über ihr bisheriges Tun gegen sie ablegen werden.

[479]**21.** Da werden sie zu ihrer Haut sprechen: »Warum zeugst du gegen uns?« Sie wird antworten: »Allah gab mir Sprache, Er, Der jedem Ding Sprache gegeben hat. Er hat euch ursprünglich erschaffen, und zu Ihm müßt ihr zurück. **22.** Und ihr konntet euch nicht einmal so verbergen, daß euer Gehör und euere Augen und euere Haut kein Zeugnis gegen euch ablegen könnten. Jedoch habt ihr geglaubt, daß Allah von euerem Tun nicht viel wisse. **23.** Und das, was ihr über eueren Herrn dachtet, hat euch in das Verderben geführt, und so wurdet ihr zu Verlierern.« **24.** Selbst wenn sie nun Geduld zeigen, so bleibt doch das Feuer ihr Aufenthalt, und auch wenn sie um Entschuldigung bitten, werden sie keine Entschuldigung finden. **25.** Und Wir haben ihnen Kameraden bestimmt, die ihnen als verlockend erscheinen ließen, was vor ihnen und was hinter ihnen war.* Und so war der Spruch gerecht, der sie (ebenso) traf

* Ihr vergangenes und künftiges Vorgehen und Verhalten.

wie die Völker der Dschinn und der Menschen, die vor ihnen hingingen: Fürwahr, sie sind alle Verlierer. **26.** Und die Ungläubigen sprechen: »Hört nicht auf diesen Koran, sondern redet frech dazwischen*, vielleicht setzt ihr euch durch.« **27.** Doch Wir werden die Ungläubigen strenge Strafe kosten lassen. Und Wir werden ihnen das Übelste an ihrem Tun vergelten. **28.** So ist der Lohn der Feinde Allahs – das Feuer. Darin ist ihr Aufenthalt auf ewig, weil sie Unsere Botschaft fortwährend leugneten. **29.** Und die Ungläubigen werden sprechen: »O unser Herr! Zeige uns diejenigen unter den Dschinn und Menschen, die uns irreführten. Wir wollen sie mit Füßen treten, damit sie zu den tiefst Erniedrigten gehören!«

[480]**30.** Diejenigen, welche sagen: »Unser Herr ist Allah« und dann sich standhaft wohl verhalten, zu ihnen kommen die Engel hernieder: »Fürchtet euch nicht und seid nicht traurig, sondern vernehmt die frohe Botschaft vom Paradies, das euch versprochen ist! **31.** Wir sind euere Beschützer im irdischen Leben und im Jenseits. Darin werdet ihr alles haben, was euere Seele begehrt. Und ihr werdet darin alles haben, wonach ihr verlangt – **32.** Gastliche Aufnahme von einem Vergebenden, Barmherzigen!« **33.** Und wer führt bessere Rede, als wer zu Allah einlädt und das Rechte tut und spricht: »Ich bin einer der Gottergebenen«? **34.** Das Gute und das Böse sind fürwahr nicht gleich. Wehre (das Böse) mit Besserem ab, und schon wird der, zwischen dem und dir Feindschaft war, dir wie ein echter Freund werden. **35.** Aber dies geschieht nur denjenigen, die standhaft sind, ja nur Menschen von besonderer Begnadung. **36.** Und wenn dich Satan (zum Bösen) anstachelt, dann nimm deine Zuflucht zu Allah. Er ist fürwahr der Hörende, der Wissende. **37.** Und zu Seinen Zeichen gehört die Nacht und der Tag und die Sonne und der Mond. Werft euch weder vor der Sonne nieder, noch vor dem Mond, sondern werft euch vor Allah nieder, Der sie erschaffen hat, falls Er es ist, Dem ihr wirklich dient. **38.** Wenn sie dazu auch zu stolz sind, so preisen doch diejenigen, die bei deinem Herrn sind, Ihn bei Nacht und bei Tag und werden dessen nicht müde.

* Wenn er vorgetragen wird.

[481]**39.** Zu Seinen Zeichen gehört auch, daß du die Erde leblos öde siehst. Doch wenn Wir Wasser auf sie hinabsenden, rührt sie sich und schwillt an. Er, Der sie belebt, ist fürwahr auch der Wiederbeleber der Toten. Er hat wahrlich Macht über alle Dinge. **40.** Diejenigen, welche Unsere Botschaft entstellen, sind Uns nicht verborgen. Ist etwa der besser, der ins Feuer geworfen wird, oder der, der am Tage der Auferstehung in Sicherheit hervortritt? Tut nur, was ihr wollt. Er sieht ja alles, was ihr tut. **41.** Diejenigen, welche nicht an die Ermahnung glauben, wenn sie zu ihnen kommt,… Es ist wahrlich ein erhabenes Buch! **42.** Von keiner Seite kann Falschheit an es herankommen. Es ist eine Offenbarung von einem Weisen, Rühmenswerten. **43.** Nichts anderes wurde dir gesagt, als was schon den Gesandten vor dir gesagt worden war. Dein Herr ist wahrlich der Herr der Vergebung, aber auch der Herr schmerzlicher Züchtigung. **44.** Hätten Wir ihn zu einem fremdsprachigen Koran gemacht, hätten sie gewiß gesagt: »Warum sind seine Zeichen nicht deutlich erklärt worden? (Ein Buch) in fremder Sprache und ein Araber?«* Sprich: »Er ist für die Gläubigen eine Rechtleitung und eine heilsame Arznei.« Doch in den Ohren der Ungläubigen ist Taubheit, und ihm gegenüber sind sie blind. Es ist, als würden sie aus zu weiter Ferne gerufen. **45.** Wir gaben schon Moses die Schrift. Sie aber wurden darüber uneins. Und wäre nicht zuvor schon eine Entscheidung deines Herrn ergangen, wäre zwischen ihnen schon entschieden worden. Sie sind tatsächlich in tiefem Zweifel darüber. **46.** Wer das Rechte tut, der tut es zu seinem Vorteil. Und wer Böses tut, tut es zu seinem Schaden. Dein Herr tut Seinen Dienern kein Unrecht.

[482]**47.** Ihm allein ist das Wissen von der Stunde vorbehalten. Und keine Früchte kommen aus ihren Schalen heraus, und keine Frau wird schwanger und kommt nieder, außer mit Seinem Wissen. An dem Tage, an dem Er ihnen zuruft: »Wo sind Meine Partner?«, werden sie sagen: »Wir müssen Dir gestehen: Wir haben unter uns keinen einzigen Zeugen dafür.« **48.** Ihnen ist abhanden gekommen, was sie zuvor angerufen

* Als Übermittler.

hatten, und sie sehen jetzt ein, daß für sie kein Entrinnen ist. **49.** Der Mensch ermüdet nie, wenn er um Gutes bittet; doch wenn ihn das Böse trifft, dann ist er verzweifelt und verzagt. **50.** Fürwahr, wenn Wir ihm Unsere Barmherzigkeit fühlen lassen, nach dem Leid, das ihn betroffen hatte, dann sagt er bestimmt: »Das gebührt mir! Und ich glaube nicht, daß die Stunde bevorsteht. Doch falls ich zu meinem Herrn zurückgebracht werde, dann finde ich bei Ihm gewiß das Beste.« Doch Wir werden die Undankbaren wissen lassen, was sie getan haben, und wahrlich, Wir werden sie eine harte Strafe kosten lassen. **51.** Wenn Wir dem Menschen gnädig gewesen sind, kehrt er sich ab und hält sich abseits. Wenn ihn aber ein Unheil trifft, dann betet er lange. **52.** Sprich: »Was meint ihr wohl? Wenn dies* von Allah ist und ihr es dennoch leugnet – wer ist in größerem Irrtum als der, welcher in so tiefer Abtrünnigkeit verharrt?« **53.** Wir werden ihnen Unsere Zeichen überall auf Erden und in ihnen selbst zeigen, bis ihnen deutlich wird, daß dies** die Wahrheit ist. Genügt es denn nicht, daß dein Herr Zeuge aller Dinge ist? **54.** Ist es nicht so, daß sie über die Begegnung mit ihrem Herrn im Zweifel sind? Er aber umfaßt wahrlich alle Dinge.

42 Die Beratung (asch-Schûrâ)

Geoffenbart zu Mekka

Im Namen Allahs, des Erbarmers, des Barmherzigen!

[483]**1.** H.M. **2.** ʻA. S. Q. **3.** Auf solche Weise offenbart Allah dir – wie denen vor dir –, der Mächtige, der Weise. **4.** Sein ist, was in den Himmeln und was auf Erden ist. Und Er ist der Hohe, der Gewaltige. **5.** Fast möchten die Himmel oben sich (aus Ehrfurcht) spalten. Und die Engel lobpreisen ihren Herrn und bitten um Verzeihung für alle auf Erden. Und Allah ist fürwahr der Vergebende, der Barmherzige. **6.** Und diejenigen, welche sich an Seiner Stelle andere Beschützer

* Der Koran.

** Der Koran.

nehmen, Allah behält sie im Auge, und du bist nicht ihr Hüter. **7.** Und so haben Wir dir einen arabischen Koran geoffenbart, damit du die Mutter der Städte * warnst und alle ringsum: nämlich vor dem Tage der Versammlung warnst, an dem kein Zweifel ist. Ein Teil wird sich im Paradies finden und ein Teil in der Flamme! **8.** Hätte Allah es gewollt, hätte Er sie gewiß zu einer einzigen Gemeinschaft gemacht. Er führt jedoch in Seine Barmherzigkeit ein, wen Er will. Und die Übeltäter haben weder Beschützer noch Helfer. **9.** Nehmen sie etwa außer Ihm andere Beschützer an? Doch Allah, Er allein ist der Beschützer. Er macht die Toten lebendig, und Er hat Macht über alle Dinge. **10.** Worüber auch immer ihr uneins seid, das Urteil darüber ruht bei Allah.** So ist Allah, mein Herr. Auf Ihn vertraue ich, und Ihm wende ich mich stets zu.

[484]**11.** Der Schöpfer der Himmel und der Erde! Er hat aus euch selbst Gattinnen für euch gemacht und (auch) aus den Tieren Paare. Auf diese Weise vermehrt Er euch. Nichts ist Ihm gleich. Und Er ist der Hörende, der Sehende. **12.** Sein sind die Schlüssel der Himmel und der Erde. Er gewährt Unterhalt reichlich oder bemessen, wem Er will. Er kennt fürwahr alle Dinge. **13.** Er hat euch als Religion anbefohlen, was Er Noah vorschrieb und was Wir dir offenbarten und Abraham und Moses und Jesus auftrugen: am Glauben festzuhalten und ihn nicht zu spalten***. Schwer ist für die Götzendiener das, wozu du sie aufrufst. Allah erwählt dafür, wen Er will, und leitet dahin, wer sich reumütig bekehrt. **14.** Doch sie spalteten sich aus gegenseitigem Neid****, nachdem das Wissen zu ihnen gekommen war. Und hätte dein Herr nicht bereits entschieden mit Aufschub bis zu einem bestimmten Termin, wahrlich, es wäre zwischen ihnen schon entschieden gewesen. Sieh nur, diejenigen, denen das Buch nach ihnen zum Erbe gegeben wurde, sind

* Mekka.
** Dies beschränkt die interpretative Rechtsfindung muslimischer Juristen.
*** Der Koran geht von der ökumenischen Einheit aller Religionen aus.
**** Juden und Christen.

darüber tatsächlich in tiefem Zweifel.* **15.** Lade darum dazu ein und verhalte dich richtig, so wie dir anbefohlen worden ist. Und folge nicht ihren Neigungen und Abneigungen, sondern sprich: »Ich glaube an das Buch, das Allah hinabgesandt hat. Mir wurde geboten, zwischen euch gerecht zu richten. Allah ist unser Herr und euer Herr; für uns unsere Werke und für euch euere Werke! Kein Streit sei zwischen uns und euch. Allah wird uns (alle) versammeln, und zu Ihm ist die Heimkehr.«

[485]**16.** Diejenigen aber, welche über Allah streiten, nachdem Er anerkannt worden war, deren Beweisführung ist vor ihrem Herrn ohne Wert. Auf sie kommt gewiß Zorn und strenge Strafe. **17.** Allah ist es, Der das Buch hinabgesandt hat, in Wahrheit, und die Waage. Wer weiß! Die Stunde ist vielleicht nahe! **18.** Die nicht daran glauben, wünschen sie sich herbei. Die aber, welche daran glauben, beben davor und wissen, daß sie Wirklichkeit ist. Die, welche über die Stunde streiten, sind sie nicht in tiefem Irrtum? **19.** Allah ist gütig gegenüber Seinen Dienern. Er versorgt, wen Er will. Und Er ist der Starke, der Mächtige. **20.** Wer für das Jenseits säen will, dem wollen Wir seine Ernte mehren. Und wer für die Ernte der Welt säen will, dem geben Wir von ihr, doch am Jenseits soll er keinen Anteil haben. **21.** Haben sie etwa Partner (Allahs), die ihnen als Religion etwas vorschreiben, was Allah nicht erlaubt? Wäre es nicht bis zum künftigen Urteilsspruch vertagt, wäre zwischen ihnen bestimmt schon gerichtet worden. Die Ungerechten haben schmerzliche Strafe. **22.** Du wirst dann die Ungerechten vor dem beben sehen, was sie bewirkt haben; denn es fällt auf sie gewiß zurück. Diejenigen aber, welche glauben und das Rechte tun, werden in Paradiesgärten sein und bei ihrem Herrn alles finden, was sie begehren. Das ist die große Huld!

[486]**23.** Das ist es, was Allah Seinen Dienern verheißt, die glauben und das Rechte tun. Sprich: »Ich verlange dafür keinen Lohn von euch. Aber liebt dafür (euere) Nächsten.«** Wer eine gute Tat begeht, dem werden

* Die Christen.

** Arabisch: »al-qurba«. Manche wollen dies als Aufforderung zur Liebe der Verwandten des Propheten verstehen.

Wir gewiß noch mehr an Gutem erweisen. Allah ist fürwahr verzeihend und erkenntlich. **24.** Oder sie sagen: »Er hat Lügnerisches über Allah erdichtet!« Doch wenn Allah wollte, hätte Er in diesem Falle dein Herz versiegelt; denn Allah löscht alles Falsche aus und erhärtet die Wahrheit durch Seine Worte. Er kennt fürwahr das Innerste der Brüste. **25.** Er ist es, Welcher die Reue Seiner Diener annimmt und Untaten vergibt. Und Er weiß, was ihr tut. **26.** Und Er erhört diejenigen, welche glauben und das Rechte tun, und verstärkt ihnen gegenüber Seine Gunst. Die Ungläubigen aber trifft strenge Strafe. **27.** Falls Allah Seine Diener im Überfluß versorgen würde, verhielten sie sich auf Erden übermütig. Jedoch sendet Er, was Er will, im richtigen Maße hinab; denn Er kennt Seine Diener und sieht sie wohl. **28.** Und Er ist es, Der den Regen hinabsendet, nachdem sie schon verzweifelt waren. So breitet Er Seine Barmherzigkeit aus. Und Er ist der Beschützer, der Preiswürdige. **29.** Zu Seinen Zeichen gehört auch die Schöpfung der Himmel und der Erde und aller Lebewesen, die Er in beiden verteilt hat. Er ist auch imstande, sie zu versammeln, wann immer Er will. **30.** Was euch auch an Unglück trifft, es ist für das, was euere Hände verursacht haben; doch Er vergibt vieles. **31.** Es ist euch unmöglich, euch auf Erden (Seiner) zu entziehen. Und außer Allah, habt ihr weder Beschützer noch Helfer.

[487]**32.** Zu Seinen Zeichen gehören auch die hochragenden Schiffe im Meer. **33.** Wenn Er will, beruhigt Er den Wind. Dann liegen sie bewegungslos auf der Meeresoberfläche. Darin sind fürwahr Zeichen für alle Standhaften und Dankbaren. **34.** Oder Er läßt sie verdientermaßen untergehen; doch Er vergibt vieles. **35.** Und so mögen diejenigen, welche über Unsere Botschaft streiten, wissen, daß es für sie kein Entrinnen gibt. **36.** Und was immer euch auch gegeben wird, ist nur ein vorübergehender Genuß des irdischen Lebens. Was aber bei Allah ist, ist besser und dauerhafter für diejenigen, welche glauben und auf ihren Herrn vertrauen, **37.** Und (für die,) welche die großen Sünden und Schändlichkeiten meiden und vergeben, wenn sie zornig waren, **38.** Und die auf ihren Herrn hören und das Gebet verrichten und deren Angelegenheiten (eine Sache) gegenseitiger B e r a t u n g

ist* und die von dem, womit Wir sie versorgten, spenden, **39.** Und die, wenn sie unterdrückt werden, sich zur Wehr setzen; **40.** Vergeltung werde aber nur im gleichem Ausmaße geübt. Wer jedoch vergibt und Frieden schließt, dessen Lohn ist bei Allah. Er liebt fürwahr die Ungerechten nicht. **41.** Wer sich gegen erlittenes Unrecht zur Wehr setzt, den trifft kein Vorwurf.** **42.** Vorwurf trifft nur die, welche die Menschen unterdrücken und auf Erden ohne jede Rechtfertigung Gewalttaten verüben. Ihnen steht schmerzliche Strafe bevor. **43.** Wer aber geduldig ist und verzeiht – das ist fürwahr die richtige Art der Entschlossenheit. **44.** Wen Allah irregehen läßt, der hat nach Ihm überhaupt keinen Beschützer mehr. Und du wirst die Übeltäter sehen, wie sie, wenn sie die Strafe sehen, sagen: »Gibt es keinen Weg, der zurückführt?«

[488]**45.** Und du wirst sie sehen, wie sie ihr*** überantwortet werden, erniedrigt in ihrer Schmach und verstohlen um sich blickend. Da werden die Gläubigen sagen: »Wahrhaft verloren sind die, welche sich selbst und ihre Familien am Tage der Auferstehung verlieren!« Ist es nicht so, daß die Ungerechten beständiger Pein ausgesetzt sein werden? **46.** Und sie werden keine Beschützer haben, ihnen anstelle von Allah zu helfen. Wen Allah irregehen läßt, für den gibt es fürwahr keinen Weg. **47.** Hört auf eueren Herrn, bevor ein Tag kommt, der gegenüber Allah nicht abzuwenden ist. Kein Asyl gibt es für euch an diesem Tag und kein Ableugnen. **48.** Wenn sie sich aber abwenden: Wir haben dich nicht als ihren Aufpasser entsandt; dir obliegt nur die Verkündigung. Wenn Wir den Menschen von Unserer Barmherzigkeit spüren lassen, freut er sich darüber. Wenn ihn jedoch ein Übel trifft für das, was seine Hände zuvor angerichtet haben, dann ist der Mensch bestimmt undankbar. **49.** Allahs

* Wichtige Grundlage für die Entwicklung von Gewaltenteilung und Parlament in muslimischen Staaten.

** Die Verse 39 und 41 werden von islamischen (Oppositions-)Bewegungen zur Rechtfertigung bewaffneten innenpolitischen Widerstands herangezogen.

*** Der Hölle.

ist das Reich der Himmel und der Erde. Er erschafft, was Er will. Er schenkt Mädchen, wem Er will, und schenkt Jungen, wem Er will. **50.** Oder Er gibt ihnen beides, Jungen und Mädchen. Und Er macht unfruchtbar, wen Er will. Er ist fürwahr wissend und mächtig. **51.** Und es steht keinem Menschen zu, daß Allah mit ihm spricht, es sei denn durch Eingebung* oder von hinter einem Schleier oder durch Entsendung eines Gesandten, um auf Sein Geheiß zu offenbaren, was Er will. Er ist fürwahr erhaben und weise.

[489]**52.** Und so ließen Wir dir auf Unser Geheiß von Unserem Geist offenbaren.** Du wußtest zuvor nicht, was die Schrift und was der Glaube war. Jedoch machten Wir es zu einem Licht, mit dem Wir leiten, wen von Unseren Dienern Wir wollen. Du leitest fürwahr auf den geraden Weg, **53.** Den Weg Allahs, Dem alles gehört, was in den Himmeln und was auf Erden ist. Zu Allah kehren doch alle Dinge zurück.

43 Der goldene Prunk (az-Zukhruf)

Geoffenbart zu Mekka

Im Namen Allahs, des Erbarmers, des Barmherzigen!

1. H.M. **2.** Bei dem deutlichen Buch! **3.** Siehe, Wir machten ihn zu einem arabischen Koran, damit ihr verstehen möget. **4.** Und er ist fürwahr in der Urschrift bei Uns*** – eine erhabene und weise. **5.** Sollen Wir euch die Ermahnung denn vorenthalten, nur weil ihr ein maßloses Volk seid? **6.** Und wie viele Propheten entsandten Wir zu früheren Völkern? **7.** Doch nie kam ein Prophet zu ihnen, ohne daß sie ihn verspottet hätten. **8.** Deshalb vertilgten Wir sie, obwohl sie stärker (als die anderen) waren. So erging es schon früheren Völkern. **9.** Wenn du sie

* Arabisch: »al-wahy«; plötzliche göttliche Inspiration und innere Erleuchtung. Wichtiger Begriff auch der islamischen Mystik.

** Arabisch: »ruhan«; der Koran als »lebenspendende« Botschaft. Keinesfalls »Logos« im christlichen Sinne.

*** Die bei Gott seit Ewigkeit existierende Quelle aller Offenbarung; wörtlich: Mutter der Schrift (arab.: »umm al-kitabi«).

fragst: »Wer hat die Himmel und die Erde erschaffen?«, antworten sie bestimmt: »Erschaffen hat sie der Mächtige, der Wissende!« **10.** (Der,) Der die Erde für euch zu einem Bett und auf ihr Wege für euch gemacht hat, damit ihr den richtigen Weg finden würdet;

[490]**11.** (Der,) Der euch vom Himmel Wasser hinabsendet, in (gebührendem) Maße, wodurch Wir totes Land wiederbeleben. So sollt auch ihr wiedererweckt werden; **12.** Und Der alle Arten in Paaren erschaffen hat und für euch Schiffe und Tiere gemacht hat, um sie zu besteigen, **13.** So daß ihr fest auf ihren Rücken sitzt und der Gnade eueres Herrn gedenkt, wenn ihr darauf sitzt, und sagt: »Preis sei Dem, Der uns all dies verfügbar gemacht hat! Wir wären hierzu nicht imstande gewesen. **14.** Seht, zu unserem Herrn kehren wir gewiß zurück.« **15.** Und doch schreiben sie Ihm einige Seiner Diener (als göttliche Nachkommen) zu.* Wahrlich, der Mensch ist offenkundig undankbar. **16.** Sollte Er etwa von dem, was Er schuf, für Sich Töchter genommen und euch Söhne zugeteilt haben? **17.** Doch wenn einem von ihnen das, was er dem Erbarmer zuschreibt, angekündigt wird,** wird er schwarz im Gesicht, und er grollt: **18.** »Was! Eine, die unter lauter Schmuck*** aufgezogen wird und sich im Streit nicht behaupten kann?« **19.** Und sie machen die Engel, die Diener des Erbarmers, zu weiblichen Wesen. Waren sie etwa Zeugen ihrer Schöpfung? Ihre Behauptung wird niedergeschrieben, und sie werden zur Rede gestellt werden. **20.** Und sie sagen: »Hätte der Erbarmer es gewollt, hätten wir ihnen nie gedient.« Sie haben aber hiervon kein Wissen, sondern vermuten nur. **21.** Oder gaben Wir ihnen etwa eine Offenbarung vor diesem (Buch), und sie halten daran fest? **22.** Nein! Sie sagen: »Wir fanden unsere Väter auf einem (Glaubens-) Weg und folgen ihren Spuren.«

[491]**23.** So entsandten Wir auch vor dir keinen Warner in eine Stadt, ohne daß die Reichen dort gesprochen hätten: »Wir fanden doch unsere

* Oder: »...machen sie aus Seinen Dienern einen Teil Seiner Selbst.«
** Die Geburt einer Tochter.
*** Oder: als Schmuckstück.

Väter auf einem (Glaubens-)Weg und folgen ihren Spuren.« **24.** (Der Warner) sagte: »Etwa auch, wenn ich euch etwas bringe, was euch besser rechtleitet als das, was ihr bei eueren Vätern vorfandet?« Sie antworteten (jeweils): »Wir glauben einfach nicht an euere Sendung.« **25.** Und so übten Wir an ihnen Vergeltung. Sieh nur, wie das Ende der Leugner war! **26.** Und als Abraham zu seinem Vater und seinem Volke sprach: »Ich habe nichts mit dem zu tun, was ihr anbetet, **27.** Außer mit Dem, Der mich erschaffen hat. Und Er wird mich gewiß rechtleiten!« **28.** Und dieses Wort von ihm blieb seiner Nachkommenschaft in Erinnerung, so daß sie stets darauf zurückkommen konnten. **29.** Dennoch gewährte Ich diesen und ihren Vätern Versorgung in Fülle, bis die Wahrheit und ein offenkundiger Gesandter zu ihnen kam. **30.** Aber als die Wahrheit zu ihnen gekommen war, sagten sie: »Dies ist Zauberei! Wir können einfach nicht daran glauben.« **31.** Und sie sagten: »Warum wurde dieser Koran nicht auf eine führende Persönlichkeit aus den beiden Städten* herabgesandt?« **32.** Verteilen etwa sie die Barmherzigkeit deines Herrn? Wir verteilen den Lebensunterhalt auf Erden unter ihnen und erhöhen die einen von ihnen im Rang über die anderen, so daß die einen den anderen von Nutzen sind.** Doch deines Herrn Barmherzigkeit ist besser als das, was sie zusammentragen. **33.** Würden die Menschen daraufhin nicht zu einer einzigen Gemeinde*** werden, hätten Wir denen, die den Erbarmer verleugnen, wirklich für ihre Häuser Dächer aus Silber gemacht und (silberne) Stufen, auf denen sie hinaufsteigen,

[492]**34.** Und (silberne) Türen für ihre Häuser und (silberdurchwirkte) Polster, auf die sie sich lehnen, **35.** Und goldenen Prunk. Aber all dies wäre nur eine Versorgung für das irdische Leben gewesen; doch für die Gottesfürchtigen ist das Jenseits, bei deinem Herrn. **36.** Wer von der Ermahnung des Erbarmers nichts wissen will, dem gesellen Wir einen

* Mekka und Ta'if.

** Hinweis auf die gesellschaftliche Nützlichkeit von Arbeitsteilung, die auf Begabungsunterschieden beruht.

*** Von Ungläubigen.

Satan bei, der sein Begleiter sein wird. **37.** Diese bringen sie tatsächlich vom Weg ab, während sie sich für rechtgeleitet halten, **38.** Bis einer schließlich, wenn er zu Uns kommt, (zu seinem Begleiter) sagt: »O wenn zwischen mir und dir doch nur der Abstand wie zwischen Osten und Westen wäre!« Was für ein schlimmer Begleiter! **39.** An diesem Tage wird es euch nichts nützen, daß ihr die Strafe teilt, weil ihr zusammen gesündigt hattet. **40.** Kannst du etwa die Tauben hörend machen oder die Blinden leiten oder den, der in offenkundigem Irrtum ist? **41.** Und ob Wir dich fortnehmen (oder nicht) – Wir werden an ihnen Vergeltung üben. **42.** Und ob Wir dir zeigen, was Wir ihnen angedroht haben (oder nicht) – Wir haben Macht über sie. **43.** Halte daher an dem fest, was dir geoffenbart wurde. Du bist fürwahr auf dem rechten Weg. **44.** Es ist gewiß eine Ermahnung für dich und für dein Volk, und ihr werdet darüber zur Rede gestellt werden. **45.** Frage diejenigen Unserer Gesandten, welche Wir vor dir entsandten: »Haben Wir etwa Götter gemacht, die neben dem Erbarmer zur Verehrung bestimmt sind?« **46.** Wir entsandten bereits Moses mit Unseren Zeichen zu Pharao und seinen Oberhäuptern, und er sprach: »Siehe, ich bin der Gesandte des Herrn der Welten.« **47.** Doch als er mit Unserer Botschaft zu ihnen kam, lachten sie darüber,

[493]**48.** Obwohl jedes Zeichen, das Wir ihnen zeigten, größer als das frühere war. Wir erfaßten sie daher mit Strafe, damit sie vielleicht umkehrten. **49.** Sie sagten daraufhin: »O du Zauberer! Rufe deinen Herrn für uns an, dem Verhältnis gemäß, das du zu Ihm hast. Jetzt wollen wir der Rechtleitung folgen.« **50.** Sobald Wir aber die Strafe von ihnen nahmen, brachen sie ihr Wort. **51.** Und Pharao ließ unter seinem Volk verkünden: »O mein Volk! Gehören das Königreich von Ägypten und diese Ströme, die es durcheilen, nicht mir? Schaut ihr euch denn nicht um? **52.** Bin ich etwa nicht besser als dieser Verächtliche da, der sich kaum verständlich machen kann? **53.** Warum sind ihm denn keine Armbänder aus Gold angelegt worden, oder sind keine Engel in seinem Gefolge gekommen?« **54.** Und so verleitete er sein Volk zur Leichtfertigkeit, so daß sie ihm gehorchten. Sie waren in der Tat ein verdorbenes Volk! **55.** Da sie Uns aber herausgefordert hatten, nahmen Wir an ihnen Vergeltung und

ließen sie allesamt ertrinken. **56.** So machten Wir sie zu etwas Vergangenem und zu einem warnenden Beispiel für spätere Generationen. **57.** Wenn immer der Sohn Marias als Beispiel aufgeführt wird, erregt sich dein Volk **58.** Und fragt: »Sind unsere Götter besser oder er?« Dies bringen sie dir aber nur zum Streiten vor; denn sie sind ein streitsüchtiges Volk.* **59.** Seht, er war nur ein Diener, dem Wir Gnade erwiesen hatten. Und Wir machten ihn zu einem Beispiel für die Kinder Israels. **60.** Hätten Wir es gewollt, hätten Wir aus euch (sogar) Engel machen können, die auf Erden einander nachfolgen.**

[494]**61.** Doch er dient wirklich als Vorzeichen der Stunde.*** So bezweifelt sie nicht, sondern folgt Mir; dies ist der gerade Weg. **62.** Und laßt euch Satan nicht im Weg stehen! Er ist euch doch ein offenkundiger Feind. **63.** Als nun Jesus mit klaren Beweisen kam, sprach er: »Ich bin mit der Weisheit zu euch gekommen und um euch etwas von dem zu erklären, worüber ihr uneins seid. So fürchtet Allah und gehorcht mir. **64.** Allah, Er ist wahrlich mein Herr und euer Herr. So dient Ihm! Das ist der gerade Weg.« **65.** Doch dann wurden die (christlichen) Sekten untereinander uneins. Wehe denn den Übeltätern ob der Strafe eines schmerzlichen Tages! **66.** Erwarten sie etwa etwas anderes, als daß die Stunde plötzlich über sie kommt, ohne daß sie es sich versehen? **67.** An jenem Tage werden Freunde einer des anderen Feind sein, außer bei den Gottesfürchtigen. **68.** »O Meine Diener! An diesem Tage sollt ihr keine Angst haben, und ihr sollt auch nicht traurig sein, **69.** Ihr, die ihr an Unsere Zeichen glaubt und Uns ergeben seid. **70.** Tretet in das Paradies ein, ihr und euere Gattinnen, in Glückseligkeit!« **71.** Unter ihnen werden Schüsseln und Becher aus Gold kreisen, mit allem, was Seelen begehren und Augen ergötzt. Und ewig sollt ihr darin ver-

* Die Mekkaner wiesen auf die Christen hin, die Jesus als Gott anbeteten, als Muhammad ihnen ihren Götzendienst vorhielt.

** Auch Engel werden hier als endliche Geschöpfe Gottes vorgestellt, deren Verehrung unzulässig ist.

*** Jesu Wiederkunft auf Erden ist ein Vorzeichen des Jüngsten Tages.

weilen; **72.** Denn das ist das Paradies, das euch zum Erbe gegeben wurde, (zum Dank) für euer Tun. **73.** Darin sind Früchte in Menge für euch, von denen ihr eßt.

495**74.** Die Sünder aber, sie sollen ewig die Höllenpein aushalten. **75.** Sie wird nicht gemildert werden, und in ihr sollen sie verzweifeln. **76.** Wir tun ihnen kein Unrecht, sondern sie taten sich selbst unrecht. **77.** Da werden sie rufen: »O Malik!* Laß doch deinen Herrn ein Ende mit uns machen!« Er wird sprechen: »Ihr müßt bleiben!« **78.** Wir brachten euch doch die Wahrheit, jedoch die meisten von euch verabscheuen die Wahrheit. **79.** Haben sie sich für einen Plan entschieden? Nun, auch Wir haben Uns für einen Plan entschieden! **80.** Meinen sie denn, daß Wir ihre Geheimnisse und ihr heimliches Gespräch nicht hören? Im Gegenteil. Unsere Boten bei ihnen schreiben es auf. **81.** Sprich: »Wenn der Erbarmer einen Sohn hätte, wäre ich der erste, ihn zu verehren.« **82.** Preis sei dem Herrn der Himmel und der Erde, dem Herrn des Thrones! (Erhaben ist Er) über das, was sie über Ihn aussagen! **83.** Darum laß sie daherreden und (mit Worten) spielen, bis sie dem Tage begegnen, der ihnen angedroht ist.** **84.** Er aber ist Derjenige, Der Gott ist im Himmel und Gott ist auf Erden. Und Er ist der Weise, der Wissende. **85.** Und geheiligt sei Der, Dessen das Reich der Himmel und der Erde ist und all dessen, was sich zwischen beiden findet. Er hat Kenntnis von der Stunde, und zu Ihm kehrt ihr zurück. **86.** Diejenigen, die sie neben Ihm anrufen, können für sie keine Fürsprache einlegen, außer für die, welche die Wahrheit bezeugen und sich (der Einheit Gottes) bewußt waren.*** **87.** Wenn du sie fragst, wer sie erschaffen hat, sagen sie bestimmt: »Allah.« Wie lassen sie sich dann doch von Ihm abwenden? **88.** Und sein**** Ruf ist: »O mein Herr! Diese hier sind ein Volk, das

* Der Höllenvogt.

** Verse 81–83 können als Echo auf das 1. Ökumenische Konzil in Nizäa (325) verstanden werden. Dort wurde damals im Nizäischen Glaubensbekenntnis formuliert, daß Jesus »wesensgleich« mit Gott sei.

*** Zum koranischen Konzept der Fürsprache vgl. 10: 3.

**** Muhammads.

nicht glaubt!« **89.** So sei mit ihnen nachsichtig und sprich: »Frieden!« Bald werden sie es* ja wissen.

44 Der Rauch (ad-Dukhân)
Geoffenbart zu Mekka

Im Namen Allahs, des Erbarmers, des Barmherzigen!

[496]**1.** H.M. **2.** Bei dem deutlichen Buch! **3.** Wahrlich, Wir haben es hinabgesandt in einer gesegneten Nacht** – Wir waren doch stets ein Warnender! –, **4.** In welcher der Unterschied zwischen allen Dingen in Weisheit erläutert wurde **5.** Auf Unser Geheiß. Es gab stets Gesandte **6.** Als eine Barmherzigkeit von deinem Herrn – Er ist fürwahr der Hörende, der Wissende -**7.** Dem Herrn der Himmel und der Erde und was zwischen beiden ist. Wenn ihr doch nur daran fest glauben würdet! **8.** Es gibt keinen Gott außer Ihm. Er macht lebendig, und Er läßt sterben – euer Herr und der Herr euerer Vorfahren. **9.** Doch nein, sie spielen mit Zweifeln! **10.** Warte denn auf den Tag, an dem der Himmel in deutlichem R a u c h aufgeht, **11.** Der die Menschen verhüllt. Das ist eine schmerzliche Strafe! **12.** »O unser Herr! Nimm die Strafe von uns, wir glauben ja!« **13.** Aber wie soll ihnen diese Ermahnung (noch) nützen, wo doch schon ein offenkundiger Gesandter zu ihnen gekommen war, **14.** Sie sich aber von ihm abgewendet und gesagt hatten: »Eingelernt! Besessen!«? **15.** Wir werden euch die Strafe ein wenig vermindern, doch ihr werdet sicher rückfällig werden. **16.** An dem Tage aber, an dem Wir mit größter Gewalt zupacken werden, werden Wir gewiß Vergeltung üben. **17.** So prüften Wir schon das Volk Pharaos. Zu ihnen kam ein edler Gesandter. **18.** (Er sprach:) »Überlaßt mir die Diener Allahs***. Ich bin gewiß ein vertrauenswürdiger Gesandter für euch.

* Die Wahrheit über die Natur Gottes.

** Auch Lailat al-Qadr genannt: »Nacht der Bestimmung«, die 27. Nacht bzw. eine der letzten fünf ungeraden Nächte des Ramadan, in der 610 die koranische Offenbarung begann. Vgl. Sure 97 und 96: 1–5.

*** Die Kinder Israels.

[497]**19.** Und erhebt euch nicht gegen Allah. Ich komme wirklich mit offenkundiger Autorität zu euch. **20.** Und ich nehme Zuflucht zu meinem Herrn und euerem Herrn davor, daß ihr mich steinigt. **21.** Wenn ihr mir aber nicht glaubt, dann haltet euch (wenigstens) fern von mir.« **22.** Dann rief er zu seinem Herrn: »Dies ist wirklich ein sündiges Volk!« **23.** (Allah sprach:) »So ziehe des Nachts mit Meinen Dienern fort; denn ihr werdet bestimmt verfolgt werden. **24.** Und verlaß das Meer, solange es geteilt ist; denn sie sind ein Heer, das ertrinken soll.« **25.** Wieviele Gärten und Quellen ließen sie zurück **26.** Und Saatfelder und vorzügliche Wohnungen **27.** Und Wohlstand, den sie genossen hatten! **28.** So geschah es. Und Wir gaben all dies einem anderen Volk zum Erbe. **29.** Weder Himmel noch Erde weinten über sie; und ihnen wurde kein Aufschub gewährt. **30.** Wir erretteten die Kinder Israels gewiß vor einem entwürdigenden Los, **31.** Vor Pharao; denn er war hochmütig, einer der Maßlosen. **32.** Wir erwählten sie fürwahr mit Bedacht vor aller Welt.* **33.** Und Wir gaben ihnen Zeichen, in denen eine unmißverständliche Prüfung verborgen war. **34.** Doch diese sagen tatsächlich: **35.** »Es gibt nur unseren ersten Tod; wir werden nicht wieder auferweckt. **36.** Bringt doch unsere Väter wieder, wenn ihr die Wahrheit sagt!«** **37.** Sind sie etwa besser als das Volk der Tubba*** und die, welche vor ihnen lebten? Wir vernichteten sie, denn sie waren wirklich Sünder (wie sie). **38.** Wir erschufen die Himmel und die Erde und was zwischen beiden ist nicht zum spielerischen Zeitvertreib. **39.** Wir erschufen alles in Übereinstimmung mit der Wahrheit, jedoch wissen es die meisten von ihnen nicht.

[498]**40.** Der Tag der Unterscheidung ist für sie alle der festgesetzte Zeitpunkt: **41.** Der Tag, an dem kein Schutzgewährender etwas für den

* Weil die Juden damals das einzige Volk monotheistischen Glaubens waren.

** Die sadduzäische Priesterschaft hatte bis zur Zerstörung des 2. jüdischen Tempels weder an das Letzte Gericht noch an ein Weiterleben nach dem Tod geglaubt.

*** Titel der Könige des Jemen.

Schutzbefohlenen leisten kann* und an dem sie keine Hilfe finden, **42.** Außer dem, dessen sich Allah erbarmt. Er ist fürwahr der Mächtige, der Barmherzige. **43.** Der Baum Zaqqum ist tatsächlich **44.** Die Speise des Sünders. **45.** Wie geschmolzenes Erz wird es in den Bäuchen brodeln, **46.** Wie das Brodeln von siedendem Wasser. **47.** »Packt ihn und schleift ihn mitten in die Flammen der Hölle. **48.** Dann gießt die Qual des siedenden Wassers über sein Haupt. **49.** Koste! Du warst doch angeblich der Mächtige, der Edle! **50.** Das ist es nun, worüber ihr in Zweifel wart!« **51.** Die Gottesfürchtigen werden indessen an sicherer Stätte sein, **52.** In Gärten mit Quellen. **53.** Gekleidet werden sie in Seide und Brokat sein, sich einander gegenübersitzend. **54.** So (wird es sein). Und wir vermählen sie (dort) mit Huris.** **55.** Dort können sie jeder Art Früchte verlangen und werden sie in Sicherheit sein. **56.** Dort werden sie nach ihrem ersten Tod keinen Tod mehr kosten, und so bewahrt Er sie vor der Höllenstrafe. **57.** Eine Gnade deines Herrn! Das ist die große Glückseligkeit. **58.** Wir haben ihn*** leicht verständlich gemacht, in deiner Sprache, damit sie ihn sich zu Herzen nehmen. **59.** So warte ab. Sie warten ja auch.

45 Die Kniende (al-Dschâthiya)

Geoffenbart zu Mekka

Im Namen Allahs, des Erbarmers, des Barmherzigen!

[499]**1.** H. M. **2.** Die Offenbarung des Buches kommt von Allah, dem Mächtigen, dem Weisen. **3.** In den Himmeln und auf der Erde gibt es fürwahr Beweise für die Gläubigen. **4.** In der Erschaffung von euch und in den Tieren, die Er verbreitet hat, finden sich Beweise für Leute, die ihres Glaubens gewiß sind.**** **5.** Auch in dem Wechsel von Nacht

* Oder: Freund für den Freund.

** Huris sind Partner im Paradies, für Männer und Frauen.

*** Den Koran.

**** Auch der kausale und der ontologische Gottesbeweis ersetzen eine Glaubensentscheidung nicht. Nach Immanuel Kant ist der philosophische Beweis von Gott eine Frage der praktischen Vernunft, nicht der (reinen) Metaphysik.

und Tag und in der Versorgung,★ die Allah vom Himmel hinabsendet und durch die Er die Erde aus ihrer Leblosigkeit erweckt, und in dem Wechsel der Winde sind Beweise für ein Volk von Verstand. **6.** Dies sind die Verse Allahs, die Wir dir in Wahrheit vortragen. An welche Offenbarung wollen sie denn glauben, wenn nicht an Allah und Seine Botschaft? **7.** Wehe jedem sündigen Selbstbetrüger, **8.** Der Allahs Verse, wenn sie ihm verlesen werden, so hört, als ob er sie nicht hörte und in Hoffart verharrt – darum verkünde ihm schmerzliche Strafe – **9.** Und der, wenn er (trotzdem) etwas von Unseren Versen kennenlernt, damit Spott treibt. Ihnen wird schimpfliche Strafe! **10.** Die Hölle ist ihnen auf den Fersen. Und was sie geleistet haben, soll ihnen nichts nützen und auch nicht, was sie außer Allah als Beschützer annahmen. Ihnen eine gewaltige Strafe! **11.** Dies ist eine Rechtleitung! Diejenigen, welche die Botschaft ihres Herrn verleugnen, werden mit schmerzlicher Strafe gezüchtigt. **12.** Allah ist es, Der euch das Meer dienstbar macht, damit die Schiffe nach Seinem Geheiß auf ihm dahineilen und damit ihr nach Seinen Gaben trachtet und damit ihr dankbar seid. **13.** Er hat euch alles dienstbar gemacht, was in den Himmeln und auf Erden ist; alles ist von Ihm. Hierin sind wahrlich Hinweise für nachdenkliche Leute.

[500]**14.** Sage den Gläubigen, daß sie denen verzeihen sollen, die nicht mit den Tagen Allahs rechnen. Er (allein) wird die Menschen nach ihrem Verdienst belohnen. **15.** Wer Gutes tut, tut es für sich selbst, und wer Böses tut, der tut es gegen sich selbst. Schließlich kehrt ihr alle zu euerem Herrn zurück. **16.** Wir gaben den Kindern Israels fürwahr die Schrift und die Weisheit und das Prophetentum und versorgten sie mit Gutem und bevorzugten sie vor aller Welt. **17.** Wir gaben ihnen auch deutliche Weisungen in der Angelegenheit.★★ Sie wurden erst uneins, nachdem das Wissen zu ihnen gekommen war, aus Neid aufeinander. Dein Herr wird am Tag der Auferstehung gewiß unter ihnen über das

★ Arab.: »ar-rizq«. Hier ist Wasser als grundlegende Versorgung gemeint.

★★ Scil. von Glaube, Religion, Gesetz und Moral. Der gleiche Begriff taucht in Vers 18 auf.

entscheiden, worüber sie uneins sind. **18.** Schließlich brachten Wir dich in der Angelegenheit auf den Weg. Darum folge ihm und folge nicht den Neigungen der Unwissenden. **19.** Wahrlich, sie werden dir niemals etwas gegen Allah nützen. Siehe, die Übeltäter sind einer des anderen Beschützer. Allah aber ist der Beschützer der Gottesfürchtigen. **20.** Dies dient der Einsicht der Menschen und ist eine Rechtleitung und Barmherzigkeit für Leute, die ihres Glaubens gewiß sind. **21.** Oder glauben diejenigen, die Böses tun, daß Wir sie im Leben und im Tod wie die behandeln, welche glauben und das Rechte tun? Ihr Urteil ist schlecht! **22.** Allah hat die Himmel und die Erde gewiß der Wahrheit gemäß erschaffen. Und jede Seele wird nach Verdienst belohnt. Dabei wird ihnen kein Unrecht geschehen.

[501]**23.** Was meinst du wohl? Wer seine Wünsche zu (seinem) Gott macht und wen Allah irregehen läßt – wissend, daß ihm Ohr und Herz versiegelt sind und daß auf seinen Augen eine Hülle liegt – wer wird ihn wohl rechtleiten, wenn nicht Allah? Wollen sie sich denn nicht ermahnen lassen? **24.** Sie aber sagen: »Es gibt nur unser irdisches Leben. Wir sterben und wir leben, und nur der Zeitablauf macht uns zunichte.« Sie haben davon aber kein Wissen; sie vermuten nur. **25.** Wenn ihnen Unsere deutlichen Verse verlesen werden, ist ihr einziger Einwand zu sagen. »Bringt uns unsere Väter zurück, wenn ihr die Wahrheit sagt.« **26.** Sprich: »Allah macht euch lebendig, dann läßt Er euch sterben, dann versammelt Er euch am Tage der Auferstehung. Kein Zweifel ist daran, jedoch wissen es die meisten Menschen nicht.« **27.** Allahs ist das Reich der Himmel und der Erde. Und an dem Tage, an dem die Stunde schlägt, an diesem Tage werden die, welche ihn* für falsch hielten, verloren sein. **28.** Und du wirst jedes Volk k n i e n sehen. Jedes Volk wird zu seinem (Rechenschafts-)Buch gerufen: »Heute werdet ihr für euer Tun belohnt. **29.** Dies ist Unser Buch. Es bezeugt die Wahrheit gegen euch. Siehe, Wir haben fürwahr alles aufgeschrieben, was ihr getan habt.« **30.** Was nun diejenigen anlangt, welche glaubten und das Rechte taten, die wird ihr

* Den Koran.

Herr in Seine Barmherzigkeit einführen; das ist die offenbare Glückseligkeit. **31.** Was aber die Ungläubigen anlangt: »Wurden euch denn nicht Meine Verse verlesen? Ihr aber wart hochmütig und ein sündiges Volk!« 32. Und wenn gesagt wurde: »Seht, Allahs Verheißung ist wahr, und an der Stunde ist kein Zweifel!«, dann sagtet ihr stets: »Wir wissen nicht, was diese Stunde ist. Wir meinen, daß sie eine Wahnvorstellung ist, und sind davon nicht überzeugt.«

[502]**33.** Und doch wird ihnen das Böse, das sie getan hatten, klarwerden. Und das, was sie verspottet hatten, wird sie ergreifen. **34.** Dann wird gesprochen werden: »Heute vergessen Wir euch, so wie ihr die Begegnung mit diesem euerem Tag vergessen hattet. Euere Wohnung aber soll das Feuer sein. Und ihr werdet keine Hilfe finden. **35.** Dies, weil ihr Allahs Botschaft verspottet habt und euch das irdische Leben verführt hatte.« Daher werden sie an jenem Tage nicht aus dem Feuer herauskommen und nicht wieder in Gnaden angenommen werden. **36.** Allah sei also alles Lob, dem Herrn der Himmel und dem Herrn der Erde, dem Herrn der Welten! **37.** Sein ist die Herrlichkeit in den Himmeln und auf Erden. Und Er ist der Erhabene, der Weise.

46 Die Sanddünen (al-Aḥqâf)

Geoffenbart zu Mekka

Im Namen Allahs, des Erbarmers, des Barmherzigen!

1. H. M. **2.** Die Offenbarung des Buches kommt von Allah, dem Mächtigen, dem Weisen! **3.** Wir erschufen die Himmel und die Erde und was zwischen beiden ist in Übereinstimmung mit der Wahrheit und für eine bestimmte Frist. Aber die Ungläubigen wenden sich von dem ab, wovor sie gewarnt werden. **4.** Sprich: »Habt ihr denn gut überlegt, was ihr da anstelle von Allah anruft? Zeigt mir, was sie von der Erde erschufen! Oder haben sie etwa einen Anteil an den Himmeln? Bringt mir ein älteres (göttliches) Buch oder sonst eine Spur von Wissen,* falls ihr

* Wodurch die Verehrung der Götzen sanktioniert würde.

wahrhaft seid.« **5.** Wer aber ist in größerem Irrtum, als wer statt Allah anruft, was ihn nicht erhören (kann), weder jetzt noch am Tage der Auferstehung – und was sich seines Rufes gar nicht bewußt ist –

[503]**6.** Und was, wenn die Menschen versammelt werden, ihr Feind ist und ihre Anbetung verleugnet?* **7.** Doch wenn ihnen Unsere deutlichen Verse verlesen werden, sagen die Ungläubigen über die Wahrheit, die zu ihnen kam: »Das ist offenkundige Zauberei!« **8.** Oder sagen sie: »Er hat ihn** erfunden!« Sprich: »Wenn ich ihn erfunden hätte, könntet ihr bei Allah nichts mehr zu meinen Gunsten ausrichten. Er weiß jedoch sehr wohl, was ihr da äußert. Er genügt als Zeuge zwischen mir und euch. Und Er ist der Verzeihende, der Barmherzige.« **9.** Sprich: »Ich bin kein Neuerer unter den Gesandten. Und ich weiß nicht, was mit mir und mit euch geschehen wird. Ich folge nur dem, was mir geoffenbart worden ist. Ich bin ja nur ein eindeutiger Warner.« **10.** Sprich: »Was meint ihr wohl? Wenn er (nun doch) von Allah ist, ihr aber nicht an ihn glaubt, obwohl ein Zeuge von den Kindern Israels seine Übereinstimmung bezeugt und daran glaubt,*** während ihr zu stolz seid…? Wahrlich, Allah leitet kein böswilliges Volk!« **11.** Und die Ungläubigen sagen den Gläubigen: »Wenn an ihm etwas Gutes wäre, wären diese da uns nicht damit zuvorgekommen.«**** Und da sie sich durch ihn nicht leiten lassen, behaupten sie: »Dies ist eine alte Lüge!« **12.** Aber vor ihm gab es das Buch Moses, eine Richtschnur und eine Barmherzigkeit. Und dies ist ein Buch, das es (die Thora) in arabischer Sprache bestätigt, um die Übeltäter zu warnen und als frohe Botschaft für die Rechtschaffenen. **13.** Diejenigen, die sagen: »Unser Herr ist Allah« und danach (im Glauben) fest bleiben, haben nichts zu fürchten und brauchen nicht traurig zu sein. **14.** Sie nämlich wer-

* Die Feindschaft nichtexistierender Gegenstände oder Wesen menschlicher Verehrung ist symbolisch; vgl. 35: 14.

** Den Koran.

*** Manche Juden anerkannten den Koran, zumal das Kommen eines arabischen Propheten im Alten Testament (5. Buch Moses 18, 15 u. 18) angekündigt wird.

**** Die armen Mekkaner glaubten als erste an den Koran.

den die Bewohner des Paradieses für immerdar sein, als Lohn für ihr Verhalten.

[504]**15.** Und Wir geboten dem Menschen Güte gegenüber seinen Eltern. Seine Mutter trug ihn mit Schmerzen und gebar ihn mit Schmerzen. Und ihn auszutragen und zu entwöhnen dauerte dreißig Monate. Wenn er dann schließlich seine Vollkraft erlangt und vierzig Jahre erreicht hat, sagt er: »O mein Herr! Sporne mich dazu an, daß ich für Deine Gnade danke, mit der Du mich und meine Eltern beschenkt hast, und daß ich rechtschaffen handele, um Dir zu gefallen! Und beglücke mich durch meine Nachkommen! Ich kehre mich fürwahr zu Dir und bin gewiß einer der Gottergebenen.« **16.** Von solchen nehmen Wir das Beste von ihren Taten an und übersehen Wir die schlechten Taten. Unter den Bewohnern des Paradieses werden sie sein – eine wahre Verheißung, die ihnen versprochen ist. **17.** Derjenige aber, der zu seinen Eltern sagt: »Pfui, ihr beiden! Versprecht ihr mir wohl, daß ich auferstehen soll, wo ganze Geschlechter vor mir dahingegangen sind?« Und wenn sie Allah um Hilfe rufen: »Wehe dir! Glaube! Allahs Versprechen ist wahr!«, dann sagt er: »Dies sind nichts als Fabeleien unserer Vorfahren!«: **18.** Sie sind es, an denen sich das Urteil erfüllt, das schon über Völker von Dschinn und Menschen, die vor ihnen dahingingen, ausgesprochen worden war: daß sie verloren sind. **19.** Und jeder wird seinen Taten entsprechend eingestuft, damit Allah sie gebührend für ihre Taten belohnt; dabei wird ihnen kein Unrecht geschehen. **20.** Eines Tages aber werden die Ungläubigen dem Feuer ausgesetzt werden: »Ihr habt euer Guthaben in euerem irdischen Leben aufgezehrt und genossen. Heute werdet ihr für eueren grundlosen Stolz auf Erden mit der Strafe der Schmach belohnt und auch dafür, daß ihr Frevler wart.«

[505]**21.** Gedenke auch des Bruders der Ad*, als er sein Volk bei den S a n d d ü n e n warnte – schon vor ihm, aber auch nach ihm gab es Warner –: »Dient allein Allah! Ich befürchte für euch wirklich das Strafgericht eines gewaltigen Tages!« **22.** Sie antworteten: »Bist du etwa

* Der Prophet Hud.

zu uns gekommen, um uns unseren Göttern zu entfremden? Bringe doch über uns, was du uns da androhst, sofern du die Wahrheit sagst.« **23.** Er sagte: »Das Wissen (davon) ist allein bei Allah. Ich richte euch nur das aus, womit ich gesandt bin. Jedoch sehe ich, daß ihr ein ahnungsloses Volk seid!« **24.** Und als sie eine Wolke auf ihre Täler zukommen sahen, sagten sie: »Das ist eine Wolke, die uns Regen bringen wird!« – »Nein! Es ist das, was ihr euch herbeigewünscht habt: ein Wind, der eine schmerzliche Strafe mitführt. **25.** Er wird alle Dinge vernichten, auf seines Herrn Befehl.« Und am Morgen sah man nichts als ihre (leeren) Wohnungen. So bestraften Wir das sündige Volk! **26.** Und Wir hatten ihnen doch Sicherheit, Wohlstand und Macht gegeben, anders als euch. Und Wir hatten ihnen Gehör und Gesicht, Gefühl und Verstand* gegeben. Aber ihr Gehör, ihr Gesicht, ihr Gefühl und ihr Verstand nützten ihnen nichts, als sie die Zeichen Allahs leugneten; so wurden sie von dem erfaßt, das sie verspottet hatten. **27.** Wir zerstörten bereits manch eine Stadt rings um euch und ließen (Unsere) Zeichen in unterschiedlichem Licht sehen, damit sie umkehrten. **28.** Warum halfen ihnen denn nicht jene, die sie neben Allah annahmen, als Ihm (angeblich) Nahestehende? Nein! Sie zerronnen ihnen! Es war nur Selbstbetrug und was sie sich ausgemalt hatten.

[506]**29.** Und als Wir eine Schar Dschinn zu dir kommen ließen, um dem Koran zu lauschen**: Als sie da waren, sagten sie (zueinander): »Schweigt und lauscht!« Und als (sein Vortragen) beendet war, kehrten sie zu ihrem Volk zurück, um es zu warnen. **30.** Sie sprachen: »O unser Volk! Wir haben ein Buch gehört, das nach Moses hinabgesandt worden ist und das bestätigt, was ihm vorausgegangen ist. Es leitet zur Wahrheit und auf einen geraden Weg. **31.** O unser Volk! Hört auf Allahs Rufer und glaubt ihm, damit Er euch von eueren Sünden vergibt und vor einer schmerzlichen Strafe bewahrt. **32.** Wer aber nicht auf Allahs Rufer hört, kann (Ihm) auf Erden nicht entgehen. Und (im Jenseits) hat er keinen

* Wörtlich: Herzen.

** Diese Vision hatte Muhammad auf seiner Flucht von Mekka nach Medina (622).

Beschützer vor Ihm. Diese sind in offenkundigem Irrtum.« **33.** Sehen sie denn nicht, daß Allah, der die Himmel und die Erde erschaffen hat und bei ihrer Schöpfung nicht ermüdet,* fähig ist, die Toten lebendig zu machen? Aber gewiß! Er hat fürwahr Macht über alle Dinge. **34.** An dem Tage, an dem die Ungläubigen dem Feuer ausgesetzt werden: »Ist dies nicht die Wahrheit?« Sie werden antworten: »Aber ja! Bei unserem Herrn!« Er wird sprechen: »So kostet die Strafe für eueren Unglauben!« **35.** So gedulde dich denn, wie die Standhaften unter den Gesandten sich geduldet hatten, und wünsche nicht (ihre Strafe) herbei. An dem Tage, an dem sie das ihnen Angedrohte sehen werden, (wird ihnen sein,) als hätten sie an einem (einzigen) Tag nur eine (einzige) Stunde verweilt. Eine Botschaft! Wer anders sollte denn vernichtet werden als das Volk der Frevler?

47 MUḤAMMAD

Geoffenbart zu Medina

Im Namen Allahs, des Erbarmers, des Barmherzigen!

[507]**1.** Diejenigen, welche ungläubig sind und von Allahs Weg abhalten – ihre Werke wird Er fehlgehen lassen. **2.** Diejenigen aber, welche gläubig sind und Gutes tun und an das glauben, was auf M u h a m m a d herabgesandt wurde – es ist die Wahrheit von ihrem Herrn –, deren Missetaten wird Er zudecken und deren Herzen Frieden bringen. **3.** Dies, weil die Ungläubigen dem Falschen** folgen und weil die Gläubigen der Wahrheit ihres Herrn folgen. So stellt Allah den Menschen ihre Lage dar. **4.** Wenn ihr nun (im Verlaufe eines Verteidigungskriegs) auf die Ungläubigen stoßt, dann schlagt auf sie ein,*** bis ihr sie niedergerungen habt. Dann fesselt sie gut. Danach gebt sie frei, entweder

* Gottes Schöpfung ist kein vergangener Akt, sondern ein andauernder Vorgang, ein Prozeß.

** Arab.: »al-batil«, das Falsche, Nichtige, Trügerische, Eitle, Wertlose.

*** Wörtlich: Schlagt sie auf den Nacken.

aus Gnade oder gegen Lösegeld, damit der Krieg aufhört, euch zu belasten. So soll es sein! Hätte Allah es gewollt, hätte Er sie gewiß Selbst bestrafen können. Er aber wollte die einen von euch durch die anderen prüfen lassen. Diejenigen aber, die auf Allahs Weg getötet worden sind, ihr Wirken wird nicht umsonst gewesen sein. **5.** Er wird ihnen vorangehen und alles für sie ordnen. **6.** Und Er wird sie in das Paradies einführen, so wie Er es sie hatte wissen lassen. **7.** O ihr, die ihr glaubt! Wenn ihr Allah helft, wird Er euch helfen und euere Schritte festigen. **8.** Die Ungläubigen aber erwartet Verderben; denn Er läßt ihre Werke fehlgehen. **9.** Dies, weil sie hassen, was Er hinabsandte. Daher hat Er ihre Werke fruchtlos gemacht. **10.** Reisten sie denn nicht im Land umher und sahen, wie das Ende derer war, die vor ihnen lebten? Allah vernichtete sie, und den Ungläubigen ist das gleiche wie ihnen bestimmt. **11.** Dies, weil Allah der Beschützer der Gläubigen ist, während die Ungläubigen keinen Beschützer haben.

[508]**12.** Allah wird diejenigen, welche glauben und gute Werke verrichten, in Gärten einführen, durcheilt von Bächen. Die Ungläubigen aber genießen und essen, wie das Vieh frißt; das Feuer wird ihre Bleibe sein! **13.** Und wie viele Städte, mächtiger als deine Stadt, welche dich verstoßen hat, vernichteten Wir schon. Und sie blieben ohne jede Hilfe! **14.** Soll denn der, welcher klaren Beweisen seines Herrn folgt, denen gleich sein, denen ihre Missetaten im besten Licht erscheinen und die lediglich ihren Gelüsten folgen? **15.** Das Bild des Paradieses, das den Gottesfürchtigen verheißen ist, (ist so): In ihm fließen Ströme von Wasser, das nicht verdirbt, und Ströme von Milch, deren Geschmack sich nicht ändert, und Ströme von Wein, köstlich für die Trinkenden, und Ströme von geklärtem Honig. Und dort finden sie allerlei Früchte sowie Verzeihung von ihrem Herrn. Sind sie denen gleich, die ewig im Feuer bleiben müssen und denen siedendes Wasser zu trinken gegeben wird, das ihre Eingeweide zerreißt? **16.** Einige von ihnen hören dir zwar zu. Doch wenn sie von dir weggehen, sagen sie zu denen, welchen das Wissen gegeben worden ist: »Was hat er da vorhin nur gesagt?« Sie sind es, deren Herzen Allah versiegelt hat und die nur ihren Gelüsten folgen.

17. Denjenigen aber, die rechtgeleitet sind, verstärkt Er die Führung und läßt sie in ihrer Gottesfürchtigkeit wachsen. **18.** Auf was sonst können sie warten, als daß die Stunde plötzlich über sie kommt? Schon sind Vorzeichen davon gekommen. Und wenn sie dann über sie gekommen ist, was nützt ihnen dann noch ihre Erinnerung? **19.** Wisse darum, daß es keinen Gott gibt außer Allah. Und bitte um Verzeihung für deine Sünden und für die gläubigen Männer und die gläubigen Frauen. Allah kennt euer Kommen und Gehen und Bleiben.

[509]**20.** Und die Gläubigen fragen: »Warum wird denn keine Sure herabgesandt?« Aber wenn eine eindeutige Sure herabgesandt und in ihr der Kampf (als Pflicht) erwähnt wird, siehst du die, in deren Herzen Krankheit ist, dich mit dem Blick eines vom Tod Überschatteten anstarren. Besser für sie wären **21.** Gehorsam und passende Worte. Denn da die Sache nun beschlossen ist, wäre es für sie am besten, wenn sie Allah aufrichtig vertrauten. **22.** Wenn ihr euch abwendet,* wollt ihr dann vielleicht Unheil auf Erden stiften und euere Blutsbande zerreißen? **23.** Solche (Leute) verflucht Allah. Er hat sie taub gemacht und ihre Augen geblendet. **24.** Wollen sie denn nicht über den Koran nachdenken – oder sind ihre Herzen verriegelt? **25.** Diejenigen, die den Rücken kehren, nachdem sie den richtigen Weg erkannt hatten, hat der Satan betört und ihnen falsche Hoffnung gemacht. **26.** Dies, weil sie zu denen, die Abscheu vor Allahs Offenbarungen haben, sagen: »Wir stimmen euch in einigen Punkten zu.«** Allah aber weiß, was sie insgeheim denken. **27.** Wie wird es aber sein, wenn die Engel sie mit sich nehmen und sie dabei auf Gesicht und Rücken schlagen! **28.** Dies, weil sie dem folgten, was Allah verurteilt, und Abscheu vor dem hatten, was Ihm wohlgefällt. Darum wird Er ihre Werke vereiteln. **29.** Oder meinen die, in deren Herzen Krankheit ist, daß Allah ihre Bosheit nicht zum Vorschein bringt?

* Oder: Wenn ihr die Macht erlangt.

** Zum Beispiel: »Wir stimmen euch darin zu, daß der Koran nicht Gottes Wort ist, halten aber am Glauben an Gott fest.« Vers 26 verurteit ein Glaubensverhalten »à la carte«.

[510]**30.** Wenn Wir wollten, zeigten Wir sie dir ganz klar, so daß du sie wie an sichtbaren Merkmalen erkennen könntest. Du wirst sie aber gewiß schon an ihrer (unsicheren) Sprechweise erkennen. Und Allah kennt euer Tun. **31.** Doch Wir werden euch prüfen, bis Wir die unter euch kennen, die sich voll einsetzen und standhaft sind. Und dabei werden Wir alle euere Behauptungen überprüfen. **32.** Diejenigen, welche ungläubig sind und von Allahs Weg abhalten und sich vom Gesandten trennen, nachdem ihnen der rechte Weg deutlich gemacht worden war, können Allah keineswegs Schaden zufügen, doch Er wird ihre Werke vereiteln. **33.** O ihr, die ihr glaubt! Gehorcht Allah und gehorcht dem Gesandten und macht nicht euere guten Werke zunichte. **34.** Diejenigen, die ungläubig sind und von Allahs Weg abhalten und schließlich als Ungläubige sterben, ihnen verzeiht Allah nicht. **35.** Ermattet daher nicht (im Kampf) und bittet nicht (voreilig) um Frieden, wo ihr doch (letztlich) obsiegen werdet. Allah ist mit euch, und euere Taten werden nicht umsonst sein. **36.** Das irdische Leben ist fürwahr nur ein Spiel und ein Scherz. Aber wenn ihr glaubt und gottesfürchtig seid, wird Er euch eueren Lohn geben; Er fordert ja nicht euer gesamtes Vermögen von euch.★ **37.** Wenn Er es allerdings von euch fordern würde und darauf drängte, würdet ihr euch als geizig erweisen. So würde Er dann euer (moralisches) Versagen zum Vorschein bringen. **38.** Gewiß, ihr seid diejenigen, die eingeladen sind, auf Allahs Weg zu spenden, doch einige von euch sind geizig. Wer aber geizig ist, ist nur geizig gegen sich selbst. Allah ist der Reiche, und ihr seid die Armen. Aber wenn ihr euch abwendet, wird Er euch gegen ein anderes Volk austauschen. Und sie werden nicht wie ihr sein.

★ Der Islam ist nicht vermögensfeindlich. Die (zakat-)Vermögensteuer beträgt nur rund 2 1/2 Prozent.

48 Der Sieg* (al-Fatḥ)
Geoffenbart zu Medina

Im Namen Allahs, des Erbarmers, des Barmherzigen!

[511]**1.** Wahrlich, Wir haben dir einen klaren S i e g gewährt, **2.** Damit Allah dir die Vergebung deiner früheren und künftigen Sünden erweise und Seine Gnade an dir erfülle und dich auf geradem Weg führe **3.** Und (zeige,) daß Allah dir mit mächtiger Hilfe zu Hilfe kommt. **4.** Er ist es, Welcher innere Ruhe in die Herzen der Gläubigen hinabsandte, damit ihr Glaube an Glauben zunehme – denn Allahs sind die Heerscharen der Himmel und der Erde, und Allah ist wissend und weise –, **5.** Damit Er die gläubigen Männer und die gläubigen Frauen einführe in Gärten, durcheilt von Bächen, ewig darin zu verweilen, und ihre Missetaten überdecke – und das ist vor Allah die große Glückseligkeit – **6.** Und damit Er die Heuchler und Heuchlerinnen und die Götzenanbeter und Götzenanbeterinnen bestrafe, die über Allah übel denken. Über sie bricht Unheil herein. Allah zürnt ihnen und verwirft sie und hat die Hölle für sie vorbereitet. Was für ein schlimmes Ende! **7.** Allah befehligt die Heerscharen der Himmel und der Erde, und Allah ist mächtig, weise. **8.** Wahrlich, Wir haben dich als einen Zeugen und Verkünder froher Botschaft und Warner entsandt, **9.** Damit ihr an Allah und Seinem Gesandten glaubt und damit ihr ihm beisteht und ihn ehrt und damit ihr Ihn morgens wie abends preist.

[512]**10.** Diejenigen, welche dir den Treueeid leisten, leisten gewiß den Treueid Allah: Die Hand Allahs ist (beim Handschlag) über ihren Händen. Wer eidbrüchig wird, wird zu seinem Nachteil eidbrüchig; wer aber sein Versprechen gegenüber Allah hält, dem wird Er gewaltigen Lohn geben. **11.** Die Zuhausegebliebenen** von den Wüstenarabern werden

* Der diplomatische Triumph des Waffenstillstands von Hudaybiyya (628) »öffnete« schon im Voraus die Tore Mekkas. (Das fragliche arab. Wort, al-fath, kann zugleich »Öffnung« und »Sieg« bedeuten.)

** Dies bezieht sich auf vier Beduinenstämme, welche am (unbewaffneten) Zug bis Hudaybiyya bei Mekka nicht teilnahmen.

dir sagen: »Wir hatten mit unseren Herden und unseren Familien zu tun. Darum bitte für uns um Verzeihung!« Sie sprechen mit ihren Zungen, was nicht in ihren Herzen ist! Sprich: »Wer vermag etwas für euch bei Allah auszurichten, wenn Er euch schaden oder euch nützlich sein will? Nein! Allah weiß genau, was ihr tut. **12.** Nein! Ihr dachtet, daß der Gesandte und die Gläubigen niemals mehr zu ihren Familien zurückkehren könnten, und das gefiel eueren Herzen. Ihr hattet böse Gedanken und wart schon immer ein verwerfliches Volk!« **13.** Und wer nicht an Allah glaubt und Seinem Gesandten, für die(se) Ungläubigen haben Wir eine Feuersglut bereitet. **14.** Und Allah gehört die Herrschaft über die Himmel und die Erde. Er verzeiht, wem Er will, und straft, wen Er will. Und Allah ist verzeihend, barmherzig. **15.** Wenn ihr mit Aussicht auf Beute aufbrecht, werden die zu Hause Zurückgebliebenen sagen: »Laßt uns mit euch ziehen!« Sie wollen wohl Allahs Anordnung abändern!* Sprich: »Ihr sollt niemals mehr mit uns ziehen! Allah hat Seine Anordnung bereits getroffen.« Da werden sie sagen: »Nein, ihr gönnt uns nur unseren (eventuellen) Beuteanteil nicht!« Doch nein! Sie verstanden halt zu wenig.

[513]**16.** Sprich zu den Zuhausegebliebenen von den Wüstenarabern: »Ihr werdet (zum Kampf) gegen ein Volk von großem Mut aufgerufen werden. Ihr sollt mit ihnen kämpfen, es sei denn, sie ergeben sich. Wenn ihr gehorcht, wird euch Allah schönen Lohn geben. Wenn ihr jedoch den Rücken kehrt, wie ihr dies zuvor getan habt, wird Er euch mit schmerzlicher Strafe strafen.« **17.** Kein Vorwurf dem Blinden, kein Vorwurf dem Lahmen, kein Vorwurf dem Kranken, (wenn er zu Hause bleibt.) Wer Allah gehorcht und Seinem Gesandten, den führt Er in Gärten ein, durcheilt von Bächen. Doch wer den Rücken kehrt, den straft Er mit schmerzlicher Strafe. **18.** Allah hatte wirkliches Wohlgefallen an den Gläubigen, als sie unter dem Baume** den Treueeid schworen. Er

* Der Koran hatte bereits das individuelle Beuterecht abgeschafft; vgl. 8: 1.

** Bei Hudaybiyya schworen die Muslime unter einem Baum den »bay‘at ar-ridwan« genannten Treueeid trotz ihrer Enttäuschung über den Verlauf der (aus ihrer Sicht) gescheiterten Kleinen Pilgerfahrt (umra).

wußte, wie es in ihren Herzen aussah, und sandte innere Ruhe auf sie hinab und belohnte sie mit einem bevorstehenden Sieg **19.** Und reicher Beute, die sie machen würden. Und Allah ist mächtig, weise. **20.** Allah hat euch reiche Beute versprochen und euch davon eilends schon zufallen lassen. Und Er hielt die Hände der Menschen von euch ab – als ein Zeichen für die Gläubigen und um euch auf den rechten Pfad zu leiten. **21.** Noch andere (Siege,) die noch nicht in euerer Reichweite sind, hat Allah vorgesehen. Und Allah hat Macht über alle Dinge. **22.** Und wenn die Ungläubigen gegen euch gekämpft hätten, wären sie bestimmt geflüchtet. Dann aber hätten sie weder Beschützer noch Helfer gefunden. **23.** So war Allahs Brauch bereits zuvor. Und du findest niemals einen Wechsel in Allahs Vorgehen.

[514]**24.** Und Er war es, Der im Tal von Mekka ihre Hände von euch abhielt und euere Hände von ihnen, nachdem Er euch über sie hatte obsiegen lassen; und Allah sah sehr wohl euer Verhalten. **25.** Sie waren es, welche nicht glaubten und euch von der unverletzlichen Moschee fernhielten und auch die Opfertiere zurückhielten, so daß sie ihre Opferstätte nicht erreichten.* Aber ohne die gläubigen Männer und die gläubigen Frauen, die ihr nicht kanntet, so daß ihr sie womöglich niedergetreten und so unwissentlich ein Verbrechen auf euch geladen hättet, (hättet ihr kämpfen dürfen.) Dies, damit Allah (auch von den Ungläubigen) in Seine Barmherzigkeit einführe, wen Er will. Wären sie getrennt voneinander gewesen, wahrlich, Wir hätten die Ungläubigen unter ihnen mit schmerzlicher Strafe gestraft.** **26.** Als die Ungläubigen in ihren Herzen blinden Eifer trugen, den blinden Eifer der Unwissenheit***, da senkte Allah Seine Ruhe auf Seinen Gesandten und die Gläubigen und machte ihnen ständiges Gottesbewußtsein**** zur

* Die Quraischiten hinderten Muhammad beim Zug nach Hudaybiyya, die Moschee in Mekka zu besuchen und das Opfer zu verrichten.

** Mekka wurde 630 von den Muslimen kampflos und ohne anschließendes Blutvergießen eingenommen.

*** Die vorislamische Zeit (al-dschahiliyya).

**** Arab.: »al-kalimat at-taqwa«.

Pflicht; denn sie waren dessen am würdigsten und verdienten es am meisten. Und Allah kennt alle Dinge. **27.** Wahrlich, Allah wird das Traumgesicht Seines Gesandten wahrmachen: Er wird euch, so wie Allah es will, in völliger Sicherheit in die unverletzliche Moschee führen, mit geschorenem Haupt oder gekürztem Haar*. Fürchtet euch nicht; denn Er weiß, was ihr nicht wißt. Und Er hat euch außer diesem einen weiteren nahen Sieg bestimmt. **28.** Er ist es, Der Seinen Gesandten mit der Rechtleitung und der Religion der Wahrheit geschickt hat, um sie über jede andere Religion sichtbar zu machen. Und Allah genügt als Zeuge.

[515]**29.** Muhammad ist der Gesandte Allahs. Seine Anhänger sind streng gegen die Ungläubigen, aber barmherzig untereinander. Du siehst sie sich verneigen und niederwerfen im Streben nach Gnade von Allah und Seinem Wohlgefallen. Merkzeichen auf ihren Gesichtern ist die Spur der Niederwerfung.** So ist ihr Bild in der Thora. Im Evangelium ist ihre Beschreibung: Sie sind wie ein Samenkorn, welches seinen Schößling treibt und stark werden läßt; dann wird er dick und richtet sich auf seinem Halm auf, dem Sämann zur Freude. Doch die Ungläubigen entbrennen darüber in Wut. Allah hat denen unter ihnen, die glauben und das Rechte tun, Verzeihung und gewaltigen Lohn versprochen.

49 Die Gemächer (al-Hudschurât)

Geoffenbart zu Medina

Im Namen Allahs, des Erbarmers, des Barmherzigen!

1. O ihr, die ihr glaubt! Macht euch nicht vor Allah und Seinem Gesandten wichtig und fürchtet Allah. Allah ist fürwahr hörend, wissend. **2.** O ihr, die ihr glaubt! Erhebt euere Stimmen nicht über die Stimme des Propheten. Auch sprecht zu ihm nicht so laut wie zueinander, damit euere Werke nicht hinfällig werden, ohne daß ihr es bemerkt. **3.** Diejeni-

* Dies geschah 629.

** Ein Fleck auf der Stirn.

gen, die ihre Stimmen vor dem Gesandten Allahs senken, sie sind es gewiß, deren Herzen Allah auf Gottesfurcht hin geprüft hat. Ihnen ist Verzeihung und gewaltiger Lohn bestimmt. **4.** Diejenigen, die nach dir rufen, während du in deinen Gemächern bist, die meisten von ihnen machen sich keine Gedanken.

[516]**5.** Hätten sie sich geduldet, bis du zu ihnen herauskommst, wäre es besser für sie gewesen. Und Allah ist verzeihend, barmherzig. **6.** O ihr, die ihr glaubt! Wenn ein Unzuverlässiger mit einer (verleumderischen) Nachricht zu euch kommt, so klärt die Sache auf, damit ihr niemand unabsichtlich verletzt und euer Verhalten hernach bereuen müßt. **7.** Und wißt, daß der Gesandte Allahs unter euch ist. Würde er euch in allem folgen, würdet ihr in vielen Angelegenheiten Schaden erleiden. Jedoch hat euch Allah den Glauben lieb gemacht und hat ihn in eueren Herzen verankert und euch Unglauben, Schändlichkeit und Aufsässigkeit verabscheuenswert gemacht. So sind die Rechtgeleiteten, **8.** Dank der Großzügigkeit Allahs und Seiner Gnade! Und Allah ist wissend, weise. **9.** Wenn nun zwei Parteien der Gläubigen miteinander streiten, dann stiftet unter ihnen Frieden. Wenn aber die eine sich gegen die andere vergeht, dann kämpft gegen die, welche sich vergeht, bis sie unter Allahs Befehl zurückkehrt. Falls sie aber zurückkehrt, stiftet unter ihnen Frieden nach Recht und Billigkeit; und seid gerecht. Allah liebt fürwahr die gerecht Handelnden. **10.** Die Gläubigen sind Brüder. Darum stiftet unter eueren Brüdern Frieden. Und seid gottesfürchtig, damit ihr Barmherzigkeit findet. **11.** O ihr, die ihr glaubt! Kein Volk soll über ein anderes spotten – vielleicht sind sie besser als sie –, auch Frauen nicht über andere Frauen – vielleicht sind sie besser als sie. Verleumdet einander nicht und gebt einander keine Schimpfnamen. Schlimm ist es, jemand als sündhaft zu bezeichnen, nachdem er den Glauben angenommen hat; und wer es nicht bereut, tut unrecht.

[517]**12.** O ihr, die ihr glaubt! Vermeidet möglichst viel Argwohn; denn mancher Argwohn ist Sünde. Und bespitzelt euch nicht und redet nicht hinter dem Rücken schlecht übereinander. Würde jemand von

euch etwa gerne das Fleisch seines toten Bruders essen? Ihr würdet es verabscheuen. Und fürchtet Allah. Allah ist fürwahr bereit zu vergeben, barmherzig. **13.** O ihr Menschen! Wir erschufen euch aus einem Mann und einer Frau und machten euch zu Völkern und Stämmen, damit ihr einander kennenlernt.* Doch der vor Allah am meisten Geehrte von euch ist der Gottesfürchtigste unter euch. Allah ist fürwahr wissend, kundig. **14.** Die (Wüsten-)Araber sagen: »Wir glauben!« Antworte: »Ihr glaubt (noch) nicht! Sagt vielmehr: ›Wir sind Muslime‹; denn der Glauben ist noch nicht in euere Herzen eingedrungen.** Wenn ihr aber Allah und Seinem Gesandten gehorcht, wird Er selbst die geringste euerer Taten belohnen.« Allah ist fürwahr verzeihend, barmherzig. **15.** Gläubig sind nur die, welche an Allah und Seinem Gesandten glauben – und danach nicht mehr zweifeln – und sich mit Gut und Blut auf Allahs Weg einsetzen. Das sind die Aufrichtigen. **16.** Sprich: »Wollt ihr Allah über euere Religion belehren, wo Allah doch weiß, was in den Himmeln und was auf Erden ist, und Allah alle Dinge kennt?« **17.** Sie halten es dir als eine Wohltat vor, daß sie Muslime geworden sind. Sprich: »Haltet mir nicht eueren Islam als Wohltat vor! Nein! Allah wird es euch als Wohltat vorhalten, daß Er euch zum Glauben geleitet hat, sofern ihr denn wahrhaftig seid.« **18.** Wahrlich, Allah kennt das Verborgene in den Himmeln und auf Erden. Und Allah sieht wohl, was ihr tut.

* Vers 13 geht davon aus, daß ethnische, sprachliche und kulturelle Unterschiede natürlich sind, mißbilligt aber rassische Vorurteile, Nationalismus und kulturellen Chauvinismus.

** Hier wird zwischen der äußerlichen Befolgung der Glaubensregeln (: al-muslimun) und ihrem inneren Mitvollzug (: al-mu'minun) unterschieden.

50 Qaf*
Geoffenbart zu Mekka

Im Namen Allahs, des Erbarmers, des Barmherzigen!

[518]**1.** Q a f. Bei dem erhabenen Koran! **2.** Doch sie wundern sich, daß zu ihnen ein Warner aus ihrer eigenen Mitte kam. Die Ungläubigen sagen daher: »Das ist eine seltsame Sache! **3.** Was? Wenn wir gestorben und zu Staub geworden sind …? Eine solche Wiederkehr wäre von weit her(geholt)!« **4.** Wir wissen wohl, wie die Erde ihren Körper aufzehrt. Und bei Uns ist ein alles aufbewahrendes Buch. **5.** Sie aber bezichtigten die Wahrheit, als sie zu ihnen kam, der Lüge, und so befinden sie sich im Zustand völliger Verwirrung. **6.** Sehen sie denn nicht zum Himmel über sich empor: Wie Wir ihn erbauten und ausschmückten und daß er keine Risse hat? **7.** Und die Erde, Wir breiteten sie aus und setzten festgegründete (Berge) darauf und ließen auf ihr (Pflanzen) von jeglicher schönen Art wachsen, **8.** Zur Einsicht und Ermahnung für jeden sich reumütig bekehrenden Diener. **9.** Und Wir senden vom Himmel segensreiches Wasser herab und bringen damit Gärten und Korn zum Ernten hervor **10.** Und hohe Palmen mit dichtstehenden Fruchtknöpfen **11.** Als eine Versorgung für (Allahs) Diener. So machen Wir ein totes Land lebendig, und so wird auch die Auferstehung sein. **12.** Vor ihnen leugneten schon das Volk Noahs und die Bewohner von ar-Rass und die Thamud **13.** Und die Ad und Pharao und die Brüder Lots **14.** Und die Waldbewohner und das Volk des Tubba. Alle bezichtigten die Gesandten der Lüge, und Meine Drohung bewahrheitete sich (gegen alle). **15.** Sind Wir etwa von der ersten Schöpfung ermattet? Dennoch sind sie im Zweifel über (die Möglichkeit) einer neuen Schöpfung.

[519]**16.** Wir erschufen doch den Menschen und wissen, was ihm sein Inneres zuflüstert. Und Wir sind ihm näher als (seine) Halsschlagader. **17.** Wenn die zwei Aufzeichnenden** aufschreiben, zur Rechten und

* Der einundzwanzigste Buchstabe des arabischen Alphabets.

** Engel.

zur Linken sitzend, **18.** Kann er kein Wort sprechen, ohne daß ein Wächter ständig bei ihm wäre. **19.** Und mit dem Todeskampf kommt die Wahrheit: »Das ist es, dem du stets entrinnen wolltest!« **20.** Und es wird in die Posaune gestoßen – das ist der angedrohte Tag! **21.** Und jede Seele wird mit einem Treiber und einem Zeugen kommen.* **22.** »Du warst dessen völlig achtlos. Wir zogen deinen Schleier jetzt weg von dir, und heute ist dein Blick scharf.« **23.** Und sein Gefährte** wird sprechen: »Hier ist, was bei mir stets (an Aufzeichnung) vorbereitet war.« **24.** »Ihr beiden, werft alle trotzigen Ungläubigen in die Hölle, **25.** (Den,) der sich gegen das Gute stemmte, den Übertreter, den Zweifler, **26.** Der neben Allah andere Götter setzte. Werft ihn daher in die schrecklichste Qual.« **27.** Sein Gefährte wird sagen: »O unser Herr! Ich habe ihn nicht verführt, sondern er (selbst) ist weit abgeirrt.« **28.** Er wird sprechen: »Streitet nicht vor Mir! Ich hatte euch vorgewarnt. **29.** Mein Spruch wird nicht abgeändert, und ich füge Meinen Dienern niemals Unrecht zu.« **30.** An diesem Tage werden Wir zur Hölle sprechen: »Bist du aufgefüllt?« Und sie wird fragen: »Gibt es noch mehr?« **31.** Das Paradies aber wird den Gottesfürchtigen nahegebracht werden und nicht länger fern sein. **32.** »Das ist es, was euch versprochen war – einem jeden Bußfertigen, (das Gottesbewußtsein) Bewahrenden, **33.** Der den Erbarmer, ohne Ihn zu sehen, fürchtete und mit reuigem Herzen (zu Ihm) kam. **34.** Tretet in Frieden ein! Dies ist der Tag der Ewigkeit.« **35.** Sie werden darin haben, was sie begehren, und bei Uns ist noch weit mehr.

[520]**36.** Und wie viele Geschlechter ließen Wir vor ihnen verderben, die von stärkerer Macht waren als sie. Doch dann durchzogen sie das Land auf der Suche nach Zuflucht! **37.** Darin ist fürwahr eine Ermahnung für den, der ein waches Herz hat, sein Ohr leiht und aufmerksam ist. **38.** Wahrlich, Wir erschufen die Himmel und die Erde und was zwischen beiden ist in sechs Tagen, und dabei überkam Uns keine Ermüdung. **39.** So ertrage, was sie sagen, und lobpreise deinen Herrn

* Engel.

** Engel.

vor Aufgang der Sonne und nach (ihrem) Untergang, **40.** Und auch zur Nacht preise Ihn und nach jedem (rituellen) Gebet. **41.** Und höre gut zu an dem Tage, an dem der Rufer (dich) aus der Nähe rufen wird, **42.** Dem Tage, an dem sie wahrhaftig den Schrei hören werden: Das ist der Tag der Auferstehung. **43.** Wahrlich, Wir allein machen lebendig und lassen sterben. Und zu Uns ist die Heimkehr, **44.** An dem Tage, an dem die Erde sich spaltet und sie plötzlich freigibt – das wird ein Versammeln sein, das Uns leichtfällt. **45.** Wir wissen wohl, was sie sagen; doch du kannst sie nicht zwingen. Darum ermahne mit dem Koran alle, die Meine Drohung fürchten.

51 DIE AUFWIRBELNDEN (ADH-DHÂRIYÂT)

Geoffenbart zu Mekka

Im Namen Allahs, des Erbarmers, des Barmherzigen!

1. Bei den Staub A u f w i r b e l n d e n,* **2.** Dann den Bürdetragenden, **3.** Dann den hurtig Eilenden,** **4.** Dann den den Befehl Ausführenden! **5.** Was euch versprochen wird, ist sicherlich wahr, **6.** Und das Gericht trifft sicherlich ein!

[52]**7.** Beim Himmel mit seinen Sternpfaden! **8.** Ihr seid gewiß im Widerspruch! **9.** Abgewendet von Ihm ist, wer sich abwenden läßt. **10.** Tod den bloß Mutmaßenden, **11.** Die in ihrer Achtlosigkeit verblendet sind! **12.** Sie fragen: »Wann ist der Tag des Gerichts?« **13.** Der Tag, an dem sie im Feuer schmerzlich geprüft werden: **14.** »Kostet nun euere Pein! Das ist es, was ihr beschleunigen wolltet.« **15.** Die Gottesfürchtigen werden gewiß in Gärten mit Quellen sein, **16.** Die Gaben ihres Herrn empfangend; denn sie hatten zuvor das Richtige getan. **17.** Sie schliefen nur einen Teil der Nacht***. **18.** Und im Morgengrauen baten sie um Verzeihung. **19.** Und von ihrem Vermögen war ein Teil für

* Die Winde.

** Die Wolken.

*** Indem sie die Nacht meist in Andacht verbrachten.

den Bittenden und den verschämten Armen. **20.** Auf der Erde sind fürwahr Zeichen für die im Glauben Festen **21.** Und auch in euch selber – seht ihr (sie) denn nicht? **22.** Und im Himmel ist euere Versorgung und das, was euch verheißen ist. **23.** Darum, bei dem Herrn des Himmels und der Erden, dies ist gewiß wahr, so wahr es ist, daß ihr reden könnt! **24.** Kam nicht die Erzählung von Abrahams geehrten Gästen zu dir? **25.** Als sie bei ihm eintraten und sprachen: »Frieden!«, antwortete er: »Frieden!« (und dachte:) »Fremde Leute!« **26.** So ging er unauffällig zu seiner Familie und brachte ein fettes Kalb. **27.** Dann setzte er es ihnen vor und sagte: »Wollt ihr nicht essen?« **28.** Da erfaßte ihn Furcht vor ihnen. Sie sprachen: »Fürchte dich nicht!« Und sie verkündeten ihm einen klugen Sohn. **29.** Da kam seine Frau aufgeregt herbei, schlug sich (die Hände) vor das Gesicht und rief: »Ein unfruchtbares altes Weib (wie ich)!« **30.** Sie sprachen: »Also spricht dein Herr! Siehe, Er ist fürwahr der Weise, der Wissende.«

[522]**31.** Er fragte: »Was ist wohl euer Auftrag, ihr Sendboten?« **32.** Sie sprachen: »Siehe, wir wurden zu einem sündigen Volk entsandt, **33.** Um Steine aus Ton auf sie niedergehen zu lassen, **34.** Gekennzeichnet von deinem Herrn für die maßlosen Sünder.«* **35.** Wir ließen alle Gläubigen unter ihnen weggehen, **36.** Fanden dort jedoch nur ein einziges Haus von Gottergebenen. **37.** Und Wir hinterließen dort ein Warnzeichen für die, welche die schmerzliche Strafe fürchten. **38.** Und in Moses (war ein Zeichen,) als Wir ihn mit offenkundiger Vollmacht zu Pharao schickten. **39.** Doch im Bewußtsein seiner Stärke wandte er sich ab und sagte: »Ein Zauberer oder ein Besessener!« **40.** Da erfaßten Wir ihn und seine Heerscharen und warfen sie ins Meer. Und ihn trifft dafür der Vorwurf. **41.** Auch in den Ad (war ein Zeichen), als Wir den alles ertötenden Wind auf sie sandten, **42.** Der nichts von allem, was er heimsuchte, anders denn als Asche zurückließ. **43.** Auch in den Thamud (war ein Zeichen), als zu ihnen gesprochen wurde: »Laßt es euch noch eine Weile gutgehen.« **44.** Sie aber mißachteten hochmütig den Befehl ihres

* Die Rede ist von Sodoma und Gomorrha.

Herrn. Da erfaßte sie Blitz und Donner, während sie (hilflos) zuschauten. **45.** Sie vermochten noch nicht einmal aufzustehen und fanden keine Hilfe. **46.** Auch das Volk Noahs (vernichteten Wir) vor ihnen: Sie waren wirklich ein frevelhaftes Volk. **47.** Den Himmel erbauten Wir mit (Unserer) Kraft, und seht, wie Wir ihn (ständig) ausdehnen!* **48.** Und die Erde breiteten Wir aus – und wie schön legten Wir sie an! **49.** Und von jedem Wesen erschufen Wir Paare, damit ihr euch besinnen möget. **50.** Darum flieht zu Allah! Seht, ich bin zu euch als ein offenkundiger Warner von Ihm (entsandt). **51.** Und setzt Allah keine anderen Götter zur Seite! Seht, ich bin zu euch als ein offenkundiger Warner von Ihm (entsandt).

[523]**52.** So kam auch zu denen, die vor ihnen lebten, kein Gesandter, ohne daß sie gesagt hätten: »Ein Zauberer!« oder »Ein Verrückter!« **53.** Vermachen sie (diese Einstellung) etwa einer dem anderen? Nein! Sie sind ein widerspenstiges Volk. **54.** So wende dich von ihnen ab. Dich trifft kein Vorwurf! **55.** Doch ermahne (weiterhin); denn Ermahnung nützt sicherlich den Gläubigen.** **56.** Und die Dschinn und die Menschen habe Ich nur dazu erschaffen, daß sie Mir dienen. **57.** Ich will ja keinen Unterhalt von ihnen, noch will Ich, daß sie Mich ernähren. **58.** Wahrlich, Allah, Er (allein) ist der Versorger, der Herr aller Stärke, der Unerschütterliche. **59.** Das Los der Übeltäter wird dem Los ihrer früheren Gesinnungsgenossen gleich sein. So sollen sie Mich also nicht darum bitten, daß Ich (die Strafe) beschleunigt herbeiführe. **60.** Wehe den Ungläubigen angesichts des Tages, der ihnen droht!

* Daß das Weltall ständig expandierend sich ausdehnt, ist heute unbestritten; vgl. 21:30.

** Man soll also auch den schon Bekehrten predigen.

52 Der Berg (at-Tur)

Geoffenbart zu Mekka

Im Namen Allahs, des Erbarmers, des Barmherzigen!

1. Bei dem B e r g!★ **2.** Bei dem Buch, geschrieben **3.** Auf ausgerolltem Pergament! **4.** Bei dem vielbesuchten Haus!★★ **5.** Bei dem hohen (Himmels-)Gewölbe! **6.** Und bei dem kochenden Meer! **7.** Die Strafe deines Herrn trifft bestimmt ein; **8.** Keiner kann sie abwehren **9.** An dem Tage, an dem der Himmel ins Schwanken gerät **10.** Und die Berge sich vom Platz bewegen. **11.** Wehe an diesem Tage all denen, welche die Wahrheit leugnen, **12.** All die, die sich die Zeit mit frivolen Reden vertrieben! **13.** An diesem Tage werden sie in das Feuer der Hölle gestoßen: **14.** »Das ist das Feuer, das ihr geleugnet hattet!

[524]**15.** Ist das nun Zauberei? Oder könnt ihr nicht sehen? **16.** Brennt darin! Haltet es aus oder haltet es nicht aus: Es ist für euch gleich. Euch wird nur für das vergolten, was ihr angerichtet habt.« **17.** Die Gottesfürchtigen hingegen werden sich in Gärten und im Glück befinden, **18.** Genießend, was ihr Herr ihnen gegeben hat; denn ihr Herr hat sie vor der Strafe des Höllenfeuers bewahrt. **19.** »Eßt und trinkt und laßt es euch wohlbekommen in Anerkennung eueres Verhaltens!« **20.** Gelehnt sind sie auf aufgereihten Polstern. Und Wir vermählen sie mit großäugigen Gefährten.★★★ **21.** Diejenigen, die glauben und deren Nachkommen ihnen im Glauben folgen, die wollen Wir mit ihrer Nachkommenschaft vereinen, und selbst das kleinste ihrer Werke werden Wir belohnen. Jedermann ist jedoch für das haftbar, was er getan hat. **22.** Und Wir werden sie reichlich mit Früchten und Fleisch versorgen, was sie nur wünschen. **23.** Darin sollen sie einander einen Becher reichen, der weder zu Geschwätz noch zu Sünde verleitet. **24.** Und bedient werden

★ Der Berg Sinai, auf dem Moses die Gesetzestafeln empfing und der hier symbolisch für Offenbarung schlechthin beschworen wird.

★★ Die Kaaba.

★★★ D.h., Männer wie Frauen finden ideale Partner (arab.: »hur'in«).

sie reihum von Jünglingen (schön und rein) wie verborgene Perlen. **25.** Und sie werden sich einander zuwenden, sich befragend **26.** Und dabei sagen: »Früher, im Schoße unserer Familien, waren wir besorgt. **27.** Doch nun war uns Allah gnädig und bewahrte uns vor der Strafe des glühenden Windes. **28.** Ihn hatten wir ja schon zuvor stets angefleht. Er ist wahrlich der Gütige, der Barmherzige.« **29.** Darum ermahne (sie). Du bist ja dank der Gnade deines Herrn kein Wahrsager oder Besessener. **30.** Oder sagen sie etwa: »Ein Dichter! Wir wollen das Unheil abwarten, welches das Schicksal für ihn bereithält.« **31.** Sprich: »Wartet nur. Ich warte mit euch.«

[525]**32.** Ist es ihr Verstand, welcher ihnen derartiges eingibt, oder sind sie einfach ein trotziges Volk? **33.** Oder sie sagen: »Er hat ihn selbst verfaßt!« Nein! Sie wollen gar nicht glauben! **34.** Sollen sie doch eine Verkündigung wie diese hervorbringen, wenn sie die Wahrheit sagen! **35.** Oder wurden sie aus nichts erschaffen? Oder sind sie etwa (selbst) die Schöpfer? **36.** Oder haben sie die Himmel und die Erde erschaffen? Nein! Sie sind völlig im Ungewissen. **37.** Oder besitzen sie die Schätze deines Herrn? Oder üben sie die Herrschaft aus? **38.** Oder haben sie eine (Himmels-)Leiter, auf der sie lauschen können? Dann soll ihr Lauscher doch einen überzeugenden Beweis davon bringen. **39.** Hat Er etwa Töchter, und ihr habt die Söhne? **40.** Oder verlangst du Lohn von ihnen, so daß sie mit Schulden überladen sind? **41.** Oder kennen sie das Verborgene, so daß sie es niederschreiben können? **42.** Oder wollen sie eine List anwenden? Doch es sind die Ungläubigen, die überlistet werden. **43.** Oder haben sie einen Gott außer Allah? Hoch erhaben ist Allah über das, was sie Ihm beigesellen! **44.** Selbst wenn sie ein Stück vom Himmel herunterfallen sehen würden, würden sie sagen: »Eine Menge Wolken!« **45.** So laß sie allein, bis sie ihrem Tage begegnen, an dem sie vom Blitzschlag getroffen werden, **46.** Dem Tage, an dem ihre List ihnen nichts nützen wird und an dem ihnen nicht geholfen werden wird. **47.** Für die Übeltäter gibt es außer dieser gewiß noch eine (andere) Strafe. Die meisten von ihnen wissen es jedoch nicht. **48.** So erwarte geduldig das Urteil deines Herrn; denn du stehst unter Unserer Obhut.

Und lobpreise deinen Herrn, wenn du aufstehst, 49. Und preise Ihn in der Nacht und beim Erblassen der Sterne.

53 Der Stern (An-Nadschm)

Geoffenbart zu Mekka

Im Namen Allahs, des Erbarmers, des Barmherzigen!

[526]**1.** Bei dem S t e r n, wenn er sinkt! **2.** Euer Gefährte* irrt nicht
und wurde nicht getäuscht, **3.** Noch spricht er aus eigenem Antrieb.
4. Er** ist nichts anderes als eine ihm geoffenbarte Offenbarung, **5.** Die
ihn der überaus Mächtige gelehrt hat ***, **6.** Der überaus Weise. Auf-
recht stand er da **7.** Am höchsten Horizont. **8.** Dann näherte er sich und
kam nahe **9.** Bis auf zwei Bogen(schüsse) entfernt oder noch näher
10. Und offenbarte seinem Diener, was er zu offenbaren hatte. **11.** Sein
Herz erlog nicht, was er sah.**** **12.** Wollt ihr ihm denn bestreiten, was
er sah? **13.** Und wahrlich, er sah ihn noch ein zweites Mal **14.** Bei dem
Lotosbaum am äußersten Ende **15.** Neben dem Garten der Geborgen-
heit, **16.** Als den Lotosbaum verhüllte, was ihn verhüllte. **17.** Da wich
der Blick nicht aus, noch schweifte er ab. **18.** Wahrlich, er sah einige der
größten Wunder seines Herrn! **19.** Was meint ihr nun von Al-Lat und
Al-Uzza **20.** Und Manat, der dritten daneben?***** **21.** Sollen euch
etwa die Söhne vorbehalten sein und Ihm die Töchter? **22.** Das wäre
sicher eine ungerechte Verteilung! **23.** Wahrlich, Namen sind es bloß, die

* Muhammad.

** Der Koran.

*** Gabriel. Er erschien Muhammad zweimal: Das erste Mal bei der ersten Offenbarung, das zweite Mal bei der Nachtreise (ca. 621), die in den Versen 2-18 und 81: 19–25 teilweise geschildert wird.

**** Oder: Sein Herz leugnete nicht,...

***** Drei Göttinnen der vorislamischen arabischen Welt, die neben Allah als höchstem Gott verehrt wurden. An diese Stelle soll Satan vergeblich versucht haben, sogenannte »Satanische Verse« einfügen zu lassen, welche diese Göttinnen als Fürsprecher bei Allah legitimiert hätten.

ihr ersonnen habt, ihr und euere Väter. Allah sandte keine Ermächtigung dazu hinab. Sie folgen nur einer Wahnvorstellung und ihren Wünschen, obwohl die Rechtleitung ihres Herrn zu ihnen gekommen ist. **24.** Soll der Mensch etwa haben, was immer er sich wünscht? **25.** Allah aber gehört das Diesseits und das Jenseits. **26.** Wie viele Engel auch in den Himmeln sein mögen, ihre Fürbitte nützt nichts – es sei denn, daß Allah dafür Erlaubnis gab, demjenigen, dem Er will und den Er billigt.

[527]**27.** Diejenigen, die nicht an das Jenseits glauben, bezeichnen Engel sicherlich als weibliche Wesen. **28.** Doch sie haben kein Wissen hiervon. Sie folgen nur einer Wahnvorstellung, doch Wahn ändert die Wahrheit nicht. **29.** Darum wende dich von dem ab, der sich von Unserer Ermahnung abkehrt und nur das irdische Leben begehrt. **30.** Das ist halt die Summe ihres gesamten Wissens. Dein Herr weiß sehr wohl, wer von Seinem Wege abirrt, und Er weiß sehr wohl, wer rechtgeleitet ist. **31.** Und Allahs ist, was in den Himmeln und was auf Erden ist. Er belohnt diejenigen, die Böses tun, ihren Taten entsprechend, und die, welche Gutes tun, mit dem Besten. **32.** Diejenigen, welche die großen Sünden und Schändlichkeiten meiden – bis auf leichte Verfehlungen –, fürwahr dein Herr verzeiht in umfassender Weise. Er kennt euch sehr wohl, seitdem Er euch aus der Erde hervorbrachte und als ihr im Leib euerer Mütter verborgen wart. Darum rechtfertigt euch nicht selber: Er weiß sehr wohl, wer gottesfürchtig ist. **33.** Was hältst du von dem, der sich abkehrt **34.** Und wenig gibt und geizt? **35.** Hat er wohl Kenntnis vom Verborgenen? Sieht er es gar? **36.** Oder wurde ihm nicht erzählt, was in den Schriften von Moses steht **37.** Und von Abraham, dem Getreuen, **38.** Daß nämlich keine beladene (Seele) die Last einer anderen tragen wird; **39.** Und daß der Mensch nur empfangen wird, worum er sich bemüht; **40.** Und daß (die Frucht) seines Bemühens sichtbar werden wird; **41.** Und daß er dann mit vollem Lohn dafür belohnt werden wird; **42.** Und daß zu deinem Herrn die Rückkehr ist; **43.** Und daß Er lachen und weinen macht; **44.** Und daß Er es ist, der sterben und leben läßt;

[528]**45.** Und daß Er die beiden Geschlechter erschuf, das männliche und das weibliche, **46.** Aus einem Samentropfen, wenn er ergossen wird;

47. Und daß Ihm die zweite Schöpfung * obliegt; **48.** Und daß Er es ist, der reich macht und zufriedenstellt; **49.** Und daß Er der Herr des Sirius ist; **50.** Und daß Er einstmals die Ad vernichtete **51.** Und die Thamud – und keinen übrigließ – **52.** Und zuvor Noahs Volk? Sie (alle) waren wirklich höchst ungerecht und rebellisch. **53.** Auch die eingestürzten (Städte)** zerstörte Er, **54.** Und so bedeckte sie, was sie bedeckt. **55.** Welche der Wohltaten deines Herrn willst du wohl bestreiten? **56.** Dies*** ist ein Warner wie die früheren Warner. **57.** Die Nahende (Stunde) naht. **58.** Keiner außer Allah kann sie abwenden. **59.** Wundert ihr euch etwa über diese Ankündigung? **60.** Und ihr lacht, statt zu weinen **61.** Und treibt weiterhin eitles Spiel? **62.** Werft euch besser vor Allah nieder und dient Ihm.

54 Der Mond (al-Qamar)

Geoffenbart zu Mekka

Im Namen Allahs, des Erbarmers, des Barmherzigen!

1. Genaht ist die Stunde, und gespalten wird der M o n d. **2.** Doch wenn sie ein Zeichen sehen, wenden sie sich ab und sagen: »Ewige Zauberei!« **3.** Und sie leugnen und folgen ihren Begierden. Dabei steht alles schon fest. **4.** Und wahrlich, zu ihnen kam schon manche warnende Botschaft, **5.** Vollkommene Weisheit; doch nützten die Warner nichts. **6.** Darum wende dich von ihnen ab. An dem Tage, an dem der Rufer zu etwas Unvorstellbarem ruft,

[529]**7.** Werden sie gesenkten Blickes aus den Gräbern hervorkommen, wie zerstreute Heuschrecken, **8.** Dem Rufer entgegenhastend. Die Ungläubigen werden sagen: »Dies ist ein schlimmer Tag!« **9.** Vor ihnen leugnete schon Noahs Volk. Sie nannten Unseren Diener einen Lügner und sagten: »Ein Besessener!« Und er wurde ausgestoßen. **10.** Da rief er

* Die Auferweckung.

** Sodoma und Gomorrha.

*** Muhammad.

zu seinem Herrn: »Ich bin völlig überwältigt; darum hilf mir.« **11.** Und so öffneten Wir dem strömenden Wasser die Tore des Himmels **12.** Und ließen aus der Erde Quellen hervorbrechen, und beider Wasser vereinigte sich, verhängtem Beschluß gemäß. **13.** Doch ihn trugen Wir auf etwas aus Planken und Nieten, **14.** Das unter Unseren Augen dahinschwamm als Lohn für den, der Undank erlitten hatte. **15.** Und wahrlich, Wir hielten (die Erinnerung daran) als Zeichen lebendig. Gibt es denn keinen, der sich ermahnen läßt? **16.** Wie waren doch Meine Strafe und Meine Warnungen! **17.** Wir machten den Koran gewiß leicht zum Erinnern. Gibt es denn keinen, der sich (damit) ermahnen läßt? **18.** Die Ad verwarfen (die Botschaft). Wie waren doch Meine Strafe und Meine Warnungen! **19.** Wahrlich, Wir entsandten einen eisig pfeifenden Wind gegen sie an einem unheilvollen Tag, **20.** Der die Menschen wie entwurzelte Palmstämme ausriß. **21.** Wie waren doch Meine Strafe und Meine Warnungen! **22.** Wir machten den Koran gewiß leicht zum Erinnern. Gibt es denn keinen, der sich ermahnen läßt? **23.** Auch die Thamud nahmen die Warnung leicht **24.** Und sagten: »Sollen wir etwa einem Menschen von uns, einem einzelnen, folgen? Dann wären wir gewiß im Irrtum und ganz verrückt. **25.** Ist von uns allen die Warnung ihm allein gegeben worden? Nein! Er ist nur ein frecher Lügner!« **26.** Morgen werden sie wissen, wer der freche Lügner ist! **27.** Wir werden ihnen die Kamelstute zur Prüfung schicken. Beobachte sie also und gedulde dich.

[530]**28.** Und verkünde ihnen, daß das (Quell-)Wasser unter ihnen aufgeteilt werden soll. Jeder tränke zu seinem Zeitpunkt. **29.** Sie aber riefen einen ihrer Kumpane herbei. Er zog sein Schwert und tötete sie. **30.** Wie waren doch Meine Strafe und Meine Warnungen! **31.** Wir ließen einen einzigen Schrei gegen sie ergehen, und schon waren sie wie brüchiges Stroh. **32.** Wir machten den Koran gewiß leicht zum Erinnern. Gibt es denn keinen, der sich ermahnen läßt? **33.** Auch das Volk Lots nahm die Warnung leicht. **34.** Da entsandten Wir einen Steinregen gegen sie. Lots Haus aber erretteten Wir im Morgengrauen, **35.** Als eine Gnade von Uns. So belohnen Wir die Dankbaren. **36.** Er

hatte sie bereits vor Unserer Strafe gewarnt; sie aber schlugen die
Warnung in den Wind. **37.** Sie verlangten tatsächlich seine Gäste von
ihm. Darum blendeten Wir ihre Augen: »So kostet Meine Strafe und
Meine Warnungen!« **38.** Am Morgen, in der Frühe, erfaßte sie fürwahr
eine nicht endende Strafe. **39.** »So kostet Meine Strafe und Meine
Warnungen!« **40.** Wir machten den Koran gewiß leicht zum Erinnern.
Gibt es denn keinen, der sich ermahnen läßt? **41.** Auch zum Hause
Pharaos kam die Warnung. **42.** Sie aber hielten alle Unsere Zeichen für
Lüge. Und so erfaßten Wir sie mit dem Zugriff eines Machtvollen,
Gewaltigen. **43.** Sind euere Ungläubigen etwa besser als die früheren?
Oder gibt es für euch einen Freibrief in den Schriften? **44.** Oder sagen
sie etwa: »Unserer Gemeinschaft ist der Sieg sicher!«? **45.** Geschla-
gen werden sie allesamt, und sie werden fliehen.* **46.** Aber nein! Die
(Letzte) Stunde ist die ihnen verheißene Zeit, und sie wird noch fürch-
terlicher und bitterer sein. **47.** Fürwahr, die Übeltäter, sie sind im
Irrtum und ganz verrückt! **48.** Eines Tages werden sie auf ihren Ge-
sichtern in das Feuer geschleift werden: »Kostet es denn, dem Höllen-
feuer ausgesetzt zu sein.« **49.** Siehe, alle Dinge erschufen Wir nach Maß
und Plan.

[531]**50.** Und Unser Befehl vollzieht sich so schnell wie das Blinzeln
des Auges. **51.** Wir ließen fürwahr schon früher Leute wie euch verder-
ben. Gibt es denn keinen, der sich warnen läßt? **52.** Und alles, was sie
tun, ist in Büchern festgehalten. **53.** Und alles, ob klein oder groß, ist
aufgezeichnet. **54.** Die Gottesfürchtigen kommen bestimmt in Gärten
mit Bächen, **55.** Am Sitz der Wahrhaftigkeit, bei einem mächtigen
König.

* Diesen Vers zitierte Muhammad vor der Schlacht von Badr (624).

55 Der Erbarmer (ar-Raḥmân)

Geoffenbart zu Mekka

Im Namen Allahs, des Erbarmers, des Barmherzigen!

1. Der E r b a r m e r. **2.** Er lehrte den Koran. **3.** Er erschuf den Menschen. **4.** Er lehrte ihn deutliche Sprache. **5.** Die Sonne und der Mond kreisen wie berechnet. **6.** Und die Gräser* und die Bäume fallen anbetend nieder. **7.** Und den Himmel hat Er hoch gewölbt. Und Er hat die Waage aufgestellt,** **8.** Damit ihr das Maß einhaltet. **9.** Darum wiegt in Gerechtigkeit ab und verkürzt nicht das Maß. **10.** Und die Erde hat Er für die Geschöpfe bereitgestellt. **11.** Darauf finden sich Früchte und Palmen mit Fruchthüllen **12.** Und Korn auf Halmen und wohlduftende Pflanzen. **13.** Welche der Wohltaten eueres Herrn wollt ihr beide *** da wohl leugnen? **14.** Er hat den Menschen aus Lehm erschaffen wie ein Tongefäß. **15.** Und die Dschinn erschuf Er aus rauchlosem Feuer. **16.** Welche der Wohltaten eueres Herrn wollt ihr beide da wohl leugnen?

[532]**17.** Der Herr der beiden Osten und der Herr der beiden Westen!**** **18.** Welche der Wohltaten eueres Herrn wollt ihr beide da wohl leugnen? **19.** Den beiden Wassern*****, die sich begegnen, hat Er freien Lauf gelassen. **20.** Zwischen beiden ist eine Schranke ,die sie nicht überschreiten. **21.** Welche der Wohltaten eueres Herrn wollt ihr beide da wohl leugnen? **22.** Aus beiden bringt Er Perlen und Korallen hervor. **23.** Welche der Wohltaten eueres Herrn wollt ihr beide da wohl leugnen? **24.** Und Sein sind die Schiffe, wie Berge hoch aus dem Meer

* Oder: die Sterne.

** Arabisch: »al-mizan«. Auch als moralischer Maßstab, an dem alles gemessen wird, zu verstehen.

*** Menschen und Dschinn oder Männer und Frauen. So alternativ auch in Vers 31 zu verstehen.

**** Die Sommer- und Wintersolstitien (die unterschiedlichen äußersten Wendepunkte der Sonne).

***** Das süße und das salzige; vgl. 25: 53.

ragend. **25.** Welche der Wohltaten eueres Herrn wollt ihr beide da wohl leugnen? **26.** Alles auf Erden ist vergänglich; **27.** Bestehen aber bleibt das Angesicht deines Herrn, des Herrn voll Majestät und Ehre. **28.** Welche der Wohltaten eueres Herrn wollt ihr beide da wohl leugnen? **29.** Ihn bittet, wer in den Himmeln und auf Erden ist. Jeden Tag manifestiert Er sich neu.* **30.** Welche der Wohltaten eueres Herrn wollt ihr beide da wohl leugnen? **31.** Wir werden euch bald zur Rechnung ziehen, ihr beiden Schuldbeladenen. **32.** Welche der Wohltaten eueres Herrn wollt ihr beide da wohl leugnen? **33.** O ihr versammelten Dschinn und Menschen! Wenn ihr imstande seid, die Grenzen der Himmel und der Erde zu überschreiten, dann überschreitet sie. Ihr würdet sie aber nur mit einer Ermächtigung überschreiten können. **34.** Welche der Wohltaten eueres Herrn wollt ihr beide da wohl leugnen? **35.** Gegen euch beide wird eine Flamme aus Feuer und Qualm** geschleudert werden, und dann werdet ihr hilflos sein. **36.** Welche der Wohltaten eueres Herrn wollt ihr beide da wohl leugnen? **37.** Und wenn der Himmel sich spaltet und rosig wird wie rotes Leder*** – **38.** Welche der Wohltaten eueres Herrn wollt ihr beide da wohl leugnen? – **39.** An jenem Tage wird weder Mensch noch Dschinn nach seiner Schuld befragt. **40.** Welche der Wohltaten eueres Herrn wollt ihr beide da wohl leugnen?

[533]**41.** Die Sünder werden an ihren Merkmalen erkannt und dann an Schopf und Füßen gepackt. **42.** Welche der Wohltaten eueres Herrn wollt ihr beide da wohl leugnen? **43.** Das ist die Hölle, welche die Sünder leugneten! **44.** Sie sollen zwischen ihr und siedend heißem Wasser hin- und her rennen. **45.** Welche der Wohltaten eueres Herrn wollt ihr beide da wohl leugnen? **46.** Für den aber, der seines Herrn Gegenwart gefürchtet hatte, gibt es zwei Gärten – **47.** Welche der Wohltaten eueres Herrn wollt ihr beide da wohl leugnen? – **48.** Beide mit Bäumen bestanden. **49.** Welche der Wohltaten eueres Herrn wollt ihr beide da

* Wörtlich: …ist Er am Werk.
** Oder: aus (geschmolzenem) Kupfer.
*** Oder: brennendes Öl.

wohl leugnen? **50.** In beiden sprudeln zwei Quellen. **51.** Welche der Wohltaten eueres Herrn wollt ihr beide da wohl leugnen? **52.** In beiden gibt es von jeder Frucht zwei Arten. **53.** Welche der Wohltaten eueres Herrn wollt ihr beide da wohl leugnen? **54.** Sie lehnen auf Polstern mit Bezügen aus Brokat, und die Früchte der beiden Gärten sind nahe zur Hand. **55.** Welche der Wohltaten eueres Herrn wollt ihr beide da wohl leugnen? **56.** Darin gibt es zurückhaltend blickende Gefährten,* die weder Mensch noch Dschinn zuvor berührte – **57.** Welche der Wohltaten eueres Herrn wollt ihr beide da wohl leugnen? – **58.** Als wären sie Rubine und Korallen. **59.** Welche der Wohltaten eueres Herrn wollt ihr beide da wohl leugnen? **60.** Soll der Lohn des Guten anders als Gutes sein? **61.** Welche der Wohltaten eueres Herrn wollt ihr beide da wohl leugnen? **62.** Und außer diesen beiden gibt es noch zwei Gärten – **63.** Welche der Wohltaten eueres Herrn wollt ihr beide da wohl leugnen? – **64.** In tiefstem Grün. **65.** Welche der Wohltaten eueres Herrn wollt ihr beide da wohl leugnen? **66.** In beiden gibt es zwei reichlich sprudelnde Quellen. **67.** Welche der Wohltaten eueres Herrn wollt ihr beide da wohl leugnen?

[534]**68.** In beiden gibt es Früchte und Dattelpalmen und Granatäpfel. **69.** Welche der Wohltaten eueres Herrn wollt ihr beide da wohl leugnen? **70.** Dort gibt es gute und schöne – **71.** Welche der Wohltaten eueres Herrn wollt ihr beide da wohl leugnen? – **72.** Huris,** wohlbehütet in Zelten – **73.** Welche der Wohltaten eueres Herrn wollt ihr beide da wohl leugnen? – **74.** Die weder Mensch noch Dschinn zuvor berührte. **75.** Welche der Wohltaten eueres Herrn wollt ihr beide da wohl leugnen? **76.** Sie lehnen auf grünen Kissen und schönen Teppichen. **77.** Welche der Wohltaten eueres Herrn wollt ihr beide da wohl leugnen? **78.** Segensreich ist der Name deines Herrn, des Herrn voll Majestät und Ehre.

* Beiderlei Geschlechts.

** Arab: »al-hur« (pl.), bezieht sich sowohl auf männliche wie weibliche Gefährten, da »hur« der Plural sowohl von »ahwar« (mask.) = Gefährte wie von »hawra« (fem.) = Gefährtin ist.

56 Das Unvermeidliche (al-Wâqi'a)

Geoffenbart zu Mekka

Im Namen Allahs, des Erbarmers, des Barmherzigen!

1. Wenn das Unvermeidliche sich ereignet, **2.** Wird keiner mehr sein Eintreffen leugnen. **3.** Erniedrigen wird es (einige), und (andere) erhöhen. **4.** Wenn die Erde im Beben erbebt **5.** Und die Berge zerbröckeln, **6.** Dann werden sie zerstreut wie Staub. **7.** Und ihr werdet in drei Gattungen aufgeteilt werden: **8.** Die Gefährten zur Rechten – was ist wohl mit den Gefährten zur Rechten? – **9.** Und die Gefährten zur Linken – was ist wohl mit den Gefährten zur Linken? – **10.** Und die Vordersten – sie sind (und bleiben) die Vordersten. **11.** Sie sind die (Allah) Nahegebrachten, **12.** In Gärten der Glückseligkeit, **13.** (Darunter) eine große Zahl der Früheren, **14.** Aber wenige der Späteren. **15.** Auf golddurchwobene Polster **16.** Lehnen sie sich, einander gegenüber,

[535]**17.** Der Reihe nach bedient von immerjungen Knaben **18.** Mit Bechern und Krügen und Gläsern, gefüllt aus einer fließenden Quelle. **19.** Davon werden sie weder Kopfweh bekommen noch berauscht werden. **20.** Und Früchte ihrer Wahl (gibt es dort) **21.** Und Fleisch von Geflügel, wie sie es begehren, **22.** Und Huris,* **23.** Verborgenen Perlen gleich, **24.** Als Lohn für ihr Tun. **25.** Sie hören dort kein leeres Geschwätz und nichts Sündhaftes, **26.** Nur das Wort: »Friede (sei mit euch)! Friede!« **27.** Und die Gefährten zur Rechten – was ist mit den Gefährten zur Rechten? – **28.** (Weilen) unter dornenlosem Lotos **29.** Und gebüschelten Bananen **30.** Und in ausgedehntem Schatten **31.** Und an sprudelndem Wasser **32.** Und mit Früchten in Menge, **33.** Unerschöpflich und stets verfügbar, **34.** Und mit ihren erhabenen Gefährtinnen. **35.** Siehe, Wir haben sie in herrlicher Schöpfung neugestaltet **36.** Und sie zu Jungfrauen gemacht, **37.** Zu liebevollen Altersgenossinnen **38.** Für die Gefährten zur Rechten, **39.** Darunter eine

* Vgl. Fußnote zu 55:72.

große Zahl der Früheren **40.** Und eine große Zahl der Späteren. **41.** Und die Gefährten zur Linken – was ist mit den Gefährten zur Linken? – **42.** In Glutwind und siedendem Wasser (sind sie) **43.** Und im Schatten von schwarzem Rauch, **44.** Weder kühl noch angenehm. **45.** Früher waren sie gewiß dem Wohlstand verfallen **46.** Und verharrten in großem Frevel **47.** Und sagten: »Wenn wir gestorben und zu Staub und Knochen geworden sind, sollen wir dann etwa auferweckt werden – **48.** Und auch unsere Vorväter?« **49.** Sprich: »Jawohl, sowohl die Früheren wie die Späteren **50.** Werden an einem bestimmten Tage versammelt.«

[536]**51.** Dann, o ihr Irrenden und ihr Leugner, **52.** Sollt ihr wahrlich von dem Baume Zaqqum essen **53.** Und davon die Bäuche füllen **54.** Und darauf siedendes Wasser trinken – **55.** Trinken wie durstkranke Kamele. **56.** Das ist euere Bewirtung am Tage des Gerichts! **57.** Wir erschufen euch. Warum wollt ihr dann die Wahrheit nicht annehmen? **58.** Was meint ihr? Was bei euch an Samen austritt: **59.** Habt ihr es erschaffen, oder sind Wir die Schöpfer? **60.** Wir haben über euch den Tod verhängt. Doch Wir sind nicht daran gehindert, **61.** Euch gegen euresgleichen auszutauschen und euch in einen Zustand zu versetzen, den ihr nicht kennt. **62.** Ihr kennt doch die erste Schöpfung. Warum laßt ihr euch denn da nicht ermahnen? **63.** Betrachtetet ihr wohl, was ihr da sät? **64.** Laßt ihr es wachsen, oder lassen Wir es wachsen? **65.** Wenn Wir wollten, könnten Wir es zerbröckeln lassen, so daß ihr klagen würdet: **66.** »O, wir sind ruiniert! **67.** Nein, wir sind beraubt!« **68.** Betrachtet ihr wohl das Wasser, das ihr trinkt? **69.** Laßt ihr es aus den Wolken herabkommen, oder lassen Wir es herabkommen? **70.** Wenn Wir wollten, machten Wir es bitter.* Warum also dankt ihr nicht? **71.** Betrachtet ihr wohl das Feuer, das ihr entzündet? **72.** Habt ihr den Baum dafür erschaffen, oder sind Wir die Schöpfer? **73.** Wir haben es zu einer Mahnung (an Uns) gemacht und zum Nutzen für die Reisenden in der Wüste. **74.** Darum preise den Namen deines großen Herrn! **75.** Nein! Ich

* Ankündigung von saurem Regen.

schwöre beim Untergang der Sterne – **76.** Und das ist fürwahr ein großer Schwur, wenn ihr es nur wüßtet! –,

[537]**77.** Daß dies gewiß ein ehrwürdiger Koran ist. **78.** (Die Urschrift ist) in einem wohlverwahrten Buch*. **79.** Nur die Reinen können ihn berühren**. **80.** Eine Offenbarung vom Herrn der Welten! **81.** Wollt ihr denn diese Botschaft verschmähen? **82.** Und wollt ihr es euch zur Gewohnheit machen, daß ihr sie der Lüge zeiht? **83.** Wie aber, wenn die Seele (des Sterbenden) zur Kehle steigt **84.** Und ihr dabei zuschaut, **85.** Während Wir ihm näher sind als ihr, ohne daß ihr es wahrnehmt? **86.** Warum, wenn ihr wirklich nicht (von Ihm) abhängig seid, **87.** Bringt ihr (die Seele) nicht zurück, falls wahr ist, was ihr behauptet? **88.** Wenn er nun einer der (Allah) Nahegebrachten ist, **89.** Dann wird ihm Ruhe und Versorgung und ein Garten der Wonne zuteil. **90.** Wenn er aber einer der Gefährten zur Rechten ist, **91.** Dann (rufen die) Gefährten zur Rechten »Frieden sei mit dir!« **92.** Falls er hingegen einer der Leugner ist, der Irrenden, **93.** Dann wird ihm eine Bewirtung mit siedendem Wasser zuteil **94.** Und Brennen im Höllenfeuer. **95.** Das fürwahr ist die sichere Wahrheit. **96.** Darum preise den Namen deines großen Herrn!

57 Das Eisen (al-Ḥadīd)

Geoffenbart zu Medina

Im Namen Allahs, des Erbarmers, des Barmherzigen!

1. Was in den Himmeln und was auf Erden ist, preist Allah. Und Er ist der Erhabene, der Weise. **2.** Sein ist das Reich der Himmel und der Erde. Er gibt Leben und läßt sterben. Und Er hat Macht über alle Dinge.

* Die ungeschaffene Urschrift bei Gott, im Gegensatz zum in die Geschichte hinein geoffenbarten und insofern »geschaffenen« Koran; vgl. 85: 22.

** Dieser Vers bedeutet nicht ein Verbot, Nichtmuslimen einen Koran zugänglich zu machen, oder das Gebot, ihn nur im Zustand der rituellen Reinheit zu lesen. Vielmehr ist zu verstehen, daß nur Menschen reinen Herzens Zugang zum Koran haben.

3. Er ist der Erste und der Letzte, der Sichtbare und der Verborgene. Und
Er kennt alle Dinge.

[538]**4.** Er ist es, der die Himmel und die Erde in sechs Tagen erschuf,
worauf Er sich auf den Thron setzte. Er weiß, was in die Erde hineingeht
und was aus ihr hervorgeht, was vom Himmel herabsteigt und was zu
ihm hinaufsteigt. Und Er ist bei euch, wo immer ihr seid. Und Allah
sieht wohl, was ihr tut. **5.** Sein ist das Reich der Himmel und der Erde.
Und zu Allah kehren alle Dinge zurück. **6.** Er läßt die Nacht in den Tag
übergehen und den Tag in die Nacht. Und Er kennt das Innerste der
Herzen. **7.** Glaubt an Allah und Seinem Gesandten und spendet von
dem, was Er euch zur Verfügung gestellt hat. Denn denjenigen von euch,
welche glauben und spenden, ist großer Lohn bestimmt. **8.** Doch was ist
mit euch, daß ihr nicht an Allah glaubt, obwohl euch der Gesandte ein-
lädt, an eueren Herrn zu glauben, und Er bereits euer Versprechen ent-
gegengenommen hat, so ihr überhaupt Gläubige seid? **9.** Er ist es, der auf
Seinen Diener deutliche Verse hinabsendet, um euch aus der tiefsten
Finsternis zum Licht zu führen. Und Allah ist wahrlich gütig und barm-
herzig gegen euch. **10.** Und was ist mit euch, daß ihr nicht für Allahs
Sache spendet, wo Allahs doch das Erbe der Himmel und der Erde ist?
Unter euch ist nicht gleichgestellt, wer vor dem Siege spendete und
kämpfte – diese nehmen höhere Rangstufen ein als jene, welche erst
hernach spendeten und kämpften. Allen aber verheißt Allah das Beste.
Und Allah weiß wohl, was ihr tut. **11.** Wer ist es, der Allah ein schönes
Darlehen geben will? Mehr als verdoppeln wird Er es ihm, und ihm
wird ein würdiger Lohn zuteil.

[539]**12.** Eines Tages wirst du die Gläubigen, Männer und Frauen,
sehen, wie ihr Licht ihnen voraneilt und zu ihrer Rechten: »Frohe Bot-
schaft sei euch heute! Gärten, durcheilt von Bächen, ewig darin zu ver-
weilen! Das ist die große Glückseligkeit.« **13.** An diesem Tage sagen die
Heuchler und Heuchlerinnen zu den Gläubigen: »Wartet auf uns, damit
wir an euerem Licht das unsere entzünden!« Es wird gesprochen wer-
den. »Kehrt zurück und sucht euch Licht!« Und eine Mauer mit einem
Tor darin wird zwischen ihnen errichtet werden. Innen ist Barmherzig-

keit und außen Qual. **14.** Sie werden ihnen zurufen: »Waren wir nicht mit euch?« Sie werden antworten: »Jawohl! Doch habt ihr euch selbst der Versuchung ausgesetzt und abgewartet und gezweifelt. Und eitle Hoffnungen betrogen euch, bis Allahs Befehl kam. Über Allah hatte euch der Erzbetrüger betrogen.« **15.** An diesem Tage wird kein Lösegeld von euch angenommen werden noch von denen, welche überhaupt nicht glaubten. Euere Wohnung ist das Feuer. Dies ist euere Bleibe, und übel ist die Fahrt dorthin. **16.** Ist für die Gläubigen nicht die Zeit gekommen, ihre Herzen vor der Ermahnung Allahs und der Wahrheit, die Er hinabgesandt hat zu demütigen und nicht zu sein wie die, denen die Schrift zuvor gegeben worden war? Deren Herzen verhärten sich im Verlaufe der Zeit. Viele von ihnen waren Frevler. **17.** Wißt, daß Allah die Erde nach ihrem Absterben wieder lebendig macht. Wir haben euch die Beweise deutlich gemacht, damit ihr Einsicht gewinnt. **18.** Diejenigen, welche Almosen geben, Männer und Frauen, und die Allah ein schönes Darlehen geben, mehr als verdoppeln wird Er es ihnen. Und sie werden einen würdigen Lohn empfangen.

[540]**19.** Und diejenigen, welche an Allah und Seinem Gesandten glauben, das sind die Wahrhaften und die Zeugen vor ihrem Herrn. Sie erhalten ihren Lohn und ihr Licht. Die Ungläubigen jedoch, die Unsere Botschaft der Lüge zeihen, das sind die Bewohner des Höllenfeuers. **20.** Wißt, daß das irdische Leben nur Spiel und Scherz und Flitter und Prahlerei unter euch ist und Wetteifern um Vermögen und Kinder. Dies gleicht dem Regen, dessen Wachstum die Bauern erfreut. Dann aber welkt es, und du siehst es gelb werden. Dann zerbröckelt es. Und im Jenseits ist strenge Strafe ebenso wie Verzeihung von Allah und Wohlgefallen. Doch das irdische Leben ist nur ein trügerischer Nießbrauch auf Zeit. **21.** Wetteifert miteinander um die Verzeihung eueres Herrn und das Paradies, dessen Weite der Weite der Himmel und der Erde entspricht, bereitet für diejenigen, welche an Allah und Seinem Gesandten glauben. Das ist Allahs Wohltat, die Er gewährt, wem Er will. Und Allah ist von unermeßlicher Güte. **22.** Kein Unheil geschieht auf Erden oder euch selbst, das nicht in einem Buch stünde, bevor Wir es geschehen las-

sen. Das ist Allah fürwahr ein leichtes; **23.** So betrübt euch nicht über das, was euch entgeht, und freut euch nicht überheblich über das, was Er euch gibt; denn Allah liebt keine stolzen Prahler, **24.** Die geizig sind und andere zum Geiz anhalten. Und wenn jemand seinen Rücken kehrt, siehe, Allah ist gewiß der Selbstgenügsame, der Rühmenswerte.

[541]**25.** Wahrlich, Wir entsandten Unsere Gesandten mit klarer Botschaft und schickten mit ihnen das Buch und die Waage herab, auf daß die Menschen Gerechtigkeit üben möchten. Und Wir sandten das E i s e n herab, in welchem furchteinflößende Kraft, aber auch Nutzen für die Menschen ist. Allah kennzeichnet so, wer Ihm und Seinem Gesandten, auch im verborgenen, hilft. Allah ist gewiß stark und mächtig. **26.** Und wahrlich, Wir entsandten Noah und Abraham und gaben ihrer Nachkommenschaft das Prophetentum und die Schrift. Einige von ihnen waren rechtgeleitet, viele von ihnen waren jedoch Frevler. **27.** Dann ließen Wir Unsere Gesandten ihren Spuren folgen. Und Wir ließen ihnen Jesus, den Sohn der Maria, folgen und gaben ihm das Evangelium. Und in die Herzen derer, die ihm folgten, legten Wir Güte und Barmherzigkeit. Das Mönchstum jedoch erfanden sie selber. Wir schrieben ihnen nur vor, nach Allahs Wohlgefallen zu trachten, aber das nahmen sie nicht in acht, wie es in acht genommen zu werden verdient. Den Gläubigen unter ihnen gaben Wir ihren Lohn; viele von ihnen waren aber Frevler. **28.** O ihr, die ihr glaubt! Fürchtet Allah und glaubt Seinem Gesandten. Er wird euch doppelt von Seiner Barmherzigkeit gewähren und euch ein Licht geben, in dem ihr wandeln werdet. Und Er wird euch vergeben; denn Allah ist verzeihend, barmherzig: **29.** Die Leute der Schrift* sollen wissen, daß sie nicht über Allahs Gnade verfügen, sondern daß die Gnade in Allahs Hand liegt. Er gewährt sie, wem Er will. Und Allah ist voll großer Huld.

* Die Juden und Christen.

58 Das Streitgespräch (al-Mudschâdala)

Geoffenbart zu Medina

Im Namen Allahs, des Erbarmers, des Barmherzigen!

[542]**1.** Allah hat das Wort jener gehört, die mit dir über ihren Gatten s t r i t t* und sich auch bei Allah beklagte. Und Allah hörte eueren Wortwechsel. Allah ist fürwahr hörend, sehend. **2.** Diejenigen von euch, welche sich von ihren Frauen scheiden, indem sie sagen: »Du bist mir (so verboten) wie der Rücken meiner Mutter«** – ihre Mütter sind sie nicht! Ihre Mütter sind wirklich nur die, welche sie geboren haben. So sagen sie gewiß etwas Widerwärtiges und die Unwahrheit. Aber Allah ist wahrlich vergebend, verzeihend. **3.** Diejenigen, welche sich mit solchen Worten von ihren Frauen scheiden und dann ihre Worte zurücknehmen – dafür ist ein Unfreier freizulassen, bevor sie einander wieder berühren. Das ist es, wozu ihr ermahnt werdet. Und Allah weiß, was ihr tut. **4.** Wer dazu aber nicht imstande ist, der soll zwei Monate hintereinander fasten, bevor sie einander berühren. Wer auch das nicht vermag, der speise sechzig Arme. Dies, damit ihr an Allah und Seinem Gesandten glaubt. Dies sind Allahs Gebote. Und für die Ungläubigen ist schmerzliche Strafe bestimmt. **5.** Diejenigen, welche sich Allah und Seinem Gesandten widersetzen, werden gewiß erniedrigt werden, so wie diejenigen vor ihnen gedemütigt worden waren; denn Wir haben bereits deutliche Beweise herabgesandt. Und den Ungläubigen droht qualvolle Strafe **6.** An dem Tage, an welchem Allah alle auferweckt und ihnen vorhält, was sie getan haben. Allah hat darüber Rechnung geführt, wenn sie es auch vergaßen; denn Allah ist Zeuge aller Dinge.

[543]**7.** Siehst du denn nicht, daß Allah alles weiß, was in den Himmeln und was auf Erden ist? Keine drei führen ein geheimes Gespräch, ohne daß Er ihr Vierter, und keine fünf, ohne daß Er ihr Sechster wäre; ob

* Dies bezieht sich auf eine Frau namens Khawlah bint Tha'laba, von der sich ihr Mann mit der Formel nach Vers 2 geschieden hatte.

** Vgl. Sure 33: 4.

weniger oder mehr, Er ist bei ihnen, wo immer sie sind. Dann, am Tage der Auferstehung, hält Er ihnen vor, was sie getan haben. Allah kennt fürwahr alle Dinge. **8.** Sahst du nicht, daß die, denen geheime Absprachen verboten sind, dennoch das Verbotene tun und sich untereinander insgeheim zu Sünde, Feindschaft und Widersetzlichkeit gegen den Gesandten verabreden? Wenn sie zu dir kommen, begrüßen sie dich auf eine Weise, auf die Allah dich nicht begrüßt, und sagen unter sich: »Warum straft uns Allah nicht für, was wir da sagen?«* Die Hölle reicht für sie aus: Brennen werden sie darin, und schlimm ist die Fahrt dorthin. **9.** O ihr, die ihr glaubt! Wenn ihr euch besprecht, dann verabredet nicht Sünde und Feindschaft und Widersetzlichkeit gegen den Gesandten, sondern gute Werke und Gottesfurcht. Und fürchtet Allah, zu Dem ihr versammelt werdet. **10.** Geheime Absprache ist vom Teufel, zum Leidwesen der Gläubigen. Doch kann er ihnen ohne Allahs Zustimmung nichts zuleide tun. Auf Allah sollen die Gläubigen vertrauen! **11.** O ihr, die ihr glaubt! Wenn ihr bei Versammlungen gebeten werdet: »Macht Platz!«, dann macht Platz; dann wird euch auch Allah Platz machen. Und wenn ihr gebeten werdet: »Erhebt euch!«, dann erhebt euch. Allah wird diejenigen von euch, die glauben und denen Wissen gegeben wurde, um Rangstufen erhöhen. Und Allah weiß, was ihr tut.

[544]**12.** O ihr, die ihr glaubt! Wenn ihr euch mit dem Gesandten besprechen wollt, dann schickt der Unterredung eine Spende (für die Armen) voraus. Das ist besser für euch und reiner. Doch wenn ihr nichts findet, ist Allah verzeihend, barmherzig. **13.** Bereitet es euch etwa Sorge, vor euerer Besprechung spenden zu müssen? Wenn ihr nichts geben könnt – Allah ist gütig zu euch! –, dann verrichtet das Gebet und entrichtet die Steuer und gehorcht Allah und Seinem Gesandten. Und Allah weiß wohl, was ihr tut. **14.** Hast du denn nicht jene gesehen, welche ein Volk zu Beschützern** nehmen, dem Allah

* Anstatt des Grußes: »As-salamu aleika« (Frieden sei mit dir) murmelten sie: »Assam aleika« (der Tod sei mit dir!).

** Oder: Verbündeten; Freunden.

zürnt? Sie gehören weder zu euch noch zu ihnen. Und sie beschwören wissentlich eine Lüge. **15.** Allah hat ihnen strenge Strafe zugedacht. Siehe, Ihr Tun ist übel. **16.** Sie nehmen ihre Eide als Schutzschild und bringen von Allahs Weg ab; darum wird ihnen eine qualvolle Strafe bereitet. **17.** Ihr Vermögen und ihre Kinder werden ihnen gegen Allah nicht das geringste nützen. Sie sind Bewohner des Feuers auf immerdar. **18.** Eines Tages wird Allah sie allesamt erwecken. Und sie werden Ihm so schwören, wie sie euch schworen, und werden glauben, es helfe ihnen etwas. Sie sind nun einmal Lügner! **19.** Der Teufel ist in sie gefahren und hat sie das Denken an Allah vergessen lassen. Sie sind Satans Verbündete, und Satans Verbündete sind gewiß verloren. **20.** Diejenigen, welche Allah und Seinem Gesandten zuwiderhandeln, sind unter den Verworfensten. **21.** Allah hat festgelegt: »Ich werde obsiegen, Ich und meine Gesandten!« Allah ist fürwahr stark, erhaben.

[545]**22.** Du wirst kein Volk finden, das an Allah glaubt und an den Jüngsten Tag und dabei den liebt, der Allah und Seinem Gesandten zuwiderhandelt, und wären es ihre Väter oder ihre Söhne oder ihre Brüder oder ihre Verwandten. Sie – in ihre Herzen hat Er den Glauben eingraviert, und Er stärkt sie mit Seinem Geist. Und Er führt sie in Gärten ein, durcheilt von Bächen, ewig darin zu verweilen. Allah hat Wohlgefallen an ihnen, und sie haben Wohlgefallen an Ihm. Sie sind Allahs Partei*. Allahs Parteigänger sind gewiß die Erfolgreichen.

59 DIE VERSAMMLUNG (AL-ḤASCHR)

Geoffenbart zu Medina

Im Namen Allahs, des Erbarmers, des Barmherzigen!

1. Es preist Allah, was in den Himmeln und was auf Erden ist. Und Er ist der Erhabene, der Weise. **2.** Er ist es, Welcher die Ungläubigen unter dem Volk der Schrift(besitzer) bei ihrer ersten (feindseligen) V e r s a m m -

* Arab.: »hizb Allah«. Hierauf bezieht sich die Widerstandsbewegung Hizbollah.

l u n g aus ihren Wohnungen trieb*. Ihr glaubtet nicht, daß sie (kampflos) ausziehen würden; und sie glaubten, daß ihre Burgen sie vor Allah schützen würden. Da aber kam Allah auf unerwartete Weise über sie und versetzte ihre Herzen in Schrecken. Sie verwüsteten ihre Häuser mit ihren eigenen Händen und den Händen der Gläubigen. Darum nehmt es euch zur Lehre, ihr Einsichtigen! **3.** Hätte Allah nun für sie nicht Verbannung angeordnet, hätte Er sie im Diesseits gewiß schlimmer gestraft. Im Jenseits aber erwartet sie die Strafe des Feuers.

[546]**4.** Dies, weil sie sich gegen Allah und Seinen Gesandten aufgelehnt hatten. Denn wenn sich jemand gegen Allah auflehnt, ist Allah fürwahr streng im Strafen. **5.** Was ihr auch an Palmen gefällt oder auf ihren Wurzeln stehengelassen habt, es war mit Allahs Erlaubnis, um die Aufrührer zu beschämen. **6.** Für das, was Allah Seinem Gesandten von ihnen (zur Beute) gab, brauchtet ihr weder Pferde noch Kamele einzusetzen.** Allah verleiht Seinem Gesandten Macht, über wen Er will. Und Allah hat Macht über alle Dinge. **7.** Was Allah Seinem Gesandten von den Städtebewohnern gab, gehört Allah und Seinem Gesandten und der nahen Verwandtschaft,*** den Waisen und den Armen und dem Reisenden, damit es nicht nur unter den Reichen von euch die Runde macht. Was euch der Gesandte aber gibt, das nehmt, und was er euch verwehrt, das laßt sein. Und fürchtet Allah. Allah straft fürwahr streng. **8.** (Es gehört) auch den Armen unter den Auswanderern,**** die aus ihren Wohnungen und von

* Es handelte sich um den jüdischen Stamm der Banu Nadir in Medina, welcher ursprünglich einen Neutralitätsvertrag mit Muhammad schloß, ihn nach seinem Siege bei Badr über die Koreischiten sogar als Propheten anerkannte, nach seiner Niederlage am Berge Uhud aber zu seinen Feinden überging. Muhammad belagerte sie im Jahre 624 in ihren Burgen bei Medina. Nach sechstägiger Belagerung kapitulierten sie unter der Bedingung, das Land verlassen zu dürfen.

** Der Zug gegen den Stamm Nadir wurde zu Fuß unternommen, weshalb die Beute nicht gemäß 8: 41 zu verteilen war.

*** Den Angehörigen der Gefallenen.

**** Den Muslimen, die aus Mekka nach Medina auswanderten.

ihrem Hab und Gut vertrieben wurden, weil sie Allahs Gnade und Wohlgefallen suchten und Allah und Seinem Gesandten halfen. Sie sind die Wahrhaftigen. **9.** Diejenigen, die vor ihnen hier (in Medina) im Glauben zu Hause waren★, lieben die, welche zu ihnen auswanderten, und fühlen in sich kein Verlangen nach dem, was ihnen gegeben wurde. Sie ziehen (die Flüchtlinge) sich selber vor, auch wenn sie selber bedürftig sind. Wer so vor seiner eigenen Habsucht bewahrt ist – denen ergeht es wohl.

[547]**10.** Und diejenigen, welche nach ihnen kamen, beten: »O unser Herr! Vergib uns und unseren Brüdern, die uns im Glauben vorangingen, und dulde in unseren Herzen keinen Groll gegen die Gläubigen. O unser Herr! Du bist fürwahr gütig, barmherzig.« **11.** Hast du nicht die Heuchler gesehen? Sie sagen ihren ungläubigen Brüdern unter den Leuten der Schrift: »Wenn ihr vertrieben werdet, ziehen wir bestimmt mit euch aus. Wir werden niemals jemand gegen euch beistehen. Wenn gegen euch gekämpft wird, helfen wir euch!« Doch Allah ist Zeuge, daß sie Lügner sind. **12.** Wenn sie vertrieben würden, zögen sie nicht mit ihnen fort. Und wenn sie bekämpft würden, würden sie ihnen mit Sicherheit nicht helfen. Und selbst wenn sie ihnen helfen würden, würden sie doch fliehen. So würden sie keinerlei Hilfe finden. **13.** Wahrlich, ihr erregt in ihren Herzen mehr Furcht als Allah, weil sie ein Volk ohne Verstand sind. **14.** Sie – selbst geschlossen – werden euch nicht in offener Feldschlacht bekämpfen, sondern nur aus befestigten Städten oder von hinter Mauern. Ihre Heldentaten★★ untereinander sind groß. Du hältst sie für eine Einheit, doch innerlich sind sie zerstritten, weil sie ein Volk ohne Einsicht sind. **15.** Sie gleichen denen, welche erst jüngst vor ihnen die bösen Folgen ihres Verhaltens erlebten★★★: Sie erfuhren eine schmerzliche Strafe! **16.** (Sie waren verraten) wie von

★ D.h. die Medinenser, die ihren Islam in Frieden bekennen konnten. Ihr Ehrentitel lautete »al-ansar« (die Helfer).

★★ Oder: Uneinigkeit; Zwietracht; Streit.

★★★ Die feindlichen Juden von Qainuqa, die im Jahre 622 aus Medina vertrieben worden waren.

Satan, wenn er zum Menschen spricht: »Sei ungläubig!« und dann, wenn er ungläubig geworden ist, sagt: »Ich habe nichts mit dir zu schaffen. Ich fürchte Allah, den Herrn der Welten!«

548 **17.** Das Ende beider wird sein, daß sie ewig im Feuer sein werden; denn das ist der Lohn der Übeltäter. **18.** O ihr, die ihr glaubt! Fürchtet Allah! Und eine jede Seele habe auf das acht, was sie für morgen vorausschickt. Und fürchtet Allah! Allah weiß sehr wohl, was ihr tut. **19.** Und seid nicht wie diejenigen, welche Allah vergessen und die Er (damit) sich selbst vergessen ließ. Das sind die Entarteten. **20.** Die Bewohner des Feuers und die Bewohner des Paradieses sind nicht gleich. Die Bewohner des Paradieses, das sind die Glückseligen. **21.** Hätten wir diesen Koran auf einen Berg herabgesandt, dann hättest du ihn sich demütigen und aus Ehrfurcht vor Allah sich spalten sehen. Solche Gleichnisse stellen Wir für die Menschen auf, damit sie nachdenklich werden. **22.** Er ist Allah, außer Dem es keinen Gott gibt. Er kennt das Verborgene und das Offenbare. Er ist der Erbarmer, der Barmherzige. **23.** Er ist Allah, außer Dem es keinen Gott gibt: der Herrscher, der Heilige, der Heilbringende, der Glaubengewährende, der Beschützer, der Erhabene, der Unwiderstehliche, der Majestätische. Preis sei Allah, (erhaben ist Er) über was sie Ihm beigesellen. **24.** Er ist Allah, der Schöpfer, der Urheber, der Formgebende. Sein sind die schönsten Namen.* Ihn preist, was in den Himmeln und auf Erden ist; Er ist der Mächtige, der Weise.

60 DIE GEPRÜFTE (AL-MUMTAḤINA)

Geoffenbart zu Medina

Im Namen Allahs, des Erbarmers, des Barmherzigen!

549 **1.** O ihr, die ihr glaubt! Nehmt nicht meinen Feind und eueren Feind zu Freunden. Ihr zeigt ihnen Zuneigung, obwohl sie an die Wahrheit, die zu euch gekommen ist, nicht glauben. Sie vertreiben den

* Arab.: »al-asma' al-husna«, d.h. göttliche Eigenschaften in Vollkommenheit. Vgl. 7:180, 17:110, 20:8.

Gesandten und euch, weil ihr an Allah, eueren Herrn, glaubt. Obwohl ihr zum Kampf auf Meinem Wege und im Trachten nach Meinem Wohlgefallen auszieht, zeigt ihr ihnen insgeheim Zuneigung. Doch Ich weiß sehr wohl, was ihr verbergt und was ihr zeigt. Wer aber von euch sich so verhält, der ist vom rechten Pfad abgeirrt. **2.** Wenn sie euch zu fassen bekämen, würden sie sich als euere Feinde erweisen und ihre Hände und Zungen im Bösen gegen euch ausstrecken. Und sie wünschen, daß ihr ungläubig wärt. **3.** Weder euere Blutsverwandten noch euere Kinder werden euch am Tage der Auferstehung nützen. Er wird zwischen euch entscheiden. Und Allah sieht sehr wohl, was ihr tut. **4.** Ihr habt ein schönes Beispiel an Abraham und den Seinigen, als sie zu ihrem Volk sprachen: »Seht, wir haben nichts mit euch und mit dem, was ihr außer Allah anbetet, zu schaffen. Wir wollen nichts von euch wissen. Und zwischen uns und euch herrscht Feindschaft und Haß so lange, bis ihr an Allah alleine glaubt«; dies abgesehen von Abrahams Äußerung zu seinem Vater: »Ich werde bestimmt für dich um Verzeihung bitten, aber ich kann für dich nichts von Allah erlangen.« »O unser Herr! Auf Dich vertrauen wir, und Dir wenden wir uns reuig zu, und zu Dir ist die Heimkehr. **5.** O unser Herr! Laß uns für die Ungläubigen nicht zu einer Verlockung werden(, uns Böses anzutun). Und verzeihe uns. O unser Herr! Du bist fürwahr der Erhabene, der Weise.«

[550]**6.** Ihr hattet an ihnen bestimmt ein schönes Beispiel für jeden, der auf Allah hofft und auf den Jüngsten Tag. Wenn aber einer den Rücken kehrt – Allah ist fürwahr der Unabhängige, der Rühmenswerte. **7.** Vielleicht läßt Allah zwischen euch und denen von ihnen, die euch feind sind, Freundschaft entstehen. Allah ist mächtig, und Allah ist verzeihend, barmherzig. **8.** Allah verbietet euch nicht, gegen die gütig und gerecht zu sein, die euch nicht wegen eueres Glaubens bekämpft oder euch aus eueren Häusern vertrieben haben. Allah liebt fürwahr die gerecht Handelnden. **9.** Allah verbietet euch nur, mit denen Freundschaft zu schließen, die euch des Glaubens wegen bekämpft oder euch aus eueren Wohnungen vertrieben oder bei euerer Vertreibung geholfen haben. Wer mit ihnen Freundschaft schließt, tut unrecht. **10.** O ihr,

die ihr glaubt! Wenn zu euch gläubige Frauen kommen, die ausgewandert sind, dann p r ü f t sie. Allah kennt ihren Glauben sehr wohl. Habt ihr sie als Gläubige erkannt, dann laßt sie nicht zu den Ungläubigen zurückkehren. Sie sind ihnen nicht (als Ehepartner) erlaubt, noch sind jene für sie erlaubt; doch zahlt ihnen zurück, was sie ausgegeben haben.* Auch ist es keine Sünde für euch, sie zu heiraten, wenn ihr ihnen ihre Brautgabe gebt. Und haltet nicht an der Ehe mit ungläubigen Frauen fest, sondern verlangt zurück, was ihr für sie ausgegeben habt, wie auch sie zurückverlangen sollen, was sie ausgegeben haben. Das ist Allahs Spruch, den Er zwischen euch fällt: Und Allah ist wissend und weise. **11.** Wenn aber eine euerer Frauen zu den Ungläubigen überläuft, dann gebt – falls ihr (bei ihnen) Beute macht – denen, deren Frauen weggegangen sind, den Gegenwert dessen, was sie (für sie als Brautgabe) ausgegeben hatten. Und fürchtet Allah, an Den ihr glaubt.

[551]**12.** O Prophet! Wenn gläubige Frauen zu dir kommen und dir geloben, Allah nichts an die Seite zu stellen, nicht zu stehlen, keine Unzucht zu treiben,** ihre Kinder nicht zu töten, keine haltlosen Verleumdungen zu verbreiten und gegen dich in dem, was sich geziemt, nicht ungehorsam zu sein, dann nimm ihr Gelöbnis an und bitte Allah um Verzeihung für sie. Allah ist fürwahr verzeihend und barmherzig. **13.** O ihr, die ihr glaubt! Schließt keine Freundschaft mit einem Volk, dem Allah zürnt. Sie haben die Hoffnung auf das Jenseits aufgegeben, so wie die Ungläubigen die Hoffnung hinsichtlich derer aufgegeben haben, die begraben sind.

* Ihre ungläubig gebliebenen Ehemänner erhielten die Brautgabe zurück.
** Oder: keine Magie.

61 Die Schlachtordnung (as-Saff)
Geoffenbart zu Medina

Im Namen Allahs, des Erbarmers, des Barmherzigen!

1. Es preist Allah, was in den Himmeln und was auf Erden ist. Und Er ist der Erhabene, der Weise. **2.** O ihr, die ihr glaubt! Warum sagt ihr, was ihr nicht tut? **3.** Große Abscheu erzeugt es bei Allah, daß ihr sagt, was ihr nicht tut! **4.** Allah liebt fürwahr diejenigen, welche auf Seinem Weg in S c h l a c h t o r d n u n g kämpfen, so als wären sie eine festgefügte Mauer. **5.** (Bedenke,) als Moses zu seinem Volke sagte: »O mein Volk! Warum kränkt ihr mich, wo ihr wißt, daß ich Allahs Gesandter für euch bin?« Und als sie (von ihm) abwichen, ließ Allah ihre Herzen (vom Glauben) abweichen; denn Allah leitet nicht das Volk der Frevler.

[552]**6.** (Bedenke auch,) als Jesus, der Sohn der Maria, sprach: »O ihr Kinder Israels! Ich bin wirklich Allahs Gesandter für euch, bestätigend die Thora, die vor mir war, und einen Gesandten ankündigend, der nach mir kommen und dessen Name Ahmed★ sein wird.« Doch als er mit deutlichen Beweisen zu ihnen kam, sagten sie: »Das ist offenkundiger Zauber!« **7.** Wer aber begeht größeres Unrecht, als wer über Allah eine Lüge ersinnt, wenn er zur Hingabe an Ihn aufgefordert wird? Allah aber leitet kein ungerechtes Volk. **8.** Sie wollen Allahs Licht mit ihrem Mundwerk auslöschen. Allah aber wird Sein Licht vollends ausbreiten★★, obwohl es den Ungläubigen zuwider ist. **9.** Er ist es, der Seinen Gesandten mit der Rechtleitung und der Religion der Wahrheit entsandt hat, um sie jede andere Religion überstrahlen zu lassen, auch wenn es den Götzendienern zuwider ist. **10.** O ihr, die ihr glaubt! Soll ich euch zu einem Handel bewegen, der euch vor einer schmerzlichen Strafe rettet? **11.** Glaubt an Allah und Seinem Gesandten und setzt euch auf

★ Dies ist eine Ankündigung Muhammads auf Grundlage von Joh. 14,26 und Joh.16,13, mit der Annahme, daß dort statt Parakletos (Beistand) Periclytos (der Gepriesene) – auf arabisch Ahmad bzw. Muhammad – zu lesen ist.

★★ Er wird die koranische Offenbarung vollenden.

Allahs Weg mit Gut und Blut ein. Dies ist das Beste für euch; wenn ihr es nur wüßtet. **12.** Er wird euch euere Sünden vergeben und euch in Gärten führen, durcheilt von Bächen, und in vorzügliche Wohnungen in den Gärten von Eden. Das ist die große Glückseligkeit! **13.** Und noch etwas anderes (wird Er euch geben,) das euch lieb ist: Hilfe von Allah und baldigen Sieg! Verkünde also den Gläubigen Freude! **14.** O ihr, die ihr glaubt! Seid Allahs Helfer im Sinne von Jesus, Sohn der Maria, als er die Jünger fragte: »Welches sind meine Helfer auf dem Weg zu Allah?« Die Jünger antworteten: »Wir sind Allahs Helfer!« Ein Teil der Kinder Israels glaubte,* und ein anderer Teil blieb ungläubig. Wir aber halfen den Gläubigen gegen ihren Feind, und sie siegten.

62 DAS VERSAMMELN (AL-DSCHUMU'A)

Geoffenbart zu Medina

Im Namen Allahs, des Erbarmers, des Barmherzigen!

[553]**1.** Es preist Allah, was in den Himmeln und was auf Erden ist, den Herrscher, den Heiligen, den Erhabenen, den Weisen. **2.** Er ist es, Der zu den Ununterrichteten** einen Gesandten aus ihrer Mitte entsandt hat, ihnen Seine Verse vorzutragen und sie zu läutern und sie das Buch und die Weisheit zu lehren – obwohl sie zuvor in offenkundigem Irrtum waren – **3.** Ebenso wie andere, sobald sie zu ihnen gestoßen sind. Er ist fürwahr der Erhabene, der Weise. **4.** Das ist Allahs Gnade; Er gewährt sie, wem Er will. Und Allah ist voll großer Huld. **5.** Das Gleichnis derer, welche mit der Last der Thora ausgezeichnet wurden, aber ihr dann nicht folgen wollten, ist das eines Esels, der eine Last von Büchern trägt. Schlimm steht es um Leute, welche Allahs Offenbarung der Lüge zeihen. Denn Allah leitet kein Volk von Ungerechten. **6.** Sprich: »O ihr

* An das Prophetentum Jesu.

** Arab.: »al-ummiyun«, d.h. sowohl »ein Volk, das kein (geoffenbartes) Buch besitzt« als auch »ein des Lesens und Schreibens unkundiges Volk«. Damit sind die vorislamischen Araber und ihr (analphabetischer) Prophet gemeint.

Juden! Wenn ihr behauptet, daß ihr allein, vor allen anderen Menschen, Allahs Freunde seid, dann wünscht euch den Tod, sofern ihr wahrhaft seid.« **7.** Doch wegen der (schlechten) Werke ihrer Hände werden sie ihn niemals herbeiwünschen. Doch Allah kennt die Übeltäter. **8.** Sprich: »Der Tod, vor dem ihr flieht, wird euch bestimmt einholen. Dann müßt ihr zu Dem zurück, Der das Verborgene und das Offenbare kennt. Und Er wird euch vorhalten, was ihr getan habt.«

[554]**9.** O ihr, die ihr glaubt! Wenn am Tage des Versammelns*, zum Gebet gerufen wird, dann eilt zum (gemeinsamen) Gedenken an Allah und laßt den Handel ruhen. Das ist besser für euch, wenn ihr es nur wüßtet. **10.** Und wenn das (Freitags-)Gebet beendet ist, dann zerstreut euch und bemüht euch wieder um Allahs Gaben.** Und gedenkt Allahs häufig, damit ihr erfolgreich werdet. **11.** Doch wenn sie ein Geschäft oder einen Zeitvertreib in Aussicht haben, laufen sie ihm nach und lassen dich stehen. Sprich: »Was bei Allah ist, ist besser als Zeitvertreib oder Geschäft. Und Allah ist der beste der Versorger.«

63 Die Heuchler (al-Munâfiqûn)

Geoffenbart zu Medina

Im Namen Allahs, des Erbarmers, des Barmherzigen!

1. Wenn die Heuchler zu dir kommen, sagen sie: »Wir bezeugen, daß du wirklich der Gesandte Allahs bist!« Allah weiß wohl, daß du Sein Gesandter bist. Und Allah bezeugt, daß die Heuchler Lügner sind. **2.** Sie haben sich hinter ihren Eiden verschanzt und halten so (andere) von Allahs Weg ab. Fürwahr, übel ist, was sie tun. **3.** Dies, weil sie glaubten, danach jedoch ungläubig wurden. So wurden ihre Herzen versiegelt, so daß sie nicht begreifen. **4.** Doch wenn du sie siehst, gefällt dir ihre Erscheinung. Und wenn sie sprechen, hörst du auf

* Dem Freitag.

** Durch Handel und Wandel. Der Freitag ist nicht notwendig Feiertag.

das, was sie sagen.* Sie sind wie abgestützte Holzfiguren und glauben, daß jeder Laut sich gegen sie richtet. Sie sind der Feind; darum hüte dich vor ihnen. Allah bekämpfe sie! Wie leicht lassen sie sich doch verblenden!

[555]**5.** Wenn zu ihnen gesagt wird: »Kommt her! Der Gesandte Allahs wird für euch um Verzeihung bitten!«, wenden sie ihre Häupter ab. Dann siehst du sie voll Hochmut fortgehen. **6.** Für sie ist es gleich, ob du um Verzeihung für sie bittest oder nicht: Allah verzeiht ihnen niemals. Allah leitet kein Volk von Frevlern. **7.** Sie sind es, die da sagen: »Unterstützt nicht diejenigen, welche bei dem Gesandten Allahs sind, damit sie ihn verlassen.« Allah gehören jedoch die Schätze der Himmel und der Erde. Aber das verstehen die Heuchler nicht. **8.** Sie sagen: »Wenn wir nach Medina zurückkehren, wird der Würdigste sicherlich den Geringsten vertreiben!«** Doch Allah gehört die Macht und Seinem Gesandten und den Gläubigen. Jedoch die Heuchler wissen es nicht. **9.** O ihr, die ihr glaubt! Laßt euch nicht durch euer Hab und Gut und euere Kinder von der Erinnerung an Allah abbringen. Wer sich so verhält – das sind die Verlierer. **10.** Und spendet von dem, was Wir euch gaben, bevor zu einem von euch der Tod kommt und er ruft: »O mein Herr! Wenn Du mir nur für eine kleine Weile Aufschub gewähren wolltest, so würde ich Almosen geben und so zu einem der Rechtschaffenen werden!« **11.** Aber Allah gewährt einer Seele niemals Aufschub, wenn ihr Termin gekommen ist. Und Allah ist mit dem, was ihr tut, wohlvertraut.

* Abdallah b. Ubayy, der Anführer der Heuchler in Medina, war gut gewachsen und sprachgewandt.

** Der »Würdigste«: Abdallah; der »Geringste«: Muhammad.

64 Verlust und Gewinn* (At-Taghâbun)

Geoffenbart zu Medina

Im Namen Allahs, des Erbarmers, des Barmherzigen!

[556]**1.** Es preist Allah, was in den Himmeln und was auf Erden ist. Sein ist das Reich, und Ihm gebührt das Lob. Und Er hat Macht über alle Dinge. **2.** Er ist es, Der euch erschaffen hat. Aber die einen von euch sind ungläubig, und die anderen von euch sind gläubig. Und Allah durchschaut euer Tun. **3.** Erschaffen hat Er die Himmel und die Erde in Wahrheit. Und Er hat euch geformt und euere Gestalt schön gemacht. Und zu Ihm ist die Heimkehr. **4.** Er weiß, was in den Himmeln und was auf Erden ist. Und Er weiß, was ihr verbergt und was ihr offenkundig macht. Und Allah kennt das Innerste der Brüste. **5.** Kam denn nicht die Kunde von den vorausgegangenen Ungläubigen zu euch, die das Unheil ihres Verhaltens kosten mußten und schmerzliche Strafe erlitten? **6.** Dies, weil ihre Gesandten immer wieder mit deutlichen Beweisen zu ihnen kamen, sie aber sagten: »Sollen wir uns etwa von (bloßen) Menschen führen lassen?« Und so glaubten sie nicht und kehrten den Rücken. Doch Allah kann ihrer entbehren. Denn Allah ist fürwahr Sich Selbst genügend, rühmenswert. **7.** Die Ungläubigen behaupten, daß sie niemals auferweckt würden. Sprich: »Jawohl! Bei meinem Herrn! Ihr werdet gewiß auferweckt. Dann wird euch vorgehalten, was ihr getan habt.« Und dies ist Allah ein leichtes. **8.** Darum glaubt an Allah und Seinem Gesandten und an das Licht, das Wir hinabgesandt haben. Und Allah ist über euer Tun unterrichtet. **9.** Der Tag, an dem er euch versammeln wird zum Tage der Versammlung, das ist der Tag von Verlust und Gewinn. Und wer an Allah glaubt und das Rechte tut, ihm wird Er seine Missetaten zudecken und ihn in Gärten einführen, durcheilt von Bächen, darin zu verweilen für immerdar. Das ist die große Glückseligkeit!

[557]**10.** Diejenigen aber, welche nicht glauben und Unsere Zeichen der Lüge zeihen, das sind die Bewohner des Feuers für immer. Und

* Auch: »Die Übervorteilung« und »Der große Verlust« genannt.

schlimm ist (das Ende) der Fahrt (dorthin). **11.** Kein Unglück trifft ohne Allahs Erlaubnis ein. Und wer an Allah glaubt, dessen Herz leitet Er. Und Allah kennt alle Dinge. **12.** So gehorcht Allah und gehorcht dem Gesandten. Kehrt ihr jedoch den Rücken – so obliegt Unserem Gesandten nur die klare Predigt. **13.** Allah! Es gibt keinen Gott außer Ihm. Und auf Allah sollen die Gläubigen vertrauen. **14.** O ihr, die ihr glaubt! Unter eueren Gattinnen und Kindern gibt es welche, die euch feindlich gesinnt sind. So hütet euch vor ihnen. Doch wenn ihr vergebt und Nachsicht übt und verzeiht – auch Allah ist verzeihend, barmherzig. **15.** Euer Vermögen und euere Kinder sind (euch) wirklich nur eine Versuchung. Und Allah – bei Ihm ist großer Lohn. **16.** So bleibt euch Allahs bewußt, so gut ihr nur könnt, und lauscht und gehorcht und spendet zum Besten euerer selbst. Und wer sich vor seiner eigenen Habsucht hütet – denen wird es wohl ergehen. **17.** Wenn ihr Allah ein schönes Darlehen gebt, wird Er es euch mehr als verdoppeln und wird euch verzeihen. Und Allah ist erkenntlich, langmütig. **18.** Er kennt das Verborgene und das Offenbare – der Erhabene, der Weise!

65 Die Scheidung (At-Talâq)

Geoffenbart zu Medina

Im Namen Allahs, des Erbarmers, des Barmherzigen!

[558]**1.** O Prophet! Wenn ihr euch von Frauen s c h e i d e t, so scheidet euch von ihnen zu der für sie festgesetzten Zeit* und berechnet die Frist (gut); und fürchtet Allah, eueren Herrn. Vertreibt sie (vorher) nicht aus ihren Häusern; und laßt sie (vorher) auch nicht selbst weggehen, es sei denn, sie hätten eine offenkundige Schändlichkeit begangen. Dies sind Allahs Gebote. Und wer Allahs Gebote übertritt, der begeht Unrecht gegen sich selbst. Du weißt ja nicht – vielleicht läßt Allah danach etwas

* D.h. nach Ablauf der dreimonatigen Warteperiode; vgl. 2: 228–232. Vorausgesetzt wird hier, daß der Ehemann bereits die Scheidungsformel dreimal (zu unterschiedlichen Zeiten) ausgesprochen hat.

Unvermutetes geschehen. **2.** Und wenn ihre Frist abgelaufen ist, dann nehmt sie in Güte zurück oder trennt euch von ihnen in Güte. Und nehmt recht und billig denkende Leute von euch als Zeugen und legt Zeugnis vor Allah ab. So wird ermahnt, wer an Allah glaubt und an den Jüngsten Tag. Und wer immer Allah fürchtet, dem zeigt Er einen Ausweg **3.** Und versorgt ihn auf unvermutete Weise. Und wer auf Allah vertraut, für den ist Er sein Genüge. Siehe, Allah verwirklicht Sein Vorhaben. Allah hat allem sein Maß bestimmt. **4.** Und diejenigen euerer Frauen, welche keine Monatsregel mehr zu erwarten haben: Wenn ihr in Zweifel seid, sei ihre Wartefrist drei Monate; und ebenso bei denen, die noch keine Monatsregel hatten. Die Schwangeren aber – ihre Frist läuft bis zur Ablegung ihrer Bürde. Und wer Allah fürchtet, dem macht Er Seinen Befehl leicht. **5.** Das ist Allahs Gebot, das Er auf euch herabgesandt hat. Und wer Allah fürchtet, dem deckt Er seine Missetaten zu und gibt ihm großen Lohn.

[559]**6.** Laßt sie* wohnen, wo ihr wohnt, eueren Mitteln gemäß, und tut ihnen nichts zuleide, um sie zu drangsalieren. Und falls sie schwanger sind, so bestreitet ihren Unterhalt, bis sie ihre Bürde abgelegt haben. Und wenn sie für euch stillen, gebt ihnen ihren Lohn. Und beratet euch untereinander auf angemessene Weise. Geratet ihr aber in Schwierigkeiten, so stille eine andere für ihn. **7.** Der Vermögende spende seinem Vermögen gemäß. Wem aber sein Unterhalt eng bemessen ist, der spende dem gemäß, was ihm Allah gegeben hat. Allah belastet keine Seele über das hinaus, was Er ihr gegeben hat. Nach Bedrängnis gibt Allah Erleichterung. **8.** Und wie viele Städte widersetzten sich dem Befehl ihres Herrn und Seiner Gesandten! Darum rechneten Wir mit ihnen streng ab und straften sie mit schlimmer Strafe. **9.** So kosteten sie die bösen Folgen ihres Vorgehens, und das Ende ihres Betragens war der Untergang. **10.** Allah hat ihnen eine strenge Strafe bereitet. Darum fürchtet Allah, o ihr Verständigen, die ihr glaubt. Allah hat eine Mahnung zu euch herabgesandt, **11.** Einen Gesandten, der euch Allahs deutliche

* Die geschiedenen Frauen.

Verse vorträgt, um diejenigen, welche glauben und das Rechte tun, aus tiefer Finsternis zum Licht zu führen. Und wer an Allah glaubt und das Rechte tut, den führt Er in Gärten ein, durcheilt von Bächen, ewig darin zu verweilen. Eine schöne Versorgung hat Er für ihn bestimmt! **12.** Allah ist es, Der sieben Himmel erschaffen hat und von der Erde ebensoviel.* Der Befehl steigt zwischen ihnen herab, damit ihr wißt, daß Allah Macht über alle Dinge hat und daß Allah alle Dinge mit Seinem Wissen umfaßt.

66 Das Verbot (at-Taḥrīm)

Geoffenbart zu Medina

Im Namen Allahs, des Erbarmers, des Barmherzigen!

1. O Prophet! Warum v e r b i e t e s t du, was Allah dir erlaubt hat? Um (einigen von) deinen Gattinnen einen Gefallen zu tun?** Doch Allah ist verzeihend, barmherzig. **2.** Allah hat die Möglichkeit für die Lösung euerer (unbedachten) Eide schon aufgezeigt***. Und Allah ist euer Gebieter. Und Er ist der Wissende, der Weise. **3.** Als der Prophet einer seiner Gattinnen vertraulich etwas mitteilte, sie es aber weitersagte und Allah ihm davon Kunde gab, da ließ er einen Teil davon wissen und verschwieg einen Teil. Und als er es ihr vorhielt, fragte sie: »Wer hat dir dies gesagt?« Er antwortete: »Gesagt hat es mir der Wissende, der Weise.« **4.** Wenn ihr beide**** zu Allah zurückkehrt, dann weil euere Herzen dem geneigt sind. Wenn ihr euch jedoch einander gegen ihn helft – siehe, Allah ist sein Beschützer. Und Gabriel und (jeder) rechtschaffene

* »Sieben« bezeichnet weniger eine Zahl als Pluralität, also eher »viele«; vgl. 2: 29.

** In der 2. Hälfte der Epoche von Medina gelobte Muhammad nach einer familiären Unstimmigkeit, allen seinen Frauen einen Monat lang fernzubleiben. Der Grundsatz, Erlaubtes nicht zu verbieten, ist von größter, zeitloser Bedeutung.

*** Vgl. 2: 224.

**** Es soll sich um Hafsa, die Tochter des künftigen 2. Kalifen 'Umar, und Aischa, die Tochter des künftigen 1. Kalifen Abu Bakr, und eine Mitteilung über die künftige Rolle ihrer Väter gehandelt haben.

Gläubige und die Engel werden ihm zur Hilfe kommen. **5.** Vielleicht gibt ihm sein Herr, wenn er sich von euch scheidet, an euerer Stelle bessere Gattinnen als euch: gottergebene, gläubige, gehorsame, reuevolle, fromme, fastende, nicht mehr jungfräuliche oder jungfräuliche Frauen. **6.** O ihr, die ihr glaubt! Rettet euch und euere Familien vor dem Feuer, dessen Brennstoff Menschen und Steine sind. Darüber sind Engel (gesetzt,) starke und gestrenge, die gegen Allahs Befehl nicht aufbegehren, sondern alles tun, was ihnen befohlen wird. **7.** O ihr Ungläubigen! Entschuldigt euch heute nicht; euch wird nur für das vergolten, das ihr zu tun pflegtet.

[561]**8.** O ihr, die ihr glaubt! Kehrt euch Allah zu, in aufrichtiger Reue. Vielleicht deckt Allah eure Missetaten zu und führt euch in Gärten ein, durcheilt von Bächen – an jenem Tage, an dem Allah den Propheten und die Gläubigen mit ihm nicht beschämen wird. Ihr Licht wird ihnen vorauseilen und zu ihrer Rechten. Sie werden sprechen: »O unser Herr! Mache unser Licht vollkommen und verzeihe uns*; siehe, Du hast Macht über alle Dinge.« **9.** O Prophet! Setze dich kraftvoll gegen die Ungläubigen und die Heuchler ein und sei hart gegen sie; denn ihre Wohnung ist die Hölle, und schlimm ist die Fahrt (dorthin). **10.** Allah führt ein Beispiel für die Ungläubigen an: die Frau Noahs und die Frau von Lot. Beide waren zwei Unserer rechtschaffenen Diener angetraut, doch verrieten sie sie beide; und beide vermochten für sie nichts bei Allah. Und gesprochen wurde: »Geht ins Feuer ein, mit den übrigen dort Eingehenden.« **11.** Und Allah führt für die Gläubigen ein (weiteres) Beispiel an: Die Frau des Pharao, als sie sprach: »O mein Herr! Baue mir ein Haus bei Dir im Paradies und rette mich vor Pharao und seinem Betragen und rette mich vor dem Volk der Missetäter.« **12.** Und (als weiteres Beispiel) Maria, Imrans Tochter, die ihre Scham hütete. Darum hauchten Wir von Unserem Geist in sie ein. Und sie glaubte an die Worte ihres Herrn und an Seine Schriften und war eine der Demütigen.

* Arab. »ghaffir«; dies kann auch »schütze uns« (vor Verfehlungen) bedeuten.

67 Die Herrschaft (al-Mulk)*

Geoffenbart zu Mekka

Im Namen Allahs, des Erbarmers, des Barmherzigen!

[562]**1.** Segensreich ist Der, in Dessen Hand die Herrschaft ist und Der Macht hat über alle Dinge; **2.** Der Tod und Leben schuf, um zu prüfen, wer von euch am besten handelt. Und Er ist der Erhabene, der Verzeihende, **3.** Der sieben Himmel erschaffen hat, einen über dem anderen. Du erblickst in der Schöpfung des Erbarmers kein Mißverhältnis. So schau dich von neuem um, ob du Mängel siehst! **4.** Dann laß den Blick ein weiteres Mal schweifen – jedes Mal wird dein Blick stumpf und matt zu dir zurückkehren. **5.** Fürwahr, Wir schmückten den untersten Himmel mit Leuchten, bestimmt zum Vertreiben der Satane, für die Wir die Strafe der Flamme bereithalten. **6.** Und für die, welche nicht an ihren Herrn glauben, ist die Höllenstrafe. Was für ein schlimmes Ziel! **7.** Wenn sie dort hineingeworfen werden, hören sie sie brüllen, während sie aufwallt, **8.** Fast berstend vor Wut. Sobald eine Anzahl in sie hineingeworfen wird, werden ihre Hüter fragen: »Kam zu euch kein Warner?« **9.** Sie werden antworten: »Doch! Ein Warner kam zu uns, aber wir warfen ihm Lüge vor und sagten: ›Allah hat nichts herabgesandt! Ihr (Warner) selbst befindet euch in großem Irrtum!‹« **10.** Und sie werden sagen: »Hätten wir nur zugehört und Verstand gehabt, wären wir nicht unter den Bewohnern der Feuersglut.« **11.** So werden sie ihre Schuld bekennen. Darum weg mit den Bewohnern der Glut! **12.** Diejenigen, welche ihren Herrn fürchten, obwohl Er ihnen verborgen ist – ihnen wird Verzeihung und großer Lohn zuteil.

[563]**13.** Ob ihr euere Überzeugungen geheimhaltet oder äußert – Er kennt das Innerste der Brüste. **14.** Soll etwa Der es nicht kennen, Der alles erschaffen hat, Er, der Feinsinnige, der Bewußte? **15.** Er ist es, Der die Erde euch verfügbar gemacht hat. So durchwandert sie in alle Richtungen und genießt Seine Versorgung. Und zu Ihm führt die Auferste-

* Auch: »Das (König-)Reich«.

hung. **16.** Seid ihr denn sicher, daß Der, Welcher im Himmel ist, die Erde nicht unter euch versinken läßt? Und siehe, sie bebt schon! **17.** Oder seid ihr sicher, daß Der, Welcher im Himmel ist, keinen Steine hageln-den Sturm gegen euch entsendet? Dann werdet ihr wissen, worauf Meine Warnung ging! **18.** Schon die, welche vor ihnen lebten, leugneten. Doch wie war Meine Zurückweisung (von ihnen)! **19.** Sehen sie denn nicht die Vögel über sich ihre Schwingen ausbreiten und wieder falten? Nur der Erbarmer stützt sie; Er ist fürwahr aller Dinge gewahr. **20.** Oder wer kann euch wie ein Heer zu Hilfe kommen außer dem Erbarmer? Die Ungläubigen geben sich völlig der Täuschung hin. **21.** Oder wer ist es, der euch versorgen würde, wenn Er Seine Versorgung zurückhielte? Doch sie verharren in Geringschätzung und Abscheu. **22.** Ist etwa der besser geleitet, der mit vornübergebeugtem Gesicht daher kommt, oder der, welcher aufrecht auf geradem Weg geht? **23.** Sprich: »Er ist es, Der euch erschaffen und euch Gehör, Augenlicht, Gemüt und Verstand gegeben hat. Wie wenig dankt ihr!« **24.** Sprich: »Er ist es, Der euch auf Erden vermehrte. Und bei Ihm werdet ihr versammelt werden.« **25.** Und sie fragen: »Wann trifft diese Verheißung ein, wenn ihr die Wahrheit sagt?« **26.** Sprich: »Das Wissen (darum) ist allein bei Allah. Ich bin fürwahr nur ein klarer Warner.«

[564]**27.** Doch wenn sie es von nahe sehen, werden die Gesichter der Ungläubigen gequält sein. Und es wird gesprochen werden: »Dies ist es, was ihr herbeirieft!« **28.** Sprich: »Was meint ihr? Mag Allah mich und die, die bei mir sind, sterben lassen oder uns (weiterhin auf Erden) Barmherzigkeit zeigen – wer will die Ungläubigen (so oder so) vor der schmerzlichen Strafe in Schutz nehmen?« **29.** Sprich: »Er ist der Erbarmer. Wir glauben an Ihn und vertrauen auf Ihn. Ihr werdet schon noch erfahren, wer sich in offensichtlichem Irrtum befindet.« **30.** Sprich: »Was denkt ihr? Wenn euer Wasser plötzlich versickerte, wer brächte euch dann frisches Quellwasser?«

68 Die Schreibfeder (al-Qalam)

Geoffenbart zu Mekka

Im Namen Allahs, des Erbarmers, des Barmherzigen!

1. N.* Bei der S c h r e i b f e d e r und was sie schreiben! **2.** Du bist – begnadet von deinem Herrn – nicht besessen! **3.** Und du erhältst wahrlich unendlichen Lohn. **4.** Und du bist fürwahr von edler Natur.** **5.** Bald wirst du sehen, und bald werden sie sehen, **6.** Wer von euch der Besessene ist. **7.** Dein Herr, Er weiß gewiß am besten, wer von Seinem Wege abgeirrt ist. Und Er kennt am besten die Rechtgeleiteten. **8.** Darum nimm keine Rücksicht auf die, welche (die Wahrheit) leugnen. **9.** Sie wünschen, daß du entgegenkommend bist, dann wollten auch sie entgegenkommend sein. **10.** Und nimm keine Rücksicht auf verächtliche Schwüremacher **11.** (Oder auf) Verleumder, die üble Nachrede verbreiten **12.** (Oder auf) den, der das Gute verhindert, einem Übertreter, großen Sünder, **13.** (Oder auf) einen Grobian, Taugenichts dazu, **14.** Auch wenn er reich an Vermögen und Kindern ist. **15.** Wenn ihm Unsere Botschaft verlesen wird, sagt er: »Fabeln aus alter Zeit!«

[565]**16.** Wir werden ihn brandmarken!*** **17.** Wir haben sie fürwahr geprüft, so wie Wir die Gartenbesitzer prüften, als sie schworen, am nächsten Morgen die Früchte zu ernten, **18.** Aber keinen Vorbehalt machten.**** **19.** Darum suchte ihn dein Herr vernichtend heim, während sie schliefen. **20.** So war er am Morgen wie abgeerntet! **21.** Aber sie riefen einander am Morgen zu: **22.** »Geht frühzeitig auf euer Feld, falls ihr die Früchte ernten wollt.« **23.** Da machten sie sich auf, wobei sie einander zuflüsterten: **24.** »Heute soll uns kein Armer dazwischenkommen.« **25.** Und mit dieser (geizigen) Absicht gingen sie in der Frühe (zum Gar-

* Chronologisch taucht hier zum ersten Mal einer von den manche Suren einleitenden, unerklärten Buchstaben auf.

** Oder: Charakter, Verhalten.

*** Wörtlich: auf der Nase.

**** Indem sie hinzufügten: »So Allah will.« Vgl. 18: 32–44.

ten) hinaus. **26.** Doch als sie ihn sahen, riefen sie: »Wir irrten sicherlich vom Weg ab! **27.** Nein! Wir sind beraubt!« **28.** Der Gerechteste von ihnen sagte: »Habe ich nicht zu euch gesagt: ›Warum preist ihr nicht (Allah)?‹« **29.** Sie sagten: »Preis sei unserem Herrn! Wir taten wirklich unrecht.« **30.** Und sie begannen, sich gegenseitig Vorwürfe zu machen. **31.** Sie riefen: »Wehe uns! Wir haben uns ganz falsch verhalten. **32.** Vielleicht gibt uns unser Herr zum Tausch für ihn einen besseren (Garten). Wir flehen unseren Herrn wirklich darum an.« **33.** So war die Strafe! Aber die Strafe des Jenseits ist größer. O wenn sie es nur wüßten! **34.** Wahrlich, für die Gottesfürchtigen gibt es bei ihrem Herrn Gärten der Wonne. **35.** Sollen wir etwa die Gottergebenen wie die Sünder behandeln? **36.** Was fehlt euch nur? Wie urteilt ihr denn? **37.** Oder habt ihr ein Buch, dem ihr entnehmen könnt, **38.** Daß ihr alles erhaltet, was ihr wünscht? **39.** Oder habt ihr eine Zusage von Uns, bindend bis zum Tag der Auferstehung, daß ihr erhalten sollt, was ihr befehlt? **40.** Frage sie, wer von ihnen dafür wohl bürgen kann? **41.** Oder haben sie (göttliche) Teilhaber? Dann sollen sie ihre Teilhaber herbeibringen, sofern sie die Wahrheit reden. **42.** An dem Tage, an dem die Menschen entblößt dastehen werden*, werden sie zur Anbetung gerufen werden; doch sie werden sich nicht niederwerfen können.

[566]**43.** Ihre Blicke sind dann gesenkt, und Schande befällt sie, weil sie zur Anbetung gerufen worden waren, als es ihnen wohl erging (und nicht gehorcht hatten). **44.** Darum überlaß Mir den, der diese Verkündigung Lüge nennt. Wir werden sie Schritt für Schritt in ihr Verderben führen, ohne daß sie es wahrnehmen. **45.** Ich lasse sie zwar eine Zeitlang gewähren, doch Mein Plan steht fest. **46.** Oder verlangst du Lohn von ihnen, so daß sie mit Schulden belastet sind? **47.** Oder haben sie Zugang zum Verborgenen, so daß sie es niederschreiben können? **48.** Darum warte auf den Spruch deines Herrn und sei nicht wie der mit dem Fisch,** als er in Ängsten rief. **49.** Hätte ihn nicht seines Herrn Gnade

* Wörtlich: die Schenkel entblößt werden.

** Der Prophet Jonas.

erreicht, wäre er an den nackten Strand geworfen worden, mit Schimpf bedeckt. **50.** Doch sein Herr erwählte ihn und machte ihn zu einem der Rechtschaffenen. **51.** Fürwahr, die Ungläubigen möchten dich gerne mit bloßem Blick zu Fall bringen, wenn sie diese Ermahnung hören. Und sie sagen: »Seht, er ist wirklich besessen!« **52.** Doch dies ist nichts anderes als eine Ermahnung für alle Welt.*

69 Die Stunde der Wahrheit (Al-Hâqqa)

Geoffenbart zu Mekka

Im Namen Allahs, des Erbarmers, des Barmherzigen!

1. Die unvermeidliche Stunde der Wahrheit! **2.** Was ist die unvermeidliche Stunde der Wahrheit? **3.** Und was lehrt dich wissen, was die unvermeidliche Stunde der Wahrheit ist? **4.** Die Thamud und die Ad leugneten die Katastrophe. **5.** Was die Thamud anlangt, so kamen sie durch den Schrei um. **6.** Und was die Ad anlangt, so kamen sie durch einen eisigen Sturmwind um, **7.** Welchen Er sieben Nächte und acht Tage lang gegen sie wüten ließ. Damals hättest du das Volk dort niedergestreckt sehen können wie hohle Palmenstrünke. **8.** Siehst du etwa einen von ihnen übrig?

[567]**9.** Und Pharao und die, welche vor ihm lebten, und die zerstörten (Städte**) sündigten schwer. **10.** Und sie waren widerspenstig gegen den Gesandten ihres Herrn. Daher erfaßte Er sie mit würgendem Griff. **11.** Als das Wasser alles überflutete, trugen Wir euch in der dahintreibenden Arche, **12.** Um dies zu einer Ermahnung zu machen und damit bewahrende Ohren es (als mündliche Überlieferung) bewahren mögen. **13.** Und wenn in die Posaune gestoßen wird, mit einem einzigen Stoß, **14.** Und die Erde und die Berge emporgehoben und mit einem einzigen Schlag zerschmettert werden, **15.** An diesem Tage wird eintreffen, was eintreffen muß. **16.** Und der Himmel wird sich spalten; denn an

* Wörtlich: die Welten.

** Sodoma und Gomorrha.

diesem Tag wird er brüchig geworden sein. **17.** Und die Engel werden zu Seinen Seiten sein; acht davon werden an diesem Tage den Thron deines Herrn über sich tragen. **18.** An diesem Tage werdet ihr vorgeführt werden. Nichts von euch Verborgenes wird verborgen bleiben. **19.** Was nun den anlangt, dem sein Buch in seine Rechte gegeben wird, so wird er sagen: »Nehmt nur! Lest mein Buch! **20.** Ich glaubte stets, daß ich zur Rechenschaft gezogen würde.« **21.** Und er soll in Zufriedenheit leben, **22.** In einem hohen Garten, **23.** Dessen Trauben zum Greifen nahe sind. **24.** »Eßt und trinkt und laßt es euch wohl sein, in Anerkennung dessen, was ihr in vergangenen Tagen vorausgeschickt hattet!« **25.** Was aber den anlangt, dessen Buch in seine Linke gegeben wird, so wird er sagen: »O daß mir doch mein Buch nicht gegeben worden wäre **26.** Und ich nie gewußt hätte, wie es um meine Rechnungslegung steht! **27.** O hätte doch der Tod (endgültig) ein Ende mit mir gemacht! **28.** Mein Vermögen nützt mir nichts. **29.** Meine Macht ist dahin!« **30.** »Nehmt ihn und fesselt ihn! **31.** Dann laßt ihn in der Hölle brennen! **32.** Dann legt ihn an eine Kette von siebzig Ellen Länge! **33.** Siehe, er glaubte nicht an Allah, den Gewaltigen **34.** Und sorgte sich nicht um die Speisung des Armen.

[568]**35.** Darum hat er hier heute keinen Freund **36.** Und keine Nahrung außer Eiter, **37.** Die nur Sünder essen.« **38.** Doch Ich schwöre bei dem, was ihr seht **39.** Und was ihr nicht seht: **40.** Dies ist wahrlich das Wort eines ehrenwerten Gesandten **41.** Und nicht das Wort eines Dichters. Wie wenig ihr doch glaubt! **42.** Und es ist auch nicht das Wort eines Wahrsagers. Wie wenig laßt ihr euch doch ermahnen! **43.** Eine Offenbarung vom Herrn der Welten! **44.** Und hätte er* einige von ihm ersonnene Aussprüche Uns zugeschrieben, **45.** Dann hätten Wir ihn bei der Rechten erfaßt; **46.** Dann hätten Wir ihm die Herzader durchschnitten. **47.** Und keiner von euch hätte Uns von ihm abhalten können. **48.** Doch wahrlich, dies ist eine Ermahnung für die Gottesfürchtigen. **49.** Wir wissen wohl, daß einige von euch ihn der Lüge bezichtigen.

* Muhammad.

50. Doch dies wird für die Ungläubigen ein Anlaß zum Bedauern
werden. **51.** Denn wahrlich, es ist die Wahrheit. **52.** Darum preise den
Namen deines gewaltigen Herrn!

70 DIE HIMMELSLEITER (AL-MA'ÂRIDSCH)

Geoffenbart zu Mekka

Im Namen Allahs, des Erbarmers, des Barmherzigen!

1. Ein Fragender fragte nach der Strafe, die hereinbrechen wird
2. Über die Ungläubigen. Niemand vermag sie abzuwenden. **3.** Sie
(kommt) von Allah, dem Herrn der H i m m e l s l e i t e r.* **4.** Die Engel
und der Geist steigen zu Ihm empor während eines Tages, der fünfzig-
tausend Jahre dauert. **5.** Darum gedulde dich in schöner Geduld. **6.** Sie
sehen ihn** als weit entfernt, **7.** Doch Wir sehen ihn (ganz) nahe. **8.** An
diesem Tage wird der Himmel wie geschmolzenes Erz sein. **9.** Und die
Berge werden sein wie gefärbte Wollflocken. **10.** Und kein Freund wird
nach dem Freund fragen,

[569]**11.** Obgleich sie sich sehen. An diesem Tage möchte sich der Sün-
der gerne von der Strafe loskaufen mit seinen Kindern, **12.** Seiner Ehe-
frau und seinem Bruder **13.** Und seiner Verwandtschaft, die ihn auf-
genommen hatte, **14.** Und mit jedem auf Erden, wenn es nur seiner
Rettung diente. **15.** Aber nein! Es ist eine Flamme, **16.** Die die Kopfhaut
ganz und gar wegsengt. **17.** Sie ruft jeden, der den Rücken kehrt und
sich abwendet **18.** Und (Reichtum) zusammenscharrt und hortet.
19. Der Mensch ist fürwahr als unbeständig erschaffen: **20.** Wenn ihm
Schlimmes widerfährt, ist er weinerlich. **21.** Wenn ihm jedoch Gutes
widerfährt, ist er knausrig. **22.** Nicht so die Betenden, **23.** Die im Gebet
verharren, **24.** Und von deren Vermögen ein Teil **25.** Für den Bittenden
und den verschämten Armen bestimmt ist, **26.** Und die den Tag des

* Mit diesem volkstümlichen Begriff sind alle geistigen Wege des »Aufstiegs« zu Gott gemeint.

** Den Jüngsten Tag.

Gerichts für wahr halten, **27.** Und die die Strafe ihres Herrn fürchten – **28.** Denn vor der Strafe deines Herrn ist niemand sicher – **29.** Und die ihre Scham hüten – **30.** Außer gegenüber ihren Ehefrauen und denen, die sie von Rechts wegen besitzen; denn insofern sind sie nicht zu tadeln. **31.** Wer aber etwas darüber hinaus begehrt, das sind die Übertreter – **32.** Und die, welche das ihnen Anvertraute bewahren und ihre Verträge einhalten, **33.** Und die bei ihren Aussagen als Zeugen ehrlich sind, **34.** Und die ihre Gebete einhalten: **35.** Diese sollen hochgeehrt in Gärten weilen. **36.** Was fehlt nur den Ungläubigen, daß sie wie besessen auf dich zulaufen **37.** Von rechts und von links, in Scharen? **38.** Erhofft etwa jeder von ihnen, in einen Garten der Wonne einzugehen? **39.** Aber nein! Sie wissen doch, woraus Wir sie erschufen.*

[570]**40.** Nein! Ich schwöre es bei dem Herrn der Osten und der Westen!** Wir sind mit Sicherheit imstande, **41.** Bessere für sie einzutauschen, und keiner kann Uns daran hindern. **42.** Darum laß sie dahinreden und ihr Spiel treiben, bis sie dem Tage begegnen, der ihnen angedroht ist, **43.** Dem Tage, an dem sie eilends aus den Gräbern steigen, als eilten sie auf ein Ziel zu, **44.** Mit niedergeschlagenen Blicken. Schimpf und Schande wird sie bedecken. Das ist der Tag, der ihnen oft genug angedroht wurde.

71 NOAH (NUḤ)

Geoffenbart zu Mekka

Im Namen Allahs, des Erbarmers, des Barmherzigen!

1. Wir haben fürwahr N o a h seinem Volk entsandt: »Warne dein Volk, bevor eine schmerzliche Strafe über sie kommt!« **2.** Er sprach: »O mein Volk! Seht, ich bin ein offenkundiger Warner für euch. **3.** Dient Allah und fürchtet Ihn und gehorcht mir! **4.** Er wird euch euere Sünden

* Nämlich aus Lehm. Hinweis darauf, daß der Mensch sich über das Animalische erheben muß, um geistige Freuden genießen zu können.

** Alle Punkte, an denen die Sonne im Jahresverlauf auf- bzw. untergeht; vgl. 37: 5 und 55:17.

verzeihen und euch bis zu einem bestimmten Termin Aufschub gewähren. Wenn Allahs Termin jedoch kommt, wird er bestimmt nicht (mehr) verschoben. O wenn ihr es doch nur wüßtet!« **5.** Er sprach: »O mein Herr! Ich rief mein Volk gewiß bei Nacht und bei Tag. **6.** Doch mein Aufruf bestärkte sie noch in ihrer Flucht (vor Dir). **7.** Wenn immer ich sie aufrief, damit Du ihnen vergibst, steckten sie ihre Finger in ihre Ohren und verhüllten sich in ihren Kleidern und verharrten im Eigensinn und verhielten sich hochtrabend. **8.** Dann appellierte ich öffentlich an sie. **9.** Schließlich redete ich sowohl offen wie vertraulich auf sie ein **10.** Und sagte: ›Bittet eueren Herrn um Verzeihung! Er ist ja wirklich bereit zu verzeihen!

[571]**11.** Er wird den Himmel in Strömen auf euch regnen lassen **12.** Und euch reich an Besitz und Kindern machen und euch Gärten und fließende Gewässer geben. **13.** Was fehlt euch nur, daß ihr euch Allahs Majestät nicht bewußt seid, **14.** Wo Er euch doch Schritt für Schritt* erschaffen hat? **15.** Seht ihr denn nicht, wie Allah, einen über dem anderen, sieben Himmel erschaffen **16.** Und in sie den Mond als Licht und die Sonne als Leuchte gesetzt hat? **17.** Und Allah ließ euch Pflanzen gleich aus der Erde herauswachsen; **18.** Dann wird Er euch wieder in sie zurückbringen und (schließlich) von neuem hervorbringen. **19.** Allah hat die Erde für euch fürwahr zu einem Teppich gemacht, **20.** Damit ihr euch darauf auf breiten Wegen bewegen könnt.‹« **21.** Noah sprach: »O mein Herr! Siehe, sie lehnen sich gegen mich auf und folgen Leuten, deren Vermögen und Kinder nur mehr und mehr Verderben über sie bringen. **22.** Und sie schmiedeten einen großen Plan **23.** Und sagten: ›Verlaßt euere Götter nicht! Verlaßt nicht Wadd und Suwa und nicht Yaghuth, Ya'uq und Nasr!‹ **24.** Und sie haben tatsächlich schon viele irregeführt. Gib, daß die Frevler sich selbst um so mehr im Irrtum verstricken!« **25.** Wegen ihrer Sünden wurden sie daraufhin ertränkt und dann in das (ewige) Feuer geführt; und sie fanden keine Helfer gegen Allah. **26.** Und Noah sprach: »O mein Herr! Laß keinen

* Vgl. 22: 5.

der Ungläubigen auf Erden! **27.** Denn wenn Du sie (hier-)beläßt, werden sie Deine Diener irreführen und nur schamlose und undankbare (Nachkommen) zeugen. **28.** O mein Herr! Verzeihe mir und meinen Eltern und jedem Gläubigen, der mein Haus betritt, und den gläubigen Männern und Frauen. Und gib, daß über die Übeltäter mehr und mehr Verderben kommt!«

72 Die Dschinn (al-Dschinn)

Geoffenbart zu Mekka

Im Namen Allahs, des Erbarmers, des Barmherzigen!

[572]**1.** Sprich: »Geoffenbart wurde mir, daß eine Schar der Dschinn* lauschte und sagte: ›Wir haben einen wunderbaren Koran gehört. **2.** Er leitet zum rechten Weg. Wir glauben daher an ihn und stellen unserem Herrn niemals etwas zur Seite. **3.** Er! Erhaben ist die Herrlichkeit unseres Herrn! Er hat sich weder eine Gefährtin genommen noch einen Sohn. **4.** Aber ein Narr unter uns machte empörende Äußerungen über Allah, **5.** Während wir gedacht hatten, daß Menschen oder Dschinn nie etwas Falsches über Allah äußern würden. **6.** Doch unter den Menschen gab es stets Leute,** die ihre Zuflucht bei Leuten*** von den Dschinn suchten; doch vermehrte dies nur ihre Verwirrung, **7.** Sie dachten, so wie ihr dachtet, daß Allah niemand auferwecken werde. **8.** Wir aber durchstreiften den Himmel und fanden ihn voll von strengen Wächtern und Flammen. **9.** Und wir hielten uns dort auf, um zu lauschen. Wer aber jetzt lauscht, wird eine Flamme finden, die auf ihn lauert. **10.** Wir wissen nicht, ob die auf Erden Unheil erwartet oder ob ihr Herr sie rechtleiten will. **11.** Und unter uns sind manche rechtschaffen, andere sind es nicht; wir gehen verschiedene Wege. **12.** Doch wir meinen, daß wir Allah auf Erden niemals entrinnen könnten und Ihm auch nie durch Flucht (von

* Geistige Wesen.

** Wörtlich: Männer.

*** Wörtlich: Männer.

hier) entkommen könnten. **13.** Als wir nun die Rechtleitung hörten, glaubten wir daran. Wer aber an seinen Herrn glaubt, braucht weder Verminderung (seiner Rechte) noch Übervorteilung zu fürchten.

[573]**14.** Und einige von uns sind gottergeben, während andere von uns (vom rechten Weg) abweichen.★ Wer sich aber (Allah) ergibt – diese streben nach Rechtleitung. **15.** Die (vom rechten Weg) Abweichenden sind hingegen Brennstoff der Hölle.‹« **16.** Wenn sie nun den rechten Weg einhalten, werden Wir ihnen sicherlich Wasser in Fülle zu trinken geben,★★ **17.** Um sie dadurch zu prüfen. Doch wer sich vom Gedenken an seinen Herrn abwendet, den wird Er qualvoller Strafe überantworten. **18.** Auch die Moscheen gehören Allah. So ruft niemand außer Allah an. **19.** Und als sich Allahs Diener★★★ erhob, um Ihn anzurufen, da hätten sie ihn mit ihrer Menge fast erdrückt. **20.** Sprich: »Ich rufe (nur) meinen Herrn an und stelle Ihm keinen zur Seite.« **21.** Sprich: »Ich habe keine Macht, euch Schaden zuzufügen oder euch zum Richtigen zu zwingen.« **22.** Sprich: »Niemand kann mich vor Allah schützen, und ich finde keine Zuflucht außer bei Ihm. **23.** Allein Allah und Seine Botschaft zu verkünden (ist meine Pflicht). Und wer sich Allah und Seinem Gesandten widersetzt, für den ist Höllenfeuer bestimmt, für ewig und immerdar, **24.** Bis sie sehen, was ihnen angedroht war. Dann werden sie wissen, wer nach Beistand und Anzahl am wenigsten zählt.« **25.** Sprich: »Ich weiß nicht, ob schon nahe ist, was euch angedroht worden ist, oder ob mein Herr dafür einen fernen Zeitpunkt angesetzt hat.« **26.** Er kennt das Verborgene, und Er teilt keinem Seine Geheimnisse mit, **27.** Außer einem Gesandten, der Ihm wohl gefällt. Dann läßt Er vor ihm und hinter ihm eine Wache★★★★ aufziehen, **28.** Damit Er deutlich werden lasse, daß sie ★★★★★ die Botschaft ihres Herrn ausrichten. Er umfaßt (mit

★ Darauf beruht die Ansicht, daß es unter den Geistern »Muslime« gibt.

★★ Eine Metapher für jede Art von Gutem.

★★★ Muhammad.

★★★★ Engel, die ihn hüten.

★★★★★ Die Gesandten.

Seinem Wissen) alles, was bei ihnen ist, so wie Er ganz genau aller Dinge Zahl erfaßt.

73 Der Verhüllte* (al-Muzzammil)

Geoffenbart zu Mekka

Im Namen Allahs, des Erbarmers, des Barmherzigen!

[574]**1.** O du V e r h ü l l t e r ! **2.** Steh während der Nacht (im Gebet) außer ein wenig – **3.** Die Hälfte davon oder etwas weniger **4.** Oder etwas mehr – und trage den Koran vor, bedächtig und deutlich.** **5.** Wahrlich, Wir werden dir ein gewichtiges Wort anvertrauen. **6.** Fürwahr, das Gebet in der Nacht macht stärkeren Eindruck und läßt leichter das richtige Wort finden, **7.** Während du am Tage lange den Geschäften nachgehen kannst. **8.** So gedenke des Namens deines Herrn und widme dich Ihm voll und ganz. **9.** Der Herr des Ostens und des Westens! Es gibt keinen Gott außer Ihm; darum nimm Ihn zum Anwalt. **10.** Und ertrage in Geduld, was sie sagen, und meide sie geschickt. **11.** Und überlaß Mir die, welche (die Offenbarung) leugnen und in Wohlstand leben, und laß sie noch eine Weile fortfahren. **12.** Wahrlich, Wir halten schwere Fesseln und eine Feuersglut bereit **13.** Und würgende Speise und schmerzliche Strafe **14.** An dem Tage, an dem die Erde und die Berge so erbeben, daß die Berge zu losen Sandhaufen werden. **15.** Fürwahr, Wir schickten einen Gesandten zu euch, als Zeuge gegen euch, so wie Wir schon zu Pharao einen Gesandten entsandt hatten. **16.** Doch Pharao bezog Stellung gegen den Gesandten. Darum erfaßten Wir ihn mit würgendem Griff. **17.** Und wie wollt ihr, wenn ihr ungläubig bleibt, euch vor einem Tage schützen, der Kinder zu Greisen macht? **18.** (Der Tag,) an dem der Himmel sich spalten wird: So erfüllt sich

* Dies ist eine der ältesten Suren; Gabriel redet Muhammad an.

** Dies wurde zur Grundlage der hohen Kunst der Koran-Rezitation (arabisch: »altartil«).

Seine Drohung! **19.** Dies ist fürwahr eine Warnung. So nehme, wer da will, seinen Weg zu seinem Herrn.

[575]**20.** Dein Herr weiß wohl, daß du fast zwei Drittel der Nacht oder ihre Hälfte oder ein Drittel davon (im Gebet) stehst, wie auch ein Teil derer, die bei dir sind. Allah bemißt die Nacht und den Tag. Er weiß, daß ihr nicht die ganze Nacht im Gebet verbringen könnt, und so wandte Er sich euch voll Nachsicht zu. So tragt ein bequemes (Stück) vom Koran vor. Er weiß, daß unter euch Kranke sind und andere im Trachten nach Allahs Gaben im Land reisen und andere auf Allahs Weg kämpfen. So tragt ein bequemes (Stück) von ihm vor und verrichtet das Gebet und entrichtet die Steuer und leiht Allah ein schönes Darlehen. Und was ihr für euch an Gutem vorausschickt, werdet ihr bei Allah wiederfinden. Das ist am besten und bringt den reichsten Lohn. Und bittet Allah um Verzeihung; siehe, Allah ist verzeihend und barmherzig.*

74 DER BEDECKTE (AL-MUDDATHTHIR)**

Geoffenbart zu Mekka

Im Namen Allahs, des Erbarmers, des Barmherzigen!

1. O du Bedeckter! **2.** Steh auf und warne **3.** Und verherrliche deinen Herrn **4.** Und reinige deine Kleider **5.** Und meide den Greuel (des Götzendienstes) **6.** Und spende nicht, um dafür selbst mehr zu empfangen, **7.** Und wende dich in Geduld deinem Herrn zu. **8.** Denn wenn in die Posaune gestoßen wird, **9.** Dieser Tag wird ein schwerer Tag sein, **10.** Kein leichter für die Ungläubigen! **11.** Überlaß Mir den, den Ich allein geschaffen habe **12.** Und dem Ich Reichtümer verliehen habe

* Vers 20 ähnelt im Stil den medinensischen Suren; nach einer auf Aischa zurückgeführten Überlieferung wurde dieser Vers ein Jahr später als die übrige Sure offenbart.

** Diese Sure enthält die zweitälteste koranische Offenbarung, die erste nach der sogenannten »Fatra,« einem auf sechs Monate bis drei Jahre vermuteten Zeitraum, in welchem Muhammad in tiefe Zweifel über seine Sendung geriet, da er nach seiner ersten Offenbarung (96:1–5) für so lange Zeit keine weitere erhielt.

13. Und Söhne, stets vor Augen, **14.** Und dem Ich (jeden Weg) geebnet habe. **15.** Trotzdem wünscht er, daß Ich noch mehr gebe. **16.** Keineswegs! Er lehnt sich fürwahr gegen Unsere Botschaft auf. **17.** Ich werde ihm Mühsal aufbürden!

[576]**18.** Wahrlich, er überlegte und plante – **19.** Verderben über ihn! – und wie er plante! **20.** Noch einmal: Verderben über ihn! Wie hat er nur geplant! **21.** Dann beobachtete er. **22.** Dann runzelte er die Stirn und blickte finster. **23.** Dann kehrte er hochmütig den Rücken **24.** Und sagte: »Das ist nur erlernte Magie! **25.** Das ist nur Menschenwort!« **26.** Ich werde ihn im Höllenfeuer brennen lassen!* **27.** Und was läßt dich wissen, was das Höllenfeuer ist? **28.** Nichts läßt es übrig, und nichts verschont es. **29.** Es versengt die Haut. **30.** Über ihm sind neunzehn. **31.** Und zu Wächtern des Feuers setzten Wir allein Engel ein. Und Wir machten ihre Anzahl lediglich zu einer Versuchung für die Ungläubigen, damit diejenigen, denen die Schrift gegeben wurde, gewiß würden und die Gläubigen damit an Glauben zunähmen; und damit diejenigen, denen die Schrift gegeben wurde, und die Gläubigen nicht zweifeln; und damit diejenigen, in deren Herzen Krankheit ist, sowie die Ungläubigen sich fragen: »Was meint Allah denn mit diesem Gleichnis?« So läßt Allah irregehen, wen Er will, und leitet recht, wen Er will. Denn die Heerscharen deines Herrn kennt nur Er. Und dies ist nur eine Mahnung für die Menschen. **32.** Doch nein! Beim Mond! **33.** Und bei der Nacht, wenn sie sich zurückzieht! **34.** Und beim Morgen, wenn er leuchtet! **35.** Es** ist wahrlich eines der größten (Übel), **36.** Eine Warnung für alle Menschen, **37.** Für jeden von euch, ob er voranschreiten oder zurückbleiben will. **38.** Jeder haftet für das, was er getan hat, **39.** Außer den Gefährten zur Rechten, **40.** Die sich im Garten (des Paradieses) gegenseitig erkundigen werden **41.** Nach den Sündern. **42.** »Was hat euch in das Höllenfeuer gebracht?« **43.** Sie werden

* Die Verse 11–26 bezogen sich ursprünglich auf Walid al-Mughira, einen Hauptfeind des Islam in Mekka.

** Das Höllenfeuer.

antworten: »Wir gehörten nicht zu den Betenden, **44.** Und wir speisten die Armen nicht, **45.** Und wir schwätzten mit den Schwätzern, **46.** Und wir leugneten den Tag des Gerichts, **47.** Bis die Gewißheit zu uns kam.«

[577]**48.** Ihnen kann keine Fürsprache eines Fürsprechers etwas nützen. **49.** Was ist denn mit ihnen, daß sie sich vor der Mahnung abwenden **50.** Wie erschrockene Esel, **51.** Die vor einem Löwen fliehen? **52.** Nein! Ein jeder von ihnen wünscht, daß ihm (persönlich) Schriftstücke (von Allah) entrollt werden. **53.** Nein! Das Jenseits fürchten sie nicht! **54.** Nein! Er* ist fürwahr eine Mahnung! **55.** So möge, wer will, es sich zu Herzen nehmen. **56.** Doch sie werden sich erst ermahnen lassen, wenn Allah es will. Ihm (allein) gebührt die Ehrfurcht, und Er (allein) ist die Quelle aller Vergebung.

75 Die Auferstehung (Al-Qiyâma)

Geoffenbart zu Mekka

Im Namen Allahs, des Erbarmers, des Barmherzigen!

1. Nein! Ich schwöre beim Tage der A u f e r s t e h u n g. **2.** Und nein! Ich schwöre bei der sich selbst anklagenden Seele: **3.** Glaubt der Mensch, daß Wir seine Gebeine nicht wieder zusammenfügen können? **4.** Ja, fürwahr, Wir sind imstande, (sogar) seine Fingerspitzen wieder herzustellen. **5.** Doch der Mensch will einfach weiter vor sich hin sündigen. **6.** Er fragt (spöttisch): »Wann ist der Tag der Auferstehung?« **7.** Doch wenn der Blick geblendet wird **8.** Und der Mond sich verfinstert **9.** Und Sonne und Mond sich verschmelzen, **10.** An diesem Tage wird der Mensch fragen: »Wo finden wir Zuflucht?« **11.** Doch nein! Es gibt keine Zuflucht! **12.** An diesem Tage endet jede Reise bei deinem Herrn. **13.** Verkündet wird dem Menschen an diesem Tage, was er getan und was er versäumt hat. **14.** Nein, der Mensch ist ein Beweis gegen sich selbst, **15.** Auch wenn er seine Entschuldigungen vorbringt. **16.** Bewege deine

* Der Koran.

Zunge nicht zu schnell.* **17.** Uns obliegt schließlich seine Sammlung und Verlesung. **18.** Darum, wenn Wir ihn vortragen lassen, dann folge seiner Vortragsweise aufmerksam. **19.** Uns obliegt dann seine Erklärung.

[578]**20.** Nein! Ihr liebt das schnell Vergängliche **21.** Und vernachlässigt das Jenseits. **22.** Manche Gesichter werden an diesem Tage leuchten **23.** Und zu ihrem Herrn aufschauen. **24.** Andere Gesichter werden an diesem Tage finster blicken, **25.** Ahnend, daß ihnen ein Unglück zustößt. **26.** Fürwahr, wenn sie** bis zur Kehle aufsteigt **27.** Und wenn gesprochen wird: »Wo ist ein Wunderheiler?« **28.** Und er spürt, daß es der Abschied ist; **29.** Und wenn sich Schenkel mit Schenkel (im Todeskampf) verkrampft: **30.** An diesem Tage wird er zu deinem Herrn geführt. **31.** Denn er glaubte nicht und betete nicht, **32.** Sondern leugnete und kehrte sich ab. **33.** Dann ging er stolzen Ganges zu seiner Familie. **34.** Wehe dir, ja, wehe dir! **35.** Erneut: Wehe dir, ja, wehe dir! **36.** Glaubt der Mensch etwa, unbeachtet gelassen zu werden? **37.** War er denn nicht ein Tropfen ausfließenden Samens? **38.** Dann war er (als Embryo) ein sich Anklammerndes, und so schuf Er ihn und formte ihn **39.** Und machte aus ihm Mann und Frau als Paar. **40.** Hat Er denn nicht die Macht, die Toten lebendig zu machen?

76 Der Mensch (al-Insân)

Geoffenbart zu Mekka

Im Namen Allahs, des Erbarmers, des Barmherzigen!

1. Gab es nicht vor Erscheinen des M e n s c h e n einen langen Zeitraum, in dem er nichts Erwähnenswertes war? **2.** Siehe, Wir erschufen den Menschen fürwahr aus einem Tropfen Samen, der sich (mit der Eizelle) vermischt, um ihn zu prüfen. Und Wir gaben ihm Gehör und Augen. **3.** Wir leiteten ihn gewiß des Weges, ob er (nun) dankbar oder undankbar gewesen war. **4.** Für die Ungläubigen bereiteten Wir fürwahr Ketten und

* Bei der Rezitation des Korans.

** Die Seele, die den Sterbenden verläßt.

Fesseln und eine Flamme. **5.** Die Tugendhaften werden aus einem Becher trinken, (Wein) gemischt mit Blütennektar,

[579]**6.** Von einer reichlich sprudelnden Quelle, aus der Allahs Diener trinken. **7.** (Wahrhaft gläubig sind,) die das Gelübde erfüllen und einen Tag fürchten, dessen Übel sich weit ausbreitet, **8.** Und die den Armen und die Waise und den Gefangenen speisen, auch wenn sie der Nahrung selbst bedürfen. **9.** »Seht, wir speisen euch um Allahs willen. Wir wollen weder Belohnung von euch noch Dank. **10.** Seht, wir fürchten einen finsteren, unheilvollen Tag von seiten unseres Herrn.« **11.** Darum wird Allah sie vor dem Übel dieses Tages bewahren und ihnen Licht und Freude gewähren. **12.** Und Er wird sie für ihre Standhaftigkeit mit einem Garten und (Kleidern aus) Seide belohnen. **13.** Dort werden sie sich auf Ruhekissen lehnen und dort weder (brennende) Sonne noch schneidende Kälte erleben; **14.** Denn seine Schatten werden nahe über ihnen sein und seine Trauben niedrig über ihnen hängen. **15.** Und unter ihnen werden Gefäße aus Silber und Becher wie aus Kristall kreisen, **16.** Aus Silberkristall, deren Maß sie selbst bemessen. **17.** Auch werden sie dort aus einem Becher trinken, gewürzt mit Ingwer, **18.** Von einer dortigen Quelle, die Salsabil heißt. **19.** Und bedienen werden sie ewig jung bleibende Knaben. Könntest du sie sehen, würdest du sie für verstreute Perlen halten. **20.** Und wo du dort auch hinsiehst, siehst du nur Wonne und ein großes Reich. **21.** Sie werden Kleider aus grüner Seide und aus Brokat tragen und mit silbernen Spangen geschmückt sein. Und ihr Herr wird ihnen einen reinen Trank reichen: **22.** »Seht, das ist euer Lohn! Euer Eifer hat seinen Dank gefunden!« **23.** Wahrlich, Wir haben den Koran auf dich hinabgesandt. **24.** Darum warte geduldig auf die Entscheidung deines Herrn und gehorche keinem Sünder oder Ungläubigen unter ihnen **25.** Und gedenke des Namens deines Herrn des Morgens und des Abends

[580]**26.** Und während eines Teils der Nacht. Und werfe dich vor Ihm nieder und preise Ihn lange in der Nacht. **27.** Siehe, diese da lieben das schnell Vergängliche und vernachlässigen einen schwer lastenden (künftigen) Tag. **28.** Wir erschufen sie und machten sie kräftig. Und wenn

Wir es wollen, tauschen Wir sie gegen andere von gleicher Art ein. **29.** Dies ist fürwahr eine Ermahnung. Wer also will, der nehme seinen Weg zu seinem Herrn. **30.** Doch ihr werdet nicht wollen, es sei denn, daß Allah will. Allah ist fürwahr wissend, weise. **31.** Er führt, wen Er will, in Seine Barmherzigkeit ein. Doch für die Missetäter hat Er schmerzliche Strafe bereitet.

77 Die Entsandten (al-Mursalât)*

Geoffenbart zu Mekka

Im Namen Allahs, des Erbarmers, des Barmherzigen!

1. Bei den in Wellen Entsandten **2.** Und den im Wirbel Stürmenden **3.** Und den weit Zerstreuenden **4.** Und den entscheidend Trennenden **5.** Und den Ermahnung Bringenden – **6.** Zur Entschuldigung oder Warnung – **7.** Das, was euch angedroht ist, trifft wirklich ein. **8.** Und wenn die Sterne verlöschen **9.** Und wenn der Himmel sich spaltet **10.** Und wenn die Berge zerstäuben **11.** Und wenn den Gesandten der Zeitpunkt bestimmt wird: **12.** Für welchen Tag ist der Termin anberaumt? **13.** Für den Tag der Entscheidung.** **14.** Und was läßt dich wissen, was der Tag der Entscheidung ist? **15.** Wehe an jenem Tag den Leugnern! **16.** Vertilgten Wir nicht die Früheren? **17.** Nun lassen Wir ihnen die Späteren folgen: **18.** So verfahren Wir mit den Sündern. **19.** Wehe an jenem Tag den Leugnern!

[581]**20.** Erschufen Wir euch nicht aus einer verächtlichen Flüssigkeit **21.** Und brachten sie an einen sicheren Ort **22.** Bis zum bestimmten Zeitpunkt? **23.** So bestimmen Wir es, und Unsere Bestimmung ist vollkommen. **24.** Wehe an diesem Tage den Leugnern! **25.** Machten Wir nicht die Erde zum Sammelplatz **26.** Für Lebende und Tote **27.** Und

* Obwohl diese Sure noch weniger in eine andere Sprache übersetzbar ist als andere Teile des Korans, läßt doch selbst die Übersetzung etwas von der sprachlichen Wucht und Bildhaftigkeit des Korans ahnen – Stoff für viel Meditation.

** Zwischen Gut und Böse; arab.: »yaum al-fasl«.

setzten auf sie die festgegründeten, hochragenden (Berge) und reichten euch süßes Wasser? **28.** Wehe an jenem Tag den Leugnern! **29.** Geht hin zu dem, was ihr eine Lüge nennt! **30.** Geht hin zu dem dreifachen Schatten, **31.** Der nicht beschattet und nicht vor der Flamme schützt, **32.** Sondern Funken hoch wie Türme wirft, **33.** Als wären sie feurige Schlangen.* **34.** Wehe an diesem Tag den Leugnern! **35.** Dies ist der Tag, an dem sie kein Wort herausbekommen, **36.** Da ihnen nicht erlaubt wird, sich zu entschuldigen. **37.** Wehe an diesem Tag den Leugnern! **38.** Das ist der Tag der Entscheidung, an dem Wir euch und die Früheren versammeln. **39.** Und habt ihr einen Plan, dann setzt ihn jetzt um. **40.** Wehe an diesem Tag den Leugnern! **41.** Wahrlich, die Gottesfürchtigen werden inmitten von Schatten und Quellen sein **42.** Und Früchte haben, wie sie sie begehren. **43.** »Eßt und trinkt zum Wohlsein für das, was ihr getan habt.« **44.** Siehe, so belohnen Wir die Rechtschaffenen. **45.** Wehe an diesem Tag den Leugnern! **46.** »Eßt und genießt ein wenig; ihr seid fürwahr Sünder.« **47.** Wehe an diesem Tag den Leugnern! **48.** Und wenn zu ihnen gesprochen wird: »Verneigt euch!«, verneigen sie sich nicht. **49.** Wehe an diesem Tag den Leugnern! **50.** An welche Verkündigung nach dieser wollen sie denn glauben?

78 Die Kunde (An-Nabâ')

Geoffenbart zu Mekka

Im Namen Allahs, des Erbarmers, des Barmherzigen!

[582]**1.** Wonach befragen sie einander? **2.** Nach der überwältigenden K u n d e, **3.** Über die sie uneins sind. **4.** Doch nein! Bald werden sie (es) wissen! **5.** Abermals nein! Bald werden sie (es) wissen. **6.** Machten Wir nicht die Erde zu einem Bett **7.** Und die Berge zu Pflöcken? **8.** Und schufen euch in Paaren **9.** Und machten eueren Schlaf zur Ruhe? **10.** Und machten die Nacht zu einem Kleid **11.** Und machten den Tag für den Lebenserwerb? **12.** Und bauten über euch sieben Firmamente

* Wörtlich: Seile.

13. Und setzten eine hellbrennende Leuchte (hinein)? **14.** Und sandten
aus den Regenwolken Wasser in Strömen, **15.** Um dadurch Korn und
Kraut hervorzubringen **16.** Und üppige Gärten? **17.** Wahrlich, der Tag
der Entscheidung ist festgesetzt, **18.** Der Tag, an dem in die Posaune ge-
stoßen wird und ihr in Scharen kommen werdet **19.** Und der Himmel
sich wie ein Tor öffnen wird **20.** Und die Berge sich bewegen und zur
Luftspiegelung werden. **21.** Siehe, die Hölle liegt auf der Lauer **22.** Als
Aufenthalt für die Maßlosen, **23.** Darin für lange Zeit zu verweilen.
24. Dort werden sie weder Kühlung noch Getränk genießen, **25.** Außer
siedendem Wasser und Jauche – **26.** Eine angemessene Vergeltung!
27. Sie erwarteten nicht, Rechenschaft legen zu müssen, **28.** Und
verwarfen Unsere Botschaft; **29.** Doch Wir schrieben alles in einem
Buch auf. **30.** »So kostet es aus! Die Strafe wollen Wir euch nur noch
verschärfen.«

[583]**31.** Für die Gottesfürchtigen aber ist Beglückendes bestimmt:
32. Gärten und Weinberge, **33.** Prächtige, ebenbürtige Partner **34.** Und
volle Becher. **35.** Sie hören dort weder Geschwätz noch Lüge. **36.** (Als)
Lohn von deinem Herrn eine reiche Gabe, **37.** (Von) dem Herrn der
Himmel und der Erde und was zwischen beiden ist, dem Erbarmer. Kei-
ner kann seine Stimme vor Ihm erheben **38.** An dem Tage, an dem der
Geist* und die Engel aufgereiht sein werden. Nur der wird reden dür-
fen, dem es der Erbarmer erlaubt und der das Rechte spricht. **39.** Das
wird der Tag der Wahrheit sein. Darum möge, wer da will, auf seinen
Herrn zugehen. **40.** Wir haben euch wahrlich vor einer nahen Strafe
gewarnt, an einem Tage, an dem der Mensch sehen wird, was seine
Hände vorausgeschickt haben, und der Ungläubige rufen wird: »O daß
ich doch Staub wäre!«

* Gabriel.

79 DIE ENTREISSENDEN (AN-NAZI'AT)

Geoffenbart zu Mekka

Im Namen Allahs, des Erbarmers, des Barmherzigen!

1. Bei den heftig E n t r e i ß e n d e n **2.** Und den sanft Entziehen-
den **3.** Und den frei Einherschwebenden **4.** Und den rasch Voraneilen-
den **5.** Und den die Sachen Lenkenden!* **6.** Eines Tages wird die
Bebende erbeben, **7.** Gefolgt von dem Drauffolgenden. **8.** An jenem
Tage werden die Herzen erzittern **9.** (Und) die Blicke gesenkt sein.
10. Sprechen werden sie: »Werden wir wirklich in unseren früheren
Zustand zurückgebracht? **11.** Selbst wenn wir verweste Gebeine
waren?« **12.** Sie sprechen: »Dies wäre wahrlich eine verlustreiche
Wiederkehr!« **13.** Da wird es nur einen einzigen Schrei geben –
14. Und schon sind sie aus der Erde hervorgekommen. **15.** Kam nicht
die Geschichte von Moses zu dir?

[584]**16.** Als ihn sein Herr im heiligen Tal Tuwa rief: **17.** »Geh zu Pha-
rao! Er überschreitet wirklich jedes Maß. **18.** Und sprich: ›Möchtest du
dich läutern, **19.** Damit ich dich zu deinem Herrn leite und du nur
(Ihn) fürchtest?‹« **20.** Dann zeigte er ihm die großen Wunderzeichen.
21. Doch er bezichtigte ihn der Lüge und widersetzte sich. **22.** Dann
kehrte er hastig den Rücken, eilte davon, **23.** Versammelte (sein Volk)
und rief ihnen zu, **24.** Wobei er sprach: »Ich bin euer höchster Herr!«
25. Da erfaßte ihn Allah mit der Strafe, als warnendes Beispiel im Jen-
seits und Diesseits. **26.** Darin ist wahrlich eine Lehre für den, der (Allah)
fürchtet. **27.** Seid ihr etwa schwerer zu erschaffen oder der Himmel, den
Er erbaute? **28.** Er erhöhte sein Gewölbe und formte ihn. **29.** Und Er
machte seine Nacht finster und brachte sein Tageslicht hervor. **30.** Und

* Verse 1–5 sind die enigmatischste Offenbarung. Sie mag sich – wie diese Übersetzung – auf die Engel, aber auch auf Pferde oder auf die Sternenwelt beziehen. Gegen Engel spricht nur, daß sämtliche Substantive in der weiblichen Pluralform stehen. Im Arabischen ist der Engel (al-malak) grammatikalisch männlichen Geschlechts.

danach breitete Er die Erde aus. **31.** Er brachte ihr Wasser aus ihr hervor
und ihre Weide. **32.** Und die Berge gründete Er fest, **33.** (All dies) als
Versorgung für euch und euer Vieh. **34.** Und wenn das große Unheil
eintrifft: **35.** An dem Tage, an dem der Mensch an all sein Bestreben
erinnert wird **36.** Und die Hölle anschaulich gemacht wird für den, der
(sie) sieht, **37.** Dann wird für den, der (das Maß) überschritt **38.** Und das
irdische Leben vorzog, **39.** Die Hölle fürwahr der Aufenthalt sein.
40. Was aber den anlangt, der seines Herrn Gegenwart gefürchtet und
(seiner) Seele niedere Lust verwehrt hatte – **41.** Das Paradies wird für-
wahr sein Aufenthalt sein. **42.** Sie werden dich nach der Stunde fragen:
»Wann trifft sie ein?« **43.** Was weißt du von ihr zu sagen? **44.** Allah
(allein) trifft die Entscheidung darüber. **45.** Du bist nur ein Warner für
den, der sie fürchtet. **46.** Am Tage, an dem sie sie sehen werden, (wird
ihnen sein,) als hätten sie nur einen Abend oder den Morgen danach
verweilt.

80 Er runzelte die Stirn (ʻAbasa)

Geoffenbart zu Mekka

Im Namen Allahs, des Erbarmers, des Barmherzigen!

585 **1.** Er runzelte die Stirn und wandte sich ab,* **2.** Weil der
Blinde zu ihm kam. **3.** Was aber ließ dich wissen, daß er sich nicht läu-
tern wollte **4.** Oder Belehrung suchte und die Belehrung ihm genützt
hätte? **5.** Was aber den betrifft, der glaubt, auf niemand angewiesen zu
sein, **6.** Den empfingst du, **7.** Ohne dich daran zu stören, daß er sich
nicht läutern will! **8.** Was aber den betrifft, der voll Eifer zu dir kommt

* Einst kam ein Blinder, Abdalla ibn Schurayh (oder Ibn Umm Maktum), zu Muhammad und bat um Belehrung, als er mit einem vornehmen Quraischiten im Gespräch war. Muhammad runzelte die Stirn und wandte sich ab. Er wird hierfür in dieser Sure hart getadelt: Ein Beweis dafür, daß Muhammad den Koran nicht selbst verfaßt hat. Wenn er danach Abdallah begegnete, pflegte er ihn mit den Worten zu begrüßen: »Willkommen dem Mann, um dessentwillen mich mein Herr tadelte.« Später machte er ihn zum Statthalter von Medina.

9. Und voll (Gottes-)Furcht ist, **10.** Um den kümmerst du dich nicht!
11. Nicht so! Dies ist eine wirkliche Ermahnung. **12.** Wer da will, möge
sich daran erinnern: **13.** Auf Ehrfurcht gebietenden Blättern (geschrie-
ben), **14.** Erhabenen, reinen, **15.** Vermittelt durch die Hände von Send-
boten, **16.** Edlen, reinen. **17.** Verderben dem Menschen! Wie ungläubig
er doch ist! **18.** Woraus erschuf Er ihn denn? **19.** Aus einem Samen-
tropfen erschuf Er ihn und formte ihn dann. **20.** Dann machte Er ihm
den Weg leicht. **21.** Dann läßt Er ihn sterben und zu Grabe bringen.
22. Dann, wenn Er will, erweckt Er ihn wieder. **23.** Fürwahr, er hat seine
Gebote mißachtet. **24.** So betrachte der Mensch doch einmal seine
Nahrung! **25.** Siehe, Wir gossen das Wasser in Strömen aus. **26.** Dann
spalteten Wir die Erde vielfach **27.** Und ließen auf ihr Korn wachsen
28. Und Reben und Pflanzen **29.** Und Ölbäume und Palmen **30.** Und
dichtbepflanzte Gärten **31.** Und Früchte und Gras **32.** Als Versorgung
für euch und euer Vieh. **33.** Und wenn der ohrenbetäubende Schall
kommt, **34.** An diesem Tage flieht ein jeder vor seinem Bruder **35.** Und
seiner Mutter und seinem Vater **36.** Und seiner Frau und seinen Kin-
dern. **37.** Jeder hat an diesem Tage genug mit sich selbst zu schaffen.
38. An diesem Tage werden manche Gesichter strahlen, **39.** Lachen und
fröhlich sein. **40.** Und an diesem Tage werden manche Gesichter staub-
bedeckt sein, **41.** Schwarz verhangen. **42.** Das sind die Ungläubigen, die
Frevler.

81 Das Einhüllen (at-Takwīr)

Geoffenbart zu Mekka

Im Namen Allahs, des Erbarmers, des Barmherzigen!

[586]**1.** Wenn die Sonne in Dunkelheit e i n g e h ü l l t wird **2.** Und
wenn die Sterne ihren Glanz verlieren **3.** Und wenn die Berge sich in
Bewegung setzen **4.** Und wenn die hochschwangeren Kamelstuten
vernachlässigt werden **5.** Und wenn die wilden Tiere sich versammeln
6. Und wenn die Meere überkochen **7.** Und wenn gleich zu gleich
gesellt werden **8.** Und wenn das lebendig begrabene Mädchen gefragt

wird, **9.** Um welcher Schuld willen es getötet wurde **10.** Und wenn die Schriftrollen aufgerollt werden **11.** Und wenn das Firmament weggezogen wird **12.** Und wenn die Hölle angefacht wird **13.** Und wenn das Paradies nahegebracht wird: **14.** Dann wird jede Seele wissen, was sie mitgebracht hat. **15.** Doch nein! Ich schwöre bei den rückläufigen Sternen,* **16.** Den erscheinenden und sich wieder verbergenden, **17.** Und bei der Nacht, wenn sie finster hereinbricht, **18.** Und dem Morgen, wenn er aufatmet: **19.** Siehe, dies ist wahrlich das Wort eines würdigen Sendboten, **20.** Voll Macht und Ansehen bei dem Herrn des Thrones, **21.** Dem gehorcht wird und der Vertrauen genießt. **22.** Und euer Gefährte ist nicht besessen. **23.** Er sah ihn ja wirklich am klaren Horizont.** **24.** Und er geizt nicht mit dem (ihm bekanntgewordenen) Verborgenen. **25.** Auch ist es nicht das Wort eines gesteinigten Satans. **26.** Wohin also wollt ihr gehen? **27.** Dies ist fürwahr nichts weniger als eine Ermahnung für alle Welten, **28.** Für jeden von euch, der den geraden Weg nehmen will. **29.** Doch werdet ihr es nicht wollen, es sei denn, daß Allah es will, der Herr der Welten.

82 Das Zerspalten (al-Infitâr)

Geoffenbart zu Mekka

Im Namen Allahs, des Erbarmers, des Barmherzigen!

[587]**1.** Wenn der Himmel sich s p a l t e t **2.** Und wenn die Sterne sich zerstreuen **3.** Und wenn die Wasser sich vermischen*** **4.** Und wenn die Gräber umgewühlt werden: **5.** Dann weiß die Seele, was sie getan und was sie unterlassen hat. **6.** O Mensch! Was hat dich deinem großzügigen Herrn entfremdet, **7.** Der dich erschaffen, gebildet und wohl-

* Die fünf Planeten Merkur, Venus, Mars, Jupiter und Saturn, die für das Auge in Epizyklen kreisen.

** Die Verse 19–25 beziehen sich auf Muhammads Begegnung mit Gabriel. Vgl. Sure 53: 2–18.

*** Die süßen und salzigen Wasser.

geformt hat, **8.** Dich in der Gestalt, die Ihm beliebte, zusammengefügt hat? **9.** Doch nein! Ihr leugnet das Gericht. **10.** Aber über euch wachen Wächter, **11.** Edle, (euere Taten) niederschreibende, **12.** Welche wissen, was ihr tut. **13.** Die Rechtschaffenen werden fürwahr in der Glückseligkeit sein **14.** Und die Missetäter in der Hölle – **15.** Vom Tage des Gerichts an – **16.** Und werden nie daraus entrinnen. **17.** Und was läßt dich wissen, was der Tag des Gerichts ist? **18.** Wiederum: Was läßt dich wissen, was der Tag des Gerichts ist? **19.** An diesem Tage wird keine Seele etwas für eine andere vermögen. Die Herrschaft an diesem Tage übt allein Allah aus.

83 DIE DAS MAß VERKÜRZENDEN (AL-MUTAFFIFIN)

Geoffenbart zu Mekka

Im Namen Allahs, des Erbarmers, des Barmherzigen!

1. Wehe denen, die das Maß verkürzen, **2.** Die volles Maß verlangen, wenn sie sich von (anderen) Leuten zumessen lassen, **3.** Aber weniger geben, wenn sie ihnen zumessen oder auswiegen. **4.** Glauben diese etwa nicht, daß sie auferweckt werden **5.** An einem gewaltigen Tag, **6.** Dem Tag, an dem die Menschen vor dem Herrn der Welten stehen?

[588]**7.** Doch nein! Das Buch der Übeltäter ist das Unentrinnbare. **8.** Und was läßt dich wissen, was das Unentrinnbare ist? **9.** Ein unauslöschliches Verzeichnis (der Sünden)! **10.** Wehe an diesem Tage den Leugnern, **11.** Die den Tag des Gerichts ableugneten! **12.** Doch leugnen ihn nur alle Übertreter und Sünder. **13.** Wenn ihnen Unsere Zeichen verlesen werden, sagen sie: »Fabeleien aus alter Zeit!« **14.** Keineswegs! Doch ihre Herzen sind von dem zerfressen, was sie getan haben. **15.** Doch nein! An jenem Tage werden sie wahrlich von ihrem Herrn ausgeschlossen sein. **16.** Dann werden sie in der Hölle brennen. **17.** Dann wird ihnen gesagt werden: »Dies ist es, was ihr geleugnet hattet.« **18.** Doch nein! Das Buch der Gerechten befindet sich fürwahr an einem hehren Ort. **19.** Und was läßt dich wissen, was der hehre Ort ist? **20.** Ein unauslöschliches Verzeichnis (der guten Taten). **21.** Bezeugt

ist es von allen Allah Nahestehenden. **22.** Die Gerechten werden wahrlich selig vor Glück sein. **23.** Auf Kissen ruhend, werden sie (nach Allah) Ausschau halten. **24.** Auf ihren Gesichtern kannst du den Glanz des Glücks erkennen. **25.** Zu trinken werden sie reinen, versiegelten Wein erhalten. **26.** Sein Siegel ist aus Moschus – alle mögen dies begehren, die (Erstrebenswertes) begehren! – **27.** Und ihm ist Veredelndes beigemischt **28.** Aus einer Quelle, aus der die (Allah) Nahestehenden trinken. **29.** Die Sünder pflegten gewiß über die Gläubigen zu lachen. **30.** Und wenn sie an ihnen vorübergingen, zwinkerten sie sich zu. **31.** Und wenn sie zu ihren Angehörigen zurückkehrten, waren sie voll Spott. **32.** Und wenn sie sie sahen, sagten sie: »Seht, diese da gehen wirklich in die Irre!« **33.** Aber sie sind nicht als ihre Wächter geschickt worden. **34.** Doch an diesem Tage werden die Gläubigen die Ungläubigen verlachen.

[589]**35.** Auf ihren Kissen ruhend, werden sie jetzt ihre Betrachtungen anstellen. **36.** Hätte den Ungläubigen ihr Tun etwa anders vergolten werden sollen?

84 DAS ZERBRECHEN (AL-INSCHIQÂQ)

Geoffenbart zu Mekka

Im Namen Allahs, des Erbarmers, des Barmherzigen!

1. Wenn der Himmel z e r b r i c h t, **2.** Seinem Herrn pflichtschuldig gehorchend, **3.** Und wenn die Erde eingeebnet wird **4.** Und herauswirft, was sie birgt, und sich völlig leert, **5.** Ihrem Herrn pflichtschuldig gehorchend (– das ist der Tag.) **6.** O Mensch, du bemühst dich mühsam um deinen Herrn. Und du wirst Ihm wirklich begegnen! **7.** Was nun den anlangt, dem sein Buch in seine Rechte gegeben wird, **8.** Mit dem wird das Abrechnen leicht sein, **9.** Und er wird zu seinen Angehörigen fröhlich heimkehren. **10.** Was aber den anlangt, dem sein Buch von hinten gegeben wird,* **11.** Der wird nach seiner völligen Auslöschung

* Statt gemäß 69: 25 in die linke Hand: Weil ein Sünder sein Aktenstück gar nicht sehen will.

rufen. **12.** Doch er wird in der Flamme brennen. **13.** Er hatte sicherlich unter seinen Leuten fröhlich gelebt. **14.** Wahrlich, er dachte nie daran, daß er (zu Allah) zurückkehren muß. **15.** Aber nein! Sein Herr durchschaute ihn. **16.** Und Ich schwöre beim Abendrot **17.** Und der Nacht und dem, was sie verhüllt, **18.** Und dem Mond, wenn er sich füllt: **19.** Wahrlich, ihr werdet von einem Zustand in einen anderen versetzt werden. **20.** Was also ist mit ihnen, daß sie nicht glauben **21.** Und, wenn ihnen der Koran vorgetragen wird, sich nicht niederwerfen? **22.** Ja, die Ungläubigen erklären ihn sogar für Lüge. **23.** Doch Allah weiß am besten, was sie verbergen. **24.** Kündige ihnen daher schmerzliche Strafe an, **25.** Außer denen, welche glauben und das Rechte tun; sie erhalten unbegrenzten Lohn.

85 DIE STERNBILDER (AL-BURÛDSCH)
Geoffenbart zu Mekka

Im Namen Allahs, des Erbarmers, des Barmherzigen!

[590]**1.** Bei dem Himmel mit seinen Sternbildern! **2.** Bei dem verheißenen Tag! **3.** Und bei dem Zeugen und dem Bezeugten: **4.** Wehe den Leuten der Feuergrube, **5.** Dem Feuer voll Brennstoff, **6.** Weil sie teilnahmslos um es herumsaßen **7.** Und Zeugen dessen waren, was sie den Gläubigen antaten. **8.** Und sie rächten sich an ihnen allein deswegen, weil sie an Allah glaubten, den Erhabenen, den Rühmenswerten, **9.** Dem das Reich der Himmel und der Erde gehört. Und Allah ist Zeuge aller Dinge. **10.** Diejenigen, welche die Gläubigen, Männer und Frauen, Verfolgung aussetzen, ohne anschließend zu bereuen – ihnen wird gewiß die Strafe der Hölle zuteil: die Strafe des Verbrennens.★ **11.** Für diejenigen, welche glauben und das Rechte tun, sind jedoch

★ Für den in Vers 4–8 geschilderten Vorfall gibt es zahlreiche geschichtliche Beispiele bis in die jüngste Zeit. Im dem der koranischen Offenbarung vorausgehenden Jahrhundert waren in Ukhdud (Jemen) Menschen um ihres Glaubens willen in einer Feuergrube (al-ukhdud) verbrannt worden.

Gärten bereitet, durcheilt von Bächen: das ist die große Glückseligkeit!
12. Wahrlich, dein Herr packt gewaltig zu! **13.** Er ist es, Der hervor-
bringt, und Er läßt wiedererstehen. **14.** Und Er ist der Verzeihende, der
Liebevolle, **15.** Der Herr des ruhmreichen Thrones, **16.** Der da tut, was
Er will. **17.** Kam dir nicht die Geschichte der Heerscharen, **18.** Pharaos
und der Thamud (zu Ohren)? **19.** Doch die Ungläubigen verwerfen
(die Botschaft Allahs) als Lüge. **20.** Aber Allah wird sie (plötzlich) von
hinten erfassen. **21.** Doch ja, es ist ein glorreicher Koran **22.** Auf wohl-
verwahrter Tafel.*

86 Der Nachtstern (at-Târiq)

Geoffenbart zu Mekka

Im Namen Allahs, des Erbarmers, des Barmherzigen!

[591]**1.** Bei dem Himmel und dem sich bei Nacht Einstellenden!
2. Doch was läßt dich wissen, was das sich bei Nacht Einstellende ist?
3. Es ist der hell aufleuchtende Stern. **4.** Fürwahr, jede Seele hat einen
Wächter über sich. **5.** So betrachte der Mensch doch nur, woraus er
erschaffen wurde! **6.** Erschaffen wurde er aus einer herausschießenden
Flüssigkeit, **7.** Die zwischen Lenden und Rippen herauskommt. **8.** Er
hat gewiß die Macht, ihn wiederkehren zu lassen: **9.** An dem Tage, an
dem die Geheimnisse geprüft werden. **10.** Da wird er ohne Kraft und
ohne Helfer sein. **11.** Bei dem (Sternen-)Himmel und seiner Wieder-
kehr **12.** Und der Erde und ihrem Erblühen!** **13.** Wahrlich, dies ist ein
entscheidendes Wort;*** **14.** Und es ist nicht zum Scherz! **15.** Sie
schmieden sicherlich Pläne; **16.** Doch (auch) Ich schmiede Pläne!
17. Und so gewähre den Ungläubigen ruhig noch ein wenig Aufschub.

* Die Urschrift des Korans bei Gott, arabisch: »al-lauh mahfudh.«

** Wörtlich: ihrem Aufbrechen, scil. um Pflanzen hervorkommen zu lassen.

*** Der Koran dient der Unterscheidung von Wahr und Falsch, Gut und Böse.

87 Der Höchste (al-A'lâ)

Geoffenbart zu Mekka

Im Namen Allahs, des Erbarmers, des Barmherzigen!

1. Preise den Namen deines Herrn, des H ö c h s t e n, **2.** Der erschafft und formt, **3.** Der bestimmt und leitet, **4.** Der die Weide hervorbringt **5.** Und sie zu dunkler Spreu macht. **6.** Wir werden dich vortragen lehren, und du wirst nichts vergessen, **7.** Außer was Allah will.* Er kennt fürwahr das Offenkundige und das Verborgene. **8.** Und Wir werden dich auf den leichtesten Weg bringen. **9.** Darum ermahne, wann immer die Ermahnung nutzt. **10.** Ermahnen läßt sich, wer (Allah) fürchtet, **11.** Doch der Unselige geht dem aus dem Wege, **12.** Er, der im großen Feuer brennen wird. **13.** Dort wird er dann weder sterben noch leben. **14.** Wohl ergeht es jedoch dem, der sich läutert **15.** Und ständig des Namens seines Herrn gedenkt und betet.

[592]**16.** Doch nein! Ihr zieht das irdische Leben vor, **17.** Obwohl das Jenseits besser und dauerhafter ist. **18.** Wahrlich, all dies stand bereits in den alten Schriften, **19.** Den Schriften von Abraham und Moses.

88 Das überschattende Ereignis (al-Ghâdschiya)

Geoffenbart zu Mekka

Im Namen Allahs, des Erbarmers, des Barmherzigen!

1. Kam die Geschichte des alles ü b e r s c h a t t e n d e n E r e i g n i s s e s zu dir? **2.** Manche Gesichter werden an diesem Tage niedergeschlagen sein. **3.** Sich bemühend und plagend **4.** Werden sie im glühenden Feuer brennen. **5.** Trinken werden sie aus einer siedenden

* Vers 6 (und daher auch Vers 7) bezieht sich über Muhammad hinaus auf jeden, der sich mit göttlichen Offenbarungen vertraut macht. Somit handelt es sich nicht um die Ankündigung einer Derogation von Koranversen; vgl. dazu 2: 106.

Quelle. **6.** Keine Speise werden sie dort erhalten außer Dornenkraut, **7.** Das weder nährt noch den Hunger stillt. **8.** Andere Gesichter werden an diesem Tage fröhlich sein – **9.** Zufrieden mit ihren Bemühungen (auf Erden) – **10.** In einem hohen Garten, **11.** In dem sie kein unnützes Gerede hören. **12.** Dort wird eine sprudelnde Quelle sein. **13.** Dort gibt es erhöhte Polster **14.** Und bereitstehende Trinkgefäße **15.** Und aufgereihte Kissen **16.** Und ausgebreitete Teppiche. **17.** Betrachten sie denn nicht die regenträchtigen Wolken, wie sie erschaffen wurden, **18.** Und den Himmel, wie er erhöht worden ist, **19.** Und die Berge, wie sie aufgerichtet worden sind, **20.** Und die Erde, wie sie ausgebreitet wurde? **21.** So ermahne! Siehe, du bist nur ein Ermahner; **22.** Du hast keine Macht über sie. **23.** Doch der, der sich abkehrt und ungläubig ist, **24.** Ihn wird Allah mit gewaltiger Strafe strafen. **25.** Denn zu Uns ist gewiß ihre Heimkehr. **26.** Dann aber obliegt es Uns, sie zur Rechenschaft zu ziehen.

89 Die Morgenröte (al-Fadschr)

Geoffenbart zu Mekka

Im Namen Allahs, des Erbarmers, des Barmherzigen!

[593]**1.** Bei der M o r g e n r ö t e ! **2.** Bei den zehn Nächten!*. **3.** Bei dem Geraden und Ungeraden!** **4.** Und bei der Nacht, wenn sie vergeht! **5.** Liegt darin kein Beweis für den Verständigen? **6.** Sahst du nicht, wie dein Herr mit den Ad verfuhr? **7.** Mit Iram, der Säulenreichen,*** **8.** Der im Land nichts gleich war? **9.** Und mit den Thamud, die im Tal Felsen aushöhlten? **10.** Und mit Pharao, dem Herrn der Zeltpflöcke? **11.** (Diese waren es,) welche (allesamt) im Lande frevelten **12.** Und dort

* Die ersten zehn Nächte des Monats Dhu al-Hidscha oder die letzten zehn Nächte des Monats Ramadan.

** Oder: Dem Doppelten und dem Einfachen. (Doppelt sind alle Geschöpfe, nämlich männlich und weiblich; einfach ist der Schöpfer.)

*** Die legendäre Hauptstadt der Ad.

viel Unheil anrichteten. **13.** Da schüttete dein Herr die Geißel der Strafe über sie aus; **14.** Denn dein Herr ist wahrlich wachsam. **15.** Und der Mensch – wenn ihn sein Herr prüft, indem Er ihm in Seiner Großmut Wohltaten zukommen läßt, dann sagt er: »Mein Herr hat mich gewürdigt.« **16.** Wenn Er ihn aber prüft, indem Er ihm Seine Versorgung kurz bemißt, dann sagt er: »Mein Herr hat mich erniedrigt!« **17.** Doch nein! Ihr haltet die Waise nicht in Ehren **18.** Und spornt einander nicht zur Speisung des Armen an **19.** Und braucht das Erbe (des Unmündigen) auf **20.** Und liebt (euer) Vermögen maßlos. **21.** Nicht so! Wenn die Erde kurz und klein zermalmt wird **22.** Und dein Herr kommt und die Engel, Reihe um Reihe,* **23.** Und an diesem Tage die Hölle herangebracht wird – an diesem Tage möchte der Mensch die Ermahnung annehmen. Aber was nützte ihm dann noch die Ermahnung?

[594]**24.** Dann wird er rufen: »O wenn ich doch für mein (künftiges) Leben etwas vorausgeschickt hätte!« **25.** An diesem Tage wird keiner strafen wie Er, **26.** Und keiner wird fesseln wie Er. **27.** O du Seele voll Ruhe, **28.** Kehre zu deinem Herrn zurück, zufrieden und (Ihn) zufriedenstellend, **29.** Und tritt ein unter Meine Diener, **30.** Und tritt ein in Mein Paradies!

90 Die Stadt** (al-Balad)

Geoffenbart zu Mekka

Im Namen Allahs, des Erbarmers, des Barmherzigen!

1. Nein! Ich schwöre bei dieser S t a d t – **2.** Und du bist ein Bewohner dieser Stadt – **3.** Und bei dem Vater und was er zeugt! **4.** Wahrlich, Wir erschufen den Menschen zur Mühsal. **5.** Meint er denn, daß niemand etwas gegen ihn vermag? **6.** Er sagt (prahlerisch): »Ich habe viel Vermögen verschwendet!« **7.** Meint er denn, daß ihn nie-

* Das »Kommen« Gottes kann, muß aber nicht als Sein Heraustreten aus der Transzendenz verstanden werden.

** Oder: Das Land. Die fragliche Stadt war Mekka.

mand sieht? **8.** Haben Wir denn nicht für ihn zwei Augen gemacht
9. Und eine Zunge und zwei Lippen **10.** Und ihm die beiden Wege
gezeigt?* **11.** Und doch nimmt er nicht den steilen Weg! **12.** Und was
läßt dich wissen, was der steile Weg ist? **13.** Die Freilassung eines Gefan-
genen! **14.** Oder während der Hungersnot zu speisen **15.** Eine ver-
wandte Waise **16.** Oder einen Armen, der im Staub liegt! **17.** Dann
wird er zu denen gehören, die glauben und zu Geduld und Barmher-
zigkeit mahnen: **18.** Das sind die Gefährten der Rechten. **19.** Diejeni-
gen aber, die Unsere Botschaft verwerfen, das sind die Gefährten der
Linken. **20.** Über ihnen schlägt ein Feuer zusammen.

91 Die Sonne (Asch-Schams)
Geoffenbart zu Mekka

Im Namen Allahs, des Erbarmers, des Barmherzigen!

[595]**1.** Bei der S o n n e und ihrem Glanz! **2.** Beim Mond, wenn er ihr
folgt! **3.** Beim Tag, wenn er sie** enthüllt! **4.** Bei der Nacht, wenn sie sie
verhüllt! **5.** Beim Himmel und was ihn erbaute! **6.** Bei der Erde und was
sie ausbreitete! **7.** Bei der Seele und was sie bildete **8.** Und ihr ihre
Schlechtigkeit ebenso eingab wie ihre Gottesfurcht: **9.** Wohl ergeht es
dem, der sie läutert, **10.** Und verloren geht der, der sie verdirbt. **11.** Der
Lüge bezichtigten die Thamud (ihren Gesandten) in ihrem Frevelmut,
12. Als der Übelste unter ihnen sich erhob, **13.** Obwohl der Gesandte
Allahs zu ihnen gesagt hatte: »Dies ist die Kamelstute Allahs. Laßt sie
trinken!« **14.** Sie aber betrachteten ihn als Lügner und zerschnitten ihr
die Sehnen. Und ihr Herr gab sie wegen ihrer Sünde der Vernichtung
preis und verfuhr gegen alle gleich. **15.** Und Er hat davon keine Folgen
zu befürchten.

* Des Guten und des Bösen.

** Die Erde.

92 DIE NACHT (AL-LAIL)
Geoffenbart zu Mekka

Im Namen Allahs, des Erbarmers, des Barmherzigen!

1. Bei der Nacht, wenn sie verhüllt! **2.** Beim Tag, wenn er sich enthüllt! **3.** Und bei Dem, Der Mann und Frau erschuf! **4.** Euer Bemühen ist wirklich höchst unterschiedlich. **5.** Was nun den anbetrifft, der gibt und (Allah) fürchtet **6.** Und das Beste* für wahr erklärt, **7.** Dem machen Wir den Weg zum Heil leicht. **8.** Was aber den anbetrifft, der geizig ist und auf niemand angewiesen zu sein glaubt **9.** Und das Beste für Lüge erklärt, **10.** Dem machen Wir den Weg zum Unheil leicht. **11.** Und sein Reichtum nützt ihm nichts, wenn er hinabgestürzt wird. **12.** Uns obliegt fürwahr die Rechtleitung. **13.** Und Unser ist das Künftige (im Jenseits) und das Gegenwärtige (im Diesseits). **14.** Darum warne Ich euch vor einem lodernden Feuer!

[596]**15.** Nur der Unseligste brennt in ihm, **16.** Der da leugnet und sich abwendet. **17.** Doch der Gottesfürchtige wird davor bewahrt, **18.** Der seinen Besitz hergibt, um sich zu läutern, **19.** Und nicht als Lohn für erhaltene Wohltaten, **20.** Sondern nur im Trachten nach dem Angesicht seines Herrn,** des Höchsten. **21.** Und er wird gewiß zufrieden sein.

93 DER LICHTE TAG (AD-DUḤÂ)
Geoffenbart zu Mekka

Im Namen Allahs, des Erbarmers, des Barmherzigen!

1. Beim lichten Tag! **2.** Und bei der dunkelen Nacht, wenn sie still wird! **3.** Dein Herr hat dich nicht verlassen und Er verabscheut dich nicht! **4.** Und wahrlich, das Jenseits ist besser für dich als das Diesseits.

* Was »das Beste« (arab.: »al-husna«) in Vers 6 und 9 ist – die Wahrheit schlechthin, das Paradies, der richtige Glauben –, ist für jede Auslegung offen.

** Das Angesicht (arab.: »wajh«) seines Herrn zu sehen, ist das unstillbare Verlangen jedes Gläubigen, unstillbar womöglich auch im Jenseits. Vgl. aber 89:22 .

5. Und dein Herr wird dir gewiß bald geben, und du wirst zufrieden sein. **6.** Fand Er dich nicht als Waise und nahm dich auf?* **7.** Und fand Er dich nicht verirrt und leitete dich? **8.** Und fand Er dich nicht arm und machte dich reich? **9.** Daher, was die Waise anlangt, benachteilige sie nicht! **10.** Und was den Bittsteller anlangt, weise ihn nicht ab! **11.** Und was deines Herrn Wohltaten anlangt, sprich darüber!

94 DAS WEITEN (ASCH-SCHARḤ)

Geoffenbart zu Mekka

Im Namen Allahs, des Erbarmers, des Barmherzigen!

1. Haben Wir dir nicht deine Brust geweitet **2.** Und deine Last von dir genommen, **3.** Die so schwer auf deinem Rücken lastete? **4.** Und (haben Wir dir nicht) dein Ansehen erhöht? **5.** Doch wahrlich, mit (jeder) Schwierigkeit kommt (auch) Erleichterung! **6.** Doch wahrlich, mit (jeder) Schwierigkeit kommt (auch) Erleichterung! **7.** Und wenn du (mit etwas) fertig bist, dann bemühe dich weiter. **8.** Und widme dich ganz deinem Herrn.

95 DIE FEIGE (AT-TIN)

Geoffenbart zu Mekka

Im Namen Allahs, des Erbarmers des Barmherzigen!

[597]**1.** Bei der Feige und der Olive! **2.** Beim Berge Sinai! **3.** Und bei dieser Stadt der Sicherheit! **4.** Wir erschufen den Menschen gewiß in schönster Gestalt. **5.** Dann machen Wir ihn wieder zum Niedrigsten der Niedrigen, **6.** Außer denen, die glauben und Gutes tun: Sie erwartet unendlicher Lohn. **7.** Und was läßt dich dennoch das (Letzte) Gericht* leugnen? **8.** Ist nicht Allah der gerechteste aller Richter?

* Der verwaiste Muhammad wurde von seinem Großvater erzogen.

** Arabisch: »al-din«. Dies bedeutet in anderem Zusammenhang Religion, (moralisches) Gesetz oder schlechthin Islam.

96 Das sich Anklammernde (al-'Alaq)*

Geoffenbart zu Mekka

Im Namen Allahs, des Erbarmers, des Barmherzigen!

1. Lies! Im Namen deines Herrn, Der erschuf – **2.** Erschuf den Menschen aus einem sich A n k l a m m e r n d e n** **3.** Lies! Denn dein Herr ist gütig, **4.** Der durch die (Schreib-)Feder gelehrt hat – **5.** Den Menschen gelehrt hat, was er nicht wußte. **6.** Doch nein! Der Mensch ist wahrlich rebellisch, **7.** Weil er auf niemand angewiesen zu sein glaubt. **8.** Wahrlich, zu deinem Herrn ist die Rückkehr! **9.** Hast du den gesehen, der es untersagt **10.** Dem Diener (Allahs), daß er betet?*** **11.** Hast du gesehen, ob er auf dem rechten Weg ist **12.** Oder Gottesfurcht**** gebietet? **13.** Hast du gesehen, ob er etwa (die Wahrheit) als Lüge verwirft und sich abkehrt? **14.** Weiß er nicht, daß Allah (ihn) sieht? **15.** Wenn er nicht abläßt, werden Wir ihn gewiß am Schopf ergreifen, **16.** Dem verlogenen, rebellischen Schopf! **17.** Mag er ruhig seine Berater rufen. **18.** Wir werden die Strafengel rufen! **19.** Doch nein! Gehorche ihm nicht, sondern wirf dich (vor Allah) nieder und nähere dich (Ihm).

* Die Verse 1–5 sind die erste koranische Offenbarung. Muhammad empfing sie vom Engel Gabriel im Jahre 610 in der Höhle Hira oberhalb von Mekka.

** Mit »dem sich Anklammernden« wird der Befruchtungsvorgang, das Einnisten des männlichen Samens im weiblichen Ei, plastisch korrekt umschrieben; im Jahre 610 gab es jedoch noch keine entsprechenden medizinischen Kenntnisse.

*** Historischer Anlaß der (zeitlosen) Verse 7–19 war Muhammads erbittertster Feind in Mekka, der Ratsvorsitzende Abu Dschahl, der seinen Fuß auf Muhammads Nacken zu setzen drohte, falls er ihn beim Gebet anträfe.

**** Oder Gottesbewußtsein (arab.: »at-taqwa«).

97 Das Schicksal (al-Qadr)

Geoffenbart zu Mekka

Im Namen Allahs, des Erbarmers, des Barmherzigen!

598 **1.** Wir haben ihn wahrlich in der Nacht des Schicksals* herabgesandt. **2.** Und was läßt dich wissen, was die Nacht des Schicksals ist? **3.** Die Nacht des Schicksals ist besser als tausend Monate. **4.** In ihr kommen die Engel und der Geist mit ihres Herrn Erlaubnis herab, mit jeglichem Auftrag. **5.** Frieden ist sie bis zum Anbruch der Morgenröte.**

98 Der deutliche Beweis (al-Bayyina)

Geoffenbart zu Medina

Im Namen Allahs, des Erbarmers, des Barmherzigen!

1. Die Ungläubigen unter den Leuten der Schrift und die Götzenanbeter werden (ihren Unglauben) nicht preisgeben,*** bis der deutliche Beweis zu ihnen kommt: **2.** Ein Gesandter von Allah, der aus unverfälschten Blättern vorträgt. **3.** Darin sind klare Vorschriften von unveränderlicher Wahrheit. **4.** Doch die, denen die Schrift gegeben wurde, spalteten sich erst dann, als der deutliche Beweis schon zu ihnen gekommen war. **5.** Es war ihnen jedoch nichts anderes geboten worden, als Allah zu dienen, reinen Glaubens und lauter, und das Gebet zu verrichten und die Steuer zu zahlen; denn das ist die richtige Religion. **6.** Die Ungläubigen unter den Leuten der Schrift und die Götzendiener werden gewiß in das Feuer der Hölle kommen, um darin zu bleiben. Sie sind die schlechtesten der Geschöpfe. **7.** Doch die Gläubigen und die, welche das Rechte tun, sie sind fürwahr die besten der Geschöpfe.

* Oder: Der Bestimmung; der Allmacht.

** In dieser Nacht begann die koranische Offenbarung, das war eine der letzten fünf ungeraden Nächte des Monats Ramadan, vermutlich am 27. Ramadan des Jahres 610.

*** Oder »... werden (von Gott) nicht preisgegeben...«.

[599]**8.** Ihr Lohn bei ihrem Herrn sind die Gärten von Eden, durcheilt von Bächen, für immer darin zu verweilen. Allah ist mit ihnen zufrieden, und sie werden mit Ihm zufrieden sein. All dies erwartet denjenigen, der seinen Herrn fürchtet.

99 Das Erdbeben (az-Zalzala)

Geoffenbart zu Medina

Im Namen Allahs, des Erbarmers, des Barmherzigen!

1. Wenn die Erde heftig von ihrem Beben erschüttert wird **2.** Und die Erde ihre Last herauswirft **3.** Und der Mensch ausruft: »Was ist mit ihr?«, **4.** An diesem Tage wird sie ihre Erlebnisse erzählen, **5.** Wie dein Herr es ihr eingegeben hat. **6.** An diesem Tage werden die Menschen einzeln hervorkommen, um ihre Werke zu sehen. **7.** Und wer Gutes (auch nur) im Gewicht eines Stäubchens getan hat, wird es sehen. **8.** Und wer Böses (auch nur) im Gewicht eines Stäubchens getan hat, wird es sehen.

100 Die Rennenden (al-'Adiyât)

Geoffenbart zu Mekka

Im Namen Allahs, des Erbarmers, des Barmherzigen!

1. Bei den schnaubend heran rennenden (Schlachtrossen), **2.** Die (mit Hufeisen) Funken schlagen **3.** Und am Morgen anstürmen **4.** Und dabei Staub aufwirbeln **5.** Und so inmitten (des Gegners) einbrechen! **6.** Wahrlich, der Mensch ist gegen seinen Herrn undankbar,* **7.** Und dessen ist er fürwahr selbst Zeuge. **8.** Und seine Liebe zum Wohlstand ist wirklich stark. **9.** Weiß er denn nicht, wenn ausgeräumt wird, was in den Gräbern ist,

[600]**10.** Und zum Vorschein kommt, was in den Brüsten ist, **11.** Daß ihr Herr an diesem Tage über sie wohlunterrichtet ist?

* Oder: ungehorsam; oder: raffgierig.

101 Das Verhängnis (al-Qâri'a)*

Geoffenbart zu Mekka

Im Namen Allahs, des Erbarmers, des Barmherzigen!

1. Das (plötzliche) V e r h ä n g n i s ! **2.** Was ist das Verhängnis? **3.** Und was läßt dich wissen, was das Verhängnis ist? **4.** Der Tag, an dem die Menschen wie verstreute Motten sein werden **5.** Und die Berge wie zerpflückte Wolle! **6.** Der, dessen (Gewicht in der) Waage schwer ist, **7.** Wird dann ein angenehmes Leben führen. **8.** Doch der, dessen (Gewicht in der) Waage leicht ist – **9.** Seine Mutter** wird der Abgrund sein. **10.** Und was läßt dich wissen, was das ist? **11.** Ein glühendes Feuer!

102 Das Streben nach Mehr (at-Takathur)

Geoffenbart zu Mekka

Im Namen Allahs, des Erbarmers, des Barmherzigen!

1. Es beherrscht euch das S t r e b e n n a c h m e h r und mehr **2.** Bis ihr (euere) Gräber aufsucht. **3.** Doch nein! Ihr werdet es wissen! **4.** Abermals nein! Ihr werdet es wissen! **5.** Doch nein! Wenn ihr es nur sicher wüßtet! **6.** Wahrlich, ihr werdet das Höllenfeuer sehen. **7.** Abermals: Wahrlich, ihr werdet es mit dem Auge der Gewißheit sehen. **8.** An diesem Tage werdet ihr dann gefragt werden, was ihr aus den Gaben des Lebens gemacht habt.

* Oder: Das Getöse; die Polternde; die Klopfende; die Katastrophe; die einen Schlag Versetzende.

** Sein Wohnort.

103 Die Zeit (al-'Asr)*
Geoffenbart zu Mekka

Im Namen Allahs, des Erbarmers, des Barmherzigen!

[601]**1.** Bei der Zeit! **2.** Der Mensch kommt bestimmt ins Verderben, **3.** Außer denen, welche glauben und Gutes tun und sich gegenseitig zur Wahrheit** anhalten und sich gegenseitig anhalten zur Geduld.

104 Der Verleumder (al-Humaza)
Geoffenbart zu Mekka

Im Namen Allahs, des Erbarmers, des Barmherzigen!

1. Wehe einem jeden Verleumder und Nörgler, **2.** Der ein Vermögen zusammenscharrt und (immer wieder) abzählt **3.** Im Glauben, daß sein Vermögen ihn unsterblich mache. **4.** Keineswegs! Wahrlich, er wird in die Zertrümmernde*** hinabgestürzt werden. **5.** Und was läßt dich wissen, was die Zertrümmernde ist? **6.** Das von Allah entfachte Feuer, **7.** Das bis in die Herzen dringt! **8.** Es wird über ihnen zusammenschlagen **9.** In langen (Feuer-)Säulen.

105 Der Elefant (al-Fil)
Geoffenbart zu Mekka

Im Namen Allahs, des Erbarmers, des Barmherzigen!

1. Hast du nicht gesehen, wie dein Herr mit den Leuten des Elefanten verfuhr? **2.** Hat Er nicht ihren Plan scheitern lassen **3.** Und Vögel in Scharen über sie geschickt, **4.** Die sie mit Steinen

* Oder: Der Nachmittag.

** Oder: Zum Rechten.

*** Arabisch: »al-Hutama«, eine von zahlreichen koranischen Bezeichnungen für die Hölle.

aus gebranntem Ton bewarfen? **5.** Dann machte Er sie wie ein abgefressenes Feld.*

106 Die Quraisch (Quraisch)

Geoffenbart zu Mekka

Im Namen Allahs, des Erbarmers, des Barmherzigen!

602 **1.** Auf daß die Q u r a i s c h (zu ihrer Sicherheit) zusammenhalten, **2.** Zusammenhalten bei ihren Winter- und Sommerkarawanen!** **3.** So mögen sie dem Herrn dieses Hauses dienen, **4.** Der sie mit Nahrung gegen den Hunger versieht und sie sicher macht vor (Anlässen zur) Furcht.

107 Die Hilfeleistung (al-Mâ'un)

Geoffenbart zu Mekka

Im Namen Allahs, des Erbarmers, des Barmherzigen!

1. Hast du den gesehen, der das (Letzte) Gericht*** leugnet? **2.** Er ist es, der die Waise wegstößt **3.** Und nicht zur Speisung des Armen anspornt. **4.** Wehe denn den Betenden, **5.** Die in ihren Gebeten nachlässig sind, **6.** Die nur dabei gesehen werden wollen **7.** Und H i l f e versagen.

* Im Geburtsjahr Muhammads (570) zog der christliche Vizekönig Abraha von Jemen mit Elefanten gegen Mekka, um die Kaaba als ein rivalisierendes Heiligtum zu seiner Kathedrale in San'a zu zerstören. Sein Heer wurde jedoch durch Pocken oder Typhus vernichtet. Bei den Steine werfenden Vögeln könnte es sich um die Übertragung der Epidemie durch große Insekten gehandelt haben.

** Die Quraisch pflegten alljährlich eine gemeinsame Winterkarawane in den Jemen und eine gemeinsame Sommerkarawane nach Syrien auszurichten, von deren Erfolg der allgemeine Wohlstand in Mekka abhing.

*** Oder: die Religion; das moralische Gesetz.

108 DER ÜBERFLUß (AL-KAUTHAR)*

Geoffenbart zu Mekka

Im Namen Allahs, des Erbarmers, des Barmherzigen!

1. Wahrlich, Wir haben dir (Gutes) im Ü b e r f l u ß gegeben. **2.** Darum bete zu deinem Herrn und opfere! **3.** Wahrlich, dein Hasser, er soll abgeschnitten sein.**

109 DIE UNGLÄUBIGEN (AL-KÂFIRÛN)

Geoffenbart zu Mekka

Im Namen Allahs, des Erbarmers, des Barmherzigen!

[603] **1.** Sprich: »O ihr U n g l ä u b i g e n ! **2.** Ich verehre nicht, was ihr verehrt, **3.** Und ihr verehrt nicht, was ich verehre. **4.** Und ich werde kein Verehrer dessen sein, was ihr verehrt, **5.** Und ihr werdet kein Verehrer dessen sein, was ich verehre. **6.** Euch euer Glaube und mir mein Glaube!«

110 DIE HILFE (AN-NASR)***

Geoffenbart zu Mekka

Im Namen Allahs, des Erbarmers, des Barmherzigen!

1. Wenn Allahs H i l f e kommt und der Sieg **2.** Und du die Menschen in Scharen in Allahs Religion eintreten siehst, **3.** Dann lobpreise deinen Herrn und bitte Ihn um Verzeihung****. Wahrlich, Er vergibt dem, der sich (Ihm) in Reue zuwendet.

* Zugleich der Name eines Flusses im Paradies.

** Von allem Guten, einschließlich Nachkommenschaft, und von der Hoffnung auf das Jenseits.

*** Dies war die vorletzte koranische Offenbarung, geoffenbart während der sogenannten Abschiedswallfahrt des Propheten (632).

**** Oder: Schutz.

111 Die Palmfasern (al-Masad)

Geoffenbart zu Mekka

Im Namen Allahs, des Erbarmers, des Barmherzigen!

1. Zugrundegehen sollen die Hände von Abu Lahab.* Und er selbst soll zugrunde gehen! **2.** Sein Gut und sein Gewinn sollen ihm nichts nützen. **3.** Er wird in einem lodernden Feuer brennen. **4.** Und seine Frau wird das Brennholz tragen **5.** Mit einem Strick aus Palmfasern um ihren Hals.

112 Aufrichtigkeit (des Glaubens) (al-Ikhlas)**

Geoffenbart zu Mekka

Im Namen Allahs, des Erbarmers, des Barmherzigen!

[604]**1.** Sprich: »Er ist der Eine Gott, **2.** Allah, der Absolute***. **3.** Er zeugt nicht und ist nicht gezeugt, **4.** Und es gibt keinen, der Ihm gleicht.«

113 Das Morgengrauen (al-Falaq)****

Geoffenbart zu Mekka

Im Namen Allahs, des Erbarmers, des Barmherzigen!

1. Sprich: »Ich suche Zuflucht zum Herrn des Morgengrauens **2.** Vor dem Übel dessen, was Er erschaffen hat,***** **3.** Und vor dem

* Sein Onkel Abu Lahab war ein Erzfeind Muhammads. Die Sure enthält ein Wortspiel: Im 3. Vers bedeutet »lahab« »lodernd«, im Namenszusammenhang (1. Vers) bedeutet es einen mit »strahlendem Äußeren« oder »glänzendem Gesicht«.

** Nach einem Ausspruch des Propheten entspricht diese Sure einem Drittel des Korans. Ihr Name kommt im Text nicht vor.

*** Arabisch: »as-samad«: Der Undurchdringliche; von dem alles abhängt und der selbst völlig unabhängig ist; die Erstursache.

**** Die beiden letzten Suren sind als »Schutzsuren« bekannt.

***** Von Gott stammt auch, was Menschen aus ihrer eingeschränkten Sicht als Übel empfinden.

Der Autor

Murad Wilfried Hofmann, geboren 1931, promovierter Jurist und international renommierter Ballettkritiker, arbeitete 33 Jahre im diplomatischen Dienst, zuletzt als deutscher Botschafter in Algerien und Marokko. Er konvertierte 1980 zum Islam und veröffentlichte seither zahlreiche Aufsätze und Bücher über interkulturelle und -religiöse Themen. Bei Diederichs erschien 1992 sein aufsehenerregendes Buch »Der Islam als Alternative«, das auch in der islamischen Welt großen Anklang fand. Dem folgte 1996 seine ebenfalls in mehrere Sprachen übersetzte »Reise nach Mekka«. Murad Wilfried Hofmann lebt heute in Istanbul und Aschaffenburg und bereist als vielgefragter Vortragender vor allem Westeuropa, die USA und muslimische Staaten. Im Verlauf von drei Jahren hat er in fünfmaliger Durcharbeitung des gesamten Textes die Übersetzung von Max Henning aus dem Jahr 1901 verbessert und modernisiert. Zuletzt erschienen von Murad Wilfried Hofmann »Islam« und »Koran« in der Reihe Diederichs kompakt.

Register

Die vor dem Doppelpunkt stehende Zahl ist die Nummer der Sure, die danach folgenden Ziffern bezeichnen die Verse.

B

H

I

N

O

P

Q

R

V

W

Y

Z

Alphabetische Liste der Suren

Murad Wilfried Hofmann, geboren 1931, promovierter Jurist und international renommierter Ballettkritiker, arbeitete 33 Jahre im diplomatischen Dienst, zuletzt als deutscher Botschafter in Algerien und Marokko. Er konvertierte 1980 zum Islam und veröffentlichte seither zahlreiche Aufsätze und Bücher über interkulturelle und -religiöse Themen. Bei Diederichs erschien 1992 sein aufsehenerregendes Buch »Der Islam als Alternative«, das auch in der islamischen Welt großen Anklang fand. Dem folgte 1996 seine ebenfalls in mehrere Sprachen übersetzte »Reise nach Mekka«. Murad Wilfried Hofmann lebt heute in Istanbul und Aschaffenburg und bereist als vielgefragter Vortragender vor allem Westeuropa, die USA und muslimische Staaten. Im Verlauf von drei Jahren hat er in fünfmaliger Durcharbeitung des gesamten Textes die Übersetzung von Max Henning aus dem Jahr 1901 verbessert und modernisiert. Zuletzt erschienen von Murad Wilfried Hofmann »Islam« und »Koran« in der Reihe Diederichs kompakt.